LG그룹 적성검사

최신 출제 경향&합격 전략

한눈에 보기

LG그룹 적성검사 최신 출제 경향, 해커스가 공개합니다.

1. 온라인으로 시행되는 LG그룹 적성검사

2. 고득점 달성이 중요한 LG그룹 적성검사

3. 영역별 세부 출제 경향

LG그룹 적성검사
최신 출제 경향&합격 전략 한눈에 보기

1 온라인으로 시행되는 LG그룹 적성검사

LG그룹의 인적성검사는 온라인 방식으로 시행되었으며, LG 임직원의 사고 및 행동 방식의 기본인 LG Way에 적합한 인재를 선별하고자 진행하는 평가 방식 중 하나로써 모든 신입사원 지원자에게 공통적으로 적용되는 시험입니다. 시험은 LG Way Fit Test 프로그램을 통해 시행되며, 화면상에 메모장과 계산기가 준비되어 있으므로 프로그램 내에서 제공되는 메모장과 계산기를 활용해 문제를 빠르게 풀어야 합니다.

시행 시기	2024년 하반기	2024년 상반기
시험 유형	80문항/80분	60문항/40분
출제 유형	언어이해, 언어추리, 자료해석, 창의수리	언어이해, 언어추리, 자료해석, 창의수리

* 계열사별로 채용 시기는 다소 상이할 수 있음

해커스가 제안하는 <LG그룹 적성검사 합격 전략>

1) 최신 LG그룹 적성검사의 출제 경향을 파악하고, 반복적으로 출제되는 문제 유형의 풀이 전략을 익힌다.

<해커스 LG그룹 인적성검사 통합 기본서 최신기출유형+실전모의고사>에서 제공하는 영역별 출제경향분석, 기출유형 공략을 통해 최신 출제 경향과 출제 유형을 파악할 수 있습니다.

2) 모의고사 5회분을 통해 실전 연습을 충분히 한다.

<해커스 LG그룹 인적성검사 통합 기본서 최신기출유형+실전모의고사> 교재 수록 모의고사 4회분과 온라인 모의고사 1회분 총 5회분을 응시하여 실전에 빈틈없이 대비할 수 있습니다.

3) 전 회차 온라인 응시 서비스를 통해 온라인 시험 환경에도 대비한다.

교재 수록 모든 모의고사 회차에 제공하는 온라인 응시 서비스를 실제 시험과 동일한 환경에서 치르면서 온라인 환경에 익숙해져야 합니다.

2 고득점 달성이 중요한 LG그룹 적성검사

LG그룹의 적성검사는 언어이해, 언어추리, 자료해석, 창의수리 4개의 영역에 대해 20문항씩 총 80문항을 80분간 풀어야 합니다. 문항 수 대비 풀이 시간이 짧은 편이므로 제한 시간 내에 빠르게 사고력을 전환하며 문제를 풀 수 있어야 합니다. 특히 LG그룹 인적성검사는 응시일 기준 12개월이라는 유효 기간이 존재해 해당 기간 내에 LG 계열회사의 채용공고에 다시 지원할 경우 재시험 없이 이전 응시 결과에 따른 점수를 적용할 수 있습니다.

영역	문항 수	시간
언어이해	20문항	20분
언어추리	20문항	20분
자료해석	20문항	20분
창의수리	20문항	20분

* 2024년 하반기 LG그룹 적성검사(온라인) 기준

해커스가 제안하는 <LG그룹 적성검사 합격 전략>

최신 LG그룹 적성검사의 출제 경향을 파악하고, 반복적으로 출제되는 문제 유형의 풀이 전략을 익힌다.

<해커스 LG그룹 인적성검사 통합 기본서 최신기출유형+실전모의고사>에서 제공하는 영역별 출제경향분석, 기출유형공략을 통해 최신 출제 경향과 출제 유형을 파악할 수 있습니다. 또한, 영역별·유형별 학습 전략을 통해 각 문제 유형의 풀이법을 학습할 수 있습니다. 또한, 유형별로 제공하는 시간 단축 Key point를 통해 전략적으로 시험에 대비할 수 있습니다.

3 영역별 세부 출제 경향

언어이해 (난이도: 어려움)

언어이해는 글을 분석적으로 읽고 내용을 파악하는 능력을 측정하는 영역으로, 사실적 사고 검사를 위한 중심 내용 파악, 글의 구조 파악 유형, 추론적 사고 검사를 위한 세부 내용 파악, 논지 전개 방식 유형의 문제가 출제되었습니다. 제시되는 지문의 길이는 중~장문 정도로 약간 길게 출제되었으며, 제시되는 지문의 길이가 길어짐에 따라 문제 풀이에 소요되는 시간 역시 늘어나 어려운 편이었습니다.

언어추리 (난이도: 약간 어려움)

언어추리는 주어진 정보를 종합하고 진술문들 간의 관계구조를 파악하여 새로운 내용을 추론해내는 능력을 측정하는 영역으로, 명제추리와 조건추리 유형의 문제가 출제되었습니다. 제시되는 조건의 수가 많고, 삼단논법을 기반으로 한 문제가 비중 높게 출제되어 약간 어려운 편이었습니다.

자료해석 (난이도: 어려움)

자료해석은 표/그래프 자료를 신속하고 정확하게 분석하여 자료에 제시된 수치 정보를 계산하거나 의미를 해석하고, 추세 및 경향성에 대해 추론하는 능력을 측정하는 영역으로, 자료이해, 자료계산, 자료추론, 자료변환 유형의 문제가 출제되었습니다. 제시되는 자료가 복잡한 편이었으며, 대부분의 선택지가 일의 자리까지 정확한 값을 계산해야 하는 문제가 출제되어 문제 풀이에 시간이 오래 소요되었습니다. 이에 따라 체감 난도 역시 어려운 편이었습니다.

창의수리 (난이도: 매우 어려움)

창의수리는 일정한 규칙에 따라 배열된 숫자열이나 숫자의 집합으로부터 규칙 및 관계의 특성을 추론하는 능력과, 일상생활에서 발생하는 문제 해결을 위한 수학의 기본 원리 및 방정식, 함수 등을 활용해 문제에 접근하는 능력을 측정하는 영역으로, 수/문자추리와 응용계산 유형의 문제가 출제되었습니다. 수/문자추리의 경우 가분수 등이 제시되어 규칙을 빠르게 판단하기 어려웠고, 응용계산은 기본 공식이나 방정식을 활용하는 문제가 출제되었으나, 수치 및 계산이 복잡해 약간 어려운 편이었습니다.

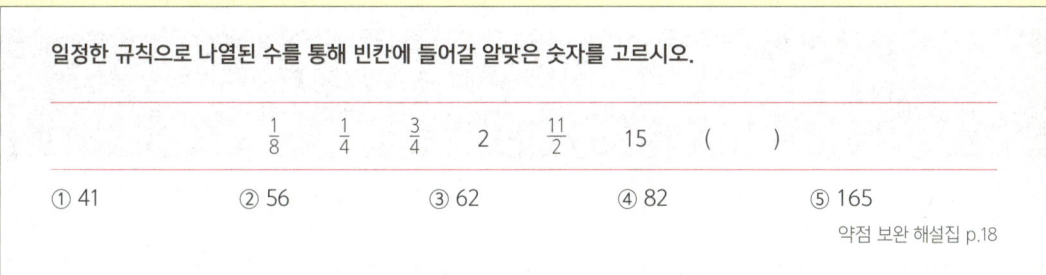

일정한 규칙으로 나열된 수를 통해 빈칸에 들어갈 알맞은 숫자를 고르시오.

$$\frac{1}{8} \quad \frac{1}{4} \quad \frac{3}{4} \quad 2 \quad \frac{11}{2} \quad 15 \quad (\quad)$$

① 41 ② 56 ③ 62 ④ 82 ⑤ 165

약점 보완 해설집 p.18

해커스가 제안하는 <LG그룹 적성검사 합격 전략>

1) LG그룹 실전모의고사를 통해 충분한 실전연습을 한다.

<해커스 LG그룹 인적성검사 통합 기본서 최신기출유형+실전모의고사>에 수록된 실전모의고사 4회분을 제한 시간에 맞춰 풀어봄으로써 실전 감각을 익히고 취약한 유형을 파악할 수 있습니다.

2) 전 회차 온라인 응시 서비스와 LG 온라인 모의고사를 통해 온라인 시험 환경에 적응한다.

LG그룹의 인적성검사는 온라인으로 치러짐에 따라 컴퓨터를 활용해 문제를 빠르게 풀어야 합니다. 따라서 실제 시험과 동일한 환경에서 여러 번 연습을 하며 온라인 시험에 적응할 필요가 있습니다.

해커스 LG그룹 인적성검사

통합 기본서

최신기출유형+실전모의고사

해커스잡

서문

LG그룹 인적성검사 어떻게 준비해야 하나요?

**많은 수험생들이 입사하고 싶어하는 LG그룹,
그만큼 많은 수험생들이 LG그룹 입사의 필수 관문인 LG Way Fit Test를 어떻게 준비해야 할지 걱정합니다.**

그러한 수험생들의 걱정과 막막함을 알기에 해커스는 수많은 고민을 거듭한 끝에
「해커스 LG그룹 인적성검사 통합 기본서 최신기출유형+실전모의고사」 개정판을 출간하게 되었습니다.

「해커스 LG그룹 인적성검사 통합 기본서 최신기출유형 + 실전모의고사」 개정판은

01 최신 LG Way Fit Test의 출제 경향을 철저히 분석 및 반영하여 실제 시험에 확실히 대비할 수 있습니다.

02 기출유형공략과 실전모의고사 5회분(온라인 1회 포함)으로 유형 학습부터 실전 연습까지 할 수 있어 단기간에 시험에 대비할 수 있습니다.

03 LG그룹 인성검사 합격 가이드와 실전모의고사로 인성검사까지 대비할 수 있습니다.

04 온라인 LG그룹 적성검사 응시 서비스(교재 수록 전 회차)와 LG 온라인 모의고사를 통해 어색한 온라인 환경에 완벽 적응하며 실전에 대비할 수 있습니다.

해커스와 함께 LG그룹 인적성검사의 관문을 넘어 반드시 합격하실 **"예비 LG인"** 여러분께 이 책을 드립니다.

해커스 취업교육연구소

목차

PART 2 실전모의고사

실전모의고사 1회

실전모의고사 2회

실전모의고사 3회

실전모의고사 4회

PART 3 인성검사

[책 속의 책]
약점 보완 해설집

[온라인 제공]
해커스잡 사이트(ejob.Hackers.com)
LG 온라인 모의고사
(응시권 수록)

LG그룹 인적성검사 합격을 위한 이 책의 활용법

1 온라인 시험 한 줄 Tip과 맞춤 학습 플랜을 통해 전략적으로 실전에 대비한다!

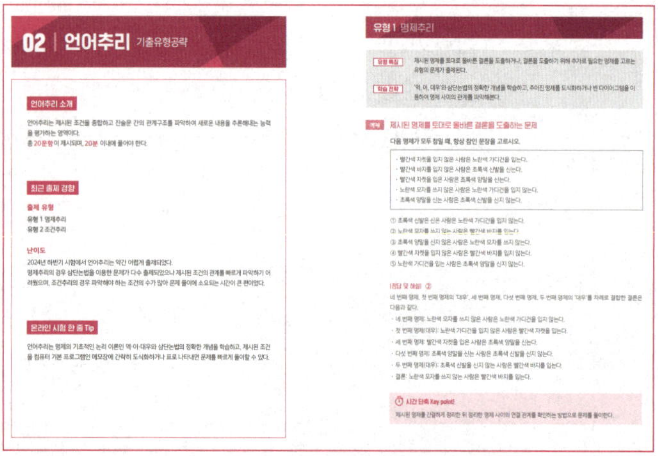

온라인 시험 한 줄 Tip

LG그룹 인적성검사는 온라인으로 시험이 진행되므로 온라인 환경에서도 제한 시간 내에 빠르고 정확하게 문제를 풀어야 한다. 영역별 온라인 시험 한 줄 Tip을 익히고 이를 예제에 적용하여 온라인 시험 풀이 방법을 완벽하게 익힐 수 있다. 또한, 모든 예제마다 제공되는 '시간 단축 Key point!'를 통해 유형별 시간 단축 방법을 확실하게 익힐 수 있다.

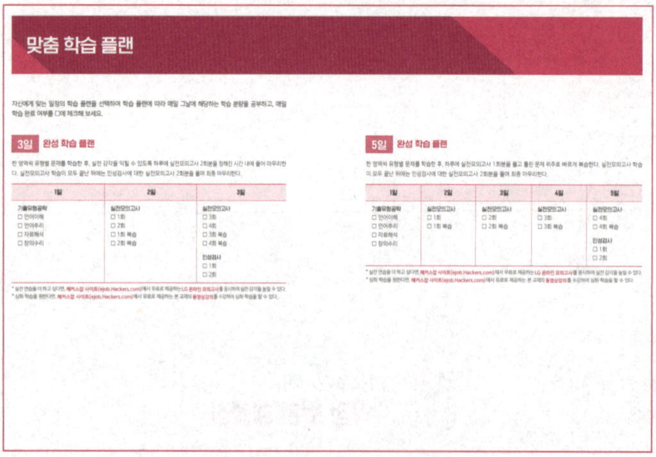

맞춤 학습 플랜

본 교재에서 제공하는 '맞춤 학습 플랜'에 따라 학습하면 혼자서도 단기간에 유형 공략부터 온라인 모의고사 서비스로 실전 마무리까지 LG그룹 인적성검사를 완벽하게 대비할 수 있다.

2 최신기출유형 공략부터 실전까지 체계적으로 학습한다!

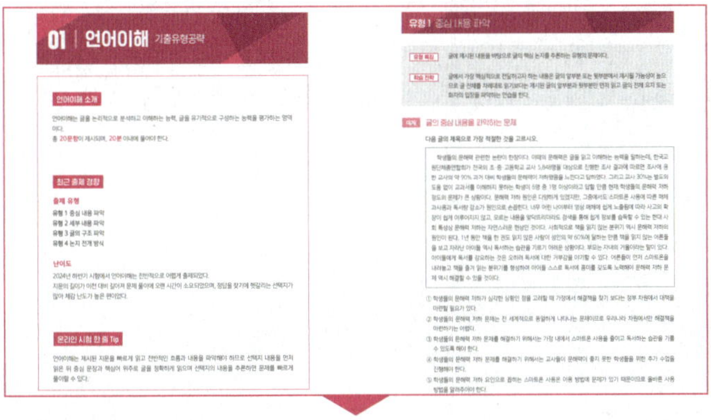
01 | 언어이해 기출유형공략

유형 1 중심 내용 파악

기출유형공략

LG그룹 적성검사 각 영역의 출제 유형과 최근 출제 경향, 유형별 학습 전략과 예제 등으로 구성되어 있어 LG그룹 적성검사의 출제 유형을 파악할 수 있다.

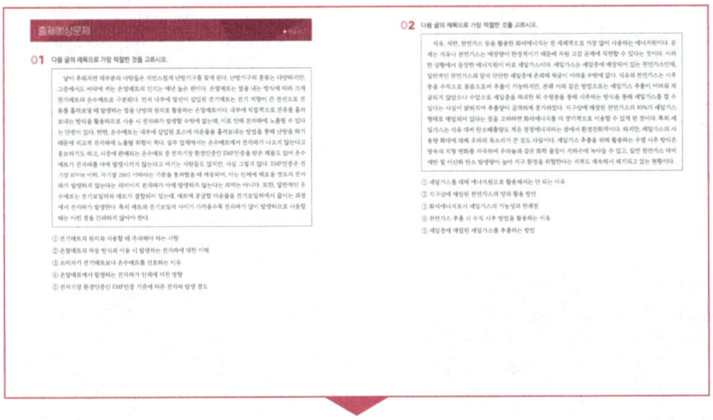
출제예상문제

출제예상문제

유형별 문제를 집중적으로 풀어보며 유형별 공략법을 문제에 적용하는 연습을 하고, 시간 단축 연습도 할 수 있다.

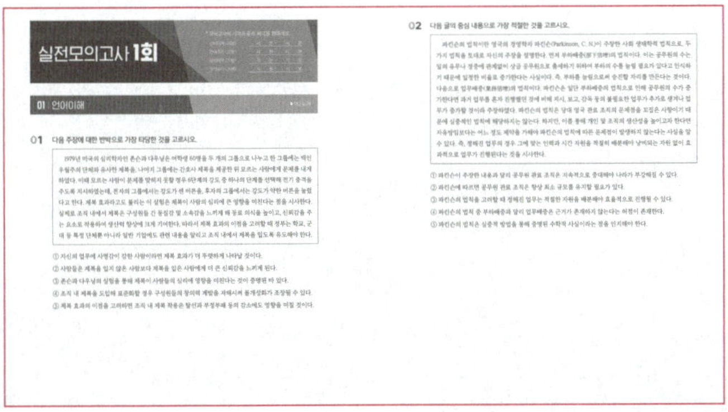
실전모의고사 1회

01 언어이해

실전모의고사

온라인 시험에 대비할 수 있는 LG그룹 적성검사 실전모의고사 4회분을 풀어보며 완벽하게 실전을 대비할 수 있다.

3 전 회차 온라인 응시 서비스와 인성검사로 실전 감각을 키운다!

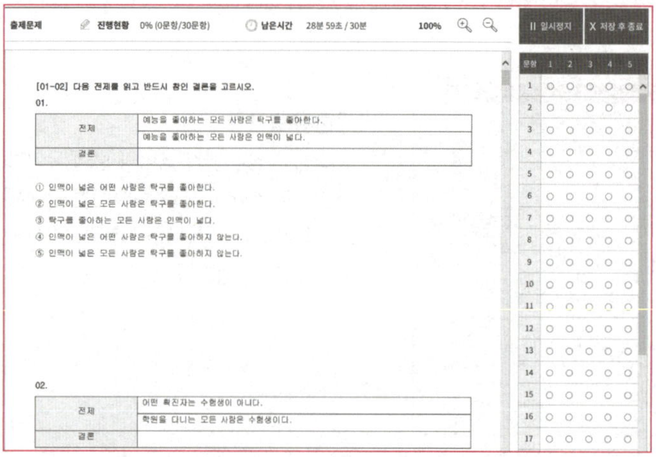

전 회차 온라인 응시 서비스

교재 수록 전 회차에 대해 제공하는 온라인 응시 서비스를 풀어보며 온라인 환경에 완벽하게 적응하여 실전에 대비할 수 있다.

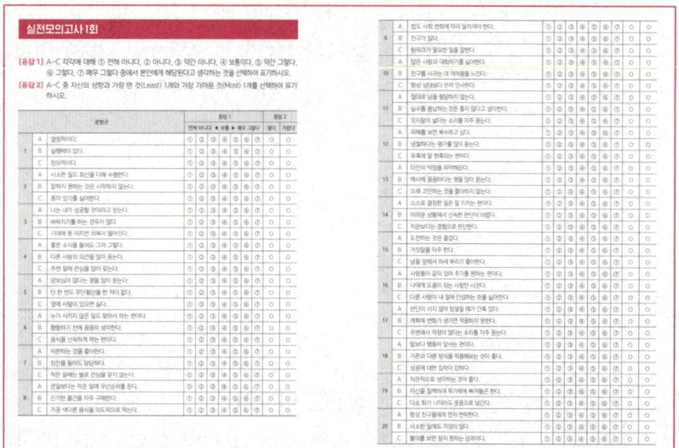

인성검사

적성검사뿐만 아니라 인성검사까지 수록하여 인성검사의 출제 경향과 Tip을 확인할 수 있다. 또한, 실전모의고사 2회분을 풀어보며 실전에 대비할 수 있다.

4 취약점을 분석하고, 상세한 해설로 빈틈없이 준비한다!

취약 유형 분석표

영역별로 취약 유형을 파악하고 '기출유형공략'으로 복습한 후, 틀린 문제나 풀지 못한 문제를 반복하여 풀면서 약점을 극복할 수 있다.

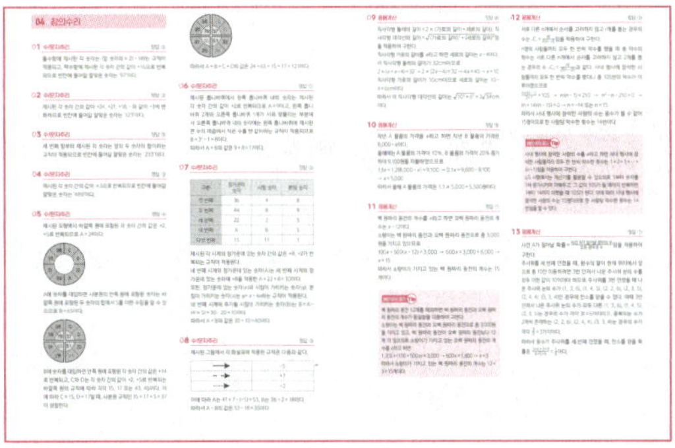

약점 보완 해설집

모든 문제에 대해 상세하고 이해하기 쉬운 해설을 수록하여 체계적으로 학습할 수 있다. 특히 자료해석과 창의수리 해설의 '빠른 문제 풀이 Tip'을 통해 복잡한 수치 계산을 빠르고 정확하게 푸는 방법까지 익힐 수 있다.

5 동영상강의와 온라인 모의고사를 이용하여 학습 효과를 높인다! (ejob.Hackers.com)

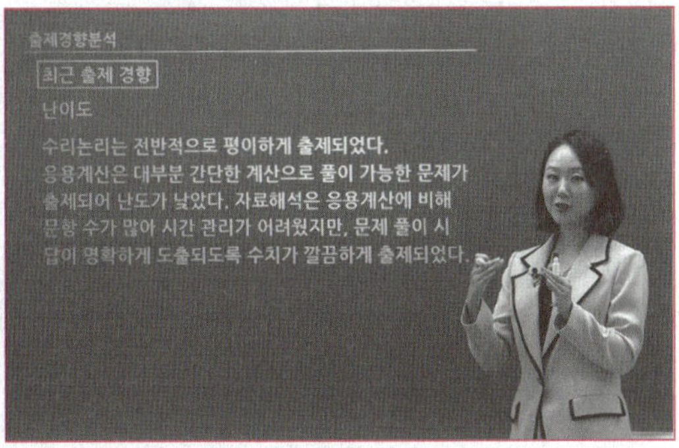

LG그룹 적성검사 동영상강의

해커스잡 사이트(ejob.Hackers.com)에서 유료로 제공하는 본 교재의 동영상강의를 통해 교재 학습 효과를 극대화할 수 있다.

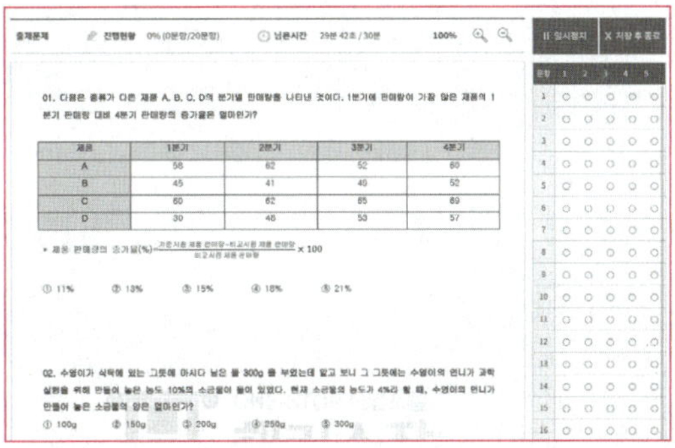

LG 온라인 모의고사

최근 시험과 동일한 유형 및 난이도로 구성한 온라인 모의고사를 통해 자신의 실력을 최종적으로 점검해 볼 수 있다.

맞춤 학습 플랜

자신에게 맞는 일정의 학습 플랜을 선택하여 학습 플랜에 따라 매일 그날에 해당하는 학습 분량을 공부하고, 매일 학습 완료 여부를 □에 체크해 보세요.

3일 완성 학습 플랜

한 영역씩 유형별 문제를 학습한 후, 실전 감각을 익힐 수 있도록 하루에 실전모의고사 2회분을 정해진 시간 내에 풀어 마무리한다. 실전모의고사 학습이 모두 끝난 뒤에는 인성검사에 대한 실전모의고사 2회분을 풀며 최종 마무리한다.

1일	2일	3일
기출유형공략 □ 언어이해 □ 언어추리 □ 자료해석 □ 창의수리	실전모의고사 □ 1회 □ 2회 □ 1회 복습 □ 2회 복습	실전모의고사 □ 3회 □ 4회 □ 3회 복습 □ 4회 복습 인성검사 □ 1회 □ 2회

* 실전 연습을 더 하고 싶다면, **해커스잡 사이트(ejob.Hackers.com)**에서 무료로 제공하는 **LG 온라인 모의고사**를 응시하여 실전 감각을 높일 수 있다.
* 심화 학습을 원한다면, **해커스잡 사이트(ejob.Hackers.com)**에서 유료로 제공하는 본 교재의 **동영상강의**를 수강하여 심화 학습을 할 수 있다.

5일 완성 학습 플랜

한 영역씩 유형별 문제를 학습한 후, 하루에 실전모의고사 1회분을 풀고 틀린 문제 위주로 빠르게 복습한다. 실전모의고사 학습이 모두 끝난 뒤에는 인성검사에 대한 실전모의고사 2회분을 풀며 최종 마무리한다.

1일	2일	3일	4일	5일
기출유형공략 ☐ 언어이해 ☐ 언어추리 ☐ 자료해석 ☐ 창의수리	실전모의고사 ☐ 1회 ☐ 1회 복습	실전모의고사 ☐ 2회 ☐ 2회 복습	실전모의고사 ☐ 3회 ☐ 3회 복습	실전모의고사 ☐ 4회 ☐ 4회 복습 인성검사 ☐ 1회 ☐ 2회

* 실전 연습을 더 하고 싶다면, 해커스잡 사이트(ejob.Hackers.com)에서 무료로 제공하는 LG 온라인 모의고사를 응시하여 실전 감각을 높일 수 있다.
* 심화 학습을 원한다면, 해커스잡 사이트(ejob.Hackers.com)에서 유료로 제공하는 본 교재의 동영상강의를 수강하여 심화 학습을 할 수 있다.

LG그룹 합격 가이드

1 LG그룹 알아보기

LG WAY

LG WAY는 LG 고유의 경영철학이자, LG 전 임직원이 지키고 실천해야 할 사고와 행동의 기반이자 경영이념인 '고객을 위한 가치창조'와 '인간존중의 경영'을 LG의 행동방식인 '정도경영'으로 실천함으로써 LG의 비전인 '일등 LG'를 달성하자는 것을 의미한다.

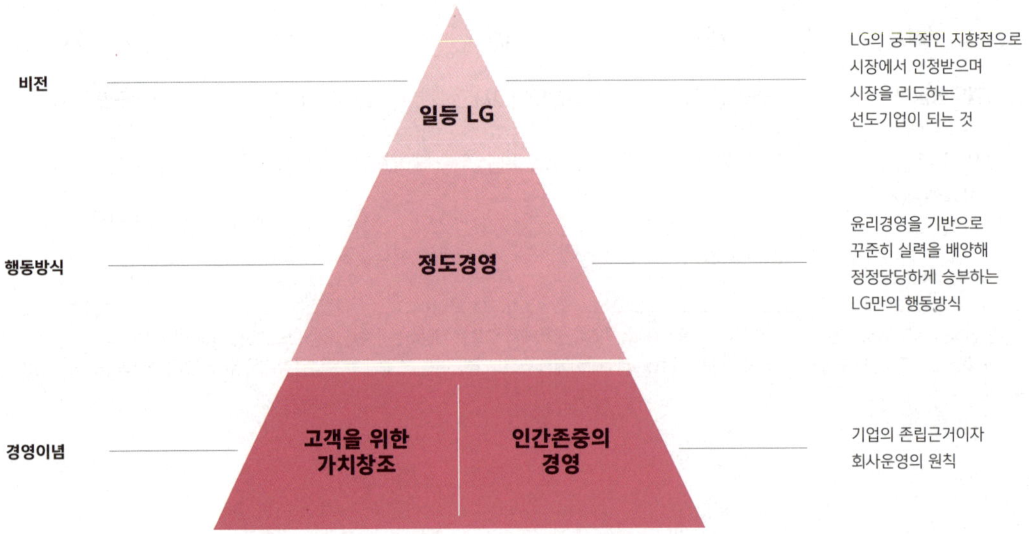

CI 및 심볼마크 의미

세계, 미래, 젊음, 인간, 기술의 5가지 개념과 정서를 형상화한 것으로, L과 G를 둥근 원 속에 형상화하여 인간이 그룹 경영의 중심에 있음을 상징하고, 세계 어디서나 고객과 친밀한 유대 관계로 고객 만족을 위해 최선을 다하는 LG인의 결의를 나타낸다.

<출처: LG 홈페이지>

2 LG그룹 채용 알아보기

채용전형 절차

지원서 접수 → 서류전형 → 인적성검사 → 면접전형 → 인턴십 → 건강검진

서류전형

- 자기소개서 항목을 통해 지원자의 회사와 직무에 대한 관심 또는 역량을 자세히 평가하고, 이 결과에 따라 인적성검사의 응시 가능 여부가 결정된다.
- 직무에 관계없이 쌓아온 인턴, 봉사활동, 자격증, 공모전, 어학성적 등을 나열하기보다는 자기소개서상에 LG에 대한 관심과 직무수행 역량을 잘 드러내야 한다.

인적성검사

- LG그룹 공통으로 적용하는 평가 방식으로, LG Way에 맞는 개인별 역량 또는 직업 성격적인 적합도를 확인하는 인성검사와 신입사원의 직무수행 기본 역량을 검증하기 위한 평가인 적성검사로 구성된다.
- LG그룹 인적성검사의 유효 기간은 응시일 기준 12개월로, 해당 기간 내에 LG 계열회사의 채용공고에 재지원할 경우 이전 응시 결과를 적용할 수 있다. (단, 계열사별로 기준은 다를 수 있으므로 자세한 내용은 각 사의 인적성검사 전형 시 안내될 내용을 참고해야 함)

면접전형

- 면접은 지원서에 작성한 내용을 확인하고 지원자가 갖추고 있는 기본 역량과 자질을 확인하고자 하는 과정이다.
- LG Way 기반의 인성면접과 더불어 사별로 토론면접, PT면접, 창의성면접 등 다양한 방식으로 사별 지원분야에 따라 면접 시 진행되는 방식이 다르므로 지원 단계에서부터 계열사·지원분야별 전형 방법을 확인한 후 미리 대비할 필요가 있다.

<출처: LG 채용 홈페이지>

LG그룹 인적성검사 합격 가이드

1 최신 LG그룹 인적성검사 출제 유형 알아보기

1. 시험 구성

LG그룹 인적성검사는 LG Way Fit Test로서, LG 임직원의 사고 및 행동 방식의 기본인 LG Way에 적합한 인재를 선별하고자 진행하는 LG의 평가 방식이다.

구분	영역	문항 수	시간	평가요소
인성검사	-	183문항	20분	개인별 역량 또는 직업 성격적인 적합도
적성검사	언어이해	20문항	20분	논리력, 분석적 사고력
	언어추리	20문항	20분	
	자료해석	20문항	20분	수치계산, 자료해석력
	창의수리	20문항	20분	수치계산, 논리력

2. 시험 특징

LG그룹 인적성검사는 온라인으로 시행된다!

2020년 9월부터 LG그룹 인적성검사는 온라인 방식으로 실시되었다. LG 인적성 프로그램(LG Way Fit Test) 내에 메모장과 계산기가 준비되어 있어 프로그램 내의 메모장과 계산기를 사용할 수 있으나, 종이와 펜을 이용한 문제 풀이는 불가하여 PC로만 문제 풀이를 해야 한다.

인성검사도 적성검사만큼 중요하다!

인성검사의 경우 정답이 있는 검사는 아니지만, LG의 임직원이 될 자질을 갖춘 인재가 맞는지를 확인하는 중요한 평가이다. 따라서 꾸며서 응답하는 것은 금물이며, 평소의 자신이 행동하고 생각하는 대로 최대한 솔직하게 응답하되 빈칸으로 남겨두는 문제가 없도록 시간 내에 모든 응답을 마쳐야 한다.

3. LG그룹 적성검사 시험 출제 유형

구분	문제 유형	유형 설명	문항 수	한 문항당 풀이 시간
언어이해 (총 20문항)	중심 내용 파악	제시된 글의 중심 내용 또는 필자의 의도를 판단하는 문제	약 8~10문항	약 60초
	세부 내용 파악	제시된 글을 바탕으로 추론한 내용의 진위를 판단하는 문제	약 8~10문항	
	글의 구조 파악	제시된 글의 구조를 파악해 글의 순서를 파악하는 문제	약 1~2문항	
	논지 전개 방식	제시된 글에서 논지를 이어가는 방식을 파악하는 문제	약 1~2문항	
언어추리 (총 20문항)	명제추리	제시된 조건을 토대로 올바른 전제 또는 결론을 도출하는 문제	약 4~5문항	
	조건추리	제시된 조건을 토대로 결론의 옳고 그름을 판단하는 문제	약 12~15문항	
자료해석 (총 20문항)	자료이해	제시된 자료에 있는 항목을 분석하는 문제	약 15문항	
	자료계산	제시된 자료에 있는 항목을 이용하여 계산하는 문제	약 2~3문항	
	자료추론	제시된 자료의 항목을 유추하여 빈칸을 채우는 문제	약 2~3문항	
	자료변환	제시된 자료의 항목을 활용하여 다른 형태의 자료로 바꾸는 문제	약 1문항	
창의수리 (총 20문항)	수/문자추리	제시된 수열의 규칙을 파악하여 결괏값을 도출하는 문제	약 5~7문항	
	응용계산	문제에 제시된 조건과 숫자를 정리하여 식을 세우고 답을 도출하는 문제	약 12~15문항	

* 2024년 하반기 LG그룹 적성검사 기준(계열사별로 상이할 수 있음)

2 LG그룹 인적성검사 필승 공략법

최신 출제 문제 유형 위주로 학습한다.

출제되는 문항 수와 시간이 변경되긴 했지만, 최근 출제 경향을 살펴보면 대부분은 기존에 출제된 유형이 반복하여 출제되고 있다. 따라서 반복적으로 출제되는 문제 유형 위주로 학습하되 창의수리 영역의 경우 수/문자추리 유형에서 다양한 형태의 문제가 출제될 수 있으므로 이전 시험에 출제된 적이 있는 유형도 폭넓게 학습하는 것이 좋다.

논리적 판단 능력 및 추리를 통한 사고 능력을 기른다.

LG그룹의 적성검사는 자료를 빠르게 분석한 후 논리적으로 판단하거나 추리를 통해 결과를 유추하는 논리력과 사고력을 요구하는 문제가 출제된다. 따라서 평소에 다양한 자료로 구성된 문제를 읽고 풀어보면서 내용을 빠르게 분석하고 이해하는 연습을 하는 것이 좋다.

시간 관리 연습을 한다.

LG그룹의 적성검사는 제시되는 지문이나 자료의 길이가 긴 편이라 문제 풀이에 소요되는 시간이 큰 편이다. 이에 따라 실제 시험에서 모든 문제를 풀어내려면 평소에도 실전과 동일한 제한 시간을 두고 문제 푸는 연습을 해야 한다. 또한, 취약한 유형은 반복적으로 학습해 문제 풀이 시간을 단축하는 연습을 해야 하며, 컴퓨터로 메모장 및 계산기를 이용하는 방법을 미리 연습하여 온라인 시험 환경에서도 빠르게 문제를 풀 수 있는 연습을 한다.

전 회차 온라인 응시 서비스로 실전에 대비한다.

온라인 시험 특성상 단순히 문제를 풀이하는 것 외에도 여러 가지 변수가 발생할 수 있기 때문에 온라인으로 모의고사를 푸는 연습을 하여 보다 철저히 시험에 대비하는 것이 좋다.

3 시험 당일 Tip!

1. 시험 응시 당일 유의사항

- 시험 응시 장소는 다른 사람과 접촉할 수 없는 공간이면서 시험을 응시할 수 있는 독립된 공간이어야 한다.
- 태블릿PC 및 모바일 응시는 불가능하므로 노트북 또는 데스크탑, 웹캠, 헤드셋, 키보드, 마우스를 미리 준비해야 한다.
  * 헤드셋 대신 의사소통을 할 수 있는 장치(마이크가 부착된 이어폰 등)를 활용하는 것도 가능함
- 시험 응시 전 웹캠으로 신분증을 찍어 감독관에게 인증해야 하므로 주민등록증, 운전면허증, 유효 기간 내 여권, 외국인 등록증과 같은 신분증을 미리 준비해야 한다.
- 응시자는 감독관의 얼굴을 볼 수 없지만, 감독관은 응시자를 볼 수 있으므로 가급적 단정한 모습으로 응시하여야 한다.
- 응시 10분 전부터 검사가 종료될 때까지 응시 장소를 벗어나는 것은 원칙적으로 불가능하며, 응시 중 타인의 출입, 문제 메모 등 부정행위가 적발될 경우 불이익을 받을 수 있다.
- 시험 응시 시 화면에서 제공하는 메모장과 계산기 외에 필기도구 등은 사용할 수 없으므로 불이익을 받지 않도록 유의해야 한다.

2. 합격을 위한 Tip

- 별도의 시간 안내 방송은 없으며, 화면에 남은 시간이 제시된다.
- 화면에서 제공하는 메모장에는 타자를 치거나 마우스로 드로잉을 하는 것 모두 가능하다.
- 답안 체크란은 우측에 있으며, 문제 풀이를 완료하면 아이콘이 변경되므로 정확히 확인해야 한다.
- 시험 응시 전 사전 검사에 응시하지 않으면 인적성검사를 치를 수 없으므로 미리 LG Way Fit Test 프로그램을 다운로드 하고 사전 검사를 시행한다.

PART 1

기출유형공략

01 | 언어이해 기출유형공략

언어이해 소개

언어이해는 글을 논리적으로 분석하고 이해하는 능력, 글을 유기적으로 구성하는 능력을 평가하는 영역이다.
총 20문항이 제시되며, 20분 이내에 풀어야 한다.

최근 출제 경향

출제 유형

유형 1 중심 내용 파악
유형 2 세부 내용 파악
유형 3 글의 구조 파악
유형 4 논지 전개 방식

난이도

2024년 하반기 시험에서 언어이해는 전반적으로 어렵게 출제되었다.
지문의 길이가 이전 대비 길어져 문제 풀이에 오랜 시간이 소요되었으며, 정답을 찾기에 헷갈리는 선택지가 많아 체감 난도가 높은 편이었다.

온라인 시험 한 줄 Tip

언어이해는 제시된 지문을 빠르게 읽고 전반적인 흐름과 내용을 파악해야 하므로 선택지 내용을 먼저 읽은 뒤 중심 문장과 핵심어 위주로 글을 정확하게 읽으며 선택지의 내용을 추론하면 문제를 빠르게 풀이할 수 있다.

유형 1 중심 내용 파악

유형 특징 글에 제시된 내용을 바탕으로 글의 핵심 논지를 추론하는 유형의 문제이다.

학습 전략 글에서 가장 핵심적으로 전달하고자 하는 내용은 글의 앞부분 또는 뒷부분에서 제시될 가능성이 높으므로 글 전체를 차례대로 읽기보다는 제시된 글의 앞부분과 뒷부분만 먼저 읽고 글의 전체 요지 또는 화자의 입장을 파악하는 연습을 한다.

예제 글의 중심 내용을 파악하는 문제

다음 글의 제목으로 가장 적절한 것을 고르시오.

학생들의 문해력 관련한 논란이 한창이다. 이때의 문해력은 글을 읽고 이해하는 능력을 말하는데, 한국교원단체총연합회가 전국의 초·중·고등학교 교사 5,848명을 대상으로 진행한 조사 결과에 따르면 조사에 응한 교사의 약 90% 과거 대비 학생들의 문해력이 저하됐음을 느낀다고 답하였다. 그리고 교사 30%는 별도의 도움 없이 교과서를 이해하지 못하는 학생이 6명 중 1명 이상이라고 답할 만큼 현재 학생들의 문해력 저하 정도의 문제가 큰 상황이다. 문해력 저하 원인은 다양하게 있겠지만, 그중에서도 스마트폰 사용에 따른 매체 과사용과 독서량 감소가 원인으로 손꼽힌다. 너무 어린 나이부터 영상 매체에 쉽게 노출됨에 따라 사고의 확장이 쉽게 이루어지지 않고, 모르는 내용을 맞닥뜨리더라도 검색을 통해 쉽게 정보를 습득할 수 있는 현대 사회 특성상 문해력 저하는 자연스러운 현상인 것이다. 사회적으로 책을 읽지 않는 분위기 역시 문해력 저하의 원인이 된다. 1년 동안 책을 한 권도 읽지 않은 사람이 성인의 약 60%에 달하는 만큼 책을 읽지 않는 어른들을 보고 자라난 아이들 역시 독서하는 습관을 기르기 어려운 상황이다. 부모는 자녀의 거울이라는 말이 있다. 아이들에게 독서를 강요하는 것은 오히려 독서에 대한 거부감을 야기할 수 있다. 어른들이 먼저 스마트폰을 내려놓고 책을 즐겨 읽는 분위기를 형성하여 아이들 스스로 독서에 흥미를 갖도록 노력해야 문해력 저하 문제 역시 해결할 수 있을 것이다.

① 학생들의 문해력 저하가 심각한 상황인 점을 고려할 때 가정에서 해결책을 찾기 보다는 정부 차원에서 대책을 마련할 필요가 있다.

② 학생들의 문해력 저하 문제는 전 세계적으로 동일하게 나타나는 문제이므로 우리나라 차원에서만 해결책을 마련하기는 어렵다.

③ 학생들의 문해력 저하 문제를 해결하기 위해서는 가정 내에서 스마트폰 사용을 줄이고 독서하는 습관을 기를 수 있도록 해야 한다.

④ 학생들의 문해력 저하 문제를 해결하기 위해서는 교사들이 문해력이 좋지 못한 학생들을 위한 추가 수업을 진행해야 한다.

⑤ 학생들의 문해력 저하 요인으로 꼽히는 스마트폰 사용은 이용 방법에 문제가 있기 때문이므로 올바른 사용 방법을 알려주어야 한다.

|정답 및 해설| ③

이 글은 학생들의 문해력 저하 문제의 심각성과 해결을 위해 부모가 우선하여 스마트폰 사용을 줄이고 책을 즐겨 읽는 습관을 길러줘야 한다는 것을 설명하는 글이므로 이 글의 제목으로 가장 적절한 것은 ③이다.

시간 단축 Key point!

제목은 글에서 반복적으로 언급하는 개념과 핵심 내용을 모두 포함해야 하므로 내용 중 일부만을 포함한 선택지는 소거한 뒤 정답을 찾는다.

유형 2 세부 내용 파악

유형 특징 글에서 나온 정보를 바탕으로 세부적인 내용의 옳고 그름을 추론하는 유형의 문제이다.

학습 전략 세부 내용 파악 문제는 선택지를 먼저 읽고 핵심어를 추려낸 뒤 글을 빠르게 훑어보며 핵심어 관련 내용을 글에서 찾아 선택지의 내용과 대조하여 일치 여부를 파악하는 방법으로 풀이해야 하므로 평소 다양한 주제의 글을 읽으며 핵심어를 중심으로 글의 내용을 파악하는 연습을 한다.

예제 글의 세부 내용을 파악하는 문제

다음 글의 내용과 일치하지 않는 것을 고르시오.

19세기 영국은 청나라에 모직물과 면화를 수출하고, 청나라는 영국에 홍차, 비단, 도자기 등을 수출하였다. 영국은 청나라의 홍차를 많이 수입하였는데, 홍차의 수입 대가로 청나라에 은을 주면서 영국의 손실이 지대하였다. 또한, 청나라는 광저우항만 개항한 상태였기 때문에 영국은 무역 범위를 넓혀줄 것을 청나라에 요구하였지만 받아들여지지 않자 청나라 정부 몰래 아편을 청나라 시장에 판매하였다. 이에 청나라에서는 밀매된 아편으로 인해 아편 중독자가 증가하였고, 영국에 수출하는 홍차의 양보다 아편을 밀매하는 양이 더 많아지게 되었다. 이에 청나라 정부에서는 아편을 금지하고 광저우에 특별 관리 임칙서를 보내는데, 이로 인해 광저우 항에서 영국 상인의 아편을 빼앗아 불태우기에 이른다. 이 사건을 빌미로 1840년 6월 영국은 청나라에 쳐들어왔는데, 이것이 바로 아편 전쟁이다. 청나라는 영국에 대항하였으나 결국 패배하게 되었고, 영토의 할양, 배상금 지불, 5개 항구를 개항한다는 내용의 난징 조약과 최혜국 대우, 치외 법권 등이 포함된 호문 추가 조약을 맺게 되었다. 이는 청나라로서 외국과 맺은 최초의 불평등 조약으로 여겨진다.

① 영국은 청나라 정부가 영국 상인의 아편을 불태운 것을 빌미로 아편 전쟁을 일으켰다.
② 19세기 영국에서는 홍차 수입의 대가로 청나라에 은을 지불하였다.
③ 아편 전쟁 결과 맺어진 난징 조약에는 5개 항구를 개항한다는 내용이 포함되어 있다.
④ 아편 전쟁 이전 청나라에서 영국에 가장 많이 수출한 품목은 모직물과 면화였다.
⑤ 난징 조약은 청나라가 다른 나라와 맺은 최초의 불평등 조약이다.

|정답 및 해설| ④

글 전반부에서 19세기 영국은 청나라에 모직물과 면화를 수출하였다고 하였으므로 아편 전쟁 이전 청나라에서 영국에 가장 많이 수출한 품목이 모직물과 면화였던 것은 아님을 알 수 있다.

시간 단축 Key point!

선택지에 있는 고유명사, 숫자와 같이 글에서 쉽게 찾을 수 있는 핵심어를 먼저 파악한 뒤 각 선택지와 관련된 내용을 글에서 확인하는 방법으로 풀이하면 정답을 빠르게 찾을 수 있다.

유형 3 글의 구조 파악

유형 특징 글의 논리적 흐름과 구조를 정확히 파악하는 유형의 문제이다.

학습 전략 문제에 제시된 글이나 일상에서 접하는 다양한 글을 읽으며 글의 흐름을 파악하고 논리적 구조를 분석하는 연습을 한다.

예제 글의 논리적 흐름과 구조를 파악하는 문제

다음 문단을 논리적 순서대로 알맞게 배열한 것을 고르시오.

가) 노벨은 이를 다이너마이트라 명명하고, 미국과 영국에서 특허를 얻게 된다. 다이너마이트는 출시되자마자 큰 인기를 끌게 되는데, 불을 붙이는 장치에 불이 붙어야만 폭발했기 때문에 건설 현장, 광산 등에서 안정적으로 사용할 수 있었을뿐더러 폭발력 또한 강력했기 때문이었다. 결과적으로 다이너마이트의 발명은 노벨에게 큰 부와 명성을 가져다주게 되었다.

나) 이에 그는 1862년 니트로글리세린을 만들기 위한 공장을 세운 뒤 이상 폭발을 제어하는 연구에 몰입하였고, 1863년에는 금속용기에 니트로글리세린을 채운 뒤 목제 점화 플러그를 끼워넣는 방식을 통해 뇌관을 만들게 된다. 1867년에 이르러서는 규조토에 니트로글리세린을 흡수시키는 방법을 통해 안전한 가속성 폭약을 만들게 되었다.

다) 다이너마이트는 니트로글리세린을 규조토, 목탄, 면화약 따위에 흡수시켜 만든 폭발약을 말한다. 다이너마이트를 발명한 사람은 노벨상의 창시자로도 알려진 알프레드 노벨이다. 그는 본래 니트로글리세린을 활용한 폭탄 제조 실험을 하였는데, 니트로글리세린은 뛰어난 폭발성을 지닌 대신 강한 휘발성으로 안전상 문제가 있었다.

라) 그러나 제1차 세계대전이 발발하면서 다이너마이트는 본래의 사용 목적과 달리 전쟁 시 적군의 진지와 적군을 파괴하기 위한 폭탄으로 변모하게 된다. 노벨은 자신의 발명품이 전쟁에서 활용되는 것을 원치 않았으나 결국 다이너마이트는 많은 사람을 죽게 만들었다. 발명가의 의도와 달리 인류의 목숨을 앗아간 죽음의 무기로 활용된 것이다.

① 가) - 나) - 다) - 라)
② 가) - 다) - 나) - 라)
③ 다) - 나) - 가) - 라)
④ 다) - 나) - 라) - 가)
⑤ 다) - 라) - 가) - 나)

|정답 및 해설| ③

이 글은 다이너마이트의 발명 과정과 다이너마이트의 양면성에 대해 설명하는 글이다.

따라서 '다) 니트로글리세린을 활용한 폭탄 제조 실험을 진행한 노벨 → 나) 안전한 가속성 폭약을 만든 노벨 → 가) 다이너마이트라 명명된 노벨의 발명품과 유용성에 따른 인기 → 라) 전쟁의 무기로 사용된 다이너마이트의 양면성' 순으로 연결되어야 한다.

시간 단축 Key point!

선택지를 비교하여 첫 문단을 찾고 글의 전개 방식을 유추한 뒤, 접속어와 지시어를 통해 문단 간의 순서를 파악한다.

유형 4 논지 전개 방식

유형 특징 제시된 글의 서술상 특징에 대해 파악하는 유형의 문제이다.

학습 전략 선택지에서 명시한 논지 전개 방식을 파악한 후, 제시된 글의 서술상 특징에 해당하거나 해당하지 않는 논지 전개 방식을 파악하는 연습을 한다.

예제 제시된 글의 서술상 특징을 파악하는 문제

다음 글의 서술상 특징으로 가장 적절한 것을 고르시오.

여성국극은 여성들이 모여 한 창극으로, 전통적인 판소리나 그 형식을 빌려 만든 가극을 진행하되, 배역을 맡는 인원이 모두 여성인 것을 말한다. 여성국극은 1945년 국악건설본부에 속해있던 여성 국악인이 1948년 여성국악동호회를 조직하여 <옥중화>를 처음 공연하며 시작되었다. 첫 공연은 흥행하지 못하였지만, 이후 진행된 <해님 달님>이 큰 성공을 거두었고, 1950년대 내내 대중들에게 큰 사랑을 받았다. 이는 여성국극이 소리 위주보다는 공연 자체에 집중했기 때문으로 노래의 연극성을 살리고 대사도 대화체의 가락을 사용하는 등 감정 연기를 잘 드러내는 방식을 통해 광복과 전쟁 등의 역사적 혼란 속에서 대중들의 힘든 삶을 잠시 잊게 해주는 역할을 하였다. 특히 남녀 주인공의 애정 연기도 모두 여성들이 진행하여 더 과감한 표현이 가능했는데, 이는 자유연애와 성에 대한 대중들의 이상을 실현하는 측면에서 더 큰 열광을 불러일으켰다. 그러나 여성국극은 1950년대 말부터 급격한 쇠퇴의 조짐을 보인다. 상업영화와 텔레비전의 발달로 대중들의 관심을 잃었고, 주제나 표현 방식이 진부하고 시대 변화를 따라가지 못해 점차 대중의 외면을 받게 되었다.

① 서술 대상에 대한 다양한 학설을 제시한 후 학설들을 비교하고 있다.
② 특정 관점에 입각하여 반대 입장의 주장을 논박하고 있다.
③ 자문자답의 문장을 사용하여 논지를 확대 및 강화한다.
④ 서술 대상의 발전 양상을 시간의 변화에 따라 살피고 있다.
⑤ 서술 대상에 대한 문제점을 지적하고 그에 대한 원인을 구체적으로 분석하고 있다.

|정답 및 해설| ④

글 전체에서 여성국극의 시초와 흥행 및 쇠퇴에 대해서 시간의 흐름에 따라 설명하고 있다.

시간 단축 Key point!

선택지를 우선 확인한 후 제시된 지문을 읽고 제시문에서 확인되지 않은 논지 전개 방식의 선택지를 소거하는 방법으로 빠르게 정답 선택지를 파악한다.

출제예상문제

▶ 해설 p.2

01 다음 글의 제목으로 가장 적절한 것을 고르시오.

날이 추워지면 대부분의 사람들은 자연스럽게 난방기구를 찾게 된다. 난방기구의 종류는 다양하지만, 그중에서도 바닥에 까는 온열매트의 인기는 매년 높은 편이다. 온열매트는 열을 내는 방식에 따라 크게 전기매트와 온수매트로 구분된다. 먼저 내부에 열선이 삽입된 전기매트는 전기 저항이 큰 전선으로 전류를 흘려보낼 때 발생하는 열을 난방의 원리로 활용하는 온열매트이다. 내부에 직접적으로 전류를 흘려보내는 방식을 활용하므로 사용 시 전자파가 발생할 수밖에 없는데, 이로 인해 전자파에 노출될 수 있다는 단점이 있다. 반면, 온수매트는 내부에 삽입된 호스에 더운물을 흘려보내는 방법을 통해 난방을 하기 때문에 비교적 전자파에 노출될 위험이 적다. 일부 업체에서는 온수매트에서 전자파가 나오지 않는다고 홍보하기도 하고, 시중에 판매되는 온수매트 중 전자기장 환경인증인 EMF인증을 받은 제품도 있어 온수매트가 전자파를 아예 발생시키지 않는다고 여기는 사람들도 많지만, 사실 그렇지 않다. EMF인증은 전기장 10V/m 이하, 자기장 2mG 이하라는 기준을 통과했을 때 제공되며, 이는 인체에 해로울 정도의 전자파가 발생하지 않는다는 의미이지 전자파가 아예 발생하지 않는다는 의미는 아니다. 또한, 일반적인 온수매트는 전기보일러와 매트가 결합되어 있는데, 매트에 공급할 더운물을 전기보일러에서 끓이는 과정에서 전자파가 발생한다. 특히 매트와 전기보일러 사이가 가까울수록 전자파가 많이 발생하므로 사용할 때는 이런 점을 간과하지 않아야 한다.

① 전기매트의 원리와 사용할 때 주의해야 하는 사항
② 온열매트의 작동 방식과 이용 시 발생하는 전자파에 대한 이해
③ 소비자가 전기매트보다 온수매트를 선호하는 이유
④ 온열매트에서 발생하는 전자파가 인체에 미친 영향
⑤ 전자기장 환경인증인 EMF인증 기준에 따른 전자파 발생 정도

02 다음 글의 제목으로 가장 적절한 것을 고르시오.

> 석유, 석탄, 천연가스 등을 활용한 화석에너지는 전 세계적으로 가장 많이 사용하는 에너지원이다. 문제는 석유나 천연가스는 매장량이 한정적이기 때문에 자원 고갈 문제에 직면할 수 있다는 것이다. 이러한 상황에서 등장한 에너지원이 바로 셰일가스이다. 셰일가스는 셰일층에 매장되어 있는 천연가스인데, 일반적인 천연가스와 달리 단단한 셰일층에 존재해 채굴이 어려울 수밖에 없다. 석유와 천연가스는 시추봉을 수직으로 꽂음으로써 추출이 가능하지만, 본래 이와 같은 방법으로는 셰일가스 추출이 어려워 채굴되지 않았으나 수압으로 셰일층을 파괴한 뒤 수평봉을 통해 시추하는 방식을 통해 셰일가스를 캘 수 있다는 사실이 밝혀지며 추출량이 급격하게 증가하였다. 지구상에 매장된 천연가스의 80%가 셰일가스 형태로 매립되어 있다는 점을 고려하면 화석에너지를 더 장기적으로 이용할 수 있게 된 것이다. 특히 셰일가스는 석유 대비 탄소배출량도 적은 청정에너지라는 점에서 환경친화적이다. 하지만, 셰일가스의 사용량 확대에 대해 우려의 목소리가 큰 것도 사실이다. 셰일가스 추출을 위해 활용하는 수평 시추 방식은 땅속의 지형 변화를 자극하여 우라늄과 같은 화학 물질이 지하수에 녹아들 수 있고, 일반 천연가스 대비 메탄 및 이산화 탄소 발생량이 높아 지구 환경을 위협한다는 지적도 계속해서 제기되고 있는 현황이다.

① 셰일가스를 대체 에너지원으로 활용해서는 안 되는 이유
② 지구상에 매립된 천연가스의 양과 활용 방안
③ 화석에너지로서 셰일가스의 가능성과 한계점
④ 천연가스 추출 시 수직 시추 방법을 활용하는 이유
⑤ 셰일층에 매립된 셰일가스를 추출하는 방법

03 다음 글의 전제로 가장 적절한 것을 고르시오.

사회·문화 현상을 탐구하는 방법 중 하나인 양적 연구는 사회 과학 초기의 실증주의적 관점을 계승한 것으로, 자연 현상을 연구하는 것과 같이 경험적 자료를 통해서 일정한 법칙을 발견하려는 방법이다. 양적 연구 방법은 어떠한 현상을 수치화하여 측정하고, 그 측정값을 통계적 기법으로 분석하여 특정한 관계나 법칙을 밝혀내는 것이 중심이 된다. 자료의 수집 과정에서도 질문지법이나 실험법을 이용하며, 이를 통한 객관적이고 공식적인 자료를 중요시한다. 이는 가설의 검증과 법칙의 발견에 유리한 면이 있지만, 인간을 연구 대상으로 하는 만큼 계량적 방법으로는 사회·문화 현상을 정확히 파악할 수 없다는 단점이 있다. 목적이나 의도를 가진 인간의 행위를 계량적 방법으로 파악하는 것이 어려우며, 인간의 내면적 특성까지 지나치게 단순화할 수 있기 때문이다. 그러므로 질적 연구를 통해 사회·문화 현상을 이해하려는 노력이 필요하다. 질적 연구 방법이란 사회·문화 현상에 담긴 인간 행위의 동기나 목적, 의미 등을 심층적으로 이해하려는 방법이다. 이는 사회가 연구 대상인 동시에 연구자가 속해 있는 환경이기 때문에 사실상 객관적인 연구가 불가능하다는 양적 연구 방법의 한계를 극복할 수 있다. 질적 연구는 연구자가 자신의 감정을 이입해 공감적 이해와 직관적 통찰로 상호관계를 유추하고 해석한 바를 상세히 기술하는 방식으로 이루어지며, 비공식적 자료를 중시한다는 특징이 있다. 자료의 수집 시에도 조사 대상과 직접 대화를 하거나 조사 대상과 함께 생활하며 그들을 관찰함으로써 깊이 있는 자료를 수집할 수 있는 면접법, 참여 관찰법 등이 주로 활용된다. 이를 통해 개별적인 사회·문화 현상에 대한 심층적인 이해가 가능하며, 개인의 행위 동기와 사회적인 의미를 파악할 수 있다.

① 사회·문화 현상을 연구할 때는 양적 측면을 중시해야 한다.

② 자료의 객관성이 높을수록 사회·문화 현상을 더 정확히 파악할 수 있다.

③ 사회·문화 현상은 자연 현상과 본질적으로 다르다.

④ 연구자의 가치 개입을 최소화할 때 정밀한 연구가 가능하다.

⑤ 자연 현상과 마찬가지로 인간의 행동을 일반화하여 법칙을 도출할 수 있다.

04 다음 문단을 논리적 순서대로 알맞게 배열한 것을 고르시오.

가) 물론 우주의 중심을 태양으로 보았다는 데에서 한계가 존재하긴 하지만, 코페르니쿠스의 주장은 중세적 우주관에 변혁을 일으켰으며, 그의 주장은 추후 갈릴레오 갈릴레이의 정확한 관측을 통해 입증되며 지동설이 확고한 위치를 차지하게 되었다.
나) 기원전 3세기쯤에 그리스의 아리스타코스가 지동설을 최초로 주장한 적도 있긴 하지만, 히파르코스 등에 의해 부정되고 이후 천동설이 1,400여 년간 주류로 자리하게 된다.
다) 하지만 16세기에 이르러 폴란드의 천문학자였던 코페르니쿠스가 자신의 저서인 《천구의 회전에 관하여》에서 지구가 다른 행성들과 동일하게 등속도로 태양의 주변을 공전한다고 주장하며 큰 파문을 불러일으킨다.
라) 고대 그리스인들은 오랜 기간 동안의 항해를 통해 지구가 둥글다는 사실을 깨닫고 있었다. 하지만 지구가 우주의 중심에 있다는 천동설을 믿고 있었기 때문에 지구가 태양 주변을 돌고 있다는 사실은 믿지 않았다.

① 나) - 다) - 라) - 가)
② 나) - 라) - 다) - 가)
③ 라) - 나) - 가) - 다)
④ 라) - 나) - 다) - 가)
⑤ 라) - 다) - 가) - 나)

05 다음 주장에 대한 반박으로 가장 타당한 것을 고르시오.

> 도덕의 기준은 시대에 따라 달라질 뿐만 아니라 사회마다 다르게 나타나기 때문에 절대적인 도덕규범이란 존재할 수 없다. 물론 대부분의 사회에서 거짓말은 도덕적으로 옳지 못한 행위라고 받아들여진다. 그러나 이를 절대적으로 여길 게 아니라 피치 못할 사정이 있는 경우에는 예외가 발생할 수 있다는 사실을 인정해야 한다. 사람은 사회적 동물이기에 타인과 생활하다 보면 어쩔 수 없이 선의의 거짓말을 해야 하는 상황을 마주하게 된다. 피할 수 없는 상황에서 제한적으로 사용하는 선의의 거짓말은 일종의 문화적 관습이자 사회생활을 해나가는 지혜라고 볼 수 있다. 예를 들어 별로 친하지 않은 친구가 팀 과제를 함께 하자고 제안했을 때, 상대가 불편해서 팀 과제를 하고 싶지 않다고 솔직하게 말하는 것보다는 다른 친구와 이미 팀 과제를 함께 하기로 약속했다고 선의의 거짓말을 하는 편이 현명하다. 때때로 정직함은 상대에게 상처와 아픔이 될 수 있으며, 이러한 상황에서 선의의 거짓말을 선택한다면 좋은 결과를 가져올 수 있다. 실제로 미국 하버드 의대의 리사 이에조니 교수팀이 1,891명의 의사를 대상으로 설문조사를 한 결과, 전체 응답자의 55% 이상이 환자에게 사실보다 병의 증세를 긍정적으로 설명한다고 답했다. 의사는 선한 의도에서 선의의 거짓말을 통해 환자에게 완쾌할 수 있다는 희망을 심어준 것이며, 환자는 의사의 말을 듣고 긍정적인 마음가짐으로 치료에 매진하여 좋은 결과를 얻을 수 있다. 만약 의사가 환자에게 불치병이라는 사실을 솔직하게 말했다면 환자는 치료하려는 시도조차 하지 않을 가능성이 높다.

① 대개 나쁜 의도를 갖고 하는 거짓말과 다르게 선한 거짓말은 좋은 의도로 하는 것이기 때문에 그 자체가 선한 행위라고 볼 수 있다.

② 도덕적 가치가 충돌하는 상황에서 개개인은 본인이 가장 중요하게 생각하는 가치규범을 선택할 수밖에 없다는 점을 인정해야 한다.

③ 사람은 평균적으로 하루에 3번 이상 거짓말을 한다고 보는 목적론적 윤리관은 도덕에서 예외를 인정해야 한다고 주장한다.

④ 도덕규범에 예외는 존재할 수 없지만 선의의 거짓말은 사회 구성원 간에 좋은 관계를 유지하기 위해 어느 정도 받아들여야 한다.

⑤ 거짓말은 선의의 거짓말과 나쁜 거짓말로 명확하게 분류할 수 없으며 선의의 거짓말이 어떤 결과를 가져올지는 누구도 예측할 수 없다.

06 다음 주장에 대한 반박으로 가장 타당한 것을 고르시오.

치킨 게임이란 어떤 문제를 둘러싸고 대립하는 상태에서 서로 양보하지 않다가 극한으로 치닫는 상황을 말한다. 이는 1950년대에 미국 젊은이들 사이에서 유행한 자동차 게임의 이름에서 유래된 것으로, 각자의 차를 탄 두 사람이 서로를 향해 돌진하는 상황에서 누군가 핸들을 꺾으면 두 사람 모두 살 수 있지만, 둘 다 핸들을 꺾지 않으면 모두 죽을 수밖에 없다. 이러한 상황에서 핸들을 꺾지 않은 사람은 승리자가 되며, 핸들을 꺾은 사람은 겁쟁이를 의미하는 치킨(Chicken)이 된다. 치킨 게임은 다양한 상황에서 적용 가능한데, 일례로 한 반도체 업체에서는 시장 점유율을 높이고자 막강한 자금을 동원해 반도체 가격을 계속 인하하였다. 그 결과 다른 업체들이 모두 가격 인하를 포기하며 반도체 시장에서의 승자가 될 수 있었다. 자신은 절대 포기하지 않겠다는 의지를 표명함으로써 최후의 승자가 된 것인데, 이처럼 치킨 게임은 자신의 의지를 타인에게 관철하고자 할 때 효과적으로 이용될 수 있다.

① 국가적 위신이 걸린 외교 분야에서 치킨 게임을 활용하면 승리를 통해 자국의 이익을 꾀할 수 있다는 점에서 효율적이다.

② 치킨 게임은 젊은 사람들이 자신의 용기를 과시하는 방법으로만 활용되어야 효과적이다.

③ 치킨 게임에 참여한 사람 모두가 승리를 포기하지 않을 경우 관련 사람 모두 큰 피해를 볼 수 있으므로 치킨 게임은 신중하게 접근해야 한다.

④ 본인이 주체적으로 행동하지 않더라도 상대방의 행위를 통해 자신이 원하는 최적의 선택을 실현하고자 한다면 치킨 게임을 활용해야만 한다.

⑤ 치킨 게임에서 승리하고 싶다면 상대방에게 자신은 양보하지 않겠다는 의지를 강력하게 드러내야만 한다.

07 다음 주장에 대한 반박으로 가장 타당한 것을 고르시오.

> 콜라나 사이다와 같은 탄산음료는 청량감으로 인해 찾는 이들이 많지만, 고열량·저영양 식품으로서 성인은 물론 어린아이가 섭취 시 비만, 영양불균형 등 다양한 문제가 유발될 수 있다. 문제는 어린아이들이 탄산음료를 어디서나 쉽게 마주할 수 있다는 점이다. 최근의 한 통계조사에 따르면 국내에 유통되고 있는 탄산·혼합음료 632개 중 약 43%가 고열량·저영양 식품에 해당하며, 그중 어린이 기호식품 품질인증을 받은 제품은 11개에 불과한 것으로 알려졌다. 이와 같은 음료류를 다량 섭취할 경우 고혈압, 당뇨, 고지혈증과 같은 만성질환이 유발될 수 있고 이는 장차 성인이 되어서도 이어질 가능성이 높다. 따라서 아이들의 음료 섭취는 엄격하게 관리해야 하며, 아이들의 안전을 위해 가급적 음료류를 섭취하지 않도록 할 필요가 있다.

① 탄산음료를 즐겨 마시는 아이는 그렇지 않은 아이 대비 비만이 되거나 만성질환이 생길 가능성이 높다.
② 어린이 기호식품 품질인증을 받은 음료라고 하더라도 어린이의 건강에 무해하다고 판단하기는 어렵다.
③ 아이가 탄산·혼합음료를 과섭취하지 않도록 지도한다면 음료 섭취에 따른 문제가 유발되지 않을 수 있다.
④ 음료 섭취를 좋아하는 아이가 소아비만이라면 성인까지 비만 상태가 이어질 수 있으므로 주의해야 한다.
⑤ 아이의 경우 성인보다 자제력이 부족하므로 부모가 고열량·저영양 식품 섭취를 통제해 주어야 한다.

08 다음 글의 내용과 일치하지 <u>않는</u> 것을 고르시오.

> 겨울부터 봄이면 사람들이 자주 기침을 하는 모습을 볼 수 있다. 기침을 유발하는 질병은 다양하겠지만, 그중에서도 3~6세의 어린이들이 경련성의 기침이 유발된다면 백일해를 의심해볼 수 있다. 백일해는 보르데텔라 백일해균 감염에 의해 나타나는 호흡기 질환으로, '흡'하는 소리와 함께 발작과 구토가 동반된 기침이 2주 이상의 지속되는 모습을 보인다. 보통 백일해균에 직접 접촉하여 감염되거나 감염자가 기침을 할 때 분출된 비말이 호흡기로 들어가며 전파가 진행된다. 성인의 경우 백일해균에 감염되더라도 특징적으로 나타나는 증상이 없지만, 백일해는 나이가 어릴수록 특징적 증상이 잘 나타나며 치명도 역시 높아진다. 치료의 경우 3개월 미만의 영아 또는 심폐 질환 등이 있는 소아라면 입원하여 치료하는 것이 기본이다. 잠복기 혹은 발병한 지 14일이 지나지 않은 경우라면 에리스로마이신을 투여하는 특수 치료를 통해 증상 완화 및 전파력 약화를 기대할 수 있다. 무엇보다도 백일해는 전파력이 매우 강한데, 만약 항생제 치료를 시작했다면 5일 간 호흡기 격리가 이루어져야 하고, 항생제 치료 시작 전이라면 기침 발생 시점부터 21일 동안 격리가 이루어져야 한다. 백일해의 합병증은 나이가 어릴수록 발현 정도가 높다. 생후 6개월 미만의 영아라면 기관지 폐렴, 무기폐, 기관지 확장증, 중이염 등이 나타날 수 있다. 다만, 백일해는 백신을 통해 대비 가능하다. 생후 6주부터 7세 이전까지 백일해 백신 접종이 권장되며, 6개월 미만의 영아를 돌보는 가족들도 백신을 함께 접종하는 것이 예방에 효과적이다.

① 보르데텔라 백일해균에 감염될 경우 호흡기 질환이 나타날 수 있다.
② 백일해는 백신을 통해 예방이 가능한 질병이다.
③ 백일해에 감염되었으나 잠복기라면 에리스로마이신를 투여하여 전파력을 약화할 수 있다.
④ 백일해 감염에 의한 치명도는 나이가 많을수록 높아진다.
⑤ 태어난 지 2개월이 된 영아가 백일해에 감염될 경우 입원 치료가 필요하다.

09 다음 글의 내용과 일치하지 않는 것을 고르시오.

야구는 9명으로 이루어진 두 팀이 9회 동안 공격과 수비를 번갈아 하며 승패를 겨루는 구기 경기이다. 팀으로 경기가 진행되므로 승패를 각자의 팀이 나누어 갖게 되지만, 이와는 별개로 투수들은 개인 기록으로 승리와 패배를 남기게 된다. 한 경기에서 투수는 선발 투수와 구원 투수로 구분된다. 선발 투수는 1회에 마운드에 올라 첫 타자부터 상대하는 투수로, 선발 투수가 승리 투수가 되기 위해서는 최소 5회 이상 공을 던짐과 동시에 팀의 점수는 상대 팀보다 앞서 있고, 이러한 결과가 경기 종료까지 이어져야지만 한다. 따라서 팀의 점수가 상대 팀보다 앞서 있더라도 선발 투수가 공을 던지는 와중이거나 마운드에서 내려간 뒤든 간에 상대 팀이 스코어를 역전시키거나 동점을 만들게 되면 승리 투수가 될 자격은 사라지게 된다. 선발 투수를 이어 마운드에 올라 공을 던지는 선수를 일컬어 구원 투수라고 하는데, 선발 투수가 승리 투수가 될 자격을 갖추지 못하고 내려간 경기에서 승리했을 경우 팀의 승리를 위해 가장 효과적으로 투구한 구원 투수가 승리를 가져가게 된다. 일반적으로 팀이 승리하는 시점에 마운드에 올라와 있던 투수가 승리 투수가 되지만, 기록원의 평가에 따라 더 효과적인 투구를 했다고 여겨지는 투수가 있다면 해당 투수가 승리를 챙길 수 있다. 한편, 패전 투수는 말 그대로 패배를 유발한 선수로서 실점을 허용하여 팀의 패배에 빌미를 준 투수는 물론 팀의 스코어가 상대를 리드하고 있던 순간에 마운드에 올라왔더라도 실점을 하게 되어 팀이 승리하지 못하도록 한 투수가 패배를 자신의 기록으로 새기게 된다.

① 선발 투수가 승리 투수 요건을 채웠더라도 이후에 동점이 되었다면 해당 투수의 승리는 지워지게 된다.
② 야구 경기에서 팀의 승패와 관계없이 투수들은 개인 기록으로 승리 혹은 패배를 가질 수 있다.
③ 팀이 승리하는 시점에 공을 던졌던 투수가 아니어도 승리 투수가 될 수 있다.
④ 선발 투수 이후에 올라온 구원 투수의 실점으로 팀이 패배했을 경우 패전 투수는 선발 투수가 된다.
⑤ 선발 투수가 4회까지만 던졌다면 본인의 팀이 승리하더라도 구원 투수가 승리 투수가 된다.

10 다음 글의 내용과 일치하지 <u>않는</u> 것을 고르시오.

> 고양잇과의 포유류에 속하는 동물인 삵은 흔히 살쾡이라고도 불리는데, 몸체의 길이는 약 55~90cm, 꼬리의 길이는 약 23~44cm로 몸체보다 꼬리가 짧은 편이다. 주로 갈색 털에 검은색 무늬가 있으며, 사지는 짧고 발톱은 작지만 날카롭다. 또한 꼬리에 고리 모양의 가로 띠가 있고, 눈 위의 코부터 이마 양쪽에 흰 무늬가 뚜렷한 것이 특징이다. 야행성으로 알려져 있으나 종종 낮에도 관찰되며, 산림 지대의 계곡, 연안, 관목으로 덮인 산간 개울가 등에 서식하면서 설치류, 야생조류, 물고기 등을 주식으로 삼는다. 보통 동굴 혹은 나무 밑의 굴에서 생활하며, 나무에 잘 오르고 눈에 띄는 곳에 배설하여 자신의 세력권을 표시하는 경향이 있어 탐방로 위에서 흔적이 발견되기도 한다. 외형상 고양이와 유사해 고양이와 자주 비교되는데, 물을 싫어하는 고양이와 달리 삵은 수영을 잘하며 몸도 고양이보다 크고 턱 근육이 발달해 물어뜯는 힘이 매우 강하다. 강한 힘만큼 성질도 거칠고 사납지만 새끼 때부터 기를 경우 쉽게 길들일 수 있다고 한다. 과거 삵은 우리나라의 산간 지역에서 흔히 관찰되던 동물이었으나, 1950년에 발발한 6.25 전쟁 이후 독성이 강한 약을 먹고 죽은 동물을 섭취하면서 이차적 피해를 보았다. 결국 현재는 개체 수가 점차 줄어 우리나라에서는 제주도를 제외한 전국의 큰 산 일부에서만 확인되고 있다. 실제로 삵은 우리나라 환경부 지정 멸종 위기 야생 동물이자 먹는 자 처벌 대상 야생 동물로 규정되어 있으며, 국제적 멸종 위기종으로 분리되어 보호받고 있다.

① 삵의 개체 수가 급격하게 감소한 시기는 1950년 6.25 전쟁 발발 이후이다.

② 우리나라에서 삵을 사냥해 섭취할 경우 처벌받을 수 있다.

③ 고양이보다 몸집이 큰 삵은 물도 좋아하고 수영도 잘한다.

④ 국제적 멸종 위기종인 삵은 현재 제주도 일부의 큰 산에서만 살아가고 있다.

⑤ 살쾡이라고도 불리는 삵은 꼬리보다 몸체가 더 긴 것이 특징이다.

11 다음 글의 내용과 일치하지 않는 것을 고르시오.

> 보통 혈압이 정상 수치에 해당하려면 수축기 혈압이 120mmHg 미만, 이완기 혈압이 80mmHg 미만이어야 하나, 혈압이 일정 수치 이상이거나 일정 수치 이하라면 고혈압 또는 저혈압으로 판단될 수 있다. 고혈압이 위험하다는 사실은 이미 알려진 사실이다. 하지만, 저혈압의 위험성에 대해서는 무지한 사람들이 많다. 저혈압의 기준은 명확하지 않지만, 대개 수축기 혈압이 100mmHg 이하, 이완기 혈압이 60mmHg 이하라면 저혈압으로 본다. 저혈압의 발생 원인은 선행 심장질환, 신경계질환, 약물, 체액감소, 출혈 등 다양하지만 특별한 원인이 없더라도 혈압이 낮게 측정되기도 하며, 저혈압에 속하는 혈압 수치더라도 별도의 증상이 발현되지 않을 수도 있다. 우리 몸은 혈압이 낮아지면 피부, 근육과 같이 생명 유지에 불필요한 장기에 혈액 공급을 줄이고, 뇌, 심장, 신장과 같은 중요 장기로 혈액 공급을 늘리게 되어 있다. 그러나 혈압이 극도로 낮아져 보상 작용이 이루어지지 않으면 결국 주요 장기로의 혈액 공급이 감소하게 되어 기능 장애가 발생하고, 심한 경우 사망에 이를 수도 있다. 물론 저혈압이라 하더라도 증세가 전혀 발생하지 않거나 저혈압 증상을 유발하는 별도의 질환이 없다면 일상생활을 하는 데 무리가 없으므로 특별한 치료가 필요하지는 않다. 하지만 과다 출혈로 인한 저혈압은 발생 즉시 치료되어야 하며, 그 외 저혈압의 경우에도 종류에 따라 주의사항을 지켜 상태가 악화되지 않도록 해야 한다. 예컨대 기립성 저혈압 환자는 위장 장애가 나타나지 않는 선에서 염분 섭취를 늘리고, 잘 때 머리와 상체를 약간 높게 두어야 하며, 잠자리에서 갑자기 일어나는 행동 등은 지양할 필요가 있다. 이와 같은 주의사항을 지켰음에도 불구하고 증상이 나타나면 부정맥 혹은 다른 심장질환이 발생했을 가능성이 있으므로 정밀 검사를 받고, 그에 따른 치료 대책을 수립해야 한다.

① 몸속 혈압이 낮아질 경우 피부나 근육과 같은 장기로의 혈액 공급이 줄어들게 된다.
② 기립성 저혈압 증상이 나타나는 사람은 수면을 취할 때 높은 베개를 베는 것이 좋다.
③ 심장질환이나 신경계질환이 없는 사람도 과도한 출혈 발생 시 저혈압이 유발될 수 있다.
④ 수축기 혈압이 80mmHg, 이완기 혈압이 50mmHg인 사람은 저혈압일 가능성이 높다.
⑤ 혈압 측정 시 저혈압 수치에 해당될 경우 증상 유무와 상관없이 바로 치료를 시작해야 한다.

12 다음 글을 읽고 추론한 내용으로 적절하지 않은 것을 고르시오.

> 당나라 현종의 황후였던 양귀비는 당대 최고 미인으로 여겨졌는데, 이 황후만큼 아름답다고 해 명명된 꽃이 바로 양귀비이다. 양귀비는 주로 소아시아나 지중해 연안에 서식하는 쌍떡잎식물로, 높이가 50~120cm가량 되는 일년초이다. 줄기는 곧게 직선으로 뻗어 있는 반면 잎은 어긋나 있는데, 긴 난형태이면서 잎가장자리는 불규칙하게 날카롭고 깊게 갈라져 있다. 꽃은 5~6월경에 원줄기 끝자락에 한 개씩 피며, 그 색은 자색, 홍색, 황금색, 흰색 등 매우 다양하다. 앵속, 약담배, 아편꽃 등 다양하게 불리는 양귀비는 아편의 원료로도 유명하다. 덜 익은 양귀비 열매에 상처를 내 받은 유즙을 60℃ 이하에서 건조하면 아편이 만들어지며, 아편에는 모르핀, 파파베린, 코데인과 같은 알칼로이드 성분, 그리고 납, 수지, 타닌, 단백질 색소 등이 들어 있다. 성분상 중추신경 계통에 작용해 진통·진정 효과를 낼 수 있기 때문에 과거 민간에서는 열매와 식물체를 구분해 둔 뒤 응급 질환에 사용하기도 했다. 이에 따라 현재도 불가리아, 인도, 일본, 파키스탄과 같은 일부 국가에서는 아편을 합법적으로 이용할 수 있다. 하지만 아편에는 중독성이 있어 담배처럼 피우면 여타 마약류와 마찬가지로 마취 상태에 빠져 몽롱한 느낌을 받을 수 있다는 점에서 남용되면 매우 위험하며, 심한 경우 중독되거나 사망에 이를 수도 있다. 이로 인해 우리나라에서는 아편의 원재료인 양귀비를 「마약법」으로 단속하는 습관성 의약품으로 지정하고, 일반에서 재배하지 못하도록 하고 있다. 만약 학술적 연구 목적으로 양귀비를 재배하고자 할 때는 보건복지부 장관의 승인을 미리 얻어야만 한다.

① 쌍떡잎식물인 양귀비는 한해살이풀로서 대개 소아시아나 지중해 연안에서 재배된다.
② 아편은 잘 익은 양귀비 열매에서 추출한 유즙으로 만든다.
③ 우리나라에서는 보건복지부 장관의 사전 승인이 있어야 연구용으로 양귀비를 재배할 수 있다.
④ 아편은 중추신경 계통에 영향을 미쳐 진통이나 진정 등에 효험이 있다.
⑤ 우리나라와 달리 일본, 인도와 같은 일부 국가에서는 아편 사용이 합법이다.

13 다음 글을 읽고 추론한 내용으로 적절하지 않은 것을 고르시오.

> 위가 비었을 때는 위장에서 그렐린이라는 공복 호르몬이 분비되어 배고픔을 느끼다가, 음식을 섭취하면 그렐린 분비량이 급격히 줄어들고 렙틴이 분비되기 시작한다. 렙틴은 지방 조직에서 분비되는 식욕 억제 호르몬으로, 체내의 체지방을 일정하게 유지하는 역할을 한다. 렙틴은 음식을 섭취한 지 20분이 지나야 뇌에 도달해 포만감을 느끼게 하고 식욕을 억제하므로 음식을 빨리 먹으면 필요 이상으로 많은 양을 먹게 된다. 한편 평소 식사량이 많은 사람은 체내 렙틴 수치가 정상보다 높아져 뇌에서 저항 반응이 일어나는 렙틴 저항성 상태가 될 수 있는데, 이러한 상태에서는 렙틴이 분비되어도 포만감 신호에 반응하지 않아 음식을 계속 먹게 된다. 실제로 지방 조직이 많고 뚱뚱한 사람일수록 렙틴 저항성이 높게 나타난다. 또한, 인스턴트나 단 음식은 렙틴 저항성을 높이며, 과도한 스트레스와 수면 부족도 렙틴 저항성 상태를 초래할 수 있어 주의가 필요하다.

① 평소 음식을 빨리 먹는 사람은 과식하는 습관을 갖게 될 확률이 높다.
② 그렐린 수치는 식사 전에 올라가고 식사 후에는 내려가는 특성이 있다.
③ 렙틴 저항성이 높아지면 음식을 먹을 때 렙틴 분비가 원활하지 않게 된다.
④ 잠을 충분히 자면 식욕 억제 호르몬의 기능이 원활해져 비만을 예방할 수 있다.
⑤ 공복 호르몬과 식욕 억제 호르몬은 분비되는 위치가 서로 다르다.

14 다음 글을 읽고 추론한 내용으로 적절하지 않은 것을 고르시오.

> EPA는 DHA나 DPA처럼 불포화 지방산인 오메가3의 일종을 말한다. 덴마크의 다이아베르그 박사는 에스키모인의 성인병 발병 확률이 낮다는 사실을 발견하여 원인을 알아내고자 노력했고, 연구 결과 물고기와 바다표범을 주식으로 하는 에스키모인의 체내에 EPA가 풍부하다는 사실을 밝혀냈다. 이처럼 EPA는 비정상적인 혈액 응고 작용을 억제시켜 혈액의 흐름을 건강하게 유지하거나 뇌 기능을 활성화하는 역할을 수행하기 때문에 인체 기능 시 꼭 필요한 영양소이다. 특히 EPA는 혈중 좋은 콜레스테롤(HDL)의 함량은 올리고, 나쁜 콜레스테롤(LDL)의 함량은 낮아질 수 있도록 도우며, 이에 따라 동맥경화, 심장병, 고혈압, 뇌출혈 등 각종 질병의 발생을 막는 효과가 있다. 또한, 체내의 EPA는 TXA3와 PGI3를 유도하는데, 이는 TXA2의 합성을 저해하여 혈소판의 활성화를 차단함과 동시에 혈소판 응집을 억제하여 혈액의 흐름을 유지할 수 있도록 돕는다. 그러나 EPA는 체내에서 생성되지 않아 음식물을 통해서만 섭취가 가능하므로 고등어, 꽁치와 같이 EPA가 다량으로 함유된 등푸른생선을 꾸준히 챙겨 먹는 것이 좋다.

① EPA가 유도하는 물질은 혈소판의 활성화를 방해한다.
② 오메가3의 일종인 EPA는 몸 내부에서 직접 생성되지 않는다.
③ EPA는 혈중 HDL 수치가 일정 기준 이상 높아질 경우 수치가 낮아지도록 조절해 준다.
④ 에스키모인의 성인병 발병 확률이 낮은 이유는 이들이 섭취하는 주식과 관련이 있다.
⑤ EPA는 혈액이 비정상적으로 굳어지는 상황을 방지하여 혈류 건강을 유지하게 한다.

15 다음 문단을 논리적 순서대로 알맞게 배열한 것을 고르시오.

가) 셋째, 오크통 산지로 유명한 리무쟁과 트롱쉐가 존재한다. 증류된 원액은 품질이 좋은 오크통에서 숙성되어야 하므로 코냑은 좋은 오크통 수급이 용이한 지역이었다. 마지막으로 코냑은 두 번의 증류만으로도 좋은 브랜디를 생산할 수 있었다. 여러 번 증류를 하면 향이 날아가기 마련이지만, 코냑은 두 번만 증류해도 브랜디를 완성할 수 있었다. 결국 코냑은 좋은 토양의 화이트와인, 순도 높은 증류, 오크통 숙성 삼박자가 완벽하게 들어맞기 때문에 뛰어난 품질의 브랜디 생산이 가능했다고 할 수 있다.

나) 프랑스인들은 향기로운 코냑 한 잔으로 양치질을 대신한다는 말이 있다. 이처럼 프랑스를 대표하는 말로도 사용되는 코냑은 포도주를 원료로 한 브랜디를 말한다. 본래 코냑은 프랑스의 지역 이름이었다. 그런데 브랜디 중 코냑의 품질이 가장 뛰어난 것으로 평가되면서 브랜디와 동일한 용어로 사용하게 되었다.

다) 그렇다면 코냑에서는 어떻게 질 좋은 브랜디를 생산할 수 있었을까? 여기에는 네 가지 이유가 있다. 첫째, 뛰어난 코냑의 토양이다. 백악질로 구성돼 미네랄이 풍부한 코냑의 토양은 브랜디의 원료인 좋은 청포도를 생산하기에 적합하다. 둘째, 주변에 산림이 울창하다. 증류기에 불을 계속 붙이려면 많은 양의 땔감이 필요한데, 울창한 주변부의 산림은 땔감을 끊임없이 제공할 수 있었다.

라) 사실 코냑 지역에서는 포도주를 생산하였다. 하지만 와인으로 유명한 보르도산과 비교했을 때 코냑의 포도주는 신맛이 강하고 맛이 없어 인기가 없었고, 하등품으로 취급받았었다. 그런데 1630년 즈음 한 네덜란드인이 코냑 포도주를 증류하였더니 품질 좋은 브랜디가 생산되었다. 이후부터 코냑은 와인 대신 브랜디로 만들어졌다.

① 나) - 가) - 다) - 라)
② 나) - 가) - 라) - 다)
③ 나) - 다) - 라) - 가)
④ 나) - 라) - 가) - 다)
⑤ 나) - 라) - 다) - 가)

16 다음 <보기>에 이어질 내용을 논리적 순서대로 알맞게 배열한 것을 고르시오.

<보기>

오늘날 우리나라에서는 17세 이상인 사람에게 주민등록증을 발급하여 자신의 신분을 증명할 수 있도록 하고 있다. 과거 조선 시대에도 보급하여 주민등록증과 비슷한 역할을 하던 것이 있었는데, 바로 16세 이상의 남성에게 주어졌던 호패이다.

가) 즉, 호패가 발급된 남성은 군역 및 요역의 의무를 져야 했는데, 이로 인해 호패 발급을 기피하는 남성들이 많았고, 태종 대에 처음 시행된 호패 제도는 숙종 대까지 무려 다섯 번이나 중단될 만큼 문제가 많았다.

나) 호적법의 보조수단이었던 이유는 호패 시행의 목적이 호적상 집의 수효와 식구 수를 정확히 하여 민정의 수를 파악하고, 군역과 요역의 기준을 밝힘으로써 호적상 누락되거나 허위로 기록된 내용 방지에 있었기 때문이다.

다) 이에 국가에서는 호패 발급을 기피하거나 허위로 신고하는 사람들을 강력하게 처벌하여 폐단을 막고자 했지만 《세종실록》에 따르면 호패를 발급받은 사람 중 실제 국가의 역을 이행한 사람은 전체의 10~20%에 불과했다고 한다.

라) 본래 호패의 기원은 원(元)나라이다. 고려 공민왕 때 원나라의 제도를 모방해 수군과 육군의 정남에 대해 시행했으나 제대로 이루어지지 않았고, 조선 시대에 이르러 전국으로 확대되어 호적에 관한 사항을 기록한 호적법의 보조수단으로 활용되었다.

① 나) - 다) - 가) - 라)

② 나) - 라) - 다) - 가)

③ 라) - 가) - 나) - 다)

④ 라) - 나) - 가) - 다)

⑤ 라) - 나) - 다) - 가)

17 다음 문단을 논리적 순서대로 알맞게 배열한 것을 고르시오.

가) 실제로 자동차 산업의 중심지인 디트로이트를 비롯해 철강산업의 메카 피츠버그, 그 외 필라델피아·볼티모어·멤피스 등이 이에 속하는데, 이 지역은 철도·운하망으로 석탄 철광석 등의 공급이 원활했고 유럽 이민자들로 노동력도 풍부했다고 한다.

나) 제조 업체들은 비용 절감을 위해 하나 둘 해외 또는 미국 남·서부로 이전하였고, 2000년을 기준으로 러스트 벨트의 고용 인구 및 생산품의 부가 가치 비중은 각각 27%까지 감소했다. 이에 오늘날 러스트 벨트는 단순히 지역을 지칭하는 것을 넘어 미국 제조업의 몰락을 상징적으로 보여주는 말로 사용되기도 한다.

다) 러스트 벨트란 철강 제품이 산화되어 녹슨 모습에서 비롯된 용어로, 과거 번성하였지만 이제는 쇠퇴한 미국의 일부 산업 지역을 일컫는다. 본래 미국의 중서부와 북동부 지역은 1870년대부터 약 100년 동안 제조업 호황기를 누리며 미국 경제의 중심지로 여겨졌다.

라) 이에 따라 러스트 벨트에 해당하는 9개의 주의 고용 인원은 1950년 미국 전체 인원의 43%를 차지할 정도로 높았으며, 총 생산량 역시 미국 전체 생산량의 45%를 차지하였다고 한다. 하지만 1970년대 이후 제조업의 쇠퇴와 동시에 높은 인건비와 노조의 강세로 인구 유출이 심해지며 상황이 달라지게 되었다.

① 나) - 다) - 가) - 라)

② 나) - 가) - 다) - 라)

③ 다) - 가) - 나) - 라)

④ 다) - 가) - 라) - 나)

⑤ 다) - 라) - 가) - 나)

18 다음 글의 서술상 특징으로 가장 적절한 것을 고르시오.

> 과거 신생대 제3~4기의 유럽과 북아메리카 등지에서 스밀로돈이라는 맹수가 서식하였다. 빙하기 때 멸종하여 현재 살아있는 개체가 없지만, 남아있는 화석을 통해 스밀로돈이 사자나 호랑이와 크기 및 생김새가 유사한 고양잇과 동물이라는 사실을 알 수 있다. 게다가 위턱의 송곳니와 앞다리의 근육이 특히 발달하여 사자나 호랑이보다 훨씬 강했을 것으로 추정된다. 스밀로돈의 송곳니는 그 길이가 약 18~20cm로 매우 커 입 밖으로 튀어나와 있었으며, 가장자리가 칼날처럼 날카로웠다. 스밀로돈은 강한 턱과 이빨로 자신보다 큰 매머드, 마스토돈 등 대형 초식동물을 잡아먹었다. 이렇게 강한 스밀로돈은 왜 지금까지 남아있지 못하고 빙하기에 사라진 것일까? 이를 알아내기 위해 영국 옥스퍼드대학교 산하 야생 동물 보존 연구소와 서섹스대학교 연구진은 야생동물의 먹잇감 데이터베이스인 필드 다이어트(Field diet)라는 프로그램을 개발하여 멸종 원인을 찾아냈다. 연구 결과에 따르면 빙하기에 멸종한 대형 육식동물들이 현재까지 살아있다고 가정할 경우 그들이 자연에서 얻을 수 있는 먹잇감은 생존에 필요한 양의 약 25%에 불과한 것으로 밝혀졌다. 연구진은 특정 동물의 개체 수가 급감하면 그들을 먹이로 삼는 동물의 개체 수도 연쇄적으로 감소하기 때문에 대형 육식동물들이 멸종하였다고 분석했다. 전문용어로 '공생 동물 제거'라고 불리는 이 현상은 인류가 진화하며 가속화되었는데, 문제는 이 현상이 현대의 대형 고양잇과 동물들에게도 그대로 적용되고 있다는 점이다. 지금과 같은 비율로 계속해서 먹이가 감소한다면 과거 스밀로돈과 마찬가지로 사자, 표범, 치타 등과 같은 대형 고양잇과 동물들이 모두 사라질 수 있으므로 이들이 멸종되지 않도록 대형 고양잇과 동물과 먹이가 되는 동물을 적극적으로 보호해야 한다.

① 시간의 흐름에 따라 대상의 변화 과정을 설명하고 있다.

② 자문 자답의 방식을 사용하여 논지를 구체화하고 있다.

③ 일상적인 경험을 제시하며 논지를 전환하고 있다.

④ 개념과 반대되는 사례를 제시하며 논지를 전환하고 있다.

⑤ 사회적 통념을 뒤집는 근거를 들며 비판하고 있다.

19 다음 글의 서술상 특징으로 가장 적절하지 않은 것을 고르시오.

> 골프란 여러 개의 홀이 갖추어진 경기장에서 이루어지는 경기로, 골프채로 정지된 공을 쳐서 공이 정해진 홀에 들어가기까지 소요된 타수가 가장 적은 사람이 승리하는 방식으로 이루어진다. 우리나라 골프는 1900년대 정부의 세관 관리자로 근무하던 영국인들에 의해 시작되었다는 비교적 명확한 기록과는 달리, 골프의 기원과 관련해서는 다양한 설이 존재한다. 네덜란드에서 하던 아이스하키와 비슷한 놀이가 스코틀랜드로 건너가 골프가 되었다는 설과 스코틀랜드의 목동들이 지팡이로 쳐서 돌을 구멍에 넣던 놀이가 골프로 발전하였다는 설이 있다. 또한, 로마 제국이 스코틀랜드를 정복하면서 군사들이 골프와 유사한 놀이를 하던 것이 스코틀랜드에 그대로 남아 골프가 되었다는 설도 있다. 그렇다면 가장 유력한 설은 무엇일까? 골프의 기원과 관련된 설은 다양하지만, 15세기 중엽 무렵 스코틀랜드에서 시작되었다는 설이 가장 유력하다. 1575년 스코틀랜드의회는 사람들이 골프에 치중하자 국방 훈련을 소홀히 한다고 여겨 골프 금지령을 내리기도 하였지만, 골프는 차츰 번성하여 왕후나 귀족들도 즐기는 놀이로 발전하게 되었다. 이후 1754년에 이르러서는 22명의 귀족이 세인트 앤드류스(Saint andrews) 골프 클럽을 형성하였으며, 1834년에는 윌리엄 4세가 세인트 앤드류스 골프 클럽에 로열 앤드 에이션트(Royal and ancient) 골프 클럽이라는 명칭을 붙이며 영국 전역의 골프 클럽을 통합하였다. 이 골프 클럽에서 처음으로 13개 항목의 골프 규칙이 성문화되기도 하였다. 1860년에는 영국의 프레스트 위크 코스에서 오픈 선수권 대회가 개최되기도 하였고, 19세기 초반에서 20세기 초반까지 영국에서만 유행하던 골프가 이후 미국을 포함하여 유럽 각국과 일본, 한국에도 보급되어 오늘날까지 이르게 되었다.

① 서술 대상의 기원을 구체화하며 내용을 전개하고 있다.
② 자문 자답의 방식으로 서술 대상에 대해 설명하고 있다.
③ 서술 대상의 발전 과정을 통시적으로 서술하고 있다.
④ 서술 대상의 개념 정리를 통해 내용을 이어가고 있다.
⑤ 특정 기준에 따라 서술 대상을 분류하여 이해도를 높이고 있다.

20 다음 글의 서술상 특징으로 가장 적절하지 않은 것을 고르시오.

> 친환경 자동차에 대한 관심도가 날이 갈수록 높아지고 있다. 친환경 자동차에는 전기자동차, 수소자동차 등 다양한 종류가 있지만 그중에서도 휘발유·경유·액화 석유 가스·천연가스 또는 전기 에너지를 조합하여 동력원으로 사용하는 자동차를 일컬어 하이브리드 자동차라고 한다. 주목받기 시작한 것은 비교적 최근의 일이지만, 사실 최초의 하이브리드 자동차는 1899년에 만들어졌다. 포르쉐 자동차를 만든 페르디난드 포르쉐 박사에 의해 만들어진 이 자동차는 4륜 구동으로써 엔진은 가솔린을 사용하고, 바퀴마다 전기모터, 충전기를 내장하여 각각의 바퀴가 독립하여 작동하도록 하였다. 비록 최대 출력은 7~14마력에 불과했지만 전기와 가솔린을 동시에 사용했다는 점에서 의의가 있다. 다만, 그동안에는 값싼 원유의 효용성을 뛰어넘지 못하여 크게 주목받지 못했던 것도 사실이다. 그렇다면 왜 오늘날 하이브리드 자동차가 주목을 받고 있는 것일까? 오늘날의 하이브리드 자동차는 보통 전기모터와 가솔린 엔진을 동시에 장착하여 전기모터가 엔진을 보조하는 수단으로써 사용한다. 두 가지를 효율적으로 조합하여 연비를 높임과 동시에 배기가스를 줄여 환경 문제를 해결하고자 하는 것이다. 물론 미래의 지향점은 전기자동차로 가야 하는 것이 맞지만, 전기 자동차는 배터리 문제나 충전소 부족 등 해결되어야 할 문제가 많은 상황임을 고려할 때 하이브리드 자동차는 가솔린 엔진 자동차와 전기 자동차 사이의 중간 역할로서 앞으로도 많은 사랑을 받을 것으로 기대된다.

① 서술 대상의 특징을 설명하며 내용을 전개하고 있다.
② 서술 대상의 시초에 대해 구체적인 연도를 제시하며 설명하고 있다.
③ 서술 대상의 중요성을 확인하면서 글을 마무리하고 있다.
④ 일반적인 통념을 제시하고 이를 비판하고 있다.
⑤ 질문을 통하여 자연스럽게 화제를 전환하고 있다.

약점 보완 해설집 p.2

02 | 언어추리 기출유형공략

언어추리 소개

언어추리는 제시된 조건을 종합하고 진술문 간의 관계구조를 파악하여 새로운 내용을 추론해내는 능력을 평가하는 영역이다.
총 20문항이 제시되며, 20분 이내에 풀어야 한다.

최근 출제 경향

출제 유형

유형 1 명제추리
유형 2 조건추리

난이도

2024년 하반기 시험에서 언어추리는 약간 어렵게 출제되었다.
명제추리의 경우 삼단논법을 이용한 문제가 다수 출제되었으나 제시된 조건의 관계를 빠르게 파악하기 어려웠으며, 조건추리의 경우 파악해야 하는 조건의 수가 많아 문제 풀이에 소요되는 시간이 큰 편이었다.

온라인 시험 한 줄 Tip

언어추리는 명제의 기초적인 논리 이론인 역·이·대우와 삼단논법의 정확한 개념을 학습하고, 제시된 조건을 컴퓨터 기본 프로그램인 메모장에 간략히 도식화하거나 표로 나타내면 문제를 빠르게 풀이할 수 있다.

유형 1 명제추리

유형 특징 제시된 명제를 토대로 올바른 결론을 도출하거나, 결론을 도출하기 위해 추가로 필요한 명제를 고르는 유형의 문제가 출제된다.

학습 전략 '역, 이, 대우'와 삼단논법의 정확한 개념을 학습하고, 주어진 명제를 도식화하거나 벤 다이어그램을 이용하여 명제 사이의 관계를 파악해본다.

예제 제시된 명제를 토대로 올바른 결론을 도출하는 문제

다음 명제가 모두 참일 때, 항상 참인 문장을 고르시오.

- 빨간색 자켓을 입지 않은 사람은 노란색 가디건을 입는다.
- 빨간색 바지를 입지 않은 사람은 초록색 신발을 신는다.
- 빨간색 자켓을 입은 사람은 초록색 양말을 신는다.
- 노란색 모자를 쓰지 않은 사람은 노란색 가디건을 입지 않는다.
- 초록색 양말을 신는 사람은 초록색 신발을 신지 않는다.

① 초록색 신발은 신은 사람은 노란색 가디건을 입지 않는다.
② 노란색 모자를 쓰지 않는 사람은 빨간색 바지를 입는다.
③ 초록색 양말을 신지 않은 사람은 노란색 모자를 쓰지 않는다.
④ 빨간색 자켓을 입지 않은 사람은 빨간색 바지를 입지 않는다.
⑤ 노란색 가디건을 입는 사람은 초록색 양말을 신지 않는다.

|정답 및 해설| ②

네 번째 명제, 첫 번째 명제의 '대우', 세 번째 명제, 다섯 번째 명제, 두 번째 명제의 '대우'를 차례로 결합한 결론은 다음과 같다.

- 네 번째 명제: 노란색 모자를 쓰지 않은 사람은 노란색 가디건을 입지 않는다.
- 첫 번째 명제(대우): 노란색 가디건을 입지 않은 사람은 빨간색 자켓을 입는다.
- 세 번째 명제: 빨간색 자켓을 입은 사람은 초록색 양말을 신는다.
- 다섯 번째 명제: 초록색 양말을 신는 사람은 초록색 신발을 신지 않는다.
- 두 번째 명제(대우): 초록색 신발을 신지 않는 사람은 빨간색 바지를 입는다.
- 결론: 노란색 모자를 쓰지 않는 사람은 빨간색 바지를 입는다.

시간 단축 Key point!

제시된 명제를 간결하게 정리한 뒤 정리한 명제 사이의 연결 관계를 확인하는 방법으로 문제를 풀이한다.

유형 2 조건추리

유형 특징 제시된 조건을 토대로 특정 대상을 도출하거나 주어진 내용의 옳고 그름을 판단하는 유형의 문제가 출제된다.

학습 전략 문제에 제시된 조건을 간략하게 단어나 표로 정리하여 조건들 사이의 관계를 파악하고, 가능한 경우의 수를 빠짐없이 확인해본다.

예제 제시된 조건을 토대로 내용의 옳고 그름을 파악하는 문제

남우주연상 후보인 민식, 형우, 정민, 서훈, 규민, 호재가 시상식에서 앉을 좌석을 결정하려고 한다. 다음 조건을 모두 고려하였을 때, 항상 참인 것을 고르시오.

- 정민이는 형우보다 앞좌석에 앉는다.
- 민식이와 규민이 사이에는 한 명이 앉는다.
- 서훈이의 옆자리에는 정민이가 앉는다.
- 호재의 바로 뒷좌석에는 규민이가 앉는다.

[무대]

A좌석	B좌석	C좌석
D좌석	E좌석	F좌석

① 서훈이와 형우는 서로 이웃하여 앉지 않는다.
② 호재와 정민이는 서로 이웃하여 앉는다.
③ 민식이는 형우보다 앞좌석에 앉는다.
④ 서훈이가 형우와 서로 이웃하여 앉는다면 서훈이와 호재도 서로 이웃하여 앉는다.
⑤ 민식이는 D좌석에 앉는다.

|정답 및 해설| ④

제시된 조건에 따르면 호재의 바로 뒷좌석에는 규민이가 앉고, 민식이와 규민이 사이에는 한 명이 앉으므로 호재는 앞줄에, 민식이와 규민이는 뒷줄에 앉음을 알 수 있다. 이때, 정민이는 형우보다 앞좌석에 앉으므로 민식이와 규민이 사이에 앉는 사람은 형우이다. 또한, 서훈이의 옆자리에는 정민이가 앉으므로 호재가 앉는 좌석에 따라 가능한 경우는 아래와 같다.

경우 1. 호재가 A좌석에 앉는 경우

A좌석	B좌석	C좌석
호재	정민 또는 서훈	정민 또는 서훈
D좌석	E좌석	F좌석
규민	형우	민식

경우 2. 호재가 C좌석에 앉는 경우

A좌석	B좌석	C좌석
정민 또는 서훈	정민 또는 서훈	호재
D좌석	E좌석	F좌석
민식	형우	규민

따라서 서훈이가 형우와 앞뒤로 이웃하여 앉는다면 서훈이와 호재도 옆으로 이웃하여 앉으므로 항상 참인 설명이다.

① 서훈이와 형우는 서로 이웃하여 앉을 수도 있으므로 항상 참인 설명은 아니다.

② 호재와 정민이는 서로 이웃하여 앉지 않을 수도 있으므로 항상 참인 설명은 아니다.

③ 민식이는 형우의 옆좌석에 앉으므로 항상 거짓인 설명이다.

⑤ 민식이는 D좌석 또는 F좌석에 앉으므로 항상 참인 설명은 아니다.

시간 단축 Key point!

제시된 조건에서 명확히 제시된 조건을 기준으로 나머지 조건을 보기 쉬운 표 등의 형태로 정리한다.

출제예상문제

▶ 해설 p.6

01 다음 명제가 모두 참일 때, 항상 참인 문장을 고르시오.

- 감성적인 사람은 눈물이 많다.
- 손수건을 가지고 다니는 사람은 눈물이 많다.
- 공감 능력이 뛰어나지 않은 사람은 눈물이 많지 않다.
- 드라마를 좋아하는 사람은 감성적이다.

① 손수건을 가지고 다니지 않는 사람은 드라마를 좋아하지 않는다.
② 공감 능력이 뛰어난 사람은 감성적이다.
③ 눈물이 많은 사람은 드라마를 좋아한다.
④ 감성적인 사람은 손수건을 가지고 다닌다.
⑤ 공감 능력이 뛰어나지 않은 사람은 손수건을 가지고 다니지 않는다.

02 다음 명제가 모두 참일 때, 항상 참인 문장을 고르시오.

- 계획적인 사람은 부지런하다.
- 일찍 일어나는 사람은 비만이 아니다.
- 부지런한 사람은 일찍 일어난다.
- 비만이 아닌 사람은 부지런하다.

① 일찍 일어나는 사람은 계획적이다.
② 부지런한 사람은 비만이다.
③ 비만인 사람은 계획적이지 않다.
④ 계획적이지 않은 사람은 일찍 일어나지 않는다.
⑤ 일찍 일어나지 않는 사람은 비만이 아니다.

03 다음 명제가 모두 참일 때, 항상 참인 문장을 고르시오.

• 식물을 키우는 사람은 독서를 좋아한다. • 수영을 좋아하거나 테니스를 좋아하는 사람은 독서를 좋아하지 않는다. • 테니스를 좋아하지 않는 사람은 캠핑을 좋아한다. • 식물을 키우지 않는 사람은 수영을 좋아한다.

① 캠핑을 좋아하지 않는 사람은 수영을 좋아한다.
② 식물을 키우는 사람은 캠핑을 좋아하지 않는다.
③ 테니스를 좋아하지 않는 사람은 식물을 키운다.
④ 독서를 좋아하지 않는 사람은 캠핑을 좋아한다.
⑤ 수영을 좋아하지 않는 사람은 테니스를 좋아한다.

04 다음 명제가 모두 참일 때, 항상 참인 문장을 고르시오.

• 구두를 신거나 넥타이를 맨 사람은 본사 직원이다. • 마케팅팀이 아닌 사람은 근무복을 입는다. • 구두를 신지 않는 사람은 메이크업을 하지 않는다. • 근무복을 입는 사람은 법무팀이며 본사 직원이 아니다.

① 마케팅팀 직원이 아닌 사람은 넥타이를 맨다.
② 메이크업을 한 사람은 마케팅팀 직원이다.
③ 근무복을 입는 사람은 메이크업을 한다.
④ 구두를 신지 않은 사람은 법무팀 직원이다.
⑤ 마케팅팀 직원은 본사 직원이 아니다.

05 Z 회사는 이번 주 월요일부터 목요일까지 습도에 따라 제습기가 작동한다. 다음 조건을 모두 고려하였을 때, 항상 거짓인 것을 고르시오.

- 습도는 높음, 보통, 낮음 3가지이다.
- 버튼은 자동 모드, 파워 모드 2가지이다.
- 습도가 낮음일 때는 자동 모드가, 보통이거나 높음일 때는 파워 모드가 작동된다.
- 습도가 높음일 때는 화요일뿐이다.
- 습도는 연속해서 같을 수 없다.
- 월요일에는 제습기가 작동되지 않는다.

① 수요일과 목요일에 연속으로 파워 모드를 작동할 수 없다.

② 제시된 기간 동안 파워 모드는 최대 2번 작동한다.

③ 수요일에 파워 모드를 작동하면, 제시된 기간 동안 자동 모드는 2번 작동한다.

④ 습도가 보통일 때 파워 모드 대신 자동 모드를 작동하는 것으로 변경한다면, 제시된 기간 동안 자동 모드는 최대 2번 작동한다.

⑤ 목요일에 파워 모드를 작동하면, 수요일에 습도는 낮음이다.

06 A, B, C, D 4명은 각자 연극, 환경, 게임, 맛집 동아리 중 서로 다른 하나의 동아리에 소속되어 있고, 동아리 회의를 위해 강의실을 예약하였다. 다음 조건을 모두 고려하였을 때, 항상 참인 것을 고르시오.

- 강의실 예약은 월요일부터 목요일까지 각 요일의 오전과 오후 중 한 번만 할 수 있다.
- A, B, C, D는 서로 다른 요일에 강의실을 예약하였다.
- D는 수요일 오전에 강의실을 예약하였다.
- A는 게임 또는 맛집 동아리에 소속되어 있다.
- C는 화요일 오후에 강의실을 예약하였고, 환경 동아리에 소속되어 있다.
- 오전에 강의실을 예약한 사람은 한 명뿐이고, 그 사람은 연극 동아리에 소속되어 있지 않다.

① D는 맛집 동아리에 소속되어 있다.

② B는 연극 동아리에 소속되어 있다.

③ 월요일 오후에 회의를 하는 동아리는 연극 동아리이다.

④ 목요일 오후에 회의를 하는 동아리는 게임 동아리이다.

⑤ A가 맛집 동아리에 소속되어 있을 때, D는 연극 동아리에 소속되어 있다.

07 월요일 하루 동안 A, B, C, D, E, F 6개의 팀은 모두 1 회의실을 서로 다른 시간에 1시간씩 이용한다. 다음 조건을 모두 고려하였을 때, 항상 참인 것을 고르시오.

- 1 회의실은 오전 11시부터 오후 5시까지 이용 가능하다.
- 1 회의실은 오전 11시부터 매시간 30분에 5분간 소독을 진행한다.
- 오후 2시부터 3시까지는 소독이 진행되지 않는다.
- B 팀과 D 팀은 인접한 시간에 1 회의실을 이용한다.
- E 팀은 C 팀의 회의가 끝나고 1시간 후에 1 회의실을 이용한다.
- F 팀은 오후에 회의를 진행하며, C 팀보다 먼저 1 회의실을 이용한다.

① F 팀은 오후 12시부터 1시까지 1 회의실을 이용한다.

② B 팀과 F 팀은 인접한 시간에 1 회의실을 이용한다.

③ A 팀보다 늦게 1 회의실을 이용하는 팀은 한 팀뿐이다.

④ C 팀이 회의하는 동안 소독이 진행된다.

⑤ A 팀이 회의하는 동안 소독은 진행되지 않는다.

08 신입사원 A, B, C, D, E, F, G, H 8명은 각각 두 명씩 짝이 되어 버스 또는 기차를 이용하여 신입사원 연수를 간다. 다음 조건을 모두 고려하였을 때, 항상 거짓인 것을 고르시오.

- A와 C는 서로 짝이다.
- D는 F와 같은 운송 수단을 이용한다.
- C와 E는 모두 기차를 이용하지 않는다.
- B는 D와 짝이 아니고, D는 H와 짝이 아니다.
- D와 H는 모두 기차를 이용한다.
- B는 G와 다른 운송 수단을 이용한다.

① B는 E와 서로 다른 운송 수단을 이용한다.

② F와 G는 서로 짝이 되어 버스를 이용한다.

③ B와 H는 서로 짝이 되어 기차를 이용한다.

④ A와 B는 서로 같은 운송 수단을 이용한다.

⑤ F와 H는 서로 다른 사람과 짝이 되어 기차를 이용한다.

09 A, B, C, D, E, F, G 7명은 영화를 보기 위해 영화관 좌석에 앉았다. 다음 조건을 모두 고려하였을 때, 항상 거짓인 것을 고르시오.

- 1열에 앉은 B는 E와 옆으로 나란히 앉았다.
- C의 뒤에 앉은 관객은 2명이다.
- A와 F는 같은 열에 앉았다.
- G는 A의 바로 앞 좌석에 앉았다.
- F의 앞에 앉은 관객 수와 D의 뒤에 앉은 관객 수는 동일하다.

스크린

1열	2열

① A와 D는 옆으로 나란히 앉았다.

② F의 옆 좌석에 앉은 관객은 없다.

③ F는 C보다 한 줄 앞에 앉았다.

④ E의 바로 뒤에는 G가 앉았다.

⑤ B와 D는 같은 열에 앉았다.

10 같은 팀 소속인 갑, 을, 병, 정 4명은 서로 출근 시각과 퇴근 시각이 모두 다르다. 다음 조건을 모두 고려하였을 때, 항상 거짓인 것을 고르시오.

- 근무 시간은 출근 시각부터 퇴근 시각까지를 의미한다.
- 갑, 을, 병, 정 4명의 출근 시각과 퇴근 시각은 각각 1시간 간격으로 다르다.
- 가장 먼저 출근하는 사람의 출근 시각은 7시이고, 가장 늦게 퇴근하는 사람의 퇴근 시각은 20시이다.
- 병의 근무 시간은 8시간 이하이며, 정의 근무 시간은 9시간 이하이다.
- 갑은 19시에 퇴근한다.
- 을은 가장 먼저 출근한다.

① 을과 정의 출근 시각은 2시간 차이 난다.

② 갑과 병의 근무 시간은 같다.

③ 가장 늦게 퇴근하는 사람은 을이다.

④ 병은 18시에 퇴근한다.

⑤ 갑이 11시간 근무한다면 정은 9시간 근무한다.

11 효주, 승우, 성현 3명은 함께 50m, 100m, 200m 달리기를 하였다. 다음 조건을 모두 고려하였을 때, 항상 거짓인 것을 고르시오.

- 달리기마다 결승 지점에 동시에 들어온 사람은 없으며, 1등은 2점, 2등은 1점, 3등은 0점을 얻는다.
- 모든 달리기에서 승우는 성현이보다 결승 지점에 먼저 들어왔다.
- 성현이는 50m 달리기에서 2등을 하였다.
- 승우가 얻은 총점은 5점 이상이다.

① 효주와 성현이가 얻은 총점은 같다.
② 효주는 200m 달리기에서 1등을 하였다.
③ 효주가 얻은 총점은 4점이다.
④ 승우가 얻은 총점과 성현이가 얻은 총점의 차이는 3점 이상이다.
⑤ 성현이가 100m 달리기에서 2등을 하였다면 성현이가 얻은 총점은 2점이다.

12 연구소에 근무하는 지효, 승윤, 광민, 도하, 현철 5명 중 거짓을 말하는 사람은 2명이다. 다음 조건을 모두 고려하였을 때, 거짓을 말하는 사람끼리 바르게 묶인 것을 고르시오.

- 지효: 광민이는 거짓을 말하지 않아.
- 승윤: 나는 재택근무를 하지 않아.
- 광민: 지효는 재택근무를 하지 않아.
- 도하: 승윤이와 지효 중 재택근무를 하는 사람이 있어.
- 현철: 도하의 진술은 거짓이야.

① 지효, 광민　② 승윤, 도하　③ 승윤, 현철　④ 광민, 도하　⑤ 도하, 현철

13 Z 기업의 영업 1팀은 팀 회식을 위해 신입사원과 팀장, 팀원 A, B, C, D, E, F, G, H 총 10명이 식탁을 사이에 두고 두 줄로 마주 보고 앉으려고 한다. 다음 조건을 모두 고려하였을 때, 항상 거짓인 것을 고르시오.

- 팀원 A는 팀장과 같은 줄에서 팀장과 가장 먼 자리에 앉는다.
- 팀원 E는 C의 바로 옆자리에 앉는다.
- 팀원 F는 H와 같은 줄에 앉는다.
- 팀원 C와 D 둘 사이에는 3명이 앉는다.
- 팀원 B와 G는 옆자리에 서로 이웃하여 앉는다.
- 팀원 H는 신입사원 바로 옆자리에 앉는다.

자리 1	팀장	신입사원	자리 2	자리 3
식탁				
자리 4	자리 5	자리 6	자리 7	자리 8

① 팀원 E는 팀장과 다른 줄에 앉는다.

② 자리 7에 앉는 팀원은 B이다.

③ 팀원 C는 자리 1에 앉는다.

④ 신입사원과 정면으로 마주 보고 앉는 팀원은 G이다.

⑤ 팀원 D와 H는 같은 줄에 앉지 않는다.

14 같은 반인 A, B, C, D 4명은 언어, 수리, 외국어 3개 과목의 시험을 보고 과목별로 등급을 받았다. 다음 조건을 모두 고려하였을 때, 항상 거짓인 것을 고르시오.

- A~D는 각 과목에서 1, 2, 3등급 중 하나를 받았다.
- A~D는 각자 3개 과목에서 받은 등급이 모두 다르다.
- 가장 높은 등급은 1등급이다.
- 언어, 수리, 외국어에서 같은 등급을 받은 사람은 과목별로 2명이다.
- A는 수리에서 1등급을 받았고, D는 외국어에서 3등급을 받았다.
- B와 C는 외국어에서 같은 등급을 받았다.

① 언어에서 C보다 높은 등급을 받은 사람은 1명이다.

② 모든 과목에는 B와 같은 등급을 받은 사람이 있다.

③ B와 C가 같은 등급을 받은 과목은 2개이다.

④ A는 외국어에서 2등급을 받았다.

⑤ 수리에서 D보다 낮은 등급을 받은 사람은 1명이다.

15 A~E 각 팀은 건물 한 층의 한 호를 사용한다. 다음 조건을 모두 고려하였을 때, 303호를 사용하는 팀을 고르시오.

- 건물은 3층까지 있으며, 각 층에는 3개의 호가 있다.
- A~E 팀 중 같은 층의 같은 호를 사용하는 팀은 없다.
- A 팀과 B 팀은 같은 층을 사용한다.
- 102호, 202호, 301호는 공실이다.
- A 팀과 E 팀이 사용하는 방 호수의 각 자리를 더한 값은 같다.
- B 팀은 C 팀보다는 높고 D 팀보다는 낮은 층을 사용한다.

구분	1호	2호	3호
3층	301호	302호	303호
2층	201호	202호	203호
1층	101호	102호	103호

① A 팀　② B 팀　③ C 팀　④ D 팀　⑤ E 팀

16 A, B, C, D, E, F, G 7명은 층마다 호수가 1호, 2호 2개로 구성된 4층짜리 빌라에 거주하고 있다. 다음 조건을 모두 고려하였을 때, 항상 참인 것을 고르시오.

- 4층에는 1명만 거주하고 있다.
- D는 3층 1호에 거주하고 있다.
- C의 집과 G의 집은 한 층 차이이며, 호수는 같다.
- B의 집과 F의 집은 층수와 호수가 모두 다르다.
- E의 집과 비어있는 집은 한 층 차이이며, 호수는 다르다.

① B는 1층에 거주하고 있다.
② E보다 위층에 거주하고 있는 사람은 2명이다.
③ 비어있는 집과 같은 층에 거주하고 있는 사람은 G이다.
④ F가 1층에 거주하고 있다면 B의 집과 C의 집은 호수가 다르다.
⑤ F가 2층에 거주하고 있다면 A는 1층에 거주하고 있다.

17 A, B, C, D, E 5명은 서로 다른 교양과목을 하나씩 수강하였다. 다음 조건을 모두 고려하였을 때, 교양과목으로 체육을 수강한 학생을 고르시오.

- 교양과목은 역사, 철학, 미술, 음악, 체육이 있다.
- 평가 방법은 역사와 철학이 필기시험, 음악과 체육이 실기시험, 미술이 과제이다.
- 평가 횟수는 철학, 미술, 음악이 2회, 나머지는 1회이다.
- 강의자는 철학, 미술이 외부 강사, 나머지는 대학교수이다.
- A가 수강한 과목과 B가 수강한 과목의 평가 방법은 같다.
- B가 수강한 과목과 C가 수강한 과목의 평가 횟수는 같다.
- A가 수강한 과목과 E가 수강한 과목은 둘 다 외부 강사가 강의한다.

① A ② B ③ C ④ D ⑤ E

18 A, B, C, D, E, F 6명은 주차장에 주차를 하려고 한다. 다음 조건을 모두 고려하였을 때, 항상 거짓인 것을 고르시오.

- 1행 4열에는 아무도 주차하지 않는다.
- 2열에는 1명만 주차한다.
- A와 B는 같은 행에 주차하고, D와 E는 같은 열에 주차한다.
- F가 주차하는 곳의 같은 행과 열에는 아무도 주차하지 않는 곳이 없다.

	1열	2열	3열	4열
1행				
2행				

① E가 주차하는 곳과 인접한 양쪽 열에는 아무도 주차하지 않는다.

② D와 F는 같은 행에 주차한다.

③ 주차장에 주차하는 경우의 수는 총 8가지이다.

④ A는 B가 주차하는 곳과 인접한 열에 주차하지 않는다.

⑤ C는 2행에 주차한다.

19 A, B, C, D, E 5명은 출장을 가기 위해 각각 버스, 기차, 비행기 세 가지 교통수단 중 한 가지를 선택하여 이동하였다. 다음 조건을 모두 고려하였을 때, 항상 참인 것을 고르시오.

> - 아무도 이용하지 않은 교통수단은 없다.
> - 출장지에는 기차, 비행기, 버스 순으로 도착하였다.
> - C는 B보다 출장지에 늦게 도착하였다.
> - B와 E는 같은 교통수단을 이용하지 않았다.
> - D는 기차를 선택하였다.
> - A와 C는 같은 교통수단을 이용하였다.

① 버스를 선택한 사람은 1명이다.
② B가 선택한 교통수단은 다른 사람이 선택하지 않았다.
③ 3명이 선택한 교통수단이 있다.
④ E가 버스를 이용하지 않았다면 기차는 2명이 선택하였다.
⑤ B가 비행기를 선택하였다면 가능한 경우의 수는 1가지이다.

20 A, B, C, D, E 5명 중 2명은 남자이고, 3명은 여자이다. 남자는 거짓을, 여자는 진실을 말할 때, 항상 참인 것을 고르시오.

> - A: 나와 B는 성별이 같아.
> - B: 나는 여자야.
> - C: 나는 E와 성별이 달라.
> - D: E는 남자야.
> - E: C는 남자야.

① A는 여자이다.
② B는 여자이다.
③ C는 남자이다.
④ D는 남자이다.
⑤ E는 여자이다.

약점 보완 해설집 p.6

03 | 자료해석 기출유형공략

자료해석 소개

자료해석은 표나 그래프 자료를 신속하고 정확하게 분석하여 자료에 제시된 수치 정보를 계산하거나 의미를 해석하고, 추세 및 경향성에 대해 추론하는 능력을 평가하는 영역이다.
총 **20문항**이 제시되며, **20분** 이내에 풀어야 한다.

최근 출제 경향

출제 유형

유형 1 자료이해
유형 2 자료계산
유형 3 자료추론
유형 4 자료변환

난이도

2024년 하반기 시험에서 자료해석은 전반적으로 어렵게 출제되었다.
제시되는 표가 복잡하고, 정확한 계산을 필요로 하는 문제의 비중이 높아 문제 풀이에 소요되는 시간이 큰 편이었다.

온라인 시험 한 줄 Tip

자료해석은 변화량, 증감률, 비중, 평균 등 간단한 공식을 반드시 암기하고, 빠른 문제 풀이 Tip으로 제공되는 팁을 학습하여 계산을 꼭 하지 않아도 되는 선택지는 어림하여 풀이하며, 계산이 필요한 선택지는 컴퓨터 기본 프로그램인 계산기를 활용하는 연습을 하면 문제를 빠르게 풀이할 수 있다.

유형 1 자료이해

유형 특징 제시된 자료에 대한 설명의 옳고 그름을 판단하는 유형의 문제가 출제된다.

학습 전략 자료에 대한 설명 중 계산이 필요하지 않은 선택지를 먼저 확인하여 오답을 소거하고, 나머지 설명 중 계산이 비교적 간단한 선택지부터 순차적으로 확인해본다.

예제 제시된 자료에 대한 설명의 옳고 그름을 파악하는 문제

다음은 A 지역의 가입자 유형별 국민연금 가입자 수에 대한 자료이다. 다음 중 자료에 대한 설명으로 옳은 것을 고르시오.

[A 지역의 가입자 유형별 국민연금 가입자 수]

(단위: 명)

구분	2019년	2020년	2021년	2022년	2023년
사업장 가입자	386,900	426,150	428,800	445,400	485,200
지역 가입자	133,580	136,150	124,140	108,620	118,820
임의 가입자	38,320	41,800	45,310	47,050	34,800
임의 계속 가입자	56,200	59,100	55,200	46,800	40,800
합계	615,000	663,200	653,450	647,870	679,620

① 제시된 기간 동안 국민연금 가입자 수가 다른 가입자 유형에 비해 가장 적은 유형은 매년 동일하다.

② 2023년 사업장 가입자 수는 같은 해 임의 계속 가입자 수의 12배 이상이다.

③ 제시된 기간 중 국민연금 전체 가입자 수가 가장 많은 해에 지역 가입자 수 대비 임의 가입자 수의 비율은 0.3 미만이다.

④ 제시된 기간 중 사업장 가입자 수가 처음으로 지역 가입자 수의 4배 이상이 된 해는 사업장 가입자 수가 다른 해에 비해 가장 큰 해와 같다.

⑤ 전체 국민연금 가입자 수에서 사업장 가입자 수가 차지하는 비중은 2019년이 2021년보다 크다.

|정답 및 해설| ③

제시된 기간 중 국민연금 전체 가입자 수가 가장 많은 2023년에 지역 가입자 수 대비 임의 가입자 수의 비율은 34,800 / 118,820 ≒ 0.29이므로 옳은 설명이다.

① 제시된 기간 동안 국민연금 가입자 수가 다른 가입자 유형에 비해 가장 적은 유형은 2019년, 2020년, 2021년, 2023년에 임의 가입자, 2022년에 임의 계속 가입자로 매년 동일하지 않으므로 옳지 않은 설명이다.

② 2023년 사업장 가입자 수는 같은 해 임의 계속 가입자 수의 485,200 / 40,800 ≒ 11.9배이므로 옳지 않은 설명이다.

④ 제시된 기간 중 사업장 가입자 수가 처음으로 지역 가입자 수의 4배 이상이 된 해는 2022년, 사업장 가입자 수가 다른 해에 비해 가장 큰 해는 2023년으로 서로 다르므로 옳지 않은 설명이다.

⑤ 전체 국민연금 가입자 수에서 사업장 가입자 수가 차지하는 비중은 2019년에 (386,900 / 615,000) × 100 ≒ 62.9%, 2021년에 (428,800 / 653,450) × 100 ≒ 65.6%로 2019년이 2021년보다 작으므로 옳지 않은 설명이다.

시간 단축 Key point!

계산이 필요하지 않은 선택지를 먼저 확인하여 옳고 그름을 파악한 후, 비교적 계산이 간단한 선택지를 확인하는 순으로 문제를 풀이한다.

유형 2 자료계산

유형 특징 제시된 자료의 수치를 이용하여 특정 값을 계산하는 유형의 문제가 출제된다.

학습 전략 증감률, 증감량, 비중 등의 공식을 암기하고, 문제를 읽고 묻는 대상이 무엇인지 정확히 파악한 뒤 제시된 자료의 수치 중 문제 풀이에 필요한 수치만 찾아 계산해본다.

예제 제시된 자료의 수치를 이용하여 특정 값을 계산하는 문제

다음은 A~D 지역의 연면적 및 연도별 전기 사용량에 대한 자료이다. 제시된 지역 중 2023년 전기 사용량의 2년 전 대비 증가율이 가장 큰 지역의 2022년 1ha당 전기 사용량은 얼마인가?

[A~D 지역의 연면적 및 연도별 전기 사용량]

(단위: ha, TOE)

구분	연면적(ha)	전기 사용량(TOE)		
		2021년	2022년	2023년
A 지역	1,800	113,800	101,700	124,000
B 지역	2,750	137,900	149,600	150,800
C 지역	1,500	83,100	87,300	93,300
D 지역	640	37,200	36,800	42,800

① 57.0TOE ② 57.2TOE ③ 57.5TOE ④ 58.2TOE ⑤ 58.5TOE

|정답 및 해설| ③

2023년 전기 사용량의 2년 전 대비 증가율은 다음과 같다.

구분	2023년 전기 사용량의 2년 전 대비 증가율
A 지역	{(124,000 − 113,800) / 113,800} × 100 ≒ 9.0%
B 지역	{(150,800 − 137,900) / 137,900} × 100 ≒ 9.4%
C 지역	{(93,300 − 83,100) / 83,100} × 100 ≒ 12.3%
D 지역	{(42,800 − 37,200) / 37,200} × 100 ≒ 15.1%

따라서 2023년 전기 사용량의 2년 전 대비 증가율이 가장 큰 D 지역의 2022년 1ha당 전기 사용량은 36,800 / 640 = 57.5TOE이다.

시간 단축 Key point!

문제에서 묻는 대상이 무엇인지 정확하게 파악한 후, 문제 풀이에 필요한 수치를 찾아 대략적으로 계산한다.

유형 3 자료추론

유형 특징 제시된 자료를 이용하여 항목이나 수치를 찾는 유형의 문제가 출제된다.

학습 전략 자료에 대한 설명 중 계산이 필요하지 않은 것을 먼저 확인하여 정답 후보를 압축하고, 나머지 설명 중 계산이 비교적 간단한 것부터 순차적으로 확인해본다.

예제 제시된 자료를 이용하여 항목을 찾는 문제

다음은 H 국의 품목별 중견기업 기업 수 및 수출액에 대한 자료이다. 해당 자료를 보고 A~D를 바르게 짝지은 것을 고르시오.

[H 국의 품목별 중견기업 기업 수 및 수출액]

(단위: 개, 백만 달러)

구분	1분기		2분기		3분기		4분기	
	기업 수	수출액	기업 수	수출액	기업 수	수출액	기업 수	수출액
A	340	22,170	353	24,050	344	23,440	420	23,140
B	584	32,800	548	34,580	592	34,690	590	27,120
C	587	15,830	610	17,500	605	15,240	612	14,330
D	620	10,760	618	12,480	672	14,980	627	15,220

㉠ A, B, C, D는 각각 철강제품, 수송기계, 산업용 전자제품, 정밀 화학제품 중 한 가지 품목에 해당한다.
㉡ 3분기 기업 수의 직전 분기 대비 증가율은 산업용 전자제품이 정밀 화학제품보다 크다.
㉢ 4분기 기업 1개당 수출액이 다른 품목에 비해 가장 적은 품목은 철강제품이다.
㉣ 2분기 수송기계 수출액의 직전 분기 대비 증가량은 1,800백만 달러 이상이다.

	A	B	C	D
①	정밀 화학제품	수송기계	철강제품	산업용 전자제품
②	정밀 화학제품	수송기계	산업용 전자제품	철강제품
③	수송기계	산업용 전자제품	철강제품	정밀 화학제품
④	수송기계	정밀 화학제품	산업용 전자제품	철강제품
⑤	수송기계	정밀 화학제품	철강제품	산업용 전자제품

|정답 및 해설| ⑤

ⓒ 4분기 기업 1개당 수출액은 A가 23,140/420 ≒ 55.1백만 달러, B가 27,120/590 ≒ 46.0백만 달러, C가 14,330/612 ≒ 23.4백 만 달러, D가 15,220/627 ≒ 24.3백만 달러로 가장 적은 C가 철강제품이다.

ⓓ 2분기 수출액의 직전 분기 대비 증가량은 A가 24,050 − 22,170 = 1,880백만 달러, B가 34,580 − 32,800 = 1,780백만 달러, D가 12,480 − 10,760 = 1,720백만 달러로 1,800백만 달러 이상인 A가 수송기계이다.

ⓑ 3분기 기업 수의 직전 분기 대비 증가율은 B가 {(592 − 548)/548} × 100 ≒ 8.0%, D가 {(672 − 618)/618} × 100 ≒ 8.7%로 D가 B보다 크므로 D가 산업용 전자제품, B가 정밀 화학제품이다.

따라서 A는 수송기계, B는 정밀 화학제품, C는 철강제품, D는 산업용 전자제품인 ⑤가 정답이다.

시간 단축 Key point!

빠르게 계산을 진행할 수 있는 보기를 먼저 확인하고, 확인한 조건으로 도출된 항목을 제외하여 계산 과정을 최소화한다.

유형 4 자료변환

유형 특징 제시된 자료를 다른 형태의 자료로 변환하는 유형의 문제가 출제된다.

학습 전략 표, 꺾은선 그래프, 막대그래프, 원그래프 등 다양한 형태의 자료를 눈에 익혀두고, 선택지에 제시된 그래프의 가로축, 세로축 등의 구성 항목을 파악한 뒤 자료에서 관련 있는 항목의 값을 찾아 계산이 필요하지 않은 선택지부터 확인해본다.

예제 제시된 자료를 다른 형태의 자료로 변환하는 문제

다음은 A 지역의 연도별 대기오염물질 배출량에 대한 자료이다. 이를 바탕으로 만든 자료로 옳지 않은 것을 고르시오.

[연도별 대기오염물질 배출량]

(단위: 백 톤)

구분	2019년	2020년	2021년	2022년	2023년
일산화탄소	1,560	1,342	1,116	1,218	972
질소산화물	1,820	1,685	1,616	1,495	1,458
황산화물	770	732	950	820	756
휘발성유기화합물	1,510	1,952	2,030	1,850	1,944
암모니아	340	389	488	417	270
합계	6,000	6,100	6,200	5,800	5,400

① [질소산화물 배출량의 전년 대비 감소량]

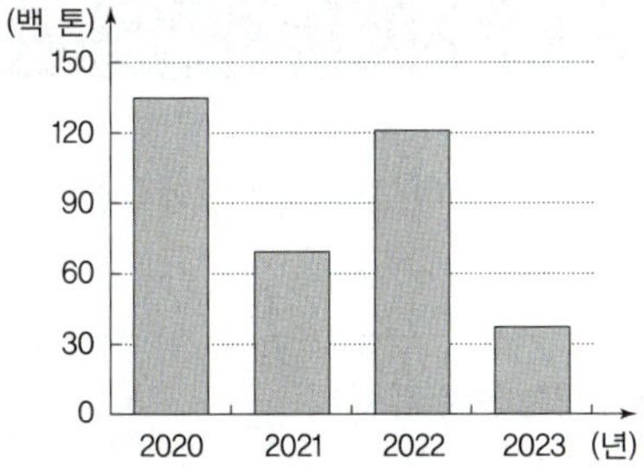

② [연도별 휘발성유기화합물 배출량]

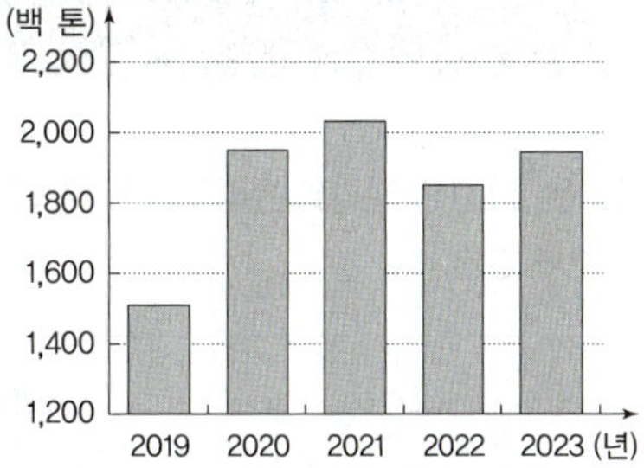

③ [황산화물 배출량의 전년 대비 증가율]

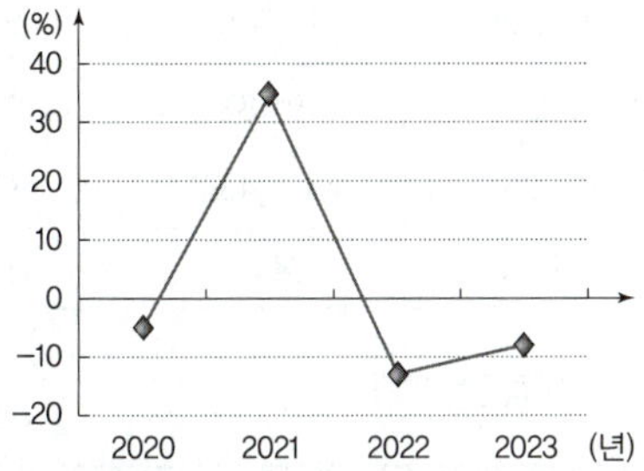

④ [연도별 일산화탄소 배출량]

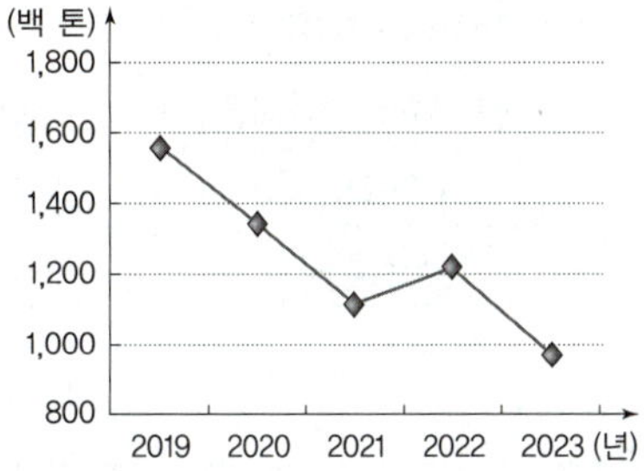

⑤ [2023년 대기오염물질 배출량의 비중]

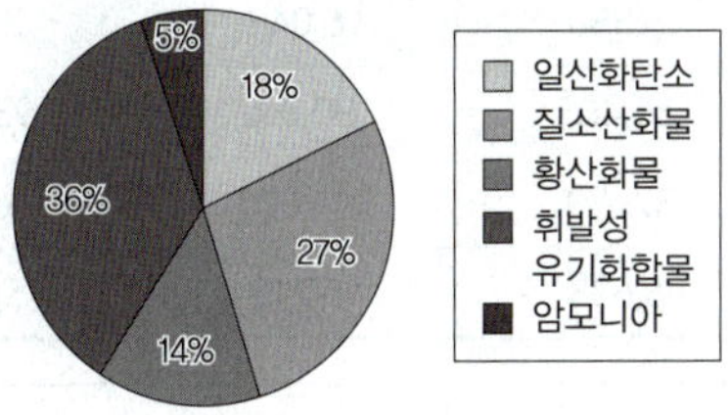

|정답 및 해설| ③

2021년 황산화물 배출량의 전년 대비 증가율은 {(950 − 732) / 732} × 100 ≒ 29.8%이지만 [황산화물 배출량의 전년 대비 증가율] 꺾은선 그래프에서는 30% 이상으로 나타나므로 옳지 않은 그래프는 ③이다.

① 질소산화물 배출량의 전년 대비 감소량은 2020년에 1,820 − 1,685 = 135백 톤, 2021년에 1,685 − 1,616 = 69백 톤, 2022년에 1,616 − 1,495 = 121백 톤, 2023년에 1,495 − 1,458 = 37백 톤이므로 옳은 그래프이다.

② 연도별 휘발성유기화합물 배출량과 일치하므로 옳은 그래프이다.

④ 연도별 일산화탄소 배출량과 일치하므로 옳은 그래프이다.

⑤ 2023년 대기오염물질 배출량의 비중은 일산화탄소가 (972 / 5,400) × 100 = 18%, 질소산화물이 (1,458 / 5,400) × 100 = 27%, 황산화물이 (756 / 5,400) × 100 = 14%, 휘발성유기화합물이 (1,944 / 5,400) × 100 = 36%, 암모니아가 (270 / 5,400) × 100 = 5%이므로 옳은 그래프이다.

시간 단축 Key point!

선택지를 확인하여 계산이 필요하지 않은 ②, ④ 선택지를 먼저 확인하고, 비교적 계산이 쉬운 순서인 ①, ③, ⑤ 선택지 순서로 문제를 풀이한다.

출제예상문제

▶ 해설 p.13

01 다음은 2021년 분기별 온라인쇼핑 해외직접판매액에 대한 자료이다. 다음 중 자료에 대한 설명으로 옳은 것을 모두 고르시오.

[2021년 분기별 면세점 판매액]

(단위: 백만 원)

구분	1분기	2분기	3분기	4분기
가전·전자·통신기기	4,171	10,737	6,695	4,933
의류 및 패션 관련 상품	6,190	4,854	9,182	7,883
화장품	960,980	956,964	779,433	667,209
음·식료품	1,043	1,858	442	1,100

[2021년 분기별 비면세점 판매액]

(단위: 백만 원)

구분	1분기	2분기	3분기	4분기
가전·전자·통신기기	6,588	6,380	6,049	3,581
의류 및 패션 관련 상품	77,046	86,465	80,362	93,924
화장품	34,629	37,771	44,076	46,884
음·식료품	5,088	5,533	5,218	5,694

※ 출처: KOSIS(통계청, 온라인쇼핑동향조사)

a. 각 분기 가전·전자·통신기기 판매액은 면세점이 비면세점보다 모두 적다.
b. 2분기 비면세점 의류 및 패션 관련 상품 판매액은 직전 분기 대비 10% 이상 증가하였다.
c. 4분기 면세점 화장품 판매액은 같은 해 1분기 면세점 화장품 판매액의 70% 이하이다.
d. 2021년 비면세점 음·식료품 판매액은 총 21,533백만 원이다.

① a, b ② a, d ③ b, c ④ a, c, d ⑤ b, c, d

02 다음은 A 지역의 프랜차이즈 사업체 수 및 매출액에 대한 자료이다. 다음 중 자료에 대한 설명으로 옳은 것을 고르시오.

[업종별 사업체 수]

(단위: 개)

구분	2019년	2020년	2021년	2022년	2023년
편의점	810	770	830	840	890
음식점업	545	570	640	750	760
주점업	180	150	135	125	150
제과 및 음료점업	315	520	420	470	525
기타 프랜차이즈	340	330	450	480	430
합계	2,190	2,340	2,475	2,665	2,755

[업종별 매출액]

(단위: 억 원)

구분	2019년	2020년	2021년	2022년	2023년
편의점	46,250	55,860	45,290	46,900	50,760
음식점업	20,670	23,600	18,680	25,250	29,420
주점업	4,220	4,860	3,150	2,850	4,850
제과 및 음료점업	9,460	13,170	9,400	11,700	12,690
기타 프랜차이즈	12,280	12,390	9,660	16,330	17,950
합계	92,880	109,880	86,180	103,030	115,670

① 2023년 편의점 매출액의 4년 전 대비 증가량은 같은 해 주점업의 매출액보다 크다.

② 제시된 기간 동안 전체 사업체 수에서 제과 및 음료점업 사업체 수가 차지하는 비중은 매년 15% 이상이다.

③ 주점업의 사업체 1개당 매출액은 2022년이 2019년보다 적다.

④ 제시된 기간 중 편의점의 사업체 수가 다른 해에 비해 가장 적은 해는 동일 기간 기타 프랜차이즈의 매출액이 다른 해에 비해 가장 적은 해와 같다.

⑤ 제시된 기간 중 기타 프랜차이즈 사업체 수가 다른 해에 비해 가장 많은 해에 음식점업의 매출액은 전년 대비 6,670억 원 증가했다.

03 다음은 6대 광역시의 고용허가제 고용사업장 수에 대한 자료이다. 다음 중 자료에 대한 설명으로 옳은 것을 고르시오.

[2021년 6대 광역시 고용허가제 고용사업장 수]

(단위: 개)

구분	부산	대구	인천	광주	대전	울산
1분기	1,361	831	3,089	660	207	834
2분기	1,312	800	3,030	643	204	780
3분기	1,302	805	3,036	652	204	783
4분기	1,294	794	3,023	650	195	783

[반기별 대구 및 광주 고용허가제 고용사업장 수]

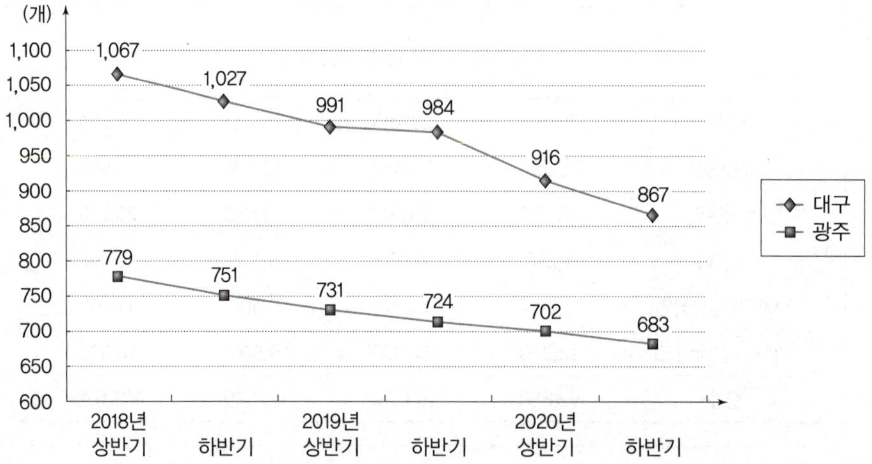

※ 출처: KOSIS(고용노동부, 고용허가제고용동향)

① 2021년 분기별 6대 광역시 고용허가제 고용사업장 수가 많은 순서에 따른 순위는 매 분기 동일하다.

② 반기별 대구와 광주의 고용허가제 고용사업장 수 차이는 2019년 상반기가 동년 하반기보다 크다.

③ 2021년 4분기 인천과 대전의 고용허가제 고용사업장 수 합은 다른 4개 광역시의 고용허가제 고용사업장 수 합보다 적다.

④ 1분기와 2분기의 평균값을 상반기 값이라 하면, 2021년 상반기 대구의 고용허가제 고용사업장 수는 직전 반기 대비 53.5개 감소하였다.

⑤ 2021년 1분기 인천의 고용허가제 고용사업장 수는 부산의 고용허가제 고용사업장 수의 3배 이상이다.

04 다음은 연령대별 A~E 보험 가입 현황에 대한 자료이다. 다음 중 자료에 대한 설명으로 옳지 않은 것을 고르시오.

[2023년 연령대별 A~E 보험 가입자 수]

(단위: 백 명)

구분	A 보험	B 보험	C 보험	D 보험	E 보험
20대 이하	690	800	530	690	660
30대	1,170	1,250	1,320	460	880
40대	1,180	1,190	950	1,220	670
50대 이상	2,450	1,560	2,640	1,860	1,150
합계	5,490	4,800	5,440	4,230	3,360

[2023년 A~E 보험 전체 가입자 수의 전년 대비 증가율]

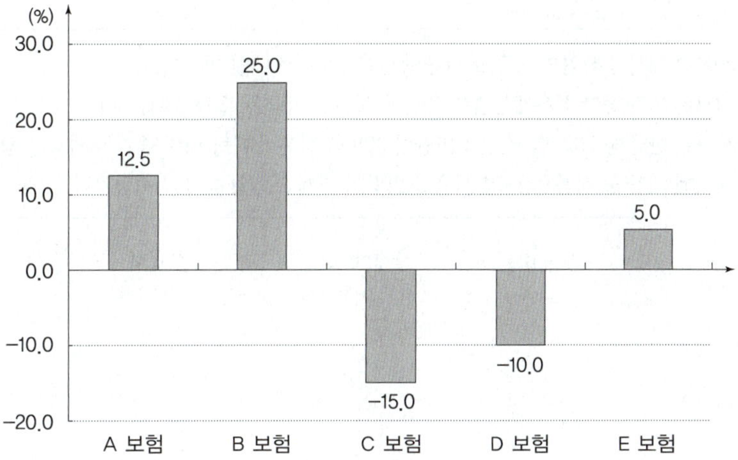

① 2023년 E 보험의 전체 가입자 수에서 20대 이하 가입자 수가 차지하는 비중은 20% 미만이다.

② 2023년 40대 이하 가입자 수는 D 보험이 B 보험보다 870백 명 더 적다.

③ 2022년 전체 가입자 수는 C 보험이 E 보험의 2배이다.

④ 2023년 40대 가입자 수가 가장 많은 보험의 2022년 가입자 수는 4,700백 명이다.

⑤ 2023년 B 보험의 50대 이상 가입자 수 대비 2023년 A 보험의 30대 가입자 수의 비율은 0.8 이상이다.

05 다음은 산업별 석유 소비량에 대한 자료이다. 다음 중 자료에 대한 설명으로 옳지 않은 것을 모두 고르시오.

[산업별 석유 소비량]

(단위: 천 배럴)

구분	2016년	2017년	2018년	2019년	2020년
광업	437	395	396	401	486
식품·담배업	614	681	737	554	561
섬유제품업	549	693	455	266	202
제지·인쇄업	298	316	314	227	261
철강업	730	838	619	730	694
비철금속산업	254	274	290	282	313
기계 조립업	757	649	634	633	635

※ 출처: KOSIS(한국석유공사, 석유수급통계)

a. 2019년 제시된 산업의 석유 소비량 총합은 3,000천 배럴 이상이다.
b. 제시된 기간 동안 섬유제품업의 연평균 석유 소비량은 433천 배럴이다.
c. 제시된 산업 중 2020년 석유 소비량이 2016년 석유 소비량 대비 증가한 업종은 광업뿐이다.
d. 제시된 기간 중 식품·담배업 석유 소비량이 기계 조립업 석유 소비량보다 큰 해는 3개 연도이다.

① a, b ② a, d ③ b, c ④ c, d ⑤ b, c, d

06 다음은 A 플랫폼 이용자 현황에 대한 자료이다. 다음 중 자료에 대한 설명으로 옳지 않은 것을 고르시오.

[2022년 하반기 A 플랫폼 이용자 수]

(단위: 만 명)

구분	7월	8월	9월	10월	11월	12월
남자	1,640	1,790	1,550	1,970	1,740	1,450
여자	1,100	1,260	1,350	1,450	1,150	1,060

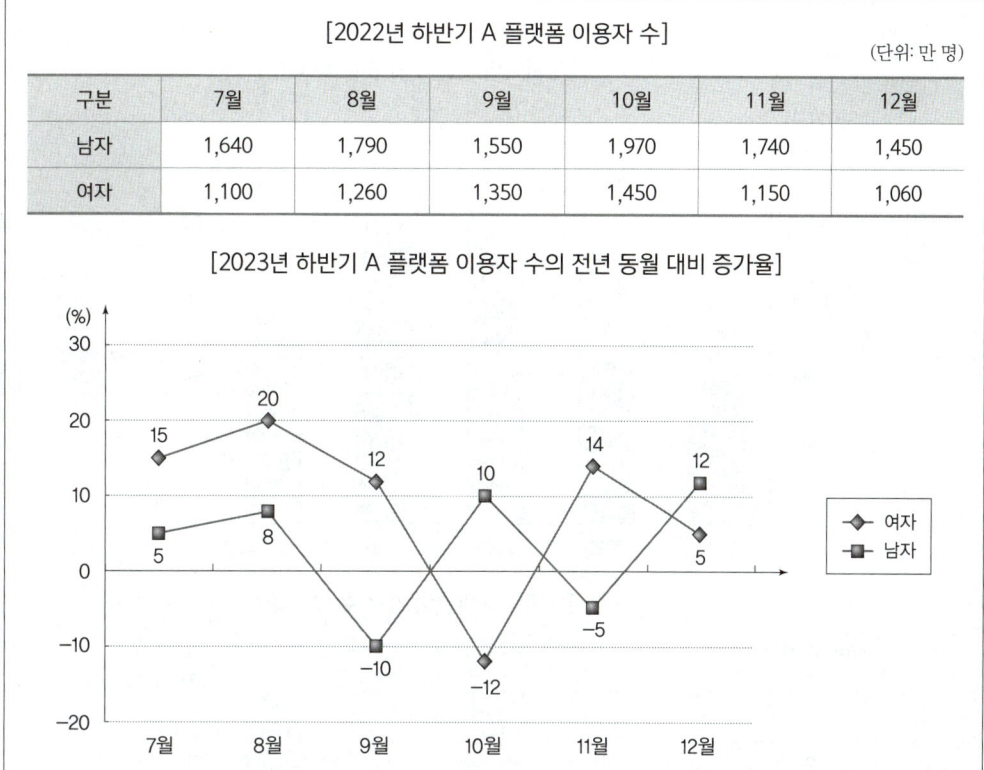

[2023년 하반기 A 플랫폼 이용자 수의 전년 동월 대비 증가율]

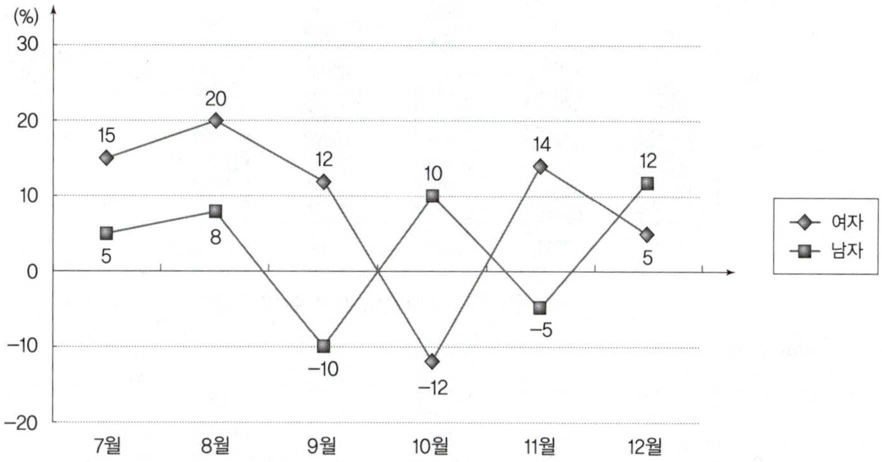

① 2022년 3분기 남자 이용자 수의 평균은 1,660만 명이다.

② 2023년 7월 여자 이용자 수는 2023년 9월 남자 이용자 수보다 120만 명 더 적다.

③ 2022년 11월 A 플랫폼 전체 이용자 중 여자 이용자가 차지하는 비중은 40% 미만이다.

④ 2023년 10월 전체 이용자 수는 전년 동월 대비 증가하였다.

⑤ 2022년 하반기 중 남자 이용자 수와 여자 이용자 수의 차이가 두 번째로 큰 달은 7월이다.

07 다음은 A, B 지역의 연도별 맞벌이 가구 수 및 비율에 대한 자료이다. 다음 중 자료에 대한 설명으로 옳은 것을 고르시오.

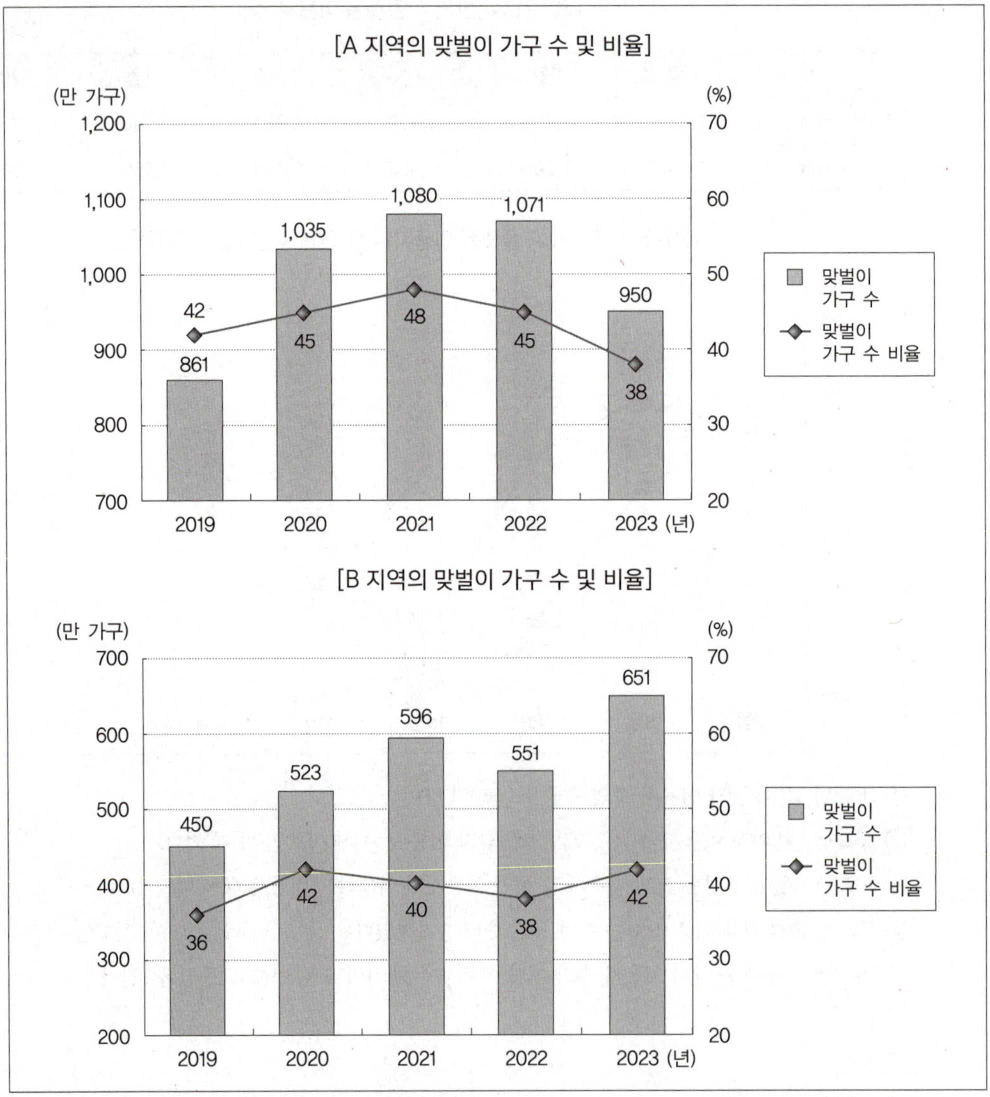

※ 맞벌이 가구 비율(%)=(맞벌이 가구 수/유배우 가구 수)×100

① 제시된 기간 동안 A 지역과 B 지역의 맞벌이 가구 수가 세 번째로 많은 해는 서로 동일하다.

② 2023년 A 지역 유배우 가구 수는 2019년 B 지역의 유배우 가구 수의 2배이다.

③ 제시된 기간 동안 A 지역의 맞벌이 가구 수 평균은 1,000만 가구 이상이다.

④ B 지역 맞벌이 가구 수의 전년 대비 증가율은 2020년이 2021년보다 낮다.

⑤ 제시된 기간 동안 A 지역과 B 지역의 맞벌이 가구 수 차이가 가장 큰 해에 맞벌이 가구 수 비율 차이는 0.07%p이다.

08 다음은 A 국가의 연도별 외국인 선원 고용 현황에 대한 자료이다. 다음 중 자료에 대한 설명으로 옳지 않은 것을 고르시오.

[업종별 외국인 선원 고용 인원]

(단위: 명)

구분	2019년	2020년	2021년	2022년	2023년
외항선	11,470	12,200	13,130	13,690	15,240
내항선	930	990	930	1,040	1,100
원양어선	3,870	3,680	4,350	4,250	3,850
연근해어선	6,980	7,200	5,920	6,240	6,560
기타	150	130	170	280	250
합계	23,400	24,200	24,500	25,500	27,000

[국적별 외국인 선원 고용 인원]

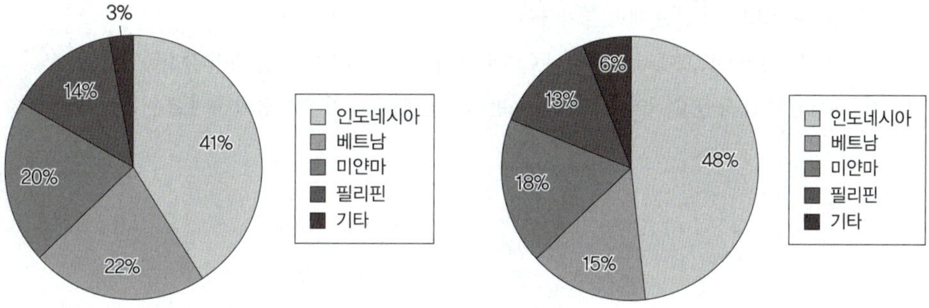

2019년 2023년

① 2020년부터 2023년까지 내항선과 연근해어선 외국인 선원 고용 인원의 전년 대비 증감 추이는 매년 서로 동일하다.

② 제시된 기간 동안 연근해어선 외국인 선원 고용 인원이 다른 해에 비해 두 번째로 많은 해에 전체 외국인 선원 고용 인원은 다른 해에 비해 가장 적다.

③ 2022년 전체 외국인 선원 고용 인원에서 원양어선의 외국인 선원 고용 인원이 차지하는 비중은 2년 전 대비 증가하였다.

④ 2023년 외항선에 고용된 인도네시아 선원은 최소 1,000명 이상이다.

⑤ 2019년 미얀마의 선원 고용 인원 대비 2023년 베트남의 선원 고용 인원 비율은 0.9 미만이다.

09 다음은 H 국의 지역별 GRDP에 대한 자료이다. 다음 중 자료에 대한 설명으로 옳지 않은 것을 고르시오.

[지역별 GRDP]

(단위: 십억 원)

구분	2019년	2020년	2021년	2022년	2023년
A 지역	219,500	228,000	236,500	253,800	264,300
B 지역	326,900	337,000	372,000	397,000	452,000
C 지역	96,500	99,600	98,300	112,600	114,100
D 지역	132,000	140,100	122,900	128,200	145,000
E 지역	62,300	72,800	73,200	79,400	86,600
합계	837,200	877,500	902,900	971,000	1,062,000

※ 경제 성장률(%) = {(당해년도 GRDP − 전년도 GRDP) / 전년도 GRDP} × 100

① 제시된 지역 중 2020년부터 2023년까지 GRDP의 전년 대비 증감 추이가 A 지역과 같은 지역은 총 2곳이다.

② 2021년 이후 B 지역 GRDP는 E 지역 GRDP의 매년 5배 이상이다.

③ 2020년 GRDP의 전년 대비 증가량이 가장 큰 지역은 E 지역이다.

④ 2023년 전체 GRDP에서 D 지역의 GRDP가 차지하는 비중은 전년 대비 감소하였다.

⑤ 제시된 기간 동안 C 지역 GRDP가 두 번째로 큰 해에 C 지역의 경제 성장률은 15% 미만이다.

10 다음은 A, B 지역의 연도별 교통사고 발생 건수 현황에 대한 자료이다. 다음 중 자료에 대한 설명으로 옳지 않은 것을 고르시오.

[전체 교통사고 발생 건수]

(단위: 건)

구분	2019년	2020년	2021년	2022년	2023년
A 지역	39,260	35,230	32,910	33,200	34,780
B 지역	9,400	8,950	8,765	8,580	9,105

[음주운전 교통사고 발생 건수]

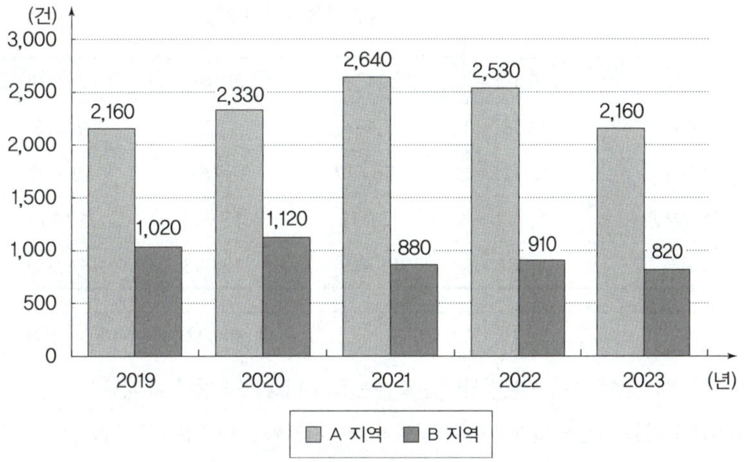

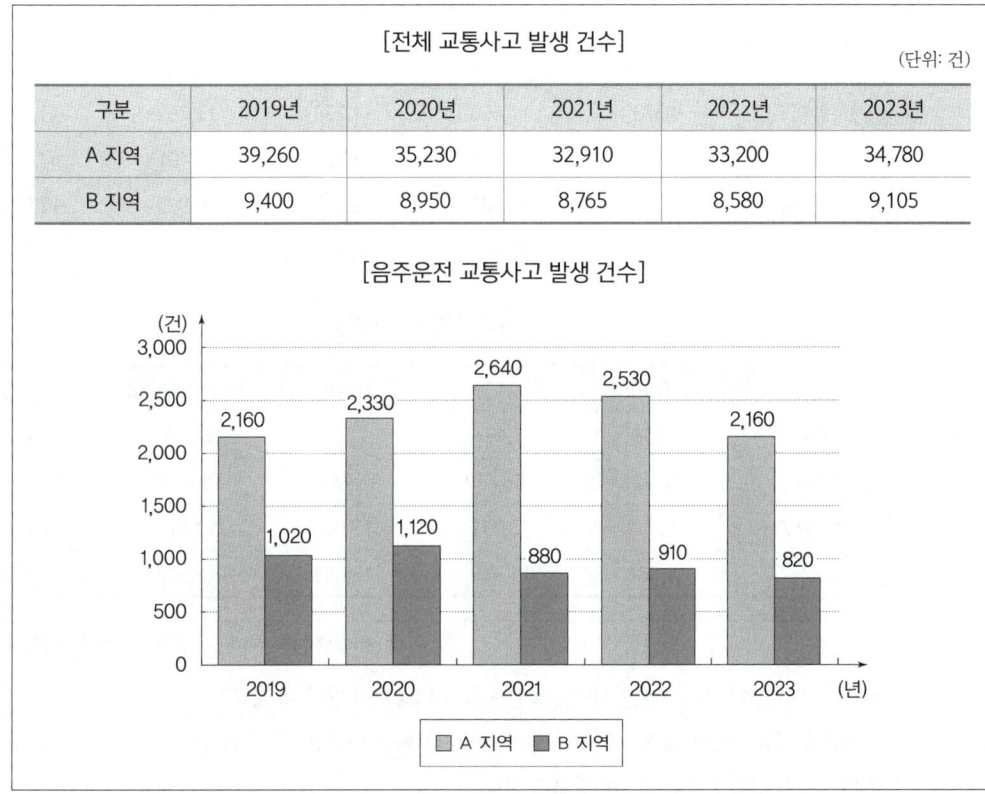

※ 음주운전 교통사고 비율(%) = (음주운전 교통사고 발생 건수 / 전체 교통사고 발생 건수) × 100

① 제시된 기간 동안 B 지역의 음주운전 교통사고 발생 건수의 평균은 950건이다.

② 2023년 전체 교통사고 발생 건수의 전년 대비 증가량은 A 지역이 B 지역의 3배 이상이다.

③ 제시된 기간 중 A 지역의 음주운전 교통사고 비율이 가장 큰 해는 2021년이다.

④ B 지역의 전체 교통사고 발생 건수의 전년 대비 감소율은 2021년이 2022년보다 크다.

⑤ 제시된 기간 중 B 지역의 음주운전 교통사고 발생 건수가 가장 큰 해에 음주운전 교통사고 비율은 12% 이상이다.

11 다음은 유제품별 생산량 및 소비량에 대한 자료이다. 다음 중 자료에 대한 설명으로 옳지 않은 것을 고르시오.

[유제품별 생산량]

(단위: 톤)

구분	2016년	2017년	2018년	2019년	2020년
연유	9,578	11,655	11,278	12,262	11,872
치즈	28,842	35,214	37,322	41,491	44,671
조제분유	20,896	16,727	18,163	16,565	12,501
버터	2,367	2,420	1,958	2,757	3,574

[유제품별 소비량]

(단위: 톤)

구분	2016년	2017년	2018년	2019년	2020년
연유	5,958	7,497	7,522	6,338	4,410
치즈	140,427	158,612	154,679	166,150	188,231
조제분유	15,650	13,771	13,908	12,117	8,831
버터	11,581	11,469	13,093	16,949	17,832

※ 출처: KOSIS(농림축산식품부, 우유및유제품생산소비상황)

① 제시된 기간 동안 조제분유 생산량은 조제분유 소비량보다 매년 더 많다.

② 2016년 유제품 생산량 합계에서 치즈 생산량이 차지하는 비중은 50% 미만이다.

③ 2019년 연유 생산량은 연유 소비량보다 적다.

④ 2018년 유제품 소비량 합계는 200,000톤 미만이다.

⑤ 제시된 기간 중 버터 생산량이 다른 해에 비해 가장 적은 해는 2018년이다.

12 다음은 지역별 건강생활 실천율 및 고위험 음주율에 대한 자료이다. 다음 중 자료에 대한 설명으로 옳은 것을 모두 고르시오.

[건강생활 실천율]

(단위: %)

구분	2019년	2020년	2021년	2022년	2023년
A 지역	45.2	40.4	43.3	47.7	48.4
B 지역	35.4	32.6	38.6	40.2	36.1
C 지역	22.7	23.4	30.1	39.6	38.2
D 지역	19.8	21.8	27.8	31.2	35.1
E 지역	26.8	27.2	27.0	31.7	30.9

[고위험 음주율]

(단위: %)

구분	2019년	2020년	2021년	2022년	2023년
A 지역	16.5	12.9	12.3	13.7	14.8
B 지역	15.0	11.2	9.3	13.6	15.8
C 지역	14.0	9.7	10.9	8.4	11.6
D 지역	22.2	18.2	17.4	19.5	20.8
E 지역	20.4	17.1	15.9	18.9	18.2

a. 2022년 C 지역의 건강생활 실천율은 같은 해 C 지역의 고위험 음주율의 4.5배 미만이다.
b. 제시된 기간 동안 B 지역의 고위험 음주율이 다른 해에 비해 가장 작은 해에 B 지역의 건강생활 실천율 대비 B 지역의 고위험 음주율의 비율은 0.3 이상이다.
c. 제시된 기간 동안 A 지역과 E 지역의 고위험 음주율 차이는 매년 3.5%p 이상이다.
d. 2023년 건강생활 실천율과 2019년 건강생활 실천율의 차이는 C 지역이 D 지역보다 크다.

① b ② d ③ b, c ④ b, d ⑤ a, b, d

13 다음은 K 국의 연도별 사교육비 현황에 대한 자료이다. 다음 중 자료에 대한 설명으로 옳지 않은 것을 고르시오.

[교육 유형별 사교육비 총액]

(단위: 십억 원)

구분	2020년	2021년	2022년	2023년
개인 과외	2,360	2,300	2,480	2,300
그룹 과외	1,460	1,500	1,450	1,350
학원 수강	10,800	12,450	12,300	15,050
유료 인터넷 강좌	660	830	960	1,020
기타	920	720	810	680
합계	16,200	17,800	18,000	20,400

[학교급별 사교육비 구성비]

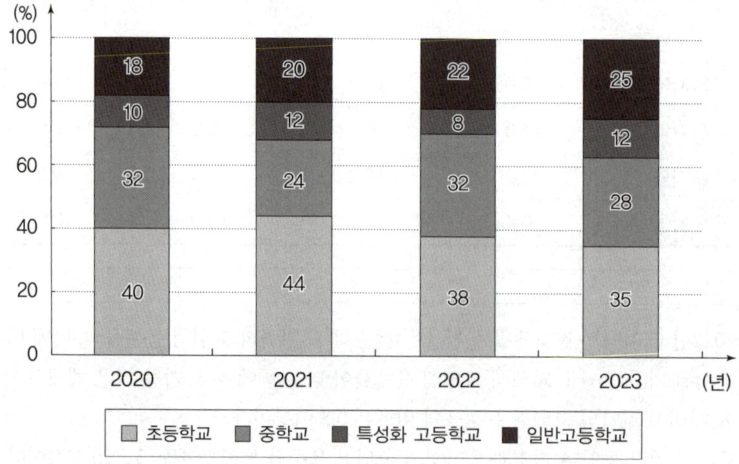

① 제시된 유형 중 2021년 이후 사교육비가 전년 대비 매년 증가하는 유형은 총 1개이다.

② 제시된 기간 중 기타 사교육비가 가장 많은 해에 전체 사교육비 합계에서 학원 수강이 차지하는 비중은 70% 미만이다.

③ 2023년 사교육비의 2년 전 대비 증가율은 학원 수강이 유료 인터넷 강좌보다 더 크다.

④ 2022년 초등학교 사교육비와 같은 해 중학교 사교육비의 차이는 1,080십억 원이다.

⑤ 2023년 일반 고등학교의 사교육비는 2020년 특성화 고등학교 사교육비의 3배 이상이다.

14 다음은 A 국의 연도별 공공기관 장애인 고용 현황에 대한 자료이다. 다음 중 자료에 대한 설명으로 옳지 않은 것을 모두 고르시오.

[공공기관별 상시근로자 수]

(단위: 명)

구분	2019년	2020년	2021년	2022년	2023년
준정부기관	122,500	133,400	129,600	130,800	118,400
공기업	198,600	216,200	230,300	253,200	233,100
기타 공공기관	150,400	161,900	175,100	186,000	183,300
합계	471,500	511,500	535,000	570,000	534,800

[연도별 전체 공공기관 장애인 고용률]

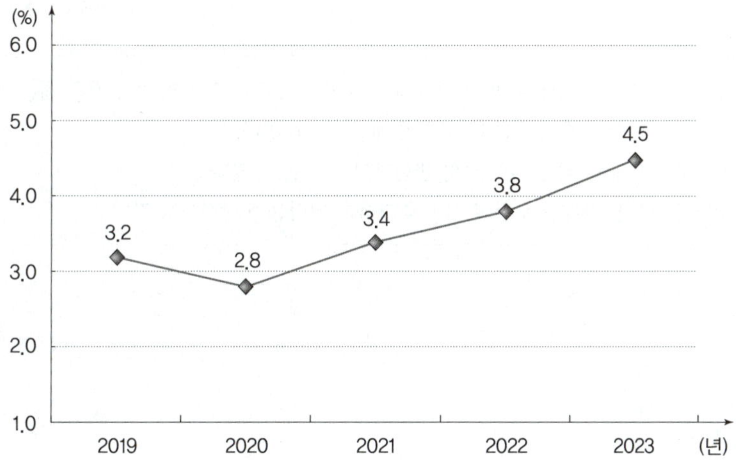

※ 장애인 고용률(%) = (장애인 고용인원 / 상시근로자 수) × 100

a. 제시된 기간 중 장애인 고용률이 두 번째로 큰 해에 기타 공공기관 상시 근로자 수는 전체 공공기관 장애인 고용인원의 9배 이상이다.
b. 2023년 준정부기관의 상시 근로자 수는 3년 전 대비 15천 명 감소하였다.
c. 2021년 전체 공공기관 장애인 고용인원은 17,190명이다.
d. 제시된 기간 중 장애인 고용률이 가장 작은 해에 공기업 상시근로자 수는 전년 대비 10% 이상 증가하였다.

① a, c ② a, d ③ c, d ④ a, c, d ⑤ b, c, d

15 다음은 연도별 광산물 생산량 및 판매량에 대한 자료이다. 다음 중 자료에 대한 설명으로 옳은 것을 모두 고르시오.

[연도별 광산물 생산량 및 판매량]

(단위: MT)

구분	2018년		2019년		2020년	
	생산량	판매량	생산량	판매량	생산량	판매량
금	16,006	16,000	16,009	16,000	10,005	10,000
철	25,555	33,047	30,233	33,844	765	757
티타늄	25,677	22,358	24,037	28,363	28,482	27,218
납석	29,479	31,292	25,116	22,425	28,379	26,276
장석	42,462	40,227	61,334	57,745	42,776	40,951

※ 출처: KOSIS(한국지질자원연구원, 광산물생산량현황)

a. 제시된 기간 중 금 생산량과 금 판매량의 차이가 다른 해에 비해 가장 적은 해는 2020년이다.
b. 2019년 이후 납석 생산량은 전년 대비 매년 감소하였다.
c. 제시된 기간 동안 철 판매량은 철 생산량보다 매년 더 많다.
d. 2019년 광산물 판매량의 전년 대비 증가율은 티타늄이 장석보다 작다.

① a, b ② a, d ③ b, c ④ a, b, c ⑤ a, b, d

16 다음은 분기별 범죄 발생 및 검거 현황에 대한 자료이다. 다음 중 ㉠~㉤에 해당하는 값을 예측했을 때, 가장 타당하지 않은 값을 고르시오. (단, 소수점 둘째 자리에서 반올림하여 계산한다.)

[분기별 범죄 발생 및 검거 현황]

구분		발생 건수(건)	검거 건수(건)	범죄 검거율(%)	검거인원(명)
3분기	총 범죄	370,089	299,312	80.9	364,475
	형법범	(㉠)	171,061	( )	211,596
	특별법범	136,081	128,251	(㉡)	152,879
4분기	총 범죄	377,324	(㉢)	( )	356,221
	형법범	249,275	160,251	64.3	(㉣)
	특별법범	128,049	115,974	(㉤)	149,665

※ 1) 총 범죄(건) = 형법범 + 특별법범
　2) 범죄 검거율(%) = (검거 건수 / 발생 건수) × 100
※ 출처: KOSIS(경찰청, 경찰청범죄통계)

① ㉠: 234,008　② ㉡: 94.2　③ ㉢: 276,225　④ ㉣: 196,556　⑤ ㉤: 90.6

17 다음은 2021년 하반기 월별 어업 생산량 및 생산 금액에 대한 자료이다. 제시된 기간 중 선어 생산량이 75,000톤 이상인 달들의 전체 어업 생산 금액의 합은 얼마인가?

[2021년 하반기 월별 어업 생산량 및 생산 금액]

구분		7월	8월	9월	10월	11월	12월
생산량 (톤)	활어	120,484	89,473	64,905	62,903	141,896	227,406
	선어	58,847	60,429	72,668	99,341	75,011	85,853
	냉동	36,855	41,229	34,457	37,874	31,570	31,485
생산 금액 (억 원)	활어	3,338	3,203	4,528	4,455	5,361	6,148
	선어	1,628	1,777	2,490	3,007	2,712	2,423
	냉동	1,061	1,182	1,285	1,126	1,054	1,180

※ 출처: KOSIS(통계청, 어업생산동향조사)

① 27,466억 원 ② 29,127억 원 ③ 30,789억 원 ④ 32,448억 원 ⑤ 35,769억 원

18 다음은 2021년 전공별 시간강사 현황에 대한 자료이다. 해당 자료를 보고 A~D를 바르게 짝지은 것을 고르시오.

[2021년 전공별 시간강사 현황]

구분	전업 시간강사		겸업 시간강사	
	응답자 수(명)	비율(%)	응답자 수(명)	비율(%)
A	78	43.3	102	56.7
예술 및 인문학	200	59.0	139	41.0
사회과학, 언론 및 정보학	68	44.4	85	55.6
경영, 행정 및 법	60	28.2	153	71.8
자연과학, 수학 및 통계학	41	46.6	47	53.4
B	12	38.7	19	61.3
공학, 제조 및 건설	85	40.3	126	59.7
농림어업 및 수의학	10	35.7	18	64.3
C	61	25.5	178	74.5
D	34	32.1	72	67.9

※ 비율은 전체 시간강사 응답자 수에서 해당 시간강사 응답자 수가 차지하는 비중을 의미함
※ 출처: KOSIS(한국직업능력연구원, 국내신규박사학위취득자조사)

㉠ A, B, C, D는 각각 교육, 보건 및 복지, 서비스, 정보통신 기술 중 한 가지 전공에 해당한다.
㉡ 전체 시간강사 응답자 수가 200명 미만인 전공은 교육, 정보통신 기술, 서비스이다.
㉢ 서비스의 겸업 시간강사 응답자 수는 전업 시간강사 응답자 수의 2배 이상이다.
㉣ 겸업 시간강사 비율이 60% 이상인 전공은 정보통신 기술, 보건 및 복지, 서비스이다.

	A	B	C	D
①	교육	서비스	보건 및 복지	정보통신 기술
②	보건 및 복지	서비스	교육	정보통신 기술
③	교육	정보통신 기술	보건 및 복지	서비스
④	보건 및 복지	정보통신 기술	교육	서비스
⑤	교육	보건 및 복지	서비스	정보통신 기술

19 다음은 발급 방법별 병적증명서 발급 건수에 대한 자료이다. 해당 자료를 보고 A~D를 바르게 짝지은 것을 고르시오.

[발급 방법별 병적증명서 발급 건수]

(단위: 건)

구분	2016년	2017년	2018년	2019년	2020년
A	32,882	27,375	26,541	20,770	15,461
우편	170	224	139	31	23
B	187,082	171,936	201,835	158,893	140,377
C	22,635	20,351	17,500	9,588	91,536
D	7,352	6,936	8,402	7,314	15,362
계	250,121	226,822	254,417	196,596	262,759

※ 출처: KOSIS(병무청, 병무통계)

㉠ A, B, C, D는 각각 FAX, 공문 등, 방문, 인터넷 중 한 가지 발급 방법에 해당한다.
㉡ 2018년 공문 등을 이용한 병적증명서 발급 건수의 전년 대비 증감 추이는 우편과 정반대이다.
㉢ 인터넷을 이용한 병적증명서 발급 건수는 2020년이 2019년의 9배 이상이다.
㉣ 제시된 기간 동안 FAX를 이용한 병적증명서 발급 건수는 제시된 다른 발급 방법보다 매년 가장 많다.

	A	B	C	D
①	공문 등	FAX	인터넷	방문
②	공문 등	방문	FAX	인터넷
③	방문	FAX	인터넷	공문 등
④	방문	인터넷	FAX	공문 등
⑤	방문	FAX	공문 등	인터넷

20 다음은 성별 퇴직연금 가입률에 대한 자료이다. 이를 바탕으로 성별 퇴직연금 가입률을 바르게 나타낸 것을 고르시오.

[성별 퇴직연금 가입률]

(단위: %)

구분	2016년	2017년	2018년	2019년	2020년
계	49.3	50.2	51.3	51.5	52.4
남자	51.1	51.3	52.2	52.1	53.0
여자	46.5	48.5	49.9	50.7	51.5

※ 출처: KOSIS(통계청, 연금통계)

①
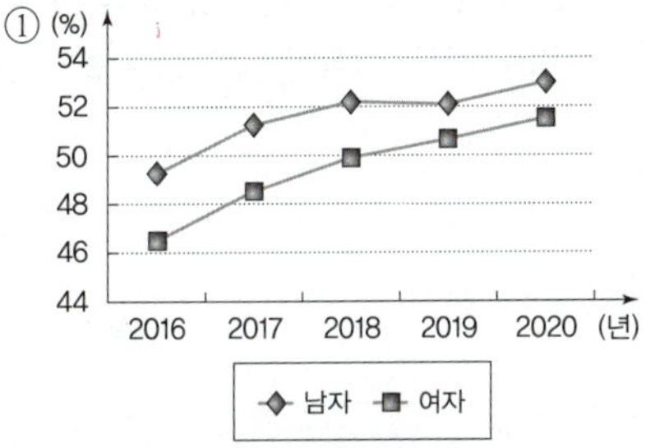

②
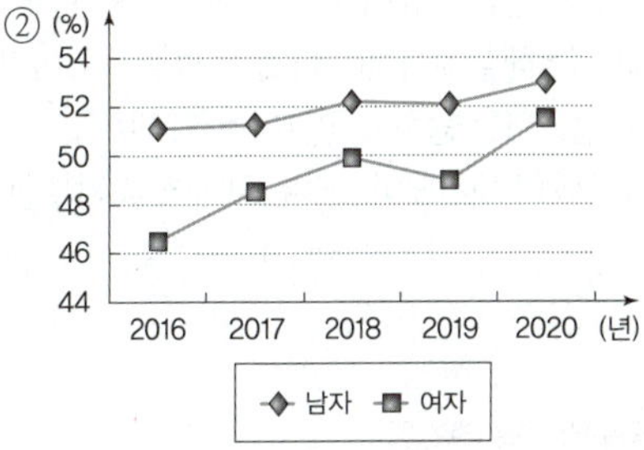

③
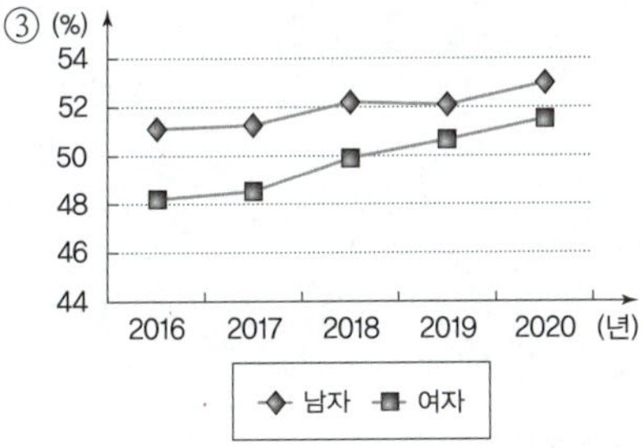

④
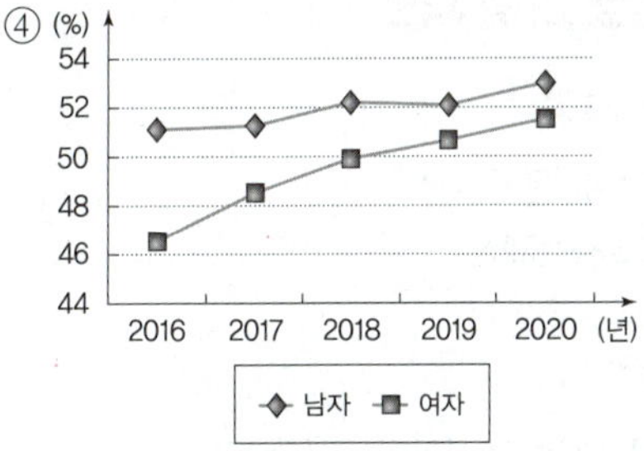

⑤
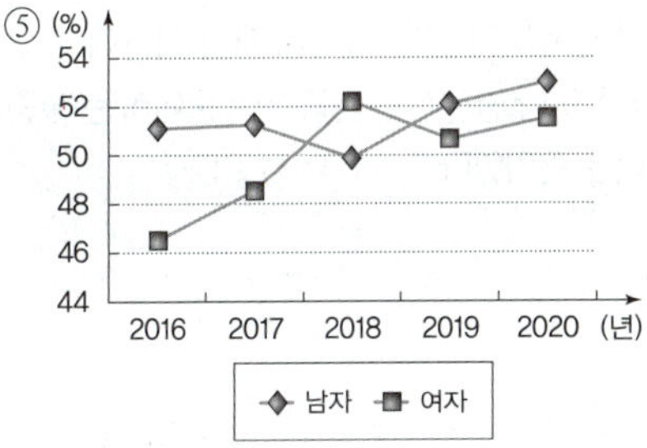

약점 보완 해설집 p.13

04 | 창의수리 기출유형공략

창의수리 소개

창의수리는 일정한 규칙에 따라 배열된 숫자열이나 숫자의 집합으로부터 규칙 및 관계의 특성을 추론하는 능력과 일상생활에서 발생하는 문제를 해결하기 위해서 수학의 기본 원리와 방정식, 함수 등을 활용하여 문제에 접근하는 능력을 평가하는 영역이다.
총 **20문항**이 제시되며, **20분** 이내에 풀어야 한다.

최근 출제 경향

출제 유형

유형 1 수/문자추리
유형 2 응용계산

난이도

2024년 하반기 시험에서 창의수리는 전반적으로 매우 어렵게 출제되었다.
수/문자추리 유형은 소수, 분수와 같이 복잡한 규칙의 문제가 출제되어 규칙 파악에 오랜 시간이 소요되었으며, 응용계산 유형은 농도, 거리·속력·시간 등 기본적인 공식이나 방정식을 이용하여 풀이하는 수준의 문제가 출제되었지만, 수치 등이 복잡하게 출제되어 약간 어려운 편이었다.

온라인 시험 한 줄 Tip

창의수리는 등차·등비·계차·피보나치수열 등 기본적인 수열 및 기본 공식을 학습하고, 제시된 조건을 컴퓨터 기본 프로그램인 그림판에 표나 그림으로 간단히 정리하면 문제를 빠르게 풀이할 수 있다.

유형 1 수/문자추리

유형 특징 나열된 숫자 또는 도형 등에 포함된 숫자의 규칙을 찾아 정답을 도출하는 유형의 문제가 출제된다.

학습 전략 기본적인 등차수열, 등비수열, 계차수열, 피보나치수열을 미리 학습하고, 도형의 경우 양옆, 대칭 등 위치에 따른 숫자 사이의 관계를 파악해본다.

예제 제시된 숫자 또는 문자의 배열 규칙을 찾아 빈칸에 들어갈 숫자 또는 문자를 고르는 문제

일정한 규칙으로 나열된 수를 통해 빈칸에 들어갈 알맞은 숫자를 고르시오.

$$\frac{16}{15} \quad \frac{8}{5} \quad 2 \quad 3 \quad \frac{15}{4} \quad (\quad)$$

① $\frac{25}{2}$ ② $\frac{15}{2}$ ③ $\frac{25}{4}$ ④ $\frac{35}{8}$ ⑤ $\frac{45}{8}$

|정답 및 해설| ⑤

제시된 각 숫자 간의 값이 $\times\frac{3}{2}$, $\times\frac{5}{4}$로 반복되므로 빈칸에 들어갈 알맞은 숫자는 '$\frac{45}{8}$'이다.

시간 단축 Key point!

자연수로 제시된 숫자는 바로 옆 숫자 또는 그 다음 숫자와 동일한 분자 및 분모로 맞춰준 뒤 그에 따른 관계를 빠르게 살펴본다.

유형 2 응용계산

유형 특징 제시된 조건을 이용하여 식을 세우고 답을 도출하는 유형의 문제가 출제된다.

학습 전략 농도, 거리·속력·시간, 일의 양, 원가·정가, 경우의 수·확률 등의 기본 공식을 정확히 암기하고, 여러 개의 식을 세울 때 문제를 푸는 데 필요한 조건이 누락되지 않도록 제시된 조건을 간단히 정리해본다.

예제 문제에 제시된 조건을 이용하여 식을 세우고 답을 도출하는 문제

세 아이의 엄마인 정미는 K 백화점 문화센터에서 운영하는 9개의 프로그램 중 세 아이가 각 1개씩 서로 다른 프로그램에 참여하도록 하려고 한다. 정미의 세 아이가 K 백화점 문화센터에서 운영하는 프로그램에 참여할 수 있는 경우의 수는?

① 54가지 ② 64가지 ③ 504가지 ④ 1,008가지 ⑤ 1,512가지

|정답 및 해설| ③

서로 다른 n개에서 중복을 허락하지 않고 r개를 택하여 한 줄로 배열하는 경우의 수는 ${}_nP_r$임을 적용하여 구한다.

정미의 세 아이가 K 백화점 문화센터에서 운영하는 9개의 프로그램 중 1개씩 서로 다른 프로그램에 참여하는 경우의 수는 서로 다른 9개에서 중복을 허락하지 않고 3개를 택하여 한 줄로 배열하는 경우의 수와 같다.

따라서 정미의 세 아이가 K 백화점 문화센터에서 운영하는 프로그램에 참여할 수 있는 경우의 수는 ${}_9P_3 = \frac{9!}{(9-3)!} = 9 \times 8 \times 7 = 504$가지이다.

시간 단축 Key point!

경우의 수를 묻는 문제에서는 중복을 허용하는 지와 중복을 허용하지 않는지를 명확히 확인한 뒤 정확한 공식을 적용해야 한다.

출제예상문제

▶ 해설 p.18

01 일정한 규칙으로 나열된 수를 통해 빈칸에 들어갈 알맞은 숫자를 고르시오.

$$\frac{1}{8} \quad \frac{1}{4} \quad \frac{3}{4} \quad 2 \quad \frac{11}{2} \quad 15 \quad (\quad\quad)$$

① 41 ② 56 ③ 62 ④ 82 ⑤ 165

02 일정한 규칙으로 나열된 수를 통해 빈칸에 들어갈 알맞은 숫자를 고르시오.

$$\frac{1}{7} \quad \frac{3}{56} \quad \frac{5}{52} \quad \frac{7}{26} \quad \frac{11}{104} \quad \frac{13}{100} \quad (\quad\quad)$$

① 0.15 ② 0.17 ③ 0.32 ④ 0.34 ⑤ 0.38

03 다음 도형 내의 숫자가 일정한 규칙에 따라 배치되어 있을 때, A에 들어갈 알맞은 숫자를 고르시오.

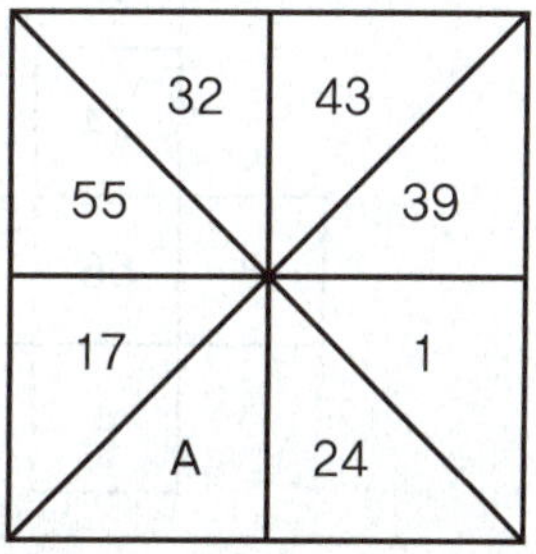

① 10 ② 13 ③ 18 ④ 27 ⑤ 35

04 다음 퍼즐의 숫자가 일정한 규칙에 따라 배치되어 있을 때, A－B의 값을 고르시오.

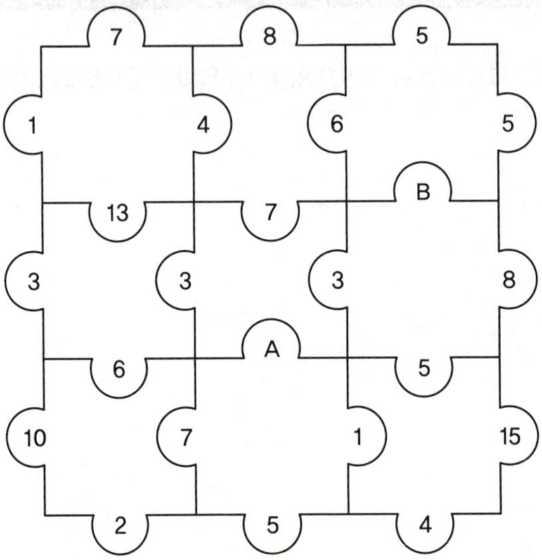

① 1 ② 3 ③ 5 ④ 7 ⑤ 9

05 다음 도형 내의 숫자가 일정한 규칙에 따라 배치되어 있을 때, A＋B의 값을 고르시오.

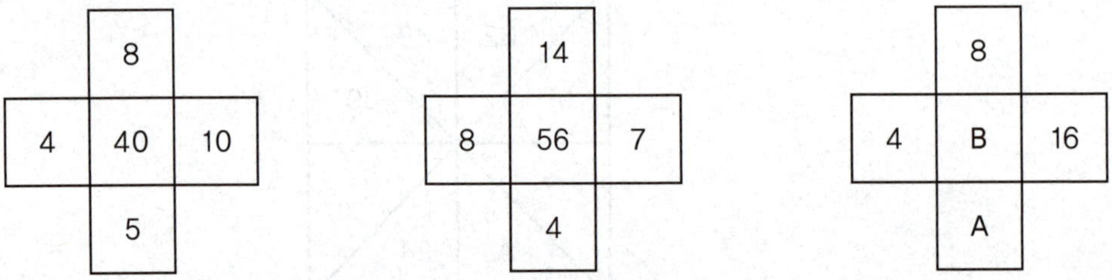

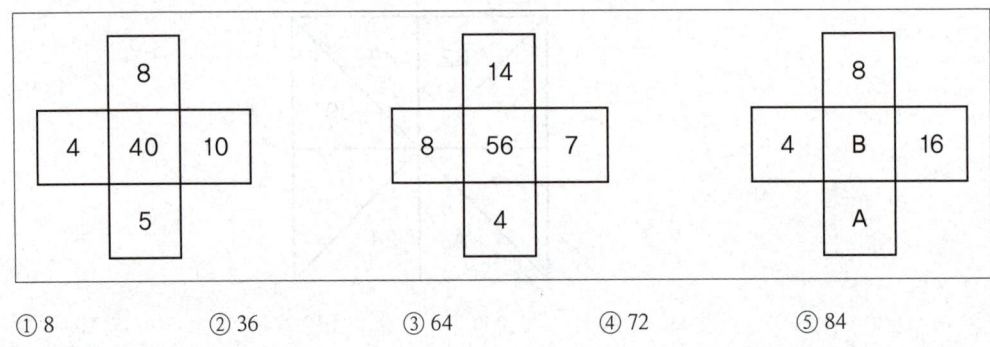

① 8 ② 36 ③ 64 ④ 72 ⑤ 84

06 다음 각 시계에서 정가운데 있는 숫자와 시침이 가리키는 숫자, 분침이 가리키는 숫자들 사이에 일정한 규칙이 적용되고, 정가운데 있는 숫자들 사이에도 또 다른 규칙이 적용된다. 시계에 적용된 규칙을 찾아 시침이 없는 시계에 시침을 추가하고, 시침이 가리키는 숫자를 B라고 할 때, B－2A의 값을 고르시오.

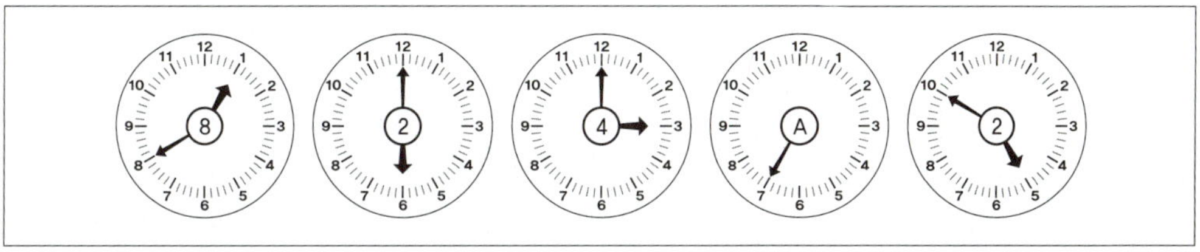

① 1　② 5　③ 6　④ 13　⑤ 20

07 다음 도형의 바깥쪽 원과 안쪽 원에 포함된 각 숫자에는 시계 방향으로 서로 다른 규칙이 적용되고, 사분원 안의 세 숫자 사이에도 일정한 규칙이 있다. 각각의 규칙을 찾아 A+B+C+D의 값을 고르시오. (단, 바깥쪽 원과 안쪽 원에 적용되는 규칙의 경우 규칙이 끝나는 숫자와 규칙이 시작되는 숫자 사이에는 성립하지 않는다.)

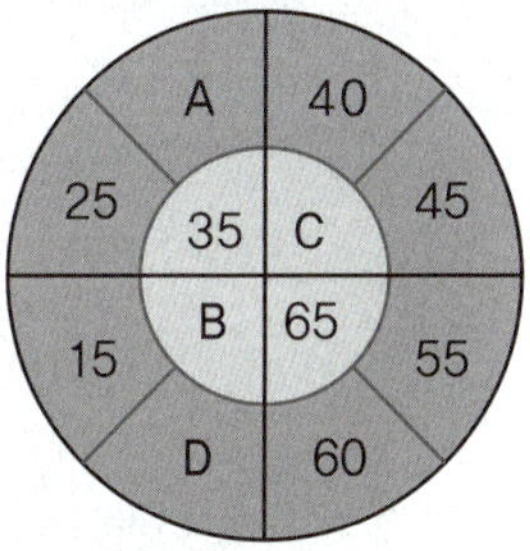

① 70　② 85　③ 90　④ 105　⑤ 110

08 500m 길이의 일직선상 도로에 일정한 간격으로 가로등을 설치하려고 한다. 가로등을 총 26개 설치했을 때, 설치한 가로등의 일정한 간격은 얼마인가?

① 15m　② 18m　③ 20m　④ 22m　⑤ 23m

09 수영장에 물을 가득 채우는 데 걸리는 시간은 A 호스만 이용할 경우 4시간, B 호스만 이용할 경우 6시간이다. A 호스와 B 호스를 동시에 이용하여 수영장에 물을 가득 채우는 데 걸리는 시간은 얼마인가?

① 2시간 24분 ② 2시간 30분 ③ 2시간 36분 ④ 2시간 40분 ⑤ 2시간 45분

10 숫자가 1~12로 구성된 원형 시계의 현재 시각은 9시 30분이다. 현재 시침과 분침이 이루는 각도는 얼마인가?

① 90° ② 100° ③ 105° ④ 110° ⑤ 120°

11 A~G 7명은 원형 탁자에 같은 간격으로 앉아 있다. A와 G가 이웃하여 앉을 때, A~G 7명이 탁자에 앉을 수 있는 경우의 수는 몇 가지인가?

① 64가지 ② 120가지 ③ 128가지 ④ 240가지 ⑤ 256가지

12 과학 과목을 수강하는 학생 A~F 6명을 3명씩 가, 나의 2개 조로 편성하려고 한다. A와 B가 같은 조가 되지 않을 확률은 얼마인가?

① $\frac{19}{20}$ ② $\frac{9}{10}$ ③ $\frac{17}{20}$ ④ $\frac{3}{5}$ ⑤ $\frac{3}{4}$

13 원가가 5,000원인 물건 A를 10%의 원가이익률이 발생하도록 정가를 산정하여 판매하였다. 물건 A를 판매하여 이익이 20,000원 이상이 되기 위해 판매해야 하는 물건 A의 개수는 최소 몇 개인가?

① 38개 ② 40개 ③ 41개 ④ 43개 ⑤ 45개

14 어느 공장에서 개당 생산 비용이 2만 원인 장난감을 60개 생산하여 25%의 이윤을 남긴 금액으로 모두 판매하려 하였으나, 실제로 판매할 수 있는 장난감은 불량품을 제외하고 50개로 파악되었다. 장난감 50개를 판매하여 60개를 판매했을 때만큼의 매출을 달성하기 위해 책정해야 하는 이윤은 얼마인가?

① 36% ② 42% ③ 45% ④ 50% ⑤ 54%

15 각 자리의 수가 서로 다른 세 자리 수 중에서 백의 자리 수는 6 이하, 십의 자리 수는 5 이하, 일의 자리 수는 4 이하인 세 자리 수의 개수는 몇 개인가?

① 92개 ② 96개 ③ 104개 ④ 109개 ⑤ 118개

16 K 대학교의 경력개발센터에서 경영대학 학생 전체 300명을 대상으로 면접 특강, 인·적성 특강, 자기소개서 특강 신청을 받았다. 세 개의 특강 중 두 개만 신청한 학생은 96명, 아무것도 신청하지 않은 학생은 30명이었다. 면접 특강을 신청한 학생은 170명, 인·적성 특강을 신청한 학생은 150명, 자기소개서 특강을 신청한 학생은 160명이라고 할 때, 세 개의 특강을 모두 신청한 학생 수는 몇 명인가?

① 38명 ② 42명 ③ 54명 ④ 57명 ⑤ 114명

17 0, 1, 2, 3, 4 숫자 5개를 사용하여 세 자리 수를 만들려고 한다. 각 숫자는 중복하여 사용이 가능할 때, 230보다 작을 경우의 수는 몇 가지인가?

① 20가지 ② 30가지 ③ 40가지 ④ 50가지 ⑤ 60가지

18 여행 중인 갑은 관광지와 식당에서 총 120시간 이하의 시간을 보내려고 한다. 한 곳을 방문할 때마다 관광지는 2시간씩, 식당은 1시간씩 머무르며 방문하는 관광지의 수가 식당의 수보다 12개 더 많도록 계획할 때, 방문하는 관광지의 수로 가능한 경우는 총 몇 가지인가? (단, 식당은 1곳 이상 방문하며, 한 번 방문한 장소는 다시 방문하지 않는다.)

① 25가지 ② 30가지 ③ 32가지 ④ 40가지 ⑤ 44가지

19 400m 이어달리기 시합에 H 반 대표로 4명의 주자가 출전하여 각자 100m씩 달리기로 하였다. 예선전에서는 4명의 주자가 각각 100m씩 달려서 총 55초를 기록하였고, 3번 주자의 부상으로 결승전에서는 2번 주자가 3번 주자의 몫까지 200m를 달려서 총 54초를 기록하였다. 2번 주자의 속력이 $\frac{20}{3}$m/s일 때, 3번 주자의 속력은 얼마인가? (단, 모든 주자의 속력은 일정하다.)

① $\frac{23}{4}$m/s ② $\frac{25}{4}$m/s ③ $\frac{16}{3}$m/s ④ $\frac{23}{3}$m/s ⑤ $\frac{25}{3}$m/s

20 A, B, C, D 4명은 각자 소장하고 있는 소설책을 서로 빌려주기로 했다. A, B, C가 D에게 각각 같은 수의 소설책을 빌려주었다고 할 때, D가 빌린 소설책과 빌려준 소설책은 총 몇 권인가?

구분	A	B	C	D
빌린 소설책	2권	3권	2권	( )
빌려준 소설책	3권	1권	5권	( )

① 3권 ② 4권 ③ 5권 ④ 6권 ⑤ 7권

약점 보완 해설집 p.18

PART 2

실전모의고사

실전모의고사 1회

* 모의고사의 시작과 종료 시각을 정하세요.

언어이해 (20분)	시 분 ~ 시 분
언어추리 (20분)	시 분 ~ 시 분
자료해석 (20분)	시 분 ~ 시 분
창의수리 (20분)	시 분 ~ 시 분

01 | 언어이해

▶ 해설 p.24

01 다음 주장에 대한 반박으로 가장 타당한 것을 고르시오.

> 1979년 미국의 심리학자인 존슨과 다우닝은 여학생 60명을 두 개의 그룹으로 나누고 한 그룹에는 백인 우월주의 단체와 유사한 제복을, 나머지 그룹에는 간호사 제복을 제공한 뒤 모르는 사람에게 문제를 내게 하였다. 이때 모르는 사람이 문제를 맞히지 못할 경우 6단계의 강도 중 하나의 단계를 선택해 전기 충격을 주도록 지시하였는데, 전자의 그룹에서는 강도가 센 버튼을, 후자의 그룹에서는 강도가 약한 버튼을 눌렀다고 한다. 제복 효과라고도 불리는 이 실험은 제복이 사람의 심리에 큰 영향을 미친다는 점을 시사한다. 실제로 조직 내에서 제복은 구성원들 간 동질감 및 소속감을 느끼게 해 동료 의식을 높이고, 신뢰감을 주는 요소로 작용하여 생산력 향상에 크게 기여한다. 따라서 제복 효과의 이점을 고려할 때 정부는 학교, 군대 등 특정 단체뿐 아니라 일반 기업에도 관련 내용을 알리고 조직 내에서 제복을 입도록 유도해야 한다.

① 자신의 업무에 사명감이 강한 사람이라면 제복 효과가 더 뚜렷하게 나타날 것이다.
② 사람들은 제복을 입지 않은 사람보다 제복을 입은 사람에게 더 큰 신뢰감을 느끼게 된다.
③ 존슨과 다우닝의 실험을 통해 제복이 사람들의 심리에 영향을 미친다는 것이 증명된 바 있다.
④ 조직 내 제복을 도입해 표준화할 경우 구성원들의 창의력 계발을 저해시켜 몰개성화가 조장될 수 있다.
⑤ 제복 효과의 이점을 고려하면 조직 내 제복 착용은 탈선과 부정부패 등의 감소에도 영향을 미칠 것이다.

02 다음 글의 중심 내용으로 가장 적절한 것을 고르시오.

> 파킨슨의 법칙이란 영국의 경영학자 파킨슨(Parkinson, C. N.)이 주창한 사회 생태학적 법칙으로, 두 가지 법칙을 토대로 자신의 주장을 설명한다. 먼저 부하배증(部下倍增)의 법칙이다. 이는 공무원의 수는 일의 유무나 경중에 관계없이 상급 공무원으로 출세하기 위하여 부하의 수를 늘릴 필요가 있다고 인식하기 때문에 일정한 비율로 증가한다는 사실이다. 즉, 부하를 늘림으로써 승진할 자리를 만든다는 것이다. 다음으로 업무배증(業務倍增)의 법칙이다. 파킨슨은 일단 부하배증의 법칙으로 인해 공무원의 수가 증가한다면 과거 업무를 혼자 진행했던 것에 비해 지시, 보고, 감독 등의 불필요한 업무가 추가로 생겨나 업무가 증가할 것이라 주장하였다. 파킨슨의 법칙은 당대 영국 관료 조직의 문제점을 꼬집은 사항이기 때문에 실증적인 법칙에 해당하지는 않는다. 하지만, 이를 통해 개인 및 조직의 생산성을 높이고자 한다면 자유방임보다는 어느 정도 제약을 가해야 파킨슨의 법칙에 따른 문제점이 발생하지 않는다는 사실을 알 수 있다. 즉, 정해진 업무의 경우 그에 맞는 인력과 시간 자원을 적절히 배분해야 낭비되는 자원 없이 효과적으로 업무가 진행된다는 것을 시사한다.

① 파킨슨이 주장한 내용과 달리 공무원 관료 조직은 지속적으로 증대해야 나라가 부강해질 수 있다.
② 파킨슨에 따르면 공무원 관료 조직은 항상 최소 규모를 유지할 필요가 있다.
③ 파킨슨의 법칙을 고려할 때 정해진 업무는 적절한 자원을 배분해야 효율적으로 진행될 수 있다.
④ 파킨슨의 법칙 중 부하배증과 달리 업무배증은 근거가 존재하지 않는다는 허점이 존재한다.
⑤ 파킨슨의 법칙은 실증적 방법을 통해 증명된 수학적 사실이라는 점을 인지해야 한다.

03 다음 글의 내용과 일치하지 <u>않는</u> 것을 고르시오.

> 블랙홀은 초고도밀도에 의하여 생기는 중력장의 구멍으로, 물질이 극단적으로 수축하게 될 경우 내부의 중력은 무한대가 되어 빛, 에너지, 물질, 입자 등 모든 것이 탈출할 수 없다는 알베르트 아인슈타인(Albert Einstein)의 일반상대성이론에 근거를 둔다. 블랙홀은 사실상 암흑의 공간이기 때문에 육안으로는 쉽게 확인할 수 없으므로 실존 여부에 대해서는 논쟁이 있었으며 오랜 기간 이론으로만 존재해 왔다. 하지만 인공위성의 X선 망원경으로 청색의 초거성과 미지의 천체로 구성된 쌍성 '백조자리 X-1'을 관측한 결과 청색의 초거성으로부터 나온 물질이 미지의 천체로 흘러 들어가는 것이 관측되면서 블랙홀의 존재를 처음으로 확인할 수 있었다. 블랙홀이 탄생하게 된 배경은 별의 소멸과 관련 있다고 한다. 큰 질량의 천체가 소멸하게 되면 자체 중력의 영향을 받아 붕괴하게 된다. 붕괴와 동시에 천체는 스스로 생성한 물질을 모두 뿜어내며 폭발하게 되고, 폭발한 후에는 질량은 그대로 유지한 채 크기만 수축하게 된다. 수축의 정도가 심해지면 결국 빛도 빠져나갈 수 없는 천체가 되고, 중력 역시 강력하기 때문에 근처에 있는 모든 물질을 빨아들이게 된다. 다만 여기서 말하는 큰 질량의 천체는 모든 천체를 의미하는 것은 아니며, 태양 질량의 1.4배 이상인 천체만이 블랙홀이 될 가능성을 갖고 있다. 다시 말해 태양 질량의 1.4배를 넘는 천체는 수축하는 과정에서 원자들은 파괴되고 원자핵끼리 서로 뭉쳐져 중성자별이 되는데, 중성자별이 태양의 질량보다 3배 이상 무거울 경우 별의 중심에서 중력 붕괴 현상이 나타나 블랙홀이 만들어지게 된다.

① 천체가 붕괴하는 과정에서 수축하게 되면 결국 천체는 빛도 빠져나갈 수 없는 상태가 된다.
② 백조자리 X-1을 통해 블랙홀의 존재에 대한 진위를 파악할 수 있었다.
③ 블랙홀의 존재에 대한 이론적 근거는 아인슈타인이 제시한 일반상대성이론에 있다.
④ 수명을 다한 천체가 폭발하게 되더라도 질량과 크기는 변화하지 않는다.
⑤ 천체 수축으로 만들어진 중성자별의 질량이 태양의 3배 이상이면 중력 붕괴 현상이 나타날 수 있다.

04 다음 글의 서술상 특징으로 가장 적절한 것을 고르시오.

> 갑상선에서 분비되는 호르몬은 우리 몸의 모든 기관이 적절하게 기능을 유지하도록 한다. 그런데, 호르몬이 과하게 분비되거나 분비량이 적은 경우 몸에 이상이 나타나게 된다. 전자의 경우를 갑상선 기능 항진증이라 한다. 이 경우 식욕이 왕성함에도 체중은 오히려 감소할 수 있으며, 더위를 참지 못하고 빈맥이나 가슴 두근거림, 손 떨림 등이 나타날 수 있다. 반면 체내 갑상선 호르몬이 부족할 경우에는 갑상선 기능 저하증 상태가 된다. 원인은 갑상선 자체에 문제가 있어 호르몬 생산이 원활하기 이루어지지 않는 경우와 갑상선에서 호르몬을 생성하도록 하는 신호에 문제가 생기는 경우 두 가지로 구분된다. 갑상선 기능 저하증은 갑상선 기능 항진증과 달리 식욕 부진, 체중 증가, 오한 등의 증상이 발생하며, 이외에도 피부 건조, 만성 피로, 변비 등의 증상이 나타날 수 있다. 다만, 갑상선 기능 항진증과 저하증 모두 치료는 약제로 이루어지는 것이 공통적이다. 갑상선 기능 항진증은 호르몬 생산을 억제하는 항갑상선제를 사용하여 치료하며, 갑상선 기능 저하증은 갑상선 호르몬 제제를 복용하여 갑상선 기능을 정상화하게 된다.

① 서술 대상과 관련한 이론의 변천을 시간순으로 소개하고 있다.
② 특정 관점에 입각하여 반대 입장의 주장을 논박하고 있다.
③ 두 개의 개념에 대해 비교, 대조하는 방식을 통해 설명하고 있다.
④ 가설을 설정한 후 이를 구체적인 현상에 적용하고 있다.
⑤ 다양하고 구체적인 사례를 통해 이론을 설명하고 있다.

05 다음 글을 읽고 추론한 내용으로 적절한 것을 고르시오.

우리는 흔히 궁지에 몰리거나 묘수를 찾아내지 못하는 상황에서 '이판사판이다'라는 말을 사용한다. 여기서 이판사판이란 막다른 데 이르러 어찌할 수 없게 된 지경을 말하며, 한자말 이판(理判)과 사판(事判)이 결합된 말로서 조선 시대에 만들어졌다고 한다. 본래 두 용어는 불교 용어로 쓰였는데, 이판은 속세를 떠나 수도에 전심하는 일을, 사판은 절의 모든 재무와 사무를 맡아 처리하는 일을 의미하였다. 두 단어가 결합해 현재의 용례로 쓰인 연유에 대해서는 여러 설이 있지만, 대표적인 설은 다음과 같다. 불교를 숭상하던 고려와 달리 억불숭유(抑佛崇儒)를 표방한 조선에서 승려들은 천민 계급으로 몰락하게 된다. 이에 승려들은 사찰(寺刹)을 유지하면서 불법(佛法)의 맥을 유지할 방법을 모색하기 위해 노력하였으며, 이들 중 일부는 산속으로 은둔하여 참선 및 경전 강론을 통해 불법을 이었고, 일부는 종이, 신발, 기름 등을 만들며 명맥을 이어갔다고 한다. 당시 전자의 승려들을 일컬어 이판승, 후자의 승려들을 일컬어 사판승이라 하였고, 이판사판이 천민 계급이 된 승려들을 지칭하는 단어가 합쳐져 만들어졌다는 점에서 부정적인 어휘로 전락했다고 여겨진다. 일각에서는 조선 시대 어느 양반이 두 아들이 출가하여 불교에 귀의한다고 하자 결국 이판승이든 사판승이든 하류 인생으로 전락하게 되었다고 아연실색하였다는 사례에서 이판사판의 의미가 발생하였다는 설도 내려오고 있다. 정확한 어원은 알 수 없지만, 당시 시대상이 이판사판이 오늘날 지닌 극단적 의미가 생기게 된 데에 큰 영향을 미친 것은 분명하다.

① 사판승은 이판승과 달리 양반가 자제만이 선택할 수 있는 직업이었다.
② 승려가 이판승 또는 사판승으로 분류된 것은 고려 시대 이후부터이다.
③ 조선 시대 이판승은 불법을 잇고자 종이나 신발과 같은 물품을 만들었다.
④ 승려는 맨 처음 등장했을 때부터 천민 계급에 속하는 사람이었다.
⑤ 오늘날 이판사판의 의미는 이판승과 사판승에 대한 부정적인 이미지가 굳어진 것이다.

06 다음 글에 나타난 필자의 의견으로 가장 적절한 것을 고르시오.

지자체는 고령화와 마을 공동화가 심각한 농촌의 상황을 개선하고자 각종 보조금과 지원 제도를 마련하여 귀농·귀촌인을 유치하기 위해 필사적이다. 그러나 정작 이들이 안정적으로 정착하기 위한 농촌 공동체 확립 및 비전 교육과 같은 구체적인 관리 체계가 형성되지 않은 것이 현실이다. 이로 인해 농촌에 정착하지 못하고 다시 도시로 돌아가는 역귀농 사례도 종종 발견된다. 역귀농한 사유는 매우 다양하지만, 그중에서도 특히 마을 주민들과의 문화 차이로 인한 갈등이 역귀농에 대한 결심을 굳히는 것으로 알려졌다. 마을의 간이 상수도를 이용한 귀농·귀촌인에게 최초 설치비를 요구하거나 마을 발전 기금을 강요하는 등 농촌 공동체 문화와 관련된 문제는 갈등을 유발하는 주원인이다. 개인주의적인 도시 문화에 익숙한 귀농·귀촌인 입장에서는 이에 반발심을 가질 수밖에 없지만, 십시일반으로 마을을 가꿔나간 농촌 주민에게는 귀농·귀촌인이 무임승차자로 여겨지기 때문이다. 따라서 이를 해결하기 위해서는 마을 주민들에게 귀농·귀촌인이 마을에 해를 입히는 외지인이 아니라는 인식을 심어주는 것이 필요하다. 그와 동시에 귀농·귀촌인 또한 기존 마을 질서를 수용하고 그 안에서 불합리한 점들을 마을 주민들과 함께 서서히 바꿔나갈 수 있도록 노력해야 한다.

① 마을 주민들이 귀농·귀촌인에게 무리한 금전적 요구를 하지 않도록 감시 시스템을 마련해야 한다.
② 젊은 농업인을 양성하기 위해 귀농·귀촌인에게 제공하는 지자체의 보조금을 확대해야 한다.
③ 마을 주민과 귀농·귀촌인의 상생에 주안점을 둔 관리 제도를 마련하여 농촌의 발전을 도모해야 한다.
④ 귀농·귀촌인의 수가 많아 지자체 차원에서 관리하는 데 한계가 있으므로 정부에서 관리해야 한다.
⑤ 지원 제도의 혜택을 입은 귀농·귀촌인이 역귀농할 경우 지원금을 환수하는 강력한 조치가 필요하다.

07 다음 글의 내용과 일치하는 것을 고르시오.

경제학은 크게 미시경제학과 거시경제학으로 구분된다. 미시경제학은 경제 주체인 소비자, 기업의 행태를 분석하고 이들이 시장에서 가격을 형성하는 과정을 밝히는 학문을 말한다. 즉, 사회는 개개인으로 구성되어 있고, 다시 개인은 기업을 이룬다는 측면에서 미시경제학은 개별 시장의 행위를 분석하여 시장 가격 형성의 원리와 가계 및 기업의 소비·생산 방향에 대해 연구하게 된다. 하지만 미시경제학은 1929년에 발생한 세계대공황과 같은 문제를 설명할 수 없었고, 그 결과 거시경제학이 등장하게 되었다. 거시경제학은 국민 총생산, 국민 소득, 고용, 투자, 저축, 소비 등 국민 경제 전반의 통계량을 토대로 하여 경제 순환의 동태를 총계 및 확률 면에서 포착하여 경기 변동이나 경제 성장의 규칙성을 분석하는 학문이다. 모든 개별 소비자가 합리성을 추구한다고 하더라도 사회 전체의 합리성을 보장하지 않는 구성의 모순과 같은 상황이 발생하기 때문에 사회 전체의 경제 상황을 명확히 분석·판단함으로써 경제 흐름을 더 명확히 이해하고자 하는 것이다. 그러나 학문이 구분된다고 하여 어느 하나의 경제학으로 우리 사회를 모두 설명할 수 있는 것은 아니다. 경제 분석의 목적이 당면한 문제 해결에 있다는 점을 고려할 때 오히려 두 이론은 상호의존관계로써 작용한다고 할 수 있다.

① 거시경제학은 개별 시장의 행위 분석을 통해 시장의 가격 형성 원리를 밝히는 학문이다.
② 경제 문제 발생 시 해결을 위해서는 미시경제학과 거시경제학을 종합적으로 활용할 필요가 있다.
③ 사회의 구성원 각각이 합리성을 추구한다면 그 사회 전체는 무조건 합리성이 보장될 것이다.
④ 미시경제학은 세계대공황의 발생 원인 및 해결책을 설명할 수 있는 학문이다.
⑤ 미시경제학에서는 국민 경제 전반의 통계량을 분석해 경기 변동 및 경제 성장의 규칙성을 연구하게 된다.

08 다음 글의 제목으로 가장 적절한 것을 고르시오.

오늘날 비가 올 때는 강수량을 측정한다. 현재는 기상청이 우량계를 통해 강수량을 측정하는데, 먼 옛날 조선 시대에는 강수량을 어떻게 측정했을까? 조선 시대는 농경이 주요 산업이었으므로 강수량 파악은 무엇보다 중요했다. 측우기 발명 이전에도 각 도의 감사들이 직접 강수량을 쟀었는데, 전국적으로 기준이 통일되지 않아 정량적인 측정이 어려웠다. 하지만, 세종 23년 당시 세자였던 문종은 강수량 측정을 위해 다양한 방법을 고안하였고, 1442년 측우기가 세상에 나오게 되며 전국적인 강수량 측정과 보고 제도가 확립되었다. 놀라운 점은 문종이 발명한 측우기가 세계 과학사 측면에서도 놀라운 업적이라는 점이다. 중국과 일본에서는 15세기 무렵에 비슷한 사례도 확인되지 않았고, 서양에서도 17세기에 이르러서야 갈릴레오와 토리첼리 등에 의해 측우기와 비슷한 기상관측 도구가 만들어졌다. 특히 전국에서 활용 가능한 정량적 측정 방법 및 보고 제도를 도입한 것은 비슷한 시기에는 찾아보기 어려울 정도로 유례가 없는 사항이었다고 한다.

① 측우기 사용에 따른 문제점
② 측우기 발명의 배경
③ 측우기 발명의 의의와 평가
④ 측우기 발명 시 고려해야 할 사항
⑤ 측우기 발명가의 오해와 진실

09 다음 글의 내용과 일치하지 않는 것을 고르시오.

> 과거 신라 시대에는 '골품제'라는 신분 제도가 있었다. 혈통에 따라 왕족은 성골(聖骨)과 진골(眞骨)로, 귀족은 육두품·오두품·사두품으로, 평민은 삼두품·이두품·일두품으로 나누었다. 그중에서도 왕족을 성골과 진골로 나눈 점이 특이한데, 성스러운 골품이라는 의미의 성골은 왕족인 김 씨 중에서도 왕이 될 자격을 지닌 최고의 신분이었다. 사실 성골과 진골을 구분하는 기준이 명확한 것은 아니다. 부모 모두가 왕족인 경우에 성골이 되고, 부모 중 한쪽만 왕족이거나 그 후손일 경우에는 진골이 된다고 보는 견해도 있고, 진골 중 일부 가문의 후손들이 자신들이 돋보일 수 있도록 스스로 성골이라 불렀다는 견해도 있다. 또한 왕과 함께 궁궐에서 생활 가능한 왕족을 성골, 왕이 바뀜에 따라 촌수가 멀어져 궁궐 밖으로 나가야 하는 왕족을 진골이라고 여긴 시각도 있다. 어찌 되었든 성골만이 왕이 될 수 있다는 사실은 변하지 않았는데, 동시대의 고구려나 백제와 달리 신라에서 선덕여왕과 진덕여왕과 같이 여성 왕이 탄생했던 것도 여성이지만 성골로서 왕이 될 수 있는 자질을 갖추었다는 점에 있다. 즉, 성별보다도 성골 의식이 더 강했음을 추측할 수 있다. 하지만 성골은 소수일 수밖에 없으므로 진덕여왕 다음으로 즉위한 제29대 왕부터는 성골 후계가 끊어져 진골에게 왕위가 넘어가게 되었으며, 진골로서 왕위에 오른 첫 번째 왕이 바로 김춘추로 알려진 태종 무열왕이다.

① 신라 시대에 귀족은 육두품, 오두품, 사두품으로, 평민은 삼두품, 이두품, 일두품으로 신분을 나눴다.
② 신라 시대에서는 남성이 왕위를 계승하는 것보다 성골 출신이 왕위를 계승하는 것이 더 중요하였다.
③ 성골과 진골의 구분 기준에 대해서는 다양한 설이 존재하지만, 아직까지 명확하게 밝혀지지 않았다.
④ 신라 시대의 성골왕은 선덕여왕까지로, 진덕여왕부터는 진골이 왕위를 이었다.
⑤ 성골은 성스러운 골품으로서, 신라 시대에서 가장 높은 신분의 사람들이 성골에 해당되었다.

10 다음 주장에 대한 반박으로 가장 타당한 것을 고르시오.

> 미국 한 시민단체의 이사장인 엘리 프레이저는 저서《생각 조종자들》에서 필터 버블(Filter Bubble)이란 단어를 제시한다. 그는 구글, 페이스북과 같은 플랫폼에서 제공하는 개인 맞춤형 정보는 오히려 해당 플랫폼 이용자들이 정보를 편식하도록 하여 자신만의 울타리에 갇히도록 만든다고 주장한다. 실제로 자신이 원하는 정보, 특히 뉴스만을 접하다 보면 인식의 왜곡 등의 문제가 발생할 수도 있다. 하지만 오늘날 우리는 정보가 범람하는 세계에서 살아가고 있다. 각각의 플랫폼에서는 페이지마다 수백·수천 개의 정보를 제공하지만, 이를 모두 받아들이기란 쉽지 않다. 즉, 개인 맞춤형 정보 제공을 통해 모바일이나 온라인 사용 환경 개선이 가능하다. 또한 소셜 네트워크 서비스의 경우 대개 생각이 유사한 사람들과 결합하고자 하는 경향이 있으므로 어느 정도 배타성과 편협성은 피하기 어렵다. 스마트폰이 지극히 개인적인 기계라는 점을 고려할 때, 이용자의 사용 환경을 개선하고 편의를 제공한다는 측면도 강조될 필요가 있다.

① 온라인 플랫폼에서 제공하는 개인 맞춤형 정보는 방대한 인터넷 정보를 선별할 수 있다는 장점이 있다.
② 현재의 개인 맞춤형 정보는 이용자의 사용 환경을 크게 개선하지 못하므로 관련 사항이 개선되어야 한다.
③ 개인 맞춤형 정보로 인해 고정 관념이 커지면 잘못된 정보가 확산되는 등의 문제가 생길 수 있다.
④ 대부분의 정보를 스마트폰으로 받아들인다는 점을 고려할 때 개인 맞춤형 정보는 필요할 수밖에 없다.
⑤ 필터 버블로 인한 우려도 존재하지만, 개인 맞춤형 정보는 개인의 개성을 극대화하는 효과를 준다.

11 다음 글에 이어질 내용으로 가장 적절한 것을 고르시오.

> 심장은 우리 몸이 필요로 하는 혈액을 계속해서 공급하기 위해 수축과 이완 운동을 규칙적으로 반복한다. 다만, 이는 심장 스스로 행하는 것이 아니라 자극 생성 조직에서 1분에 60~100회가량의 전기 자극 세포를 만들고, 다시 심근 세포에 전기 자극이 전달되어야만 가능한 일이다. 만약 전기 자극 세포가 제대로 생성·전달되지 않거나 비이상적인 전기 자극 세포가 만들어질 경우 불규칙적인 심장 운동이 발생하게 되는데, 이를 일컬어 부정맥이라 한다. 심장은 항시 뛰고 있다. 신체가 건강한 사람은 심장이 뛰는 것을 잘 느끼지 못하지만, 부정맥 환자의 경우 두근거림을 호소하고 증상이 심한 경우 흉통을 느끼거나 실신을 할 수도 있고, 심한 경우 사망에 이를 수도 있다. 물론 건강한 사람이더라도 운동, 임신 등 특정한 상태에서는 심장이 좀 더 빠르거나 느리게 뛸 수도 있고, 누구에게나 발생할 수 있는 증상이므로 크게 걱정하지 않아도 된다. 그러나 일부 부정맥 증상은 생사와 직결될 가능성이 높다는 점에서 의심 증상이 있다면 병원에 방문하여 정확한 부정맥 종류를 진단받고 그에 맞는 적절한 치료를 받아야 한다.

① 성별 및 연령에 따른 부정맥 증상

② 부정맥의 치료가 어려운 이유

③ 심장의 이상에 따라 나타날 수 있는 질병

④ 부정맥 종류와 종류별 치료 방법

⑤ 부정맥의 발생 원인과 예방책

12 다음 글을 읽고 추론한 내용으로 적절하지 않은 것을 고르시오.

공소증후군(空巢症候群)이라고도 불리는 '빈 둥지 증후군'은 양육자의 역할을 하던 부모가 대학에 진학하거나 취직, 결혼 등의 사유로 자녀가 독립했을 때 느끼는 상실감 및 외로움을 의미한다. 결혼 생활에 불만족했거나 부모 역할에 과도하게 몰입하는 등 변화를 받아들이기 어려워하는 성향일수록 빈 둥지 증후군이 나타날 가능성이 높으며, 부모 모두에게서 나타날 수도 있지만 주로 폐경기를 전후로 호르몬 변화를 겪는 여성에게 발생하는 경향이 있다. 세계보건기구에서는 핵가족 중심의 현대 사회에서 빈 둥지 증후군은 인류를 괴롭힐 질병으로 발돋움할 것으로 보고 있다. 이러한 점에서 빈 둥지 증후군은 특정 국가에서 나타난 증상이 아닌 전 세계적인 현상이라고 할 수 있다. 하지만 그중에서도 자녀에 대한 의존도 및 기대치가 높은 우리나라 특성상 빈 둥지 증후군 발생 빈도가 다른 국가보다 높다. 빈 둥지 증후군 자체는 질병으로 분류되지 않으나, 장시간 방치하면 우울증으로 이어질 수 있으며 가정 문제에 대한 부적응을 겪거나 심리적 불안감으로 인해 정신 질환을 겪게 될 수도 있다. 따라서 이와 같은 증상을 극복하기 위해서는 우선 자녀의 홀로서기를 기쁜 마음으로 받아들임과 동시에 자식의 독립으로 부모의 역할은 다 했다고 생각해야 한다. 만약 허전한 마음이 든다면 빈 시간에 할 일이나 여가활동 등을 찾아 삶의 보람을 느낄 수 있도록 해야 한다. 그렇다고 본인의 삶에 집중하라는 것이 곧 자녀들과 단절해야 한다는 의미는 아니다. 자녀들과의 연락은 빈 둥지 증후군 극복에 도움이 되며, 자녀들의 주기적인 연락과 지속적이고 전폭적인 지지를 받는 부모는 빈 둥지 증후군에서 쉽게 벗어날 수 있다.

① 자녀 의존도가 높은 우리나라는 빈 둥지 증후군 발생 가능성이 타 국가 대비 높은 편이다.
② 변화에 잘 대처하지 못하는 사람일수록 빈 둥지 증후군이 쉽게 생길 수 있다.
③ 부모가 스스로 빈 둥지 증후군을 극복할 수 있게 자녀들이 관망하는 태도를 취해야 한다.
④ 빈 둥지 증후군은 폐경기 여성에게서 자주 발생하지만, 남성에게도 나타날 수 있다.
⑤ 빈 둥지 증후군을 오랜 기간 좌시하면 우울증으로까지 연결될 수 있다.

13 다음 글의 중심 내용으로 가장 적절한 것을 고르시오.

한국양봉협회에서 조사한 결과 2022년 1분기를 기준으로 전국 양봉 농가에서 키우는 220만여 개의 벌통 중 약 17% 벌통의 꿀벌이 사라졌다고 한다. 이처럼 꿀벌이 집단으로 사라지는 현상을 일컬어 벌집 군집붕괴현상이라고 부르는데, 꽃과 꽃가루를 채집하러 간 꿀벌이 돌아오지 않게 되면 벌집에 남은 여왕벌과 애벌레가 집단으로 죽게 된다. 과거 아인슈타인은 지구상에서 꿀벌이 사라지면 인류는 4년 만에 죽게 될 것이라고 말했다고 한다. 이는 꿀벌이 인류 식량에도 큰 영향을 미치기 때문인데, 세계 식량의 90%에 해당하는 작물 100종 중 70%가량은 꿀벌의 수분(受粉)에 의해 자라므로 꿀벌이 사라지면 작물들이 모두 죽게 된다. 문제는 꿀벌이 왜 사라졌는지 그 이유가 명확하지 않다는 점이다. 유례를 찾아보기 어려운 이상 기후와 살충제 등이 유력한 이유로 손꼽히고 있지만 한 가지 이유 때문이라기보다는 복합적인 이유로 인해 꿀벌이 사라졌을 가능성이 크다. 세계 각국에서는 이를 막기 위해 양봉업 지원 등의 행동을 하고 있지만, 단순히 양봉 업계에 지원만 해서는 생태계 파괴라는 근본적인 문제를 해결하기 어렵다. 양봉 산업 규모 확대를 위한 투자·지원과 더불어 꿀벌 보호를 위한 연구도 활발히 진행될 수 있도록 지원이 필요한 시점이다.

① 벌집 군집붕괴현상을 막기 위해 양봉 업계에서는 다양한 상품을 출시하여 매출을 높일 필요가 있다.
② 꿀벌의 공익적 가치를 높이기 위해 꿀벌 보호 활동을 진행하는 단체에 대해 지원을 할 필요가 있다.
③ 꿀벌은 살충제로 인해 자연에서 사라지므로 현실적으로 벌집 군집붕괴현상은 해결하기 어려운 문제이다.
④ 벌집 군집붕괴현상 극복을 위해 양봉 업계 지원과 함께 꿀벌 연구에 대한 지원도 병행되어야 한다.
⑤ 벌집 군집붕괴현상을 막기 위해서는 양봉 업계에 대한 금전적 지원을 확대해야 한다.

14 다음 문단을 논리적 순서대로 알맞게 배열한 것을 고르시오.

가) 이후 석유 화학이 발전하며 초기에 개발된 재료 외에도 여러 합성 고분자들이 개발되었고, 플라스틱은 가공의 편의성, 저렴한 가격, 내수성 등의 장점을 내세우며 금속, 석재, 나무 등의 자리를 빠르게 꿰찰 수 있었다.

나) 실제로 플라스틱이 사용된 지난 1950년부터 2015년까지의 무려 63톤이나 되는 양의 플라스틱이 폐기되었고, 그중에서도 80%가량은 산과 바다에 매립된 채로 버려졌다고 한다. 이러한 추세가 지속될 경우 2050년에는 약 120억 톤의 폐플라스틱이 환경에 매립될 것으로 여겨진다.

다) 우리가 자주 사용하는 플라스틱은 1907년 레오 배클랜드에 의해 개발된 물질이다. 그는 페놀과 포름알데히드를 혼합해 단단하지만 가볍고 가공이 쉬운 재료를 싼값에 생산해내며 플라스틱 시대를 열게 되었다.

라) 그러나 플라스틱의 사용량이 크게 늘어나면서 지구 환경 오염 문제가 대두되었는데, 플라스틱은 여타 소재와 달리 잘 썩지 않아 자연 분해가 잘 안되고, 재활용률도 낮기 때문에 플라스틱을 사용하는 만큼 환경 역시 오염되고 있다고 할 수 있다.

마) 플라스틱 사용에 따른 환경 오염을 막기 위해서는 어떤 노력이 필요할까? 일단 가정과 기업에서는 무분별하게 플라스틱을 사용하지 않아야 하며, 이미 사용하고 있는 플라스틱은 재활용해야 한다. 궁극적으로는 플라스틱 생산량 자체를 줄여야겠지만, 작은 출발이 지구를 살린다는 생각을 갖고 플라스틱 사용량을 줄이기 위해 다방면으로 노력할 필요가 있다.

① 다) - 가) - 나) - 라) - 마)

② 다) - 가) - 라) - 나) - 마)

③ 다) - 마) - 라) - 가) - 나)

④ 마) - 나) - 다) - 가) - 라)

⑤ 마) - 나) - 다) - 라) - 가)

15 다음 글을 읽고 추론한 내용으로 적절하지 않은 것을 고르시오.

영국의 생물학자 리처드 도킨스가 1976년에 발행한 <이기적 유전자>에서 처음 등장한 '밈(Meme)'은 유전적 방법이 아닌 모방을 통해 습득되는 문화요소를 가리킨다. 도킨스에 의하면 문화는 유전자처럼 점차 진화되어 전달되지만, 그 진화 방식은 유전자의 방식과 달라 문화의 전달에는 복제 기능을 가진 무언가가 있을 것으로 판단하였다. 즉, 숙주 세포에 바이러스가 기생하는 것처럼 문화가 전달되는 과정에서도 복제 역할을 하는 중간 매개물이 존재한다는 것인데, 밈은 이 역할을 하는 요소 혹은 정보의 단위 등을 총칭한다. 유전자가 생식 세포를 통해 하나의 신체에서 다른 신체로 전해지는 것처럼 밈은 모방을 통해 한 사람의 뇌에서 다른 사람의 뇌로 전해진다. 이러한 전달 과정에서 각각의 밈이 결합 또는 배척되거나 변이되면서 내부 구조가 변형되며 점차 진화하게 된다. 이러한 관점에서 언어, 음악, 패션, 종교 등 대부분의 문화 현상은 밈의 범주 안에 속한다고 볼 수 있다. 한편, 대중문화계에서 밈은 온라인상에서 유행하는 특정 요소를 모방하거나 재가공한 콘텐츠를 뜻한다. 대중의 관심을 사로잡기 쉽고 소셜 네트워크 서비스에서 확산되는 경우가 많아 파급력이 크기 때문에 각종 유통업계에서 마케팅 수단으로 활용되고 있다. 다만, 유행에 의해 생겨나기 때문에 수명이 짧고, 밈에 집중하느라 제품 고유 이미지에 타격을 입을 수도 있으므로 장기적이고 신중한 전략이 함께 수반되어야 한다.

① 밈은 문화 전파의 중간 매체 역할을 하는 일종의 데이터 단위로 볼 수 있다.

② 과거의 음악이 다시 유행하는 것은 밈에 의해 일어나는 현상 중 하나이다.

③ 유전자와 문화는 복제 역할을 하는 요소에 따라 진화 방식이 구분된다.

④ 일시적인 유행으로 생성되는 밈은 유행이 끝남과 동시에 함께 사라질 수 있다.

⑤ 밈은 타인에게 전달되는 과정에서도 그 형태가 온전하게 보전된다.

16 다음 글의 내용과 일치하지 않는 것을 고르시오.

> 화성은 인간이 우주선으로 갈 수 있는 태양계 행성 중 지구와 가장 유사한 형태의 행성이다. 지구에서 비교적 가까운 거리에 위치해 있고, 제한적이나마 대기가 있으며 양극 근처에는 얼음이 있어 탐사하기에 좋은 조건을 가지고 있지만, 물이 거의 존재하지 않는다는 점에서 지구와 분명한 차이가 있다. 그러나 수십억 년 전 화성의 북반구 대부분은 바다로 둘러싸여 있다고 한다. 이는 화성 계곡 주변 지형에 물이 흘렀던 자국이 여럿 확인되었고, 화성의 극지방에는 얼음으로 덮여 하얗게 빛이 나는 극관이 발견되었음을 통해 추정할 수 있다. 실제로 극관은 두 층으로 이루어져 있는데, 위층에는 드라이아이스가 존재하며, 아래층에는 고체 상태의 물이 존재한다. 그렇다면 화성의 물은 왜 사라지게 된 것일까? 일부 연구진들은 화성의 물이 수증기 형태로 상층부로 이동한 뒤, 태양광선에 의해 분해되어 우주 공간 속으로 사라졌다고 주장한다. 화성의 공전 궤도는 이심률이 높은 타원형이므로 남반구가 여름인 시기에 태양과 가장 가까워진다. 이에 따라 남반구의 여름이 북반구의 여름보다 훨씬 덥고 그 기간도 길어 수증기 전체 가운데 일부가 매우 높은 상층부까지 올라가게 되고, 이때 수증기 물 분자 중 일부가 수소로 분해되어 우주 공간으로 빠져나가게 된다는 것이다. 시뮬레이션을 진행한 결과 얼음이 수증기로 변화할 때 미세물리 과정에 대기 먼지가 작용하는 모습이 확인되었다며 주장에 대한 신빙성을 높이기도 하였다. 결국, 연구진들에 따르면 화성에 얼마 남지 않은 물이 지금 이 순간에도 수소 형태로 우주에 빠져나가고 있는 것이다.

① 화성 극관의 위층에서는 드라이아이스를, 아래층에서는 얼음을 확인할 수 있다.
② 인류가 우주선으로 탐사 가능한 태양계 행성 중 지구와 가장 비슷한 곳은 화성이다.
③ 화성의 북반구는 수십억 년 전까지만 하더라도 절반 이상을 바다가 둘러싸고 있었을 것이다.
④ 일부 연구에 따르면 화성의 물은 화성의 하층부에 있다가 수소 형태로 변화해 사라졌다고 한다.
⑤ 이심률이 높은 타원형의 공전 궤도를 가진 행성은 여름철 남반구의 기온이 북반구보다 높다.

17 다음 글의 서술상 특징으로 가장 적절한 것을 고르시오.

수원 화성은 조선 정조 대에 자신의 아버지 사도 세자의 능침을 양주 배봉산에서 수원 화산으로 천봉하고, 화산 근처의 읍치를 수원 팔달산 아래 오늘날 수원의 위치로 옮기며 지어졌다. 이렇게 보면 수원 화성의 목적이 효(孝)에 대한 측면만 있을 것으로 보여지나, 축성 목적은 효심과 더불어 당쟁에 따른 당파정치를 막고 왕도정치를 실현하고자 함에 있었다. 또한, 임진왜란 이후 수도에 대한 방어 기지의 필요성을 절감하였기에 국방의 요새로서 정조의 원대한 구상을 이룩하기 위한 계획적 신도시로서 건설되었다. 즉, 효심을 기반으로 군사, 정치, 행정적 목적까지 모두 충족시켜야 한다는 점에서 당대 최고의 과학기술과 정약용 등의 과학자들이 수원 화성 건립에 동원되었다. 영중추부사 채제공의 주관하에 1794년부터 축성된 수원 화성은 1796년에 완공되었다. 최초 축성 시에는 부속시설물로 화성행궁, 중포사, 내포사, 사직단 등 다양한 시설물을 함께 건립하였으나 전란으로 소멸되어 오늘날에는 화성행궁의 일부인 낙남헌만 남아있었다. 하지만, 축성 이후 발간된 <화성성역의궤>를 기반으로 1975년부터 1979년까지 복원 공사를 하여 현재의 수원 화성은 대부분이 축성 당시와 유사한 상태로 복원되어 있다. 수원 화성은 근대적 성곽 구조를 갖추고 거중기 등의 기계 장치를 활용하여 지었다는 점에서 우리나라 성곽 건축 기술사상 중요한 위치를 차지하고 있으며, 1997년 유네스코 세계 문화유산으로 지정되는 등 우리나라 문화재로서의 가치도 매우 크다.

① 대상의 변화 과정을 시간의 흐름에 따라 서술하고 있다.
② 반대되는 두 개념을 제시하고 차이점을 비교하고 있다.
③ 대상에 대한 다양한 관점을 제시하고 특정 관점을 옹호하고 있다.
④ 추상적인 내용을 친숙한 사물에 빗대어 구체화하고 있다.
⑤ 일반적인 통념을 제시하고 문제를 제기하고 있다.

18 다음 글을 읽고 추론한 내용으로 적절하지 않은 것을 고르시오.

흔히 타이포그래피(Typography)라고 하면 활판으로 하는 인쇄술을 의미한다. 하지만, 편집디자인 측면에서 타이포그래피란 문자를 배열하거나 글자의 모양을 변형함으로써 나타내는 디자인을 의미한다. 좁은 의미로 보면 사진이나 일러스트가 포함된 경우는 타이포그래피에서 제외하기도 하지만, 글자가 메인으로 이루어진 디자인이라면 모두 타이포그래피로 본다. 타이포그래피에서 가장 중요하게 여기는 부분은 가독성과 조형미이다. 디자인이 아무리 화려하고 독창적일지언정 글자라는 특성상 가독성이 없다면 의미가 없다. 가독성과 조형미를 적절히 조합해 작품을 만드는 것이 타이포그래피의 특징이며, 이를 적절히 활용하면 사람들의 눈에 잘 띌 뿐만 아니라 전달하고자 하는 바를 명확히 하여 극적인 효과를 낼 수 있다. 그렇다고 무작정 개성 있는 타이포그래피가 활용되어야 하는 것은 아닌데, 신문이나 논설문에 대한 서체는 직관적으로 내용을 전달해야 한다는 점을 고려하여 개성 있는 서체보다는 오히려 전통적인 느낌의 서체를 활용하는 것이 효과적이다. 즉, 내용과 형식을 일치시켜 말하고자 하는 바를 분명히 하는 것이 타이포그래피의 역할이다.

① 신문에 실리는 사설은 내용과 형식을 고려할 때 전통적인 서체를 활용할 필요가 있다.

② 타이포그래피를 잘 활용할 경우 전달하는 바를 더 분명히 할 수 있다.

③ 좁은 의미의 타이포그래피에서는 일러스트가 포함되어서는 안 된다.

④ 가독성에 심각한 문제가 있더라도 개성 있는 서체라면 타이포그래피로서 높은 평가를 받을 수 있다.

⑤ 활판 인쇄술은 모두 타이포그래피라 할 수 있다.

19 다음 문단을 논리적 순서대로 알맞게 배열한 것을 고르시오.

가) 하지만 토머스 제퍼슨 등으로 대표되는 민중주의자들은 직선제를 통한 대통령 선거를 주장했으므로 양 진영 간의 다툼이 거셌다. 이에 현재의 대통령 선거인단 선출 방식은 두 진영의 타협점으로서 선택되었다. 자세한 방식은 다음과 같다.

나) 1등을 한 사람이 모든 대의원을 차지하는 승자독식방식과 득표한 만큼의 비율대로 나눠 갖는 비례배분방식이 있지만, 대부분의 주에서는 승자독식방식을 채택하고 있으므로 선거에서 승리하기 위해서는 단순히 투표수를 많이 받는 것보다는 선거인 수가 많이 배당된 주에서 승리하여야 하며, 대통령으로 선출되기 위해서는 전체 선거인 총수 538명 중 과반수인 270명 이상을 확보해야만 한다.

다) 국민이 직접 대통령을 선출하는 우리나라와 달리 미국은 국민이 선출한 대통령 선거인단에 의해 선출하는 간접 투표방식을 취하고 있다. 물론 대통령 선거인단은 유권자 모두가 직접 투표를 통해 선출하기 때문에 형식상 간접 투표방식이고, 내용상 직접 투표방식이라고 할 수 있다.

라) 이러한 방식은 미국이 영국으로부터 독립한 18세기부터 이어져왔는데, 주 정부의 주권 침해를 최대한 방지하고자 하는 분위기에서 비롯되었다. 1787년 미국 헌법을 만들 당시 알렉산더 해밀턴 등으로 대표되는 귀족지위자들은 지력과 경제력이 부족한 일반 민중에게 대통령 선출을 맡길 수 없으므로 대통령은 의회에서 선출해야 한다고 주장하였다.

마) 먼저 유권자는 각 정당의 대통령 후보를 선출하는 전당대회에 참석하여 대통령 후보를 뽑게 될 대의원을 주마다 선출하게 된다. 이때의 선거인단 대의원은 인구에 비례하여 주마다 다른 숫자를 뽑게 된다. 이후 대통령 후보들은 각 주를 돌아다니며 선거 운동을 하고, 투표 결과에 따라 해당 주의 대의원을 할당 받는다.

① 나) - 가) - 다) - 라) - 마)
② 나) - 라) - 다) - 마) - 가)
③ 다) - 가) - 라) - 마) - 나)
④ 다) - 라) - 가) - 나) - 마)
⑤ 다) - 라) - 가) - 마) - 나)

20 다음 문단을 논리적 순서대로 알맞게 배열한 것을 고르시오.

가) 청문회는 국회에서 어떠한 사안에 대해 증인이 필요한 경우 증인, 참고인, 감정인을 채택하여 신문하는 제도를 의미한다. 본래 미국 의회에서 전형적으로 진행되는 제도인데, 우리나라에서는 1988년에 도입하여 같은 해 11월 최초의 청문회가 진행된 바 있다.

나) 이러한 청문회는 국회에서의 증언 감정 등에 대한 법률을 적용받기 때문에 만약 청문회에 출석한 사람이 위증, 증언 거부, 폭언, 동형명령 거부를 할 경우 엄중한 처벌을 받을 수 있다. 특히 선서한 증인 또는 감정인이 허위 진술을 한 경우에는 1년 이상 10년 이하의 징역에 처해질 수도 있다.

다) 또한, 청문회 증인, 참고인, 감정인으로 출석을 요구받았는데 정당한 이유 없이 거부하거나 서류 제출 요구 및 증언에 응하지 않는 경우에는 3년 이하의 징역 또는 1천만 원 이하의 벌금에 처해질 수 있다. 다만 증인을 처벌하기 위해서는 위원장 명의의 검찰 고발 조치가 선행되어야 하며, 정당한 이유 없이 출석을 거부한 사람에게 동행명령장을 발부할 수도 있지만 물리력이 없고 거부권을 행사할 수 있다는 한계가 있다.

라) 오늘날 우리나라의 청문회는 국회법 제61조의 청문회에 관한 규정에 따라 국정감사 및 조사를 포함해 중요한 안건 심사에 필요한 경우 증인, 참고인, 감정인으로부터 증언 및 진술 청취와 증거채택을 위해 시행된다. 청문회 시행을 위해서는 해당 상임위원회나 특별위원회의 의결을 거쳐야 하고, 청문회 5일 전 안건, 일시, 장소, 증인명을 공고해야 하며 원칙적으로 진행 과정을 공개해야 한다.

① 가) - 나) - 다) - 라)

② 가) - 라) - 나) - 다)

③ 가) - 라) - 다) - 나)

④ 라) - 가) - 나) - 다)

⑤ 라) - 가) - 다) - 나)

▶ 해설 p.28

01 다음 명제가 모두 참일 때, 항상 참인 문장을 고르시오.

- 내성적이지 않은 사람은 등산을 좋아한다.
- 애니메이션 영화를 좋아하는 사람은 클래식 음악을 좋아하지 않는다.
- 추리소설을 좋아하지 않는 사람은 등산을 좋아하지 않는다.
- 애니메이션 영화를 좋아하지 않는 사람은 내성적이지 않다.

① 클래식 음악을 좋아하는 사람은 내성적이다.

② 애니메이션 영화를 좋아하지 않는 사람은 등산을 좋아하지 않는다.

③ 추리소설을 좋아하지 않는 사람은 클래식 음악을 좋아하지 않는다.

④ 내성적인 사람은 추리소설을 좋아하지 않는다.

⑤ 등산을 좋아하는 사람은 클래식 음악을 좋아한다.

02 다음 명제가 모두 참일 때, 항상 참인 문장을 고르시오.

- 불족발을 먹는 사람은 매운 음식을 잘 먹는 사람이다.
- 닭발을 먹는 사람은 매운 음식을 잘 먹는 사람이다.

① 불족발을 먹는 사람은 닭발을 먹는다.

② 닭발을 먹는 사람은 불족발을 먹는다.

③ 매운 음식을 잘 먹는 사람은 불족발을 먹는다.

④ 매운 음식을 잘 먹지 못하는 사람은 불족발과 닭발을 모두 먹지 못한다.

⑤ 닭발과 불족발을 먹지 않는 사람은 매운 음식을 잘 먹지 못한다.

03 다음 명제가 모두 참일 때, 항상 참인 문장을 고르시오.

- 발명가는 상상력이 풍부하다.
- 긍정적이지 않은 사람은 상상력이 풍부하지 않다.
- 윌리엄은 발명가이다.
- 창의적인 사람은 상상력이 풍부하다.

① 윌리엄은 창의적이다.

② 창의적이지 않은 사람은 발명가가 아니다.

③ 긍정적인 사람은 윌리엄이 아니다.

④ 상상력이 풍부한 사람은 발명가이다.

⑤ 긍정적이지 않은 사람은 창의적이지 않다.

04 다음 명제가 모두 참일 때, 항상 참인 문장을 고르시오.

- 제작을 좋아하는 사람은 창의력이 높다.
- 국어를 잘하지 못하는 사람은 창의력이 높지 않다.
- 연화는 제작을 좋아한다.

① 연화는 국어를 잘한다.

② 제작을 좋아하는 사람은 국어를 잘하지 못한다.

③ 창의력이 높지 않은 사람은 연화이다.

④ 국어를 잘하지 못하는 사람은 제작을 좋아한다.

⑤ 제작을 좋아하지 않는 사람은 창의력이 높지 않다.

05 시설팀 소속 재영, 예슬, 민성, 상은, 형진, 혜리 6명은 2월 1주 차에 월요일부터 일요일까지 매일 1명씩 남아서 근무한다. 다음 조건을 모두 고려하였을 때, 항상 거짓인 것을 고르시오.

- 6명 중 1명을 제외하고 모두 하루씩 근무한다.
- 평일 근무 수당은 하루에 5만 원, 주말 근무 수당은 하루에 10만 원이다.
- 토요일과 일요일에는 동일한 사람이 근무한다.
- 형진이보다 먼저 근무하는 사람은 예슬이와 혜리뿐이다.
- 가장 많은 수당을 받는 사람은 민성이다.

① 예슬이가 월요일에 근무한다면, 재영이는 목요일에 근무한다.

② 민성이와 형진이 순서 사이에 근무하는 사람은 3명이다.

③ 혜리가 근무하고 3일 뒤에 상은이가 근무한다.

④ 형진이는 수요일에 근무한다.

⑤ 민성이가 받는 수당은 재영이가 받는 수당의 4배이다.

06 A, B, C, D 4명은 카페에서 아메리카노, 카페라테, 스무디, 허브티, 레모네이드를 마셨다. 다음 조건을 모두 고려하였을 때, 항상 거짓인 것을 고르시오.

- A~D 4명은 모두 다른 종류의 음료를 마셨다.
- B만 두 가지 종류의 음료를 마셨다.
- D는 레모네이드를 마시지 않았다.
- A는 카페라테나 스무디를 마셨다.
- C는 아메리카노를 마셨다.

① D가 허브티를 마셨다면, B는 카페라테를 마셨다.

② D가 마실 수 있는 음료의 종류는 총 2가지이다.

③ B는 허브티와 레모네이드를 마셨다.

④ A가 스무디를 마셨다면, D는 허브티를 마셨다.

⑤ A가 카페라테를 마셨다면, D는 스무디를 마셨다.

07 A, B, C, D 4명은 모두 일대일로 한 번씩 가위바위보를 하였다. 다음 조건을 모두 고려하였을 때, 항상 거짓인 것을 고르시오.

- 가위바위보에서 이길 경우 승점 3점을, 비길 경우 승점 1점을 얻고, 질 경우 승점을 얻지 못한다.
- A와 D의 가위바위보 결과 A가 승점 3점을 얻었다.
- C와 최종 승점이 같은 사람은 1명이다.
- B는 가위바위보에서 누구와도 비긴 적이 없으며, A에게 이겼다.
- D의 최종 승점은 4점이다.

① 최종 승점이 가장 높은 사람은 B이다.

② B와 D의 가위바위보 결과 D가 이겼다.

③ 최종 승점이 가장 낮은 사람의 승점은 3점이다.

④ C와 D의 가위바위보 결과 C는 1점을 얻었다.

⑤ A와 B의 최종 승점은 같다.

08 A, B, C, D 4명은 각각 셔츠, 바지, 코트, 니트 중 서로 다른 종류로 하나씩 구매하였다. 다음 조건을 모두 고려하였을 때, 항상 거짓인 것을 고르시오.

- 4명이 구매한 셔츠, 바지, 코트, 니트의 색깔은 흰색 또는 검은색이다.
- A가 구매한 옷의 색깔은 셔츠를 구매한 사람이 선택한 옷의 색깔과 다르다.
- B와 C가 구매한 옷의 색깔은 같다.
- D는 검은색 바지를 구매하였다.
- 니트를 구매한 사람이 선택한 옷의 색깔은 검은색이다.

① 셔츠를 구매한 사람이 선택한 옷의 색깔은 검은색이다.

② A와 D가 구매한 옷의 색깔은 다르다.

③ 검은색 옷을 구매한 사람은 총 3명이다.

④ B가 코트를 구매했다면, A가 구매한 옷의 색깔은 흰색이다.

⑤ C가 니트를 구매했다면, B가 구매한 옷의 색깔은 검은색이다.

09 키가 서로 다른 하나, 두리, 세윤, 사은, 다솔 5명은 각자 모자를 1개씩 쓰고 있으며, 자신이 쓰고 있는 모자의 색깔은 볼 수 없지만, 5명이 쓰고 있는 모자가 검은색 모자 3개, 흰색 모자 2개인 것은 5명 모두 알고 있다. 다음 조건을 모두 고려하였을 때, 항상 거짓인 것을 고르시오.

- 키가 작은 사람부터 순서대로 줄을 선 5명은 모두 앞을 바라보고 서 있으며, 자신보다 앞에 서 있는 사람의 모자만 볼 수 있다.
- 하나는 다른 사람의 모자 색깔을 보고 자신이 쓰고 있는 모자의 색깔을 알 수 있다.
- 세윤이가 쓰고 있는 모자의 색깔은 검은색이다.
- 하나는 5명 중 키가 가장 작은 사람이 아니다.
- 두리가 볼 수 있는 모자는 1개이며, 그 모자의 색깔은 흰색이다.
- 사은이는 나머지 4명이 쓰고 있는 모자의 색깔을 모두 볼 수 있다.

① 5명 중 다솔이의 키가 가장 작다.
② 두리가 쓰고 있는 모자의 색깔은 검은색이다.
③ 세윤이는 사은이가 쓰고 있는 모자의 색깔을 알 수 있다.
④ 5명 중 세윤이는 두 번째로 키가 크다.
⑤ 하나가 쓰고 있는 모자는 검은색이다.

10 A, B, C, D, E, F 6명은 심사위원 좌석에 앉아 콩쿠르 심사를 보려고 한다. 다음 조건을 모두 고려하였을 때, 항상 참인 것을 고르시오.

- 4행 1열 좌석에는 아무도 앉지 않는다.
- A와 B는 같은 행에 앉는다.
- A와 E는 1열에 이웃하여 앉는다.
- B는 F와 같은 열에 앉고, C와 다른 열에 앉는다.
- D와 E는 같은 행에 앉는다.

	1행	2행	3행	4행
1열				
2열				

① C와 F는 같은 행에 앉는다.
② 4행에 아무도 앉지 않을 때, 가능한 경우의 수는 2가지이다.
③ B의 양쪽 옆좌석에 앉는 사람이 있을 때, 가능한 경우의 수는 4가지이다.
④ F가 1행 2열에 앉으면, 4행 2열에는 아무도 앉지 않는다.
⑤ B가 2행 2열에 앉으면, D는 3행 2열에 앉는다.

11 A, B, C, D 4명은 영화관에서 액션, 코미디, 로맨스, 공포 영화 중 서로 다른 한 가지를 선택하여 관람하였다. 다음 조건을 모두 고려하였을 때, 항상 참인 것을 고르시오.

> • 영화의 상영 시작 시각은 모두 다르다.
> • B가 선택하여 관람한 영화는 공포 영화이다.
> • 코미디 영화가 두 번째로 빨리 상영되었다.
> • C는 두 번째로 늦게 상영된 영화를 선택하여 관람하였으며, 그 영화는 액션 영화가 아니다.
> • 가장 빨리 상영된 영화는 로맨스 영화가 아니다.

① 가장 빨리 상영된 영화는 공포 영화이다.
② 코미디 영화를 관람한 사람은 D이다.
③ B가 가장 늦게 상영한 영화를 관람하였다.
④ 액션 영화가 가장 늦게 상영되었다.
⑤ 로맨스 영화를 관람한 사람은 C이다.

12 주호, 수지, 윤희, 수호, 정아, 규리 6명은 원탁에 둘러앉아 서로 마주 보고 피자를 먹으려고 한다. 다음 조건을 모두 고려하였을 때, 항상 거짓인 것을 고르시오.

> · 피자는 고구마 피자와 슈프림 피자 두 종류만 있으며, 한 종류당 3명씩 먹는다.
> · 주호의 바로 양옆 좌석에는 수호와 규리가 앉는다.
> · 수지는 윤희의 오른쪽 옆좌석에 이웃하여 앉고, 두 명 모두 슈프림 피자를 먹는다.
> · 수호와 정아는 정면으로 마주 보고 앉는다.
> · 규리와 규리의 왼쪽 옆좌석에 이웃하여 앉는 사람은 고구마 피자를 먹는다.

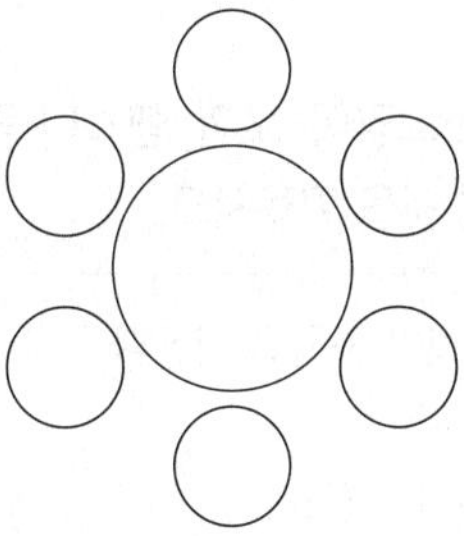

① 수호의 옆좌석에 이웃하여 앉는 사람은 윤희이다.
② 규리의 바로 양옆 좌석에는 주호와 정아가 앉는다.
③ 주호와 정면으로 마주 보고 앉는 사람은 고구마 피자를 먹는다.
④ 수지와 정면으로 마주 보고 앉는 사람이 주호가 아니면, 수지의 바로 양옆 좌석에 앉는 사람은 서로 다른 피자를 먹는다.
⑤ 윤희의 왼쪽 옆좌석에 수호가 앉으면, 윤희와 정면으로 마주 보고 앉는 사람은 고구마 피자를 먹는다.

13 A, B, C, D 4명은 빨간색, 파란색, 노란색 넥타이 중 한 가지 색상의 넥타이를 매고 탁자에 앉아 있다. 다음 조건을 모두 고려하였을 때, 항상 <u>거짓</u>인 것을 고르시오.

> • 빨간색 넥타이와 노란색 넥타이를 매고 있는 사람은 각각 1명이다.
> • A 바로 옆에 B가 앉아 있다.
> • 3번 자리에 앉아 있는 사람은 D이다.
> • C와 D는 같은 색 넥타이를 매고 있다.

1	2
탁자	
3	4

① 노란색 넥타이를 매고 있는 사람은 2번 자리에 앉아 있다.

② 빨간색 넥타이를 매고 있는 사람 바로 앞에는 파란색 넥타이를 매고 있는 사람이 앉아 있다.

③ B의 바로 앞에 앉아 있는 사람은 C이다.

④ D가 매고 있는 넥타이의 색상은 파란색이다.

⑤ 4번 자리에 앉아 있는 사람은 A이다.

14 A, B, C, D 4명은 각자 강아지, 고양이, 토끼, 햄스터 중 한 종의 반려동물을 키우고 있다. 다음 조건을 모두 고려하였을 때, 항상 참인 것을 고르시오.

> • A, B, C, D는 서로 다른 종의 반려동물을 키운다.
> • B가 키우는 반려동물은 고양이이다.
> • A가 키우는 반려동물은 토끼가 아니다.
> • D가 키우는 반려동물은 토끼가 아니다.

① A가 키우는 반려동물은 강아지이다.

② C가 키우는 반려동물은 토끼이다.

③ D가 키우는 반려동물은 햄스터이다.

④ A가 키우는 반려동물은 햄스터가 아니다.

⑤ D가 키우는 반려동물은 강아지가 아니다.

15 지은, 현서, 은영, 경민, 주호 5명 중 1명만 과제를 제출하지 못했으며, 5명 중 3명의 말은 진실, 과제를 제출하지 못한 사람을 포함한 2명의 말은 거짓일 때, 거짓을 말한 사람끼리 바르게 묶인 것을 고르시오.

- 지은: 나는 과제를 제출했어.
- 현서: 지은이의 말은 거짓이야.
- 은영: 현서는 과제를 제출한 사람 중 한 명이고 진실을 말했어.
- 경민: 과제를 제출하지 못한 사람은 주호야.
- 주호: 경민이의 말은 거짓이야.

① 지은, 경민 ② 지은, 주호 ③ 현서, 경민 ④ 현서, 주호 ⑤ 은영, 주호

16 바둑기사 A, B, C, D 4명은 지난해와 올해 바둑 대결을 하였다. 다음 조건을 모두 고려하였을 때, 항상 참인 것을 고르시오.

- A~D 4명은 지난해와 올해 각각 1번씩 다른 사람과 번갈아 가며 바둑 대결을 하였으며, 무승부는 없다.
- 지난해와 올해 B는 D와의 대결에서 1승 1패를 하였다.
- 지난해 C의 성적은 3승, 올해 D의 성적은 3승이다.
- 매년 4명의 성적은 서로 다르다.
- 지난해와 올해 A의 성적은 총 2승 4패이다.
- 지난해 D는 A보다 1승을 더 거뒀다.

① 올해 A는 B보다 1승을 더 거뒀다.

② 지난해와 올해 B는 C와의 대결에서 총 2패를 하였다.

③ 지난해 D는 1승을 거뒀다.

④ 지난해와 올해 D의 성적은 총 5승 1패이다.

⑤ 올해 C는 1승을 거뒀다.

17 함께 조별 과제를 하는 가, 나, 다, 라, 마, 바 6명은 조장을 정하기 위해 투표를 했다. 다음 조건을 모두 고려하였을 때, 항상 <u>거짓</u>인 것을 고르시오.

- 투표권은 1장씩만 부여되며, 자기 자신에게는 투표할 수 없다.
- 다는 4표를 받았다.
- 가는 나에게 투표하지 않았고, 다는 마와 바에게 투표하지 않았다.
- 라와 바는 서로에게 투표하지 않았다.
- 다가 투표한 사람은 다를 투표하지 않았다.

① 라와 마가 같은 사람에게 투표했다면, 가와 나는 서로 다른 사람에게 투표했다.

② 나가 다에게 투표했다면, 다는 라에게 투표했다.

③ 바에게 투표한 사람이 있다면, 가능한 경우의 수는 2가지이다.

④ 마에게 투표한 사람이 있다면, 가능한 경우의 수는 3가지이다.

⑤ 라와 마가 투표한 사람이 서로 다르면, 가능한 경우의 수는 4가지이다.

18 갑은 커피포트 구입을 위해 A, B, C, D 4개의 제품을 4개 항목(가격, 디자인, 안전성, 효율성)별로 1~4위까지 서로 다른 순위를 매겼다. 다음 조건을 모두 고려하였을 때, 항상 참인 것을 고르시오.

- 4개 항목의 순위가 모두 다른 제품은 B와 D뿐이다.
- 4개의 제품 중 4위를 차지한 항목이 없는 제품은 1개이다.
- 4개의 제품 중 1위를 차지한 항목이 없는 제품은 1개이다.
- A는 안전성 항목에서 1위를 차지하였으며, C는 가격 항목에서 4위를 차지하였다.
- C는 4개의 항목 중 디자인 항목에서 가장 높은 순위를 차지하였으며, 안전성 항목을 포함한 2개의 항목에서 D보다 높은 순위를 차지하였다.
- 가격 항목에서 1위를 차지한 제품과 안전성 항목에서 1위를 차지한 제품은 서로 다르다.

① 가격 항목에서 A는 B보다 순위가 더 높다.

② D는 효율성 항목에서 1위를 차지하였다.

③ 디자인 항목에서 B는 D보다 순위가 더 높다.

④ A는 효율성 항목에서 1위를 차지하지 못했다.

⑤ A가 D보다 순위가 높은 항목은 총 3개이다.

19 A, B, C, D, E 5명 중 홍삼을 먹은 사람은 3명이고, 거짓을 말한 사람은 2명이다. 다음 조건을 모두 고려하였을 때, 항상 거짓인 것을 고르시오.

- A: C와 D는 모두 홍삼을 먹었어.
- B: 나와 E는 모두 홍삼을 먹었어.
- C: A는 진실을 말하고 있어.
- D: 나와 E는 모두 홍삼을 먹지 않았어.
- E: 나는 홍삼을 먹지 않았어.

① B의 진술은 거짓이다.
② 홍삼을 먹지 않은 사람은 A와 E이다.
③ B와 C는 모두 홍삼을 먹었다.
④ E의 진술은 진실이다.
⑤ D의 진술은 진실이다.

20 강도 사건의 용의자 A, B, C, D, E 5명 중 범인이 2명 존재한다. 범인은 거짓을 말하고, 범인이 아닌 용의자는 진실을 말할 때, 범인끼리 바르게 묶인 것을 고르시오.

- A: B와 C는 둘 다 범인이거나, 둘 다 범인이 아니다.
- B: A는 범인이 아니다.
- C: 나는 범인이 아니다.
- D: B는 범인이다.
- E: C는 범인이다.

① A, B ② A, D ③ B, C ④ C, E ⑤ D, E

01 다음은 Z 지역의 성별 독거노인 수에 대한 자료이다. 다음 중 자료에 대한 설명으로 옳은 것을 고르시오.

[성별 독거노인 수]

(단위: 명)

구분		국민기초생활보장 수급권자	저소득	일반	합계
2020년	계	770	430	2,180	3,380
	남	230	80	540	850
	여	540	350	1,640	2,530
2021년	계	870	390	5,000	6,260
	남	270	90	1,790	2,150
	여	600	300	3,210	4,110
2022년	계	1,330	600	5,420	7,350
	남	410	140	2,130	2,680
	여	920	460	3,290	4,670
2023년	계	1,120	400	6,270	7,790
	남	380	90	2,420	2,890
	여	740	310	3,850	4,900
2024년	계	700	340	8,320	9,360
	남	260	90	3,150	3,500
	여	440	250	5,170	5,860

① 2023년 전체 저소득 독거노인 수에서 남자가 차지하는 비중은 20% 미만이다.

② 전체 독거노인 수는 매년 여자가 남자의 2배 이상이다.

③ 2023년 전체 저소득 독거노인 수의 전년 대비 감소율은 30% 이상이다.

④ 2024년 국민기초생활보장 수급권자인 남자와 여자 독거노인 수는 모두 각 성별 전체 독거노인 수의 10% 이상이다.

⑤ 전체 남자 독거노인 수 대비 여자 독거노인 수의 비율은 2021년이 2023년보다 작다.

02 다음은 단속유형별 국립공원 단속 건수에 대한 자료이다. 다음 중 자료에 대한 설명으로 옳은 것을 고르시오.

[단속유형별 국립공원 단속 건수]

(단위: 건)

구분	2020년	2021년	2022년	2023년	2024년
자연훼손	1,696	1,349	1,131	1,393	1,499
행락질서	982	1,248	883	789	1,112
불법시설	11	15	96	427	299
기타	167	164	81	67	63
계	2,856	2,776	2,191	2,676	2,973

① 2024년 행락질서 단속 건수가 2022년 자연훼손 단속 건수보다 많다.

② 2021년 이후 불법시설 단속 건수는 전년 대비 매년 증가하였다.

③ 2022년 행락질서 단속 건수의 전년 대비 감소율은 25% 미만이다.

④ 제시된 기간 중 기타 단속 건수가 다른 해에 비해 가장 많은 해는 2020년이다.

⑤ 전체 단속 건수에서 자연훼손 단속 건수가 차지하는 비중은 2023년이 2024년보다 낮다.

03 다음은 2019년 6대 광역시의 세대구성별 아파트 소유 가구 수와 2018년과 2019년의 광역시별 전체 아파트 소유 가구 수에 대한 자료이다. 다음 중 자료에 대한 설명으로 옳지 않은 것을 고르시오.

[2019년 세대구성별 아파트 소유 가구 수]

(단위: 천 가구)

구분	1세대	2세대	3세대 이상	1인 가구	비혈연 가구
부산	133	330	31	82	5
대구	89	250	22	55	3
인천	85	282	27	53	5
광주	55	167	13	39	2
대전	53	146	12	34	2
울산	46	135	9	25	1

[광역시별 전체 아파트 소유 가구 수]

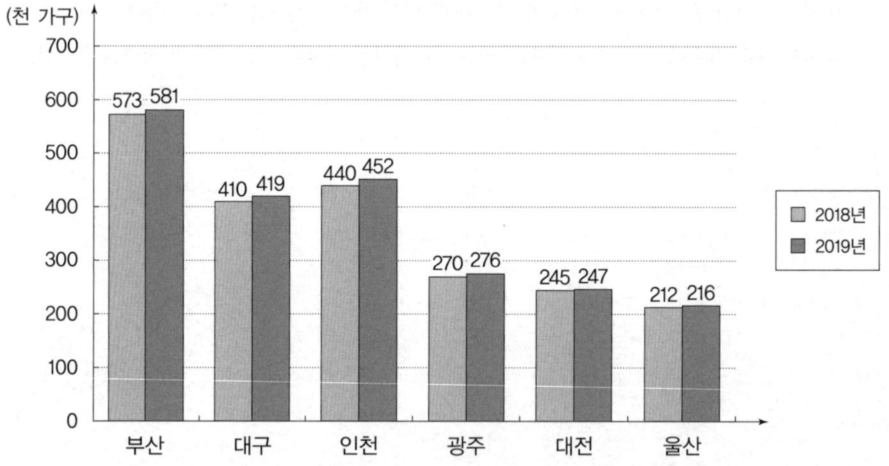

※ 출처: KOSIS(통계청, 주택소유통계)

① 6대 광역시 중 2019년 아파트를 소유한 가구 수의 전년 대비 증가량이 세 번째로 큰 광역시는 부산이다.
② 2019년 울산에서 아파트를 소유한 가구 중 2세대인 가구가 차지하는 비중은 62.5%이다.
③ 2019년 아파트를 소유한 가구 중 1세대인 가구 수 대비 3세대 이상인 가구 수의 비율은 인천이 광주보다 작다.
④ 2019년 대전에서 아파트를 소유한 가구 수는 전년 대비 1% 미만 증가하였다.
⑤ 2019년 6대 광역시에서 아파트를 소유한 가구 중 1인 가구 수의 평균은 48천 가구이다.

04 다음은 말 산업 종사자 수 및 자격증 소지자 수에 대한 자료이다. 다음 중 자료에 대한 설명으로 옳지 <u>않은</u> 것을 고르시오.

[전국 말 산업 종사자 수 및 자격증 소지자 수]

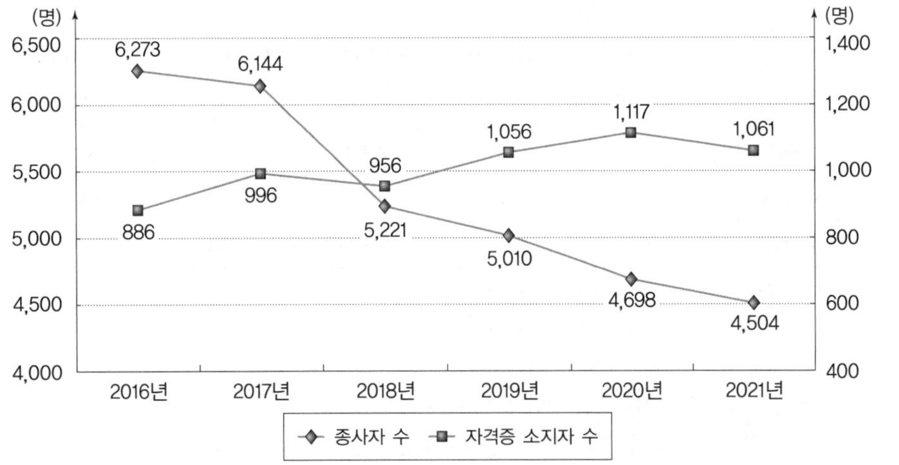

[제주도 말 산업 종사자 수 및 자격증 소지자 수]

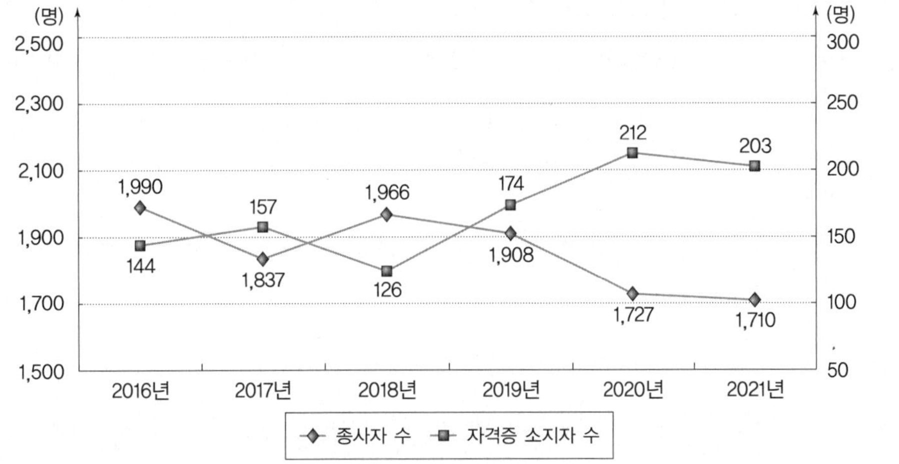

※ 출처: KOSIS(농림축산식품부, 말산업실태조사)

① 2017년 이후 제주도 말 산업 자격증 소지자 수가 전년 대비 증가한 해는 3개 연도이다.

② 전국 말 산업 종사자 수에서 말 산업 자격증 소지자 수가 차지하는 비중은 2021년이 2016년보다 크다.

③ 2020년 제주도 말 산업 종사자 수는 1,727명이다.

④ 제시된 기간 중 전국 말 산업 자격증 소지자 수는 2020년이 다른 해에 비해 가장 많다.

⑤ 2018년부터 2020년까지 전국 말 산업 종사자 수는 전년 대비 매년 증가하였다.

05 다음은 2020년 차종별·연료별 자동차 검사 현황에 대한 자료이다. 다음 중 자료에 대한 설명으로 옳은 것을 모두 고르시오.

[2020년 차종별·연료별 자동차 검사 현황]

(단위: 백 대)

구분	휘발유		경유		LPG	
	검사 대수	부적합 대수	검사 대수	부적합 대수	검사 대수	부적합 대수
승용차	42,519	7,696	23,389	4,027	9,110	1,822
승합차	21	2	8,446	1,616	562	107
화물차	58	6	33,025	8,131	951	210
특수차	0	0	1,335	254	4	1

※ 부적합률(%) = (부적합 대수 / 검사 대수) × 100
※ 출처: KOSIS(한국교통안전공단, 자동차검사현황)

a. 휘발유 차종의 부적합률은 승합차가 화물차보다 크다.
b. 경유 차종 중 부적합 대수가 가장 많은 차종은 가장 적은 차종보다 부적합 대수가 7,877백 대 더 많다.
c. LPG 특수차의 부적합률은 25%이다.
d. 전체 부적합 대수에서 경유 차량의 부적합 대수가 차지하는 비중은 50% 이상이다.

① a, b ② a, d ③ b, c ④ a, b, c ⑤ b, c, d

06 다음은 2020년 입원환자와 외래환자의 질병별 급여 현황에 대한 자료이다. 다음 중 자료에 대한 설명으로 옳은 것을 고르시오.

[2020년 입원환자 급여 현황]

구분	진료 인원 (천 명)	내원 일수 (천 일)	급여 일수 (천 일)	진료비 (십억 원)	급여비 (십억 원)
내분비, 영양 및 대사 질환	146	2,132	4,078	424	329
신경계 질환	288	16,138	18,739	2,244	1,768
순환기계 질환	711	16,645	24,729	4,972	4,147
호흡기계 질환	564	5,925	9,509	1,643	1,320
소화기계 질환	666	4,637	9,971	2,084	1,604

[2020년 외래환자 급여 현황]

구분	진료 인원 (천 명)	내원 일수 (천 일)	급여 일수 (천 일)	진료비 (십억 원)	급여비 (십억 원)
내분비, 영양 및 대사 질환	7,335	38,283	1,428,639	4,086	2,785
신경계 질환	3,251	11,527	286,766	1,132	783
순환기계 질환	9,643	60,364	2,520,007	6,177	4,267
호흡기계 질환	22,290	90,509	575,912	3,301	2,366
소화기계 질환	29,152	110,641	637,339	7,811	5,396

※ 출처: KOSIS(국민건강보험공단/건강보험심사평가원, 건강보험통계)

① 제시된 질병 중 외래환자 진료 인원수는 총 71,761천 명이다.

② 순환기계 질환 입원환자의 급여 일수는 호흡기계 질환 입원환자의 급여 일수의 3배 이상이다.

③ 제시된 질병 중 입원환자 급여비가 가장 큰 질병과 외래환자 급여비가 가장 큰 질병은 동일하다.

④ 제시된 질병별 외래환자 내원 일수는 입원환자 내원 일수보다 모두 길다.

⑤ 외래환자 중 내분비, 영양 및 대사 질환자의 진료 인원 1인당 평균 내원 일수는 5일 이상이다.

07 다음은 용도별 건축물 수에 대한 자료이다. 해당 자료를 보고 A~D를 바르게 짝지은 것을 고르시오.

[용도별 건축물 수]

(단위: 동)

구분	2020년	2021년	2022년	2023년	2024년
A	4,612,604	4,625,077	4,622,111	4,603,214	4,582,418
B	1,246,859	1,270,964	1,294,368	1,315,091	1,341,695
C	309,519	317,165	323,897	329,586	335,451
D	191,739	194,038	196,569	198,775	200,425

㉠ A, B, C, D는 각각 공업용, 문교 사회용, 상업용, 주거용 중 한 가지 용도에 해당한다.
㉡ 제시된 4개의 용도 중 건축물 수가 매년 가장 많은 용도는 주거용이다.
㉢ 2023년 건축물 수의 전년 대비 증가율은 공업용이 문교 사회용보다 크다.
㉣ 제시된 기간 동안 용도별 건축물 수가 1,000,000동 미만인 용도는 공업용과 문교 사회용이다.

	A	B	C	D
①	주거용	상업용	공업용	문교 사회용
②	주거용	상업용	문교 사회용	공업용
③	주거용	공업용	상업용	문교 사회용
④	상업용	주거용	문교 사회용	공업용
⑤	상업용	주거용	공업용	문교 사회용

08 다음은 시도별 요양기관 소재지 기준 주요 의료장비 수를 나타낸 자료이다. 다음 중 자료에 대한 설명으로 옳지 않은 것을 고르시오.

[시도별 주요 의료장비 수]

(단위: 대)

구분	20X0년	20X1년	20X2년	20X3년	20X4년
전국	33,170	34,880	36,700	39,300	42,200
서울	8,100	8,600	9,000	9,600	10,300
부산	2,700	2,800	3,000	3,200	3,300
대구	2,000	2,100	2,200	2,400	2,600
인천	1,600	1,700	1,800	2,000	2,100
광주	1,200	1,200	1,300	1,400	1,500
대전	1,200	1,300	1,300	1,400	1,500
울산	700	700	700	800	800
세종	70	80	100	100	200
경기	6,600	6,900	7,400	8,000	8,700
강원	900	1,000	900	1,000	1,100
충북	1,000	1,000	1,100	1,100	1,200
충남	1,100	1,100	1,200	1,300	1,400
전북	1,300	1,400	1,400	1,500	1,600
전남	1,100	1,200	1,200	1,300	1,400
경북	1,400	1,500	1,600	1,600	1,700
경남	1,800	2,000	2,100	2,200	2,300
제주	400	300	400	400	500

※ 주요 의료장비는 자기공명 영상기, CT, 초음파 영상 진단기 등이 포함됨

① 제시된 기간 동안 매년 전국 주요 의료장비 수는 서울의 주요 의료장비 수의 3배 이상이다.

② 20X4년 주요 의료장비 수가 1,000대 미만인 지역의 같은 해 주요 의료장비 수의 평균은 500대이다.

③ 20X0년 주요 의료장비 수가 2,000대 이상인 지역은 모두 20X1년 이후 주요 의료장비 수가 매년 전년 대비 증가하였다.

④ 20X4년 세종의 주요 의료장비 수의 4년 전 대비 증가율은 150% 미만이다.

⑤ 20X4년 전라도의 주요 의료장비 수의 평균은 충청도의 주요 의료장비 수의 평균보다 크다.

09 다음은 2014년부터 2024년까지 5년 주기로 조사한 행동 분류별 무급 가사노동 평가액을 나타낸 자료이다. 자료를 보고 빈칸 ㉠, ㉡에 해당하는 값을 예측했을 때 가장 타당한 값을 고르시오.

[행동 분류별 무급 가사노동 평가액]

(단위: 십억 원)

구분	2014년		2019년		2024년	
	남자	여자	남자	여자	남자	여자
가정관리	(　)	(　)	32,946	133,618	47,198	179,502
가족 및 가구원 돌보기	(　)	40,966	(㉠)	52,980	28,537	(㉡)
참여 및 봉사활동	1,015	1,173	(　)	(　)	1,715	3,436
이동	7,628	14,028	9,414	18,590	10,815	(　)
합계	46,197	155,105	63,744	(　)	88,265	272,465

- 남자의 무급 가사노동 평가액은 참여 및 봉사활동을 제외한 모든 행동 분류에서 5년마다 꾸준히 증가하였다.
- 2024년 가족 및 가구원 돌보기에서 여자의 무급 가사노동 평가액은 5년 전 대비 20% 증가하였다.
- 2024년 가정관리에서 남자의 무급 가사노동 평가액은 10년 전 대비 262,830억 원 증가하였다.

	㉠	㉡
①	15,649	63,576
②	20,805	62,132
③	20,805	63,576
④	28,873	63,576
⑤	28,873	64,946

10 다음은 일부 OECD 가입국의 취업인구 수를 나타낸 자료이다. 다음 중 자료에 대한 설명으로 옳지 않은 것을 고르시오.

[OECD 가입국의 취업인구 수]

(단위: 천 명)

구분	20X2년		20X3년		20X4년	
	여성	남성	여성	남성	여성	남성
네덜란드	3,987	4,617	4,093	4,705	4,198	4,785
독일	19,374	22,289	19,520	22,395	19,776	22,620
멕시코	19,913	32,428	20,569	33,152	21,492	33,502
미국	71,935	81,402	73,063	82,699	74,078	83,460
스페인	8,559	10,266	8,796	10,532	9,034	10,746
영국	15,015	16,950	15,208	17,147	15,452	17,242
오스트레일리아	5,723	6,529	5,904	6,681	6,059	6,809
이탈리아	9,674	13,349	9,768	13,447	9,872	13,488
일본	28,590	36,715	29,463	37,174	29,916	37,329
캐나다	8,781	9,635	8,899	9,758	9,070	9,986
콜롬비아	9,292	12,890	9,282	13,024	9,177	12,980
터키	8,732	19,464	9,018	19,715	8,919	19,161
폴란드	7,357	9,066	7,407	9,077	7,346	9,115
프랑스	12,937	13,897	13,073	13,990	13,184	13,992
한국	11,356	15,368	11,450	15,372	11,660	15,463

① 제시된 국가 중 20X2년 취업인구 수가 많은 순서에 따른 상위 4개국은 여성과 남성이 동일하다.

② 20X4년 네덜란드의 전체 취업인구 수는 8,983천 명이다.

③ 20X3년 미국의 전체 취업인구 수는 콜롬비아의 전체 취업인구 수의 6배 미만이다.

④ 제시된 기간 동안 캐나다의 여성 취업인구 수가 처음으로 9,000천 명을 넘은 해에 캐나다의 여성 취업인구 수는 전년 대비 3% 미만 증가하였다.

⑤ 20X4년 오스트레일리아의 남성 취업인구 수는 전년 대비 128천 명 증가하였다.

11 다음은 채권 종류별 국가채권 금액에 대한 자료이다. 다음 중 자료에 대한 설명으로 옳지 않은 것을 고르시오.

[채권 종류별 국가채권 금액]

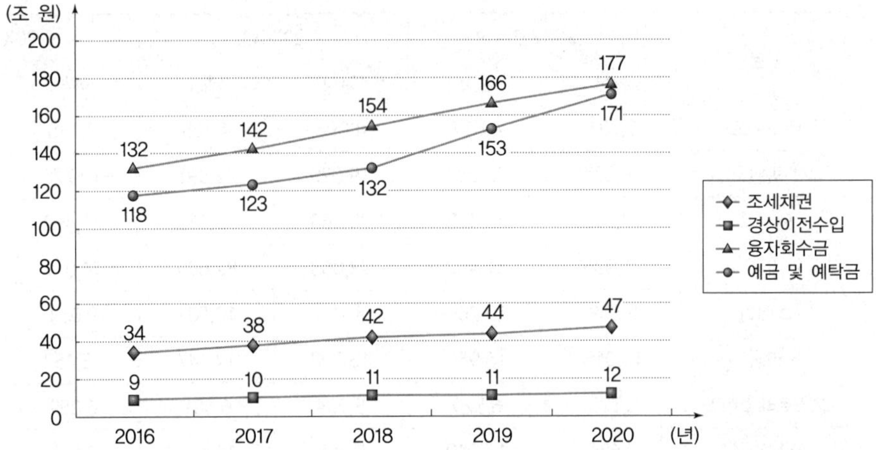

※ 출처: KOSIS(국가채권, 기획재정부)

① 제시된 기간 동안 예금 및 예탁금 금액과 조세채권 금액의 차이는 매년 증가하였다.

② 제시된 기간 동안 경상이전수입의 연평균 금액은 10조 원 이상이다.

③ 2017년 융자회수금 금액의 전년 대비 증가율은 10% 미만이다.

④ 2018년 제시된 전체 국가채권 금액은 339조 원이다.

⑤ 2020년 국가채권 금액이 다른 채권에 비해 전년 대비 가장 많이 증가한 채권은 융자회수금이다.

12 다음은 시도별 초혼 신혼부부 수에 대한 자료이다. 다음 중 자료에 대한 설명으로 옳지 않은 것을 모두 고르시오.

[시도별 초혼 신혼부부 수]

(단위: 쌍)

구분	1년 차	2년 차	3년 차	4년 차	5년 차
서울특별시	38,424	37,776	37,901	37,008	37,682
부산광역시	9,854	10,347	10,745	11,277	12,156
대구광역시	6,888	7,737	8,396	8,605	9,098
인천광역시	8,785	10,032	10,842	11,024	11,896
광주광역시	4,501	4,907	5,231	5,330	5,511
대전광역시	4,786	4,953	5,457	5,341	5,617
울산광역시	3,780	4,140	4,300	4,628	5,143
세종특별자치시	1,737	2,086	2,182	2,221	2,442
경기도	47,274	51,567	55,963	55,773	61,209
강원도	4,214	4,862	4,920	5,135	5,247
충청북도	4,916	5,145	5,576	5,558	6,014
충청남도	6,322	6,927	7,842	7,746	8,481
전라북도	4,322	4,761	4,823	5,196	5,480
전라남도	4,472	4,958	5,149	5,276	5,756
경상북도	6,574	7,369	8,043	8,348	9,232
경상남도	9,112	10,048	10,923	11,759	13,004
제주특별자치도	2,191	2,294	2,461	2,471	2,621

※ 수도권은 서울특별시, 인천광역시, 경기도를 의미함
※ 출처: KOSIS(통계청, 신혼부부통계)

a. 수도권의 1년 차 초혼 신혼부부 수는 95,483쌍이다.
b. 제시된 지역 중 3년 차 초혼 신혼부부 수가 4년 차 초혼 신혼부부 수보다 많은 지역은 4곳이다.
c. 제시된 혼인 연차별 초혼 신혼부부 수는 전라남도가 전라북도보다 항상 더 많다.
d. 제시된 지역 중 5년 차 초혼 신혼부부 수가 세 번째로 많은 지역은 부산광역시이다.

① a, b ② a, d ③ b, c ④ a, b, d ⑤ b, c, d

13 다음은 L 국의 연구개발 및 SW 저작권의 무역수지 현황을 나타낸 자료이다. 다음 중 자료에 대한 설명으로 옳은 것을 고르시오.

[연구개발 및 SW 저작권의 무역수지 현황]

(단위: 백만 달러)

구분		2023년		2024년	
		3분기	4분기	1분기	2분기
연구개발 저작권	무역수지	25	-5	2	27
	수출액	28	1	3	30
	수입액	3	6	1	3
컴퓨터 프로그램 저작권	무역수지	187	5	-308	252
	수출액	1,402	1,197	1,184	1,705
	수입액	1,215	1,192	1,492	1,453
데이터베이스 저작권	무역수지	406	357	634	360
	수출액	512	526	766	582
	수입액	106	169	132	222

※ 무역수지 = 수출액 - 수입액
※ 출처: KOSIS(한국은행, 국제수지통계)

① 2024년 1분기 데이터베이스 저작권의 무역수지는 2023년 4분기 대비 267백만 달러 증가하였다.

② 2023년 3분기 컴퓨터 프로그램 저작권의 수출액은 같은 분기 데이터베이스 저작권의 수출액의 3배 이상이다.

③ 2023년 4분기 이후 연구개발 저작권과 컴퓨터 프로그램 저작권의 무역수지는 직전 분기 대비 증감 추이가 동일하다.

④ 2024년 2분기 데이터베이스 저작권의 수출액은 직전 분기 대비 25% 이상 감소하였다.

⑤ 제시된 기간 동안 데이터베이스 저작권의 평균 수입액은 150백만 달러 이상이다.

14 다음은 J 국의 1인당 연간 쌀 소비량에 대한 자료이다. 다음 중 자료에 대한 설명으로 옳은 것을 모두 고르시오.

[1인당 연간 쌀 소비량]

(단위: kg)

구분		2019년	2020년	2021년	2022년	2023년	2024년
주부식용	전 가구	61.0	61.1	60.5	58.6	57.1	56.5
	농가	94.7	92.3	91.7	90.3	88.8	87.4
	비농가	59.0	59.3	58.8	56.9	55.5	54.9
기타 음식용	전 가구	0.9	0.7	0.5	0.5	0.5	0.4
	농가	5.8	4.4	2.9	2.5	1.9	1.5
	비농가	0.6	0.5	0.4	0.4	0.5	0.3

a. 2020년 이후 비농가의 1인당 연간 주부식용 쌀 소비량은 전년 대비 매년 감소하였다.
b. 2019년 1인당 연간 기타 음식용 쌀 소비량은 농가가 비농가의 9배 이상이다.
c. 2024년 1인당 연간 주부식용 쌀 소비량 대비 기타 음식용 쌀 소비량 비율은 농가가 비농가보다 작다.

① b ② a, b ③ a, c ④ b, c ⑤ a, b, c

15 다음은 연도별 첨단세라믹 분야 기업 수에 대한 자료이다. 이를 바탕으로 만든 자료로 옳지 않은 것을 고르시오.

[연도별 첨단세라믹 분야 기업 수]

(단위: 개)

구분		2016년	2017년	2018년	2019년	2020년
상장여부별	거래소 상장기업	21	22	21	26	25
	코스닥 상장기업	61	62	58	62	67
	비상장기업	383	383	402	425	447
첨단세라믹 부문별	분말 원료	69	67	66	71	75
	세라믹 1차 제품	74	76	73	84	93
	전기 전자부품	174	174	180	185	189
	기계 및 기타 산업용 부품	148	150	162	173	182
전체		465	467	481	513	539

※ 출처: KOSIS(한국세라믹기술원, 첨단세라믹산업조사)

① [연도별 상장기업 수]

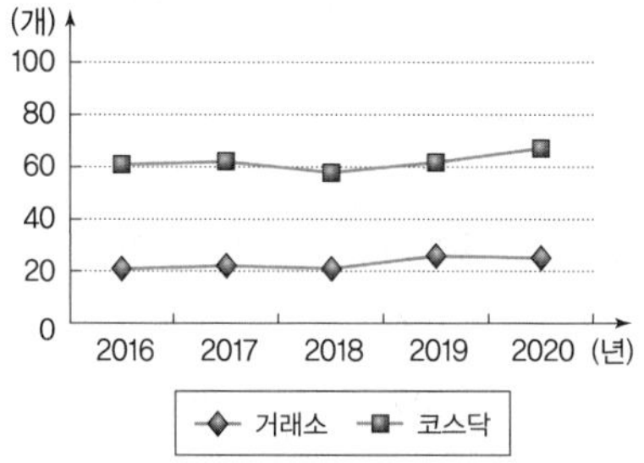

② [2016년 첨단세라믹 부문별 기업 수]

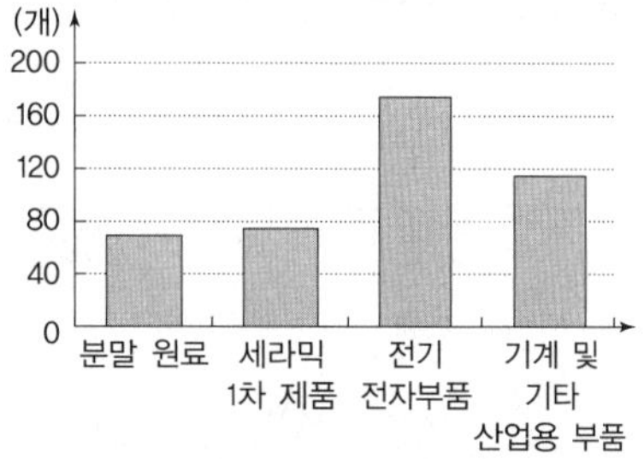

③ [2017년 이후 비상장기업 수의 전년 대비 증가량]

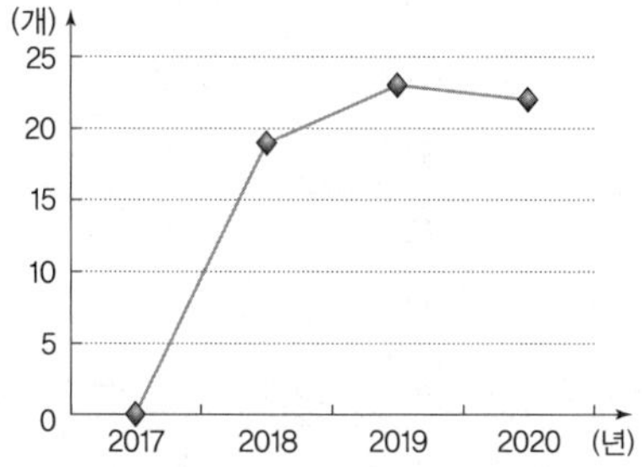

④ [2020년 첨단세라믹 부문별 기업 수 비중]

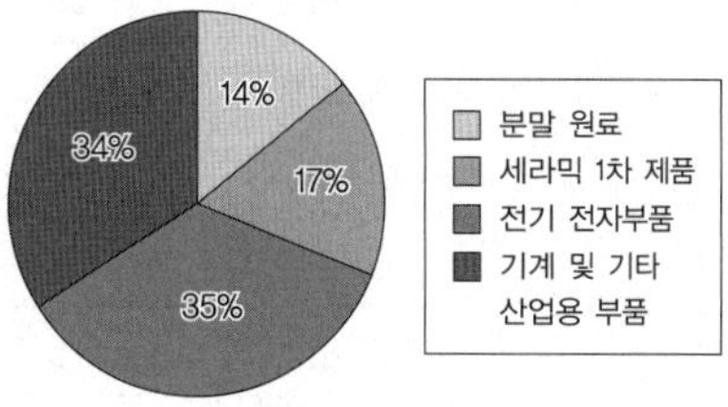

⑤ [2018년 상장여부별 기업 수 비중]

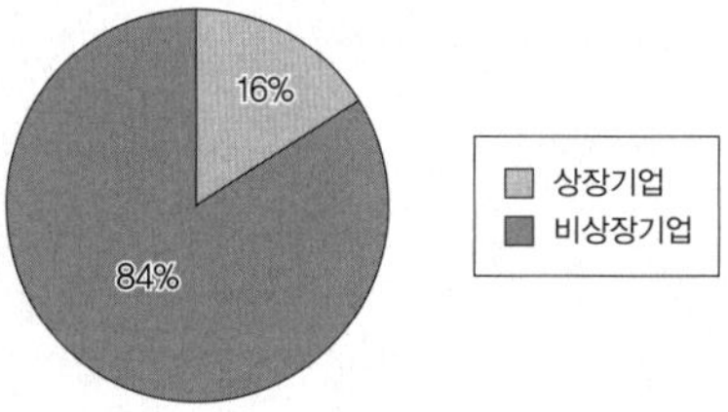

16 다음은 Z 국의 연도별 우주산업 연구기관 수에 대한 자료이다. 이를 바탕으로 만든 그래프로 옳은 것을 고르시오.

[연도별 우주산업 연구기관 수]

(단위: 개)

구분		2020년	2021년	2022년	2023년	2024년
전체		331	381	394	404	431
기관별	기업체	248	300	309	326	342
	연구기관	27	25	24	22	26
	대학	56	56	61	56	63
지역별	A 지역	174	211	206	210	214
	B 지역	79	75	87	94	101
	C 지역	58	73	73	72	87
	D 지역	15	17	20	21	19
	E 지역	3	1	4	4	3
	F 지역	2	4	4	3	7

① [전체 우주산업 연구기관 수의 전년 대비 증가량]

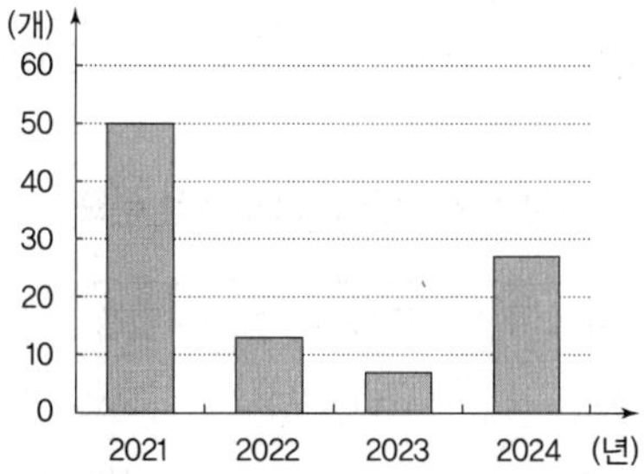

② [연도별 A 지역 우주산업 연구기관 수]

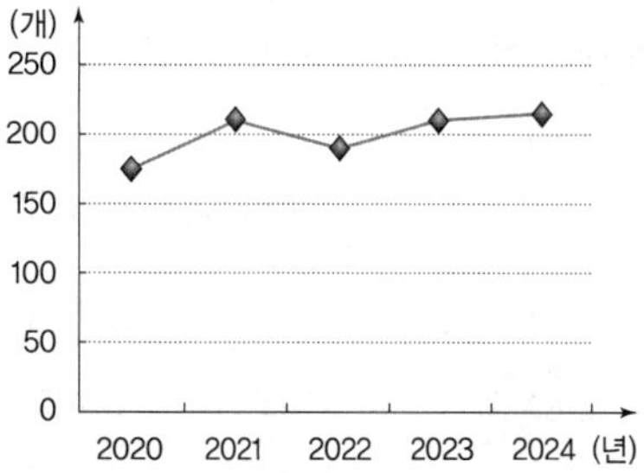

③ [2024년 우주산업 연구기관 수의 전년 대비 증감량]

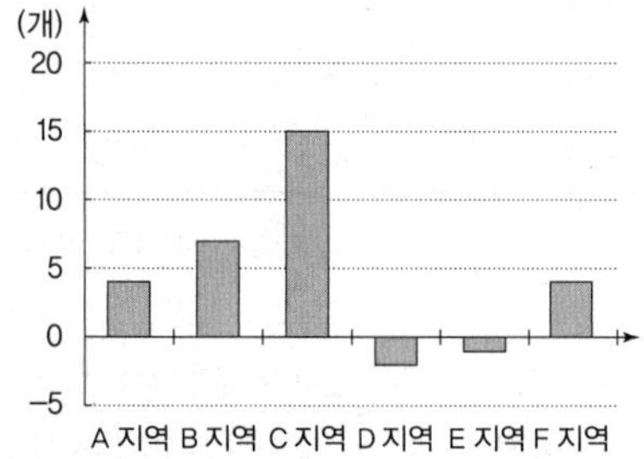

④ [연도별 기업체 우주산업 연구기관 수]

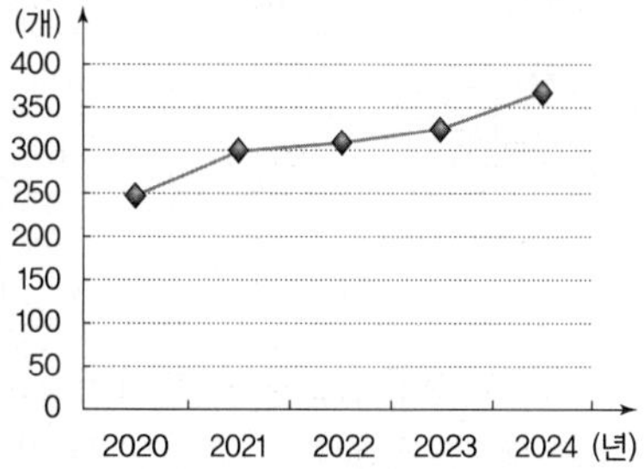

⑤ [연도별 B 지역 우주산업 연구기관 수]

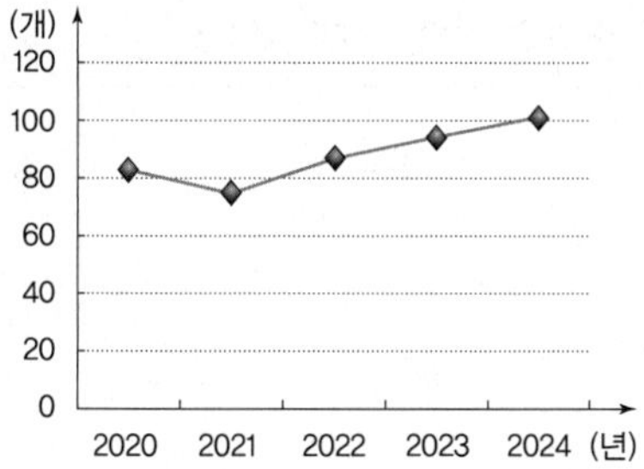

17 다음은 전체 고정표본점 개수 상위 5개 지역의 지황별 고정표본점 분포에 대한 자료이다. 다음 중 자료에 대한 설명으로 옳은 것을 모두 고르시오. (단, 조사 대상 지역은 매년 동일하고, 전체 고정표본점 개수가 동일한 지역은 없다.)

[전체 고정표본점 개수 상위 5개 지역의 지황별 고정표본점 분포]

(단위: 개)

구분	전체	완경사지	경사지	급경사지	험준지	절험지
경상북도	3,013	187	421	514	592	1,299
강원도	2,746	136	240	310	413	1,647
경상남도	1,502	113	225	267	337	560
전라남도	1,274	140	215	263	264	392
충청북도	980	67	134	150	172	457

※ 출처: KOSIS(산림청, 국가산림자원조사)

a. 경기도, 충청남도, 충청북도의 전체 고정표본점 개수 합은 경상북도의 전체 고정표본점 개수보다 적다.
b. 경상남도의 전체 고정표본점 개수에서 험준지 고정표본점 개수가 차지하는 비중은 20% 미만이다.
c. 지역별 전체 고정표본점 개수에서 급경사지가 차지하는 비중은 전라남도가 충청북도보다 크다.
d. 조사 대상 지역 중 절험지 고정표본점 개수가 가장 많은 지역은 강원도이다.

① a, b ② a, d ③ b, c ④ a, c, d ⑤ b, c, d

18 다음은 K 국의 장르별 공연 횟수에 대한 자료이다. 다음 중 자료에 대한 설명으로 옳지 않은 것을 고르시오.

[장르별 공연 횟수]

(단위: 회)

구분	2020년	2021년	2022년	2023년	2024년
연극	85,628	97,488	84,970	61,912	64,492
뮤지컬	56,949	50,996	47,074	60,809	52,986
무용	4,567	6,246	4,009	3,136	2,392
발레	1,295	865	661	673	585
양악	23,411	13,439	13,853	13,996	14,152
오페라	1,186	1,064	1,095	870	754
국악	5,161	5,074	4,169	4,764	5,347
복합	22,032	15,898	18,360	13,242	12,211

① 2024년 공연 횟수는 뮤지컬이 양악의 약 3.7배이다.

② 2021년 무용 공연 횟수는 전년 대비 35% 이상 증가하였다.

③ 제시된 8개 장르의 연도별 공연 횟수의 평균은 2022년이 2021년보다 크다.

④ 2021년 이후 공연 횟수의 전년 대비 증감 추이가 오페라와 동일한 장르는 1개이다.

⑤ 2023년 공연 횟수는 연극이 국악보다 57,148회 더 많다.

19 다음은 2024년 프랜차이즈 업종별 재무 통계에 대한 자료이다. 다음 중 자료에 대한 설명으로 옳지 않은 것을 모두 고르시오.

[2024년 프랜차이즈 업종별 재무 통계]

(단위: 억 원)

구분	매출액	영업비용	매출원가	인건비	임차료
A 업종	30,791	29,100	18,704	3,668	2,351
B 업종	40,873	37,324	19,997	6,247	2,873
C 업종	54,214	47,067	29,093	4,093	3,392
D 업종	30,390	26,998	14,666	4,181	2,624
E 업종	15,277	13,518	6,468	2,355	1,690
F 업종	38,151	33,972	13,619	7,607	5,079

※ 출처: KOSIS(통계청, 프랜차이즈조사)

a. 제시된 업종 중 매출원가가 다른 업종에 비해 가장 낮은 업종은 매출액도 다른 업종에 비해 가장 낮다.
b. D 업종의 영업비용에서 매출원가가 차지하는 비중은 50% 이상이다.
c. 제시된 업종 중 인건비와 임차료의 합이 가장 큰 업종은 B 업종이다.
d. A 업종의 매출액과 영업비용의 차이는 1,681억 원이다.

① a, b ② a, d ③ b, c ④ c, d ⑤ b, c, d

20 다음은 영농형태별 농가 수에 대한 자료이다. 다음 중 자료에 대한 설명으로 옳지 않은 것을 고르시오.

[연도별 영농형태별 전체 농가 수]

(단위: 천 가구)

구분	2017년	2018년	2019년	2020년	2021년
전업	585	580	583	619	603
1종 겸업	117	116	106	109	101
2종 겸업	340	325	318	306	328

※ 전체 농가 수는 대표생산물이 논벼, 식량작물, 채소·산나물, 특용작물·버섯, 과수, 약용작물, 화초·관상작물, 기타작물, 축산인 농가 수의 합계임

[2021년 영농형태별 대표생산물별 농가 수]

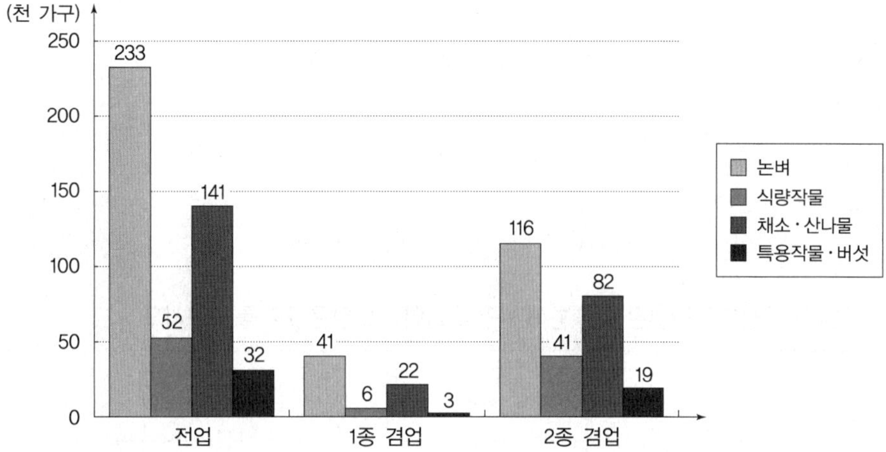

※ 대표생산물은 농가별 1종만 선정됨

※ 겸업농가 = 1종 겸업농가 + 2종 겸업농가
※ 출처: KOSIS(통계청, 농림어업조사)

① 2018년 이후 전체 전업농가 수가 전년 대비 증가한 모든 해에 전체 2종 겸업농가 수는 전년 대비 감소하였다.

② 제시된 기간 동안 전체 전업농가 수는 전체 겸업농가 수보다 매년 더 많다.

③ 2021년 전체 전업농가 수에서 대표생산물이 논벼나 채소·산나물인 농가 수가 차지하는 비중은 60% 이상이다.

④ 2021년 대표생산물이 논벼인 농가 수와 식량작물인 농가 수의 차이는 1종 겸업농가가 가장 많다.

⑤ 2021년 대표생산물이 특용작물·버섯인 농가 수는 2종 겸업농가가 1종 겸업농가보다 많다.

04 창의수리

▶ 해설 p.39

01 일정한 규칙으로 나열된 수를 통해 빈칸에 들어갈 알맞은 숫자를 고르시오.

$\frac{1}{4}$ $\frac{1}{12}$ $\frac{7}{12}$ $\frac{5}{12}$ $\frac{11}{12}$ $\frac{3}{4}$ $\frac{5}{4}$ ( )

① $\frac{9}{12}$ ② $\frac{11}{12}$ ③ $\frac{13}{12}$ ④ $\frac{7}{4}$ ⑤ $\frac{9}{4}$

02 일정한 규칙으로 나열된 수를 통해 빈칸에 들어갈 알맞은 숫자를 고르시오.

$\frac{29}{12}$ $\frac{31}{8}$ $\frac{17}{12}$ $\frac{38}{20}$ $\frac{43}{60}$ $\frac{49}{56}$ ( )

① $\frac{1}{3}$ ② $\frac{1}{5}$ ③ $\frac{4}{15}$ ④ $\frac{14}{13}$ ⑤ $\frac{28}{25}$

03 일정한 규칙으로 나열된 수를 통해 빈칸에 들어갈 알맞은 숫자를 고르시오.

10 20 40 80 ( )

① 100 ② 120 ③ 140 ④ 160 ⑤ 180

04 일정한 규칙으로 나열된 수를 통해 빈칸에 들어갈 알맞은 숫자를 고르시오.

4　7　11　16　22　29　37　(　　)

① 43　② 45　③ 46　④ 48　⑤ 50

05 다음 도형 내의 숫자가 일정한 규칙에 따라 배치되어 있을 때, B－A의 값을 고르시오.

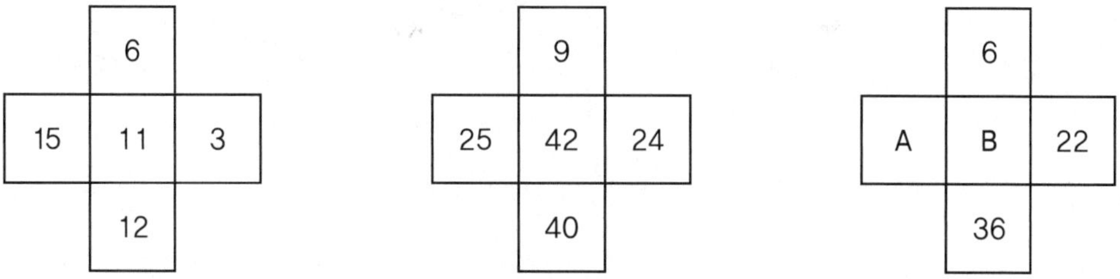

① 10　② 15　③ 20　④ 23　⑤ 27

06 다음 퍼즐의 숫자가 일정한 규칙에 따라 배치되어 있을 때, A×B의 값을 고르시오.

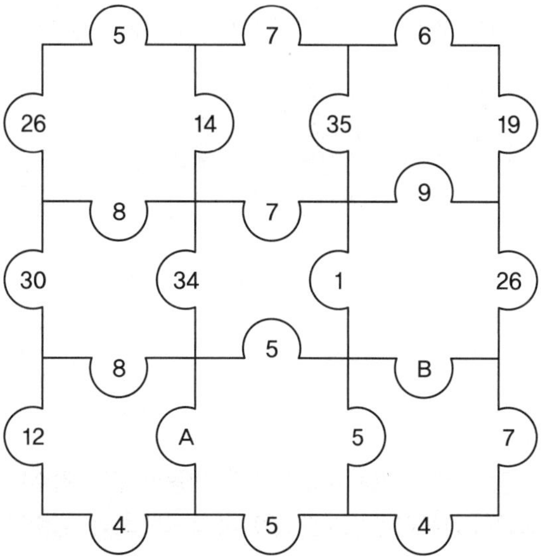

① 36　② 42　③ 51　④ 57　⑤ 60

07 다음 도형의 바깥쪽 원과 안쪽 원에 포함된 각 숫자에는 시계 방향으로 서로 다른 규칙이 적용되고, 사분원 안의 세 숫자 사이에도 일정한 규칙이 있다. 각각의 규칙을 찾아 A－B＋C－D의 값을 고르시오. (단, 바깥쪽 원과 안쪽 원에 적용되는 규칙의 경우 규칙이 끝나는 숫자와 규칙이 시작되는 숫자 사이에는 성립하지 않는다.)

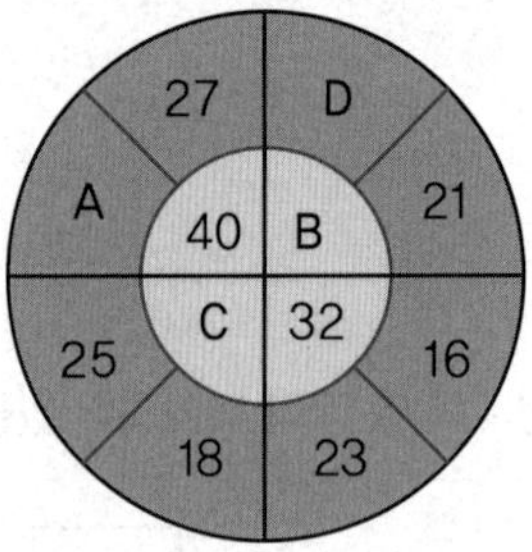

① 8 ② 14 ③ 42 ④ 70 ⑤ 98

08 하늘이가 10,000원으로 A 제품 5개, B 제품 3개를 구매할 경우 2,400원이 남고, A 제품 3개, B 제품 5개를 구매할 경우 1,600원이 남을 때, A 제품의 가격은 얼마인가?

① 800원 ② 900원 ③ 1,000원 ④ 1,100원 ⑤ 1,200원

09 경수는 서울에서 강릉까지 210km의 거리를 이동하였다. 경수는 자가용을 타고 80km/h 또는 100km/h 속력으로 운전하여 총 2시간 30분이 소요됐을 때, 경수가 80km/h 속력으로 운전한 시간은 얼마인가?

① 1시간 40분 ② 2시간 ③ 2시간 10분 ④ 2시간 15분 ⑤ 2시간 20분

10 농도가 8%인 소금물 500g이 있다. 이 소금물에 농도가 다른 소금물 300g을 섞어 농도가 11%인 소금물 800g이 만들어졌을 때, 추가로 넣은 소금물의 농도는 얼마인가?

① 12% ② 13% ③ 14% ④ 15% ⑤ 16%

11 회원 수가 13명인 독서 동호회에서 임원 3명을 선출하려고 한다. 독서 동호회 임원을 선출할 수 있는 경우의 수는 몇 가지인가?

① 286가지 ② 296가지 ③ 364가지 ④ 488가지 ⑤ 572가지

12 파란색 공 3개와 빨간색 공 5개가 들어있는 주머니가 있다. 이 주머니에서 연달아 2개의 공을 꺼냈을 때, 두 공 모두 빨간색 공일 확률은 얼마인가? (단, 꺼낸 공은 다시 주머니에 넣지 않는다.)

① $\frac{2}{7}$ ② $\frac{5}{14}$ ③ $\frac{3}{7}$ ④ $\frac{1}{2}$ ⑤ $\frac{4}{7}$

13 민호는 백화점에서 A, B 두 상자에 들어있는 당첨 공을 뽑으면 경품을 증정하는 이벤트에 참가하려고 한다. 각각의 상자 안에는 당첨 공 1개, 재도전 공 1개, 꽝이 적힌 공 2개가 들어있으며 민호는 두 개의 주사위를 던져 두 주사위 눈의 합이 홀수일 경우 A 상자에서 공을 뽑고, 짝수일 경우 B 상자에서 공을 뽑게 된다. 민호가 A 상자에서 당첨 공을 뽑을 확률은 얼마인가? (단, 첫 도전에 한해 재도전 공을 뽑을 경우 뽑은 공을 상자에 넣은 후 같은 상자에서 한 번 더 뽑을 기회가 주어진다.)

① $\frac{1}{4}$ ② $\frac{1}{8}$ ③ $\frac{1}{32}$ ④ $\frac{5}{32}$ ⑤ $\frac{7}{64}$

14 종류별로 크기와 모양이 동일한 초콜릿 3개, 사탕 2개, 빵 2개를 A~G 7명에게 1개씩 나누어 주려고 한다. B와 D에게는 초콜릿을 나누어 준다고 할 때, 초콜릿 3개, 사탕 2개, 빵 2개를 7명에게 나누어 주는 경우의 수는 몇 가지인가?

① 30가지 ② 60가지 ③ 180가지 ④ 720가지 ⑤ 5,040가지

15 과일가게를 운영하는 준배는 이번 달 초에 샤인머스캣을 원가로 구매하여 1박스당 40% 이익이 남도록 정가를 책정하였다. 첫째 주에 정가에서 10% 할인된 가격으로 6박스, 둘째 주에 정가에서 20% 할인된 가격으로 4박스를 판매하는 경우와 둘째 주에도 첫째 주와 동일한 가격으로 4박스를 판매하는 경우의 총이익 차이가 14,000원이라면, 첫째 주에 샤인머스캣 1박스의 가격은 얼마인가?

① 25,000원 ② 28,000원 ③ 31,500원 ④ 35,000원 ⑤ 36,000원

16 종이 상자 2개를 나미가 혼자 접으면 24분이 걸리고, 나미와 상아가 함께 접으면 나미가 혼자 접는 시간의 절반의 시간이 걸린다. 상아와 용주가 종이 상자 20개를 함께 접으면 48분이, 상아와 혁재가 종이 상자 42개를 함께 접으면 1시간 12분이 걸릴 때, 용주와 혁재가 1시간 동안 접을 수 있는 종이 상자의 개수는 몇 개인가?

① 44개 ② 46개 ③ 48개 ④ 50개 ⑤ 52개

17 양파 8개, 파프리카 4개가 포장된 상품과 양파 7개, 파프리카 3개가 포장된 상품의 무게의 비는 7:6일 때, 양파 2개, 파프리카 5개가 포장된 상품과 양파 3개, 파프리카 2개가 포장된 상품의 무게의 비는 얼마인가? (단, 양파와 파프리카의 1개당 무게는 일정하며, 포장 재료의 무게는 고려하지 않는다.)

① 1:1 ② 3:4 ③ 4:3 ④ 4:5 ⑤ 5:3

18 S 회사의 사원, 주임, 대리 직급 직원 수는 총 1,800명이다. 주임 직급 직원 수는 대리 직급 직원 수보다 200명 더 많고, 사원 직급 직원 수는 대리 직급 직원 수의 120%일 때, 사원 직급 직원 수는 몇 명인가?

① 400명　② 500명　③ 600명　④ 700명　⑤ 800명

19 갑은 1년 동안 300억 원을 A 상품과 B 상품에 분산 투자하여 총 60억 원의 이익을 얻었다. 1년 동안 A 상품의 수익률은 35%, B 상품의 수익률은 −10%일 때, 갑이 B 상품에 투자한 금액은 얼마인가? (단, 수수료는 고려하지 않는다.)

① 50억 원　② 100억 원　③ 150억 원　④ 200억 원　⑤ 250억 원

20 어느 회사의 올해 여자 사원 수는 작년 대비 20% 감소하였고, 남자 사원 수는 작년 대비 40% 증가하여 전체 사원 수는 작년 대비 12명 증가하였다. 올해 전체 사원 수가 72명일 때, 올해 남자 사원 수는 몇 명인가?

① 28명　② 35명　③ 42명　④ 49명　⑤ 56명

약점 보완 해설집 p.22

무료 바로 채점 및 성적 분석 서비스 바로 가기
QR코드를 이용해 모바일로 간편하게 채점하고 나의 실력이 어느 정도인지, 취약 부분이 어디인지 바로 파악해 보세요!

실전모의고사 2회

* 모의고사의 시작과 종료 시각을 정하세요.

언어이해 (20분)	시 분 ~ 시 분
언어추리 (20분)	시 분 ~ 시 분
자료해석 (20분)	시 분 ~ 시 분
창의수리 (20분)	시 분 ~ 시 분

01 | 언어이해

▶ 해설 p.44

01 다음 글의 중심 내용으로 가장 적절한 것을 고르시오.

기업마다 ESG 경영이 큰 화두이다. ESG란 환경을 의미하는 Environmental, 사회를 의미하는 Social, 지배구조를 의미하는 Governance의 앞 글자를 딴 단어로, 기업의 지속 가능한 경영을 위해서는 친환경, 사회적 책임 경영, 지배구조 개선과 같은 투명 경영을 고려해야 한다는 철학을 의미한다. 과거의 투자자들은 단순히 기업의 재무적 결과만을 중시했었지만, 오늘날에는 장기적인 측면에서 기업의 가치를 유지하며 지속적으로 성장할 가능성이 있는지도 투자 결정 시 중요한 요소로 반영하고 있다. 따라서 기업은 ESG 경영을 이룩해야 할 필요가 있는데, 기업에서 ESG를 토대로 경영을 이룩하게 되면 장기적인 수익을 창출할 수 있음은 물론 불확실한 위험에도 적극적으로 대응할 수 있으면서 사회에도 긍정적인 영향을 미치는 기업으로 자리 잡을 수 있다. 영국을 포함해 스웨덴, 독일 등의 국가에서는 ESG 정보 공시 제도를 도입하였으며 우리나라도 오는 2025년부터는 자산 총액이 2조 원이 넘는 유가증권시장 상장사의 ESG 공시가 의무화될 예정이다. 또한 2030년부터는 모든 코스피 상장사로 확대될 예정인 만큼 국가적 차원에서도 ESG의 활성화는 매우 중요하다. ESG의 여러 이점을 고려할 때, 자본시장과 한 국가의 발전을 가늠하는 척도로 자리매김할 것이 분명해 보이므로 모든 기업에서는 ESG 경쟁력을 높일 수 있는 방안을 마련하여 실천할 필요가 있다.

① 단기간에 기업의 재무 건전성을 높이고자 한다면 ESG 경영을 도입하여 단행해야만 한다.

② 영국, 프랑스 등 유럽의 주요 국가에서는 ESG 경영으로 인한 부작용을 경고하고 있으므로 선별적으로 받아들일 필요가 있다.

③ 기업은 예측 불가능한 위협을 피하기 위한 목적으로 ESG 경영을 활용할 수 있다.

④ 국가적 차원에서도 ESG 경영이 중요해지고 있으므로 기업별로 ESG 경영을 이룩할 수 있는 방안을 마련하여 수행해야 한다.

⑤ 우리나라에서는 2030년에는 모든 코스피 상장사에서 ESG 공시를 의무적으로 진행해야만 할 것이다.

02 다음 문단을 논리적 순서대로 알맞게 배열한 것을 고르시오.

가) 보통 나이가 많을수록, 혈중 요산 농도가 높을수록 통풍이 생길 여지가 많다. 특히 중년의 남성에게서 잘 나타나는데, 이는 남성의 경우 콩팥에서의 요산 제거 능력이 나이가 들수록 줄어들기 때문이며, 여성은 폐경기 이후 유산 제거 능력이 감소하여 해당 시점 이후에 통풍이 나타날 가능성이 높다.

나) 치료에도 불구하고 통풍 증상이 지속된다면 합병증으로 요로결석, 심근경색 등의 증상이 나타날 수 있으며, 심한 경우 신장 기능 상실로 인해 사망할 수도 있으므로 주의해야 한다. 따라서 예방 차원에서 계란, 치즈, 야채류와 같은 저퓨린 음식을 섭취하는 것이 좋으며, 고기류, 맥주, 생선류 등의 고퓨린 식품은 자제하는 것이 좋다.

다) 다만 중요한 사실은 발생 시점과는 관계없이 일단 통풍이 발생하게 되면 급성 발작과 재발을 방지하고 합병증 발현을 최소화하는 치료가 이루어져야 한다는 것이다. 급성기에 해당한다면 통증 및 부종을 줄이고자 요산에 의해 침범된 관절을 고정하는 방식을 취해야 한다. 많은 수분 섭취가 필수적이며, 발생 부위에 냉찜질을 하며 요산 수치 감소를 위한 약물 치료 및 식이요법이 병행되어야 한다.

라) 통풍은 팔다리 관절에 심한 염증이 되풀이되어 생기는 유전성 대사 이상 질환을 말한다. 퓨린 대사의 최종 산물인 요산은 혈액 내에 결정으로 남아 있는데, 이러한 요산은 엄지발가락 근저부 관절, 발등, 발목 관절, 발꿈치 힘줄, 무릎 관절 등에 쉽게 쌓이며, 쌓인 요산이 침착되어 염증과 통증을 일으키며 발생하게 된다.

① 다) - 가) - 라) - 나)
② 다) - 나) - 가) - 라)
③ 라) - 가) - 나) - 다)
④ 라) - 가) - 다) - 나)
⑤ 라) - 다) - 가) - 나)

03 다음 글의 중심 내용으로 가장 적절한 것을 고르시오.

> 고대 국가인 프리기아의 왕 고르디아스는 자신의 전차에 복잡한 매듭을 묶어 두고 이를 푸는 사람이 추후 아시아를 정복할 것이라고 예언했다고 한다. 많은 사람이 왕이 되고자 매듭을 풀기 위해 애썼지만 아무도 풀지 못하였는데, 마케도니아의 왕이었던 알렉산더가 이를 듣고 와서는 매듭을 풀어보려다 풀리지 않자 칼로 전차에 묶인 매듭을 잘라버렸다. 결국 매듭은 풀렸고 예언처럼 알렉산더는 동방을 정복하는 업적을 이뤄낸다. 여기서 유래된 고르디아스의 매듭은 아무리 노력해도 해결되지 않는 난해한 문제 앞에서 정공법을 택하기보다는 발상을 전환하면 오히려 쉽게 해결될 수 있다는 사실을 시사한다. 장고 끝에 악수(惡手)가 나온다는 말도 있듯 때때로 문제 해결을 위해서는 임기응변과 결단력이 필요하다고 할 수 있다.

① 고르디아스의 매듭 일화를 고려할 때, 풀기 힘든 문제는 여럿이 함께 해결해야 한다.

② 임기응변을 통해 문제를 해결할 경우 예상치 못한 새로운 문제가 발생할 수 있다.

③ 해결되지 않을 것 같은 복잡한 문제는 정면으로 공략하는 편이 더 효율적이다.

④ 알렉산더가 고르디아스의 매듭을 푼 것처럼 난제의 해결을 위해서는 발상의 전환도 필요하다.

⑤ 결단력이 있는 사람이라면 오히려 오랫동안 고민한 뒤 신중한 판단을 할 필요가 있다.

04 다음 글을 읽고 추론한 내용으로 옳지 않은 것을 고르시오.

> 업그레이드(Upgrade)와 리사이클링(Recycling)의 합성어인 업사이클링(Up-cycling)은 폐기물에 예술적 가치를 부여하거나 창조적인 기술을 접목시켜 전혀 다른 제품 및 작품을 탄생시키는 것이다. 이는 대상 품목이 한정적이고 폐기물을 단순히 재활용하는 것에 그치는 리사이클링보다 한 단계 더 발전한 개념으로, 재활용 제품은 품질이 좋지 않고 수요도 적을 것 같다는 선입견을 극복하기 위해 등장하였다. 대표적인 사례로는 버려지는 트럭 방수 천을 소재로 하는 가방, 이면지를 활용한 접착 메모지 등이 있다. 최근에는 네덜란드의 한 디자이너가 한 시간에 약 2,800만 리터의 공기를 정화할 수 있는 시설인 '스모그 프리 타워'를 개발하고, 스모그 프리 타워가 수집한 스모그와 매연 등을 압축한 탄소 덩어리를 반지와 목걸이 같은 액세서리 제작에 활용하여 진정한 의미의 업사이클링을 실천했다는 평가를 받기도 하였다. 이와 같은 업사이클링은 친환경적이고 지속가능한 소비에 대한 전 세계적 관심이 고조되면서 이제 새로운 소비 트렌드의 하나로 자리 잡고 있다. 그러나 업사이클링이 대중화되기 위해서는 해결되어야 할 과제가 존재한다. 가장 시급히 해결해야 할 것은 높은 소비자 가격이다. 업사이클링 제품은 수작업으로 이루어지거나 소량으로 생산되기 때문에 단가가 높은 경우가 많은데, 소비자의 입장에서 볼 때 업사이클링 제품은 여전히 재활용 제품의 일종이기에 굳이 많은 비용을 들여 구입할 용의가 없는 것이다. 한편 업사이클링에 대한 대중의 인식을 제고하는 데에도 많은 노력이 필요할 것으로 보인다. 업사이클링의 활성화를 위해서는 업사이클링의 필요성과 합리성에 대한 대중적인 홍보가 필요한 상황이지만, 현재로서는 이것이 일부 사회단체 및 업사이클링 기업 위주로 진행되고 있어 한계가 존재하는 것이 사실이다.

① 업사이클링 제품을 구입하는 것은 지속가능한 소비의 일종으로 간주된다.

② 업사이클링과 리사이클링은 폐기물을 활용한다는 공통점이 있다.

③ 업사이클링은 물리적인 형체를 가지고 있는 제품만을 대상으로 한다.

④ 업사이클링 제품이 대중의 요구에 부합하기 위해서는 지금보다 가격을 낮춰야 한다.

⑤ 폐기물에 예술적 가치를 더해 하나의 작품을 생성하는 것 역시 업사이클링에 포함된다.

05 다음 글의 내용과 일치하는 것을 고르시오.

아프리카 동북부와 아라비아반도 사이에 있는 좁고 긴 바다를 일컬어 홍해(紅海)라고 한다. 바다에 플랑크톤이 번식하여 붉게 보이는 경우가 많아 홍해라고 불리는 이 바다는 면적이 43만 800km²에 달하고, 길이는 약 2,300km 정도이며, 인도양과는 바브엘만데브 해협으로, 지중해와는 수에즈 운하로 이어진다. 홍해는 해상 교통로로써 고대 이집트 시대부터 이용돼 왔으며, 1869년 수에즈 운하가 개통된 뒤에는 아시아와 유럽을 잇는 중요 항로가 되었다. 건조 지대에 위치하고 있기 때문에 해수가 증발되는 속도가 매우 빠르며, 와디를 제외하고는 물이 흘러 들어오는 하천이 존재하지 않아 염도가 매우 높다.

① 홍해의 경우 지중해와는 바브엘만데브 해협으로 이어진다.

② 수에즈 운하가 개통되기 이전의 홍해는 해상 교통로로 이용되지 못했다.

③ 아라비아반도 남쪽과 아프리카 남쪽 지방에 맞닿아 있는 바다를 일컬어 홍해라 한다.

④ 홍해가 붉은빛을 띠는 이유는 홍해에 서식하는 플랑크톤 때문이다.

⑤ 홍해에는 물이 유입되는 하천의 종류와 개수가 많은 편이다.

06 다음 글을 읽고 추론한 내용으로 적절하지 않은 것을 고르시오.

먼 옛날 북아메리카 원주민들은 바가타웨라는 게임을 즐겨 하였다. 이 게임을 19세기 중엽에 이르러 프랑스계 이주민들이 근대 스포츠에 맞게 개량한 것이 바로 라크로스이다. 라크로스는 끝에 그물이 달린 크로스라는 스틱을 이용하여 상대의 골에 공을 쳐 넣어서 득점을 겨루는 구기 경기를 말한다. 라크로스 공은 야구공보다 약간 작은 크기의 단단한 고무공으로, 크로스를 통해 같은 편 팀끼리 공을 주고받으며 전진하다가 공을 크로스로 던지거나 발로 차서 상대 팀 골문에 넣으면 득점을 하게 된다. 일종의 농구, 축구, 하키가 복합된 형태인데, 1867년에는 캐나다에 라크로스 협회가 만들어진 것에 이어 1892년에는 영국 라크로스 협회가 설립되었고, 이후 국제라크로스 연맹도 설립됨에 따라 1904년 세인트루이스 올림픽과 1908년 런던 올림픽의 정식 종목으로 채택된 바 있다. 하지만 주로 북아메리카 지역에서만 인기가 있는 관계로 1908년 런던 올림픽 이후 정식 종목에서 사라졌고, 1928년과 1932년, 1948년에 올림픽 시범 종목으로 치러지긴 했지만 정식 종목으로는 채택되지 못하였다. 그러나 올림픽 정식 종목으로 채택되기 위해 부단한 노력을 하였고, 그 결과 2028년 LA 올림픽에서는 정식 종목으로 인정받게 되었다.

① 라크로스 게임 규칙상 크로스가 아닌 발로 공을 차서 상대 팀 골문에 넣을 수도 있다.

② 영국 라크로스 협회가 만들어지기 전부터 캐나다에는 라크로스 협회가 존재하였다.

③ 2028년 LA 올림픽 전까지 라크로스가 올림픽 정식 종목으로 채택된 것은 총 2번이다.

④ 라크로스는 북아메리카 원주민들이 바가타웨를 개량하여 만든 스포츠이다.

⑤ 라크로스 공의 크기는 야구공보다는 작을 것이다.

07 다음 <보기>에 이어질 내용을 논리적 순서대로 알맞게 배열한 것을 고르시오.

<보기>

사전상 확률은 일정한 조건 아래에서 어떤 사건이나 사상(事象)이 일어날 가능성의 정도 또는 그런 수치로 정의된다. 수학적으로 확률 1은 항상 일어남을 의미하고, 확률 0은 절대로 일어나지 않는 것을 의미한다. 이에 따라 확률은 절대 1을 넘을 수 없으므로 사건 A에 대한 확률값은 $0 \leq P(A) \leq 1$처럼 표현된다.

가) 그러나 이와 같은 객관적 확률은 동(同) 확률 조건을 만족하는 선험적 확률 계산에는 활용할 수 있지만, 해당 조건이 만족되지 않는 사건에 대해서는 적용이 불가능하다는 문제가 있다.

나) 전통적 측면에서의 확률은 객관적 확률로서 동전 던지기처럼 어떤 사건의 발생 가능성이 같다는 조건을 만족해야 하며, 그 사건이 동시에 일어나지 않는다는 조건이 전제되어야만 한다.

다) 객관적 확률이 가진 문제를 극복하기 위해서는 반복 실험 및 관찰의 결과를 이용하는 경험적 확률을 도입할 수 있으며, 객관적 자료에 주관적 요인을 병합해 결정하는 경험적 확률은 상대적 접근 방법으로서 경제·경영과 같은 분야에서 객관적 확률과 상호보완적으로 활용이 가능하다.

① 가) - 나) - 다)

② 가) - 다) - 나)

③ 나) - 가) - 다)

④ 나) - 다) - 가)

⑤ 다) - 가) - 나)

08 다음 글의 제목으로 가장 적절한 것을 고르시오.

> 화재는 초기 진압이 무엇보다 중요하다. 이에 따라 대다수의 가정이나 사업장 등에서는 소화기를 구비하고 있으며 주변에서 흔히 보이는 소화기에는 포말 소화기, 분말 소화기, 할론 소화기, 이산화 탄소 소화기 등이 있다. 문제는 소화기 종류가 분명 다름에도 불구하고 구분 없이 사용하는 경우가 많다는 점이다. 모든 화재에 두루 사용 가능한 소화기는 분말 소화기와 할론 소화기이다. 그중에서도 할론 소화기는 물이나 분말 가루 등을 남기지 않는다는 이점이 있으나, 내용물이 가압된 상태이기 때문에 49℃ 이상의 온도에서는 적합하지 않다. 포말 소화기는 이산화 탄소 거품과 수산화 알루미늄 거품이 산소 공급을 차단함으로써 불을 끄게 된다. 목재, 섬유 등으로 인한 일반 화재와 기름, 휘발유 등으로 인한 유류 화재에는 효과적이지만 거품에 따른 감전 가능성 때문에 전기 화재에는 적합하지 않다. 이산화 탄소 소화기는 이산화 탄소를 액화하여 충전한 것으로, 유류 화재와 전기 화재에 적합하다. 이처럼 소화기의 종류는 매우 다양하고, 주의사항도 개별 소화기마다 존재하기 때문에 소화기 구비 시에는 구비 장소의 특성을 고려할 필요가 있다.

① 소화기를 가정마다 구비해야 하는 이유

② 화재 발생 이유별 불을 끄는 방법

③ 소화기 종류의 다양성과 개별 소화기 사용 시의 주의점

④ 봄철 및 가을철 산불 발생에 따른 피해 최소화 방안

⑤ 화재 발생 시 초기 진압을 위해 가정에서 해야 하는 일들

09 다음 주장에 대한 반박으로 가장 타당한 것을 고르시오.

최근 시장에서는 전기자동차에 대한 관심이 뜨겁다. 국토교통부에 따르면 2021년 3분기 기준 전기자동차 등록 대수는 이전 분기 대비 16.4% 증가해 20만 1천 520대를 기록했다고 한다. 이처럼 전기자동차 수요가 증가하고 있다는 점에서 리튬이온 전지의 고갈 문제가 제기되고 있다. 전기자동차에는 배터리가 탑재되는데, 현재의 배터리는 리튬에 의존하고 있다. 이에 따라 전기자동차의 생산량이 늘수록, 리튬의 소비 속도 역시 빨라질 수밖에 없는 것이다. 물론 현재까지는 리튬 매장량이 풍부해 채광할 리튬이 많다. 하지만, 최근 연구에 따르면 리튬 채굴량이 전기자동차 생산 급증에 따른 수요를 따라잡지 못할 것이며, 결과적으로 2027년에는 330만 대가량의 배터리 탑재 자동차의 생산이 지연될 수 있다고 전망하였다. 또한 새로운 광산을 확보하지 못한다면 2030년에는 2,000만 대에 해당하는 수준으로 증가할 수 있다고 한다. 전기자동차 외에도 버스, 트럭, 선박 등도 배터리로 구동되는 기계들이 있다는 점을 고려할 때, 리튬이 부족하게 될 경우 제조업체에 나타날 문제는 매우 자명하다. 실제로 핀란드와 독일의 연구원이 리튬 부족 시 나타날 18개의 시나리오를 모델링하였더니 7,300만 입방 톤의 리튬을 사용할 수 있다면 2100년 직후 리튬은 완전히 고갈된다고 한다. 물론 이러한 조치는 30억 대의 전기자동차가 생산되면서 전 세계에서 모두 리튬 배터리를 재활용하고, 동시에 차량 대 그리드 애플리케이션을 사용하면서 제2의 배터리 사용을 개발하기 위해 강력한 조치를 취할 경우를 가정했을 때이긴 하지만, 리튬 사용에서 눈을 돌리고 다른 에너지를 개발하지 않는다면 조만간 운송 부문에 심각한 위협으로 다가올 수 있다.

① 리튬이온 전지를 대체할 에너지를 발견한다고 하더라도 전기자동차에는 리튬이온 전지가 필수적으로 활용되어야만 한다.

② 현재에도 리튬 매장량이 풍부하고, 개발되지 않은 광산 역시 존재하므로 리튬 고갈 시점에 대한 가설만으로 리튬 소비를 막아서면 오히려 관련 기술의 발전을 저해할 수 있다.

③ 리튬이온 전지는 전기자동차 외에도 버스, 트럭, 선박과 같이 여러 운송 분야에서 활용된다는 점에서 리튬의 중요도는 앞으로도 높아질 것이다.

④ 리튬 고갈로 인해 전기자동차 생산이 지연된다면 그로 인한 피해는 소비자들이 부담할 수밖에 없을 것이다.

⑤ 전기자동차에 대한 수요가 높아지고 있는 만큼 리튬이온 전지 기반의 배터리를 대체할 수 있는 기술이 없다면 리튬은 고갈되고 말 것이다.

10 다음 글을 읽고 추론한 내용으로 적절하지 않은 것을 고르시오.

다산(茶山) 정약용은 18세기 조선 시대의 실학자로 1762년(영조 38년)에 태어나 1836년(헌종 2년)에 세상을 떴다. 그는 28세에 대과에 합격하여 벼슬길에 나아간 이래 10년 동안 여러 벼슬을 거쳤다. 정약용은 정조가 가장 총애하는 신하 중 한 사람이었다. 그는 정조의 화성 행차를 위한 배다리를 설계했을 뿐만 아니라, 거중기를 제작하여 수원 화성의 공사 기간과 공사 비용을 줄이는 데 큰 공헌을 하였다. 그러나 1800년 정조가 갑자기 세상을 뜬 이듬해에 신유사화가 일어나면서, 강진으로 유배되어 18년 동안 귀양살이를 하게 된다. 1818년 유배에서 풀려났지만, 이후 더 이상 관직에 나가지 못하고 학문을 닦으며 책을 쓰기 시작했다. 그가 살았던 시기는 조선이 시대의 변화 속에서 혼란을 겪기 시작한 때였는데, 정약용은 평생 학문에 정진하면서 당대 사회의 문제점을 개혁하기 위해 고심하였다. 정약용은 과거제도와 신분제도, 토지제도, 상공업, 광업 등 사회 각 분야에 걸쳐 개혁안을 개진하였다. 특히 그의 민권사상과 평등사상은 혁신적이었다. 정약용은 백성이 중심이 되는 민본(民本)을 강조하여 국왕은 백성의 필요에 의해 추대된 것이라고 주장하였으며, 신분차별을 비판하고 인간 평등을 주장하였다. 이는 서양의 사회 계약설, 특히 홉스의 사회 계약설과 일맥상통하는 부분이기도 하다. 다만 민권을 주장하면서도 왕조체제를 수용하였으며, 신분차별을 비판하면서도 노예제도를 인정하였다는 점에서 그의 민권사상이나 평등사상은 시대적인 한계를 온전히 넘어서지는 못하였다. 그러나 이러한 한계에도 불구하고 정약용이 당대 신분제 사회의 문제점을 날카롭게 파악하고 민권과 평등을 주장한 것은 시대를 앞서가는 그의 혜안을 보여준 것이라 할 수 있다.

① 정약용이 주장한 민본주의는 홉스의 사회 계약설과 비슷한 면이 많다.
② 정약용은 정치, 사회, 경제 전반적인 부분의 문제점을 개혁하기 위해 노력하였다.
③ 신유사화로 유배된 정약용은 18년의 귀양살이가 끝난 후 관직에 다시 나아가게 된다.
④ 신분차별을 비판한 정약용의 주장은 노예제는 용인한다는 점에서 한계를 가진다.
⑤ 거중기는 수원 화성의 공사 기간과 비용을 줄이는 데 가장 큰 영향을 미쳤다.

11 다음 글에 이어질 내용으로 가장 적절한 것을 고르시오.

소셜 라이브 마케팅은 실시간 방송이나 SNS를 통해 전 세계 사람들이 모두 방송을 시청하고 물품을 구매할 수 있는 방법을 말한다. 소셜 라이브 마케팅을 활용하면 TV를 통한 광고 송출 시보다 비용을 약 10분의 1 정도로 낮출 수 있고, 한 번의 방영으로 끝나지 않고 계속해서 전파·공유되므로 빠르게 파급력을 높일 수 있다는 장점이 있다. 여러 분야에서 이를 활용하고 있지만, 그중에서도 엔터테인먼트 업계에서의 활용도가 높은 편이다. 특히 K-POP 아이돌이 성행함에 따라 글로벌 홍보 수단으로 소셜 라이브가 활용되고 있으며, 신인 가수를 홍보할 때나 팬들과의 만남을 확대해 다시 팬들이 관련 소비를 하도록 하는 데에도 이용되고 있다. 물론 소셜 라이브 마케팅에 이점만 있는 것은 아닌데, 플랫폼에 대해 제대로 이해하지 못한 채로 운영한다면 오히려 기업 이미지에 문제가 발생할 수도 있으므로 주의해야 한다.

① 다양한 분야에서의 소셜 라이브 마케팅 성공 사례
② 소셜 라이브 마케팅이 도입된 이유
③ 소셜 라이브 마케팅이 재가공되어 수익을 낸 사례
④ 기업 이미지에 해가 될 수 있는 소셜 라이브 마케팅 사례
⑤ 소셜 라이브 마케팅을 도입한 기업의 증가 추세

12 다음 글의 내용과 일치하는 것을 고르시오.

낭만주의란 꿈이나 공상의 세계를 동경하고 감상적인 정서를 중시하는 창작 태도를 의미하는 것으로, 18세기 말부터 19세기 중순까지 유럽 전역 및 남북 아메리카에서 유행했던 예술 운동을 말한다. 본래 18세기 초반까지만 하더라도 대부분의 유럽 국가들에서는 고전주의를 계승하는 경우가 많았다. 이때의 고전주의는 고대 그리스·로마의 예술 작품을 모범으로 삼아, 단정한 형식미를 중시하며 조화·균형·완성 따위를 추구하려는 창작 태도인데, 18세기 중순부터는 부르주아 계층이 성장함과 동시에 절대 왕정의 권한이 축소되면서 인간을 인간 그 자체로 보려는 경향이 강해졌다. 또한, 계몽주의하에서 인간적이고 합리적인 사유를 제창하였음에도 불구하고 1789년에 일어난 프랑스 혁명으로 인해 인간의 취약한 면과 붕괴되는 원리들에 환멸감을 느낀 젊은 지식인들은 전통적 권위에서의 해방을 지향하게 되었다. 이에 결국 감상적인 정서 속에서 인간의 진실성을 찾고 그리스·로마가 아닌 자국 중심의 새로운 문화를 찾고자 하는 욕망이 발생하며 낭만주의가 전파되기 시작하였다. 이러한 사조가 문학이나 철학에 국한되었을 것이라 생각하기 쉽지만, 당대 낭만주의는 음악, 미술, 건축, 정치, 사회 등 모든 분야에 영향을 미쳐 예술 운동으로 여겨지기도 한다.

① 낭만주의는 여타 분야를 제외하고 문학 및 철학에만 영향을 미친 예술 운동이다.
② 프랑스 혁명 이후 젊은 지식인들은 점차 전통적 권위로 회귀하고자 하는 의지를 드러냈다.
③ 낭만주의는 18세기 이전부터 유럽과 남북 아메리카에서 고전주의보다 성행한 창작 태도이다.
④ 고대 그리스 및 로마의 예술 작품에서 모티브를 얻는 계몽주의하에서는 단정한 형식미가 중시된다.
⑤ 18세기 중반 이후 절대 왕정의 힘이 점차 축소된 이유는 부르주아 계층의 성장과 관련이 있다.

13 다음 글의 내용과 일치하는 것을 고르시오.

> 서양 기악곡 형식은 변주곡, 소나타, 론도 형식으로 나뉜다. 그중에서도 소나타 형식은 16세기를 전후하여 생겨난 형식이다. 소나타란 말은 악기를 연주한다는 의미의 이탈리아어 '수오나레(Suonare)'에서 유래되었는데, 곡명으로 이용된 것은 1561년에 고르차니가 출판한 <류트를 위한 소나타>가 최초이다. 초기 바로크 시대의 소나타는 정형화된 형식을 띤 악곡을 지칭하지는 않았다. 고전파에 접어든 18세기 이후부터 현재의 형식을 취하게 되었는데, 대개 다악장의 기악곡 1악장에서 쓰이며 제시부, 발전부, 재현부 순의 형태를 띠게 된다. 주제가 드러난다는 의미의 제시부에는 1주제와 2주제가 제시되는 것이 특징이다. 각 주제의 성격은 상반되는데, 1주제가 먼저 제시되고 그에 대한 딸림음조 형태로 2주제가 제시되게 된다. 발전부는 제시부에서 나온 1~2주제가 여러 방법으로 발전하는 양상을 보인다. 조바꿈이 수차례 이루어지며 음악의 분위기가 달라지게 된다. 재현부는 제시부에서 나왔던 1~2주제가 다시 나오며 곡이 정리된다. 대개의 소나타는 제시부, 발전부, 재현부 형태가 두드러지게 나타나는 편이지만 곡에 따라서는 제시부 전에 서주를 붙여 곡을 이끌기도 하고, 재현부 다음에 곡의 마무리감을 강하게 주고자 코다를 붙이는 경우도 있다.

① 소나타 제시부에서는 2주제가 먼저 제시된 뒤 1주제가 나오게 된다.
② 소나타에서 여러 차례의 조바꿈이 이루어지는 부분은 발전부이다.
③ 소나타라는 명칭은 기악을 뜻하는 프랑스어에서 유래되었다.
④ 곡에 따라서는 제시부 앞에 코다를 붙이는 소나타도 있다.
⑤ 고르차니는 1561년에 소나타 형식을 최초로 만든 사람이다.

14 다음 글의 제목으로 가장 적절한 것을 고르시오.

> 고대 이집트에서는 인간이 죽더라도 영혼은 사라지지 않는다는 영혼불멸을 믿었다. 이로 인해 고인의 시신을 잘 보존해야 한다고 믿었기 때문에 미라를 만들게 되었다. 그렇지만 이집트에서만 미라를 만든 것은 아니었으며, 아스텍 문명, 잉카 제국 등에서도 미라를 만들었고 티베트에서는 오늘날까지도 미라를 만들고 있다. 지역과 시기에 따라 미라를 만드는 방법은 상이하나 보통은 장기를 제거하고 시신에 송진을 발라 마포로 싸는 방법을 행하였다. 특히 미라가 가장 활성화되었던 이집트에서는 미라에 대한 전문적인 방부 처리사가 존재하여 파라오와 같이 높은 신분의 사람뿐만 아니라 농민과 같은 평민도 미라로 만들어졌으며, 새, 개, 고양이 등의 동물도 미라로 만들었다고 한다. 미라는 약 70일을 소요해 만들어진 뒤 무덤 속에 들어가는데, 이때는 미라의 생전 모습과 유사한 형태의 마스크를 씌워 죽은 영혼이 다시 살아났을 때 자신의 시신을 찾을 수 있도록 했다고 한다.

① 시대별 미라 제작의 변천 과정
② 고대 이집트의 영혼불멸사상과 미라 제작 방법
③ 미라와 함께 무덤에 묻는 물품의 의미
④ 미라에 마스크를 씌운 이유와 미라 제작의 문제점
⑤ 미라가 고대 이집트의 전유물인 이유

15 다음 주장에 대한 반박으로 가장 타당한 것을 고르시오.

> 건강보험심사평가원 통계에 따르면 말하기 및 읽기에 어려움을 겪는 언어의 특정 발달장애 환자가 2021년 기준 1만 4693명이나 되며, 그중 90%가량이 10세 미만의 유아와 어린이라고 한다. 여러 원인이 있겠지만, 스마트폰이나 TV를 통한 영상물 시청의 증대 역시 유아의 언어 발달 지연에 큰 영향을 미치고 있다. 지나치게 많은 영상물에 노출된 유아의 경우 사회적 상호작용에 문제가 생길뿐더러 감각 기능 역시 무뎌져 운동 기능이나 시력 역시 나빠질 가능성이 높다. 무엇보다 아이가 스마트폰에 과의존하지 않는 것이 중요한데, 스마트폰을 접하는 나이가 어릴수록 의존도 역시 강해질 수 있다. 따라서 자녀가 있는 부모라면 아이의 올바른 성장을 위해 아이가 스마트폰과 같은 디지털 기기에 노출되지 않도록 주의할 필요가 있다.

① 아이의 발달을 위해서는 학습용 동영상 및 교육용 애플리케이션을 활용하기보다는 책이나 체험학습 등을 활용하는 것이 효과적이다.

② 아이의 과도한 디지털 기기 사용은 말하기와 읽기 능력은 물론이고 아이의 어휘력과 독해력 발달에도 악영향을 끼칠 수 있다는 점을 명심해야 한다.

③ 아이에 대한 디지털 기기 사용을 완전히 억제하기 위해서는 부모가 디지털 기기 사용을 하지 않는 솔선수범의 태도를 보여야 한다.

④ 스마트폰에 과의존하는 아이의 경우 말하기와 읽기 등에 문제를 겪을 가능성이 있으므로 아이가 청소년기에 이르기 전까지 스마트폰을 이용하지 않도록 해야 한다.

⑤ 일상에서 디지털 기기 사용이 일반화된 상황을 고려하면 관련 기기 사용을 막기보다는 발달단계에 맞춰 이용하도록 하는 방향이 아이의 성장에 더 도움이 될 수 있다.

16 다음 글의 내용과 일치하지 않는 것을 고르시오.

1980년에 지구상에서 완전히 소멸된 천연두는 발생했을 때만 하더라도 감염 시 치사율이 30%에 이를 정도로 사망률이 높은 질병이었으나 점차 사람들에게 잊힌 질병이다. 그런데, 천연두와 유사한 원숭이 두창이 세계적으로 창궐해 논란이 일었다. 폭스 바이러스과의 일종인 원숭이 마마 바이러스에 의한 원숭이의 전염병인 원숭이 두창은 임상적으로 천연두와 유사하게 감염 시 발열, 오한, 두통, 전신 및 손에 수두 유사 수포성 발진이 나타나는 질병이다. 본래 원숭이 두창은 1950년대 아프리카 원숭이에게서 발견된 질병인데, 인수 공통 감염병이므로 사람에게서도 나타날 수 있다. 감염은 바이러스에 감염된 동물 혹은 바이러스 오염 물질을 통해 이루어지게 된다. 잠복기는 6일에서 13일 정도이며, 증상 발현 이후에는 2~4주 동안 지속되는 것이 특징이다. 세계보건기구에 따르면 원숭이 두창에 따른 치명률은 약 3~6%이지만, 보통은 자연 치유가 가능하다. 천연두 백신을 맞을 경우 원숭이 두창을 85% 정도 예방할 수 있다고 알려져 있다.

① 원숭이 두창의 잠복기는 최대 2주를 넘기지 않는 것이 일반적이다.

② 원숭이 두창은 사람에게도 나타날 수 있는 전염병이다.

③ 천연두 백신을 맞지 않았다면 원숭이 두창 감염 시 자연적으로 치료되기 어렵다.

④ 1980년 이전 천연두는 감염자의 10명 중 3명은 죽을 정도로 치명적인 질병이었다.

⑤ 원숭이 마마 바이러스는 폭스 바이러스과에 속한다.

17 다음 글을 읽고 추론한 내용으로 적절하지 않은 것을 고르시오.

카르텔(Kartell)은 동일 업종의 기업이 경쟁의 제한 또는 완화를 목적으로 가격, 생산량, 판로 따위에 대하여 협정을 맺는 것으로 형성하는 독점 형태 또는 협정을 의미한다. 독점 형태라는 측면에서 트러스트(Trust)와 유사하지만, 기업 간 병합하여 기업 합동 형태로 행하는 트러스트와 달리 카르텔은 각 기업의 독립성이 유지된 상태로 개별 기업이 협정을 맺는 기업 연합 형태로 이루어진다는 점에서 트러스트와 구분된다. 카르텔은 본래 1870년대 유럽 지역에서 급속히 발전된 바 있는데, 여타 국가에서는 국민 경제 발전 저해 등의 문제가 있어 카르텔을 금지하고 있다. 현재 우리나라도 카르텔 일괄 정리법에 따라 카르텔을 금지하고 있다.

① 카르텔을 허용하는 국가도 있지만, 우리나라에서 카르텔은 불법이다.

② 카르텔과 트러스트는 독점한다는 측면에서는 유사하다고 할 수 있다.

③ 카르텔은 유럽 등지에서 19세기 후반에 빠르게 성장하였다.

④ 카르텔 협정을 맺는 기업은 같은 업계일 것이다.

⑤ 카르텔을 맺은 기업은 병합 형태로 결합해 기업 합동 형태로 담합하게 된다.

18 다음 글의 서술상 특징으로 가장 적절한 것을 고르시오.

분명히 잠을 자고 있는데 꿈을 꾸고 있다는 사실을 파악할 때가 있다. 수면자가 스스로 꿈을 꾼다는 것을 자각할 수 있는 것일까? 자각몽이라고도 불리는 이 현상은 비현실적인 것처럼 보일 수 있지만 사실은 과학적 현상으로 설명 가능하다. 수면은 뇌가 깨어 있는 상태의 렘(Rem) 수면과 신체는 깨어 있지만 뇌는 깨어 있지 않은 논렘(Non-Rem) 상태로 나뉜다. 자각몽의 발생 원인은 정확히 판명된 것은 아니나 렘 수면 상태에서 발생하는데, 뇌가 깨어 있어 의식 역시 깨어 있으므로 꿈을 꾸고 있는 사실을 파악할 수 있다. 대개 꿈을 꾸는 도중에 꿈을 꾸고 있다는 사실을 자각하게 되며, 깨어서 활동할 때와 동일하게 꿈속에서 존재하는 사물의 색상까지 기억할 정도로 생생한 자각이 가능하다. 특히 꿈 속에서 발생한 상황에 대한 판단도 본인의 의식적으로 결정할 수 있으나 세세한 상황이나 과정까지는 통제하기 어렵다. 자각몽은 현실에서 실현 가능성이 없는 것을 이뤄준다는 점에서 대리 만족을 느끼게하고, 스트레스 해소 효과가 있기 때문에 정신의학과에서는 외상 후 스트레스 장애를 겪거나 악몽을 자주 꾸는 환자에게 자각몽 치료법을 사용하기도 한다. 하지만 잦은 자각몽은 정상적인 수면 리듬을 해치고 수면의 질을 낮추는 등의 문제를 유발하기도 한다.

① 서로 확연히 다른 주장을 객관적으로 소개한다.
② 특정 현상에 대한 문제점을 지적하고 그에 대한 원인을 구체적으로 분석한다.
③ 자문자답의 문장을 사용하여 논지를 확대 및 강화한다.
④ 대립되는 주장을 모두 소개한 후 절충된 주장을 제시하며 마무리한다.
⑤ 반대의 사례를 제시하며 논지의 흐름을 변화시킨다.

19 다음 글을 읽고 추론한 내용으로 적절하지 않은 것을 고르시오.

> 방사성 탄소 연대 측정법이란 탄소의 방사성 동위 원소에 의하여 절대 연령이나 연대를 재는 방법을 말한다. 여기서 말하는 방사성 동위 원소란 방사성 탄소14를 의미하는 것으로, 탄소14는 우주선이 대기권에 들어오는 과정에서 대기 속에 존재하는 분자와 충돌하며 만들어진 중성자가 다시 대기 속의 질소14와 부딪히며 만들어진다. 생물이 살아있으면 호흡과 광합성 과정을 거치며 공기에 떠다니는 탄소14를 방출하고 흡수하기 때문에 탄소14는 생물의 체내에서 일정한 비율로 존재하게 된다. 하지만, 생물이 죽으면 이산화 탄소의 결합이 끊겨 사체(死體) 속의 탄소14가 일정한 반감기로 계속 줄어들게 된다. 즉, 시료 속의 탄소14의 양을 근거로 그 생물이 살았던 연대를 추정할 수 있는 것이다. 보통 탄소14의 반감기는 5,700년으로 보므로 사체 내에 남아있는 탄소14의 양을 측정하면 해당 사체가 생존했던 시기를 측정할 수 있다. 다만, 방사성 탄소 연대 측정법은 목탄, 목편, 패각, 인골 등에 적용 가능하고, 3~4만 년 전까지만 측정 가능해 모든 사료에 무한정으로 적용할 수 있는 방법은 아니다.

① 우주선이 대기권을 뚫는 과정에서 대기 중에 존재하는 분자와 부딪히기 때문에 중성자가 형성된다.
② 살아있는 생물 체내의 탄소14는 불안정해 일정 비율을 유지하지 못하는 경우가 많다.
③ 5만 년 전에 살았던 생물체의 절대 연령은 방사성 탄소 연대 측정법으로는 알기 어렵다.
④ 생물체가 죽으면 체내에서 이산화 탄소 결합이 이루어지지 않는다.
⑤ 탄소14가 반감기를 거치려면 대략 5,700년이 필요하다.

20 다음 문단을 논리적 순서대로 알맞게 배열한 것을 고르시오.

가) 미국 프로 야구의 최상위 리그를 일컬어 메이저리그라고 한다. 하나의 리그만 존재하는 우리나라와 달리 미국에는 각 15개의 팀으로 구성된 내셔널리그와 아메리칸리그 두 개의 리그가 존재하며, 이 양대 리그를 메이저리그라고 하게 된다.

나) 한편 디비전 시리즈는 5판 3선승제로 진행되는데, 여기서 승리한 팀은 7판 4선승제의 리그 챔피언 시리즈를 진행하게 된다. 이렇게 리그 우승자가 결정되고 나면 월드 시리즈라 불리는 최종 라운드에 진출해 7판 4선승제의 게임을 진행하며, 월드 시리즈에서 승리해야만 메이저리그 최종 우승 팀이 된다.

다) 각 리그에서는 팀별 162 경기의 정규 시즌을 치르게 되는데, 정규 시즌이 종료되고 나면 일명 가을야구라 불리는 포스트시즌이 진행된다. 포스트 시즌에서는 리그별 우승 팀을 가린 뒤 내셔널리그와 아메리칸리그 우승자 간 경기를 진행 해 그 해의 우승 팀을 가리게 된다.

라) 포스트 시즌 진출 팀은 다음과 같이 가려진다. 리그별로 각 구단은 동부, 중부, 서부 3개 지구 중 한 개에 속하게 되는데, 리그별로 지구 우승팀인 총 3개 팀과 와일드 카드로 선별된 3개 팀이 포스트시즌에 진출하게 된다. 지구 우승팀 중 1위와 2위는 부전승으로 디비전 시리즈에 진출하게 되고, 나머지 4개의 팀이 3판 2선승제의 와일드 카드전을 진행해 디비전 시리즈에 진출할 2개의 팀을 가리게 된다.

① 가) - 나) - 다) - 라)

② 가) - 다) - 나) - 라)

③ 가) - 다) - 라) - 나)

④ 라) - 가) - 다) - 나)

⑤ 라) - 다) - 가) - 나)

02 | 언어추리

▶ 해설 p.48

01 **다음 명제가 모두 참일 때, 항상 참인 문장을 고르시오.**

- 오토바이를 타지 않은 사람은 선글라스를 쓴다.
- 안경을 쓰고 모자를 쓰지 않은 사람은 자전거를 타지 않는다.
- 안경을 쓴 사람은 자전거를 타고 킥보드를 탄다.
- 자전거를 타거나 킥보드를 타지 않는 사람은 모자를 쓴다.
- 선글라스를 쓴 사람은 모자를 쓰지 않는다.

① 선글라스를 쓰지 않은 사람은 자전거를 타지 않는다.

② 킥보드를 타지 않는 사람은 오토바이를 타지 않는다.

③ 안경을 쓴 사람은 모자를 쓰지 않는다.

④ 오토바이를 타지 않는 사람은 안경을 쓰지 않는다.

⑤ 자전거를 타는 사람은 모자를 쓰거나 안경을 쓴다.

02 **다음 명제가 모두 참일 때, 항상 참인 문장을 고르시오.**

- 갑이 출장을 가면, 을은 출장을 간다.
- 병이 출장을 가지 않으면, 갑은 출장을 간다.
- 정이 출장을 가면, 을은 출장을 가지 않는다.

① 을이 출장을 가면, 병은 출장을 가지 않는다.

② 정이 출장을 가면, 갑은 출장을 가지 않는다.

③ 갑이 출장을 가면, 병은 출장을 가지 않는다.

④ 을이 출장을 가지 않으면, 갑은 출장을 간다.

⑤ 병이 출장을 가지 않으면, 정은 출장을 간다.

03 다음 명제가 모두 참일 때, 항상 참인 문장을 고르시오.

- 점괘를 보는 사람 중 운명을 믿지 않는 사람은 없다.
- 운명을 믿는 사람은 로맨틱한 삶을 원한다.

① 로맨틱한 삶을 원하지 않는 사람은 점괘를 본다.
② 운명을 믿지 않는 사람은 점괘를 본다.
③ 로맨틱한 삶을 원하는 사람은 점괘를 본다.
④ 점괘를 보는 사람은 로맨틱한 삶을 원한다.
⑤ 로맨틱한 삶을 원하는 사람은 운명을 믿지 않는다.

04 다음 명제가 모두 참일 때, 항상 참인 문장을 고르시오.

- 축구를 좋아하는 사람은 달리기를 좋아한다.
- 농구를 좋아하는 사람은 캠핑을 좋아한다.
- 달리기를 좋아하는 사람은 바다를 좋아한다.
- 바다를 좋아하지 않는 사람은 캠핑을 좋아하지 않는다.
- 낚시를 좋아하지 않는 사람은 바다를 좋아하지 않는다.

① 낚시를 좋아하지 않는 사람은 달리기를 좋아한다.
② 농구를 좋아하는 사람은 축구를 좋아한다.
③ 캠핑을 좋아하는 사람은 낚시를 좋아한다.
④ 달리기를 좋아하는 사람은 캠핑을 좋아한다.
⑤ 바다를 좋아하지 않는 사람은 농구를 좋아한다.

05 A, B, C, D 4명은 가상화폐, 부동산, 주식, NFT 중 하나의 방법으로 재테크를 하고 있다. 다음 조건을 모두 고려하였을 때, 항상 거짓인 것을 고르시오.

- A, B, C, D는 서로 다른 방법으로 재테크를 하고 있다.
- B는 주식이나 부동산으로 재테크를 하고 있지 않다.
- D는 가상화폐로 재테크를 하고 있다.

① C는 부동산으로 재테크를 하고 있지 않다.

② 부동산으로 재테크를 하고 있는 사람이 A라면, C는 주식으로 재테크를 하고 있다.

③ 주식으로 재테크를 하고 있는 사람은 C이다.

④ NFT로 재테크를 하고 있는 사람이 B라면, A는 주식으로 재테크를 하고 있다.

⑤ NFT로 재테크를 하고 있는 사람은 B가 아니다.

06 솔이, 나라, 현주, 지현 4명은 각자 한식, 중식, 일식, 양식 중 1가지를 좋아하고 건축, 기계, 전자, 화학 중 1가지를 전공하였으며, 서로 좋아하는 음식과 전공이 모두 다르다. 다음 조건을 모두 고려하였을 때, 항상 거짓인 것을 고르시오.

- 나라는 전자를 전공하였다.
- 지현이는 양식을 좋아한다.
- 화학을 전공한 사람은 한식을 좋아하지 않는다.
- 중식을 좋아하는 사람은 기계를 전공하였다.
- 솔이는 중식을 좋아하지 않는다.

① 솔이는 화학을 전공하였다.

② 현주는 기계를 전공하였다.

③ 나라가 일식을 좋아하면, 지현이는 건축을 전공하였다.

④ 솔이가 한식을 좋아하면, 지현이는 화학을 전공하였다.

⑤ 각자 좋아하는 음식은 고려하지 않고, 전공에 따라 가능한 경우의 수는 총 2가지이다.

07 A, B, C, D, E, F 6명은 행사장에서 각자의 부스를 1개씩 운영한다. 다음 조건을 모두 고려하였을 때, 항상 거짓인 것을 고르시오.

- A~F 6명이 운영하지 않는 부스는 비어있다.
- F는 1호 부스를 운영한다.
- A가 운영하는 부스의 바로 맞은편 부스는 C가 운영한다.
- E는 아래쪽 부스를 운영하며 바로 옆에서 부스를 운영하는 사람은 1명이다.
- 비어있는 부스의 바로 양옆에는 부스를 운영하는 사람이 모두 존재한다.
- B가 운영하는 부스의 바로 맞은편 부스는 비어있다.

위	1호	2호	3호	4호
		통로		
아래	5호	6호	7호	8호

① F가 운영하는 부스의 바로 맞은편 부스는 D가 운영한다.

② B는 위쪽 부스를 운영한다.

③ D가 아래쪽 부스를 운영한다면, 가능한 경우의 수는 6가지이다.

④ A가 운영하는 부스의 호수가 D가 운영하는 부스의 호수보다 작으면, B의 바로 옆에서 부스를 운영하는 사람은 C 또는 E이다.

⑤ C가 운영하는 부스의 바로 옆에서 부스를 운영하는 사람이 존재한다면, 그 사람은 B 또는 D이다.

08 A, B, C, D, E 5명은 수리 영역과 추리 영역의 퀴즈를 풀어 영역별로 1등부터 5등까지 서로 다른 점수를 얻었다. 다음 조건을 모두 고려하였을 때, 항상 참인 것을 고르시오.

- 영역별로 1등은 10점, 2등은 8점, 3등은 6점, 4등은 4점, 5등은 2점을 얻었다.
- B는 수리 영역에서 6점, E는 추리 영역에서 2점을 얻었다.
- A가 얻은 수리 영역 점수는 C가 얻은 추리 영역 점수보다 4점이 많다.
- D가 얻은 수리와 추리 영역 점수는 다르며, 그 합은 14점 이상이다.
- C와 E가 얻은 수리 영역의 점수 차이는 2점이다.

① B는 추리 영역에서 3등을 했다.

② A가 얻은 수리와 추리 영역 점수의 합은 14점 이상이다.

③ D가 얻은 추리 영역 점수와 E가 얻은 수리 영역 점수는 같다.

④ E가 수리와 추리 영역에서 같은 점수를 얻었으면, D는 추리 영역에서 2등을 했다.

⑤ C가 추리 영역에서 4등을 했으면, 추리 영역에서 얻은 A와 B의 점수 차이는 2점이다.

09 갑국에는 수도를 중심으로 A, B, C, D, E, F 6개의 도시가 위치하고 있다. 도시별 위치에 따른 위도와 경도가 동일하여 아래 그림과 같이 격자로 도시가 위치할 때, 항상 거짓인 것을 고르시오.

- 갑국의 도시는 수도를 중심으로 동, 서, 남, 북, 북동, 북서, 남동, 남서 중 서로 다른 방향에 위치한다.
- 수도를 기준으로 북쪽과 남서쪽에는 도시가 위치하지 않는다.
- E 도시는 수도를 기준으로 동쪽 또는 서쪽에 위치한다.
- F 도시는 D 도시보다 남쪽에 위치하지만, B 도시보다는 북쪽에 위치한다.
- C 도시는 A 도시보다 동쪽에 위치하지만, F 도시보다는 서쪽에 위치한다.

북서	북	북동
서	수도	동
남서	남	남동

① 수도를 기준으로 동쪽에 위치한 도시는 F 도시이다.
② C 도시는 B 도시보다 서쪽에 위치한다.
③ E 도시는 D 도시보다 북쪽에 위치한다.
④ 수도를 기준으로 북서쪽에 위치한 도시는 A 도시이다.
⑤ 수도를 기준으로 남쪽에 위치한 도시는 C 도시이다.

10 A~E 5명은 마피아 게임에 참여하였다. A~E는 마피아 1명, 경찰 1명, 의사 1명, 시민 2명으로 선정되었고, 마피아로 선정된 사람만 거짓을 말하고 있을 때, 마피아로 선정된 사람을 고르시오. (단, 진실을 말하는 사람의 모든 발언은 진실이고, 거짓을 말하는 사람의 모든 발언은 거짓이다.)

- A: 나는 경찰이고, E는 마피아가 아니야.
- B: 나는 마피아가 아니고, D는 시민이야.
- C: B는 시민이고, 나는 마피아가 아니야.
- D: 나는 마피아가 아니고, E는 시민이야.
- E: A는 경찰이고, B는 마피아가 아니야.

① A ② B ③ C ④ D ⑤ E

11 A, B, C, D, E, F, G, H 8명은 1~4량으로 구성된 경전철을 타려고 한다. 다음 조건을 모두 고려하였을 때, 항상 참인 것을 고르시오.

- 각 량당 탈 수 있는 사람은 최대 3명이다.
- B는 1량에 타고, G는 4량에 탄다.
- E와 F는 서로 인접한 량에 탄다.
- 3량에 타는 사람은 1명이다.
- D의 바로 앞쪽 량에 타는 사람은 1명뿐이고, C는 D의 바로 뒤쪽 량에 탄다.

[경전철]

앞	1량	2량	3량	4량	뒤

① F는 2량에 탄다.

② 1량에 타는 사람은 1명이다.

③ 2량에 타는 사람은 3명이다.

④ A와 E가 같은 량에 탄다면, H는 4량에 탄다.

⑤ B와 H가 서로 다른 량에 탄다면, A는 4량에 탄다.

12 은주, 민지, 민정, 원이, 종미, 지수, 현지 7명은 체중이 적게 나가는 사람부터 순서대로 줄을 서 있다. 7명 중 체중이 가장 많이 나가는 사람을 고르시오.

- 7명의 체중은 서로 다르다.
- 지수는 민지보다 체중이 많이 나가고, 은주보다 체중이 적게 나간다.
- 민정이와 현지는 인접하여 줄을 서 있다.
- 민지와 종미 사이에 2명이 줄을 서 있다.
- 민지는 원이보다 체중이 많이 나간다.
- 현지는 원이보다 체중이 적게 나간다.

① 은주 ② 민정 ③ 종미 ④ 지수 ⑤ 현지

13 대호, 신수, 의지, 현수 4명은 오버핸드 스로, 언더핸드 스로, 스리쿼터 스로 3가지 방법 중 인당 1가지 방법을 활용하여 투구 연습을 하려고 한다. 다음 조건을 모두 고려하였을 때, 항상 거짓인 것을 고르시오.

- 투구 연습에서 활용되지 않는 투구 방법은 없다.
- 4명은 빨간색, 노란색, 초록색, 파란색 중 서로 다른 색상의 글러브를 사용한다.
- 신수와 현수는 동일한 투구 방법을 활용한다.
- 의지는 스리쿼터 스로를 활용한다.
- 현수는 노란색 글러브를 사용한다.
- 오버핸드 스로를 활용하는 사람 중에 초록색 글러브를 사용하는 사람이 있다.

① 현수의 투구 방법은 언더핸드 스로이다.
② 대호의 투구 방법은 오버핸드 스로이다.
③ 의지가 빨간색 글러브를 사용하면, 대호는 파란색 글러브를 사용한다.
④ 신수가 초록색 글러브를 사용하면, 의지는 빨간색 글러브를 사용한다.
⑤ 대호가 초록색 글러브를 사용하면, 언더핸드 스로는 1명이 활용한다.

14 미영이는 A 영화를 관람하고 미팅에 참석하려고 한다. 다음 조건을 모두 고려하였을 때, 미영이가 관람할 영화의 시작 시각을 고르시오.

- A 영화의 러닝타임은 100분이고, A 영화는 9시부터 30분 간격으로 시작한다.
- 미영이가 관람할 A 영화는 13시 전까지 종료되어야 한다.
- 미영이는 시간대별로 40분에 종료하는 영화를 관람하지 않는다.
- 미영이는 A 영화 중 네 번째 순서로 시작한 영화는 관람하지 않는다.

① 9시 ② 9시 30분 ③ 10시 30분 ④ 11시 ⑤ 11시 30분

15 A~E 중 1명은 거짓을 말하고, 나머지는 진실을 말한다. A~E가 신은 신발과 양말의 색깔은 빨간색 또는 파란색일 때, 거짓을 말하는 사람을 고르시오.

- A: B와 C는 빨간색 신발을 신었고, 나머지는 파란색 신발을 신었어.
- B: 파란색 양말을 신은 사람은 4명이야.
- C: 빨간색 양말을 신은 사람은 2명이야.
- D: 나와 E는 파란색 신발을 신었어.
- E: B와 C는 신발과 양말의 색깔이 같아.

① A ② B ③ C ④ D ⑤ E

16 신입사원 가영, 나영, 다영, 라영, 마영은 각자 기획팀, 재무팀, 홍보팀 중 하나의 부서에 발령받았다. 다음 조건을 모두 고려하였을 때, 항상 거짓인 것을 고르시오.

- 신입사원은 기획팀에 2명, 재무팀에 2명, 홍보팀에 1명 발령받았다.
- 가영과 나영은 서로 다른 부서에 발령받았다.
- 다영과 라영은 서로 다른 부서에 발령받았다.
- 나영은 라영과 서로 다른 부서에 발령받았다.
- 나영은 재무팀에 발령받았다.
- 다영은 기획팀에 발령받았다.

① 가영은 기획팀에 발령받았다.

② 라영은 홍보팀에 발령받았다.

③ 마영은 기획팀에 발령받지 않는다.

④ 가영과 라영은 같은 부서에 발령받았다.

⑤ 라영과 마영은 서로 다른 부서에 발령받았다.

17 A, B, C, D 4명은 서로 다른 시각에 카페에 입장하여 서로 다른 음료를 주문하였다. 다음 조건을 모두 고려하였을 때, 항상 참인 것을 고르시오.

- A~D는 커피, 스무디, 에이드, 차 중 한 종류의 음료를 주문하였다.
- 첫 번째로 입장한 사람은 에이드를 주문하였다.
- B는 스무디를 주문하였고, D는 차를 주문하였다.
- 세 번째로 입장한 사람은 A이다.

① 커피를 주문한 사람은 세 번째로 입장하였다.
② 두 번째로 입장한 사람은 B이다.
③ C는 커피를 주문하였다.
④ 차를 주문한 사람은 커피를 주문한 사람보다 늦게 입장하였다.
⑤ 네 번째로 입장한 사람은 스무디를 주문하였다.

18 민건이는 목포, 보성, 순천, 완도, 여수, 해남으로 휴가를 다녀왔다. 다음 조건을 모두 고려하였을 때, 민건이가 네 번째로 방문한 지역을 고르시오.

- 순천과 여수를 연이어 방문하였다.
- 목포와 해남은 연이어 방문하지 않았다.
- 완도는 보성보다 늦게 방문하였다.
- 가장 먼저 방문한 지역은 목포이다.
- 순천과 해남 사이에 방문한 지역은 3곳이다.

① 보성 ② 순천 ③ 완도 ④ 여수 ⑤ 해남

19 붕어빵 가게 앞에 A~E가 한 줄로 줄을 서 있다. 다음 조건을 모두 고려하였을 때, 항상 거짓인 것을 고르시오.

- D와 E는 서로 이웃하여 서 있다.
- A는 B 바로 다음 순서로 서 있다.
- B는 첫 번째 순서로 서 있지 않다.
- C는 E와 서로 이웃하여 서 있다.

① A는 다섯 번째 순서로 서 있다.
② B는 C와 인접한 순서로 서 있다.
③ E와 B는 인접한 순서로 서 있지 않다.
④ 첫 번째 순서로 서 있는 사람은 D이다.
⑤ A와 C는 인접한 순서로 서 있다.

20 A, B, C 3명은 상점가를 방문하였다. 다음 조건을 모두 고려하였을 때, 항상 참인 것을 고르시오.

- 상점가에는 보석, 신발, 모자, 간식, 시계 가게가 있으며, 각 가게에는 적어도 한 명이 방문하였다.
- 세 명이 다 같이 방문한 가게는 2개이고, 두 명이 방문한 가게는 2개이다.
- 신발, 모자, 간식 가게를 방문한 사람 중에는 항상 B가 있다.
- C는 보석, 신발 가게에는 방문하지 않았으며, 간식 가게에는 방문하였다.
- 방문한 가게의 수는 B가 가장 많다.
- 시계 가게를 방문한 사람은 한 명이다.

① A는 시계 가게를 방문하였다.
② C가 방문한 가게의 수는 3개이다.
③ C는 모자 가게를 방문하였다.
④ B는 보석 가게를 방문하지 않았다.
⑤ B가 방문한 가게의 수는 4개이다.

▶ 해설 p.54

01 다음은 A 지역의 온라인 쇼핑 주요 구매 품목별 구매율을 나타낸 자료이다. 다음 중 자료에 대한 설명으로 옳지 않은 것을 모두 고르시오.

[온라인 쇼핑 주요 구매 품목별 구매율]

(단위: %)

구분		의류·신발	식료품	화장품	가전·전자·통신기기	내구재	기타
성	남자	49.4	27.3	2.6	10.8	2.7	7.2
	여자	46.3	30.7	10.1	2.2	4.1	6.6
연령	13~19세	71.0	6.5	9.6	5.8	0.4	6.7
	20~29세	64.3	13.1	9.1	6.4	1.5	5.6
	30~39세	42.1	34.5	4.6	6.1	3.6	9.1
	40~49세	39.6	36.8	5.3	6.8	4.5	7.0
	50~59세	38.8	38.0	6.1	6.2	4.9	6.0
	60세 이상	36.1	41.7	6.6	5.7	6.0	3.9

a. 식료품 구매율 대비 내구재 구매율은 남자가 여자보다 높다.
b. 기타 품목을 제외하고 40~49세보다 50~59세의 구매율이 더 높은 품목은 3가지이며, 이 품목들은 13~19세보다 20~29세의 구매율이 더 높다.
c. 20~29세와 50~59세에서 구매율이 세 번째로 높은 품목은 서로 같다.
d. 남자와 여자의 가전·전자·통신기기 구매율 차이는 내구재 구매율 차이의 6배 이상이다.

① a, d ② b, c ③ c, d ④ a, b, c ⑤ a, c, d

02 다음은 연도별 감전 사고 현황에 대한 자료이다. 다음 중 ㉠~㉤에 해당하는 값을 예측했을 때, 가장 타당하지 않은 값을 고르시오.

[연도별 감전 사고 현황]

(단위: 명)

구분	2019년	2020년	2021년	2022년	2023년	2024년
전체 사상자 수	558	546	532	(㉢)	508	408
사망자 수	(㉠)	18	19	17	(㉣)	13
부상자 수	539	(㉡)	513	498	481	(㉤)

※ 전체 사상자 수 = 사망자 수 + 부상자 수

① ㉠: 19 ② ㉡: 528 ③ ㉢: 515 ④ ㉣: 23 ⑤ ㉤: 395

03 다음은 Z 국의 2024년 질병 종류별 업무상 질병자 수에 대한 자료이다. 다음 중 자료에 대한 설명으로 옳지 않은 것을 고르시오.

[2024년 질병 종류별 업무상 질병자 수]

(단위: 명)

구분	진폐증	소음성난청	뇌·심혈관 질환	요통	기타
광업	825	1,508	6	12	261
제조업	270	884	267	1,371	2,921
건설업	162	233	108	559	1,120
운수·창고 및 통신업	7	18	200	273	249
기타 사업	24	68	586	1,962	2,102

① 전체 소음성난청 업무상 질병자 수에서 광업 분야의 소음성난청 업무상 질병자 수가 차지하는 비중은 50% 이상이다.

② 제조업 분야에서 기타 업무상 질병을 제외하고 업무상 질병자 수가 가장 적은 질병은 뇌·심혈관 질환이다.

③ 요통 업무상 질병자 수는 건설업 분야가 운수·창고 및 통신업 분야보다 286명 더 많다.

④ 제시된 분야의 전체 진폐증 업무상 질병자 수는 1,288명이다.

⑤ 기타 업무상 질병을 제외하고 광업 분야의 질병자 수가 건설업 분야의 질병자 수보다 각 질병에서 모두 많다.

04 다음은 연도별 국내 신규 박사 학위취득자 수에 대한 자료이다. 다음 중 자료에 대한 설명으로 옳은 것을 모두 고르시오.

[연도별 국내 신규 박사 학위취득자 수]

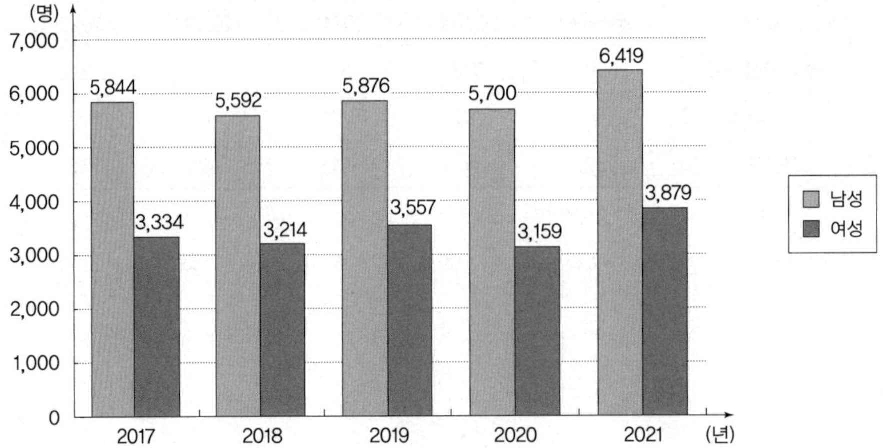

※ 출처: KOSIS(한국직업능력연구원/교육부, 국내신규박사학위취득자조사)

a. 제시된 기간 중 전체 국내 신규 박사 학위취득자 수가 가장 많은 해는 2021년이다.
b. 제시된 기간 중 성별 국내 신규 박사 학위취득자 수가 가장 적은 해는 남성과 여성이 동일하다.
c. 2020년 성별 국내 신규 박사 학위취득자 수의 전년 대비 감소량은 남성이 여성보다 크다.
d. 2017년 남성 국내 신규 박사 학위취득자 수 1명당 여성 국내 신규 박사 학위취득자 수 비율은 50% 이상이다.

① a, b　② a, c　③ a, d　④ b, c　⑤ c, d

05 다음은 우주 분야별 참여 기관 수에 대한 자료이다. 해당 자료를 보고 A~D를 바르게 짝지은 것을 고르시오.

[우주 분야별 참여 기관 수]

(단위: 개)

구분	전체	기업체	연구기관	대학
위성체 제작	92	62	11	19
발사체 제작	97	84	2	11
A	95	87	5	3
B	8	8	0	0
위성 활용 서비스 및 장비	214	165	14	35
C	51	7	14	30
D	10	2	3	5

※ 출처: KOSIS(과학기술정보통신부, 우주산업실태조사)

㉠ A, B, C, D는 각각 과학연구, 우주보험, 우주탐사, 지상 장비 중 한 분야에 해당한다.
㉡ 전체 참여 기관 수가 50개 이상인 분야는 과학연구와 지상 장비이다.
㉢ 전체 참여 기관에서 기업체가 차지하는 비중이 20% 미만인 분야는 과학연구이다.
㉣ 우주보험 기업체 수는 우주탐사 기업체 수보다 많다.

	A	B	C	D
①	과학연구	우주보험	지상 장비	우주탐사
②	과학연구	우주탐사	지상 장비	우주보험
③	우주보험	지상 장비	우주탐사	과학연구
④	지상 장비	우주보험	과학연구	우주탐사
⑤	지상 장비	우주탐사	과학연구	우주보험

06 다음은 우편물 종류별 물량에 대한 자료이다. 다음 중 자료에 대한 설명으로 옳은 것을 고르시오.

[우편물 종류별 물량]

(단위: 백만 톤)

구분	2016년	2017년	2018년	2019년	2020년
A 우편물	3,378	3,200	3,040	2,801	2,531
B 우편물	277	277	276	272	265
C 우편물	218	244	273	324	319
D 우편물	6	6	8	14	16

① 제시된 기간 동안 우편물 물량은 B 우편물이 제시된 우편물 종류 중 매년 두 번째로 많다.

② 2017년 이후 우편물 종류별 물량의 전년 대비 증감 추이는 A 우편물과 C 우편물이 매년 정반대이다.

③ 제시된 기간 동안 D 우편물의 연평균 물량은 9백만 톤이다.

④ 2018년 A 우편물 물량의 전년 대비 감소율은 6%이다.

⑤ 2016년 B 우편물 물량은 C 우편물 물량보다 59백만 톤 더 많다.

07 다음은 연도별 일부 지방병무청의 사회복무요원 소집 인원수에 대한 자료이다. 다음 중 자료에 대한 설명으로 옳지 않은 것을 모두 고르시오.

[연도별 일부 지방병무청의 사회복무요원 소집 인원수]

(단위: 명)

구분	2016년	2017년	2018년	2019년	2020년
서울	6,065	6,766	6,227	6,763	6,512
부산	2,312	2,284	2,325	2,756	2,844
대구·경북	2,907	2,742	2,921	3,735	3,371
경인	3,839	3,921	3,791	4,636	4,726
광주·전남	1,970	2,138	2,090	2,535	2,693
대전·충남	1,888	2,047	2,062	2,415	2,634

※ 출처: KOSIS(병무청, 병무통계)

a. 제시된 지방병무청 중 2017년 이후 사회복무요원 소집 인원수가 전년 대비 매년 증가한 청은 2개이다.
b. 2018년 서울지방병무청과 대구·경북지방병무청의 사회복무요원 소집 인원수의 합은 9,147명이다.
c. 제시된 기간 중 경인지방병무청의 사회복무요원 소집 인원수가 다른 해에 비해 가장 적은 해는 2018년이다.
d. 제시된 지방병무청 중 2019년 사회복무요원 소집 인원수가 3,500명 미만인 청은 3개이다.

① a, b ② a, d ③ b, c ④ c, d ⑤ b, c, d

08 다음은 반기별 법률구조 현황에 대한 자료이다. 다음 중 자료에 대한 설명으로 옳지 <u>않은</u> 것을 모두 고르시오.

[반기별 법률구조 현황]

(단위: 명)

구분		2019년		2020년		2021년	
		상반기	하반기	상반기	하반기	상반기	하반기
성	남자	69,010	77,705	56,430	62,183	59,231	48,242
	여자	37,607	42,000	31,948	36,899	35,354	28,472
연령	20세 미만	115	61	284	314	288	282
	20~29세	520	381	8,094	9,417	7,917	5,840
	30~39세	10,515	11,765	15,297	16,972	15,136	11,084
	40~49세	18,322	22,941	17,933	20,357	18,999	15,055
	50~59세	22,237	27,299	21,921	24,826	23,256	18,934
	60~69세	27,283	31,755	19,009	21,274	21,941	19,106
	70세 이상	27,625	25,503	5,840	5,922	7,048	6,413

※ 출처: KOSIS(대한법률구조공단, 법률구조현황통계)

a. 2020년 법률구조를 받은 총인원은 전년 대비 감소하였다.
b. 2021년 법률구조를 받은 총인원이 가장 많은 연령대는 50~59세이다.
c. 2019년 하반기에 법률구조를 받은 여자의 월평균 인원은 7,000명이다.
d. 2020년 상반기에 직전 반기 대비 법률구조를 받은 인원이 증가한 연령대는 4개이다.

① d　② a, c　③ a, d　④ b, c　⑤ b, d

09 다음은 보유세 항목별 징수액에 대한 자료이다. 다음 중 자료에 대한 설명으로 옳지 않은 것을 고르시오.

[보유세 항목별 징수액]

(단위: 억 원)

구분	2019년	2020년	2021년	2022년	2023년	2024년
재산세	80,492	82,651	87,791	92,937	99,299	106,621
지역자원시설세	7,884	8,212	9,971	10,789	11,629	12,287
도시계획세	27	15	10	1	0	0
지방교육세	10,576	10,809	11,411	12,061	12,906	13,792

※ 보유세는 재산세, 지역자원시설세, 도시계획세, 지방교육세로 구분됨

① 2024년 재산세 징수액은 5년 전 대비 26,129억 원 증가하였고, 같은 해 지역자원시설세 징수액은 5년 전 대비 4,403억 원 증가하였다.

② 2020년 이후 전체 보유세 징수액은 매년 전년 대비 증가하였다.

③ 도시계획세 징수액이 20억 원을 넘은 해에 지방교육세 징수액은 도시계획세 징수액의 400배 이상이다.

④ 2021년 지역자원시설세와 지방교육세의 징수액 차이는 2년 전 대비 감소하였다.

⑤ 2022년 전체 보유세 징수액에서 재산세 징수액이 차지하는 비중은 약 80.3%이다.

10 다음은 일부 권역의 조직 형태별 경제자유구역 입주 사업체 수에 대한 자료이다. 다음 중 자료에 대한 설명으로 옳지 않은 것을 고르시오.

[일부 권역의 조직 형태별 경제자유구역 입주 사업체 수]

(단위: 개)

구분	전국	인천	부산진해	광양만권	대구경북
개인사업체	2,382	1,583	394	158	231
회사법인	3,598	1,394	1,149	497	434
회사외법인	260	111	32	21	68
비법인	173	129	22	9	10
국가사업체	214	148	22	18	18

※ 전국은 인천, 부산진해, 광양만권, 대구경북, 충북, 동해안권, 경기, 울산의 경제자유구역 입주 사업체 수의 합계임
※ 출처: KOSIS(산업통상자원부, 경제자유구역입주실태조사)

① 전국의 경제자유구역 입주 사업체 수는 총 6,500개 이상이다.

② 전국의 경제자유구역 입주 개인사업체 수에서 인천의 경제자유구역 입주 개인사업체 수가 차지하는 비중은 60% 이상이다.

③ 광양만권의 경제자유구역 입주 사업체 수는 국가사업체가 비법인의 2배이다.

④ 부산진해와 대구경북의 경제자유구역 입주 회사외법인 사업체 수의 평균은 48개이다.

⑤ 전국의 8대 권역 중 경제자유구역 입주 회사법인 사업체 수가 150개 이상인 권역은 4개이다.

11 다음은 A~E 국의 연앙인구 및 명목 GDP에 대한 자료이다. A~E 국 중 1인당 GDP가 가장 높은 국가와 가장 낮은 국가의 1인당 GDP 차이는 얼마인가?

[A~E 국의 연앙인구 및 명목 GDP]

(단위: 만 명, 천만 달러)

구분	A 국	B 국	C 국	D 국	E 국
연앙인구	5,000	4,800	12,500	2,200	38,000
명목 GDP	160,000	180,000	525,000	68,200	1,520,000

※ 1인당 GDP(달러) = 명목 GDP / 연앙인구

① 9,000달러 ② 10,000달러 ③ 10,500달러 ④ 11,000달러 ⑤ 12,000달러

12 다음은 2020년 임가의 노동 형태별 평균 노동 투하량에 대한 자료이다. 다음 중 자료에 대한 설명으로 옳은 것을 고르시오.

[2020년 임가 전업별 평균 노동 투하량]

(단위: 시간)

구분	가족 노동	경영주	배우자	고용 노동	일손 돕기
전업임가	1,085	697	304	971	109
임업주업	621	387	222	222	49
임업부업	356	213	125	82	26

[2020년 임가 가구원 수별 평균 노동 투하량]

(단위: 시간)

구분	가족 노동	경영주	배우자	고용 노동	일손 돕기
2명 이하	476	292	176	153	41
3명	532	349	155	274	33
4명	725	428	214	275	40
5명	767	453	96	520	42
6명 이상	851	459	306	250	8

※ 출처: KOSIS(산림청, 임가경제조사)

① 배우자의 전업임가의 평균 노동 투하량은 임업주업과 임업부업의 평균 노동 투하량의 합보다 많다.

② 경영주의 임업주업 평균 노동 투하량은 경영주의 전업임가 평균 노동 투하량의 50% 미만이다.

③ 고용 노동은 가구원 수가 많을수록 평균 노동 투하량이 많다.

④ 가구원 수가 6명 이상인 임가의 가족 노동 평균 노동 투하량은 가구원 수가 5명인 임가의 가족 노동 평균 노동 투하량보다 84시간 더 많다.

⑤ 가구원 수가 2명 이하인 임가에서 경영주의 평균 노동 투하량은 일손 돕기 평균 노동 투하량의 5배 미만이다.

13 다음은 K 국의 2024년 4분기 투자자별 상장주식 거래량을 나타낸 자료이다. 해당 자료를 보고 A~D를 바르게 짝지은 것을 고르시오.

[투자자별 상장주식 거래량]

(단위: 십만 주)

투자자	거래	10월	11월	12월
금융투자업자	매도	1,460	1,528	1,462
	매수	1,447	1,365	1,484
A	매도	647	777	638
	매수	1,225	591	550
B	매도	1,265	1,233	1,247
	매수	1,035	1,037	1,067
C	매도	356	391	327
	매수	363	337	343
D	매도	194	230	148
	매수	118	126	124

㉠ 사모펀드와 은행의 매수 거래량은 매월 400십만 주 미만이다.
㉡ 자산운용회사의 매도 거래량은 매월 금융투자업자의 매도 거래량 다음으로 많다.
㉢ 보험회사의 10월 매수 거래량은 11월 매수 거래량의 2배 이상이다.
㉣ 은행은 매월 매도 거래량이 매수 거래량보다 더 많다.

	A	B	C	D
①	자산운용회사	보험회사	사모펀드	은행
②	보험회사	자산운용회사	은행	사모펀드
③	보험회사	은행	자산운용회사	사모펀드
④	사모펀드	자산운용회사	보험회사	은행
⑤	보험회사	자산운용회사	사모펀드	은행

14 다음은 지역별 잡곡 및 옥수수 생산량을 나타낸 자료이다. 다음 중 자료에 대한 설명으로 옳지 않은 것을 고르시오.

[지역별 잡곡 및 옥수수 생산량]

(단위: M/T)

구분	2022년		2023년		2024년	
	잡곡	옥수수	잡곡	옥수수	잡곡	옥수수
A 지역	6	5	6	5	19	18
B 지역	6	4	6	5	5	4
C 지역	21	21	16	16	12	12
D 지역	16	15	46	45	43	42
E 지역	20	20	2	2	5	3
F 지역	0	0	0	0	0	0
G 지역	21	20	26	21	23	20
H 지역	12	12	11	11	13	13
I 지역	18	17	18	17	18	17
J 지역	84	75	82	73	84	75
K 지역	11	11	11	11	20	20
L 지역	31	31	20	20	19	19
전체	246	231	244	226	261	243

① 2024년 잡곡 생산량의 전년 대비 감소율은 C 지역이 L 지역의 5배 이상이다.

② 2023년 잡곡과 옥수수 생산량의 총합의 전년 대비 증가율은 B 지역이 G 지역보다 크다.

③ 2024년 옥수수 생산량의 2년 전 대비 증가량이 가장 많은 지역은 D 지역이다.

④ 2023년 전체 옥수수 생산량에서 C 지역의 옥수수 생산량이 차지하는 비중은 전년 대비 감소하였다.

⑤ 2024년 잡곡 생산량이 10M/T를 넘지 않는 지역의 2024년 잡곡 생산량의 합의 전년 대비 증가율은 25%이다.

15 다음은 연도별 철도사고 현황에 대한 자료이다. 이를 바탕으로 만든 자료로 옳지 않은 것을 고르시오.

[연도별 철도사고 현황]

(단위: 건)

구분	2016년	2017년	2018년	2019년	2020년
열차사고	8	4	4	6	4
건널목사고	9	11	8	15	8
사상사고	104	87	82	46	44
기타안전사고	2	3	4	5	1
합계	123	105	98	72	57

※ 출처: KOSIS(국토교통부, 철도사고현황)

① [연도별 열차사고 건수]

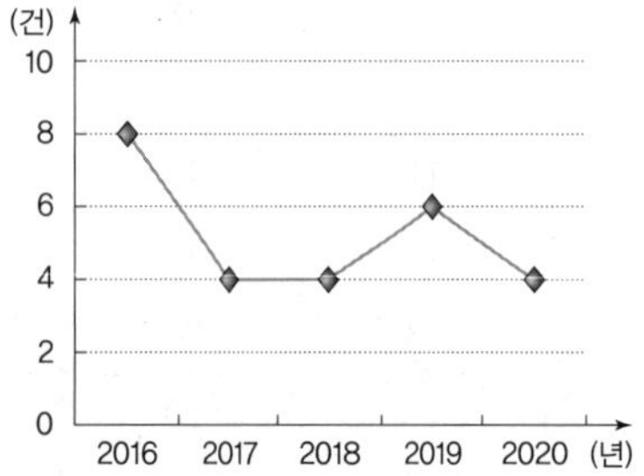

② [2019년 사고유형별 철도사고 건수]

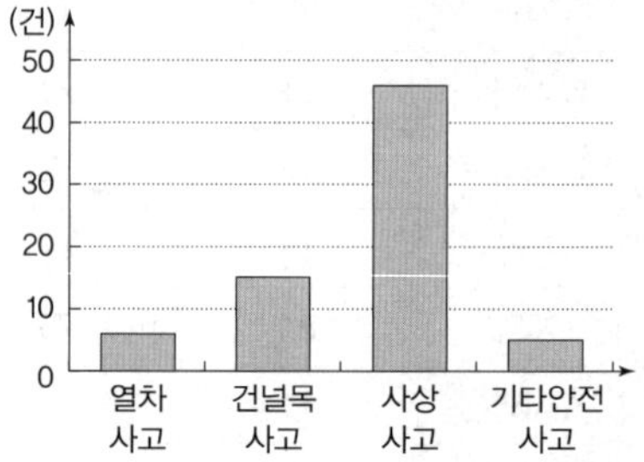

③ [2018년 사고유형별 철도사고 건수 비중]

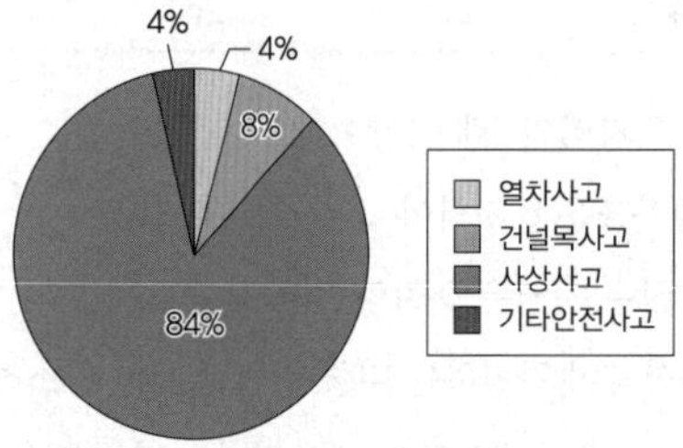

④ [2017년 이후 건널목사고 건수의 전년 대비 증감량]

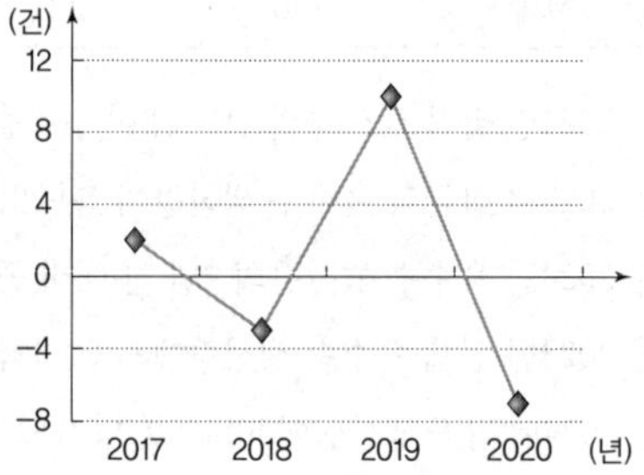

⑤ [연도별 사상사고와 기타안전사고의 건수 차이]

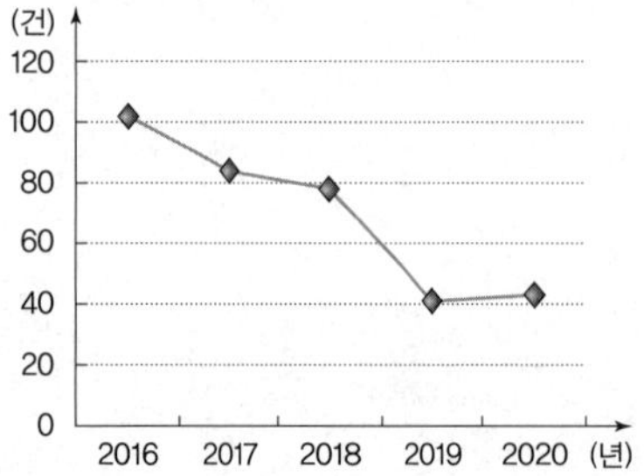

16 다음은 공항별 운항 및 결항 수에 대한 자료이다. 다음 중 자료에 대한 설명으로 옳지 않은 것을 모두 고르시오.

[공항별 운항 및 결항 수]

(단위: 편)

구분	10월		11월		12월	
	운항	결항	운항	결항	운항	결항
김포	11,243	4	12,051	46	11,821	89
김해	4,686	2	5,093	23	4,847	11
제주	13,516	4	14,051	38	14,057	199
청주	1,466	0	1,500	0	1,507	32
대구	1,103	0	1,088	2	1,129	4
양양	290	2	243	5	253	11
광주	1,127	2	1,360	6	1,343	11
울산	556	0	536	14	575	1
여수	462	0	747	1	723	17
포항	176	6	171	9	176	10
군산	126	0	224	8	181	51
원주	124	0	114	6	106	18
인천	3,015	3	2,966	2	3,166	3
합계	37,890	23	40,144	160	39,884	457

※ 출처: KOSIS(한국공항공사, 인천국제공항공사, 항공통계)

a. 제시된 기간 동안 운항 수가 매월 1,000편 이상인 공항은 7곳이다.
b. 12월 전체 결항 수에서 제주공항의 결항 수가 차지하는 비중은 45% 이상이다.
c. 인천공항의 운항 수는 10월이 12월보다 많다.
d. 11월 결항 수가 가장 많은 공항은 제주공항이다.

① a, c ② b, c ③ b, d ④ c, d ⑤ b, c, d

17 다음은 A 국의 산업분류별 퇴직연금제 도입 현황에 대한 자료이다. 다음 중 자료에 대한 설명으로 옳지 않은 것을 고르시오.

[산업분류별 퇴직연금제 도입 현황]

(단위: 백 개소)

구분	2022년		2023년		2024년	
	도입 대상업소	도입업소	도입 대상업소	도입업소	도입 대상업소	도입업소
제조업	2,752	1,026	2,849	1,064	2,910	1,075
건설업	1,061	210	1,118	220	1,174	228
숙박 및 음식점업	1,204	76	1,318	85	1,408	86
보건업 및 사회복지 서비스업	1,225	659	1,255	726	1,294	768

※ 도입률(%) = (도입업소 수 / 도입 대상업소 수) × 100

① 2023년 이후 제조업의 도입 대상업소 수와 도입업소 수는 각각 전년 대비 매년 증가하였다.

② 보건업 및 사회복지 서비스업의 도입률은 2022년이 2024년보다 작다.

③ 제시된 산업 중 2023년 도입업소 수가 가장 많은 산업과 가장 적은 산업의 도입업소 수 차이는 979백 개소이다.

④ 2024년 건설업의 도입 대상업소 수는 2022년 대비 10% 이상 증가하였다.

⑤ 2024년 제시된 산업의 전체 도입업소 수는 2,257백 개소이다.

18 다음은 D 지역 청소년을 대상으로 조사한 스마트폰 사용 현황에 대한 자료이다. 다음 중 자료에 대한 설명으로 옳은 것을 고르시오.

[스마트폰 사용 시간별 응답 비율]

(단위: %)

구분		1시간 미만	1시간 이상 3시간 미만	3시간 이상 5시간 미만	5시간 이상
중학생	남자	8.2	40.0	41.9	9.9
	여자	3.8	26.9	52.8	16.5
고등학생	남자	8.7	44.9	35.4	11.0
	여자	5.5	39.2	44.5	10.8

[주로 사용하는 스마트폰 앱별 응답 비율]

(단위: %)

구분		채팅	SNS	게임	음악	뉴스	동영상	웹툰	기타
중학생	남자	9.0	22.5	18.6	6.2	0.9	36.6	5.1	1.1
	여자	11.2	41.4	4.4	5.8	0.5	28.7	7.2	0.8
고등학생	남자	10.3	30.2	9.9	8.6	0.8	33.5	4.2	2.5
	여자	12.2	44.2	1.8	8.4	0.7	29.9	2.6	0.2

① 남녀 중·고등학생 중 스마트폰을 1시간 이상 사용한다고 응답한 비율은 남자 고등학생이 가장 높다.

② 주로 사용하는 앱을 SNS 또는 동영상이라고 응답한 비율은 남자 중학생이 남자 고등학생보다 높다.

③ 남자 고등학생의 응답 인원이 500명이었다면, 스마트폰을 5시간 이상 사용하는 남자 고등학생은 50명이다.

④ 스마트폰을 3시간 이상 5시간 미만 사용한다고 응답한 비율은 여자 중학생이 여자 고등학생보다 8.3%p 더 높다.

⑤ 주로 사용하는 앱을 웹툰이라고 응답한 비율은 여자 중학생이 여자 고등학생의 3배 이상이다.

[19 - 20] 다음은 저작물 등록 건수에 대한 자료이다. 각 물음에 답하시오.

[저작물 종류별 등록 건수]

(단위: 건)

구분	2015년	2016년	2017년	2018년	2019년
어문	4,192	4,616	4,155	4,481	4,858
음악	1,310	1,820	2,085	2,229	2,037
연극	127	48	126	55	123
미술	10,519	11,344	11,325	13,547	16,352
건축	52	91	74	66	67
사진	335	508	1,114	1,123	1,238
영상	1,859	1,089	1,159	2,098	1,943
도형	472	450	484	466	703
편집	2,703	3,045	3,566	2,985	3,060
2차적 저작물	714	799	492	623	1,141
컴퓨터 프로그램	14,477	14,502	15,180	16,027	15,198

[전체 저작물 등록 건수]

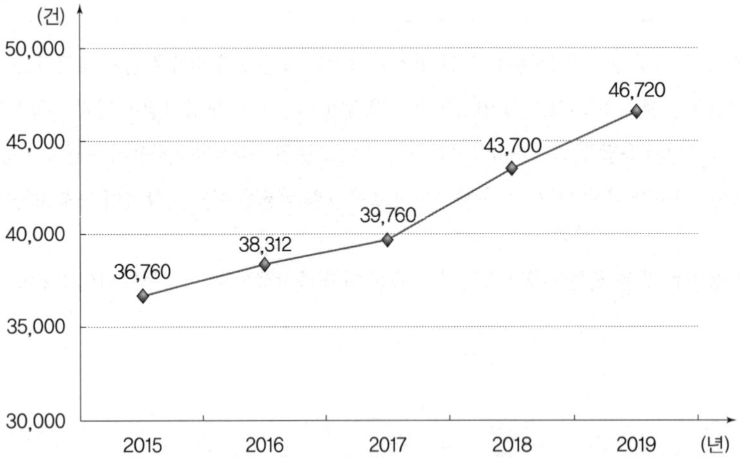

※ 출처: KOSIS(한국저작권위원회, 저작권통계)

19 다음 중 자료에 대한 설명으로 옳은 것을 고르시오.

① 2016년 이후 저작물 등록 건수의 전년 대비 증감 추이가 전체 저작물과 동일한 저작물 종류는 2개이다.

② 2019년 전체 저작물 등록 건수에서 미술 저작물 등록 건수가 차지하는 비중은 전년 대비 증가하였다.

③ 등록 건수가 다섯 번째로 많은 저작물 종류는 2015년과 2018년이 동일하다.

④ 제시된 기간 동안 도형 저작물 등록 건수의 평균은 505건이다.

⑤ 2017년 편집 저작물 등록 건수는 2년 전 대비 35% 이상 증가하였다.

20 2016년 이후 전체 저작물 등록 건수의 전년 대비 증가량이 가장 큰 해에 영상 저작물 등록 건수와 컴퓨터 프로그램 저작물 등록 건수의 전년 대비 변화량의 차이는 얼마인가?

① 82건　② 92건　③ 608건　④ 674건　⑤ 745건

▶ 해설 p.58

01 일정한 규칙으로 나열된 수를 통해 빈칸에 들어갈 알맞은 숫자를 고르시오.

7 14 13 30 25 46 49 62 ( )

① 78 ② 94 ③ 97 ④ 102 ⑤ 109

02 일정한 규칙으로 나열된 수를 통해 빈칸에 들어갈 알맞은 숫자를 고르시오.

18 42 63 81 96 108 117 ( )

① 120 ② 122 ③ 123 ④ 126 ⑤ 128

03 일정한 규칙으로 나열된 수를 통해 빈칸에 들어갈 알맞은 숫자를 고르시오.

21 34 55 89 144 ( ) 377 610

① 187 ② 215 ③ 233 ④ 253 ⑤ 278

04 일정한 규칙으로 나열된 수를 통해 빈칸에 들어갈 알맞은 숫자를 고르시오.

6 18 54 162 (   )

① 456 ② 475 ③ 486 ④ 512 ⑤ 532

05 다음 도형의 바깥쪽 원과 안쪽 원에 포함된 각 숫자에는 시계 방향으로 서로 다른 규칙이 적용되고, 사분원 안의 세 숫자 사이에도 일정한 규칙이 있다. 각각의 규칙을 찾아 A+B+C+D의 값을 고르시오. (단, 바깥쪽 원과 안쪽 원에 적용되는 규칙의 경우 규칙이 끝나는 숫자와 규칙이 시작되는 숫자 사이에는 성립하지 않는다.)

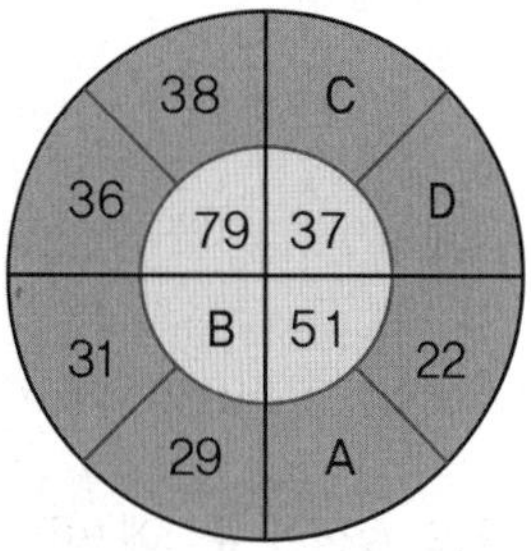

① 100 ② 109 ③ 115 ④ 121 ⑤ 125

06 다음 왼쪽 톱니바퀴 내의 숫자는 반시계 방향으로 일정한 규칙이 적용되고, 왼쪽 톱니바퀴 2개와 오른쪽 톱니바퀴 1개가 서로 맞물리는 부분의 숫자에도 일정한 규칙이 적용된다. 각각의 규칙을 찾아 A+B의 값을 고르시오. (단, 왼쪽 톱니바퀴에 적용되는 규칙의 경우, 규칙이 끝나는 숫자와 규칙이 시작되는 숫자 사이에는 성립하지 않는다.)

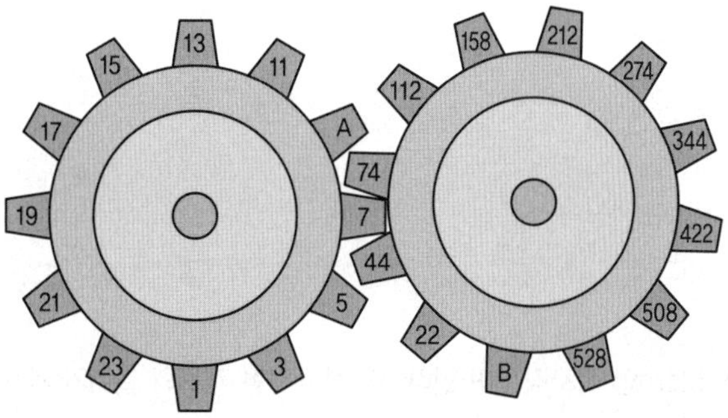

① 17 ② 19 ③ 25 ④ 28 ⑤ 33

07 다음 각 시계에서 정가운데 있는 숫자와 시침이 가리키는 숫자, 분침이 가리키는 숫자들 사이에 일정한 규칙이 적용되고, 정가운데 있는 숫자들 사이에도 또 다른 규칙이 적용된다. 시계에 적용된 규칙을 찾아 시침이 없는 시계에 시침을 추가하고, 시침이 가리키는 숫자를 B라고 할 때, A+B의 값을 고르시오.

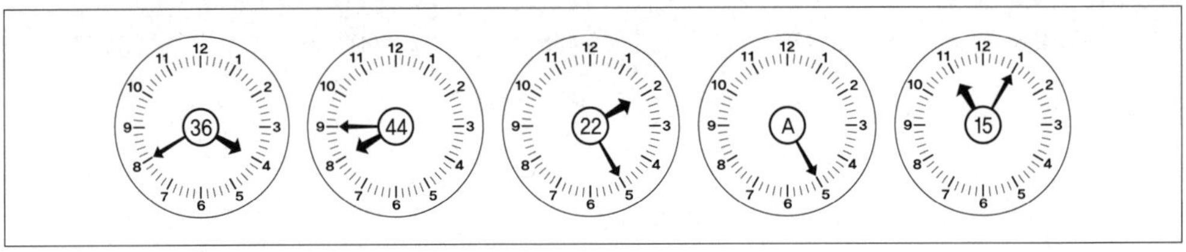

① 16　② 28　③ 40　④ 44　⑤ 64

08 다음 그림 내의 숫자가 각 화살표의 일정한 규칙에 따라 변화할 때, A-B의 값을 고르시오.

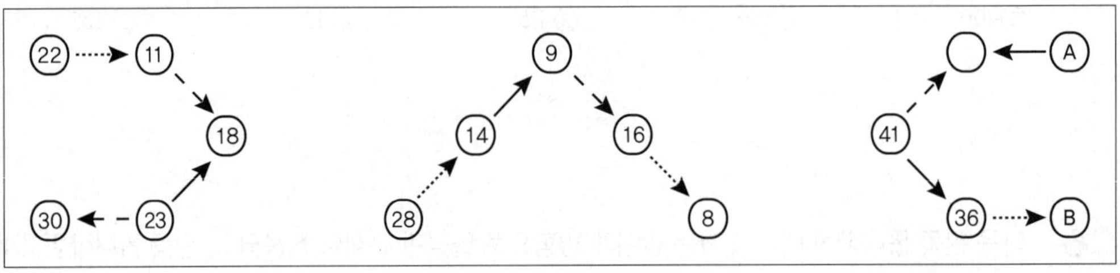

① 27　② 32　③ 35　④ 38　⑤ 42

09 둘레의 길이가 32cm인 직사각형이 있다. 이 직사각형 가로의 길이가 세로의 길이보다 4cm 더 길 때, 이 직사각형 대각선의 길이는 얼마인가?

① 11cm　② $5\sqrt{5}$cm　③ $8\sqrt{2}$cm　④ $2\sqrt{34}$cm　⑤ 12cm

10 갑은 매년 A 물품 1개와 B 물품 1개를 구매하고 있다. 작년에 두 물품을 1개씩 구매하며 8,000원을 지불하였고, 올해에는 A 물품의 가격이 10%, B 물품의 가격이 20% 증가하여 두 물품을 1개씩 구매하며 9,100원을 지불하였을 때, 올해 A 물품의 가격은 얼마인가?

① 3,000원 ② 3,300원 ③ 4,400원 ④ 5,000원 ⑤ 5,500원

11 소량이는 백 원짜리 동전과 오백 원짜리 동전으로 총 3,000원을 가지고 있다. 백 원짜리 동전이 오백 원짜리 동전보다 12개 더 많을 때, 소량이가 가지고 있는 백 원짜리 동전의 개수는 몇 개인가?

① 15개 ② 17개 ③ 18개 ④ 19개 ⑤ 20개

12 사내 행사에 참석한 사람들끼리 모두 한 번씩 악수를 했더니 총 105번의 악수가 이루어졌을 때, 한 사람당 악수한 횟수는 몇 번인가?

① 10번 ② 12번 ③ 14번 ④ 15번 ⑤ 16번

13 왕수와 혁상이는 주사위를 1번씩 던져서 나온 주사위 눈의 수만큼 각자의 말을 앞으로 이동시키는 보드게임을 하고 있다. 왕수의 말이 현재 위치에서 앞으로 10칸 이동해야 찬스를 얻을 수 있다면 왕수가 주사위를 세 번째 던졌을 때, 찬스를 얻을 확률은 얼마인가?

① $\frac{1}{8}$ ② $\frac{1}{4}$ ③ $\frac{3}{8}$ ④ $\frac{1}{2}$ ⑤ $\frac{5}{8}$

14 동욱이는 게임에서 아이템 뽑기를 시도하려고 한다. 뽑기상자 1개에서 아이템은 X, Y 중 1개만 나오거나 아무것도 나오지 않으며, 뽑기상자 1개를 열었을 때 아이템 X, Y가 나올 확률은 각각 20%, 30%이다. 동욱이가 동일한 뽑기상자 5개를 열어 아이템 2개가 나왔을 때, 아이템 X, Y가 1개씩 나왔을 확률은 얼마인가?

① $\frac{9}{25}$　② $\frac{12}{25}$　③ $\frac{14}{25}$　④ $\frac{17}{25}$　⑤ $\frac{19}{25}$

15 제품 H를 1개 생산하는 데 소요되는 시간은 총 80시간이고 A 공정, B 공정, C 공정이 사용되며, A 공정은 B 공정보다 공정 시간이 2시간 더 길다. 이후 공정 개선으로 공정 시간이 A 공정은 20%, B 공정은 50%, C 공정은 45%만큼 단축되어 제품 H를 1개 생산하는 데 소요되는 시간이 총 52시간으로 줄었을 때, 공정 개선 전 C 공정의 공정 시간은 몇 시간인가?

① 1.65시간　② 3시간　③ 3.5시간　④ 3.75시간　⑤ 3.9시간

16 한 봉사단체 회원이 기부를 위해 A 팔찌와 B 팔찌를 판매하여 얻은 수익은 총 200만 원이다. 팔찌 1개당 가격은 A 팔찌가 2만 원, B 팔찌가 4만 원이고, A 팔찌가 B 팔찌보다 25개 더 판매되었다고 할 때, 판매된 팔찌는 총 몇 개인가?

① 25개　② 50개　③ 75개　④ 100개　⑤ 125개

17 ☆☆전자 제품 매장에서는 키보드를 5만 원, 마우스를 4만 원에 판매하고, 키보드와 마우스를 1개씩 함께 구매하는 고객에게는 총 8만 원에 판매하면서 할인 쿠폰 1개를 제공한다. 어느 날 키보드가 10개, 마우스가 12개 판매되었고 총 판매 금액이 94만 원일 때, 이날 고객에게 제공한 할인 쿠폰의 개수는 몇 개인가?

① 2개　② 3개　③ 4개　④ 5개　⑤ 6개

18 갑은 강아지와 을의 친밀도를 높이기 위해 강아지에게 먹이를 주며 교육하려고 한다. 갑과 을은 처음에 400cm의 거리에서 마주 보고 서 있다가 강아지가 갑의 위치에서 을에게 출발하는 동시에 갑과 을은 각자 조금씩 뒤로 이동했는데 갑이 을보다 5cm/s 더 느리게 이동하였다. 강아지는 출발하고 5초 후 을에게 도착하였고, 그 시점에 갑과 을 사이의 거리가 575cm였을 때, 강아지가 이동한 거리는 몇 cm인가?

① 450cm ② 475cm ③ 500cm ④ 525cm ⑤ 550cm

19 K 회사는 직원 100명을 대상으로 스마트패드, 스마트시계 보유 여부를 조사한 결과 스마트패드를 보유하고 있는 직원이 45명, 스마트시계를 보유하고 있는 직원이 30명, 둘 중 아무것도 보유하고 있지 않은 직원이 31명으로 조사되었다. 직원 100명 중 임의로 뽑은 한 명이 스마트시계를 보유하고 있을 때, 이 직원이 스마트패드를 보유하고 있을 확률은 얼마인가?

① $\frac{2}{15}$ ② $\frac{1}{5}$ ③ $\frac{3}{10}$ ④ $\frac{16}{45}$ ⑤ $\frac{8}{15}$

20 지성이는 3분 동안 7개의 쿠키를 만들고, 혜지는 4분 동안 6개의 쿠키를 만든다. 지성이가 먼저 쿠키를 만들다가 혜지가 이어서 쿠키를 만들어 총 20분 동안 40개의 쿠키를 만들었을 때, 지성이와 혜지가 만든 쿠키 개수의 차이는 몇 개인가?

① 8개 ② 10개 ③ 12개 ④ 14개 ⑤ 16개

약점 보완 해설집 p.42

무료 바로 채점 및 성적 분석 서비스 바로 가기
QR코드를 이용해 모바일로 간편하게 채점하고 나의 실력이 어느 정도인지, 취약 부분이 어디인지 바로 파악해 보세요!

실전모의고사 3회

* 모의고사의 시작과 종료 시각을 정하세요.

언어이해 (20분)	시 분 ~ 시 분
언어추리 (20분)	시 분 ~ 시 분
자료해석 (20분)	시 분 ~ 시 분
창의수리 (20분)	시 분 ~ 시 분

01 | 언어이해

▶ 해설 p.64

01 다음 주장에 대한 반박으로 가장 타당한 것을 고르시오.

불소라고도 불리는 플루오린(Fluorine) 성분이 충치 예방에 효과가 있다는 사실을 근거로 수돗물에 인위적으로 플루오린을 투여해야 한다고 주장하는 사람들이 있다. 하지만 플루오린은 살충제와 쥐약의 원료로 사용될 정도로 독성이 강하다. 그래서 수돗물에 플루오린을 넣어서 직간접적으로 흡수하게 되면 건강에 매우 좋지 않다. 실제로 임신부가 플루오린이 투여된 수돗물과 지속해서 접하게 되면 배 속의 태아에게 부정적인 영향을 주게 된다는 연구 결과가 발표되었다. 캐나다의 요크대학교와 사이먼프레이저대학교가 캐나다의 6개 도시에 거주했던 임신부와 그들의 자녀를 대상으로 진행한 연구에 따르면, 모친의 소변에서 측정된 플루오린의 농도가 1L당 1mg 높아질수록 자녀 중 아들의 IQ가 4.5포인트씩 떨어졌다고 한다.

① 플루오린뿐만 아니라 살충제와 쥐약의 원료로 사용되는 모든 재료는 독성이 강할 수밖에 없다.
② 우리나라의 폐기물관리법에서도 플루오린을 오염 물질로 분류한다는 사실을 간과해서는 안 된다.
③ 치약에 함유된 플루오린은 양치 후 입을 잘 헹구기만 하면 몸에 부정적인 영향을 거의 주지 않는다.
④ 플루오린이 임신부와 태아에게 영향을 준다는 연구 결과에 성별 차이는 고려되지 않아 신뢰도가 낮다.
⑤ 위험을 감수하며 수돗물에 플루오린을 추가하는 것 말고 충치를 예방할 수 있는 방법은 무궁무진하다.

02 다음 글의 내용과 일치하지 않는 것을 고르시오.

> 사전상 정의된 혀는 동물의 입안 아래쪽에 있는 길고 둥근 살덩어리로서 맛을 느끼며 소리를 내는 구실을 하는 것이다. 실제로 사람에게 있어서 혀는 섭식, 촉각, 미각을 담당한다. 하지만, 동물별로 혀의 역할은 다소 다르다. 개의 경우 사람과 달리 땀샘이 존재하지 않는다. 이에 따라 개는 혀로 침을 증발시켜 체온을 낮추곤 하는데, 흔히 개가 혀를 내밀고 헉헉거리는 것은 체온 조절과 관련이 있다. 고양이의 경우 개와 달리 혀에 가시 같은 돌기가 나 있음을 확인할 수 있다. 이는 고양잇과의 모든 동물에게서 관찰되는 특징인데, 이로 인해 혀로 자신의 몸에 난 털을 빗는 모습을 자주 관찰할 수 있다. 실제로 고양이는 혀가 아닌 코로 온도를 감지하며, 단맛 수용체가 부재해 단맛도 잘 느끼지 못한다. 한편, 어류의 경우 혀 내부에 근육이 없기 때문에 움직일 수 없고, 뼈가 단단한 물고기 일부에서는 혀에 이가 돋아 있는 것을 확인할 수 있다. 뱀, 개구리, 도마뱀 등의 양서류는 어류와 비슷한 혀를 갖고 있지만, 어류와 달리 혀에 근육이나 선(腺)이 포함된 조직을 갖고 있어 활발하게 움직일 수 있는 것으로 알려져 있다.

① 사람의 혀는 미각과 섭식 외에도 촉각을 담당하고 있다.

② 고양잇과에 속하는 호랑이의 혀에는 돌기가 존재하지 않는다.

③ 고양이는 혀로 음식의 온도를 느끼지 못한다.

④ 어류의 혀에는 양서류의 혀와 달리 근육이 존재하지 않는다.

⑤ 여름철 개가 혀를 내밀고 헉헉거리는 이유는 체온을 조절하기 위함이다.

03 다음 글의 중심 내용으로 가장 적절한 것을 고르시오.

예비타당성 조사란 대규모 개발 사업의 시작에 앞서 경제성, 투자 우선순위, 재원 조달 방법 따위를 개략적으로 조사하는 일을 말한다. 1999년에 도입된 이 제도는 정부 예산의 낭비를 막고 재정 운용의 효율성을 높이는 데 시행 목적이 있으며, 사업 추진 여부를 결정하는 기준으로써 작용한다. 예비타당성 조사는 총사업비가 500억 원 이상이면서 국가에서 지원한 재정의 규모가 300억 원인 각종 분야의 신규 사업이 대상이 되는데, 이때의 각종 분야에는 건설·정보화·국가연구개발·사회복지·보건·교육·노동·문화·관광·환경보호·농림해양수산·산업·중소기업 분야가 포함된다. 과거에는 타당성 조사가 부실하게 진행된 탓에 국고가 낭비되기도 하였으나 예비타당성 조사 제도의 도입은 무리한 사업의 추진을 막는 등의 실효가 있었다. 하지만, 현재의 예비타당성 조사는 사회간접자본에 최적화되어 있어 R&D 등의 연구개발에는 적용하기 어렵다는 문제가 있다. 아무리 좋은 제도라 하더라도 모든 계획에 천편일률적인 잣대가 적용된다면 오히려 좋은 결과를 내지 못할 수 있으므로 예비타당성 조사도 분야에 맞게 개편되어 효율적으로 활용될 필요가 있다.

① 예비타당성 조사는 무분별한 사업 시행은 저지할 수 있지만, 국고 낭비 억제 효과는 미미한 편이다.
② 현재 예비타당성 조사가 이루어지는 사업비 규모는 현실성이 떨어지므로 규모를 낮출 필요가 있다.
③ 예비타당성 조사의 효율성을 높이려면 분야에 맞게 개편된 예비타당성 조사를 적용해야 한다.
④ 예비타당성 조사는 재정 운영의 불확실성을 차단할 수 없으므로 새로운 제도 마련이 필요하다.
⑤ 오늘날 활용되고 있는 예비타당성 조사는 어떤 분야든지 적용 가능하도록 만들어져 있다.

04 다음 문단을 논리적 순서대로 알맞게 배열한 것을 고르시오.

가) 이를 일컬어 24절기라고 하는데, 오늘날 음력으로 여겨진다. 특히 우리나라에서는 이를 기준으로 사계절의 기본을 삼았다. 입춘, 우수, 경칩, 춘분, 청명, 곡우가 봄이고, 입하, 소만, 망종, 하지 소서, 대서가 여름, 입추, 처서, 백로, 추분, 한로, 상강이 가을, 입동, 소설, 대설, 동지, 소한, 대한이 겨울인 것이다.

나) 이에 따라 각 계절을 6등분하여 절기별로 나타나는 일조량, 강수량, 기온을 토대로 농사를 지었다. 다만, 24절기 자체가 중국 주 나라 당시 화북지방의 기후를 잘 나타내도록 정해진 것이므로 우리나라 계절과 완벽히 일치하지는 않는다는 단점이 있다.

다) 오늘날에는 양력을 공식 역법으로 사용하고 있다. 이는 태양력의 일종인 그레고리력을 받아들인 것으로, 1년이면 평년일 경우 365일, 윤년이면 윤날을 삽입하여 366일이 된다. 그런데, 과거 중국에서는 태양의 황경이 0°인 날을 춘분으로 하고, 15° 간격으로 24개로 나누었다.

라) 양력으로 따져보면 절기는 매월 4~8일 사이와 19~23일 사이에 생기는 것을 알 수 있는데, 이는 중국과 우리나라가 농경사회인 관계로 15일을 주기로 생활하였기 때문이다. 생활 속의 편리함을 고려하면 양력이 좋겠지만, 농사를 지을 때에는 더 세분화하여 계절을 구분할 필요가 있었다.

① 다) - 가) - 나) - 라)

② 다) - 가) - 라) - 나)

③ 다) - 라) - 가) - 나)

④ 라) - 다) - 가) - 나)

⑤ 라) - 다) - 나) - 가)

05 다음 글을 읽고 추론한 내용으로 적절한 것을 고르시오.

> 논리학에서 어떠한 명제가 참이라는 것을 증명하려면 이미 자명한 진리로 인정되는 명제인 공리(公理)를 도입하여 이론을 전개해야 한다. 이렇게 공리를 바탕으로 추론하여 명제를 증명하는 것을 공리적 방법이라고 하는데, 유클리드는 공리적 방법을 수학에 도입해 기하학적 법칙들이 보편적으로 성립함을 증명하는 유클리드 기하학을 전개하였다. 그가 기하학에 적용한 다섯 가지 공리는 이후 이천 년이 넘는 시간 동안 수학계의 진리처럼 여겨져 왔다. 물론 모든 수학자가 그의 이론을 무결하다고 여긴 것은 아니었다. 그의 다섯 가지 공리 중 다섯 번째 공리인 평행선 공리가 모호하다고 주장한 이들이 있었기 때문이다. 그들은 평행선 공리가 다른 공리들보다 복잡하고 직관적으로 자명하지 않기 때문에 공리라고 보기 어렵다고 여겼고, 이를 증명하기 위해 노력했다. 하지만 대부분 자신의 주장을 완벽히 입증하지 못했고, 이들이 제기한 의문에 대한 답은 19세기에 이르러서야 밝혀졌다. 독일의 가우스, 러시아의 로바쳅스키, 헝가리의 보여이 등이 유클리드 기하학의 평행선 공리를 부정하였을 때, 다른 공리들과 모순이 생기는 것이 아니라 새로운 기하학이 전개될 수 있다는 점을 발견한 것이다. 이처럼 유클리드 기하학의 평행선 공리를 부정 및 변형하여 전개한 기하학은 비(非)유클리드 기하학이라고 불렸다. 비유클리드 기하학의 등장은 수학에 대한 견해를 완전히 바꿔 놓는 엄청난 사건이었다. 그동안 평행선 공리를 비롯하여 기하학에서 사용되던 공리를 '절대적 진리', '완전무결한 명제'라고 여겼던 당대 사람들은 비유클리드 기하학의 발견을 통해 공리가 인간이 만든 '단순한 전제', '가정'의 일부일 뿐이라고 인지하게 되었다. 또한, 공리가 수학의 기초에 대한 가정에 불과하다는 인식은 힐베르트, 괴델 등으로 이어져 기초 수학론의 발전에도 큰 영향을 미쳤다.

① 유클리드 기하학의 다섯 번째 공리에 대해 의문을 제기한 사람은 19세기에 처음 등장하였다.
② 가우스, 로바쳅스키, 보여이 등은 유클리드 기하학이 이론적으로 완전무결하다는 점을 증명하였다.
③ 유클리드 기하학은 기하학적 법칙들이 보편적으로 성립한다는 점을 공리적 방법으로 증명한 이론이다.
④ 유클리드 기하학은 수천 년간 수학계에서 진리처럼 여겨지던 이론을 부정하는 것에서 시작된 이론이다.
⑤ 사람들은 유클리드 기하학이 등장하고 나서야 공리가 절대적 진리가 아니라는 것을 깨달았다.

06 다음 글을 읽고 추론한 내용으로 적절하지 않은 것을 고르시오.

> 일반적으로 남성은 XY의 성염색체를, 여성은 XX의 성염색체를 갖는다. 만약 남성의 성염색체에 Y 염색체 하나가 더해져 XYY 성염색체를 가질 경우 염색체 이상 증후군이 나타나는데, 이를 일컬어 제이콥스 증후군이라 부른다. 야콥 증후군 또는 XYY 증후군이라고도 불리는 이 질환은 주로 정자가 형성될 때 생식 세포 분열 제2단계에서 Y 염색체가 제대로 분리되지 않은 정자가 만들어지고, 이 정자가 난자와 수정되면 나타날 수 있다. XYY 성염색체를 갖더라도 남성으로 태어나며, 장신이라는 점 외에 지능 저하와 같은 문제는 나타나지 않는다. 눈에 띄는 증상이 없기 때문에 제이콥스 증후군이라고 하더라도 대부분 해당 질환이 있음을 알지 못하는 경우가 더 많으며, 진단은 말초 혈액 염색체 검사를 통해 가능하다. 다만, 실제로 제이콥스 증후군으로 진단받더라도 정상 성염색체를 지닌 남성과 차이가 없어 별도의 치료는 필요하지 않다.

① 제이콥스 증후군은 정상적인 남성의 성염색체에 Y 염색체가 더해진 결과로 나타난다.
② 제이콥스 증후군은 특별한 치료를 요하지는 않는 질환이다.
③ XYY 성염색체를 지닌 사람도 남성의 형태로 태어나게 된다.
④ 정자와 난자가 수정된 후의 세포 분열 제2단계에서 XYY 성염색체가 형성된다.
⑤ 육안으로는 야콥 증후군을 판별해낼 수 없다.

07 다음 글의 서술상 특징으로 가장 적절한 것을 고르시오.

> 전쟁의 이름이 백 년 전쟁이라면, 백 년 동안 싸움을 했다고 생각하기 쉽다. 실제로 백 년 동안 전쟁을 한 것일까? 1066년 영국에서 노르만 왕조가 설립된 이후 영국이 프랑스 내부의 영토를 소유하면서 영지 관련 분쟁이 끊이지 않았다. 1328년 프랑스 카페 왕조의 샤를 4세가 남자 후계자를 남기지 않고 사망하였고, 이에 샤를 4세의 사촌 형제인 필리프 6세가 왕위에 오르게 된다. 당시 영국의 왕이었던 에드워드 3세는 자신의 모친이 샤를 4세의 누이이므로 프랑스 왕위 계승권자는 본인이라고 주장하였으나, 프랑스 의회는 필리프 6세를 왕으로 인정하며 양국 간 갈등이 고조된다. 결국 1337년, 왕위에 오른 필리프 6세는 프랑스 영토 내의 영국 땅을 빼앗고 플랑드르를 공격하였고, 에드워드 3세는 전쟁을 선포하게 된다. 이렇게 시작된 전쟁은 1453년까지 약 116년 동안 이어졌고, 이에 백 년 전쟁이라 불리게 되었다. 그러나 백 년 간 내내 전투가 이어졌던 것은 아니다. 영국과 프랑스는 전쟁을 하며 매년 한 달 정도 의무적으로 전쟁을 치렀으며 그 기간이 종료되면 싸움을 종료하였다. 또한 14세기 중반부터 유럽 전역을 휩쓴 흑사병으로 인해 전쟁을 계속해서 치를 수 없었고, 결국 휴전을 하게 되었다. 전쟁의 시작과 종료가 백 년이 넘는 것은 맞지만, 휴전과 전쟁이 단속적으로 지속된 전쟁으로 보아야 한다.

① 반대의 사례를 제시하며 논지의 흐름을 변화시킨다.
② 일반적인 통념을 제시하고 통념이 옳지 않을 수 있음을 서술한다.
③ 특정 관점에 입각하여 반대 입장의 주장을 논박한다.
④ 핵심 개념을 제시하고 이를 토대로 문제 해결 방안을 찾는다.
⑤ 다양하고 구체적인 사례를 통해 주장을 제시한다.

08 다음 글의 제목으로 가장 적절한 것을 고르시오.

1967년 미국의 심리학자인 마틴 셀리그먼(Martin Seligman)과 스티븐 마이어(Steven Maier)는 개 24마리를 대상으로 우울증 실험을 진행하였다. 이들은 개를 8마리씩 나누어 A, B, C 상자에 넣었는데, A와 B 상자에는 전기 충격을 가하되 A 상자는 개가 코로 레버를 움직일 경우 전기 충격이 멈췄지만 B 상자는 레버를 끈으로 묶어 개가 전기 충격을 멈출 수 없게 만들었다. 그리고 C 상자에는 아무런 전기 충격도 가하지 않았다고 한다. 만 하루의 시간이 흐른 뒤 24마리의 개들은 장애물을 넘으면 전기 충격을 피할 수 있는 상자에 넣어졌는데, A와 C 상자에 있던 16마리의 개들은 장애물을 넘어 전기 충격을 피했지만 B 상자에 있던 8마리의 개들은 장애물을 넘지 않고 전기 충격을 고스란히 받았다고 한다. B 상자에 있던 개들에 대해 셀리그먼과 마이어는 학습된 무기력이라 정의한다. 즉, 혐오 상황에서 벗어날 수 없음을 학습한 이후에는 다른 혐오 상황에 처해졌을 때 극복을 위한 노력 대신 자포자기하게 되는 것이다. 이는 우울증 환자도 마찬가지이다. 미래에 대해 부정적으로 생각하게 되면서 의지가 마비되고 무력감을 느끼게 되는데, 이를 극복하고자 하는 노력 대신 모든 것을 포기해버리는 태도로 표현된다. 이러한 측면을 고려할 때, 부정적인 사고를 논리적이고 긍정적으로 변모시킨다면 우울증 환자가 자신의 상황을 극복할 수 있으므로, 우울증 환자가 치료되려면 부정적 사고에 대한 개선이 우선될 필요가 있다.

① 학습된 무기력 실험을 통해 확인된 실패 경험의 종류
② 학습된 무기력 실험의 결과와 우울증 치료 시 적용 방안
③ 학습된 무기력 실험 결과의 허점과 반박을 위한 실험
④ 학습된 무기력 실험을 통해 알 수 있는 세상의 이치
⑤ 학습된 무기력이 자주 발생하는 분야와 실제 사례

09 다음 문단을 논리적 순서대로 알맞게 배열한 것을 고르시오.

> 가) 이는 빅스텝이나 자이언트스텝이 경기 침체 또는 금융 위기 등의 문제를 유발할 수 있기 때문으로, 오히려 인플레이션은 잡히지 않고 경기 불황까지 더해질 경우 스태그플레이션이 나타날 수도 있다.
> 나) 만약 금리를 0.5%p 확대하였음에도 불구하고 인플레이션이 잡히지 않는다면, 중앙은행에서는 빅스텝보다 더 큰 폭으로 기준금리를 인상하는 자이언트스텝을 단행할 수도 있다.
> 다) 경제 분야에서 사용되는 용어 중 빅스텝은 0.5%p의 금리 인상을 단행하는 것을 의미한다.
> 라) 보통 금리는 0.25%p의 폭을 두고 인상하지만, 인플레이션으로 인해 물가가 상승하는 등의 상황이 발생하면 인플레이션을 극복하기 위한 방안으로써 빅스텝을 시행하게 된다.
> 마) 자이언트스텝은 한 번에 0.75%p의 금리를 올리는 상황을 일컫는데, 미국 중앙은행에서는 1994년 11월에 시행한 이후로 한 번도 이루어진 적이 없었다고 한다.

① 다) - 나) - 마) - 가) - 라)
② 다) - 라) - 나) - 마) - 가)
③ 다) - 라) - 마) - 나) - 가)
④ 마) - 나) - 가) - 다) - 라)
⑤ 마) - 라) - 나) - 가) - 다)

10 다음 글의 제목으로 가장 적절한 것을 고르시오.

> 최근 우리나라 국민 1,000명을 대상으로 조사를 진행한 결과, 전체의 76.3%가 의사 조력 자살의 입법화에 찬성한다는 의견을 확인할 수 있었다. 존엄사라고도 불리는 의사 조력 자살은 의학적 치료가 더 이상 의미가 없는 사람이 개인의 자율적 판단하에 죽음을 선택할 경우 연명을 위한 치료 대신 인간으로서의 존엄과 가치를 지키며 질병에 의한 자연스러운 죽음을 받아들이는 것을 말한다. 큰 범주에서는 안락사에 속하기도 하는데, 인위적으로 죽음을 앞당기는 적극적 안락사보다는 환자 본인의 요청에 의해 생명유지를 위한 최소한의 치료를 중단하거나 의료진이 직접 약물을 제공하면 이를 환자가 직접 주사함으로써 죽음을 맞는 소극적 안락사에 더 가까운 개념이라 할 수 있다. 의사 조력 자살을 입법화하는 것도 중요하지만, 환자들이 죽음을 선택하는 이유에도 주목할 필요가 있는데, 대부분은 신체적 고통, 정신적 우울감, 사회·경제적 부담, 남아있는 삶의 무의미함으로 인해 의사 조력 자살을 선택하게 된다. 이는 환자의 신체적·정신적 부담을 덜어주는 의학적 조치나 의료비 지원, 삶에 대한 의미를 부여하는 활동 등에 대한 지원이 선행될 필요가 있음을 시사한다. 이러한 제도가 마련되지 않고 의사 조력 자살이 법제화될 경우 자연스럽게 이루어지는 것이 아니라 의사 조력 자살이 강요에 의해 급격하게 행해질 가능성이 높으므로 윤리적 측면에서 의사 조력 자살로 인한 문제를 최소화하려면 환자의 신체, 정신, 사회·경제적, 존재적 고통이 먼저 해소될 필요가 있다.

① 의사 조력 자살의 입법화 시 유발될 수 있는 윤리적 측면의 부작용

② 환자 개인의 자율성 측면에서 의사 조력 자살이 입법화되어야 하는 이유

③ 소극적 의미의 안락사 시행 시 환자들이 얻게 되는 이점

④ 불치병 환자에 대한 연명 치료가 의료계에 미친 긍정적인 영향

⑤ 의사 조력 자살의 입법화 이전 환자의 고통 해소를 위한 제도 마련의 필요성

11 다음 문단을 논리적 순서대로 알맞게 배열한 것을 고르시오.

가) 3대 음악 콩쿠르 중에서도 가장 주목할 점은 피아노, 바이올린, 첼로, 성악, 작곡 부문에서 경연을 시행하는 퀸 엘리자베스 콩쿠르와 차이코프스키 콩쿠르와 달리 쇼팽 국제 피아노 콩쿠르에서는 오직 피아노 부문만의 경연을 진행한다는 것이다. 또한, 작품 역시 쇼팽이 작곡한 곡으로만 진행해야 한다. 참가 대상은 매년 다소 차이가 있지만 보통 17~30세의 젊은 피아니스트를 대상으로 진행된다.

나) 퀸 엘리자베스 콩쿠르, 차이코프스키 콩쿠르와 함께 세계 3대 음악 콩쿠르로 꼽히는 쇼팽 국제 피아노 콩쿠르는 폴란드 출신이자 작곡가인 프레데리크 쇼팽을 기리고자 1927년부터 창설되었으며, 폴란드의 수도 바르샤바에서 5년에 한 번씩 개최된다.

다) 결선까지 진행되고 나면 1위부터 6위까지 수상자를 선별하는데, 만약 심사 기준에 적합한 실력자가 없다고 판단될 경우 수상자를 선정하지 않는다. 실제로 1990년과 1995년에는 1위가 공석이었고, 2005년에는 2위가 공석이었다. 수상자들은 경연이 끝나고 나면 바르샤바 필하모닉 콘서트홀에서 개최되는 갈라 콘서트와 세계 각지의 공연장에서 연주할 기회를 얻게 된다.

라) 그렇다면 콩쿠르는 어떻게 진행될까? 콩쿠르는 1970년부터 10월로 고정되어 열리고 있으며, 기간은 약 3주 동안 예선, 3차의 본선, 결선이 진행된다. 참가자들은 예선부터 본선까지 에튀드, 녹턴, 왈츠, 스케르초, 발라드, 판타지, 마주르카, 폴로네이즈, 소나타 등 40여 곡을 연주해야만 하며, 결선에서는 쇼팽 피아노 협주곡 1번이나 피아노 협주곡 2번 중 한 곡을 오케스트라와 협연하게 된다.

① 가) - 나) - 다) - 라)

② 가) - 나) - 라) - 다)

③ 나) - 가) - 다) - 라)

④ 나) - 가) - 라) - 다)

⑤ 나) - 다) - 라) - 나)

12 다음 글을 읽고 추론한 내용으로 적절한 것을 고르시오.

> 장기화된 소비 침체에도 불구하고 국내에 진출한 해외 유명 브랜드들은 제품 가격을 무자비하게 인상하고 있다. 이들이 세간의 비난을 받으면서도 제품의 가격을 인상하는 목적은 한국 소비자들의 베블런효과를 이용해 이득을 챙기려는 것으로 추측할 수 있다. 베블런효과란 제품의 가격이 오를수록 해당 제품에 대한 수요가 늘어나는 현상을 의미하는 것으로, 일부 계층의 과시욕이나 허영심 때문에 나타난다. 실제로 해외 유명 브랜드들의 가격 인상에도 오히려 해당 제품들에 대한 인기는 더욱더 높아지고 있다. 더 큰 문제는 최근 들어 해외 유명 브랜드뿐만 아니라 식품, 등산용품, 유아용품 등 일상적인 물품들을 판매하는 중저가 브랜드에서도 고급화라는 명목으로 제품 가격을 인상하고 있다는 것이다. 베블런효과는 장기적으로 우리 사회의 소비문화를 왜곡시키고 국민경제에 부정적인 영향을 줄 수 있다. 그러므로 이를 방지하고 보다 합리적인 소비문화를 정착시키기 위해 기업과 소비자 모두가 노력해야 한다.

① 한국인은 외국인에 비해 합리적인 소비를 추구하는 경향이 있어서 가격 변화에 민감하다.

② 베블런효과는 제품에 대한 수요가 가격과 반비례하는 현상이다.

③ 해외 유명 브랜드가 아니더라도 베블런효과를 노리고 제품의 가격을 인상하는 기업이 있다.

④ 지속된 국내 경기 악화로 해외 유명 브랜드 제품의 판매 수익이 감소하고 있다.

⑤ 합리적 소비를 위한 소비자들의 노력만 있다면 왜곡된 소비문화는 자연스럽게 해결될 수 있다.

13 다음 글의 내용과 일치하지 않는 것을 고르시오.

> 우리는 대개 개인이 인식하고 있는 주관적인 거리를 바탕으로 상황을 해석하고 결정을 내린다. 여기서 말하는 주관적인 거리는 개인의 경험에 의해 형성되어 인지하는 심리적 거리로, 시간적 거리감, 공간적 거리감, 사회적 거리감, 발생확률적 거리감 등의 요소가 영향을 미친다. 이에 따라 사람들은 시간적·공간적 거리가 근접할수록, 자신과의 관계가 친밀할수록, 자기 주변에서 흔히 발생하는 사건일수록 심리적 거리가 가깝다고 여긴다. 따라서 같은 상황에 놓여도 심리적 거리감을 다르게 인식하여 이를 해석하는 정도나 수준이 개인마다 달라지게 된다. 일반적으로 심리적 거리가 먼 현상에 대해서는 높은 수준의 해석을 하지만, 심리적 거리가 자신과 가깝다고 느낄 때는 낮은 수준의 해석을 한다. 이때 높은 수준은 추상적이고 본질적인 것에 집중하며, 낮은 수준은 구체적이고 부차적인 속성을 중심으로 현상을 식별하고 의사결정을 내린다는 의미이다. 사회적 거리가 가까운 가족이나 친한 친구들의 조언은 구체적이고 부차적으로 이해하는 반면에, 잘 모르는 사람의 조언이나 일면식도 없는 누리꾼의 후기를 더 본질적이고 객관적인 정보로 받아들이게 되는 것도 이 때문이다. 한편 심리적 거리는 특히 시간의 영향을 많이 받는데, 심리적 거리가 가까웠던 대상도 시간이 흐르면 거리가 멀어져 해석 결과가 달라지기도 한다. 여행을 다녀온 직후에는 여행지에서 방문했던 관광명소의 특징, 숙소의 상태나 음식이 어땠는지 등 구체적인 상황을 중심으로 자세히 이야기할 수 있지만, 시간이 지나면 여행지의 전반적인 상황만 기억하고 상위 수준의 해석을 하게 되는 것도 이와 같은 이치이다.

① 사람은 심리적 거리가 멀다고 느끼는 현상에 대해서는 본질적인 속성을 기준으로 판단하는 경향이 있다.
② 시간적 거리감으로 인해 현재 기준으로 오래되지 않은 시점의 사건일수록 추상적인 해석을 하게 된다.
③ 자신의 주위에서 일어날 가능성이 매우 높은 사건이라면 하위 수준의 해석을 적용하게 된다.
④ 일반적으로 사람은 자신이 경험하고 축적한 기억을 바탕으로 심리적인 거리를 결정하는 경향이 있다.
⑤ 사회적 거리감에 따라 지인이 하는 말보다 생판 남이 하는 말을 더 객관적인 정보로 받아들인다.

14 다음 글에 이어질 내용으로 가장 적절한 것을 고르시오.

성악(聲樂)은 사람의 음성으로 하는 음악을 말한다. 오늘날에는 여성과 남성 성악가가 모두 활동하고 있지만, 과거 19세기까지만 하더라도 여성은 오페라는 물론 교회의 성가대에서도 노래를 할 수 없었다. 이에 따라 중세 시대에는 변성기를 거치지 않은 6~8세의 남자아이를 거세하여 여성과 같은 고음을 노래하도록 하는 카스트라토와 변성된 목소리로 가성을 활용한 노래가 가능한 카운터테너가 등장하게 되었다. 카스트라토가 신체적 변화를 막아 변성기 이전의 목소리를 유지한 것과 달리 카운터테너는 변성기 이후 가성을 훈련함으로써 여성의 음역인 알토를 노래한 것이 특징이다. 특히 카운터테너는 목에 힘을 주지 않는 팔세토 창법을 활용해 높은음을 낼 수 있었는데, 호흡으로 소리를 받치면서 머리로 소리를 띄워 올리는 방법을 활용했다고 한다. 본래 17~18세기 오페라의 부흥과 더불어 카스트라토가 인기를 얻었던 것과 달리 카운터테너는 여성역으로는 크게 주목받지 못하였으나 19세기에 이르러 카스트라토가 법적으로 금지되며 점차 인기를 얻게 되었다가 여성 성악가의 등장으로 그 역할도 변화하게 되었다.

① 오페라의 부흥과 카스트라토의 역할 변천 과정
② 카스트라토와 카운터테너의 차이점
③ 카운터테너 호흡법의 특징
④ 중세 유럽 시기 카운터테너의 등장으로 인한 문제점
⑤ 20세기 이후 성악에서 카운터테너의 역할과 부흥기

15 다음 글의 내용과 일치하지 않는 것을 고르시오.

심리학자인 브루마 자이가르닉은 식당의 종업원이 주문을 받을 때는 손님들이 주문한 음식을 정확히 기억하고 있었지만, 음식이 제공된 뒤에는 손님들이 주문한 음식을 기억하지 못하는 것을 보며 원인을 알기 위한 연구에 착수하였다. 자이가르닉은 한 그룹에는 일을 모두 마치도록 설정하고, 다른 한 그룹은 일을 마치지 못 하도록 방해하는 실험을 하였고, 실험 결과 전자의 그룹보다 후자의 그룹이 자신이 수행한 일에 대해 더 잘 기억한다는 결과를 얻었다. 이를 일컬어 자이가르닉 효과라고 하며, 사람은 미완성된 상황에 대해서는 잘 기억하지만 완성된 상황에서는 그 일과 관련된 정보들을 망각하게 된다고 한다. 즉, 일이 마무리되지 않을 경우 긴장 혹은 불편한 마음이 지속되어 잔상이 오래 남게 되는 것이다. 흔히 첫사랑은 쉽게 잊히지 않는다고 하는 것도 사랑이 이루어지지 않았기에 더 잘 기억하는 것이며, 비슷한 맥락에서 외상 후 스트레스 장애 역시 본인이 겪었던 사건에 대한 완결이 되지 않아 과거의 기억으로 인한 정신적 고통을 겪는다는 점에서 일종의 자이가르닉 효과라고 볼 수 있다.

① 보통의 사람들은 이미 종료된 상황보다 종료되지 않은 상황을 더 잘 기억하게 된다.
② 첫사랑을 잊지 못하는 사람은 자신의 사랑이 완성되지 않았다고 생각하기 때문에 잊지 못하게 된다.
③ 대개의 식당 종업원은 손님이 주문한 음식을 제공하고 나면 그 손님이 주문한 음식을 잊을 것이다.
④ 끔찍한 사고를 겪은 사람이 외상 후 스트레스 장애를 겪는 것도 자이가르닉 효과로 여겨진다.
⑤ 사람들은 어떠한 일이 마무리되지 않은 상황을 마주하게 되면 긴장이 풀어지는 경향이 있다.

16 다음 글의 내용과 일치하지 않는 것을 고르시오.

1940년대 후반 드렉셀대학교의 대학원생이었던 버나드 실버는 식품 체인점 사장이 계산대에서 자동으로 제품 정보를 인식할 수 있는 시스템을 필요로 한다는 이야기를 듣게 되었다. 이에 그는 친구인 노먼 우드랜드와의 공동 연구를 통해 컴퓨터가 읽을 수 있는 검은 막대와 하얀 막대를 조합한 막대(Bar) 모양 부호(Code), '바코드'를 개발하였다. 바코드의 정보를 읽기 위해서는 반드시 판독기를 사용해야 한다. 판독기는 빨간 레이저 광선을 바코드에 쏘는데, 이때 빛을 흡수하는 검은 막대 선과 부딪친 광선은 약하게 반사되며, 빛을 반사하는 흰 막대 선과 부딪친 광선은 상대적으로 강하게 반사된다. 이 빛으로 이루어진 신호는 아날로그-디지털 변환기를 통과하게 되고, 빛의 강약에 따라 0과 1의 이진법으로 구성되는 디지털 신호로 변환된다. 그러면 컴퓨터가 해당 제품의 정보를 데이터베이스에서 읽어내는 것이다. 바코드가 가장 활발하게 이용되는 것은 유통업계이다. 계산대에서 바코드를 찍으면 물건 가격이 자동으로 계산되기 때문에 손님의 대기 시간을 줄일 수 있을 뿐만 아니라, 판매와 동시에 재고 기록이 갱신되어 정확하고 효율적인 재고 관리를 가능하게 한다. 최근에는 막대의 굵기에 따라 가로 방향으로만 정보를 표현했던 1차원 바코드에서 발전된 형태로 세로 방향에도 정보를 담을 수 있는 2차원 바코드가 개발되었다. 2차원 바코드는 기존 바코드보다 훨씬 많은 정보를 담을 수 있으며, 문자나 숫자는 물론이고 용량이 큰 사진, 영상 등 다양한 형태의 정보를 저장할 수 있다. 특히 2차원 바코드는 1차원 바코드와 달리 바코드 자체가 파일 역할을 하므로 데이터베이스가 연동되어 있지 않아도 바코드를 읽기만 하면 그 내용을 바로 컴퓨터 화면에서 확인할 수 있다. 또한, 2차원 바코드는 어느 방향으로 판독기를 가져다 대도 인식되며, 바코드의 상당 부분이 훼손되어도 복구가 가능하다는 장점이 있다.

① 바코드의 개발 덕분에 소비자와 유통업체 모두 긍정적인 효과를 볼 수 있었다.
② 1차원 바코드는 데이터베이스와 연동되어야 정보를 읽을 수 있다.
③ 2차원 바코드는 문자나 숫자뿐 아니라 사진이나 영상 형태의 정보도 담을 수 있다.
④ 만약 바코드의 상당 부분이 훼손되더라도 2차원 바코드는 복구가 가능하다.
⑤ 세로 방향으로만 정보를 표현할 수 있는 1차원 바코드를 보완한 것이 2차원 바코드이다.

17 다음 글의 내용과 일치하지 않는 것을 고르시오.

청력이 좋지 않은 사람들은 손실된 소리의 보강을 위해 보청기를 사용한다. 보청기는 소형 마이크, 증폭기, 스피커로 이루어져 있는데, 마이크로 인입된 소리는 증폭기를 통해 확대되어 스피커로 송출되게 된다. 보청기를 사용해야 하는 사람은 보청기를 사용함으로써 그렇지 않았을 때보다 청력이 증대되는 이들을 기준으로 하는데, 보통 순음청력검사 결과 30dB 이상의 청력 손실이 있어 일상생활에 불편함을 겪는 경우 해당된다. 보청기는 착용하는 위치에 따라 상자형, 귀걸이형, 귓속형, 고막형, 안경형으로 구분되며, 소리를 증폭하는 방식에 따라 선형, 비선형, 주파수 전위 보청기로 나뉜다. 종류가 다양한 만큼 보청기 사용 여부의 결정은 의사와의 상담 후에 이루어져야 하며, 개인별로 청력의 손상 정도와 귀의 생김새 등이 다르기 때문에 청력 검사 결과 및 개인의 특성에 따라 적당한 크기와 기능의 보청기를 선택해야 한다. 특히 보청기를 사용하더라도 난청이 지속적으로 진행될 수도 있으므로 보청기 기능이 시간이 흐르며 약해진다면 청력 검사를 재진행하고 보청기를 조절할 필요가 있다.

① 사람마다 귀 모양이나 청력 손실 정도가 다르므로 보청기는 개인의 특성에 맞춰 제작되어야 한다.
② 보청기는 한번 착용하고 나면 조절이 어려우므로 의사와 신중하게 상의한 후 착용을 결정해야 한다.
③ 순음청력검사상 청력 손실이 30dB보다 높게 나타난 사람은 보청기 착용이 권장된다.
④ 소리 증폭 방식에 따라 보청기는 선형, 비선형, 주파수 전위 보청기로 구분할 수 있다.
⑤ 보청기는 소형 마이크와 증폭기, 스피커로 구성되어 있다.

18 다음 글을 읽고 추론한 내용으로 적절하지 않은 것을 고르시오.

기업은 이윤 추구를 위해 다양한 방법을 고안한다. 이러한 과정에서 나온 슈링크플레이션(Shrink-flation)은 제품의 가격은 건드리지 않고 제품의 크기 또는 중량을 줄이거나 품질을 낮추어 생산함으로써 이윤을 추구하는 전략이다. 줄어든다는 의미의 슈링크(Shrink)와 물가 상승이란 의미의 인플레이션(Inflation)이 합쳐져 탄생한 이 전략은 인플레이션으로 인해 원자재 가격이 상승했을 경우 소비자가 모르게 지속적인 이윤 추구를 하고자 할 때 사용된다. 즉, 인플레이션이 발생하더라도 기존과 동일한 이윤을 얻고자 한다면 제품의 가격 상승이나 값싼 원자재로의 변경 등을 꾀할 수 있겠으나 이 방법은 기존 소비자의 이탈 가능성이 높다는 문제가 있다. 하지만, 슈링크플레이션을 통해 가격 인상 대신 내용물을 축소하면 소비자는 기존과 동일한 가격을 지불하므로 쉽게 알지 못해 가격 저항이 덜하고, 기업은 이윤을 더 챙길 수 있다. 결과적으로 소비자 입장에서는 단위 중량당 더 높은 가격을 지불해야 하지만, 알아채는 경우가 적다는 점에서 일종의 꼼수라 볼 수 있다.

① 슈링크플레이션이 적용된 상품을 구매하려는 소비자는 단위 중량당 비용을 전보다 더 지불해야 한다.
② 슈링크플레이션은 줄어듦을 뜻하는 슈링크와 물가 상승을 뜻하는 인플레이션이 합쳐진 합성어이다.
③ 원자재 가격 상승으로 기업에서 제품의 판매가를 높이면 기존 소비자의 이탈이 발생할 것이다.
④ 상품의 패키지 크기는 변함없는데 내용물의 양이 줄어들었다면 소비자는 바로 알아차릴 가능성이 높다.
⑤ 기업이 슈링크플레이션을 활용하는 궁극적인 이유는 이윤 증대라는 목적을 달성하기 위함이다.

19 다음 글을 읽고 추론한 내용으로 적절하지 않은 것을 고르시오.

> 메렝게(Merengue)는 도미니카공화국의 대중적 무곡을 말한다. 선율은 밝은 것이 많고, 리듬은 2/4박자에 2마디를 한 단위로 하며, 아코디언, 탐보르, 귀로, 색소폰 등 소규모의 악기로 연주된다. 메렝게는 선거 운동과 같은 정치적 행사부터 사교 모임, 축하 행사 등 다양한 분야에서 적극적으로 활용되는데, 친구, 가족, 직장 동료 등 가까운 사이의 사람들과의 모임에서 대화하거나 일하는 시간에 흥을 돋우고 분위기를 편안하게 만들고자 음악을 듣고 춤을 추는 경우가 많다. 그렇지만 2005년에는 대통령령에 따라 11월 26일을 '국가 메렝게의 날'로 선포하기도 해 전통적 풍습이 국가적 측면에서도 인정된 바 있으며, 2016년에는 유네스코 무형문화유산에 지정되기도 하여 도미니카공화국 사람들에게 있어서 메렝게는 국가 정체성의 한 부분으로 여겨지기도 한다. 메렝게의 근원지는 도미니카공화국의 북부 지방으로 판단되지만, 영향권은 단순히 도미니카공화국에 한정되지 않고 푸에르토리코, 미국, 카리브해 연안 지역까지 포괄한다. 그러나 베네수엘라의 메렝게는 3/4박자와 6/8박자의 혼합 리듬을 기본으로 하고 단조의 곡이 많다는 점에서 도미니카공화국의 메렝게와는 구별된다.

① 메렝게는 선거 운동 등의 정치적인 행사 외에도 사교 모임, 축하 행사와 같이 일상생활 속에서도 자주 활용된다.

② 2/4박자를 기본으로 하는 메렝게는 연주 시 다양한 악기가 필요하다는 점에서 대규모 악단이 준비되어야 한다.

③ 유네스코에서 메렝게를 무형문화유산으로 지정한 시기보다 도미니카공화국에서 국가 메렝게의 날을 지정한 시기가 더 빠르다.

④ 메렝게의 영향권은 푸에르토리코, 미국, 카리브해 연안까지 포괄하지만 발상지는 도미니카공화국의 북부 지방이다.

⑤ 베네수엘라의 메렝게는 도미니카공화국의 메렝게와 리듬도 다르고 단조의 곡이 많아 별개의 곡으로 여겨진다.

20 다음 주장에 대한 반박으로 가장 타당한 것을 고르시오.

> 커피를 마시는 사람들이 점점 늘어나고 있다. 커피에는 카페인이 함유되어 있는데, 적당한 양의 카페인 섭취는 두통 해소에도 도움이 되는 등 이점이 있지만, 임산부 혹은 임신을 계획하고 있는 사람이라면 카페인 섭취에 주의할 필요가 있다. 실제로 보통의 성인이 카페인 분해 시 5~6시간 정도가 소요되지만, 임산부의 경우 그 시간이 약 18시간으로 3배가량 늘어나게 된다. 이로 인해 임산부의 다량의 카페인 섭취는 칼슘 및 철분의 흡수를 방해할 수 있으며 장기적으로는 복중 태아의 유산, 사산, 소아 백혈병 등의 심각한 영향을 미칠 수 있다. 또한 섭취 기준이 명확하지 않다는 점이 문제인데, 우리나라의 경우 임산부의 일일 카페인 권고량을 300mg 이하로 제한하나 미국에서는 하루 200mg으로 제한하고 있다. 아메리카노를 기준으로 커피 1잔의 카페인 함량이 약 150mg이긴 하지만, 커피 2잔을 마실 경우 우리나라 일일 카페인 권고량을 넘어설 수 있다는 점을 고려해 임산부라면 커피를 마시지 않아야 한다.

① 임산부의 스트레스 조절이 중요하기 때문에 두통이 발생할 때의 카페인 섭취는 필요하다.
② 카페인의 분해 시간이 길어지는 것은 임산부에게 발생하는 자연스러운 현상이므로 주의할 필요는 없다.
③ 카페인의 잠재적 위험성을 고려하였을 때 임산부뿐 아니라 일반 성인도 커피를 마시지 않아야 한다.
④ 하루 200mg 이하로 조절하여 카페인을 섭취하면 임산부의 건강에도 무리가 가지 않을 것이다.
⑤ 임산부의 카페인 권장 섭취량은 복중 태아의 성장 단계에 따라 다르므로 이를 확인하고 커피를 마셔야 한다.

▶ 해설 p.68

01 다음 명제가 모두 참일 때, 항상 참인 문장을 고르시오.

- 파충류는 알을 낳는다.
- 인룡류는 파충류이다.
- 조류는 알을 낳는다.

① 인룡류는 알을 낳는다.

② 조류는 인룡류이다.

③ 인룡류가 아니면, 파충류가 아니다.

④ 알을 낳으면, 인룡류이다.

⑤ 인룡류는 조류이다.

02 다음 명제가 모두 참일 때, 항상 참인 문장을 고르시오.

- 저기압 중심 지역에는 난층운이 생성된다.
- 비가 내리는 지역의 사람들은 우산을 챙긴다.
- 난층운이 생성된 지역에는 비가 내린다.

① 비가 내리지 않는 지역은 저기압 중심 지역이다.

② 난층운이 생성되지 않은 지역의 사람들은 우산을 챙기지 않는다.

③ 비가 내리는 지역은 저기압 중심 지역이다.

④ 저기압 중심 지역의 사람들은 우산을 챙긴다.

⑤ 사람들이 우산을 챙기지 않는 지역은 난층운이 생성된 지역이다.

03 다음 명제가 모두 참일 때, 항상 참인 문장을 고르시오.

• 당구를 잘하는 사람은 알까기를 잘한다. • 세심하지 않은 사람은 당구를 잘하지 못한다. • 공간지각능력이 뛰어나지 않은 사람은 알까기를 잘하지 못한다.

① 알까기를 잘하는 사람은 세심하다.

② 세심한 사람은 공간지각능력이 뛰어나다.

③ 세심하지 않은 사람은 알까기를 잘하지 못한다.

④ 당구를 잘하는 사람은 공간지각능력이 뛰어나다.

⑤ 공간지각능력이 뛰어나지 않은 사람은 당구를 잘한다.

04 다음 명제가 모두 참일 때, 항상 참인 문장을 고르시오.

• 유 부장이 양식을 좋아하지 않으면, 하 사원은 일식을 좋아한다. • 정 과장이 한식을 좋아하지 않으면, 길 인턴은 양식을 좋아하지 않는다. • 하 사원이 일식을 좋아하지 않으면, 노 대리는 일식을 좋아한다. • 박 차장이 중식을 좋아하면, 길 인턴은 양식을 좋아한다. • 노 대리가 일식을 좋아하지 않으면, 정 과장은 한식을 좋아한다. • 유 부장이 양식을 좋아하면, 박 차장은 중식을 좋아한다.

① 길 인턴이 양식을 좋아하지 않으면, 유 부장은 양식을 좋아한다.

② 노 대리가 일식을 좋아하면, 길 인턴은 양식을 좋아한다.

③ 박 차장이 중식을 좋아하지 않으면, 하 사원은 일식을 좋아한다.

④ 유 부장이 양식을 좋아하면, 정 과장은 한식을 좋아하지 않는다.

⑤ 정 과장이 한식을 좋아하면, 노 대리는 일식을 좋아하지 않는다.

05 **다음 명제가 모두 참일 때, 항상 참인 문장을 고르시오.**

- 대강당이 없는 호텔은 픽업 서비스와 피트니스 시설이 있다.
- 수영장이 없는 호텔은 세미나실이 있다.
- 수영장이 있는 호텔은 조식을 제공한다.
- 세미나실이 있거나 대강당이 있는 호텔은 조식을 제공하지 않는다.

① 피트니스 시설이 없는 호텔은 조식을 제공한다.
② 수영장이 있는 호텔은 대강당이 있다.
③ 픽업 서비스가 없는 호텔은 세미나실이 없다.
④ 조식을 제공하지 않는 호텔은 픽업 서비스를 제공한다.
⑤ 세미나실이 없는 호텔은 피트니스 시설이 있다.

06 **축구 선수인 A, B, C, D, E 5명은 올해의 선수상을 수상하여 호명 순서에 따라 차례대로 상을 받았다. 다음 조건을 모두 고려하였을 때, 항상 거짓인 것을 고르시오.**

- 5명의 포지션은 1명이 골키퍼이고, 공격수와 수비수는 각 2명이다.
- 동일한 포지션의 선수가 연달아 상을 받은 경우는 없다.
- A와 E는 연달아 상을 받았다.
- 가장 마지막으로 상을 받은 선수의 포지션은 공격수이다.
- C의 포지션은 골키퍼이며, 세 번째로 상을 받았다.
- D는 C보다 늦게 상을 받았다.

① A와 D의 포지션이 동일하다면, B의 포지션은 수비수이다.
② 5명이 상을 받는 순서로 가능한 경우의 수는 총 4가지이다.
③ A가 공격수라면, E는 두 번째로 상을 받았다.
④ E가 첫 번째로 상을 받았다면, B는 네 번째로 상을 받았다.
⑤ B보다 먼저 상을 받은 사람은 총 3명이다.

07 ○○브랜드는 A, B, C, D, E, F 6개의 매장을 운영하며 이번 달 매출액 순위를 산정하였다. 다음 조건을 모두 고려하였을 때, 항상 참인 것을 고르시오.

- 6개의 매장 중 매출액 순위가 동일한 매장은 없다.
- 매출액 순위가 가장 높은 매장은 B 매장이다.
- E 매장과 F 매장의 매출액 순위는 연속한다.
- D 매장은 A 매장보다 매출액 순위가 높지만, C 매장보다는 낮다.
- 매출액 순위가 가장 낮은 매장은 A 매장이 아니다.

① B 매장과 C 매장의 매출액 순위는 연속한다.
② A 매장과 E 매장의 매출액 순위는 연속한다.
③ A 매장의 매출액 순위는 5위이다.
④ D 매장과 F 매장의 매출액 순위는 연속한다.
⑤ 매출액 순위가 가장 낮은 매장은 E 매장이다.

08 ○○시에서 개최한 수학 경시대회에서 A, B, C, D, E, F 6명이 입상하였다. 다음 조건을 모두 고려하였을 때, 우수상을 받은 사람끼리 바르게 묶인 것을 고르시오.

- 최우수상은 1등, 우수상은 2등, 3등, 장려상은 4등, 5등, 6등에게 수여되었다.
- 점수가 높은 순서대로 1등부터 순차적으로 등수가 부여되며, 점수가 서로 동일한 사람은 없다.
- A의 점수는 C의 점수보다 높지만, B의 점수보다는 낮다.
- E의 점수와 F의 점수 사이의 점수를 획득한 사람은 1명이다.
- D의 등수는 E의 등수보다 2등 높다.
- A의 등수는 D의 등수보다 1등 낮다.

① A, C　② A, D　③ B, D　④ B, F　⑤ D, E

09 기주, 미현, 영완, 채은, 혜리 5명은 1점 구역부터 5점 구역까지 총 5개의 구역이 있는 과녁판에 인당 1개씩 다트를 던졌다. 다음 조건을 모두 고려하였을 때, 항상 거짓인 것을 고르시오.

- 5명 중 1명만 과녁판에 다트를 맞히지 못했고, 다트를 맞히지 못한 사람은 점수를 획득하지 못했다.
- 5명이 획득한 점수는 모두 다르다.
- 혜리는 기주보다 높은 점수를 획득했다.
- 채은이가 획득한 점수는 미현이와 영완이가 획득한 점수의 평균이다.
- 기주는 3점을 획득했다.

① 기주와 영완이가 획득한 점수 차이는 1점이다.
② 채은이보다 높은 점수를 획득한 사람은 3명이다.
③ 과녁판에 다트를 맞히지 못한 사람은 영완이다.
④ 미현이는 혜리보다 높은 점수를 획득했다.
⑤ 채은이와 혜리가 획득한 점수의 합은 기주가 획득한 점수의 2배 이상이다.

10 갑, 을, 병, 정, 무 다섯 명 중 한 명만 거짓을 말하고 있다. 갑~정은 각각 청팀 또는 백팀이며 무는 백팀일 때, 다섯 명 중 백팀인 사람의 수를 고르시오.

- 갑: 나와 을은 백팀이야.
- 을: 병과 정은 같은 팀이야.
- 병: 나와 정은 다른 팀이야.
- 정: 우리 다섯 명 중 내가 속한 팀에 속한 사람이 더 적어.
- 무: 을과 병 중 백팀은 1명이야.

① 1명　　② 2명　　③ 3명　　④ 4명　　⑤ 5명

11 A, B, C, D, E 5명 중 3명이 지각하였다. 이들 각각의 두 진술 중 하나는 진실, 하나는 거짓일 때, 지각한 사람끼리 바르게 묶인 것을 고르시오.

- A: 나는 지각하지 않았다. 그리고 C도 지각하지 않았다.
- B: 나는 지각하였다. 그리고 C는 지각하지 않았다.
- C: 나는 지각하였다. 그리고 D도 지각하였다.
- D: 나는 지각하지 않았다. 그리고 B도 지각하지 않았다.
- E: 나는 지각하지 않았다. 그리고 C는 지각하였다.

① A, C, D　② A, C, E　③ B, C, E　④ B, D, E　⑤ C, D, E

12 A, B, C, D, E 5명은 바닐라 맛, 딸기 맛, 초코 맛 아이스크림 중 한 가지를 선택해 먹으려고 한다. 다음 조건을 모두 고려하였을 때, 항상 참인 것을 고르시오.

- 아무도 선택하지 않은 맛은 없다.
- B와 E가 선택한 아이스크림은 서로 다르다.
- 딸기 맛 아이스크림을 선택한 사람은 C뿐이다.
- A가 선택한 아이스크림과 동일한 아이스크림을 선택한 사람은 1명이며, 그 사람은 E가 아니다.

① A는 D와 동일한 아이스크림을 선택한다.

② A가 바닐라 맛 아이스크림을 선택한다면, 초코 맛 아이스크림을 선택한 사람은 총 3명이다.

③ E가 초코 맛 아이스크림을 선택한다면, D는 바닐라 맛 아이스크림을 선택한다.

④ B는 초코 맛 아이스크림을 선택한다.

⑤ 5명이 아이스크림을 선택하는 방법으로 가능한 경우의 수는 총 2가지이다.

13 갑, 을, 병, 정 4명은 회사 점심시간이 끝나고 각자 구강 청결 방법으로 껌, 가글, 양치, 치실 중 두 가지 방법을 활용한다. 다음 조건을 모두 고려하였을 때, 항상 참인 것을 고르시오.

- 아무도 활용하지 않는 구강 청결 방법은 없다.
- 치실을 활용하는 사람은 1명, 껌을 활용하는 사람은 2명이다.
- 병이 활용하는 방법은 가글과 치실이다.
- 갑이 활용하는 방법 중 한 가지 방법만 을이 활용한다.
- 을이 활용하는 방법 중 병이 활용하는 방법은 없다.

① 을과 정이 활용하는 두 가지 방법은 모두 동일하다.

② 병이 활용하는 방법 중 한 가지 방법만 정이 활용한다.

③ 갑이 활용하는 방법 중 한 가지 방법만 정이 활용한다.

④ 가장 많은 사람이 활용하는 방법은 가글이다.

⑤ 정이 껌을 활용할 때 양치를 활용하는 사람이 껌을 활용하는 사람보다 많다.

14 甲 중학교는 4월 중 체험학습에 갈 날짜를 정하고자 한다. 다음 조건을 모두 고려하였을 때, 항상 거짓인 것을 고르시오.

- 4월 1일은 목요일이다.
- 체험학습은 토요일과 일요일에는 실시되지 않으며, 연속된 3일 동안 실시된다.
- 20일 이후에는 중간고사로 인해 체험학습을 실시하지 않는다.
- 6일과 13일에는 옆 학교와의 교류 행사로 인해 체험학습을 실시할 수 없다.

① 체험학습은 7일에 시작한다.

② 체험학습은 화요일에 실시하지 않는다.

③ 체험학습은 수요일에 시작한다.

④ 체험학습은 목요일에 끝난다.

⑤ 15일에는 체험학습을 실시하지 않는다.

15 대형 트럭을 운전하는 수찬이는 A, B, C, D, E, F 6개의 물류창고를 방문하였다. 다음 조건을 모두 고려하였을 때, 수찬이가 마지막 순서로 방문한 물류창고를 고르시오.

- B 물류창고와 F 물류창고는 연이어 방문하였다.
- C 물류창고는 네 번째 순서로 방문하였다.
- A 물류창고와 B 물류창고 사이에 방문한 물류창고는 2개이다.
- E 물류창고는 C 물류창고보다 먼저 방문했지만, F 물류창고보다는 늦게 방문하였다.

① A 물류창고 ② B 물류창고 ③ D 물류창고 ④ E 물류창고 ⑤ F 물류창고

16 A, B, C, D, E, F 6명은 식당에 서로 다른 시각에 입장하여 10분씩 식사를 하였다. 다음 조건을 모두 고려하였을 때, 항상 거짓인 것을 고르시오.

- 6명은 12시, 12시 10분, 12시 20분, 12시 30분, 12시 40분, 12시 50분 중 하나의 시각에 입장하였다.
- E는 D보다 늦게 식당에 입장하였다.
- 12시 45분에 식사를 한 사람은 B이다.
- A보다 먼저 식사를 한 사람은 1명 이하이다.
- C와 F 사이에 식당에 입장한 사람은 2명이다.

① C는 B보다 먼저 식당에 입장하였다.

② A가 12시 10분에 식당에 입장하면, A와 D 사이에 1명이 식당에 입장한다.

③ E는 12시 30분에 식당에 입장하였다.

④ F가 12시 20분에 식당에 입장하면, E는 F 바로 다음 순서로 식당에 입장한다.

⑤ 12시 35분에 식사를 한 사람은 C이다.

17 사거리에 A, B, C, D, E 5개의 가게가 입점해 있다. 다음 조건을 모두 고려하였을 때, 항상 참인 것을 고르시오.

- 사거리 주변으로 4개의 구역이 있으며, 가게는 1개당 하나의 구역에 입점해 있다.
- 1구역과 2구역, 2구역과 3구역, 3구역과 4구역, 4구역과 1구역은 각각 횡단보도로 연결되어 있다.
- 각 구역에는 1개 이상의 가게가 입점해 있다.
- A 가게는 2구역에 입점해 있다.
- B 가게에서 A 가게로 이동하는 경우 2개의 횡단보도를 건넌다.
- C 가게는 3구역에 입점해 있다.
- D 가게는 2구역 또는 4구역에 입점해 있다.

① C 가게에서 E 가게로 이동하는 경우 2개의 횡단보도를 건넌다.

② B 가게와 D 가게는 다른 구역에 입점해 있다.

③ A 가게와 D 가게는 같은 구역에 입점해 있다.

④ 2구역에 2개의 가게가 입점해 있다.

⑤ 1구역에 입점한 가게는 B 가게이다.

18 하늘이는 월요일부터 금요일까지 요일별로 부위를 다르게 하여 운동을 하였다. 다음 조건을 모두 고려하였을 때, 항상 참인 것을 고르시오.

- 요일별로 가슴, 다리, 등, 복근, 팔 중 한 부위의 운동을 하였다.
- 다리 운동을 한 다음 날 등 운동을 하였다.
- 가슴 운동과 복근 운동은 연이어서 하지 않았다.
- 팔 운동은 등 운동보다 늦게 하였다.
- 월요일에 한 운동은 가슴 운동이 아니고, 복근 운동도 아니다.

① 화요일에 한 운동은 다리 운동이다.

② 팔 운동을 한 다음 날 가슴 운동을 하였다.

③ 금요일에 한 운동은 복근 운동이 아니다.

④ 등 운동을 한 다음 날 복근 운동을 하였다.

⑤ 목요일에 한 운동은 팔 운동이다.

19 바닐라 맛, 버터 맛, 민트 맛, 딸기 맛, 초콜릿 맛 5개의 쿠키가 한 줄로 진열되어 있다. 다음 조건을 모두 고려하였을 때, 초콜릿 맛 쿠키가 왼쪽에서 몇 번째에 진열되어 있는지 고르시오.

- 딸기 맛 쿠키는 바닐라 맛 쿠키와 이웃하여 진열되어 있다.
- 바닐라 맛 쿠키는 민트 맛 쿠키와 이웃하지 않게 진열되어 있다.
- 민트 맛 쿠키는 오른쪽 끝에 진열되어 있다.
- 바닐라 맛 쿠키나 딸기 맛 쿠키는 왼쪽 끝에 진열되어 있지 않다.
- 초콜릿 맛 쿠키는 버터 맛 쿠키와 이웃하여 진열되어 있다.
- 초콜릿 맛 쿠키와 바닐라 맛 쿠키는 이웃하지 않게 진열되어 있다.

① 첫 번째 ② 두 번째 ③ 세 번째 ④ 네 번째 ⑤ 다섯 번째

20 종화는 전공 수업으로 미분적분학, 수치해석, 이산수학, 정수론, 통계학 과목을 수강하고 있다. 다음 조건을 모두 고려하였을 때, 화요일 15~16시에 진행되는 수업을 고르시오.

- 종화는 일주일 중 월요일, 화요일, 수요일 3일간 13시부터 18시까지 수업을 듣는다.
- 한 과목당 일주일에 3시간씩 수업이 진행된다.
- 정수론 수업은 하루에 1시간씩 동일한 시간대에 진행된다.
- 미분적분학, 이산수학, 통계학 수업 각각은 3시간씩 연달아 수업이 진행된다.
- 수치해석 수업은 하루에 1시간씩 진행되며, 하루 중 수치해석 수업보다 늦게 진행되는 수업은 없다.
- 이산수학 수업이 진행되는 요일은 통계학 수업보다는 빠르지만, 미분적분학 수업보다는 늦다.

① 미분적분학 ② 수치해석 ③ 이산수학 ④ 정수론 ⑤ 통계학

▶ 해설 p.73

01 다음은 권역별 해양관광산업 신규 채용 여부 및 신규 채용 인원에 대한 자료이다. 다음 중 자료에 대한 설명으로 옳지 <u>않은</u> 것을 고르시오.

[권역별 해양관광산업 신규 채용 여부 및 신규 채용 인원]

구분	사업체 수(개)	신규 채용 여부		신규 채용 인원	
		예(%)	아니오(%)	상용근로자(명)	임시 및 일용근로자(명)
수도권	1,841	6.0	94.0	183	56
서해안권	1,154	4.5	95.5	92	14
동해안권	3,573	1.7	98.3	145	62
다도해권	1,421	16.9	83.1	293	159
한려수도권	512	2.8	97.2	56	0
동남권	1,467	4.6	95.4	286	41
제주권	3,249	5.2	94.8	328	16

※ 신규 채용 인원은 상용근로자와 임시 및 일용근로자만 분류됨
※ 출처: KOSIS(해양수산부, 해양관광산업통계조사)

① 제주권 상용근로자 신규 채용 인원은 수도권 상용근로자 신규 채용 인원의 1.5배 이상이다.
② 신규 채용 여부에 '아니오'라고 응답한 동남권 사업체 수는 1,300개 이상이다.
③ 다도해권 임시 및 일용근로자 신규 채용 인원은 동남권 임시 및 일용근로자 신규 채용 인원보다 118명 더 많다.
④ 신규 채용 여부에 '예'라고 응답한 사업체 수는 한려수도권이 동해안권보다 많다.
⑤ 서해안권 전체 신규 채용 인원은 106명이다.

02 다음은 부문별 로봇산업 생산액과 2024년 직종별 로봇산업 인력 수에 대한 자료이다. 다음 중 자료에 대한 설명으로 옳은 것을 고르시오.

[부문별 로봇산업 생산액]

(단위: 억 원)

구분	2020년	2021년	2022년	2023년	2024년
전체	26,793	39,682	44,638	49,797	50,533
제조업용 로봇	20,000	24,500	26,576	30,030	28,800
전문서비스용 로봇	657	2,629	3,751	2,497	2,734
개인서비스용 로봇	2,727	3,206	3,322	3,575	3,526
로봇부품 및 부분품	3,409	9,347	10,989	13,695	15,473

[2024년 직종별 로봇산업 인력 수]

(단위: 명)

구분	전체	사무·관리직	영업직	연구직	생산직	기타
전체	37,113	7,047	5,810	6,882	17,057	317
제조업용 로봇	16,000	2,733	2,772	2,401	7,999	95
전문서비스용 로봇	3,705	767	592	1,083	1,169	94
개인서비스용 로봇	2,438	478	487	702	762	9
로봇부품 및 부분품	14,970	3,069	1,959	2,696	7,127	119

① 개인서비스용 로봇 생산액 대비 제조업용 로봇 생산액의 비율은 2022년이 2023년보다 더 크다.

② 제시된 기간 중 로봇부품 및 부분품 생산액이 다른 해에 비해 가장 많은 해와 가장 적은 해의 로봇부품 및 부분품 생산액 차이는 12,000억 원 미만이다.

③ 제시된 부문 중 2024년 사무·관리직 로봇산업 인력 수가 두 번째로 많은 부문의 2021년 생산액은 전년 대비 25% 이상 증가하였다.

④ 2024년 제조업용 로봇의 인력 1인당 평균 생산액은 1.8억 원이다.

⑤ 2024년 연구직 로봇산업 인력 수는 같은 해 전체 로봇산업 인력 수의 20% 이상이다.

03 다음은 A 국의 가구주가 종사하는 산업별 전체 가구 수 및 맞벌이 가구 수를 나타낸 자료이다. 다음 중 자료에 대한 설명으로 옳지 않은 것을 고르시오.

[산업별 전체 가구 수 및 맞벌이 가구 수]

(단위: 천 가구)

구분	2023년		2024년	
	전체 가구 수	맞벌이 가구 수	전체 가구 수	맞벌이 가구 수
농림어업	746	622	740	615
광·제조업	1,939	1,013	1,970	1,023
건설업	1,046	521	974	491
도소매·숙박음식점업	1,668	1,046	1,641	1,028
전기·운수·통신·금융	1,411	734	1,412	731
사업·개인·공공서비스	3,063	1,738	3,156	1,775

※ 맞벌이 가구 비율(%) = (맞벌이 가구 수 / 전체 가구 수) × 100

① 맞벌이 가구 수가 많은 산업부터 순서대로 나열하면, 그 순위는 2023년과 2024년이 동일하다.

② 제시된 산업 중 2024년 맞벌이 가구 수가 전년 대비 증가한 산업은 2개이다.

③ 2024년 가구주가 건설업에 종사하는 전체 가구 수는 전년 대비 72천 가구 감소했다.

④ 2023년 가구주가 도소매·숙박음식점업에 종사하는 전체 가구 수는 같은 해 농림어업에 종사하는 전체 가구 수의 2배 이상이다.

⑤ 2024년 가구주가 전기·운수·통신·금융에 종사하는 맞벌이 가구 비율은 전년 대비 증가했다.

04 다음은 연도별 기술무역 현황에 대한 자료이다. 다음 중 자료에 대한 설명으로 옳은 것을 고르시오.

[연도별 기술무역 현황]

(단위: 백만 달러)

구분	2018년	2019년	2020년	2021년	2022년	2023년	2024년
기술수출액	5,311	6,846	9,765	10,408	10,687	11,798	12,430
기술도입액	11,052	12,038	15,540	16,409	14,842	16,476	16,292

※ 1) 기술무역수지 = 기술수출액 - 기술도입액
2) 기술무역규모 = 기술수출액 + 기술도입액
3) 기술무역수지비 = 기술수출액 / 기술도입액

① 2022년부터 2024년까지 기술도입액의 평균은 16,000백만 달러 이상이다.

② 2024년 기술무역수지는 전년 대비 증가하였다.

③ 기술무역규모는 2020년이 2022년보다 크다.

④ 2019년 이후 기술수출액과 기술도입액의 전년 대비 증감 추이는 매년 동일하다.

⑤ 2018년 기술무역수지비와 2021년 기술무역수지비는 모두 0.5 이상이다.

05 다음은 Z 국의 저작물 종류별 잠재적 합법저작물의 시장규모 및 시장침해율을 나타낸 자료이다. 제시된 저작물 종류 중 합법저작물 시장침해규모가 가장 큰 저작물 종류의 합법저작물 시장규모는 얼마인가?

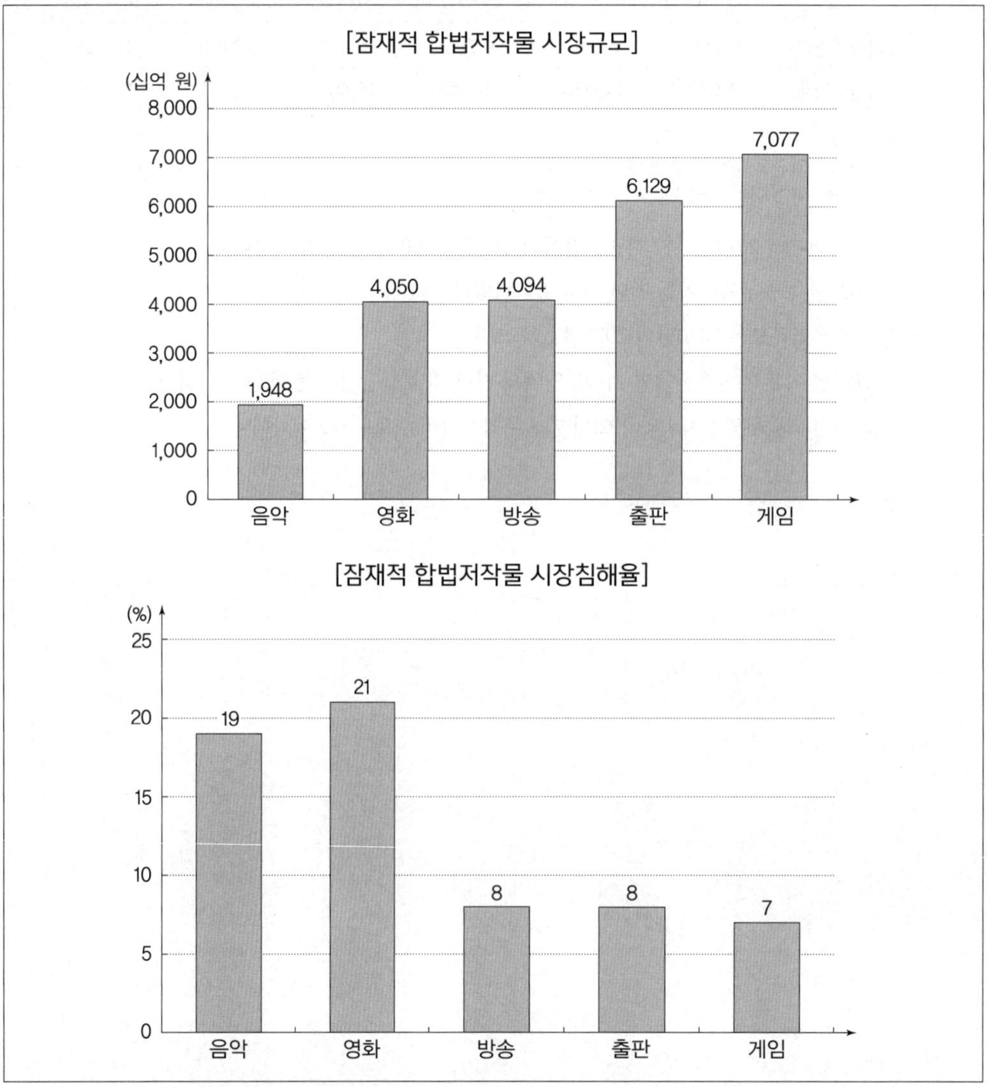

※ 1) 잠재적 합법저작물 시장규모 = 합법저작물 시장규모 + 합법저작물 시장침해규모
2) 잠재적 합법저작물 시장침해율(%) = (합법저작물 시장침해규모 / 잠재적 합법저작물 시장규모) × 100

① 1,577.9십억 원 ② 3,199.5십억 원 ③ 3,766.5십억 원
④ 5,638.7십억 원 ⑤ 6,581.6십억 원

06 다음은 기상산업의 대표자 성별 인원수에 대한 자료이다. 이를 바탕으로 기상산업 전체 대표자 수의 추이를 바르게 나타낸 것을 고르시오.

[기상산업의 대표자 성별 인원수]

(단위: 명)

구분	2016년	2017년	2018년	2019년	2020년
남자	377	398	460	492	525
여자	47	63	73	77	100

※ 출처: KOSIS(한국기상산업기술원, 기상산업실태조사)

①
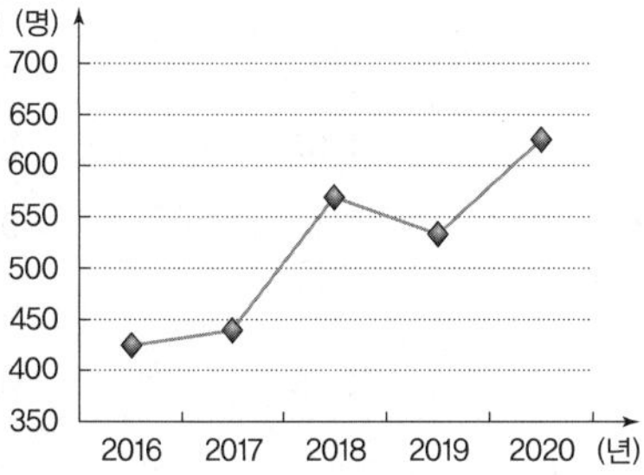

②
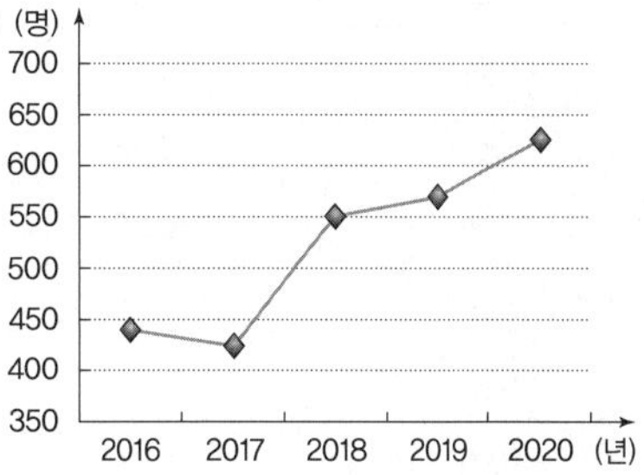

③
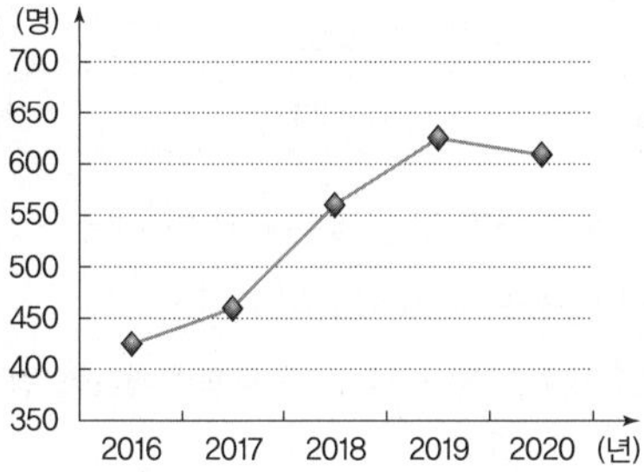

④
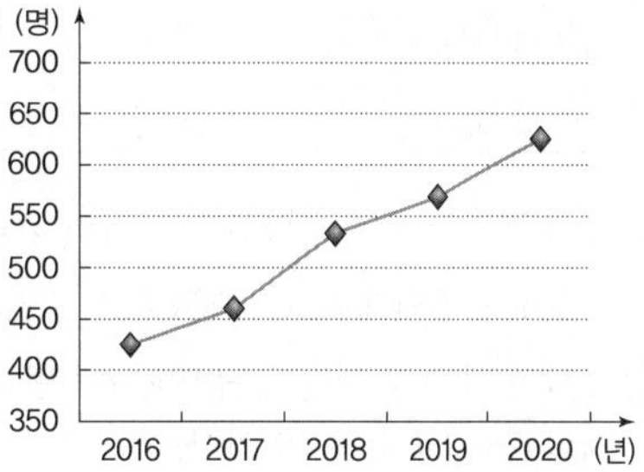

⑤
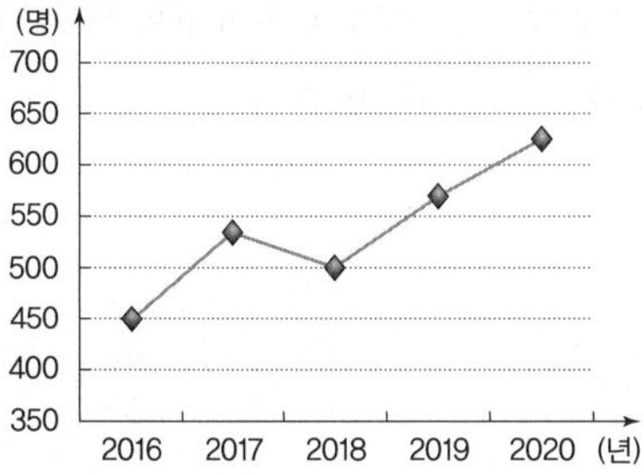

07 다음은 K 국의 2024년 전국 및 3구의 월별 주택매매가격 변동률에 대한 자료이다. 다음 중 자료에 대한 설명으로 옳은 것을 고르시오.

[월별 전국 및 3구 주택매매가격 변동률]

(단위: %)

구분	전국	A 구	B 구	C 구
1월	-0.15	-0.39	-0.85	-0.47
2월	-0.12	-0.56	-0.82	-0.32
3월	-0.16	-0.44	-0.65	-0.34
4월	-0.21	-0.45	-0.23	-0.15
5월	-0.16	-0.22	-0.03	-0.06
6월	-0.13	-0.03	0.02	0.01
7월	-0.09	0.17	0.16	0.13
8월	-0.05	0.26	0.22	0.15
9월	0.01	0.27	0.18	0.16
10월	0.12	0.51	0.87	0.72
11월	0.19	0.72	0.87	0.77
12월	0.38	1.56	2.24	1.72

① 제시된 기간 중 A 구와 B 구 각각의 주택매매가격 변동률이 가장 낮은 달은 서로 다르다.

② 11월 A 구 주택매매가격 변동률은 전국 주택매매가격 변동률보다 0.63%p 더 높다.

③ 제시된 기간 중 전국 주택매매가격 변동률이 처음으로 양수가 된 달에 C 구 주택매매가격 변동률은 전월 대비 6.5% 이상 증가하였다.

④ 7월부터 10월까지 주택매매가격 변동률의 전월 대비 증감 추이는 B 구와 C 구가 매월 동일하다.

⑤ 10월 주택매매가격 변동률의 전월 대비 증가량은 B 구가 A 구의 3배 이상이다.

08 다음은 2021년 하반기 철강 종류별 생산량에 대한 자료이다. 해당 자료를 보고 A~D를 바르게 짝지은 것을 고르시오.

[2021년 하반기 철강 종류별 생산량]

(단위: 천 톤)

구분	7월	8월	9월	10월	11월	12월
조강	6,124	6,104	5,441	5,782	5,834	5,935
철강재	6,886	6,728	6,357	6,504	6,421	6,575
A	411	379	283	321	302	304
H형강	311	303	194	226	207	219
B	352	293	292	332	321	300
철근	898	905	784	940	903	905
C	320	343	287	323	226	281
중후판	705	750	691	678	815	777
열연강판	1,552	1,472	1,497	1,413	1,406	1,442
냉연강판	844	822	768	732	695	802
용융 아연도 강판	637	653	666	635	641	622
전기 아연도 강판	153	158	145	140	120	143
컬러강판	208	213	211	203	201	188
석도강판	52	54	54	57	52	45
D	387	336	343	386	395	416

※ 출처: KOSIS(한국철강협회, 철강통계조사)

㉠ A, B, C, D는 각각 강관, 봉강, 선재, 형강 중 한 종류에 해당한다.
㉡ 12월의 봉강 생산량은 300천 톤 이하이다.
㉢ 7월의 형강 생산량은 강관 생산량보다 많다.
㉣ 제시된 기간 동안 선재의 월평균 생산량은 300천 톤 이하이다.

	A	B	C	D
①	형강	봉강	선재	강관
②	형강	선재	봉강	강관
③	봉강	형강	강관	선재
④	강관	봉강	선재	형강
⑤	강관	선재	봉강	형강

09 다음은 지역별 보건·사회복지서비스업과 전산업의 사업체 수를 나타낸 자료이다. 다음 중 자료에 대한 설명으로 옳지 않은 것을 고르시오.

[지역별 보건·사회복지서비스업 및 전산업 사업체 수]

(단위: 백 개)

구분	20X2년		20X3년		20X4년	
	보건·사회복지서비스업	전산업	보건·사회복지서비스업	전산업	보건·사회복지서비스업	전산업
서울	289	8,229	288	8,234	292	8,236
부산	91	2,866	92	2,889	97	2,904
대구	70	2,094	71	2,105	73	2,109
인천	73	1,967	74	2,025	76	2,062
광주	49	1,184	49	1,196	50	1,237
대전	50	1,154	50	1,176	50	1,196
울산	29	839	29	857	30	871

※ 보건·사회복지서비스업 사업체 비율(%) = (보건·사회복지서비스업 사업체 수 / 전산업 사업체 수) × 100

※ 출처: KOSIS(통계청)

① 20X2년부터 20X4년까지 제시된 지역 중 전산업 사업체 수가 세 번째로 많은 지역은 매년 동일하다.

② 20X4년 광주의 전산업 사업체 수는 전년 대비 5% 이상 증가하였다.

③ 20X3년 보건·사회복지서비스업 사업체 비율은 부산이 대전보다 작다.

④ 20X3년 인천의 전산업 사업체 수는 전년 대비 58백 개 증가하였다.

⑤ 20X2년 제시된 지역의 보건·사회복지서비스업 사업체 수의 평균은 90백 개 이상이다.

10 다음은 차종별 고속국도와 일반국도의 이용 비율을 나타낸 자료이다. 다음 중 자료에 대한 설명으로 옳은 것을 고르시오.

[차종별 고속국도 이용 비율]

(단위: %)

구분	2020년	2021년	2022년	2023년	2024년
승용차	69.3	70.5	68.5	68.7	69.3
버스	3.3	3.1	3.0	3.1	3.0
화물차	27.4	26.4	28.5	28.2	27.7

[차종별 일반국도 이용 비율]

(단위: %)

구분	2020년	2021년	2022년	2023년	2024년
승용차	75.0	75.7	75.7	76.2	76.2
버스	2.2	2.1	2.0	1.9	1.8
화물차	22.8	22.2	22.3	21.9	22.0

① 2023년 버스의 고속국도 이용 비율은 일반국도 이용 비율의 1.5배 이상이다.

② 2024년 승용차의 고속국도 이용 비율의 전년 대비 증가율은 0.5% 미만이다.

③ 2022년 고속국도와 일반국도를 이용한 전체 차량 대수가 각각 1,000만 대라면, 같은 해 고속국도를 이용한 화물차가 일반국도를 이용한 화물차보다 65만 대 이상 더 많다.

④ 2021년 이후 고속국도 이용 비율의 전년 대비 증감 추이는 승용차와 버스가 매년 서로 다르다.

⑤ 2020년 고속국도를 이용한 버스가 60만 대라면, 같은 해 고속국도를 이용한 승용차는 1,200만 대 미만이다.

11 다음은 종사자 규모별 사업체 수 및 육아휴직제도 사용 근로자 수에 대한 자료이다. 다음 중 자료를 분석한 [기사문]의 내용으로 옳은 것을 모두 고르시오.

[종사자 규모별 사업체 수 및 육아휴직제도 사용 근로자 수]

(단위: 개, 명)

구분	2018년		2019년		2020년	
	사업체 수	근로자 수	사업체 수	근로자 수	사업체 수	근로자 수
5~9인	5,590	7,236	8,060	8,060	10,502	10,628
10~29인	9,145	11,842	9,473	12,756	13,016	14,843
30~99인	7,048	11,456	6,652	12,276	8,179	13,856
100~299인	3,425	12,489	3,222	13,403	3,439	14,478
300인 이상	5,369	44,971	2,740	45,960	3,206	47,332

※ 출처: KOSIS(고용노동부, 일가정양립실태조사)

[기사문]

㉠ 2020년 종사자 규모별 사업체 수는 2년 전 대비 모두 증가하였다. ㉡ 2020년 종사자 규모별 육아휴직제도를 사용한 근로자 수는 2년 전 대비 모두 증가하였으며, 특히 ㉢ 2020년 5~9인 사업체에서 육아휴직제도를 사용한 근로자 수는 2년 전 대비 약 32% 증가한 것으로 나타났다.

① ㉠　② ㉡　③ ㉢　④ ㉠, ㉡　⑤ ㉡, ㉢

12 다음은 지역별 석유 제품 수입량에 대한 자료이다. 연도별 제시된 지역 중 석유 제품 수입량이 가장 많은 지역과 가장 적은 지역의 석유 제품 수입량 차이를 구할 때, 두 지역의 석유 제품 수입량 차이가 가장 적은 해는 언제인가?

[지역별 석유 제품 수입량]

(단위: 천 배럴)

구분	2016년	2017년	2018년	2019년	2020년
아시아	116,244	102,372	107,887	99,550	101,240
아프리카	10,447	8,901	14,052	25,729	16,351
아메리카	46,523	52,116	70,706	96,476	122,344
중동	149,589	141,290	133,163	118,245	86,669
유럽	11,805	9,808	15,820	12,148	20,772

※ 출처: KOSIS(한국석유공사, 석유수급통계)

① 2016년 ② 2017년 ③ 2018년 ④ 2019년 ⑤ 2020년

13 다음은 성별 경제활동인구수에 대한 자료이다. 다음 중 자료에 대한 설명으로 옳은 것을 고르시오.

[성별 경제활동인구수]

(단위: 천 명)

구분		15세 이상 인구	경제활동인구	취업자	실업자
전체		45,219	28,628	27,755	873
	남자	22,253	16,279	15,805	474
	여자	22,966	12,349	11,950	399
농가		2,299	1,750	1,733	17
	남자	1,194	1,011	1,006	5
	여자	1,105	739	727	12
비농가		42,920	26,878	26,022	856
	남자	21,059	15,268	14,799	469
	여자	21,861	11,610	11,223	387

※ 1) 고용률(%) = (취업자 수 / 15세 이상 인구수) × 100
2) 실업률(%) = (실업자 수 / 경제활동인구수) × 100
※ 출처: KOSIS(통계청, 경제활동인구조사)

① 농가 남자의 실업률은 농가 여자의 실업률보다 높다.

② 비농가 남자의 고용률은 80% 이상이다.

③ 15세 이상 인구수는 농가가 비농가보다 40,551천 명 더 적다.

④ 농가와 비농가 모두 남자 15세 이상 인구수가 여자 15세 이상 인구수보다 많다.

⑤ 전체 경제활동인구수에서 비농가 경제활동인구수가 차지하는 비중은 90% 이상이다.

14 다음은 GDP 및 사회복지 지출 규모에 대한 자료이다. 이를 바탕으로 만든 자료로 옳은 것을 고르시오.

[GDP 및 사회복지 지출 규모]

(단위: 십억 원)

구분	2011년	2012년	2013년	2014년	2015년	2016년
GDP	1,332,681	1,377,457	1,429,445	1,486,079	1,564,124	1,641,786
사회복지 지출	116,423	129,049	142,010	154,897	174,819	188,720
법정민간부문 지출	7,899	9,096	9,555	11,254	15,082	16,012

※ 사회복지 지출 = 법정민간부문 지출 + 공공부문 지출

※ 출처: KOSIS(보건복지부, 한국의사회복지지출)

① [GDP 대비 사회복지 지출]

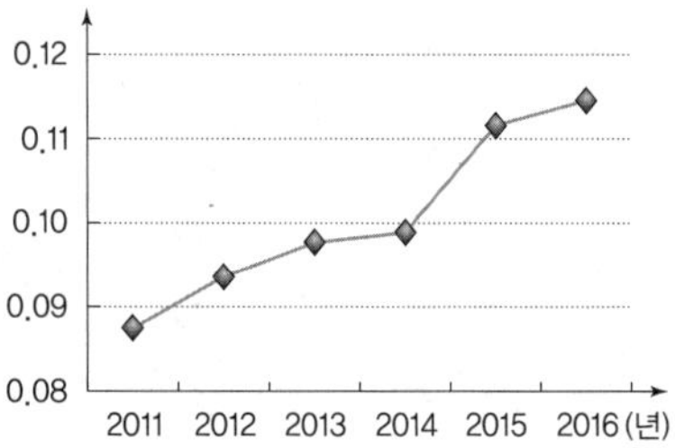

② [사회복지 지출]

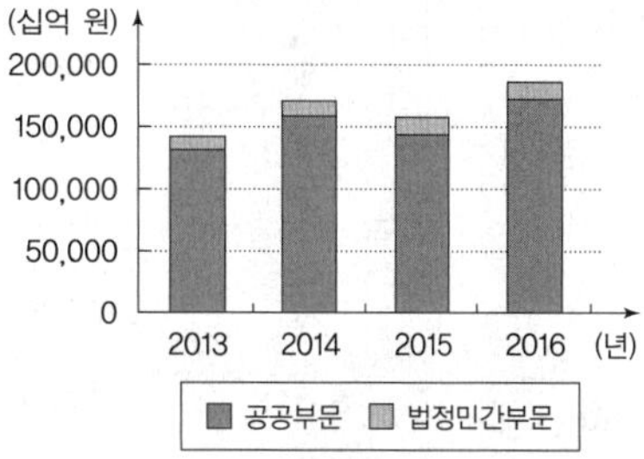

③ [GDP 대비 공공부문 지출]

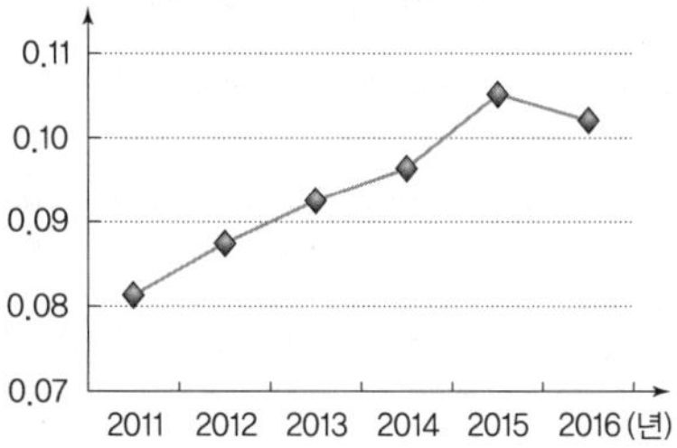

④ [법정민간부문 지출]

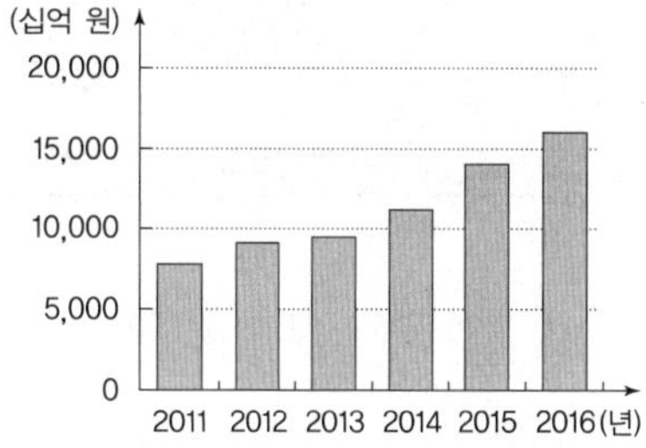

⑤ [공공부문 지출]

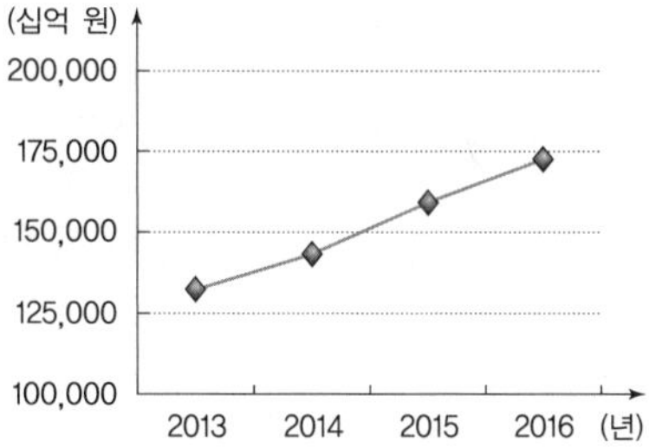

15 다음은 선박별 국적선 보유 수에 대한 자료이다. 이를 바탕으로 만든 자료로 옳지 않은 것을 고르시오.

[선박별 국적선 보유 수]

(단위: 척)

구분		2017년	2018년	2019년	2020년	2021년
여객선	계	326	330	328	328	326
	등록선	326	330	328	328	326
	국취부나용선	0	0	0	0	0
화물선	계	1,044	1,014	993	1,024	1,035
	등록선	691	672	654	657	657
	국취부나용선	353	342	339	367	378
유조선	계	945	943	941	966	979
	등록선	757	760	750	778	756
	국취부나용선	188	183	191	188	223
기타 (예선 등)	계	7,305	7,226	7,136	7,122	6,830
	등록선	7,305	7,223	7,133	7,117	6,825
	국취부나용선	0	3	3	5	5
합계	계	9,620	9,513	9,398	9,440	9,170
	등록선	9,079	8,985	8,865	8,880	8,564
	국취부나용선	541	528	533	560	606

※ 출처: KOSIS(해양수산부, 운항선박통계)

① [연도별 여객선 등록선 수]

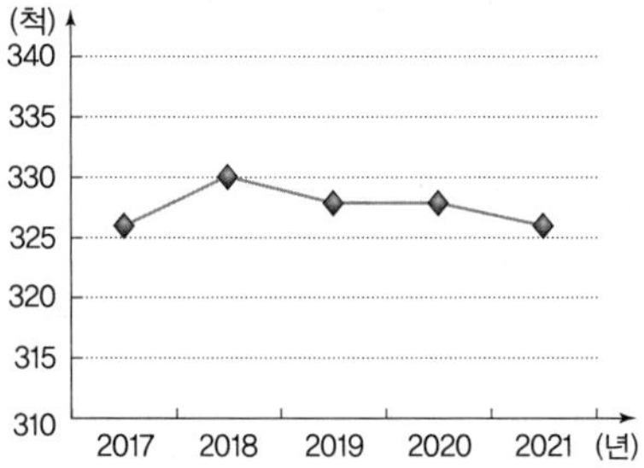

② [연도별 유조선 국취부나용선 수]

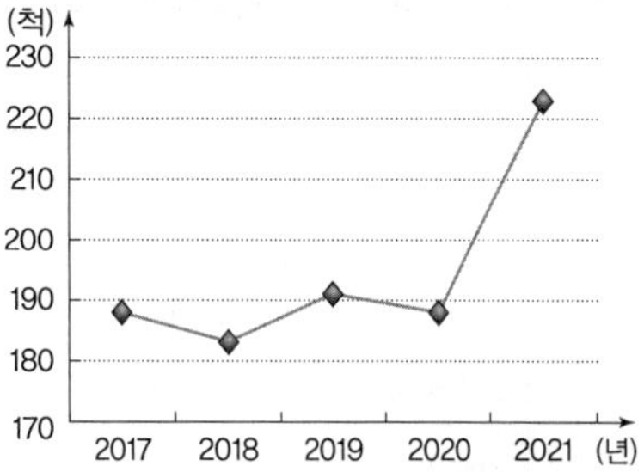

③ [2017년 선박별 전체 국적선 수]

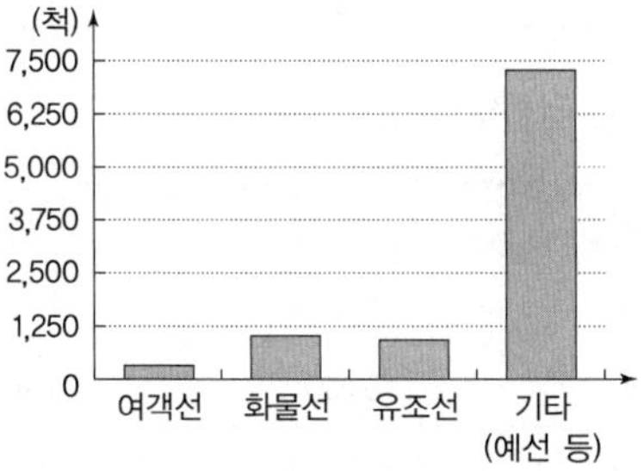

④ [2019년 전체 선박의 용도별 비중]

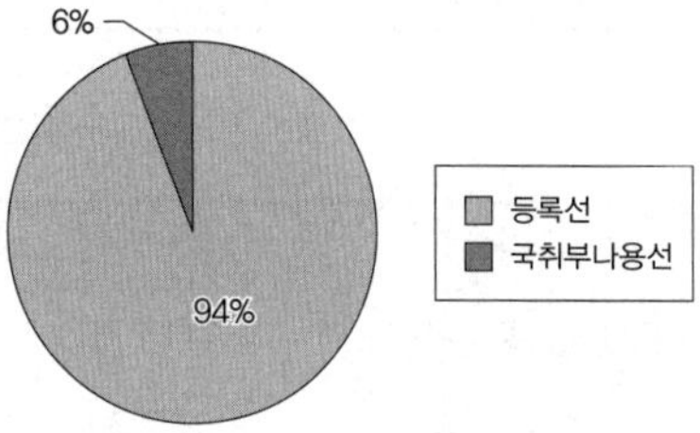

⑤ [2021년 화물선, 유조선의 용도별 보유 수]

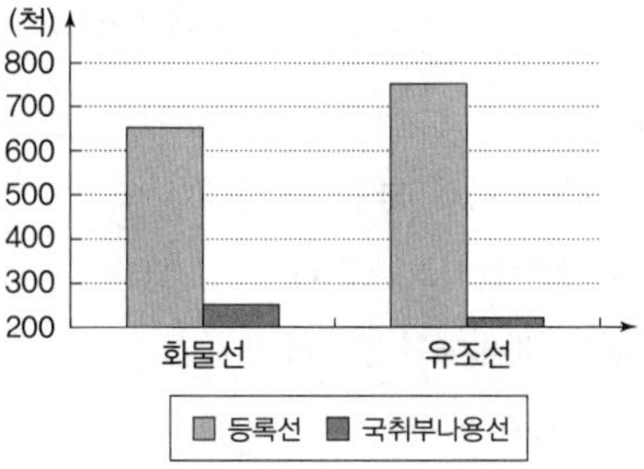

16 다음은 수도권 자전거 운영 수리센터 현황에 대한 자료이다. 다음 중 자료에 대한 설명으로 옳은 것을 고르시오.

[수도권 자전거 운영 수리센터 개수]

(단위: 개)

구분	2017년	2018년	2019년	2020년
서울특별시	47	46	46	45
인천광역시	3	3	1	3
경기도	7	9	14	14

[수도권 자전거 운영 수리센터 실적]

(단위: 대)

구분	2017년	2018년	2019년	2020년
서울특별시	111,973	105,531	99,982	91,370
인천광역시	6,287	8,273	8,877	7,426
경기도	123,274	127,114	33,204	18,914

※ 출처: KOSIS(행정안전부, 자전거이용현황)

① 2020년 수도권 자전거 운영 수리센터는 총 72개이다.

② 2017년 자전거 운영 수리센터 실적은 서울특별시가 인천광역시의 18배 이상이다.

③ 2019년 자전거 운영 수리센터 1개당 실적은 경기도가 서울특별시보다 많다.

④ 2018년 이후 경기도의 자전거 운영 수리센터 실적은 전년 대비 매년 감소하였다.

⑤ 2019년 인천광역시의 자전거 운영 수리센터 실적은 전년 대비 604대 감소하였다.

17 다음은 성별 외국인 유학생 수에 대한 자료이다. 다음 중 자료에 대한 설명으로 옳지 <u>않은</u> 것을 고르시오. (단, 소수점 둘째 자리에서 반올림하여 계산한다.)

[성별 외국인 유학생 수]

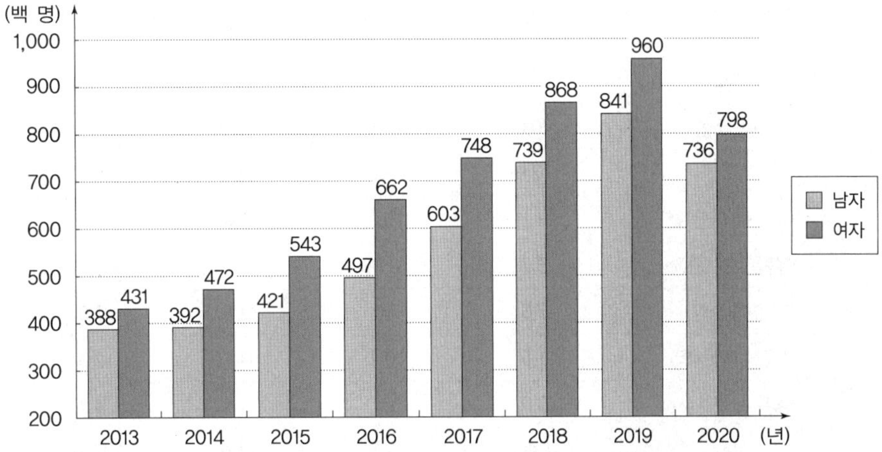

※ 출처: KOSIS(법무부, 출입국자및체류외국인통계)

① 2014년 이후 남자와 여자 외국인 유학생 수의 전년 대비 증감 추이는 동일하다.

② 제시된 기간 동안 남자 외국인 유학생 수보다 여자 외국인 유학생 수가 매년 더 많다.

③ 2015년 전체 외국인 유학생 수는 964백 명이다.

④ 2020년 여자 외국인 유학생 수의 전년 대비 감소율은 약 12.5%이다.

⑤ 2014년 이후 남자 외국인 유학생 수가 전년 대비 가장 많이 증가한 해는 2018년이다.

18 다음은 성인의 연령별 선호하는 도서 분야 비율에 대한 자료이다. 다음 중 자료에 대한 설명으로 옳지 않은 것을 고르시오.

[연령별 선호하는 도서 분야 비율]

(단위: %)

구분	19~29세	30~39세	40~49세	50~59세	60세 이상
문학도서	31.8	29.0	29.1	29.4	27.6
장르소설	20.0	13.4	15.0	11.9	8.6
자기계발서	12.0	12.0	11.3	8.9	5.0
취미·오락·여행·건강	7.1	10.5	8.8	12.8	12.3
철학·사상·종교	3.7	2.7	7.3	11.6	24.0
경제·경영	7.0	7.0	9.4	7.0	6.2
가정·육아·요리	1.5	10.1	4.1	2.8	2.1
정치·사회·시사	3.9	3.0	3.4	4.7	3.9
기타	13.0	12.3	11.6	10.9	10.3

① 각 연령에서 선호하는 비율이 가장 높은 도서 분야는 모두 문학도서이다.

② 40~49세와 50~59세의 선호하는 비율의 차이가 가장 큰 도서 분야는 취미·오락·여행·건강이다.

③ 철학·사상·종교를 선호하는 비율은 60세 이상이 30~39세의 10배 미만이다.

④ 19~29세와 40~49세가 가정·육아·요리를 선호하는 비율의 차이는 2.6%p이다.

⑤ 30~39세의 응답 인원이 1,500명이라면, 30~39세에서 자기계발서를 선호한다고 응답한 인원은 180명이다.

[19 - 20] 다음은 직업계고 학교유형 및 설립주체별 졸업현황에 대한 자료이다. 각 물음에 답하시오.

[직업계고 학교유형 및 설립주체별 졸업현황]

(단위: 명)

구분		졸업자	취업자	진학자	입대자	제외인정자
특성화고	공립	41,545	10,352	18,360	652	639
	사립	38,231	10,489	16,975	528	225
마이스터고	국립	1,069	606	26	41	2
	공립	4,082	2,484	381	245	52
	사립	789	475	16	108	4
일반고 직업반	공립	2,020	303	1,067	6	38
	사립	2,278	241	1,404	5	10

※ 1) 취업률(%) = [취업자 / {졸업자 - (진학자 + 입대자 + 제외인정자)}] × 100
2) 미취업자 = 졸업자 - (취업자 + 진학자 + 입대자 + 제외인정자)

19 미취업자 대비 취업자의 비율은 공립 마이스터고가 공립 일반고 직업반의 몇 배인가?

① 3.4배 ② 5.4배 ③ 7.5배 ④ 10.5배 ⑤ 13.5배

20 다음 중 자료에 대한 설명으로 옳지 않은 것을 모두 고르시오.

a. 국립 마이스터고의 취업률은 61.6%이다.
b. 공립 일반고 직업반의 졸업자 중 취업자가 차지하는 비중은 15%이다.
c. 공립 특성화고의 입대자는 공립 마이스터고의 입대자보다 407명 더 많다.
d. 사립 일반고 직업반의 미취업자는 608명이다.

① a, b ② a, c ③ a, d ④ b, c ⑤ b, d

▶ 해설 p.77

01 일정한 규칙으로 나열된 수를 통해 빈칸에 들어갈 알맞은 숫자를 고르시오.

2 11 27 48 63 45 54 ( )

① 16 ② 21 ③ 27 ④ 36 ⑤ 45

02 일정한 규칙으로 나열된 수를 통해 빈칸에 들어갈 알맞은 숫자를 고르시오.

40 36 18 54 50 25 75 ( )

① 15 ② $\frac{25}{2}$ ③ $\frac{75}{2}$ ④ 71 ⑤ 225

03 일정한 규칙으로 나열된 수를 통해 빈칸에 들어갈 알맞은 숫자를 고르시오.

13 22 14 21 15 20 (   ) 19 17 18

① 16 ② 17 ③ 18 ④ 19 ⑤ 20

04 일정한 규칙으로 나열된 수를 통해 빈칸에 들어갈 알맞은 숫자를 고르시오.

12 9 27 24 (   ) 69

① 45 ② 50 ③ 58 ④ 65 ⑤ 72

05 일정한 규칙으로 나열된 수를 통해 빈칸에 들어갈 알맞은 숫자를 고르시오.

2 10 26 58 122 (   )

① 180 ② 196 ③ 225 ④ 248 ⑤ 250

06 다음 도형 내의 숫자가 일정한 규칙에 따라 배치되어 있을 때, A에 들어갈 알맞은 숫자를 고르시오.

2	30	4
−6	−4	A
−20	−2	6

① −10 ② −5 ③ 0 ④ 5 ⑤ 10

07 다음 각 시계에서 정가운데 있는 숫자와 시침이 가리키는 숫자, 분침이 가리키는 숫자들 사이에 일정한 규칙이 적용되고, 정가운데 있는 숫자들 사이에도 또 다른 규칙이 적용된다. 시계에 적용된 규칙을 찾아 분침이 없는 시계에 분침을 추가하고, 분침이 가리키는 숫자를 B라고 할 때 2A + 3B의 값을 고르시오.

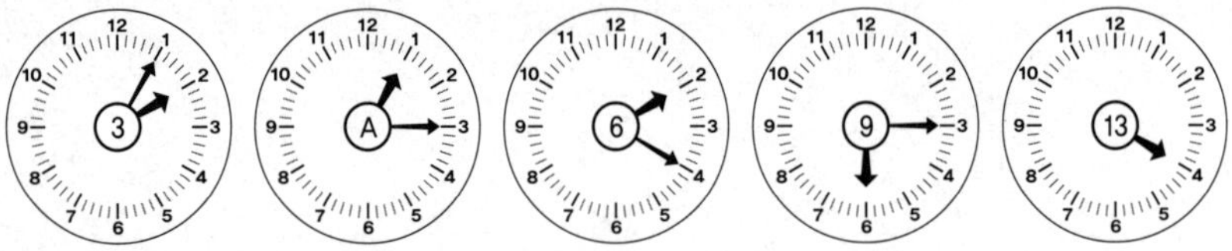

① 5 ② 13 ③ 30 ④ 35 ⑤ 49

08 다음 왼쪽 톱니바퀴 내의 숫자는 반시계 방향으로 일정한 규칙이 적용되고, 왼쪽 톱니바퀴 2개와 오른쪽 톱니바퀴 1개가 서로 맞물리는 부분의 숫자에도 일정한 규칙이 적용된다. 각각의 규칙을 찾아 A－B의 값을 고르시오. (단, 왼쪽 톱니바퀴에 적용되는 규칙의 경우, 규칙이 끝나는 숫자와 규칙이 시작되는 숫자 사이에는 성립하지 않는다.)

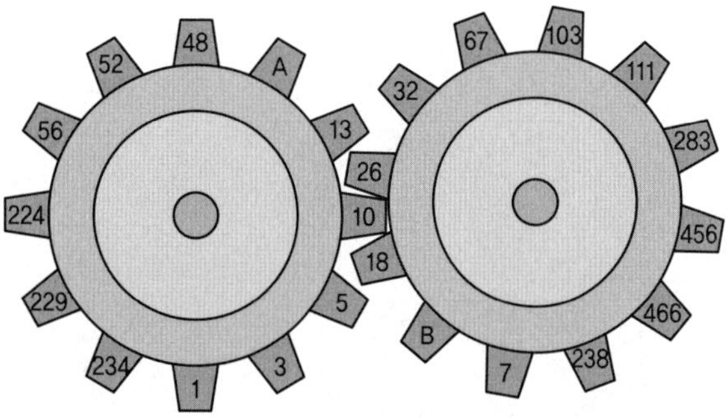

① 3 ② 5 ③ 8 ④ 11 ⑤ 14

09 두 수의 합이 36, 두 수의 차가 2일 때, 두 수 중 큰 수는 얼마인가?

① 17 ② 19 ③ 21 ④ 23 ⑤ 25

10 대각선의 개수가 20개인 정다각형의 한 변의 길이가 3cm일 때, 이 정다각형의 둘레의 길이는 얼마인가?

① 15cm ② 18cm ③ 21cm ④ 24cm ⑤ 27cm

11 0~9 숫자가 적힌 카드 10장이 있다. 이 카드 10장 중 3장을 뽑아 세 자릿수를 만드는 경우의 수는 몇 가지인가?

① 648가지 ② 665가지 ③ 678가지 ④ 692가지 ⑤ 720가지

12 ○○고등학교 3반의 학생 20%는 독감에 걸렸다. 독감을 80% 확률로 정확히 진단하는 자가 진단키트를 이용하여 3반 학생을 모두 검사했을 때, 3반 학생 중 자가 진단키트에서 독감 양성 판정을 받은 학생이 실제로 독감에 걸리지 않았을 확률은 얼마인가?

① 25% ② 40% ③ 50% ④ 60% ⑤ 75%

13 봉환이는 1번부터 3번까지 3개의 수학 문제로 구성된 쪽지 시험을 치렀다. 봉환이가 문제를 맞힐 확률은 1문제당 90%일 때, 봉환이가 쪽지 시험에서 2문제를 맞힐 확률은 얼마인가?

① 8.1% ② 12.5% ③ 18.4% ④ 22.7% ⑤ 24.3%

14 속력이 15m/s인 A 기차와 속력이 20m/s인 B 기차가 서로 마주 보고 달리고 있다. A 기차의 길이는 180m이고, 같은 터널에 동시에 진입한 A, B 기차가 터널에 진입한 지 15초 후에 서로 만났을 때, A 기차가 터널에 진입한 후 완전히 빠져나가기까지 걸린 시간은 몇 초인가? (단, A, B 기차의 속력은 일정하다.)

① 32초 ② 37초 ③ 45초 ④ 47초 ⑤ 50초

15 A가 2일, B가 3일 동안 함께 작업하면 1개를 제작할 수 있는 제품을 A가 3일, C가 5일 동안 함께 작업하여 1개를 제작했다. 이 제품을 C가 일정 기간 혼자 작업하여 제작한 제품의 개수는 B가 9일 동안 혼자 작업하여 제작한 제품의 개수보다 1개 더 적었을 때, C가 혼자 작업한 기간은 얼마인가?

① 6일 ② 8일 ③ 10일 ④ 12일 ⑤ 14일

16 A 정육점은 600g을 한 팩으로 하여 삼겹살과 목살을 각각 1팩당 15,000원, 12,000원에 판매하는데 삼겹살과 목살을 1팩씩 묶음으로 2팩을 구매할 경우 묶음당 일정한 금액만큼 할인이 된다. 어제 판매한 양은 삼겹살이 총 12kg, 목살이 총 9kg이고, 이 중 삼겹살과 목살을 묶음으로 판매한 양은 총 6kg이다. 어제 총매출액이 453,000원이었을 때, 묶음당 할인되는 금액은 얼마인가?

① 1,350원 ② 2,700원 ③ 3,700원 ④ 5,400원 ⑤ 6,400원

17 희준이와 나영이는 게임을 해서 이긴 사람이 3점을 얻고, 진 사람이 2점을 잃으며, 무승부일 때는 두 사람 모두 1점씩 얻기로 하였다. 게임이 끝난 후 희준이와 나영이의 누적 점수는 각각 35점, 5점이고, 두 사람이 진행한 게임 횟수는 무승부인 게임 횟수의 3배였을 때, 희준이와 나영이가 진행한 게임 횟수는 몇 회인가? (단, 누적 점수는 0점보다 낮을 수 있다.)

① 27회 ② 30회 ③ 33회 ④ 36회 ⑤ 39회

18 동욱이는 도, 레, 미 3가지 음만 사용하여 여섯 음으로 구성된 멜로디를 만들려고 한다. 멜로디에 도, 레, 미 3가지 음을 각각 적어도 한 번씩 사용할 때, 만들 수 있는 멜로디의 경우의 수는 몇 가지인가?

① 360가지 ② 420가지 ③ 450가지 ④ 540가지 ⑤ 600가지

19 갑, 을, 병, 정, 무 5명은 4주 동안 청소를 하기 위해 매주 1명씩 청소 담당을 정하려고 한다. 청소 담당이 된 사람은 그다음 주에 청소 담당을 하지 않을 때, 병이 2주 동안 청소 담당을 할 확률은 얼마인가?

① $\frac{11}{85}$　　② $\frac{11}{80}$　　③ $\frac{3}{20}$　　④ $\frac{13}{85}$　　⑤ $\frac{13}{80}$

20 1개당 원가가 800원인 샤프는 25%의 이윤을 남겨 정가를 산정하고, 1개당 원가가 200원인 지우개는 30%의 이윤을 남겨 정가를 산정했다. 지우개 10개와 샤프 20개를 판매했을 때, 얻은 총이익은 얼마인가?

① 2,800원　　② 3,200원　　③ 4,000원　　④ 4,600원　　⑤ 5,200원

약점 보완 해설집 p.62

무료 바로 채점 및 성적 분석 서비스 바로 가기
QR코드를 이용해 모바일로 간편하게 채점하고 나의 실력이 어느 정도인지, 취약 부분이 어디인지 바로 파악해 보세요!

실전모의고사 4회

* 모의고사의 시작과 종료 시각을 정하세요.

언어이해 (20분)	시 분~ 시 분
언어추리 (20분)	시 분~ 시 분
자료해석 (20분)	시 분~ 시 분
창의수리 (20분)	시 분~ 시 분

01 | 언어이해

▶ 해설 p.82

01 다음 글의 제목으로 가장 적절한 것을 고르시오.

우리는 자연과 공존하여 살아가고 있다. 그중에서도 산림(山林)은 무엇보다 중요하다. 우선 산림은 여러 생명체가 살아갈 수 있는 터전인데, 흙과 물이 있고 공기 및 햇빛이 순환하여 땅속에는 미생물이, 지표면에는 이끼와 풀이 자라나게 된다. 또한 다양한 크기의 나무가 존재하기 때문에 먹이사슬 구조를 형성하며 새, 뱀, 곤충 등 다양한 동물이 살아갈 수 있게 한다. 즉, 산림은 생태계의 종합 사회로서 그 가치가 높은 것이다. 물론 동식물에게만 유익하지는 않다. 산림의 생물자원은 인간에게도 식량, 의약품, 산업 재료 등으로 활용되며 삶을 영위하는 데에 큰 도움을 주고 있다. 그런데, 근래에는 기후변화가 유발되며 세계 각국에서 대형 산불이 거세지고 있고, 국가적 재난 수준의 산불이 발생하며 산림 영역도 점차 축소되고 있는 현황이다. 산불이 발생하면 탄소를 흡수하는 산림을 잃게 되므로 대량의 탄소가 발생할 수 있다. 다시 말해 산불로 인해 산림이 점차 사라지면 생태계를 잃을 뿐만 아니라 이산화 탄소 발생량도 증가하게 되어 기후변화가 촉진될 수밖에 없다. 미래 세대의 생존을 고려한다면 국가, 지방자치단체, 개인이 모두 힘을 합쳐 산불로 인한 국가재난이 발생하지 않도록 힘을 써야 하는 이유가 바로 여기에 있는 것이다.

① 전 세계적인 산불 현황과 대응 체계 구축의 필요성
② 산림을 통한 탄소 중립을 이룩해야 하는 이유
③ 산불 등의 기후위기 시대 산림의 역할과 중요성
④ 기후 문제 해결을 위한 산림 확대 방안
⑤ 산림 자원을 활용한 신기술 발명의 당위성

02 다음 글을 읽고 추론한 내용으로 적절하지 않은 것을 고르시오.

> 이른바 유전자 가위로 알려진 '크리스퍼'가 처음 발견된 것은 1987년으로, 당시 과학자들은 세균에 '일정한 간격을 두고 회문 구조를 띠는' 특이한 염기서열이 존재한다는 정도로만 인식하였다. 이후 이 구조 사이에 21개의 염기서열이 끼어있다는 것도 찾아냈지만, 회문 구조와 21개 염기서열은 과학계의 주목을 받지 못했다. 그러다 2007년 덴마크의 요구르트 회사 다니스코에서 요구르트 유산균 배양 시 세균 감염을 방지하기 위해 유산균을 죽이는 바이러스 박테리오파지의 공격에도 살아남은 일부 유산균을 연구하기 시작했다. 사람이 바이러스 감염 후에 항체가 생겨 그 바이러스에 대한 면역성을 갖게 되는 것처럼, 해당 유산균이 박테리오파지에 대한 내성을 가졌을 것이라고 가정한 것이다. 이 연구를 통해 고등생물에만 존재하는 것으로 여겼던 적응면역이 세균에도 존재하며, 세균의 면역시스템 크리스퍼가 적응면역에서 중요한 역할을 한다는 것이 밝혀졌다. 한편 크리스퍼가 유전 공학의 '열쇠'로 떠오르게 된 것은 2010년대 초반의 일이다. 미국 버클리대, 독일 하노버대 공동연구팀은 세균이 크리스퍼로 면역 체계를 구축하는 원리에 주목했다. 세균의 천적인 박테리오파지가 침투하면, 세균은 파지의 DNA를 잘라내 크리스퍼에 붙이고 파지의 DNA를 갖게 된 크리스퍼는 gRNA(guide RNA)로 전사된다. 그러면 바이러스가 다시 침입했을 때 gRNA가 바이러스의 DNA를 식별하고 Cas9이라는 단백질이 이를 잘라냄으로써 면역 작용을 하는 것이다. 여기서 연구팀은 Cas9과 결합하는 gRNA를 바꾸면 Cas9이 잘라낼 유전자를 지정할 수 있을 것이라는 연구 결과를 발표했다. 이를 계기로 크리스퍼는 유전자의 잘못된 부분을 잘라 제거해 문제를 해결하는 유전자 교정 기술인 유전자 가위로 활용되기 시작했고, 이로부터 2년도 안 되는 기간 전 세계 과학자들은 앞다투어 gRNA와 Cas9으로 구성된 크리스퍼 유전자 가위의 성공 사례를 발표했다. 나아가 2015년, 미국 하버드대 연구진이 돼지의 유전자 중 인간에게 부적합한 유전자 일부를 크리스퍼로 제거하는 실험에 성공했다는 소식이 전해졌다. 동물의 장기를 인간에게 이식하는 이종 이식의 길이 열린 셈이다. 이렇듯 크리스퍼는 그간 수술이나 약물치료가 어려웠던 질환을 해결할 가장 유력한 해결책으로 부상하게 되었다. 하지만 동시에 크리스퍼를 둘러싼 논란도 일고 있다. 일각에서는 안전이나 윤리 기준이 없는 현 상태에서 크리스퍼로 인간 배아 복제 연구를 진행한다면 많은 부작용이 발생할 수 있다고 우려하고 있다.

① 처음 크리스퍼의 존재가 발견되었을 때 과학계에서는 그 잠재적 가치를 알지 못했다.
② 유전자 가위는 안전성 확보를 위한 기술 개발뿐만 아니라 윤리적 문제도 해결해야 할 숙제로 남아있다.
③ 크리스퍼 가위는 교정하려는 DNA를 찾아내는 Cas9과 이를 잘라내는 gRNA로 구성된다.
④ 2007년 다니스코사(社)의 연구가 발표되기 전까지만 해도 적응면역은 고등생물의 전유물로 여겨졌다.
⑤ 크리스퍼는 세균이 박테리오파지의 침입을 막는 과정에서 중요한 역할을 한다.

03 다음 글의 주제로 가장 적절한 것을 고르시오.

베트남 전쟁 당시 미군 장교였던 제임스 스톡데일은 1965년부터 1973년까지 동료들과 하노이의 힐튼 포로수용소에 수감되어 있었다. 스톡데일의 동료들은 단순히 곧 석방될 수 있으리란 희망만을 품고 있던 낙관주의자들이었는데, 이들은 얼마 지나지 않아 석방되지 않는 현실에 상심하여 죽게 되었다. 하지만, 모든 일이 잘 풀릴 것이란 믿음하에 포로수용소에 갇힌 현실을 직시하며 대비를 한 스톡데일은 다른 동료들과 달리 끝까지 살아남을 수 있었다. 여기에서 출발한 스톡데일 패러독스는 객관적 현실을 인지하되 자신의 목표를 달성하겠다는 의지 기반의 낙관주의를 의미한다. 즉, 막연히 모든 일이 잘 풀릴 것이란 생각 대신 자신의 신념을 잃지 않고 희망을 품는 합리적 낙관주의인 것이다. 오늘날 일부 자기계발서는 현실은 직시하지 않고 과도한 낙관주의로 성공한 이들의 포장된 이미지만을 보여주기에 급급하다. 모든 사람에게 있어서 낙관적 태도는 분명 필요하지만, 합리적 태도가 동반되지 않는다면 오히려 낙관주의는 사람들을 절망으로 이끄는 길이 될 수도 있다.

① 단순 낙관주의자와 합리적 낙관주의자의 차이는 크지 않아 이들이 도출한 결과도 동일할 것이다.

② 스톡데일 패러독스는 좋지 못한 결과를 불러일으킬 수 있다는 점에서 경계해야 한다.

③ 일부 자기계발서에서 드러난 과도한 낙관주의는 독자에게 꿈과 희망을 줄 수 있다는 점에서 긍정적이다.

④ 스톡데일은 포로로 수용되어 있을 때 본인의 현실을 직시하되 탈출 가능하리란 희망을 품고 있었다.

⑤ 근거 없는 낙관주의는 부정적 결론을 도출할 수 있으므로 스톡데일 패더독스와 같은 태도를 가져야 한다.

04 다음 글의 서술상 특징으로 가장 적절하지 않은 것을 고르시오.

> 미국의 사회 심리학자인 제임스 윌슨과 조지 켈링은 1982년 깨진 유리창 법칙을 소개하였다. 그들에 의하면 만약 건물 주인이 유리창이 깨진 상태로 방치해둘 경우 이를 보는 사람들은 그 건물이 관리가 되지 않는 건물이라 판단해 돌을 던지는 등을 통해 나머지 유리창도 모두 깨뜨릴 수 있다는 것이다. 즉, 사소한 무질서는 더 큰 범죄와 무질서를 가져올 수 있으므로 사소한 무질서에 대해서도 경각심을 가져야 한다는 것이다. 실제로 이 이론이 맞았을까? 깨진 유리창 법칙을 활용하여 큰 성공을 거두었다고 알려진 사람은 전 뉴욕 시장이었던 루돌프 줄리아니이다. 그는 1994년 뉴욕 시장으로 당선되자마자 깨진 유리창 법칙에 입각해 사소한 위법행위일지라도 죄질이 나쁘다면 엄격하게 처벌하겠다는 무관용 원칙을 내세운다. 이에 따라 경범죄 및 윤락 등을 집중 단속하였고, 결과적으로 2년 만에 범죄가 다수 발생했던 할렘지역의 범죄율을 이전 대비 10분의 6 수준으로 낮춘 이력이 있다. 다만, 이 사례가 깨진 유리창 법칙에 의해 성공하게 된 것인지에 대해서는 아직까지 다소 의견이 분분하다. 당시 미국의 경우 전반적으로 범죄율이 감소하는 상황이었기 때문이다. 하지만 깨진 유리창 법칙이 실제 범죄율 감소에 큰 영향을 미치지 못하더라도 사회 질서 유지와 공공 이익 추구에 도움이 된다는 점은 부정할 수 없는 사실이다.

① 자문자답의 문장을 사용하여 논지를 확대 및 강화한다.
② 서술 대상의 효과와 의의에 대해 서술하며 글을 마무리하고 있다.
③ 핵심 개념과 관련된 구체적인 사례를 제시하며 설명한다.
④ 핵심 개념에 대해 반대되는 의견을 제시한다.
⑤ 서술 대상에 대한 인식 변화를 시간의 흐름에 따라 살피고 있다.

05 다음 글을 읽고 추론한 내용으로 적절하지 않은 것을 고르시오.

> 이탈리아의 로마 북서부에 있는 바티칸은 세계에서 가장 작은 독립국이다. 본래 교황청의 직속 교황령이었던 바티칸은 고대 로마제국부터 존재했으나 19세기 이탈리아 왕국이 통일되며 지위를 잃었었다. 하지만 1929년 이탈리아와 라테라노 조약을 체결하며 교황청과 주변 지역의 주권에 대해 인정받게 되었고, 그 결과 독립국의 지위를 갖게 되었다. 로마가톨릭 국가인 바티칸은 특히 종교의 영향을 가장 많이 받기 때문에 매주 일요일에는 교황이 전 세계에서 방문한 신도들을 위해 미사를 진행하며, 부활절과 같이 종교적 행사가 있을 때에는 산피에트로 광장에 교황이 찾아가 신도들에게 인사를 하기도 한다. 바티칸은 1984년 유네스코 세계문화유산에 등재되기도 하였는데, 산피에트로 대성당, 산피에트로 광장, 바티칸 미술관 등은 일반 관광객들에게 공개하고 있다.

① 부활절 행사가 있을 때에는 산피에트로 광장에서 교황을 만날 수 있다.
② 바티칸은 독립국 지위를 얻기 이전부터 유네스코 세계문화유산에 등재되어 있었다.
③ 고대 로마제국부터 존재한 바티칸은 이탈리아에 병합되기도 하였다.
④ 가톨릭 신자가 아닌 사람도 산피에트로 대성당을 관람할 수 있다.
⑤ 바티칸은 이탈리아 대륙 내에 존재하는 국가이다.

06 다음 글의 중심 내용으로 가장 적절한 것을 고르시오.

투자 전략에는 다양한 방법이 있는데, 그중 레버리지(Leverage)는 순수 자기 자본이 아닌 타인의 자본을 끌어들여 자기 자본의 이익률을 높이는 투자 전략을 말한다. 예컨대 자기 자본으로 1억 원을 가진 사람이 이익이 발생할 것으로 판단되는 자산에 투자하고 싶다고 가정하자. 10%의 이익률이 발생했을 경우 1억 원의 이익률은 1천만 원이지만, 자기 자본 1억 원에 타인 자본 4억 원을 더해 총 5억 원을 투자했다면 5천만 원의 이익을 얻게 돼 자기 자본 대비 이익률은 50%가 된다. 즉, 부채에 근거한 투자로, 레버리지는 본인의 돈이 부족하더라도 타인 자본으로 수익률을 극대화할 수 있다는 장점이 있다. 타인 자본을 끌어들이더라도 투자 자산의 이익이 항상 타인 자본보다 더 많으면 좋겠지만, 투자는 불확실성과 위험을 수반한다는 문제가 있다. 다시 말해 투자 자산의 이익보다 손실이 더 크고, 자기 자본으로 손실을 모두 메울 수 없다면 파산 또는 지급 불능 상태에 빠질 수도 있다. 최근에는 코인, 주식 등에 투자하는 이들이 늘어나면서 레버리지 전략을 차용하는 사람들이 많다. 하지만 손실에 따른 부채 규모를 감당하기 어려울 정도로 타인 자본을 끌어들인다면, 레버리지는 돈을 버는 수단이 아닌 부채의 수렁에 빠지게 되는 전략이 될 가능성이 높다.

① 레버리지는 투자 자본이 이익을 낼 수 있을 때 활용하므로 자기 자본에 대한 손실은 발생하지 않는다.

② 타인 자본을 많이 유입한 투자 자본에 수익이 발생했다면 자기 자본의 수익률은 낮아질 수밖에 없다.

③ 자본에 대한 확실성으로 투자한다면 위험을 없앨 수 있으므로 레버리지는 이익을 볼 수 있는 전략이다.

④ 레버리지에서 자기 자본보다 타인 자본이 많다면 투자 손실로 인해 과도한 채무를 짊어질 수 있다.

⑤ 돈이 부족하더라도 투자 자본에 대한 투자금을 높이고 싶다면 레버리지를 활용하면 된다.

07 다음 문단을 논리적 순서대로 알맞게 배열한 것을 고르시오.

가) 이처럼 공룡의 형태 및 발전 방향에 대한 연구가 다양하게 분화되고 있다 하더라도 공룡이 6,500만 년 전에 지구상에서 멸종했다는 사실에 대해서는 이견이 없는 편이다. 특히 공룡의 멸종과 관련해서는 천재지변설과 점진설이 가장 대표적인 가설로 여겨진다.

나) 반면, 용반목은 골반의 모양이 도마뱀과 유사하다고 해 붙여진 명칭으로, 장골이 크고 둥글며 좌골과 치골이 서로 반대 방향을 띠는 것이 특징이다. 이와 같은 분류는 130여 년간 지속되었는데, 최근에는 공룡의 초기 진화에 대해 여러 가설이 더해지며 관련 연구가 활발히 진행되고 있다.

다) 일반적으로 공룡은 중생대 쥐라기와 백악기에 걸쳐 번성하였던 거대한 파충류를 통틀어 이르는 말이다. 지구상에는 중생대 초기인 트라이아스기에 처음 등장하여 백악기에 가장 많은 개체 수가 존재했으며, 백악기 말에는 모두 멸종한 것으로 알려져 있다.

라) 공룡은 골반이 어떻게 생겼느냐에 따라 조반목과 용반목으로 구분된다. 골반이 새와 유사하다고 해 붙여진 조반목은 용반목과 비교했을 때 장골이 작고 치골이 뒤를 향하며 좌골과 겹치는 형태를 띤다.

① 다) - 가) - 라) - 나)
② 다) - 나) - 가) - 라)
③ 다) - 라) - 나) - 가)
④ 라) - 가) - 다) - 나)
⑤ 라) - 나) - 다) - 가)

08 다음 글에 이어질 내용으로 가장 적절한 것을 고르시오.

열섬 현상이란 주변 지역 대비 도시 지역의 기온이 높은 현상을 말한다. 도시 지역의 등온선을 그리면 그 모양이 바다에 떠 있는 섬처럼 보이기 때문에 생긴 말로, 1927년 오스트리아의 기상학자인 슈미트에 의해 밝혀졌는데, 도시화에 따른 대량의 에너지 소비 따위로 열이 모여 있는 것이 그 원인으로 알려졌다. 즉, 도시의 경우 건축물과 포장도로 등으로 인해 지표면의 열수지가 변화하고, 연료를 많이 소비함에 따라 인공열이나 오염 물질이 다량 방출되고, 고층 건물이 많아 열이 순환되지 않아 열섬 현상이 나타나게 된다. 열섬 현상은 여름을 제외한 봄, 가을, 겨울에 뚜렷하게 나타나며, 낮보다는 밤에 더 잘 나타난다. 열섬 현상을 해결할 수 있는 근본적인 대책은 마련되지 않은 상황이기 때문에 열섬 현상이 나타나지 않으려면 도시 계획 초기에 열섬 현상을 방지하기 위한 계획을 마련한 뒤 건물을 짓는 등의 노력이 필요하다.

① 열섬 현상이 도시에 미치는 장점과 단점
② 도시 주변 지역에 열섬 현상이 나타나는 이유
③ 열섬 현상을 방지할 수 있는 도시 개발 계획
④ 열섬 현상이 자주 나타나는 시기
⑤ 도심 내 고층 건물 건축 시 발생할 수 있는 위험성

09 다음 글의 내용과 일치하지 않는 것을 고르시오.

지난 2019년 미국의 프로야구 메이저리그(Major League Baseball)에서는 전자기기를 이용해 다른 팀 포수의 사인을 훔치는 사건이 발생하는 일이 있었다. 본래 투수와 포수는 자신들만이 아는 수신호를 서로에게 전달하는데, 이 과정에서 다른 팀 선수가 사인을 훔쳐보는 것은 불문율이지 금기되던 행동은 아니었다. 하지만, 팀 차원에서 전자기기를 통해 의도적으로 사인을 훔치는 일이 발생해 큰 충격을 준 것이다. 그러나 이제는 '피치컴(Pitch Com)'이 도입됨에 따라 사인을 훔치는 일은 발생하지 않을 것으로 예측된다. 피치컴은 포수가 착용하는 기기와 모자 안쪽에 넣어 사용하는 선수용 골전도 수신기로 이루어져 있는데, 피치컴을 착용한 포수가 손목에 장착된 패드로 자신이 원하는 공의 구종과 위치를 선택하면, 투수가 쓴 모자의 스피커로 포수의 의사가 전달된다. 특히 피치컴을 활용하면 포수와 투수 외에도 수비를 진행하고 있는 같은 팀 선수 중 최대 3명까지 신호를 같이 듣는 것이 가능해 선수들의 원활한 수비를 도울뿐더러 사인이 잘못 전달되거나 다른 팀에 유출될 가능성도 적어 빠른 경기 진행을 돕는다는 이점이 있다.

① 포수가 피치컴을 활용한다면 투수를 포함해 최대 4명의 같은 팀 선수에게 자신의 사인을 전달할 수 있다.
② 다른 팀 포수와 투수의 사인을 눈으로 몰래 훔쳐보는 것은 금지된 행동이므로 징계를 받을 수 있다.
③ 피치컴 도입 이후의 야구 경기는 도입 이전보다 더 빠르게 진행될 가능성이 높다.
④ 피치컴 도입 이전에 포수와 투수는 자신의 손을 활용해 의사를 전달하였다.
⑤ 피치컴을 통해 입력된 신호는 골전도 수신기를 통해 선수에게 전달된다.

10 다음 글의 내용과 일치하지 않는 것을 고르시오.

기원전 3000년경에 존재한 것으로 알려진 메소포타미아 문명이 멸망하게 된 이유는 약 300년간 지속된 가뭄 때문이라고 한다. 거대한 문명을 멸망시킬 만큼 큰 피해를 유발하는 가뭄은 왜 발생하는 것일까? 사전상 정의에 따르면 가뭄은 오랫동안 계속하여 비가 내리지 않아 메마른 날씨를 의미한다. 여러 요인이 작용할 수 있겠지만 일반적으로 가뭄은 강수량 부족에 따라 발생하며, 기후학적 측면에서는 연 강수량이 기후 값의 75% 이하일 경우 가뭄으로, 50% 이하일 경우 심한 가뭄으로 분류하고 있다. 일단 가뭄이 발생하게 되면 농업 생산에 큰 악영향을 미치게 된다. 농작물이 제대로 자라지 못해 농업 생산량이 감소하게 되어 식량 부족 현상이 나타날 수 있으며, 각종 산업용수가 부족해짐은 물론 토양의 수분이 부족해지므로 식수가 부족해질 수도 있다. 특히 우리나라의 경우 전통적으로 농업이 주요 산업이었기 때문에 가뭄으로 인한 영향이 클 수밖에 없는데, 우리나라 곳곳에서 확인할 수 있는 댐과 저수지는 가뭄 발생에 따른 피해를 최소화하기 위한 노력의 산물이라 할 수 있다.

① 댐과 저수지가 충분히 확보되어 있다면 가뭄으로 인한 피해를 막을 수 있다.
② 연 강수량이 기후 값의 40%라면 심한 가뭄 상태에 해당한다.
③ 가뭄이 발생하게 되면 농산물 생산량이 줄어들 것이다.
④ 고대 메소포타미아 문명의 멸망 원인은 오랜 가뭄에 있다.
⑤ 산업용수와 가뭄은 무관하므로 농업과 달리 가뭄으로 인한 산업 측면의 피해는 없는 편이다.

11 다음 글의 중심 내용으로 가장 적절한 것을 고르시오.

코로나19와 우크라이나 전쟁으로 인해 세계 각국의 공급망은 마비되었고, 이는 결국 물가 상승을 초래하였다. 이에 세계 각국 정부에서는 기업의 생산비용을 최적화하기 위해 여러 방안을 만들도록 하였다. 그 과정에서 등장한 프렌드쇼어링(Friend Shoring)은 미국이 동맹국과 공급망을 형성하고자 하는 움직임을 의미한다. 신뢰 가능한 동맹국 간에 공급망을 구축할 경우 상품에 대한 공급이 안정적일 수밖에 없으므로 중국이나 러시아와 같은 적대국은 공급망에서 배척하고자 하는 것이다. 실제로 미국은 반도체, 배터리 등의 전략물자 공급망 확대를 위해 한국, 일본, 싱가포르와 같은 국가에 경제 협력을 강화하고 있으며, 중국의 영향력이 커지고 있는 아시아 국가들을 미국 경제 안으로 포섭하기 위한 노력을 진행하고 있다. 동맹국이란 안전망이 존재한다면 우리나라의 기업들은 중국 봉쇄로 인한 공급 단절과 같은 일을 겪지 않아도 된다. 하지만, 비교적 저렴한 중국의 인건비를 포기한다면 생산 비용 자체가 높아져 인플레이션이 발생할 여지도 분명 존재한다. 또한, 리쇼어링(Reshoring)을 통해 해외 진출 기업이 본국으로 돌아올 경우 국내 일자리 창출이라는 이점이 생기지만, 프렌드쇼어링의 경우 동맹국에 대한 의존도가 과도해지면서 또 다른 문제가 발생할 수도 있다. 따라서 프렌드쇼어링을 시행할 때는 공급망 측면에서만 바라봐서는 안 되며, 자국에 어떤 이익과 불이익이 발생할 수 있을지를 면밀히 살펴볼 필요가 있다.

① 프렌드쇼어링을 활용할 경우 인플레이션이 초래될 가능성이 높다.
② 기업의 생산비용 최적화를 위해서는 리쇼어링을 적극적으로 도입해야 한다.
③ 반도체나 배터리 수출이 중요한 국가에서는 프렌드쇼어링 도입에 따른 불이익이 더 크다.
④ 프렌드쇼어링 도입에 따른 공급망의 안정화만 고려하기보다는 자국에 미칠 영향을 면밀히 분석해야 한다.
⑤ 중국과 러시아로 인한 공급 불확실성을 배제하기 위해서는 프렌드쇼어링을 활용할 수 있다.

12 다음 주장에 대한 반박으로 가장 타당한 것을 고르시오.

> 개인이 지니고 있는 고유한 성질이나 품성을 의미하는 성격은 그 의미에서 알 수 있듯 개인마다 다르게 발현된다. 즉, 성격의 발현은 기질적 특성이므로 태어나면서 얻게 되는 타고난 특성이라 할 수 있다. 실제로 1979년 미국 오하이오 출신의 일란성 남자 쌍둥이는 태어나자마자 각각 다른 집에 입양된 뒤 40세에 재회하였는데, 이들은 헤어스타일 외 목소리, 얼굴이 닮은 것은 물론 병력과 취미, 직업, 심지어 애완견과 부인의 이름까지 모두 같았다고 한다. 이처럼 독립적인 상태에서 유전자가 같은 사람의 일차적 선택은 같을 수밖에 없다. 물론 어떤 상황에 놓이느냐에 따라 다소 차이가 발생할 수도 있지만, 기본적으로 성격은 유전에 의한 신체, 정신 상태 등에 따라 결정된다고 보아야 한다.

① 사주팔자가 같은 사람이 동일한 직업을 갖고 있는 사례도 있을 만큼 성격은 기질적 특성에 해당한다.
② 본래 타고난 신체의 강약 정도도 성격 형성에 영향을 미칠 수밖에 없다.
③ 성격은 생득적인 개념으로서 개개인을 구별할 수 있도록 하는 역할을 한다.
④ 사람은 환경에 따라 이차적 선택을 달리할 수 있으므로 유전적 기질만으로는 성격이 형성되지 않는다.
⑤ 성격은 특정 상황에서 사람이 어떠한 행동을 할 것인가를 예상할 수 있게 하는 것이다.

13 다음 글의 내용과 일치하지 않는 것을 고르시오.

구독경제란 사용자가 일정 기간 구독료를 내고 상품이나 서비스를 이용하는 경제활동으로, 크게 정기 배송 서비스, 대여 서비스와 디지털 플랫폼 서비스로 나뉜다. 정기 배송 서비스는 신문이나 잡지를 구독하듯이 면도기, 생리대, 음식 등 지속해서 소비가 필요한 상품을 제공받는 것이고, 대여 서비스는 자동차, 명품 의류, 가구 등을 원하는 만큼, 원하는 기간 동안 빌려 쓰는 것이다. 마지막으로 디지털 플랫폼 서비스는 디지털 플랫폼을 통해 콘텐츠나 소프트웨어, 영화, 드라마, 게임, 전자책, 음악 등을 무한에 가깝게 제공받는 서비스를 의미한다. 이러한 구독 서비스는 기업의 입장에서 일회성 판매가 아닌 반복적인 매출을 창출할 수 있기 때문에 안정적 수입을 확보할 수 있다. 더욱이 정기 결제가 시작되면 장기적인 관계가 형성되고, 시간이 지나면 락인(Lock-in) 효과가 발생하여 소비자의 이탈도 적어져 수익을 지속적으로 보장받을 수 있다. 또한, 핵심 구매자들의 소비 관련 데이터를 신규 소비자를 확보하기 위한 자원으로 활용할 수 있다는 점도 큰 장점 중 하나이다. 한편 소비자의 입장에서도 구독 서비스는 선택에 드는 시간과 노력을 절약할 수 있다는 점에서 긍정적인 측면이 있다. 특히 구독 서비스는 새롭고 개인화된 서비스 제공이 가능하여 최근 주요 소비층으로 떠오른 MZ 세대가 중시하는 취향 소비를 보다 편리하게 할 수 있게 해주기 때문에 관련 수요도 점차 늘고 있는 추세이다. 상황이 이렇다 보니 다양한 분야의 사업자들이 새로운 구독 서비스를 출시하고 있으며, 기존의 서비스도 구독방식으로 전환하는 경향이 일고 있다.

① 구독 서비스는 제공되는 서비스 유형에 따라 크게 세 가지로 구분될 수 있다.
② 소비자에게 획일화된 서비스를 제공한다는 점은 구독 서비스가 개선해야 하는 부분이다.
③ 구독 서비스의 핵심 소비자들이 보여주는 소비 패턴은 추후 신규 소비자를 확보하는 데 활용될 수 있다.
④ 신문이나 잡지를 구독하여 배송받아 보는 것과 전자책 구독 서비스는 다른 유형의 구독 서비스이다.
⑤ 구독 서비스를 이용하는 기간이 길어질수록 다른 서비스로 전환하려는 움직임이 적어진다.

14 다음 글의 내용과 일치하는 것을 고르시오.

> 밤하늘에 떠 있는 달을 보면 종종 달 주변에 구름과 같은 허연 테를 확인할 수 있는데, 이를 일컬어 달무리라고 한다. 달무리는 대기 속에 존재하는 얼음 결정에 빛이 반사·굴절됨에 따라 나타나므로 얼음 결정으로 구성된 엷은 권층운이 형성된 날씨에서 잘 생겨나며, 고층운에서는 달무리를 관찰하기 어렵다. 달무리를 지상에서 볼 경우 안쪽에서 바깥쪽으로 갈수록 점차 밝아지는 경향이 있으며, 달무리가 넓게 형성되었을 경우에는 흰색을 관찰할 수 있으며, 짙게 형성되었을 경우에는 안쪽은 붉은색, 바깥쪽은 노란색을 띠는 것을 확인할 수 있다. 대부분은 동그란 띠 모양으로 나타나는 것이 일반적이지만, 달이 지평선에서 40°보다 낮은 고도에 떠 있다면 타원 모양으로 나타나기도 한다. 달무리가 관찰되면 얼마 지나지 않아 비가 내리기 때문에 민간에서는 달무리를 비의 징조로 여기기도 한다.

① 지상에서 관찰한 달무리는 외부로 갈수록 점점 어두워진다.

② 달이 뜬 고도가 지평선 기준 40° 이상이라면 달무리는 타원형일 것이다.

③ 민간에서는 달무리를 확인하면 비가 내리리라 추측한다.

④ 달무리는 권층운보다는 고층운에서 더 잘 형성된다.

⑤ 짙게 형성된 달무리의 내부는 노란색을 띤다.

15 다음 <보기>에 이어질 내용을 논리적 순서대로 알맞게 배열한 것을 고르시오.

> <보기>
>
> 배임죄란 형법에서 다른 사람의 사무를 처리하는 사람이 그 임무에 위배되는 행위를 함으로써 재산상의 이익을 얻거나, 제삼자로 하여금 이익을 얻게 하여 임무를 맡긴 본인에게 손해를 입힘으로써 성립하는 범죄를 말한다.

> 가) 따라서 횡령죄가 성립하지만 배임죄는 성립하지 않는 특별·일반 관계의 범죄는 타인의 재물에 대한 부당한 취득이나 사용에 관한 범죄라고 할 수 있다.
>
> 나) 다른 사람에 대한 신임 관계를 배반한다는 점에서 배임죄와 그 본질은 같지만, 횡령죄의 객체가 재물임에 비하여 배임죄의 객체는 재물 이외의 재산상 이익이라는 점에서 차이가 있다.
>
> 다) 배임죄와 횡령죄는 혼동하기 쉬운데, 횡령죄는 남의 재물을 보관하는 사람이 그 재물을 불법으로 취득하여 자기 것으로 만들거나 그 반환을 거부함으로써 성립하는 죄를 의미한다.

① 가) - 다) - 나)

② 나) - 가) - 다)

③ 나) - 다) - 가)

④ 다) - 가) - 나)

⑤ 다) - 나) - 가)

16 다음 글의 내용과 일치하지 않는 것을 고르시오.

흔히 초식 동물들은 모든 풀을 먹이로 삼을 것이라 생각하기 쉽지만, 일부 초식 동물의 경우 한 종류의 풀만을 주식으로 섭취한다. 판다와 코알라가 대표적으로, 판다는 대나무만을, 코알라는 유칼립투스 잎만을 먹이로 섭취한다. 사람도 섭취 가능한 죽순과 달리 유칼립투스 잎은 독성이 있어 사람을 포함해 여타 동물이 섭취할 수 없다. 그렇다면 코알라는 어떻게 독성이 있는 유칼립투스 잎을 먹을 수 있는 것일까? 학술지 '네이처'에 따르면 코알라의 게놈을 분석한 결과 코알라의 유전자에는 유칼립투스 잎과 같은 생체 이물을 해독하는 효소 유전자가 31개나 있었으며, 특히 해당 유전자는 간에서 높게 발현되어 유칼립투스 잎에 함유된 여러 이차 대사물이 모두 분해되고, 이에 따라 몸에 해를 입지 않는다고 한다. 즉, 코알라는 유전적 특성 덕분에 유칼립투스 잎을 소화시킬 수 있고, 다른 동물들은 그렇지 않기 때문에 유칼립투스 잎을 섭취할 수 없는 것이다. 문제는 유칼립투스 잎에 영양분이 매우 적다는 점인데, 코알라는 먹이 경쟁을 하지 않고도 주식을 쉽게 섭취할 수 있지만 에너지원으로 활용 가능한 만큼의 영양소가 존재하지 않는다. 코알라가 잠이 많은 이유가 바로 여기에 있다. 코알라가 유칼립투스 잎에 있는 독소에 취해 잠을 오래 잔다는 설도 있으나, 사실은 하루 20시간 이상 잠을 잠으로써 에너지를 절약하고자 하는 것이다.

① 코알라의 유전자에는 생체 이물을 분해할 수 있는 효소 유전자가 30개 이상 존재한다.
② 유칼립투스 잎을 주식으로 삼는 코알라와 달리 판다의 주식은 대나무이다.
③ 코알라가 오랜 시간 잠을 자는 이유는 유칼립투스 잎에 함유된 독소에 있다.
④ 코알라를 제외한 일반 동물이 유칼립투스 잎을 섭취하면 생명에 치명적일 수 있다.
⑤ 유칼립투스 잎은 코알라가 충분히 움직일 수 있을 만큼의 영양분을 제공하지 못한다.

17 다음 글을 읽고 추론한 내용으로 적절하지 않은 것을 고르시오.

> 일몰제란 법률이나 각종 규제의 효력이 일정 기간이 지나면 자동으로 없어지게 하는 제도를 말한다. 일몰제는 입법이나 제정 당시와 여건이 달라져 법률이나 규제가 필요 없게 된 뒤에도 한번 만들어진 법률이나 규제는 좀처럼 없어지지 않는 폐단을 없애고자 도입하게 되었다. 우리나라의 경우 규제일몰제가 존재하기 때문에 특정 규제를 만들 때는 목적 달성 시 필요로 하는 최소한의 기간을 설정해야 한다. 원칙상 규제의 존속 기간은 5년을 넘어서서는 안 되며, 만약 해당 규제에 대한 존속이 필요하다고 판단되면 규제가 일몰되기 1년 전까지 규제의 신설·강화의 절차에 맞추어 규제개혁위원회에 심사 요청을 해야 한다. 최근에는 헌법재판소의 결정에 따라 도시공원 일몰제도 적용되게 되었는데, 도시계획시설에서 개인 소유의 땅을 도시공원으로 지정한 뒤 20년 동안 공원을 조성하지 않는다면 해당 땅 소유주의 재산권을 보호하고자 도시공원 지정 시효가 해제되게 된다.

① 법률이나 각종 규제의 효력이 특정한 시간이 지난 뒤 자동으로 사라지는 것을 일컬어 일몰제라 한다.
② 도시공원 일몰제는 헌법재판소의 결정에 따라 적용되기 시작했다.
③ 우리나라의 법률 및 규제는 규제일몰제의 적용을 받아 최초 생성 시 따로 존속 기간을 정하지 않아도 된다.
④ 도시공원 일몰제에 따라 도시공원 지정 시효가 해제되려면 해당 땅에 20년간 공원이 조성되지 않아야 한다.
⑤ 규제일몰제의 적용을 받는 규제의 존속 기간을 늘리려면 규제 일몰 12개월 전에는 신청해야 한다.

18 다음 문단을 논리적 순서대로 알맞게 배열한 것을 고르시오.

가) 실험 참가자들은 무작위로 결정된 숫자를 보고 그와 비슷한 수치를 답하였는데, 예를 들어 실험 참가자가 30을 뽑았다면 유엔 가입국 중 아프리카의 비율을 20에서 40 사이라고 말한 것이다. 실제로 실험 참가자가 뽑은 숫자는 정답과 무관한 숫자였지만, 실험 참가자들은 자신이 뽑은 숫자를 답변의 기준점으로 삼은 것이다.

나) 배는 닻을 내리면 닻과 배를 연결한 범위 내에서만 움직이는 것이 가능하다. 여기에서 착안되어 심리학자인 대니얼 카너먼과 아모스 트버스키는 사람은 인상적이었던 숫자 혹은 사물이 기준점을 삼고, 기준점이 이후의 판단에 영향을 미친다는 앵커링 효과를 제시하였다.

다) 이렇게 증명된 앵커링 효과는 실제로 우리 삶의 다양한 분야에서 확인할 수 있다. 대표적인 것이 대형마트에서 상품을 30%, 50%와 같이 할인 판매하는 것이다. 기존의 가격을 알고 있는 상태에서 할인된 수치를 보면 소비자들은 합리적 소비를 했다고 착각하기 쉽다. 이외에도 비즈니스 협상 시 먼저 가격 제시를 한 사람이 유리한 고지를 차지하는 등도 앵커링 효과와 관련 있다고 할 수 있다.

라) 그들은 이를 증명하기 위해 한 실험을 진행하였다. 카너먼과 트버스키는 실험 참가자들에게 1부터 100까지 숫자가 적혀 있는 행운 바퀴를 돌려 숫자가 나오도록 한 뒤 유엔 가입국 중 아프리카 국가의 비율에 대해 질문하였다.

① 가) - 라) - 나) - 다)
② 가) - 라) - 다) - 나)
③ 나) - 가) - 라) - 다)
④ 나) - 라) - 가) - 다)
⑤ 나) - 라) - 다) - 나)

19 다음 글의 내용과 일치하는 것을 고르시오.

유네스코 세계 무형 유산이자 우리나라 국가 무형 문화재인 처용무는 궁중의 연희 때와 세모(歲暮)에 역귀를 쫓는 의식 뒤에 추던 향악의 춤이다. 동해 용왕의 아들이었던 처용이 노래와 춤을 통해 천연두를 옮기는 역귀에게서 아내를 구했다는 설화를 바탕으로 만들어졌다. 기록에 따르면 고려 후기까지는 1인 무용으로 진행되었으나, 조선 세종 대에 이르러 5인 무용으로 바뀌게 되었다고 한다. 우리나라 궁중 무용 중 사람 형상의 탈을 쓰고 진행되는 유일한 무용이며, 파랑·노랑·빨강·하양·검정의 옷을 입은 다섯 명의 무용수가 각기 처용의 탈을 쓰고 다섯 방위로 벌여 서서 여러 장면으로 바꾸어 가며 춤을 추게 된다. 무용수들은 팥죽색 피부와 하얀 치아의 처용탈을 쓰고 납 구슬 목걸이 및 주석 귀걸이를 한 뒤 검은색 사모를 쓰게 된다. 이때 사모 위에는 벽사를 의미하는 7개의 복숭아 열매와 진경을 의미하는 2송이의 모란꽃을 꽂아 둔다. 시간의 흐름에 따라 춤과 음악은 다양화되며 전승되었으며, 오늘날에는 전승자로 이루어진 처용무 보존회를 중심으로 처용무 공연과 더불어 이수 교육, 학술 연구 등이 이루어지고 있다.

① 처용무는 본래 역귀를 쫓기 위해 추었던 민간 신앙의 일종이다.
② 우리나라 궁중 무용 중에서 사람 형태의 탈을 쓰고 춤을 추는 무용은 처용무가 유일하다.
③ 오늘날 처용무 공연과 이수 교육 및 학술 연구를 책임지는 처용무 보존회의 구성원에는 제한이 없다.
④ 처용무는 본래 5인이 추던 춤이었으나 조선 세종 대에 이르러 1인 무용으로 바뀌게 되었다.
⑤ 처용무에서 무용수가 쓰는 사모 위의 복숭아 열매는 진경을 의미한다.

20 다음 글을 읽고 추론한 내용으로 적절한 것을 고르시오.

1983년 유네스코 세계문화유산으로 등재된 타지마할은 무굴 제국의 황제 샤 자한에 의해 흰색 대리석으로 지어진 인도 대표 건축물이다. 왕비인 뭄타즈 마할의 죽음을 기리기 위해 건립된 묘궁으로, 인도, 페르시아, 터키 및 이슬람의 건축 양식이 조화를 이루는 무굴 건축의 훌륭한 예로 알려졌다. 당시 샤 자한은 인도뿐만 아니라 동남아시아, 페르시아, 유럽 등 세계 각국의 건축가 2만 명을 데려와 타지마할 건축 공사에 동원하였으며, 무굴 제국의 대칭을 이루는 건축 구조를 그대로 반영하고자 하였다. 그 결과 붉은 사암으로 만들어진 출입구부터 본관인 묘궁까지 모두 중앙의 연못을 중심으로 완벽한 대칭을 이루고 있으며, 동쪽에 있는 영빈관과 서쪽에 있는 이슬람 사원 모두 묘궁을 바라보는 위치에 세워졌다. 또한, 묘궁을 가운데 두고 네 방향에 피사의 사탑과 같이 바깥쪽으로 휘어진 형태의 미나레트를 세웠는데, 이 탑은 당시 빈번하게 발생하던 자연재해로부터 묘궁을 보호하기 위해 제작되었다고 전해진다.

① 미나레트는 자연재해로부터 인도를 보호하고자 하는 미신적인 의미를 담고 있다.
② 타지마할 양쪽에 세워진 영빈관과 이슬람 사원의 위치는 무굴 제국의 건축 양식이 반영된 것이다.
③ 샤 자한은 타지마할 건립을 위해 세계의 건축물을 탐방한 후 각국의 건축 양식을 기록하였다.
④ 출입구에서 정면으로 보이는 묘궁은 페르시아의 건축 양식을 반영하여 붉은빛의 대리석으로 지어졌다.
⑤ 타지마할 건축 당시 인도 사람들은 왕비인 뭄타즈 마할의 죽음을 기리기 위한 의식을 거행하였다.

02 언어추리

▶ 해설 p.86

01 다음 명제가 모두 참일 때, 항상 참인 문장을 고르시오.

- 산책을 좋아하는 사람은 등산을 좋아한다.
- 공원을 좋아하는 사람은 산책을 좋아한다.
- 자연을 좋아하는 사람은 공원을 좋아한다.
- 관절염이 있는 사람은 등산을 좋아하지 않는다.

① 공원을 좋아하는 사람은 등산을 좋아하지 않는다.
② 등산을 좋아하지 않는 사람은 자연을 좋아한다.
③ 관절염이 없는 사람은 공원을 좋아한다.
④ 산책을 좋아하는 사람은 관절염이 있다.
⑤ 산책을 좋아하지 않는 사람은 자연을 좋아하지 않는다.

02 다음 명제가 모두 참일 때, 항상 참인 문장을 고르시오.

- 운동을 하는 사람은 공포영화를 즐긴다.
- 팝콘을 좋아하지 않는 사람은 공포영화를 즐기지 않는다.

① 운동을 하는 사람은 팝콘을 좋아한다.
② 운동을 하지 않는 사람은 팝콘을 좋아하지 않는다.
③ 팝콘을 좋아하는 사람은 운동을 하지 않는다.
④ 팝콘을 좋아하지 않는 사람은 운동을 한다.
⑤ 공포영화를 즐기는 사람은 운동을 한다.

03 다음 명제가 모두 참일 때, 항상 참인 문장을 고르시오.

- 자기관리를 잘하는 사람은 영업을 잘한다.
- 전달력이 좋은 사람은 언어능력이 뛰어나다.
- 언어능력이 뛰어난 사람은 토론을 좋아한다.
- 영업을 잘하는 사람은 전달력이 좋다.

① 영업을 잘하지 못하는 사람은 언어능력이 뛰어나지 않다.

② 전달력이 좋지 않은 사람은 토론을 좋아하지 않는다.

③ 자기관리를 잘하는 사람은 전달력이 좋지 않다.

④ 언어능력이 뛰어난 사람은 자기관리를 잘한다.

⑤ 토론을 좋아하지 않는 사람은 자기관리를 잘하지 못한다.

04 다음 명제가 모두 참일 때, 항상 참인 문장을 고르시오.

- 연극을 좋아하는 사람은 영화와 뮤지컬을 좋아한다.
- 영화를 좋아하는 사람은 판타지를 좋아한다.

① 판타지를 좋아하지 않는 사람은 연극을 좋아하지 않는다.

② 영화를 좋아하는 사람은 뮤지컬을 좋아한다.

③ 뮤지컬을 좋아하는 사람은 판타지를 좋아한다.

④ 뮤지컬을 좋아하지 않는 사람은 영화를 좋아하지 않는다.

⑤ 영화를 좋아하지 않는 사람은 연극을 좋아한다.

05 다음 명제가 모두 참일 때, 항상 참인 문장을 고르시오.

- 아메리카노를 마시는 사람은 체크셔츠를 입는다.
- 장화를 신지 않은 사람은 우비를 입는다.
- 장화를 신거나 체크셔츠를 입은 사람은 고등학생이 아니다.
- 반바지를 입지 않는 사람은 우비를 입고 아메리카노를 마신다.

① 고등학생은 반바지를 입는다.

② 아메리카노를 마시는 사람은 장화를 신지 않는다.

③ 체크셔츠를 입은 사람은 반바지를 입는다.

④ 장화를 신는 사람은 체크셔츠를 입는다.

⑤ 우비를 입지 않은 사람은 고등학생이다.

06 갑, 을, 병, 정, 무 5명은 서비스센터에 방문하여 스마트폰을 수리하였다. 다음 조건을 모두 고려하였을 때, 항상 거짓인 것을 고르시오.

- 수리비는 부품비와 공임비를 더한 금액으로, 수리비가 동일한 사람은 없다.
- 5명은 모두 부품을 2개씩 교체하였다.
- 가장 적은 금액을 지불한 사람은 수리비로 12만 원을 지불한 정이다.
- 뒷면 유리를 교체한 사람은 2명이고, 디스플레이를 교체한 사람은 1명이다.
- 메인보드를 교체한 사람은 갑뿐이며, 갑은 수리비로 44만 원을 지불하였다.
- 을과 무는 서로 다른 부품을 교체하였고, 을이 지불한 수리비는 무가 지불한 수리비보다 10만 원 더 많다.
- 병이 교체한 부품 중 하나는 카메라이고, 하나는 갑이 교체한 부품과 동일하다.

[스마트폰 부품비]

디스플레이	메인보드	배터리	뒷면 유리	카메라	필름
20만 원	35만 원	10만 원	5만 원	20만 원	1만 원

※ 부품 교체에 따른 공임비는 부품비의 10%에 해당하는 금액이 청구됨(단, 필름은 제외됨)

① 을이 교체한 부품은 디스플레이와 배터리이다.

② 필름을 교체한 사람은 총 2명이다.

③ 병에게 청구된 부품비는 총 25만 원이다.

④ 5명 중 지불한 수리비가 두 번째로 많은 사람은 을이다.

⑤ 병과 무가 지불한 수리비의 차이는 5만 원 이상이다.

07 A, B, C, D, E 5명은 간식 가게에서 각자 한 종류의 간식을 먹었고, 다섯 명 중 한 명만 거짓을 말하고 있다. 간식 가게에서 판매하는 간식은 치즈와 우유만 있을 때, 항상 거짓인 것을 고르시오.

- A: 치즈를 먹은 사람은 우리 다섯 명 중 세 명이야.
- B: C는 거짓을 말하고 있어.
- C: 나는 A와 다른 종류의 간식을 먹었어.
- D: 나는 치즈를 먹었어.
- E: 나는 B와 같은 종류의 간식을 먹었어.

① B와 D가 먹은 간식은 다른 종류이다.

② B는 우유를 먹었다.

③ C와 D가 먹은 간식은 같은 종류이다.

④ E는 진실을 말하고 있다.

⑤ A와 E가 먹은 간식은 같은 종류이다.

08 용의자 A, B, C, D, E 5명 중 세 명의 범인이 있다. 범인은 거짓을 말하고 범인이 아닌 사람은 진실을 말할 때, 항상 참인 것을 고르시오.

- A: E는 범인이 아니다.
- B: 나와 D는 범인이 아니다.
- C: E는 범인이 아니다.
- D: A는 범인이다.
- E: B는 범인이다.

① A는 범인이 아니다.

② B는 범인이 아니다.

③ C는 범인이 아니다.

④ B와 C는 같이 범인이거나 같이 범인이 아니다.

⑤ D와 E는 같이 범인이거나 같이 범인이 아니다.

09 A, B, C, D, E, F 6명은 원탁의 1~6번 자리에 앉아 오목을 두었다. 다음 조건을 모두 고려하였을 때, 항상 거짓인 것을 고르시오.

- 6명 모두 자신의 양옆에 앉은 사람과 한 번씩 총 두 번 오목을 두었으며, 비긴 경기는 없다.
- A는 3번 자리에 앉아 있고, E와 서로 마주 보고 앉아 있다.
- B는 오목을 두어 C에게는 승리했고 E에게는 패배했다.
- F는 오목을 두어 2승을 했고, F의 오른쪽 옆자리에는 A가 앉아 있다.
- 오목을 두어 2패를 한 사람은 총 2명이다.

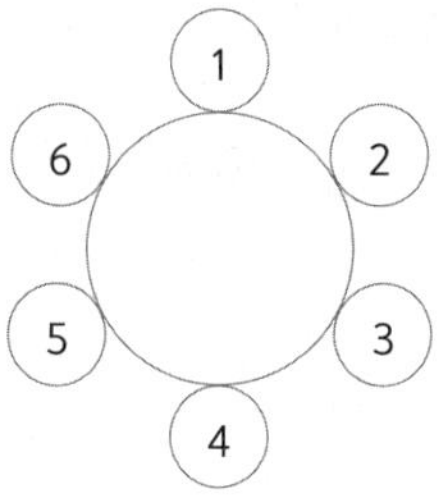

① A는 오목을 두어 1승 1패를 했다.

② 2번 자리에 앉은 사람은 오목을 두어 2패를 했다.

③ E는 오목을 두어 1승 1패를 했다.

④ B의 오른쪽 옆자리에는 E가 앉아 있다.

⑤ C는 D와 마주 보고 앉아 있다.

10 건호, 승화, 예지, 정대, 지효 5명은 단어 시험을 치렀으며, 시험 결과에 따라 1등부터 5등까지 등수가 매겨졌다. 5명 중 1등, 5등 2명은 거짓을 말했고, 2등, 3등, 4등 3명은 진실을 말했을 때, 5등인 사람을 고르시오.

· 건호: 승화는 예지보다 등수가 낮아. · 승화: 예지는 2등 아니면 3등이야. · 예지: 나보다 시험 결과가 좋지 않은 사람은 3명이야. · 정대: 나는 1등이 아니야. · 지효: 5명 중 시험 결과가 가장 좋지 않은 사람은 건호야.

① 건호 ② 승화 ③ 예지 ④ 정대 ⑤ 지효

11 A, B, C, D 4명은 월요일부터 일요일까지 당직을 선다. 다음 조건을 모두 고려하였을 때, 항상 참인 것을 고르시오.

· 하루에 한 명씩 당직을 서며, 같은 사람이 이틀 연속으로 당직을 설 수 없다. · A는 화요일에 당직을 선다. · B와 C는 한 번씩만 당직을 서며, 둘의 당직일은 서로 붙어있다. · D는 당직을 두 번 선다. · 금요일과 일요일에 당직을 서는 사람은 같다.

① 수요일에는 B가 당직을 선다.
② A는 두 번 당직을 선다.
③ 토요일에는 D가 당직을 선다.
④ 목요일에는 C가 당직을 선다.
⑤ 일요일에 당직을 서는 사람은 A가 아니다.

12 어린이집에서 A~F 6명의 어린이 각각에게 곰 인형 또는 토끼 인형 중 하나의 인형을 선물하려고 한다. 다음 조건을 모두 고려하였을 때, 곰 인형을 선물 받은 어린이끼리 바르게 묶인 것을 고르시오.

- 곰 인형을 선물 받은 어린이 수와 토끼 인형을 선물 받은 어린이 수는 같다.
- A와 F는 같은 인형을 선물 받았다.
- C와 E는 다른 인형을 선물 받았다.
- D가 선물 받은 인형은 토끼 인형이다.
- B와 E는 같은 인형을 선물 받았다.

① A, B, E ② A, C, F ③ A, E, F ④ B, C, E ⑤ C, E, F

13 가영, 나영, 다영, 라영, 마영, 바영 6명은 서로의 저축 금액을 비교하여 저축 금액이 많은 사람부터 높은 순위를 정하려고 한다. 다음 조건을 모두 고려하였을 때, 항상 거짓인 것을 고르시오.

- 6명의 순위는 서로 다르다.
- 나영이와 마영이의 순위는 연속한다.
- 다영이는 라영이보다 순위가 낮다.
- 마영이는 나영이보다 순위가 낮다.
- 가영이는 라영이보다 순위가 높다.
- 가영이와 마영이의 순위 사이에는 세 명이 있다.

① 가영이의 순위는 2위이다.

② 마영이의 순위는 6위가 아니다.

③ 바영이는 다영이보다 순위가 낮다.

④ 라영이의 순위는 1위도 5위도 아니다.

⑤ 나영이의 순위가 4위이면, 가능한 경우의 수는 2가지이다.

14 유민, 종현, 영주, 나라 4명은 경제, 역사, 상식 총 3개 분야의 문제를 분야별로 3문제씩 풀었고, 분야별로 맞힌 문제 수에 따라 서로 다른 등수를 매겼다. 다음 조건을 모두 고려하였을 때, 항상 거짓인 것을 고르시오.

- 같은 분야에서 4명이 맞힌 문제 수는 모두 다르며, 개인당 맞힌 문제 수는 분야별로 모두 다르다.
- 영주는 경제 분야에서 3문제를 맞혔고, 나라는 상식 분야에서 1문제를 맞혔다.
- 종현이는 역사 분야에서 4등을 했다.
- 유민이는 3개 분야에서 4등을 하지 않았다.
- 종현이는 상식 분야에서 1등을 하지 않았다.

① 영주는 역사 분야에서 2문제를 맞혔다.

② 상식 분야에서 1등을 한 사람은 유민이다.

③ 나라는 경제 분야에서 1문제도 맞히지 못했다.

④ 영주는 나라보다 역사 분야에서 1문제를 덜 맞혔다.

⑤ 유민이는 영주보다 상식 분야에서 2문제를 더 맞혔다.

15 A, B, C, D, E, F 6명은 12시부터 12시 30분까지 6분 간격으로 서로 다른 시각에 매점에 도착했다. 다음 조건을 모두 고려하였을 때, 항상 거짓인 것을 고르시오.

- 6명은 각자 매점에 도착한 후 6분 뒤에 매점을 떠났다.
- A는 C보다 먼저 매점에 도착했다.
- D는 E보다 12분 늦게 매점에 도착했다.
- B가 매점을 떠난 지 12분 후 F가 매점에 도착했다.

① E보다 매점에 먼저 도착한 사람은 3명이다.

② D 바로 다음 순서로 매점에 도착한 사람은 A이다.

③ A와 C가 매점에 도착한 시각의 차이는 18분이다.

④ A가 매점에 도착하기 6분 전에 매점을 떠난 사람은 B이다.

⑤ F가 매점을 떠나고 6분 뒤에 매점에 도착한 사람은 없다.

16 A~H 8개의 야구팀은 토너먼트로 진행되는 경기에 참가하였다. 다음 조건을 모두 고려하였을 때, 항상 거짓인 것을 고르시오.

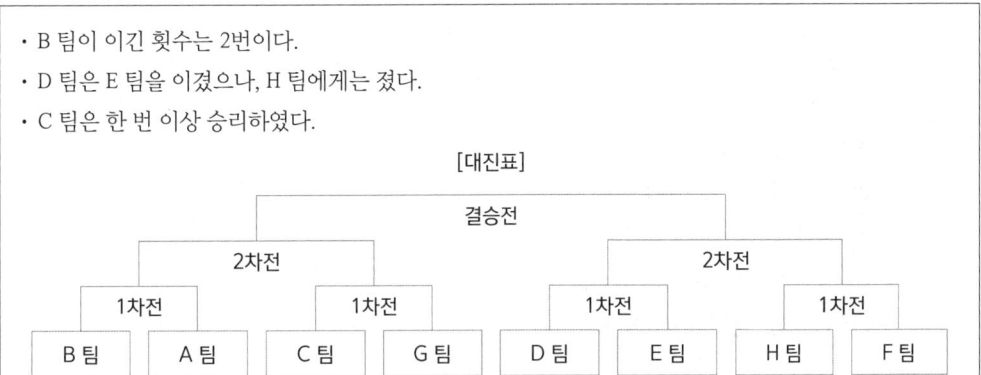

- B 팀이 이긴 횟수는 2번이다.
- D 팀은 E 팀을 이겼으나, H 팀에게는 졌다.
- C 팀은 한 번 이상 승리하였다.

[대진표]

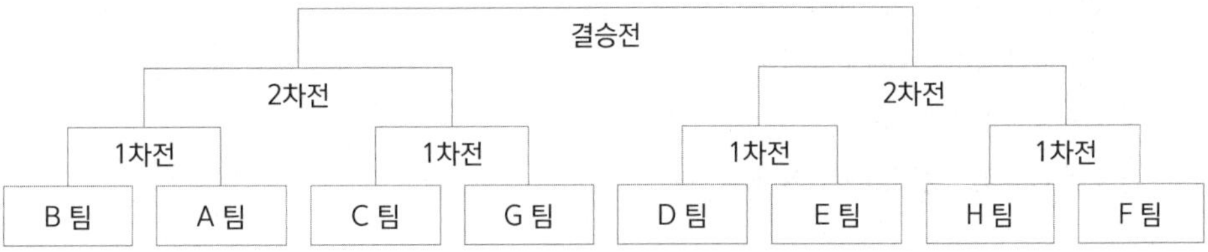

① A 팀은 B 팀에게 패배한다.

② H 팀이 대회에서 우승한다.

③ G 팀은 한 번도 승리하지 못한다.

④ F 팀은 대회 우승팀에게 패배한다.

⑤ C 팀은 H 팀에게 패배한다.

17 ○○방탈출 카페에는 A~F 6개의 테마가 있으며 테마별로 하나의 사물함이 배정되어 있다. 다음 조건을 모두 고려하였을 때, 항상 거짓인 것을 고르시오.

- 사물함은 한 층에 3개씩 총 2층으로 이루어져 있으며, 같은 사물함이 배정된 테마는 없다.
- E 테마의 사물함은 B 테마의 사물함 바로 아래에 배정되어 있다.
- A 테마의 사물함과 C 테마의 사물함은 같은 층에 배정되어 있다.
- D 테마의 사물함과 F 테마의 사물함은 이웃하여 배정되어 있지 않다.
- 6번 사물함에는 C 테마가 배정되어 있다.

2층	1번	2번	3번
1층	4번	5번	6번

① 1번 사물함에 배정된 테마는 D 테마이다.

② 5번 사물함에 배정된 테마는 E 테마이다.

③ A 테마의 사물함은 F 테마의 사물함 바로 아래에 배정되어 있다.

④ D 테마의 사물함은 E 테마의 사물함보다 오른쪽에 배정되어 있다.

⑤ A 테마의 사물함과 C 테마의 사물함은 이웃하여 배정되어 있다.

18 A~E 5명은 중간고사 성적표를 받았다. 다음 조건을 모두 고려하였을 때, 항상 참인 것을 고르시오.

- A~E의 중간고사 점수는 60점, 70점, 80점, 90점, 100점 중 하나이며, 같은 점수를 받은 사람은 없다.
- B의 점수는 A의 점수보다 높지만, C의 점수보다 낮다.
- D의 점수가 E의 점수보다 높으며, D와 E의 점수 차이는 30점이다.

① A의 점수는 70점이다.

② B와 D의 점수 차이는 10점이다.

③ A와 E의 점수 합은 130점이다.

④ C의 점수는 D의 점수보다 높다.

⑤ B와 C의 점수 합은 180점이다.

19 A, B, C, D, E 5명 중 3명은 진실 마을에 살고, 2명은 거짓 마을에 살고 있다. 진실 마을에 사는 사람은 진실을 말하고, 거짓 마을에 사는 사람은 거짓을 말할 때, 거짓 마을에 사는 사람끼리 바르게 묶인 것을 고르시오.

- A: D와 E는 같은 마을에 살고 있어.
- B: A는 진실 마을에 살아.
- C: 나와 D는 다른 마을에 살고 있어.
- D: B의 말은 거짓이야.
- E: A와 C는 다른 마을에 살고 있어.

① A, B ② A, C ③ B, E ④ C, D ⑤ D, E

20 ○○백화점의 각 구역에는 남성 의류, 여성 의류, 식료품, 전자제품, 화장품 코너 중 하나의 코너가 위치해 있다. 다음 조건을 모두 고려하였을 때, 항상 거짓인 것을 고르시오.

- 백화점의 구역은 중앙과 동서남북의 5개 구역으로 나뉘며 각 구역에는 서로 다른 코너가 위치해 있다.
- 식료품 코너는 남쪽 구역에 위치해 있다.
- 화장품 코너는 전자제품 코너와 한 면이 인접한 구역에 위치해 있다.
- 남성 의류 코너와 여성 의류 코너는 중앙 구역을 기준으로 서로 반대쪽 구역에 위치해 있다.

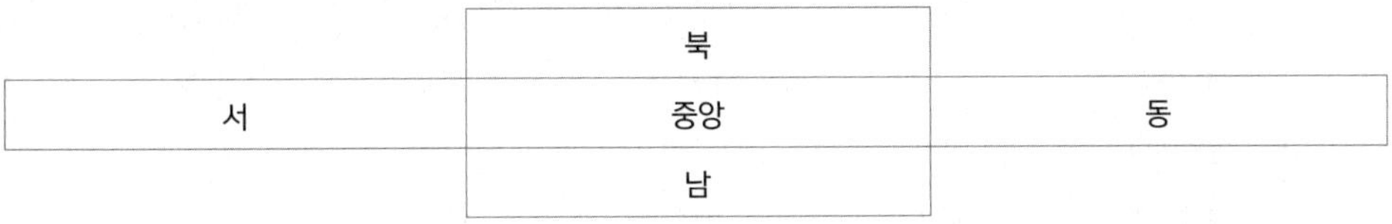

① 북쪽 구역에는 전자제품 코너가 위치해 있다.

② 남성 의류 코너는 식료품 코너와 한 면이 인접한 구역에 위치해 있다.

③ 식료품 코너와 화장품 코너는 중앙 구역을 기준으로 서로 반대쪽 구역에 위치해 있다.

④ 중앙 구역에는 화장품 코너가 위치해 있다.

⑤ 여성 의류 코너는 동쪽 구역에 위치해 있다.

▶ 해설 p.92

01 다음은 연도별 코스닥 상장사 수익 현황에 대한 자료이다. 다음 중 자료에 대한 설명으로 옳지 않은 것을 고르시오.

[연도별 코스닥 상장사 수익 현황]

(단위: 백억 원)

구분	2020년	2021년	2022년	2023년	2024년
매출액	11,139	11,800	12,838	13,336	14,076
영업이익	599	652	792	742	778
경상이익	417	514	537	584	533
당기순이익	408	402	455	382	294

※ 매출액이익률(%) = (당기순이익 / 매출액) × 100

① 2021년 이후 매출액은 매년 전년 대비 증가했다.

② 2021년 영업이익의 전년 대비 증가율은 9% 미만이다.

③ 매출액이익률은 2022년이 2023년보다 작다.

④ 제시된 기간 동안 경상이익의 평균은 510백억 원 이상이다.

⑤ 2024년 영업이익은 당기순이익의 3배 미만이다.

02 다음은 소속별 공무원 현원 및 여성 비율에 대한 자료이다. 다음 중 자료에 대한 설명으로 옳은 것을 고르시오.

[소속별 공무원 현원 및 여성 비율]

구분		2018년		2019년		2020년	
		전체 현원 (명)	여성 비율 (%)	전체 현원 (명)	여성 비율 (%)	전체 현원 (명)	여성 비율 (%)
행정부		1,059,850	46.9	1,087,739	47.4	1,108,622	48.0
	국가공무원	669,077	50.6	681,049	50.8	746,267	47.9
	지방공무원	390,773	40.5	406,690	41.9	362,355	48.3
입법부		4,735	39.0	4,703	39.1	4,793	39.4
사법부		17,865	40.9	18,010	41.8	18,160	42.8
헌법재판소		334	43.1	336	44.9	356	43.5
중앙선거관리위원회		3,065	35.8	3,085	37.1	3,064	38.5

※ 출처: KOSIS(인사혁신처, 국가공무원인사통계)

① 제시된 기간 동안 행정부 소속의 여성 비율은 국가공무원이 지방공무원보다 매년 높다.

② 2020년 사법부 전체 현원은 전년 대비 150명 증가하였다.

③ 2019년 이후 입법부 전체 현원은 전년 대비 매년 증가하였다.

④ 2018년 행정부 전체 남성 공무원 수는 500,000명 미만이다.

⑤ 2020년 헌법재판소 여성 공무원 수는 2년 전 대비 감소하였다.

03 다음은 철도역별 승차 인원을 나타낸 자료이다. 다음 중 자료에 대한 설명으로 옳은 것을 고르시오.

[철도역별 승차 인원]

(단위: 만 명)

구분	2020년	2021년	2022년	2023년	2024년
A 역	1,124	1,110	1,118	1,138	1,137
B 역	521	492	485	483	476
C 역	1,593	1,563	1,550	1,528	1,480
D 역	386	378	378	369	362
E 역	1,341	1,260	1,228	1,192	1,174

① 2021년 이후 승차 인원의 전년 대비 증감 추이는 A 역과 C 역이 매년 동일하다.

② 제시된 기간 동안 E 역 승차 인원의 평균은 1,250만 명 이상이다.

③ 2020년 A 역 승차 인원은 D 역 승차 인원의 3배 이상이다.

④ B 역과 D 역의 승차 인원의 차이는 2022년이 2023년보다 크다.

⑤ 2022년 E 역 승차 인원의 전년 대비 감소율은 2% 이상이다.

04 다음은 매출액이 100억 원 미만인 위생용품 관련 업체의 산업 현황에 대한 자료이다. 다음 중 자료에 대한 설명으로 옳은 것을 고르시오.

[매출액 규모별 위생용품 산업 현황]

(단위: 개, 십억 원)

구분	2019년		2020년	
	업체 수	매출액	업체 수	매출액
전체	1,237	737	1,361	782
1억 원 미만	648	16	746	16
1억 원 이상 5억 원 미만	271	67	266	65
5억 원 이상 10억 원 미만	99	70	134	98
10억 원 이상 20억 원 미만	101	138	104	146
20억 원 이상 50억 원 미만	100	310	85	266
50억 원 이상 100억 원 미만	18	136	26	191

※ 출처: KOSIS(식품의약품안전처, 위생용품산업현황)

① 2019년 매출액이 10억 원 미만인 업체 수는 1,018개이다.

② 2020년 전체 업체 수의 전년 대비 증가율은 전체 매출액의 전년 대비 증가율보다 작다.

③ 2020년 매출액이 1억 원 미만인 업체들의 평균 매출액은 2,500만 원 이상이다.

④ 2019년 매출액이 10억 원 이상 100억 원 미만인 업체들의 매출액 합계가 전체 매출액에서 차지하는 비중은 80% 이상이다.

⑤ 매출액이 5억 원 미만인 업체 수는 2019년보다 2020년에 더 적다.

05 다음은 2024년 7월 국적별 외래 관광객 수와 승무원 입국자 수에 대한 자료이다. 다음 중 자료에 대한 설명으로 옳지 않은 것을 고르시오.

[국적별 외래 관광객 수 및 승무원 입국자 수]

(단위: 명)

구분	0~20세	21~30세	31~40세	41~50세	51~60세	61세 이상	승무원
A	430	1,720	2,090	1,840	3,120	950	3,300
B	50	1,180	1,240	790	300	40	6,600
C	100	1,160	680	290	70	15	2,200
D	4	360	500	200	75	10	1,500
E	220	460	250	150	120	40	500
F	130	180	150	180	100	40	100

[외래 관광객 수 상위 4개국의 전체 외래 관광객 수]

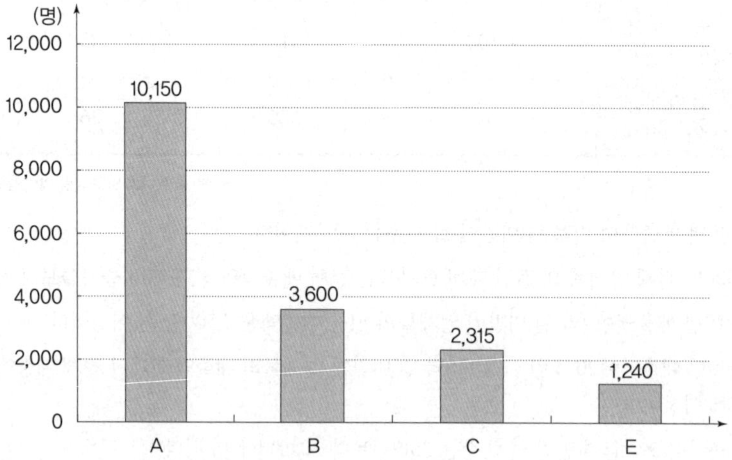

※ 1) 외래 관광객은 한국을 관광하기 위해 외국에서 입국한 사람을 의미함
2) 승무원은 연령이 구분되지 않으며, 외래 관광객에서 제외함

① D 국적의 51~60세 외래 관광객 수 대비 21~30세 외래 관광객 수의 비율은 5 미만이다.

② 2024년 8월 E 국적의 전체 외래 관광객 수가 전월 대비 60% 감소했다면, 8월 E 국적의 전체 외래 관광객 수는 7월 E 국적의 승무원 입국자 수보다 적다.

③ B 국적의 외래 관광객과 승무원의 총 입국자 수에서 51세 이상이 차지하는 비중은 3% 미만이다.

④ B 국적과 E 국적의 승무원 입국자 수의 합은 나머지 4개 국적의 승무원 입국자 수의 합과 같다.

⑤ 제시된 연령 중 C 국적의 외래 관광객에서 가장 비중이 낮은 연령은 F 국적의 외래 관광객에서 가장 비중이 낮은 연령과 같다.

06 다음은 Z 국의 연도별 재활용가능자원 이용 현황에 대한 자료이다. 제시된 기간 중 재활용가능자원 제품 생산량에서 국산 사용량을 제외한 값이 가장 작은 해의 국산 이용률은 약 얼마인가? (단, 소수점 첫째 자리에서 반올림하여 계산한다.)

[연도별 재활용가능자원 이용 현황]

(단위: 톤)

구분	제품 생산량	국산 사용량
2015년	715,751	534,587
2016년	702,656	529,271
2017년	649,640	491,412
2018년	660,296	511,387
2019년	665,124	514,457
2020년	630,785	482,732
2021년	661,682	601,221
2022년	638,584	508,449
2023년	614,632	485,953
2024년	557,615	428,281

※ 국산 이용률(%) = (국산 사용량 / 제품 생산량) × 100

① 83% ② 87% ③ 89% ④ 91% ⑤ 93%

07 다음은 우리나라 일부 지역의 화장품 제조판매 업체 수에 대한 자료이다. 다음 중 자료에 대한 설명으로 옳지 않은 것을 고르시오.

[지역별 화장품 제조판매 업체 수]

(단위: 개)

구분	20X1년	20X2년	20X3년	20X4년	20X5년	20X6년
서울	1,961	2,402	3,091	3,894	4,814	5,974
인천	195	249	365	462	575	740
경기	978	1,253	1,684	2,162	2,692	3,465
대구	91	99	133	158	190	244
부산	110	144	191	227	291	370

① 20X2년 이후 서울의 화장품 제조판매 업체 수는 매년 전년 대비 증가하였다.

② 20X5년 대구의 화장품 제조판매 업체 수는 전년 대비 21% 이상 증가하였다.

③ 20X4년 화장품 제조판매 업체 수는 인천이 부산의 2배 이상이다.

④ 제시된 기간 중 대구와 부산의 화장품 제조판매 업체 수의 차이가 가장 큰 해는 20X6년이다.

⑤ 20X6년 경기의 화장품 제조판매 업체 수는 3년 전 대비 1,750개 이상 증가하였다.

08 다음은 부산광역시 행정구역별 종교 시설의 건물 수 및 에너지 사용량을 나타낸 자료이다. 다음 중 자료에 대한 설명으로 옳은 것을 고르시오.

[행정구역별 종교 시설의 건물 수 및 에너지 사용량]

(단위: 동, toe)

구분	2018년		2019년		2020년	
	건물 수	에너지 사용량	건물 수	에너지 사용량	건물 수	에너지 사용량
중구	26	150	27	146	27	128
서구	63	260	65	259	63	218
동구	40	199	40	193	40	153
영도구	114	301	114	279	115	245
부산진구	133	459	131	457	130	445
동래구	139	716	140	663	137	514
남구	122	429	126	434	125	389
북구	62	386	63	364	59	316
해운대구	133	951	136	931	132	760
사하구	115	469	115	422	115	380
금정구	197	899	197	867	198	813
강서구	73	404	73	380	73	317
연제구	80	372	79	345	79	290
수영구	126	811	126	721	124	638
사상구	61	259	61	246	61	213
기장군	149	327	153	320	152	301

※ 출처: KOSIS(한국부동산원, 건물에너지사용량)

① 2019년 이후 에너지 사용량의 전년 대비 증감 추이는 매년 남구와 북구가 동일하다.

② 2018년 건물 수가 다른 행정구역에 비해 가장 많은 행정구역은 같은 해 에너지 사용량도 다른 행정구역에 비해 가장 많다.

③ 2020년 에너지 사용량의 상위 3개 행정구역의 에너지 사용량의 평균은 750toe 이상이다.

④ 2019년 영도구의 에너지 사용량은 전년 대비 7% 이상 감소하였다.

⑤ 2019년 건물 수가 네 번째로 적은 행정구역의 같은 해 건물 1동당 에너지 사용량은 5toe 미만이다.

09 다음은 A 국의 2024년 청소년의 지상파 이용 현황에 대해 조사한 자료이다. 다음 중 자료에 대한 설명으로 옳은 것을 고르시오.

[2024년 청소년 지상파 이용 현황 조사]

(단위: 명)

구분	전체	거의 매일	주 2회 이하	월 2회 이하	연 4회 이하
초등학교 전체	4,250	1,900	1,755	464	131
초등학교 5~6학년	2,901	1,278	1,209	325	89
중학교 전체	4,101	1,618	1,808	518	157
고등학교 전체	4,304	1,276	2,067	756	205

※ 출처: KOSIS(여성가족부, 청소년매체이용및유해환경실태조사)

① 조사에 응답한 초등학교, 중학교, 고등학교 학생 수는 총 14,000명 이상이다.

② 조사에 응답한 중학교 전체 학생 수에서 거의 매일 지상파를 이용한다고 응답한 학생 수가 차지하는 비중은 40% 이상이다.

③ 제시된 조사집단 중 거의 매일 지상파를 이용한다고 응답한 학생 수가 가장 적은 집단은 초등학교 5~6학년이다.

④ 주 2회 이하로 지상파를 이용한다고 응답한 초등학교 1~4학년 학생 수는 600명 이하이다.

⑤ 지상파를 월 2회 이하 이용한다고 응답한 고등학교 전체 학생 수는 지상파를 연 4회 이하 이용한다고 응답한 고등학교 전체 학생 수의 3배 이하이다.

10 다음은 시도별 중계펌프장 수 및 계획 배수 면적을 나타낸 자료이다. 다음 중 자료에 대한 설명으로 옳은 것을 고르시오.

[시도별 중계펌프장 수 및 계획 배수 면적]

(단위: 개소, km^2)

구분	20X2년		20X3년		20X4년	
	중계 펌프장 수	계획 배수 면적	중계 펌프장 수	계획 배수 면적	중계 펌프장 수	계획 배수 면적
서울	19	104	79	637	93	634
부산	174	103	200	106	202	95
대구	24	22	28	23	28	23
인천	68	1,360	65	1,351	105	1,374
광주	7	3	7	3	7	3
대전	188	228	214	229	213	229
울산	152	46,882	486	412	484	412
세종	18	37	43	40	43	40
경기	1,480	953	1,617	10,170	1,648	14,522
강원	729	928	851	1,953	998	2,071
충북	556	422	568	608	649	574
충남	146	8,360	148	80	289	80
전북	836	700	901	509	1,113	1,718
전남	656	236	774	1,056	784	1,409
경북	897	319	901	318	1,018	332
경남	793	6,854	961	1,412	965	1,311
제주	488	16,425	548	143	583	143

① 20X2년 중계펌프장 수는 충북이 충남의 4배 이상이다.

② 20X4년 경남의 계획 배수 면적은 전년 대비 5% 이상 감소하였다.

③ 20X3년 이후 중계펌프장 수가 매년 전년 대비 감소한 지역은 1곳이다.

④ 서울, 인천, 경기 중 20X4년 중계펌프장 1개소당 계획 배수 면적이 가장 큰 지역은 경기이다.

⑤ 제시된 기간 동안 계획 배수 면적의 평균은 전북이 전남보다 작다.

11 다음은 2024년 하반기 A 국 소재 사업체의 ICT 품목별 생산액에 대한 자료이다. 다음 중 자료에 대한 설명으로 옳지 않은 것을 고르시오.

[2024년 하반기 ICT 품목별 생산액]

(단위: 십억 원)

구분		7월	8월	9월	10월	11월	12월
정보 통신 방송 기기	소계	27,122	27,081	29,173	28,561	28,885	30,358
	전자 부품	16,550	16,911	18,489	17,866	17,800	18,945
	컴퓨터 및 주변기기	1,156	1,360	1,331	1,198	1,159	1,141
	통신 및 방송기기	3,087	2,947	3,048	3,035	3,175	3,331
	영상 및 음향기기	710	675	667	674	654	653
	정보 통신 응용 기반 기기	5,619	5,188	5,638	5,788	6,097	6,288
정보 통신 방송 서비스	소계	6,657	6,644	6,712	6,839	6,910	7,109
	통신 서비스	3,083	3,080	3,092	3,095	3,109	3,172
	방송 서비스	1,584	1,587	1,576	1,620	1,639	1,718
	정보 서비스	1,990	1,977	2,044	2,124	2,162	2,219
소프트웨어	소계	5,381	5,554	5,777	5,842	5,974	7,466
	패키지 소프트웨어	1,041	1,037	1,075	1,070	1,170	1,800
	게임 소프트웨어	1,097	1,143	1,117	1,135	1,137	1,513
	IT 서비스	3,243	3,374	3,585	3,637	3,667	4,153
합계		39,160	39,279	41,662	41,242	41,769	44,933

① 제시된 기간 중 컴퓨터 및 주변기기 생산액이 다른 달에 비해 가장 큰 달에 통신 및 방송기기 생산액은 다른 달에 비해 가장 작다.

② 9월 패키지 소프트웨어 생산액은 전월 대비 5% 미만 증가하였다.

③ 10월 전자 부품 생산액은 같은 달 영상 및 음향기기 생산액의 26배 이상이다.

④ 12월 소프트웨어 전체 생산액에서 게임 소프트웨어 생산액이 차지하는 비중은 전월 대비 감소하였다.

⑤ 11월 통신 서비스 생산액은 같은 달 방송 서비스 생산액보다 1,470십억 원 더 많다.

12 다음은 2023년과 2024년 하반기 구직급여 지급자 수 및 지급액에 대한 자료이다. 2024년 하반기 구직급여 지급자 수의 전년 동월 대비 증가 인원이 가장 많은 달의 2024년 구직급여 지급자 1명당 평균 구직급여 지급액은 얼마인가?

[2023년 하반기 구직급여 지급자 수 및 지급액]

(단위: 천 명, 억 원)

구분	7월	8월	9월	10월	11월	12월
구직급여 지급자 수	500	473	444	428	412	419
구직급여 지급액	7,589	7,256	6,689	6,803	5,932	6,038

[2024년 하반기 구직급여 지급자 수 및 지급액]

(단위: 천 명, 억 원)

구분	7월	8월	9월	10월	11월	12월
구직급여 지급자 수	731	705	698	643	606	600
구직급여 지급액	11,885	10,974	11,517	9,946	9,138	9,566

① 16.2만 원 ② 16.5만 원 ③ 162만 원 ④ 165만 원 ⑤ 170만 원

13 다음은 전국 읍·면 지역의 분가한 자녀 유무에 대한 자료이다. 다음 중 자료에 대한 설명으로 옳지 않은 것을 모두 고르시오.

[전국 읍·면 지역의 분가한 자녀 유무]

구분		사례 수(명)	분가한 자녀 있음(%)	분가한 자녀 없음(%)
읍/면	읍	1,926	40.8	59.2
	면	2,058	60.0	40.0
영농 여부	농어가	1,024	70.1	29.9
	비농어가	2,960	44.1	55.9
응답자 연령	30대 이하	693	0	100.0
	40대	700	8.5	91.5
	50대	886	46.7	53.3
	60대	776	86.8	13.2
	70대 이상	929	94.3	5.7

※ 출처: KOSIS(농촌진흥청, 농어업인등에대한복지실태조사)

a. 응답자 연령이 높을수록 분가한 자녀가 있다고 응답한 비율도 높다.
b. 30대 이하 연령에서 분가한 자녀가 없다고 응답한 사례 수는 693명이다.
c. 분가한 자녀가 있다고 응답한 사례 수는 농어가가 비농어가보다 적다.
d. 분가한 자녀가 있다고 응답한 비율은 면 지역이 읍 지역보다 20.8%p 더 높다.

① c ② d ③ a, c ④ b, d ⑤ c, d

14 다음은 주야별 교통사고 건수에 대한 자료이다. 이를 바탕으로 연도별 전체 교통사고 건수에서 주간 교통사고 건수가 차지하는 비중을 바르게 나타낸 것을 고르시오.

[주야별 교통사고 건수]

(단위: 건)

구분	2016년	2017년	2018년	2019년	2020년
주간	125,808	125,569	126,951	138,533	126,396
야간	95,109	90,766	90,197	91,067	83,258
합계	220,917	216,335	217,148	229,600	209,654

※ 출처: KOSIS(경찰청, 경찰접수교통사고현황)

①
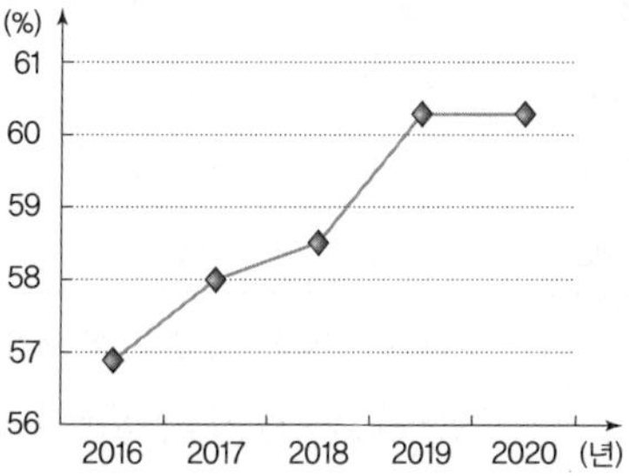

②
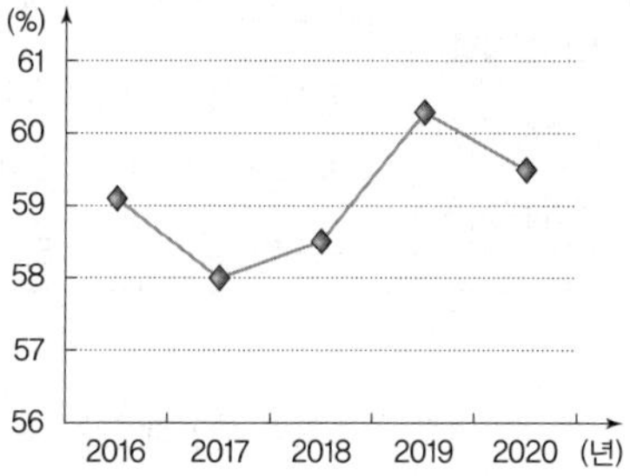

③
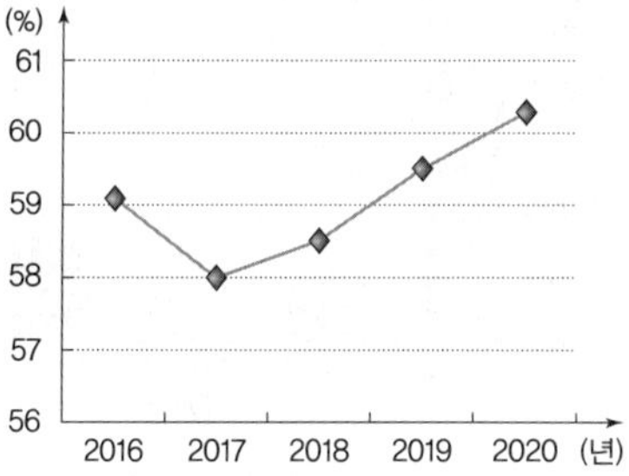

④
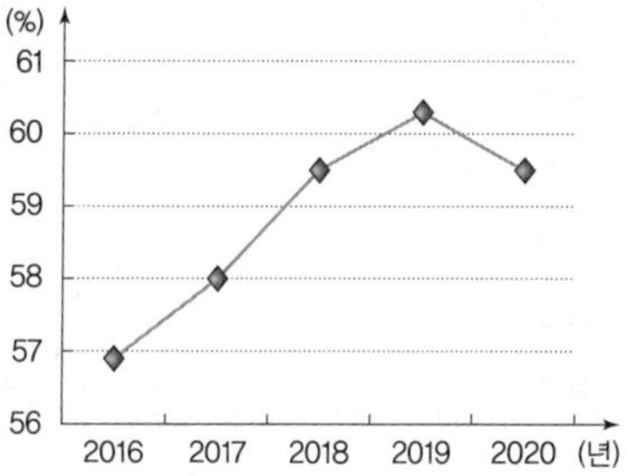

⑤
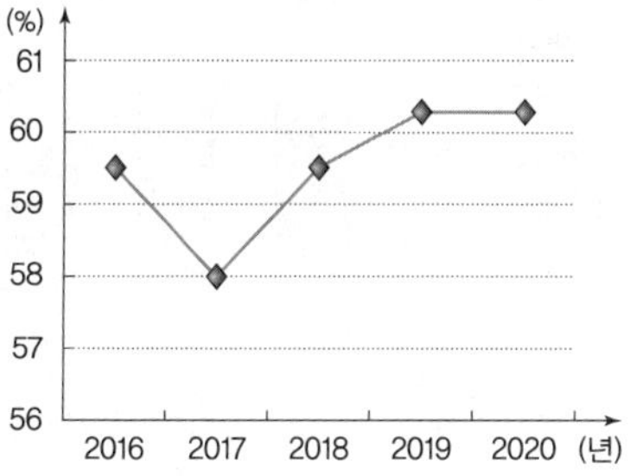

15 다음은 전시사업 업종별 사업체 수 및 종사자 수에 대한 자료이다. 이를 바탕으로 만든 자료로 옳은 것을 고르시오.

[전시사업 업종별 사업체 수 및 종사자 수]

(단위: 개, 명)

구분		2016년	2017년	2018년	2019년	2020년
시설업	사업체 수	14	14	14	15	16
	종사자 수	271	463	364	331	287
주최업	사업체 수	786	746	831	891	563
	종사자 수	3,612	4,946	4,895	5,086	3,307
디자인설치업	사업체 수	456	531	562	719	508
	종사자 수	3,266	4,171	4,387	4,779	3,251
서비스업	사업체 수	1,284	1,310	1,363	1,452	1,041
	종사자 수	8,654	10,988	11,427	11,541	3,088

※ 출처: KOSIS(한국전시산업진흥회, 전시산업통계조사)

① [연도별 주최업 사업체 수]

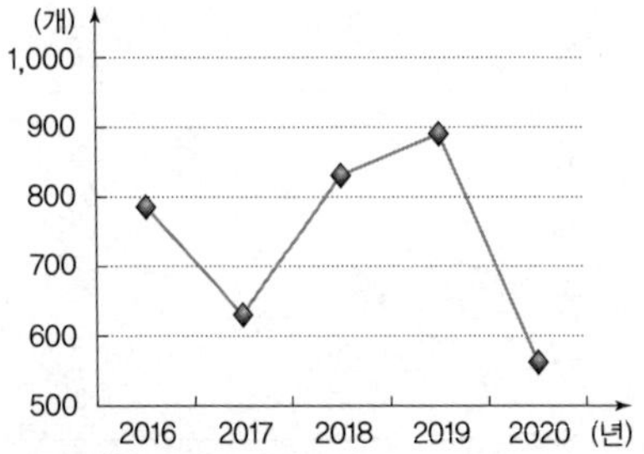

② [2019년 업종별 사업체 수 1개당 종사자 수]

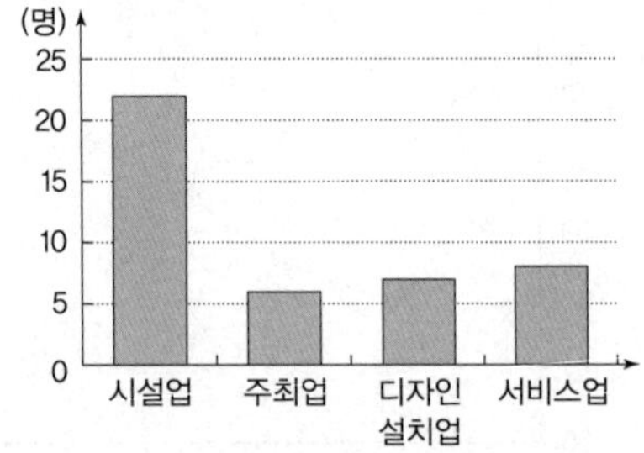

③ [2018년 업종별 종사자 수 비중]

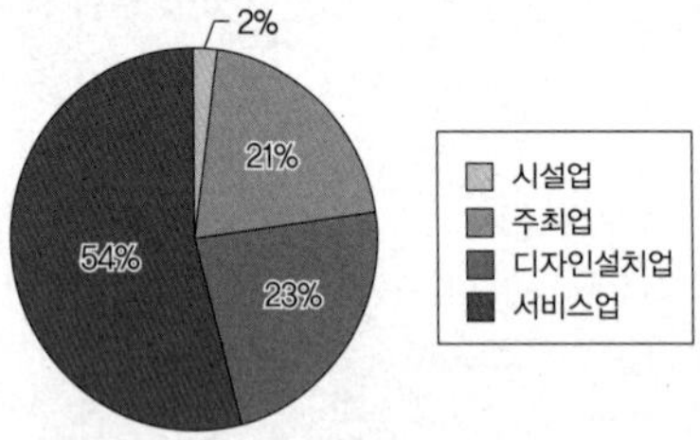

④ [2020년 업종별 종사자 수]

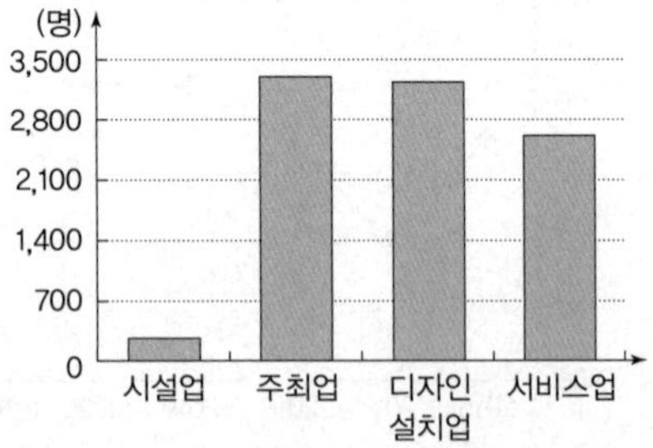

⑤ [2017년 이후 시설업 종사자 수의 전년 대비 증감량]

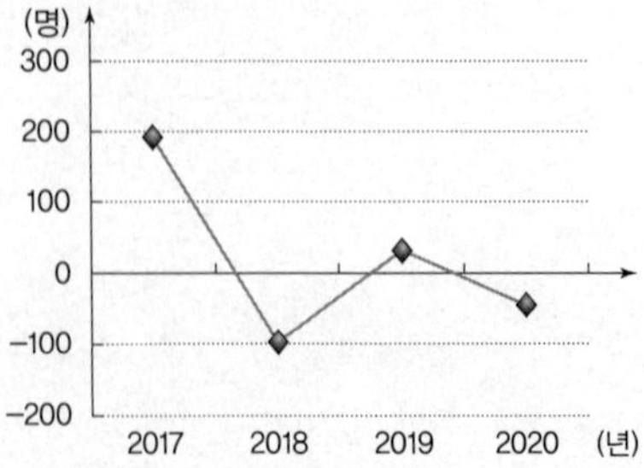

16 다음은 지역별 평균 초혼 연령에 대한 자료이다. 다음 중 자료에 대한 설명으로 옳은 것을 고르시오.

[지역별 평균 초혼 연령]

(단위: 세)

구분	20X1년		20X2년		20X3년		20X4년	
	남편	아내	남편	아내	남편	아내	남편	아내
서울	33.2	31.0	33.4	31.2	33.5	31.3	33.7	31.6
부산	33.0	30.6	33.2	30.7	33.3	30.9	33.5	31.0
대구	32.7	30.3	32.8	30.4	33.1	30.5	33.4	30.6
인천	32.7	30.1	32.8	30.2	33.0	30.4	33.3	30.6
광주	32.9	30.1	33.1	30.3	33.3	30.4	33.5	30.7
대전	32.5	30.0	32.4	30.0	32.7	30.3	32.9	30.5
울산	32.4	29.7	32.4	29.9	32.8	30.1	32.8	30.3
세종	32.7	30.0	32.9	30.3	32.8	30.4	33.1	30.8
경기	32.8	30.2	32.9	30.3	33.1	30.5	33.4	30.7
강원	32.4	29.8	32.7	29.9	32.9	30.2	33.1	30.3
충북	32.4	29.6	32.3	29.7	32.6	29.7	32.7	30.0
충남	32.3	29.3	32.6	29.6	32.9	29.7	33.1	29.9
전북	32.8	29.7	32.8	29.7	33.4	30.0	33.7	30.3
전남	32.9	29.5	33.1	29.8	33.4	30.0	33.4	30.1
경북	32.6	29.8	32.8	29.8	32.9	30.1	33.3	30.4
경남	32.5	29.9	32.8	30.0	32.9	30.2	33.2	30.5
제주	33.2	30.4	33.4	30.5	33.7	30.8	34.0	31.0

① 20X3년 남편의 평균 초혼 연령이 가장 높은 지역은 서울이다.

② 20X3년 대전에서 남편과 아내의 평균 초혼 연령은 각각 전년 대비 1% 이하 증가하였다.

③ 20X4년 인천에서 남편의 평균 초혼 연령은 3년 전 대비 0.7세 이상 증가하였다.

④ 20X4년 아내의 평균 초혼 연령이 가장 낮은 지역에서 같은 해 남편과 아내의 평균 초혼 연령 차이는 3.0세 미만이다.

⑤ 20X1년 아내의 평균 초혼 연령이 30세 미만인 지역은 총 7곳이다.

[17-18] 다음은 지역별 초등학교 개황에 대한 자료이다. 각 물음에 답하시오.

[지역별 초등학교 개황]

(단위: 개, 백 명)

구분	20X2년			20X3년			20X4년		
	학교 수	학생 수	교원 수	학교 수	학생 수	교원 수	학교 수	학생 수	교원 수
서울	603	4,283	292	603	4,248	290	607	4,223	287
부산	308	1,509	102	305	1,528	102	304	1,556	102
대구	228	1,247	89	229	1,252	90	229	1,261	90
인천	249	1,565	100	249	1,589	100	250	1,609	100
광주	154	882	60	154	886	61	155	890	61
대전	147	842	60	148	835	60	148	827	60
울산	118	660	42	117	673	42	119	685	43

17 다음 중 자료에 대한 설명으로 옳은 것을 모두 고르시오.

a. 20X4년 서울 교원 수는 부산 교원 수의 3배 미만이다.
b. 20X3년 이후 제시된 지역 중 2개 지역을 제외한 나머지 지역의 학생 수는 모두 매년 전년 대비 증가하였다.
c. 연도별로 학교 수가 적은 지역부터 순서대로 나열하면, 매년 그 순서는 동일하다.
d. 20X2년 제시된 모든 지역의 지역별 학생 수는 교원 수의 15배 미만이다.

① a, b ② a, d ③ b, c ④ a, b, c ⑤ a, b, d

18 20X4년 학생 수가 두 번째로 많은 지역의 20X4년 학교 1개당 학생 수와 학교 1개당 교원 수의 차이는 얼마인가?

① 393.6명 ② 478.3명 ③ 511.4명 ④ 603.6명 ⑤ 648.8명

19 다음은 급여 종류별 심판청구 처리 현황에 대한 자료이다. 해당 자료를 보고 A~D를 바르게 짝지은 것을 고르시오.

[급여 종류별 심판청구 처리 건수]

(단위: 건)

구분	인용	기각	각하	취하	계
A	22	101	3	7	133
B	40	152	4	7	203
C	10	16	1	3	30
D	6	13	1	3	23
합계	78	282	9	20	389

※ 출처: KOSIS(국민연금공단, 국민연금통계)

㉠ A, B, C, D는 각각 노령연금, 반환일시금, 유족연금, 장애연금 중 한 가지 급여에 해당한다.
㉡ 노령연금 취하 건수는 장애연금 취하 건수와 동일하다.
㉢ 노령연금 기각 건수는 노령연금 인용 건수의 4배 이상이다.
㉣ 급여 종류별 전체 심판청구 처리 건수에서 각하 건수가 차지하는 비중은 유족연금이 반환일시금보다 작다.

	A	B	C	D
①	노령연금	장애연금	유족연금	반환일시금
②	노령연금	장애연금	반환일시금	유족연금
③	장애연금	노령연금	유족연금	반환일시금
④	유족연금	반환일시금	노령연금	장애연금
⑤	반환일시금	유족연금	노령연금	장애연금

20 다음은 연도별 해양사고 발생 건수에 대한 자료이다. 이를 바탕으로 2017년 이후 전체 해양사고 발생 건수의 전년 대비 증감량을 바르게 나타낸 것을 고르시오.

[연도별 해양사고 발생 건수]

(단위: 건)

구분	2016	2017	2018	2019	2020	2021
국내	1,971	2,285	2,392	2,688	2,847	2,496
국외	336	297	279	283	309	224

※ 출처: KOSIS(해양수산부, 해양사고현황)

①
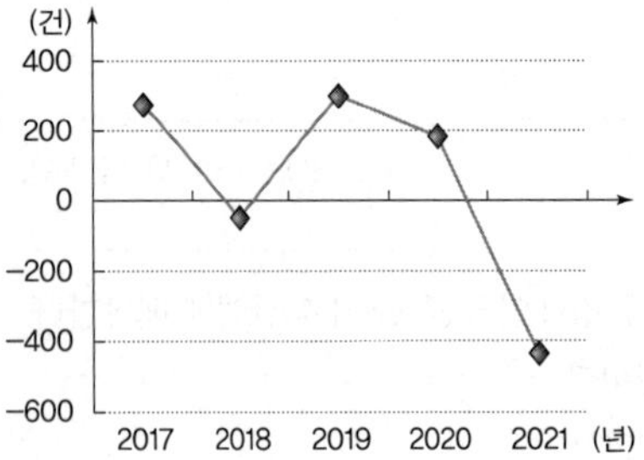

②
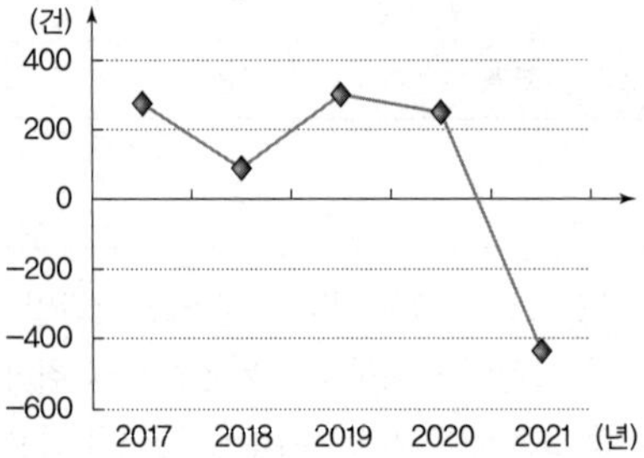

③
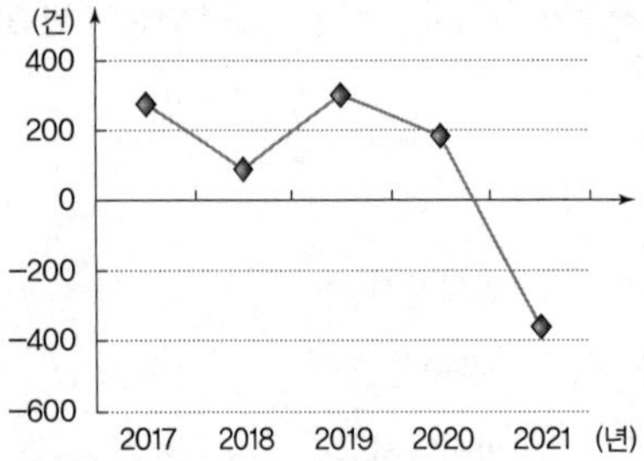

④
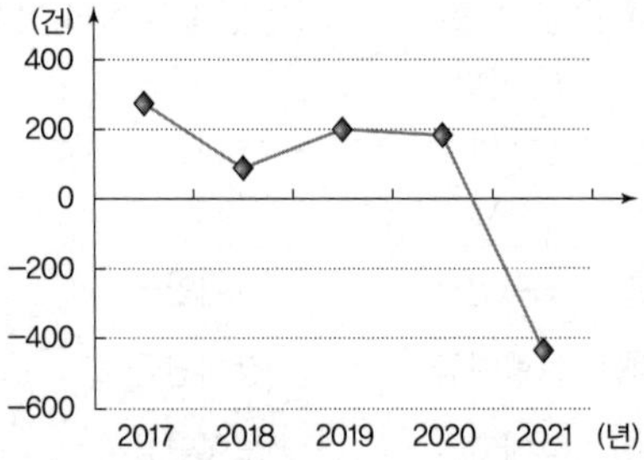

⑤
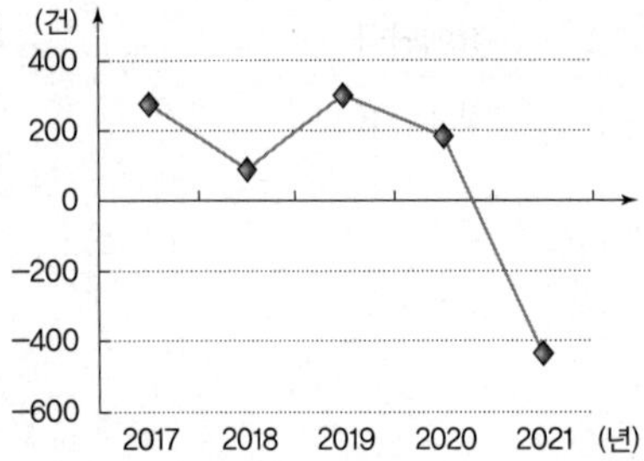

▶ 해설 p.96

01 일정한 규칙으로 나열된 수를 통해 빈칸에 들어갈 알맞은 숫자를 고르시오.

$\frac{12}{5}$ $\frac{31}{15}$ $\frac{26}{15}$ $\frac{7}{5}$ $\frac{16}{15}$ (　　)

① $\frac{11}{5}$　② $\frac{32}{5}$　③ $\frac{41}{5}$　④ $\frac{11}{15}$　⑤ $\frac{13}{15}$

02 일정한 규칙으로 나열된 수를 통해 빈칸에 들어갈 알맞은 숫자를 고르시오.

4　11　18　25　(　　)　39　46

① 28　② 29　③ 30　④ 31　⑤ 32

03 일정한 규칙으로 나열된 수를 통해 빈칸에 들어갈 알맞은 숫자를 고르시오.

14　2　16　8　18　32　20　(　　)　22

① 21　② 64　③ 80　④ 100　⑤ 128

04 일정한 규칙으로 나열된 수를 통해 빈칸에 들어갈 알맞은 숫자를 고르시오.

$$\frac{2}{27} \quad \frac{4}{23} \quad \frac{8}{19} \quad \frac{16}{15} \quad (\qquad) \quad \frac{64}{7}$$

① $\frac{24}{11}$　② $\frac{28}{11}$　③ $\frac{32}{11}$　④ $\frac{28}{9}$　⑤ $\frac{32}{9}$

05 다음 도형의 바깥쪽 원과 안쪽 원에 포함된 각 숫자에는 시계 방향으로 서로 다른 규칙이 적용되고, 사분원 안의 세 숫자 사이에도 일정한 규칙이 있다. 각각의 규칙을 찾아 A+B+C+D의 값을 고르시오. (단, 바깥쪽 원과 안쪽 원에 적용되는 규칙의 경우 규칙이 끝나는 숫자와 규칙이 시작되는 숫자 사이에는 성립하지 않는다.)

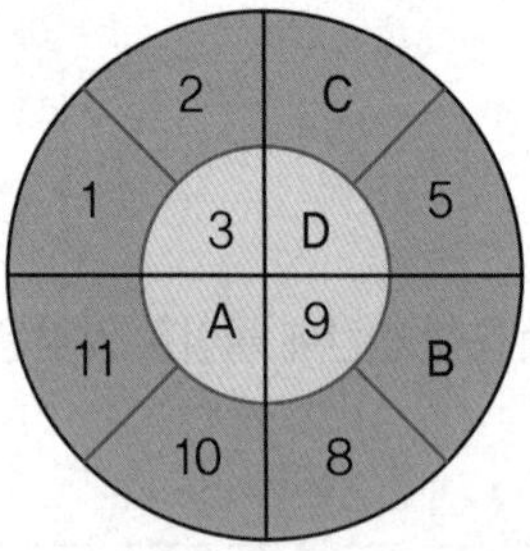

① 18　② 21　③ 23　④ 25　⑤ 29

06 다음 도형 내의 숫자가 일정한 규칙에 따라 배치되어 있을 때, A+B의 값을 고르시오.

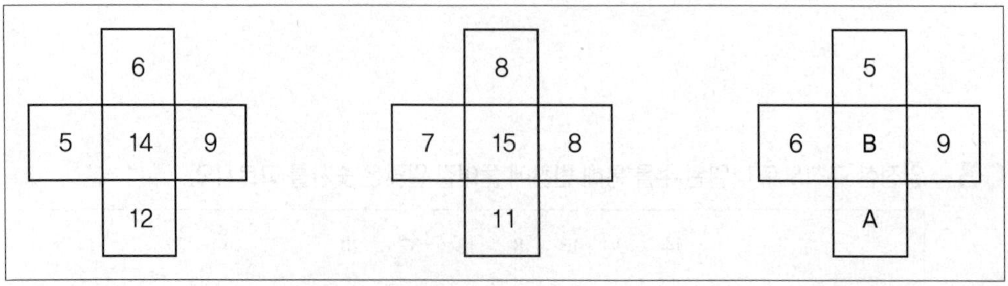

① 22　② 25　③ 29　④ 31　⑤ 33

07 다음 그림 내의 숫자가 각 화살표의 일정한 규칙에 따라 변화할 때, A−B의 값을 고르시오.

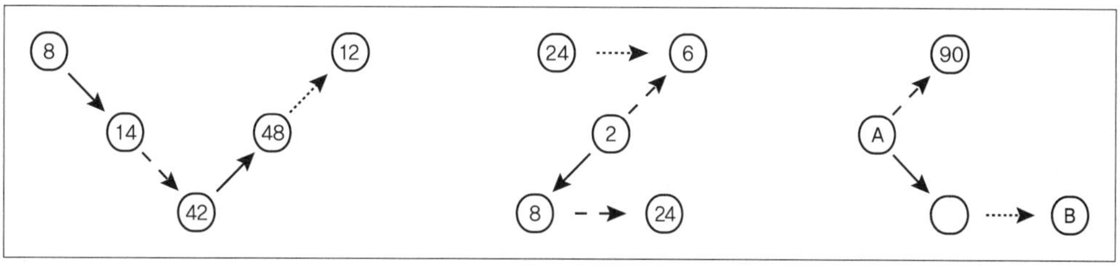

① 18 ② 21 ③ 24 ④ 26 ⑤ 30

08 ○○마트에서 원가가 9,000원인 물품을 정가 이익률이 10%가 되도록 정가를 산정하여 판매하고 있다. 이 제품의 정가는 얼마인가?

① 9,900원 ② 10,000원 ③ 12,000원 ④ 12,500원 ⑤ 13,000원

09 넓이가 16cm²인 정사각형이 있다. 이 정사각형 한 변의 길이는 사다리꼴의 높이, 윗변의 길이와 각각 같고 사다리꼴의 넓이가 24cm²일 때, 사다리꼴 밑변의 길이는 얼마인가?

① 6cm ② 7cm ③ 8cm ④ 9cm ⑤ 10cm

10 동전 1개와 주사위 1개를 동시에 던질 때, 동전은 앞면이 나오고 주사위는 홀수가 나올 확률은 얼마인가?

① $\frac{1}{6}$ ② $\frac{1}{5}$ ③ $\frac{1}{4}$ ④ $\frac{1}{3}$ ⑤ $\frac{1}{2}$

11 ○○기업은 A~H 8명 중 4명을 선출하여 미국 지사, 영국 지사, 일본 지사, 자메이카 지사에 1명씩 파견하려고 한다. 해외 지사에 파견될 4명 중 A가 포함될 확률은 얼마인가?

① $\frac{5}{14}$ ② $\frac{3}{7}$ ③ $\frac{1}{2}$ ④ $\frac{4}{7}$ ⑤ $\frac{9}{14}$

12 일정한 농도를 가지는 소금물 A, B가 있다. 소금물 A 100g과 소금물 B 400g을 섞은 소금물의 농도가 14.4%이고, 소금물 A 200g과 소금물 B 300g을 섞은 소금물의 농도가 13.8%일 때, 소금물 A와 소금물 B를 동일한 양으로 섞은 소금물의 농도는 얼마인가?

① 11.2% ② 12.0% ③ 12.8% ④ 13.5% ⑤ 14.2%

13 속력이 22.5m/s인 A 말과 20m/s인 B 말이 2개의 트랙에서 한 번씩 경주하였다. 1번 트랙에서 A 말이 B 말보다 10초 먼저 결승선을 통과했을 때, 1번 트랙보다 900m 더 긴 2번 트랙에서 A 말이 결승선을 통과하기까지 걸린 시간은 얼마인가? (단, A 말과 B 말의 속력은 일정하다.)

① 80초 ② 90초 ③ 100초 ④ 110초 ⑤ 120초

14 항암 백신을 개발하는 P 회사에 A, B, C 회사가 투자하였다. B 회사는 A 회사보다 60억 원을 더 투자하였고, C 회사는 A 회사 투자액의 6배만큼 투자하였다. 총투자액에서 A 회사 투자액이 차지하는 비중이 12%일 때, 총투자액에서 B 회사 투자액이 차지하는 비중은 얼마인가? (단, P 회사에 투자한 회사는 A, B, C 회사뿐이다.)

① 16% ② 18% ③ 26% ④ 28% ⑤ 48%

15 가로 180m, 세로 150m인 직사각형 모양 울타리의 각 모서리에 일정한 간격으로 바람개비를 설치하려고 한다. 준비한 바람개비를 2m 간격으로 최대한 설치하면 57개만큼 부족하여 3m 간격으로 설치하려고 할 때, 설치 후 남는 바람개비의 개수는 몇 개인가?

① 53개 ② 55개 ③ 63개 ④ 65개 ⑤ 73개

16 가로 150m, 세로 210m의 직사각형 모양의 공터에 정사각형의 형태로 판매되는 뗏장 잔디를 입히려고 할 때, 뗏장 잔디 한 변의 최대 길이는 얼마인가?

① 20m ② 30m ③ 40m ④ 50m ⑤ 60m

17 새로 산 손목시계의 시간을 오전 10시에 정확하게 맞춰 놓았다. 그날 오후 6시 정각에 시계를 보니 시침과 분침은 5시 56분을 가리키고 있었다고 할 때, 손목시계는 1시간 동안 몇 초씩 느리게 움직였는가?

① 30초 ② 40초 ③ 45초 ④ 50초 ⑤ 55초

18 우수 사원을 선정하는 행사에서 김 사원, 박 사원, 최 사원 세 사람이 후보에 올랐으며, 김 사원이나 박 사원에게 투표한 사람은 총 23명이었다. 최 사원에게 투표한 사람은 14명, 김 사원과 최 사원 두 사람에게만 동시에 투표한 사람은 1명이었으며, 김 사원, 박 사원, 최 사원 세 사람에게 모두 투표한 사람은 7명이었다. 총 28명의 직원들이 모두 투표를 진행했다면, 박 사원과 최 사원 두 사람에게만 동시에 투표한 사람은 몇 명인가?

① 1명 ② 2명 ③ 3명 ④ 4명 ⑤ 5명

19 강물은 상류에서 하류로 흐르고, 배는 강의 상류와 하류 사이 15km를 20km/h의 일정한 속력으로 움직인다. 배가 상류에서 하류로 내려가는 시간보다 하류에서 상류로 거슬러 올라가는 시간이 1시간 더 걸린다고 할 때, 강물의 속력은 얼마인가?

① 10km/h ② 11km/h ③ 12km/h ④ 13km/h ⑤ 14km/h

20 현주는 4개의 숫자 0, 2, 4, 6으로 네 자릿수를 만들려고 한다. 같은 숫자를 여러 번 사용할 수는 있지만 같은 숫자를 연달아 배치할 수는 없을 때, 현주가 만든 수의 일의 자리 숫자가 6일 확률은 얼마인가?

① $\frac{5}{27}$ ② $\frac{16}{81}$ ③ $\frac{17}{81}$ ④ $\frac{2}{9}$ ⑤ $\frac{20}{81}$

약점 보완 해설집 p.80

무료 바로 채점 및 성적 분석 서비스 바로 가기
QR코드를 이용해 모바일로 간편하게 채점하고 나의 실력이 어느 정도인지, 취약 부분이 어디인지 바로 파악해 보세요!

취업강의 1위, **해커스잡**

ejob.Hackers.com

PART 3

인성검사

* 인성검사는 각 기업마다 채점기준이 다르며, 이 채점기준을 공개하지 않기 때문에 본 교재에서도 문제만 제공되며 정답은 제공되지 않습니다.

합격 가이드

인성검사란?

인성검사는 지원자의 기본적인 인간성과 사회생활에서 필요한 사교성, 대인관계능력, 사회규범에 대한 적응력 등과 같은 사회성을 파악하고 기업의 인재상에 부합하는 인재인지를 알아보기 위한 검사이다. LG그룹의 경우 인성검사와 적성검사를 동일한 날에 시행하고 있다.

인성검사 출제 경향

LG그룹의 인성검사는 점수 척도형과 문장 선택형이 일종의 문항군으로 제시되는 문항군형으로 출제되며, 한 문항군에 제시된 3개의 문장을 읽고 각각에 대해 자신의 성향을 '전혀 아니다~매우 그렇다'의 척도로 나타낸 후 그중 자신의 성향과 가장 먼 것 또는 가까운 것을 선택하는 문제가 출제된다.

[예제]

[응답 1] A~C 각각에 대해 ① 전혀 아니다, ② 아니다, ③ 약간 아니다, ④ 보통이다, ⑤ 약간 그렇다, ⑥ 그렇다, ⑦ 매우 그렇다 중에서 본인에게 해당된다고 생각하는 것을 선택하여 표기하시오.

[응답 2] A~C 중 자신의 성향과 가장 먼 것(Least) 1개와 가장 가까운 것(Most) 1개를 선택하여 표기하시오.

문항군			응답 1							응답 2	
			전혀 아니다 ◀ 보통 ▶ 매우 그렇다							멀다	가깝다
1	A	재치있는 표현을 자주 쓰는 편이다.	①	②	③	④	⑤	⑥	⑦	○	○
	B	의사소통이 원활하다.	①	②	③	④	⑤	⑥	⑦	○	○
	C	모임에 잘 참석하는 편이다.	①	②	③	④	⑤	⑥	⑦	○	○

인성검사 특징

유사한 문제가 일정한 간격을 두고 반복되어 나오며, 인성검사의 각 문항에 대해 명확하게 제시된 정답은 없으나, 일반적으로 인성검사에서는 제시된 문항에 대해 정직성과 허구성을 검출하는 방식으로 채점을 한다.

인성검사 Tip

일관성 있게 답변한다.

인성검사에서는 유사한 내용의 문항들에 대한 응답이 상반될 경우 거짓으로 답변한 것으로 간주할 가능성이 있다. 이로 인해 지원자의 검사 결과에 신뢰도가 낮다고 판단하여 탈락 요인이 될 수 있으므로, 자신의 성향에 따라 솔직하고 일관성 있게 답변하는 것이 좋다.

오래 고민하지 않는다.

인성검사는 많은 문항이 제시되지만, 모든 문항에 대해 빠짐없이 응답하는 것이 좋다. 따라서 주어진 시간 내에 모든 문항에 응답할 수 있도록 오래 고민하지 말고 바로 답변을 선택하도록 한다.

LG그룹의 경영철학 및 인재상을 파악해둔다.

인성검사는 지원자가 기업의 인재상에 부합하는 인물인지를 객관적으로 검증하기 위한 목적도 존재한다. 따라서 시험 전에 LG그룹의 경영철학 및 인재상을 숙지해두는 것이 좋다.

실전모의고사 1회

[응답 1] A~C 각각에 대해 ① 전혀 아니다, ② 아니다, ③ 약간 아니다, ④ 보통이다, ⑤ 약간 그렇다, ⑥ 그렇다, ⑦ 매우 그렇다 중에서 본인에게 해당된다고 생각하는 것을 선택하여 표기하시오.

[응답 2] A~C 중 자신의 성향과 가장 먼 것(Least) 1개와 가장 가까운 것(Most) 1개를 선택하여 표기하시오.

문항군			응답 1							응답 2	
			전혀 아니다 ◀ 보통 ▶ 매우 그렇다							멀다	가깝다
1	A	열정적이다.	①	②	③	④	⑤	⑥	⑦	○	○
	B	실행력이 있다.	①	②	③	④	⑤	⑥	⑦	○	○
	C	창의적이다.	①	②	③	④	⑤	⑥	⑦	○	○
2	A	사소한 일도 최선을 다해 수행한다.	①	②	③	④	⑤	⑥	⑦	○	○
	B	잘하지 못하는 것은 시작하지 않는다.	①	②	③	④	⑤	⑥	⑦	○	○
	C	혼자 있기를 싫어한다.	①	②	③	④	⑤	⑥	⑦	○	○
3	A	나는 내가 성공할 것이라고 믿는다.	①	②	③	④	⑤	⑥	⑦	○	○
	B	벼락치기를 하는 경우가 많다.	①	②	③	④	⑤	⑥	⑦	○	○
	C	기대에 못 미치면 의욕이 떨어진다.	①	②	③	④	⑤	⑥	⑦	○	○
4	A	좋은 소식을 들어도 그저 그렇다.	①	②	③	④	⑤	⑥	⑦	○	○
	B	다른 사람의 의견을 많이 듣는다.	①	②	③	④	⑤	⑥	⑦	○	○
	C	주변 일에 관심을 많이 갖는다.	①	②	③	④	⑤	⑥	⑦	○	○
5	A	양보심이 많다는 평을 많이 듣는다.	①	②	③	④	⑤	⑥	⑦	○	○
	B	단 한 번도 무단횡단을 한 적이 없다.	①	②	③	④	⑤	⑥	⑦	○	○
	C	옆에 사람이 있으면 싫다.	①	②	③	④	⑤	⑥	⑦	○	○
6	A	누가 시키지 않은 일도 찾아서 하는 편이다.	①	②	③	④	⑤	⑥	⑦	○	○
	B	행동하기 전에 꼼꼼히 생각한다.	①	②	③	④	⑤	⑥	⑦	○	○
	C	음식을 신속하게 먹는 편이다.	①	②	③	④	⑤	⑥	⑦	○	○
7	A	비판하는 것을 좋아한다.	①	②	③	④	⑤	⑥	⑦	○	○
	B	칭찬을 들어도 담담하다.	①	②	③	④	⑤	⑥	⑦	○	○
	C	작은 일에는 별로 관심을 갖지 않는다.	①	②	③	④	⑤	⑥	⑦	○	○
8	A	큰일보다는 작은 일에 우선순위를 둔다.	①	②	③	④	⑤	⑥	⑦	○	○
	B	신기한 물건을 자주 구매한다.	①	②	③	④	⑤	⑥	⑦	○	○
	C	가끔 색다른 음식을 의도적으로 먹는다.	①	②	③	④	⑤	⑥	⑦	○	○

9	A	법도 사회 변화에 따라 달라져야 한다.	①	②	③	④	⑤	⑥	⑦	○	○
	B	친구가 많다.	①	②	③	④	⑤	⑥	⑦	○	○
	C	팀워크가 필요한 일을 잘한다.	①	②	③	④	⑤	⑥	⑦	○	○
10	A	많은 사람과 대화하기를 싫어한다.	①	②	③	④	⑤	⑥	⑦	○	○
	B	친구를 사귀는 데 어려움을 느낀다.	①	②	③	④	⑤	⑥	⑦	○	○
	C	항상 상대보다 먼저 인사한다.	①	②	③	④	⑤	⑥	⑦	○	○
11	A	절대로 남을 험담하지 않는다.	①	②	③	④	⑤	⑥	⑦	○	○
	B	실수를 용납하는 것은 좋지 않다고 생각한다.	①	②	③	④	⑤	⑥	⑦	○	○
	C	오지랖이 넓다는 소리를 자주 듣는다.	①	②	③	④	⑤	⑥	⑦	○	○
12	A	피해를 보면 복수하고 싶다.	①	②	③	④	⑤	⑥	⑦	○	○
	B	냉철하다는 평가를 많이 듣는다.	①	②	③	④	⑤	⑥	⑦	○	○
	C	유혹에 잘 현혹되는 편이다.	①	②	③	④	⑤	⑥	⑦	○	○
13	A	타인의 약점을 파악해둔다.	①	②	③	④	⑤	⑥	⑦	○	○
	B	매사에 꼼꼼하다는 평을 많이 듣는다.	①	②	③	④	⑤	⑥	⑦	○	○
	C	오래 고민하는 것을 좋아하지 않는다.	①	②	③	④	⑤	⑥	⑦	○	○
14	A	스스로 결정한 일은 잘 지키는 편이다.	①	②	③	④	⑤	⑥	⑦	○	○
	B	어려운 상황에서 신속한 판단이 어렵다.	①	②	③	④	⑤	⑥	⑦	○	○
	C	직관보다는 경험으로 판단한다.	①	②	③	④	⑤	⑥	⑦	○	○
15	A	도전하는 것은 즐겁다.	①	②	③	④	⑤	⑥	⑦	○	○
	B	거짓말을 자주 한다.	①	②	③	④	⑤	⑥	⑦	○	○
	C	남들 앞에서 허세 부리기 좋아한다.	①	②	③	④	⑤	⑥	⑦	○	○
16	A	사람들이 같이 있어 주기를 원하는 편이다.	①	②	③	④	⑤	⑥	⑦	○	○
	B	나에게 도움이 되는 사람만 사귄다.	①	②	③	④	⑤	⑥	⑦	○	○
	C	다른 사람이 내 일에 간섭하는 것을 싫어한다.	①	②	③	④	⑤	⑥	⑦	○	○
17	A	판단이 서지 않아 망설일 때가 간혹 있다.	①	②	③	④	⑤	⑥	⑦	○	○
	B	계획에 변화가 생기면 적응하지 못한다.	①	②	③	④	⑤	⑥	⑦	○	○
	C	주변에서 걱정이 많다는 소리를 자주 듣는다.	①	②	③	④	⑤	⑥	⑦	○	○
18	A	말보다 행동이 앞서는 편이다.	①	②	③	④	⑤	⑥	⑦	○	○
	B	기존과 다른 방식을 적용해보는 것이 좋다.	①	②	③	④	⑤	⑥	⑦	○	○
	C	성공에 대한 집착이 강하다.	①	②	③	④	⑤	⑥	⑦	○	○
19	A	직관적으로 생각하는 것이 좋다.	①	②	③	④	⑤	⑥	⑦	○	○
	B	자신을 질책하여 무기력에 빠져들곤 한다.	①	②	③	④	⑤	⑥	⑦	○	○
	C	다소 화가 나더라도 웃음으로 넘긴다.	①	②	③	④	⑤	⑥	⑦	○	○
20	A	항상 친구들에게 먼저 연락한다.	①	②	③	④	⑤	⑥	⑦	○	○
	B	사소한 일에도 걱정이 많다.	①	②	③	④	⑤	⑥	⑦	○	○
	C	불의를 보면 참지 못하는 성격이다.	①	②	③	④	⑤	⑥	⑦	○	○

21	A	별 이유 없이 잘 놀란다.	①	②	③	④	⑤	⑥	⑦	○	○
	B	어떠한 운동이든 매우 좋아한다.	①	②	③	④	⑤	⑥	⑦	○	○
	C	냉소적이고 비판적인 생각을 많이 하는 편이다.	①	②	③	④	⑤	⑥	⑦	○	○
22	A	표정이 밝다는 평을 많이 듣는 편이다.	①	②	③	④	⑤	⑥	⑦	○	○
	B	정확하고 조심성이 강하다.	①	②	③	④	⑤	⑥	⑦	○	○
	C	나는 격분했을 때 심한 말을 한다.	①	②	③	④	⑤	⑥	⑦	○	○
23	A	판단을 잘못하여 실수한 적이 더러 있다.	①	②	③	④	⑤	⑥	⑦	○	○
	B	재치 있는 표현을 자주 쓰는 편이다.	①	②	③	④	⑤	⑥	⑦	○	○
	C	미래를 잘 예측하지 못한다.	①	②	③	④	⑤	⑥	⑦	○	○
24	A	이야기할 때 과장하는 것을 좋아하지 않는다.	①	②	③	④	⑤	⑥	⑦	○	○
	B	논리적으로 생각하는 것은 판단에 도움이 된다.	①	②	③	④	⑤	⑥	⑦	○	○
	C	문제가 주어지면 확인하는 편이다.	①	②	③	④	⑤	⑥	⑦	○	○
25	A	상대에게 불쾌한 자극을 준 적이 별로 없다.	①	②	③	④	⑤	⑥	⑦	○	○
	B	외향적이며 모험을 좋아한다.	①	②	③	④	⑤	⑥	⑦	○	○
	C	사람의 얼굴과 생김새의 특징을 잘 기억한다.	①	②	③	④	⑤	⑥	⑦	○	○
26	A	대화를 하기보다 문장을 쓰는 것이 좋다.	①	②	③	④	⑤	⑥	⑦	○	○
	B	모임에서 주로 리더가 된다.	①	②	③	④	⑤	⑥	⑦	○	○
	C	일정한 것보다는 변화가 있는 것을 선호한다.	①	②	③	④	⑤	⑥	⑦	○	○
27	A	한번 마음먹은 일은 반드시 해낸다.	①	②	③	④	⑤	⑥	⑦	○	○
	B	행동하기 전에 생각을 많이 한다.	①	②	③	④	⑤	⑥	⑦	○	○
	C	융통성이 부족한 성향이다.	①	②	③	④	⑤	⑥	⑦	○	○
28	A	자연환경보다는 기계 문명을 선호한다.	①	②	③	④	⑤	⑥	⑦	○	○
	B	혼자 있어도 별로 외롭지 않다.	①	②	③	④	⑤	⑥	⑦	○	○
	C	통찰력이 있는 편이다.	①	②	③	④	⑤	⑥	⑦	○	○
29	A	남들보다 쉽게 우쭐해진다.	①	②	③	④	⑤	⑥	⑦	○	○
	B	짜증이 나도 스스로 잘 벗어난다.	①	②	③	④	⑤	⑥	⑦	○	○
	C	해봐서 안 되면 쉽게 포기한다.	①	②	③	④	⑤	⑥	⑦	○	○
30	A	짓궂은 장난을 좋아한다.	①	②	③	④	⑤	⑥	⑦	○	○
	B	짜증스러운 일이 많다.	①	②	③	④	⑤	⑥	⑦	○	○
	C	매사에 신중하게 행동하는 편이다.	①	②	③	④	⑤	⑥	⑦	○	○
31	A	일을 해놓고 후회할 때가 많다.	①	②	③	④	⑤	⑥	⑦	○	○
	B	내 의견과 상반되면 무시한다.	①	②	③	④	⑤	⑥	⑦	○	○
	C	예기치 않은 일이 생기면 땀이 난다.	①	②	③	④	⑤	⑥	⑦	○	○
32	A	대인관계가 부담스럽다.	①	②	③	④	⑤	⑥	⑦	○	○
	B	기운이 없고 침체된 기분이다.	①	②	③	④	⑤	⑥	⑦	○	○
	C	모임에 잘 참석하는 편이다.	①	②	③	④	⑤	⑥	⑦	○	○

33	A	하는 일을 끝내지 않으면 불안하다.	①	②	③	④	⑤	⑥	⑦	○	○
	B	단조로운 일을 해도 지루하지 않다.	①	②	③	④	⑤	⑥	⑦	○	○
	C	어려운 문제가 주어지면 슬그머니 피한다.	①	②	③	④	⑤	⑥	⑦	○	○
34	A	외모에 관심을 많이 갖는 편이다.	①	②	③	④	⑤	⑥	⑦	○	○
	B	주위 사람을 많이 의식하는 편이다.	①	②	③	④	⑤	⑥	⑦	○	○
	C	남이 억울한 일을 당하면 내가 당한 것 같다.	①	②	③	④	⑤	⑥	⑦	○	○
35	A	사물을 보며 또 다른 것을 상상한다.	①	②	③	④	⑤	⑥	⑦	○	○
	B	여러 가지 일을 동시에 할 수 없다.	①	②	③	④	⑤	⑥	⑦	○	○
	C	규칙이나 질서가 바뀌는 것을 싫어한다.	①	②	③	④	⑤	⑥	⑦	○	○
36	A	기온의 변화에 민감하지 않다.	①	②	③	④	⑤	⑥	⑦	○	○
	B	상대의 표정을 잘 파악한다.	①	②	③	④	⑤	⑥	⑦	○	○
	C	수면 중에 꿈을 많이 꾸는 편이다.	①	②	③	④	⑤	⑥	⑦	○	○
37	A	원을 그리면 한 번에 균형을 맞추어 그린다.	①	②	③	④	⑤	⑥	⑦	○	○
	B	추상화를 보면 작가의 의도를 파악할 수 있다.	①	②	③	④	⑤	⑥	⑦	○	○
	C	주위에 관심을 많이 기울인다.	①	②	③	④	⑤	⑥	⑦	○	○
38	A	추위를 잘 탄다.	①	②	③	④	⑤	⑥	⑦	○	○
	B	전염병에 별로 영향을 받지 않는 체질이다.	①	②	③	④	⑤	⑥	⑦	○	○
	C	기후 변화에 따라 느낌이 뚜렷하다.	①	②	③	④	⑤	⑥	⑦	○	○
39	A	슬픈 영화를 보면 나도 모르게 눈물이 난다.	①	②	③	④	⑤	⑥	⑦	○	○
	B	복잡한 거리보다 조용한 거리를 선호한다.	①	②	③	④	⑤	⑥	⑦	○	○
	C	누군가에게 화가 났을 때 가끔 침묵으로 대한다.	①	②	③	④	⑤	⑥	⑦	○	○
40	A	거짓말로 협박한 적이 있다.	①	②	③	④	⑤	⑥	⑦	○	○
	B	다른 사람에게는 없는 생각이나 신념이 있다.	①	②	③	④	⑤	⑥	⑦	○	○
	C	생각보다 행동으로 해결하는 편이다.	①	②	③	④	⑤	⑥	⑦	○	○
41	A	취미가 다양하지 않다.	①	②	③	④	⑤	⑥	⑦	○	○
	B	수리 영역보다 어휘 영역이 좋다.	①	②	③	④	⑤	⑥	⑦	○	○
	C	문제를 접하면 생각이 좁아진다.	①	②	③	④	⑤	⑥	⑦	○	○
42	A	지도자의 즉각적인 판단은 위험하다고 생각한다.	①	②	③	④	⑤	⑥	⑦	○	○
	B	앞으로의 일에 대해서 크게 생각하지 않는다.	①	②	③	④	⑤	⑥	⑦	○	○
	C	계획을 미리 하고 행동하는 편이다.	①	②	③	④	⑤	⑥	⑦	○	○
43	A	당황을 잘하지 않는 편이다.	①	②	③	④	⑤	⑥	⑦	○	○
	B	공상에 잘 빠진다.	①	②	③	④	⑤	⑥	⑦	○	○
	C	상대의 입장을 이해하는 데 시간이 걸린다.	①	②	③	④	⑤	⑥	⑦	○	○
44	A	여행보다 집에서 TV 보는 것이 더 좋다.	①	②	③	④	⑤	⑥	⑦	○	○
	B	독창적인 아이디어로 주목을 자주 받는다.	①	②	③	④	⑤	⑥	⑦	○	○
	C	업무에서 완성도를 가장 중요하게 생각한다.	①	②	③	④	⑤	⑥	⑦	○	○

45	A	마음에 드는 일이 흔치 않다고 생각한다.	①	②	③	④	⑤	⑥	⑦	○	○
	B	내성적이라고 생각한다.	①	②	③	④	⑤	⑥	⑦	○	○
	C	다른 사람을 싫어한 적은 한 번도 없다.	①	②	③	④	⑤	⑥	⑦	○	○
46	A	평범함 속에서 행복을 찾고 싶다.	①	②	③	④	⑤	⑥	⑦	○	○
	B	반복적인 업무보다는 새로운 것을 찾는다.	①	②	③	④	⑤	⑥	⑦	○	○
	C	남들과 서로 도와가면서 지내기 좋아한다.	①	②	③	④	⑤	⑥	⑦	○	○
47	A	약속에 늦는 것을 매우 싫어한다.	①	②	③	④	⑤	⑥	⑦	○	○
	B	남과 친해지려면 용기가 필요하다.	①	②	③	④	⑤	⑥	⑦	○	○
	C	다른 사람을 의심한 적이 한 번도 없다.	①	②	③	④	⑤	⑥	⑦	○	○
48	A	기분 변화에 민감하여 상황에 잘 대처한다.	①	②	③	④	⑤	⑥	⑦	○	○
	B	단체 모임에 참석하는 것을 좋아하지 않는다.	①	②	③	④	⑤	⑥	⑦	○	○
	C	휴일은 세부적인 계획을 세우고 보낸다.	①	②	③	④	⑤	⑥	⑦	○	○
49	A	배드민턴보다 헬스를 더 좋아한다.	①	②	③	④	⑤	⑥	⑦	○	○
	B	유명인과 서로 아는 사이가 되고 싶다.	①	②	③	④	⑤	⑥	⑦	○	○
	C	좋아하는 일보다 잘할 수 있는 일을 선택한다.	①	②	③	④	⑤	⑥	⑦	○	○
50	A	타인의 일에는 별로 관여하고 싶지 않다.	①	②	③	④	⑤	⑥	⑦	○	○
	B	덜렁대는 성격이다.	①	②	③	④	⑤	⑥	⑦	○	○
	C	자신보다는 상대를 우선으로 하는 성향이다.	①	②	③	④	⑤	⑥	⑦	○	○
51	A	화가 나면 무언가를 때려 부수고 싶다.	①	②	③	④	⑤	⑥	⑦	○	○
	B	잠자리를 바꾸면 깊은 수면을 취하지 못한다.	①	②	③	④	⑤	⑥	⑦	○	○
	C	손해 보는 일이 없도록 신경을 많이 쓴다.	①	②	③	④	⑤	⑥	⑦	○	○
52	A	책임감이 강하다.	①	②	③	④	⑤	⑥	⑦	○	○
	B	관습과 원리에 큰 비중을 두지 않는다.	①	②	③	④	⑤	⑥	⑦	○	○
	C	모든 일은 나를 중심으로 흘러가야 한다.	①	②	③	④	⑤	⑥	⑦	○	○
53	A	몇몇이 반대를 해도 내 생각대로 하는 편이다.	①	②	③	④	⑤	⑥	⑦	○	○
	B	다수의 희생보다 조직의 성과가 더 중요하다.	①	②	③	④	⑤	⑥	⑦	○	○
	C	다른 사람이 부럽다고 생각한 적이 많다.	①	②	③	④	⑤	⑥	⑦	○	○
54	A	나는 잘생겼거나 예쁘다고 생각한다.	①	②	③	④	⑤	⑥	⑦	○	○
	B	나는 다른 사람보다 기가 세다.	①	②	③	④	⑤	⑥	⑦	○	○
	C	의견이 다른 사람과는 잘 어울리지 않는다.	①	②	③	④	⑤	⑥	⑦	○	○
55	A	좋고 싫은 것이 확실한 편이다.	①	②	③	④	⑤	⑥	⑦	○	○
	B	주변의 유혹에 쉽게 현혹되는 편이다.	①	②	③	④	⑤	⑥	⑦	○	○
	C	오랫동안 고민하는 것을 좋아하지 않는다.	①	②	③	④	⑤	⑥	⑦	○	○
56	A	낯을 가리는 편이다.	①	②	③	④	⑤	⑥	⑦	○	○
	B	나는 종종 예지몽을 꾼다.	①	②	③	④	⑤	⑥	⑦	○	○
	C	사소한 일에는 크게 걱정하지 않는다.	①	②	③	④	⑤	⑥	⑦	○	○

57	A	실수는 가급적 하지 않는 것이 좋다.	①	②	③	④	⑤	⑥	⑦	○	○
	B	도전을 싫어한다.	①	②	③	④	⑤	⑥	⑦	○	○
	C	조용한 곳보다 시끄러운 곳을 선호한다.	①	②	③	④	⑤	⑥	⑦	○	○
58	A	충동이나 자극이 주어지면 망설여진다.	①	②	③	④	⑤	⑥	⑦	○	○
	B	계획적이다.	①	②	③	④	⑤	⑥	⑦	○	○
	C	꽃보다는 도자기를 좋아한다.	①	②	③	④	⑤	⑥	⑦	○	○
59	A	다수가 반대해도 내 생각대로 하는 편이다.	①	②	③	④	⑤	⑥	⑦	○	○
	B	운동보다는 여행하기를 더 좋아한다.	①	②	③	④	⑤	⑥	⑦	○	○
	C	난처한 일이 생길 경우 유머 있게 대응한다.	①	②	③	④	⑤	⑥	⑦	○	○
60	A	우연히 친구를 만나도 먼저 인사하지 않는다.	①	②	③	④	⑤	⑥	⑦	○	○
	B	일 처리를 힘들지 않게 진행한다.	①	②	③	④	⑤	⑥	⑦	○	○
	C	운동 신경이 둔한 편이다.	①	②	③	④	⑤	⑥	⑦	○	○
61	A	일이 주어지면 실리에 따라 결정하는 편이다.	①	②	③	④	⑤	⑥	⑦	○	○
	B	가끔 발명해보는 것도 좋다고 생각한다.	①	②	③	④	⑤	⑥	⑦	○	○
	C	예측되는 상황을 긍정적으로 인식한다.	①	②	③	④	⑤	⑥	⑦	○	○

실전모의고사 2회

[응답 1] A~C 각각에 대해 ① 전혀 아니다, ② 아니다, ③ 약간 아니다, ④ 보통이다, ⑤ 약간 그렇다, ⑥ 그렇다, ⑦ 매우 그렇다 중에서 본인에게 해당된다고 생각하는 것을 선택하여 표기하시오.

[응답 2] A~C 중 자신의 성향과 가장 먼 것(Least) 1개와 가장 가까운 것(Most) 1개를 선택하여 표기하시오.

문항군			응답 1							응답 2	
			전혀 아니다 ◀ 보통 ▶ 매우 그렇다							멀다	가깝다
1	A	이상주의자다.	①	②	③	④	⑤	⑥	⑦	○	○
	B	환경보다는 자신의 느낌이 중요하다고 생각한다.	①	②	③	④	⑤	⑥	⑦	○	○
	C	깔끔하고 단정한 것을 선호한다.	①	②	③	④	⑤	⑥	⑦	○	○
2	A	친절이 지나친 것은 별로 좋은 것이 아니다.	①	②	③	④	⑤	⑥	⑦	○	○
	B	간혹 엉뚱한 말을 해서 사람들을 웃긴다.	①	②	③	④	⑤	⑥	⑦	○	○
	C	아는 것에 대해 설명하는 것을 좋아한다.	①	②	③	④	⑤	⑥	⑦	○	○
3	A	본인이 맡은 일은 끝까지 해야 한다.	①	②	③	④	⑤	⑥	⑦	○	○
	B	꾸준한 것보다는 변화가 있는 것을 선호한다.	①	②	③	④	⑤	⑥	⑦	○	○
	C	취미가 하나 생기면 오랜 시간 즐긴다.	①	②	③	④	⑤	⑥	⑦	○	○
4	A	다른 사람보다 노력을 많이 한다고 생각한다.	①	②	③	④	⑤	⑥	⑦	○	○
	B	나보다 좋은 생각을 가진 타인이 많다.	①	②	③	④	⑤	⑥	⑦	○	○
	C	의견 충돌이 있으면 다시 한번 생각해본다.	①	②	③	④	⑤	⑥	⑦	○	○
5	A	경쟁에서 앞서고 싶다는 생각을 자주 한다.	①	②	③	④	⑤	⑥	⑦	○	○
	B	다른 사람들이 나를 신뢰하지 않는 것 같다.	①	②	③	④	⑤	⑥	⑦	○	○
	C	다른 사람들이 무엇을 하든 그 일에 관심이 없다.	①	②	③	④	⑤	⑥	⑦	○	○
6	A	주위로부터 활발하다는 평을 받는다.	①	②	③	④	⑤	⑥	⑦	○	○
	B	모르는 사람을 만나는 일은 피곤하다.	①	②	③	④	⑤	⑥	⑦	○	○
	C	내 의견을 확실하게 말하는 편이다.	①	②	③	④	⑤	⑥	⑦	○	○
7	A	코미디 프로그램을 봐도 웃음이 나지 않는다.	①	②	③	④	⑤	⑥	⑦	○	○
	B	친구가 많지 않다.	①	②	③	④	⑤	⑥	⑦	○	○
	C	낯선 장소에서는 불안함을 느낀다.	①	②	③	④	⑤	⑥	⑦	○	○
8	A	토론에서 나의 의견을 잘 표현한다.	①	②	③	④	⑤	⑥	⑦	○	○
	B	부자들의 생활을 동경한다.	①	②	③	④	⑤	⑥	⑦	○	○
	C	지나치게 합리적으로 결론짓는 것은 좋지 않다.	①	②	③	④	⑤	⑥	⑦	○	○

9	A	임기응변에 능하다.	①	②	③	④	⑤	⑥	⑦	○	○
	B	일을 잘하지 못하는 사람을 비난한 적이 있다.	①	②	③	④	⑤	⑥	⑦	○	○
	C	문제가 생기면 나보다 상대의 입장을 생각한다.	①	②	③	④	⑤	⑥	⑦	○	○
10	A	새로운 것을 접할 때 생각을 많이 하지 않는다.	①	②	③	④	⑤	⑥	⑦	○	○
	B	다른 사람들의 의견에 귀를 기울인다.	①	②	③	④	⑤	⑥	⑦	○	○
	C	주의 집중이 잘 안되는 편이다.	①	②	③	④	⑤	⑥	⑦	○	○
11	A	또래가 많아야 의사소통이 잘된다.	①	②	③	④	⑤	⑥	⑦	○	○
	B	한번 생각한 것을 바꾸기가 힘들다.	①	②	③	④	⑤	⑥	⑦	○	○
	C	말을 느리게 하는 편이다.	①	②	③	④	⑤	⑥	⑦	○	○
12	A	영화를 보면 다음 장면이 연상되어 떠오른다.	①	②	③	④	⑤	⑥	⑦	○	○
	B	집단에서 팔로워에 가까운 편이다.	①	②	③	④	⑤	⑥	⑦	○	○
	C	내가 보고 느낀 것은 정확한 편이다.	①	②	③	④	⑤	⑥	⑦	○	○
13	A	상대가 약속을 어겨도 이해하는 편이다.	①	②	③	④	⑤	⑥	⑦	○	○
	B	상대를 의심하기보다 신뢰하는 편이다.	①	②	③	④	⑤	⑥	⑦	○	○
	C	형식적인 절차를 별로 좋아하지 않는다.	①	②	③	④	⑤	⑥	⑦	○	○
14	A	내가 하는 일이 아니면 별 관심이 없다.	①	②	③	④	⑤	⑥	⑦	○	○
	B	중요한 것을 놓쳐 손해 본 경우가 있다.	①	②	③	④	⑤	⑥	⑦	○	○
	C	좋은 자리가 있어도 지정된 자리에 앉는다.	①	②	③	④	⑤	⑥	⑦	○	○
15	A	사건을 접하면 확대하여 해석하는 편이다.	①	②	③	④	⑤	⑥	⑦	○	○
	B	새로운 물건에 대한 적응력이 빠르지 못하다.	①	②	③	④	⑤	⑥	⑦	○	○
	C	예상치 못했던 질문에도 쉽게 대답한다.	①	②	③	④	⑤	⑥	⑦	○	○
16	A	책을 한 번 읽어도 기억에 잘 남는다.	①	②	③	④	⑤	⑥	⑦	○	○
	B	쉽게 포기하지 않는다.	①	②	③	④	⑤	⑥	⑦	○	○
	C	적극적이고 의욕적으로 활동하는 편이다.	①	②	③	④	⑤	⑥	⑦	○	○
17	A	사람들을 잘 배려한다.	①	②	③	④	⑤	⑥	⑦	○	○
	B	일이 제대로 되지 않을 때가 자주 있다.	①	②	③	④	⑤	⑥	⑦	○	○
	C	학창 시절에 학급에서 눈에 띄는 편이었다.	①	②	③	④	⑤	⑥	⑦	○	○
18	A	불쾌한 냄새에도 무리 없이 적응하는 편이다.	①	②	③	④	⑤	⑥	⑦	○	○
	B	업무 성과에 보수가 가장 중요하다고 생각한다.	①	②	③	④	⑤	⑥	⑦	○	○
	C	감당하기 어려운 것은 일단 피하고 본다.	①	②	③	④	⑤	⑥	⑦	○	○
19	A	나에 대한 다른 사람들의 생각이 궁금하다.	①	②	③	④	⑤	⑥	⑦	○	○
	B	매사에 조심스러운 성격이다.	①	②	③	④	⑤	⑥	⑦	○	○
	C	누군가를 설득하는 것은 어려운 일이다.	①	②	③	④	⑤	⑥	⑦	○	○
20	A	공동 업무의 실패는 내 잘못이 가장 크다.	①	②	③	④	⑤	⑥	⑦	○	○
	B	자존감이 높은 편이다.	①	②	③	④	⑤	⑥	⑦	○	○
	C	대화할 때 제스처가 큰 편이다.	①	②	③	④	⑤	⑥	⑦	○	○

21	A	주로 모임에서 장을 맡는다.	①	②	③	④	⑤	⑥	⑦	○	○
	B	나는 고집이 세다.	①	②	③	④	⑤	⑥	⑦	○	○
	C	등산할 때 정상까지 올라가는 편이다.	①	②	③	④	⑤	⑥	⑦	○	○
22	A	실수가 있을 때 빠르게 인정한다.	①	②	③	④	⑤	⑥	⑦	○	○
	B	궁금증을 해소하기 위해 공부하는 것이 즐겁다.	①	②	③	④	⑤	⑥	⑦	○	○
	C	집단보다 개인의 이익이 우선이라고 생각한다.	①	②	③	④	⑤	⑥	⑦	○	○
23	A	남들 시선이 어떻든 별로 신경 쓰지 않는다.	①	②	③	④	⑤	⑥	⑦	○	○
	B	질서와 규칙을 지나치게 강조한다.	①	②	③	④	⑤	⑥	⑦	○	○
	C	팀 활동에서 리더를 맡는 것이 편하다.	①	②	③	④	⑤	⑥	⑦	○	○
24	A	넓은 공간보다 작은 공간을 더 선호한다.	①	②	③	④	⑤	⑥	⑦	○	○
	B	때때로 편법을 사용해도 된다고 생각한다.	①	②	③	④	⑤	⑥	⑦	○	○
	C	내 잘못을 다른 사람의 탓으로 돌린 적이 있다.	①	②	③	④	⑤	⑥	⑦	○	○
25	A	부당한 명령이라도 선임의 명령이라면 따른다.	①	②	③	④	⑤	⑥	⑦	○	○
	B	약속 시간에 대한 강박 의식이 있다.	①	②	③	④	⑤	⑥	⑦	○	○
	C	일정한 것보다는 변화가 있는 것이 더 좋다.	①	②	③	④	⑤	⑥	⑦	○	○
26	A	새로운 것을 고민하는 것은 효율적이지 않다.	①	②	③	④	⑤	⑥	⑦	○	○
	B	문제해결에 실패하면 다시 시도한다.	①	②	③	④	⑤	⑥	⑦	○	○
	C	주어진 문제를 폭넓게 이해하는 편이다.	①	②	③	④	⑤	⑥	⑦	○	○
27	A	남들이 이해하기 쉽게 설명을 잘하는 편이다.	①	②	③	④	⑤	⑥	⑦	○	○
	B	시원시원한 성격이라는 말을 많이 듣는다.	①	②	③	④	⑤	⑥	⑦	○	○
	C	하기 싫은 일도 맡게 되면 열심히 수행한다.	①	②	③	④	⑤	⑥	⑦	○	○
28	A	사소한 잘못 정도는 괜찮다고 생각한다.	①	②	③	④	⑤	⑥	⑦	○	○
	B	모르는 것은 모른다고 솔직하게 이야기한다.	①	②	③	④	⑤	⑥	⑦	○	○
	C	질타를 받더라도 솔직하게 말하는 것이 좋다.	①	②	③	④	⑤	⑥	⑦	○	○
29	A	지식을 얻는 데 투자를 아끼지 않는다.	①	②	③	④	⑤	⑥	⑦	○	○
	B	어떤 일을 하든 보상이 있어야 한다.	①	②	③	④	⑤	⑥	⑦	○	○
	C	정리를 잘한다.	①	②	③	④	⑤	⑥	⑦	○	○
30	A	공감 능력이 좋다.	①	②	③	④	⑤	⑥	⑦	○	○
	B	공적인 일과 사적인 일을 잘 구분한다.	①	②	③	④	⑤	⑥	⑦	○	○
	C	부끄러운 일을 한 적이 한 번도 없다.	①	②	③	④	⑤	⑥	⑦	○	○
31	A	주목받는 것을 좋아한다.	①	②	③	④	⑤	⑥	⑦	○	○
	B	모두 꺼리는 일을 나서서 맡는다.	①	②	③	④	⑤	⑥	⑦	○	○
	C	나의 부족한 점을 상대방에게 숨기는 편이다.	①	②	③	④	⑤	⑥	⑦	○	○
32	A	어려움이 예상되면 미리 대비한다.	①	②	③	④	⑤	⑥	⑦	○	○
	B	다른 사람들을 쉽게 믿지 않는다.	①	②	③	④	⑤	⑥	⑦	○	○
	C	어떤 일이든 쉽게 결정하지 못한다.	①	②	③	④	⑤	⑥	⑦	○	○

	A	구관이 명관이라고 생각한다.	①	②	③	④	⑤	⑥	⑦	○	○
33	B	나를 재촉하는 사람이 있으면 스트레스를 받는다.	①	②	③	④	⑤	⑥	⑦	○	○
	C	좋은 아이디어가 생각나면 바로 실행에 옮긴다.	①	②	③	④	⑤	⑥	⑦	○	○
	A	미래를 생각하면 종종 불안함을 느낀다.	①	②	③	④	⑤	⑥	⑦	○	○
34	B	성공을 위해서라면 수단과 방법을 가리지 않는다.	①	②	③	④	⑤	⑥	⑦	○	○
	C	기분에 따라 즉흥적으로 행동하는 편이다.	①	②	③	④	⑤	⑥	⑦	○	○
	A	매일 운동을 한다.	①	②	③	④	⑤	⑥	⑦	○	○
35	B	목표를 달성하면 바로 새로운 목표가 생긴다.	①	②	③	④	⑤	⑥	⑦	○	○
	C	다수의 이익을 위해 나의 손해를 감수할 수 있다.	①	②	③	④	⑤	⑥	⑦	○	○
	A	과정보다 성공이 더 중요하다고 생각한다.	①	②	③	④	⑤	⑥	⑦	○	○
36	B	남들이 나의 노력을 알아주면 좋겠다.	①	②	③	④	⑤	⑥	⑦	○	○
	C	야근은 필요하다고 생각한다.	①	②	③	④	⑤	⑥	⑦	○	○
	A	급해 보이는 사람에게 나의 순서를 양보한다.	①	②	③	④	⑤	⑥	⑦	○	○
37	B	일이 잘 풀리지 않으면 자책을 하는 편이다.	①	②	③	④	⑤	⑥	⑦	○	○
	C	단체 모임에서 분위기를 주도하는 편이다.	①	②	③	④	⑤	⑥	⑦	○	○
	A	활동적인 모임보다 차분한 모임을 좋아한다.	①	②	③	④	⑤	⑥	⑦	○	○
38	B	내 물건을 남이 만지면 화가 난다.	①	②	③	④	⑤	⑥	⑦	○	○
	C	주위로부터 고집이 세다는 말을 간혹 듣는다.	①	②	③	④	⑤	⑥	⑦	○	○
	A	새로운 환경에 쉽게 적응하는 편이다.	①	②	③	④	⑤	⑥	⑦	○	○
39	B	쉽게 침울해지는 편이다.	①	②	③	④	⑤	⑥	⑦	○	○
	C	낙천적인 성격이다.	①	②	③	④	⑤	⑥	⑦	○	○
	A	충동이나 자극을 받으면 집중을 잘하지 못한다.	①	②	③	④	⑤	⑥	⑦	○	○
40	B	상대가 약속을 어기면 화가 난다.	①	②	③	④	⑤	⑥	⑦	○	○
	C	의사소통이 원만하지 못한 경우가 간혹 있다.	①	②	③	④	⑤	⑥	⑦	○	○
	A	몸에 꼭 맞는 옷보다는 넉넉한 옷을 선호한다.	①	②	③	④	⑤	⑥	⑦	○	○
41	B	항상 긍정적으로 생각하는 편이다.	①	②	③	④	⑤	⑥	⑦	○	○
	C	주기적으로 스트레스를 해소한다.	①	②	③	④	⑤	⑥	⑦	○	○
	A	불공평한 대우를 받으면 몹시 화가 난다.	①	②	③	④	⑤	⑥	⑦	○	○
42	B	운전하면서 비속어를 사용해본 적이 없다.	①	②	③	④	⑤	⑥	⑦	○	○
	C	실수한 것은 쉽게 잊어버리지 않는다.	①	②	③	④	⑤	⑥	⑦	○	○
	A	주어진 역할만 충실하게 수행한다.	①	②	③	④	⑤	⑥	⑦	○	○
43	B	의논해서 하기보다는 스스로 해결한다.	①	②	③	④	⑤	⑥	⑦	○	○
	C	여럿이 함께 있기를 좋아한다.	①	②	③	④	⑤	⑥	⑦	○	○
	A	잘못하는 것을 보면 바로 지적한다.	①	②	③	④	⑤	⑥	⑦	○	○
44	B	수동적으로 일하는 것이 좋다.	①	②	③	④	⑤	⑥	⑦	○	○
	C	책임이 주어져도 지나치게 신경 쓰지 않는다.	①	②	③	④	⑤	⑥	⑦	○	○

45	A	할 말이 있으면 망설이지 않고 말한다.	①	②	③	④	⑤	⑥	⑦	O	O
	B	어려운 일이 있으면 타인에서 도움을 청한다.	①	②	③	④	⑤	⑥	⑦	O	O
	C	다른 사람이 하지 않은 독창적인 일을 하고 싶다.	①	②	③	④	⑤	⑥	⑦	O	O
46	A	결과보다 역할에 대한 생각을 많이 한다.	①	②	③	④	⑤	⑥	⑦	O	O
	B	식사할 때 조용히 먹는 편이다.	①	②	③	④	⑤	⑥	⑦	O	O
	C	해야 할 일은 스스로 찾아서 한다.	①	②	③	④	⑤	⑥	⑦	O	O
47	A	호의에는 대가가 필요하다고 생각한다.	①	②	③	④	⑤	⑥	⑦	O	O
	B	가능한 한 많은 사람과 관계를 만들고 싶다.	①	②	③	④	⑤	⑥	⑦	O	O
	C	융통성 있게 대처하는 사람을 보면 믿음이 간다.	①	②	③	④	⑤	⑥	⑦	O	O
48	A	나는 LG 인재상에 맞는 사람이다.	①	②	③	④	⑤	⑥	⑦	O	O
	B	상대를 이길 수 있다면 거짓말도 할 수 있다.	①	②	③	④	⑤	⑥	⑦	O	O
	C	약속을 지키지 않으면 죄책감이 든다.	①	②	③	④	⑤	⑥	⑦	O	O
49	A	다른 무엇보다 친구가 중요하다고 생각한다.	①	②	③	④	⑤	⑥	⑦	O	O
	B	불만족스러운 서비스를 받으면 화가 난다.	①	②	③	④	⑤	⑥	⑦	O	O
	C	권위에 순응하지 않는다.	①	②	③	④	⑤	⑥	⑦	O	O
50	A	실리에 밝은 편이다.	①	②	③	④	⑤	⑥	⑦	O	O
	B	타인의 의견을 모두 듣고 자신의 의견을 말한다.	①	②	③	④	⑤	⑥	⑦	O	O
	C	확신이 서지 않으면 행동하지 않는다.	①	②	③	④	⑤	⑥	⑦	O	O
51	A	곤경에 처한 사람을 적극적으로 돕는다.	①	②	③	④	⑤	⑥	⑦	O	O
	B	나는 독서를 좋아한다.	①	②	③	④	⑤	⑥	⑦	O	O
	C	나는 규칙을 잘 지키는 편이다.	①	②	③	④	⑤	⑥	⑦	O	O
52	A	내 방은 항상 깨끗하게 정돈되어 있다.	①	②	③	④	⑤	⑥	⑦	O	O
	B	경쟁하는 것을 좋아한다.	①	②	③	④	⑤	⑥	⑦	O	O
	C	애매모호하게 답하는 사람을 좋아하지 않는다.	①	②	③	④	⑤	⑥	⑦	O	O
53	A	기계를 사용하는 일은 익숙하지 않다.	①	②	③	④	⑤	⑥	⑦	O	O
	B	주위 사람들이 나를 따르는 편이다.	①	②	③	④	⑤	⑥	⑦	O	O
	C	다른 사람을 좋게 보는 편이다.	①	②	③	④	⑤	⑥	⑦	O	O
54	A	진심이 없다면 봉사활동은 의미가 없다.	①	②	③	④	⑤	⑥	⑦	O	O
	B	나는 겉모습이 중요하다고 생각한다.	①	②	③	④	⑤	⑥	⑦	O	O
	C	다른 사람에게 친절하게 대한다.	①	②	③	④	⑤	⑥	⑦	O	O
55	A	타인에게 간섭하지 않는다.	①	②	③	④	⑤	⑥	⑦	O	O
	B	선배보다 후배와 일하는 것이 편하다.	①	②	③	④	⑤	⑥	⑦	O	O
	C	일을 미뤄두었다가 한 번에 처리한다.	①	②	③	④	⑤	⑥	⑦	O	O
56	A	바쁘더라도 할 일이 많은 것이 좋다.	①	②	③	④	⑤	⑥	⑦	O	O
	B	팀원들이 문제를 잘 해결할 수 있도록 돕는다.	①	②	③	④	⑤	⑥	⑦	O	O
	C	새로운 역할에 필요한 능력을 빠르게 습득한다.	①	②	③	④	⑤	⑥	⑦	O	O

	A	도전적인 일을 할 수 있는 기회는 중요하다.	①	②	③	④	⑤	⑥	⑦	○	○
57	B	타인에게 지적당하는 것은 매우 불쾌하다.	①	②	③	④	⑤	⑥	⑦	○	○
	C	위험이 큰 일은 시작하지 않는다.	①	②	③	④	⑤	⑥	⑦	○	○
	A	약속은 반드시 지킨다.	①	②	③	④	⑤	⑥	⑦	○	○
58	B	세상에 공짜는 없다고 생각한다.	①	②	③	④	⑤	⑥	⑦	○	○
	C	돌발 상황에서 대안이 빠르게 떠오르지 않는다.	①	②	③	④	⑤	⑥	⑦	○	○
	A	무에서 유를 창조할 때 즐거움을 느낀다.	①	②	③	④	⑤	⑥	⑦	○	○
59	B	다른 사람들과 협상하는 것에 능숙하다.	①	②	③	④	⑤	⑥	⑦	○	○
	C	항상 자신의 성장을 최우선으로 생각한다.	①	②	③	④	⑤	⑥	⑦	○	○
	A	스포츠는 보는 것보다 실제로 하는 것이 즐겁다.	①	②	③	④	⑤	⑥	⑦	○	○
60	B	주목받는 것을 좋아하지 않는다.	①	②	③	④	⑤	⑥	⑦	○	○
	C	이웃 주민을 만나면 먼저 인사하는 편이다.	①	②	③	④	⑤	⑥	⑦	○	○
	A	마라톤보다 100m 달리기를 더 좋아한다.	①	②	③	④	⑤	⑥	⑦	○	○
61	B	어떤 일이 일어나도 자신의 일은 마무리 짓는다.	①	②	③	④	⑤	⑥	⑦	○	○
	C	나는 내가 최고라고 생각한다.	①	②	③	④	⑤	⑥	⑦	○	○

2025 최신판

해커스 LG그룹 인적성검사 통합 기본서

최신기출유형+실전모의고사

개정 2판 2쇄 발행 2025년 10월 6일
개정 2판 1쇄 발행 2025년 1월 2일

지은이	해커스 LG 취업교육연구소
펴낸곳	(주)챔프스터디
펴낸이	챔프스터디 출판팀
주소	서울특별시 서초구 강남대로61길 23 (주)챔프스터디
고객센터	02-537-5000
교재 관련 문의	publishing@hackers.com 해커스잡 사이트(ejob.Hackers.com) 교재 Q&A 게시판
학원 강의 및 동영상강의	ejob.Hackers.com
ISBN	978-89-6965-561-5 (13320)
Serial Number	02-02-01

2025 최신판

해커스

LG그룹 인적성검사

통합 기본서

최신기출유형+실전모의고사

약점 보완 해설집

해커스잡

해커스

LG그룹

통합 기본서

인적성검사

최신기출유형+실전모의고사

약점 보완 해설집

해커스잡

PART 1 기출유형공략

01 | 언어이해

출제예상문제

p.28

01	02	03	04	05	06	07	08	09	10
②	③	③	④	⑤	③	③	④	④	④
11	12	13	14	15	16	17	18	19	20
⑤	②	③	③	⑤	④	④	②	⑤	④

01 중심 내용 파악 정답 ②

이 글은 온열매트가 전기매트와 온수매트로 구분되며, 전자파가 발생하지 않는다고 알려진 온수매트에서도 전자파가 발생한다는 내용이므로 이 글의 제목으로 가장 적절한 것은 ②이다.

오답 체크

① 글 전반부에서 전기매트의 원리에 대해 설명하고 있지만, 글 전체를 포괄할 수 없으므로 적절하지 않은 내용이다.
③ 글 전체에서 소비자가 전기매트보다 온수매트를 선호하는 이유에 대해서는 다루고 있지 않으므로 적절하지 않은 내용이다.
④ 글 후반부에서 온열매트에서 발생하는 전자파가 인체에 미치는 영향에 대해서는 설명하고 있지만, 글 전체를 포괄할 수 없으므로 적절하지 않은 내용이다.
⑤ 글 중반부에서 전자기장 환경인증인 EMF인증 기준에 대해서는 설명하고 있지만, 글 전체를 포괄할 수 없으므로 적절하지 않은 내용이다.

02 중심 내용 파악 정답 ③

이 글은 천연가스 매장량의 80%가량이 셰일가스 형태로 매장되어 있어 수평 시추 방식을 활용해 셰일가스를 추출하면 화석에너지를 앞으로도 오랜 기간 이용할 수 있지만, 셰일가스 추출 및 이용 시에는 지형 변화와 환경 오염 등의 문제가 초래될 수 있어 우려의 목소리가 있음을 설명하는 내용이므로 이 글의 제목으로 가장 적절한 것은 ③이다.

오답 체크

① 글 후반부에서 셰일가스 추출 및 이용 시 문제점에 대해서는 서술하고 있지만, 대체 에너지원으로 활용해서는 안 되는 이유에 대해서는 서술하고 있지 않으므로 적절하지 않은 내용이다.
②, ⑤ 글 중반부에서 지구상에 매립된 천연가스의 양과 셰일층에 매립된 셰일가스 추출 방법에 대해서는 서술하고 있지만, 글 전체를 포괄할 수 없으므로 적절하지 않은 내용이다.
④ 글 중반부에서 천연가스를 추출할 때 시추봉을 수직으로 꽂는다는 내용은 서술하고 있지만, 수직 시추 방법을 활용하는 이유에 대해서는 서술하고 있지 않으므로 적절하지 않은 내용이다.

03 중심 내용 파악 정답 ③

이 글은 사회·문화 현상은 계량화하기 어려운 부분이 존재하며 양적 연구와 같은 자연 과학적 탐구 방법으로는 인간의 정신적 영역에 대한 심층적 이해가 어렵다는 한계가 있어 질적 연구 방법을 지향해야 한다는 내용이므로 이 글의 전제로 가장 적절한 것은 ③이다.

04 글의 구조 파악 정답 ④

이 글은 고대 그리스 시대부터 우주관 관련 주류 이론이었던 천동설이 16세기에 이르러 코페르니쿠스에 의해 지동설로 바뀌게 된 내용을 설명하는 글이다.
따라서 '라) 천동설을 믿고 있던 고대 그리스인 → 나) 지동설을 최초로 주장한 아리스타코스의 주장 부정 이후 주류를 차지한 천동설 → 다) 16세기 코페르니쿠스에 의해 부상한 지동설 → 가) 중세적 우주관에 변화를 가져온 지동설' 순으로 연결되어야 한다.

05 중심 내용 파악 정답 ⑤

제시된 글의 필자는 사람이 살다 보면 피치 못하게 선의의 거짓말을 해야 하는 상황에 처할 수밖에 없으며, 정직함이 타인에게 상처와 아픔을 줄 수 있는 상황에서 선의의 거짓말을 하는 것이 도리어 좋은 결과를 가져올 수 있다는 점을 들어 선의의 거짓말을 받아들여야 한다고 주장하고 있다.

따라서 거짓말을 선의의 거짓말과 나쁜 거짓말로 분류할 수 있는 정확한 기준이 없을 뿐만 아니라 선의의 거짓말이 어떠한 결과를 가져올지는 아무도 예측할 수 없다는 반박이 타당하다.

06 중심 내용 파악

정답 ③

제시된 글의 필자는 자신의 의지를 타인에게 관철하고자 한다면 치킨 게임을 활용하는 것이 효과적임을 주장하고 있다.
따라서 치킨 게임에 참여한 사람 모두가 승리를 포기하지 않는다면 오히려 게임에 참여한 사람 모두에게 큰 피해가 생길 수 있다는 반박이 타당하다.

07 중심 내용 파악

정답 ③

제시된 글의 필자는 고열량·저영양 식품에 해당하는 탄산·혼합음료는 어린아이가 과하게 섭취할 경우 비만이나 만성질환 등이 유발될 수 있고, 이는 성인으로까지 이어질 수 있기 때문에 아이들이 최대한 음료 섭취를 하지 않도록 관리해야 한다고 주장하고 있다.
따라서 아이가 탄산·혼합음료를 과도하게 먹지 않도록 지도할 경우 음료 섭취에 따른 문제가 유발되지 않을 수 있다는 반박이 타당하다.

빠른 문제 풀이 Tip

선택지가 필자의 주장에 대한 찬성 입장인지, 반대 입장인지 혹은 완전히 관련 없는 진술인지 표시한 뒤 반대 입장에 해당하는 선택지만 서로 비교하여 정답을 찾는다.

08 세부 내용 파악

정답 ④

글 중반부에서 백일해는 나이가 어릴수록 특징적 증상이 잘 나타나며 치명도 역시 높아진다고 하였으므로 백일해 감염에 의한 치명도가 나이가 많을수록 높아지는 것은 아님을 알 수 있다.

오답 체크

① 글 전반부에서 백일해는 보르데텔라 백일해균 감염에 의해 나타나는 호흡기 질환이라고 하였으므로 적절한 내용이다.
② 글 후반부에서 백일해는 백신을 통해 대비 가능하다고 하였으므로 적절한 내용이다.
③ 백일해 잠복기 혹은 발병한 지 2주가 지나지 않았다면 에리스로마이신을 투여하는 특수 치료를 통해 증상 완화와 전파력 약화를 기대할 수 있다고 하였으므로 적절한 내용이다.
⑤ 글 중반부에서 3개월 미만의 영아 또는 심폐 질환 등이 있는 소아는 입원하여 치료하는 것이 기본이라고 하였으므로 적절한 내용이다.

09 세부 내용 파악

정답 ④

패전 투수는 팀의 패배에 빌미를 준 투수로, 팀의 스코어가 상대를 리드하고 있던 순간에 마운드에 올라왔더라도 실점을 하여 팀이 승리하지 못하도록 했다면 패전 투수가 된다고 하였으므로 선발 투수 이후에 올라온 구원 투수의 실점으로 팀이 패배했다면 패전 투수가 선발 투수가 된다는 것은 아님을 알 수 있다.

오답 체크

① 팀의 점수가 상대 팀보다 앞서 있어도 상대 팀이 스코어를 역전시키거나 동점을 만들면 승리 투수가 될 자격이 사라진다고 하였으므로 적절한 내용이다.
② 야구는 팀으로 운영되는 스포츠로, 승패는 각자의 팀이 나누어 갖지만 투수들은 개인 기록으로 승리와 패배를 새기게 된다고 하였으므로 적절한 내용이다.
③ 기록원의 평가에 따라 더 효과적인 투구를 했다고 판단되는 투수가 있을 경우 해당 투수가 승리를 챙긴다고 하였으므로 적절한 내용이다.
⑤ 선발 투수가 승리 투수가 되기 위해서는 최소 5회 이상 공을 던져야 한다고 하였으므로 적절한 내용이다.

10 세부 내용 파악

정답 ④

삵은 오늘날 우리나라에서 제주도를 제외한 전국의 큰 산 일부에서만 확인된다고 하였으므로 국제적 멸종 위기종인 삵이 오늘날 제주도 일부의 큰 산에서만 관찰된다는 것은 아님을 알 수 있다.

오답 체크

① 과거 삵은 우리나라 산간 지역에서 빈번히 확인되었으나 1950년에 발발한 6.25 전쟁 이후 이차적 피해를 보았고, 현재는 개체 수가 점차 줄어 멸종되어 가고 있다고 하였으므로 적절한 내용이다.
② 삵은 우리나라 환경부 지정 멸종 위기 야생 동물이면서 먹는 자 처벌 대상 야생 동물로 규정되어 있다고 하였으므로 적절한 내용이다.
③ 물을 싫어하는 고양이와 달리 삵은 수영을 잘한다고 하였으므로 적절한 내용이다.
⑤ 삵은 흔히 살쾡이라고도 불리며, 몸체의 길이는 약 55~90cm, 꼬리의 길이는 약 23~44cm로 몸체보다 꼬리가 약간 짧다고 하였으므로 적절한 내용이다.

11 세부 내용 파악 정답 ⑤

저혈압이라고 하여도 증세가 전혀 발생하지 않거나 저혈압 증상을 유발하는 별도의 질환이 없다면 특별한 치료가 필요하지는 않다고 하였으므로 혈압 측정 시 저혈압 수치에 해당될 경우 증상 유무와 관계없이 바로 치료를 시작해야 한다는 것은 아님을 알 수 있다.

오답 체크

① 우리 몸은 혈압이 낮아지면 피부, 근육 등 생명 유지에 불필요한 장기로의 혈액 공급을 줄이게 된다고 하였으므로 적절한 내용이다.
② 기립성 저혈압 환자는 잘 때 머리와 상체를 약간 높게 두어야 한다고 하였으므로 적절한 내용이다.
③ 저혈압의 발생 원인은 선행 심장질환, 신경계질환, 약물, 체액 감소, 출혈 등 다양하다고 하였으므로 적절한 내용이다.
④ 일반적으로 수축기 혈압이 100mmHg 이하, 이완기 혈압이 60mmHg 이하라면 저혈압으로 본다고 하였으므로 적절한 내용이다.

12 세부 내용 파악 정답 ②

익지 않은 양귀비 열매에 상처를 내어 얻은 유즙을 60℃ 이하에서 건조하면 아편이 만들어진다고 하였으므로 아편을 양귀비의 잘 익은 열매를 통해 얻은 유즙으로 만든다는 것은 아님을 알 수 있다.

오답 체크

① 양귀비는 소아시아나 지중해 연안에서 재배되는 쌍떡잎식물이며 높이가 50~120cm가량 되는 일년초라고 하였으므로 적절한 내용이다.
③ 우리나라에서는 양귀비를 「마약법」으로 단속하는 습관성 의약품으로 지정하고 있으며, 학술적 연구 목적으로 양귀비를 재배하고자 할 때도 보건복지부 장관의 승인을 미리 얻어야만 한다고 하였으므로 적절한 내용이다.
④ 아편은 성분상 중추신경 계통에 작용해 진통·진정 효과를 낼 수 있어 과거 민간에서는 열매와 식물체를 구분해 둔 뒤 응급질환에 사용하기도 했다고 하였으므로 적절한 내용이다.
⑤ 아편은 불가리아, 인도, 일본, 파키스탄과 같은 일부 국가에서 합법적으로 활용할 수 있다고 하였으므로 적절한 내용이다.

13 세부 내용 파악 정답 ③

렙틴 저항성 상태가 되면 음식을 섭취할 때 렙틴이 분비되어도 포만감 신호에 반응하지 않아 계속 먹게 된다고 하였으므로 렙틴 저항성이 높아지면 음식을 먹을 때 렙틴 분비가 원활하지 않게 된다는 것은 아님을 알 수 있다.

오답 체크

① 렙틴은 음식을 섭취한 지 20분이 지나야 뇌에 도달해 포만감을 느끼게 하기 때문에 음식을 빨리 먹으면 필요 이상으로 많이 먹게 된다고 하였으므로 적절한 내용이다.
② 공복 호르몬인 그렐린은 위가 비었을 때 분비되다가 음식을 섭취하면 분비량이 급격히 줄어든다고 하였으므로 적절한 내용이다.
④ 렙틴 저항성 상태가 되면 렙틴이 분비되어도 포만감을 느끼지 못해 음식을 계속 먹게 된다고 하였으며, 수면 부족은 렙틴 저항성 상태를 초래할 수 있다고 한 점을 통해 잠을 충분히 자면 렙틴 저항성 상태에 빠질 가능성이 낮아져 비만이 될 가능성도 낮아지게 될 것임을 알 수 있으므로 적절한 내용이다.
⑤ 공복 호르몬인 그렐린은 위장, 식욕 억제 호르몬인 렙틴은 지방 조직에서 분비된다고 하였으므로 적절한 내용이다.

14 세부 내용 파악 정답 ③

EPA가 혈중 좋은 콜레스테롤(HDL)의 함량은 올리고, 나쁜 콜레스테롤(LDL)의 함량은 낮아질 수 있도록 도우며, 이에 따라 각종 질병이 예방될 수 있다고 하였으므로 EPA가 혈중 HDL 수치가 일정 기준보다 높아질 때 수치가 낮아지도록 조절해 준다는 것은 아님을 알 수 있다.

오답 체크

① EPA는 TXA3와 PGI3를 유도하여 TXA2의 합성을 저해해 혈소판의 활성화를 차단한다고 하였으므로 적절한 내용이다.
② EPA는 불포화 지방산인 오메가3의 일종으로, 체내에서 생성되지 않아 음식을 통해 섭취해야 한다고 하였으므로 적절한 내용이다.
④ 물고기와 바다표범이 주식인 에스키모인이 건강한 이유는 체내에 EPA가 풍부하기 때문이라고 하였으며, EPA는 체내에서 생성되지 않아 EPA가 다량 함유된 등푸른생선 등을 꾸준히 챙겨 먹어야 한다고 한 점을 통해 에스키모인의 성인병 발병 확률이 낮은 이유가 이들의 주식인 물고기 때문임을 알 수 있으므로 적절한 내용이다.
⑤ EPA는 비정상적인 혈액 응고 작용을 억제시켜 혈액의 흐름을 건강하게 유지하게 한다고 하였으므로 적절한 내용이다.

15 글의 구조 파악 정답 ⑤

이 글은 프랑스를 대표하는 브랜디 코냑이 만들어지게 된 과정과 코냑에서 좋은 품질의 브랜디를 생산할 수 있는 이유를 설명하는 글이다.
따라서 '나) 프랑스를 대표하는 브랜디 코냑 - 라) 코냑 포도주를 증류해 만들어진 브랜디 - 다) 코냑에서 훌륭한 브랜디를 생산할 수 있는 이유(1): 훌륭한 토양과 울창한 산림 - 가) 코냑에서 훌륭한 브랜디를 생산할 수 있는 이유(2): 오크통 산지의 근접성과 적은 증류' 순으로 연결되어야 한다.

16 글의 구조 파악 정답 ④

이 글은 조선 시대 신분증으로 활용된 호패의 기원과 호패 사용의 목적 및 한계점을 설명하는 내용의 글이다.
따라서 조선 시대에 주민등록증과 비슷한 역할을 하던 호패의 의미에 대해 설명한 <보기>에 이어질 내용은 '라) 원나라에서 기원하여 호적법의 보조수단으로 활용되던 호패 → 나) 호패가 호적법의 보조수단으로 사용된 이유 → 가) 호패 발급을 기피하는 사람들로 인한 문제점 → 다) 국가에서 호패로 인한 폐단을 해결하고자 한 노력' 순으로 연결되어야 한다.

17 글의 구조 파악 정답 ④

이 글은 러스트 벨트의 호황기와 제조업 쇠퇴에 따른 러스트 벨트의 몰락에 대해 설명하는 글이다.
따라서 '다) 러스트 벨트의 의미 → 가) 러스트 벨트가 미국 경제의 중심지였던 이유 → 라) 제조업 쇠퇴로 인구 유출이 심해진 러스트 벨트 → 나) 미국 제조업 몰락의 상징이 된 러스트 벨트' 순으로 연결되어야 한다.

18 논지 전개 방식 정답 ②

글의 중반부에서 스스로 묻고 답하는 형태를 활용하여 스밀로돈이 멸종한 이유를 구체적으로 드러내고 있다.

19 논지 전개 방식 정답 ⑤

글의 초반부에서 골프의 기원과 관련하여 다양한 설을 제시하고 있지만, 글의 서술 대상인 골프를 특정 기준에 따라 분류하고 있지는 않다.

20 논지 전개 방식 정답 ④

글 전반부에서 하이브리드 자동차에 대한 일반적인 통념을 제시하고 있지만, 이를 비판하고 있지는 않다.

출제예상문제

p.52

01	02	03	04	05	06	07	08	09	10
⑤	③	①	②	③	②	③	②	③	②
11	**12**	**13**	**14**	**15**	**16**	**17**	**18**	**19**	**20**
③	③	③	③	④	⑤	③	⑤	④	②

01 명제추리 정답 ⑤

주어진 명제가 참일 때 그 명제의 '대우'만이 참인 것을 알 수 있다.

세 번째 명제, 두 번째 명제의 '대우'를 차례로 결합한 결론은 아래와 같다.

- 세 번째 명제: 공감 능력이 뛰어나지 않은 사람은 눈물이 많지 않다.
- 두 번째 명제(대우): 눈물이 많지 않은 사람은 손수건을 가지고 다니지 않는다.
- 결론: 공감 능력이 뛰어나지 않은 사람은 손수건을 가지고 다니지 않는다.

오답 체크

① 손수건을 가지고 다니지 않는 사람이 드라마를 좋아하지 않는지는 알 수 없으므로 항상 참인 설명은 아니다.

② 공감 능력이 뛰어난 사람이 감성적인지는 알 수 없으므로 항상 참인 설명은 아니다.

③ 눈물이 많은 사람이 드라마를 좋아하는지는 알 수 없으므로 항상 참인 설명은 아니다.

④ 감성적인 사람이 손수건을 가지고 다니는지는 알 수 없으므로 항상 참인 설명은 아니다.

02 명제추리 정답 ③

주어진 명제가 참일 때 그 명제의 '대우'만이 참인 것을 알 수 있다.

두 번째 명제의 '대우', 세 번째 명제의 '대우', 첫 번째 명제의 '대우'를 차례로 결합한 결론은 아래와 같다.

- 두 번째 명제(대우): 비만인 사람은 일찍 일어나지 않는다.
- 세 번째 명제(대우): 일찍 일어나지 않는 사람은 부지런하지 않다.
- 첫 번째 명제(대우): 부지런하지 않은 사람은 계획적이지 않다.
- 결론: 비만인 사람은 계획적이지 않다.

오답 체크

① 일찍 일어나는 사람이 계획적인지는 알 수 없으므로 항상 참인 설명은 아니다.

② 부지런한 사람은 일찍 일어나고, 일찍 일어나는 사람은 비만이 아니므로 항상 거짓인 설명이다.

④ 계획적이지 않은 사람이 일찍 일어나지 않는지는 알 수 없으므로 항상 참인 설명은 아니다.

⑤ 일찍 일어나지 않는 사람은 부지런하지 않고, 부지런하지 않은 사람은 비만이므로 항상 거짓인 설명이다.

03 명제추리 정답 ①

세 번째 명제의 '대우', 분리 가능한 두 번째 명제, 첫 번째 명제의 '대우', 네 번째 명제를 차례로 결합한 결론은 다음과 같다.

- 세 번째 명제(대우): 캠핑을 좋아하지 않는 사람은 테니스를 좋아한다.
- 분리 가능한 두 번째 명제: 테니스를 좋아하는 사람은 독서를 좋아하지 않는다.
- 첫 번째 명제(대우): 독서를 좋아하지 않는 사람은 식물을 키우지 않는다.
- 네 번째 명제: 식물을 키우지 않는 사람은 수영을 좋아한다.
- 결론: 캠핑을 좋아하지 않는 사람은 수영을 좋아한다.

오답 체크

② 식물을 키우는 사람은 독서를 좋아하고, 독서를 좋아하는 사람은 테니스를 좋아하지 않고, 테니스를 좋아하지 않는 사람은 캠핑을 좋아하므로 항상 거짓인 설명이다.

③ 테니스를 좋아하지 않는 사람이 식물을 키우는지는 알 수 없으므로 항상 참인 설명은 아니다.

④ 독서를 좋아하지 않는 사람이 캠핑을 좋아하는지는 알 수 없으므로 항상 참인 설명은 아니다.

⑤ 수영을 좋아하지 않는 사람은 식물을 키우고, 식물을 키우는 사람은 독서를 좋아하고, 독서를 좋아하는 사람은 테니스를 좋아하지 않으므로 항상 거짓인 설명이다.

04 명제추리 정답 ②

세 번째 명제의 '대우', 분리 가능한 첫 번째 명제, 분리 가능한 네 번째 명제의 '대우', 두 번째 명제의 '대우'를 차례로 결합한 결론은 다음과 같다.

- 세 번째 명제(대우): 메이크업을 한 사람은 구두를 신는다.
- 분리 가능한 첫 번째 명제: 구두를 신은 사람은 본사 직원이다.
- 분리 가능한 네 번째 명제(대우): 본사 직원인 사람은 근무복을 입지 않는다.
- 두 번째 명제(대우): 근무복을 입지 않는 사람은 마케팅팀 직원이다.
- 결론: 메이크업을 한 사람은 마케팅팀 직원이다.

오답 체크

① 마케팅팀 직원이 아닌 사람은 근무복을 입고, 근무복을 입은 사람은 본사 직원이 아니고, 본사 직원이 아닌 사람은 넥타이를 매지 않으므로 항상 거짓인 설명이다.
③ 근무복을 입는 사람은 본사 직원이 아니고, 본사 직원이 아닌 사람은 구두를 신지 않고, 구두를 신지 않는 사람은 메이크업을 하지 않으므로 항상 거짓인 설명이다.
④ 구두를 신지 않은 사람이 법무팀 직원인지는 알 수 없으므로 항상 참인 설명은 아니다.
⑤ 마케팅팀 직원인 사람이 본사 직원이 아닌지는 알 수 없으므로 항상 참인 설명은 아니다.

05 조건추리 정답 ③

제시된 조건에 따르면 월요일에는 제습기가 작동되지 않고, 습도가 높음일 때는 화요일뿐이므로 수요일과 목요일은 습도가 보통 또는 낮음이다. 이때 습도는 연속해서 같을 수 없으므로 수요일의 습도에 따라 가능한 경우는 아래와 같다.

경우 1. 수요일에 습도가 보통일 경우

구분	월	화	수	목
습도	X	**높음**	보통	낮음
버튼	X	파워 모드	파워 모드	자동 모드

경우 2. 수요일에 습도가 낮음일 경우

구분	월	화	수	목
습도	X	**높음**	낮음	보통
버튼	X	파워 모드	자동 모드	파워 모드

따라서 모든 경우에 자동 모드는 1번 작동하므로 항상 거짓인 설명이다.

오답 체크

① 수요일과 목요일 중 하루는 파워 모드, 다른 하루는 자동 모드를 작동하므로 항상 참인 설명이다.
② 제시된 기간 동안 파워 모드는 2번 작동하므로 항상 참인 설명이다.
④ 습도가 보통일 때 파워 모드 대신 자동 모드를 작동하는 것으로 변경한다면, 제시된 기간 동안 자동 모드는 2번 작동하므로 항상 참인 설명이다.
⑤ 목요일에 파워 모드를 작동하면, 수요일에 습도는 낮음이므로 항상 참인 설명이다.

06 조건추리 정답 ②

제시된 조건에 따르면 강의실 예약은 월요일부터 목요일까지 각 요일의 오전과 오후 중 한 번만 할 수 있고, C는 화요일 오후에 강의실을 예약하였고, 환경 동아리에 소속되어 있다. A, B, C, D는 각자 연극, 환경, 게임, 맛집 동아리 중 서로 다른 하나의 동아리에 소속되어 있고, D는 수요일 오전에 강의실을 예약하였으며, 오전에 강의실을 예약한 사람은 한 명뿐이고, 그 사람은 연극 동아리에 소속되어 있지 않으므로 D는 게임 또는 맛집 동아리에 소속되어 있음을 알 수 있다. 또한, A는 게임 또는 맛집 동아리에 소속되어 있으므로 B는 연극 동아리에 소속되어 있다. 이때 A, B, C, D는 서로 다른 요일에 강의실을 예약하였으므로 A와 B는 월요일 또는 목요일 오후에 강의실을 예약하였다.

구분	A	B	C	D
예약	월요일 오후 또는 목요일 오후	월요일 오후 또는 목요일 오후	**화요일 오후**	**수요일 오전**
동아리	게임 또는 맛집	연극	**환경**	게임 또는 맛집

따라서 B는 연극 동아리에 소속되어 있으므로 항상 참인 설명이다.

오답 체크

① D는 게임 또는 맛집 동아리에 소속되어 있으므로 항상 참인 설명은 아니다.
③ 월요일 오후에 회의를 하는 동아리는 연극 또는 게임 또는 맛집 동아리이므로 항상 참인 설명은 아니다.
④ 목요일 오후에 회의를 하는 동아리는 연극 또는 게임 또는 맛집 동아리이므로 항상 참인 설명은 아니다.
⑤ A가 맛집 동아리에 소속되어 있을 때, D는 게임 동아리에 소속되어 있으므로 항상 거짓인 설명이다.

07 조건추리 정답 ③

제시된 조건에 따르면 F 팀은 오후에 회의를 진행하며 C 팀보다 먼저 1 회의실을 이용하고, E 팀은 C 팀의 회의가 끝나고 1시간 후에 1 회의실을 이용하므로 F 팀은 오후 12시부터 1시까지 1 회의실을 이용하거나 오후 1시부터 2시까지 1 회의실을 이용한다. 이때 B 팀과 D 팀은 인접한 시간에 1 회의실을 이용하므로 F 팀은 오후 1시부터 2시까지 1 회의실을 이용한다.

11~12시	12~1시	1~2시	2~3시	3~4시	4~5시
B 또는 D	B 또는 D	F	C	A	E

따라서 A 팀보다 늦게 1 회의실을 이용하는 팀은 E 팀뿐이므로 항상 참인 설명이다.

오답 체크

① F 팀은 오후 1시부터 2시까지 1 회의실을 이용하므로 항상 거짓인 설명이다.

② F 팀은 오후 1시부터 2시까지, B 팀은 오전 11시부터 오후 12시까지 또는 오후 12시부터 1시까지 1 회의실을 이용하므로 항상 참인 설명은 아니다.

④ C 팀은 오후 2시부터 3시까지 1 회의실을 이용하여 소독이 진행되지 않으므로 항상 거짓인 설명이다.

⑤ A 팀이 회의하는 동안 오후 3시 30분에 소독이 진행되므로 항상 거짓인 설명이다.

08 조건추리 정답 ②

제시된 조건에 따르면 C와 E는 모두 기차를 이용하지 않고, A와 C는 서로 짝이므로 A, C, E는 버스를 이용한다. 또한, D와 H는 모두 기차를 이용하고, D는 F와 같은 운송 수단을 이용하므로 D, F, H는 기차를 이용한다. 이때 B는 D와 짝이 아니고, D는 H와 짝이 아니며, B는 G와 다른 운송 수단을 이용하므로 G가 이용하는 운송 수단에 따라 가능한 경우의 수는 아래와 같다.

경우 1. G가 버스를 이용하는 경우

버스	기차
A - C, E - G	B - **H**, **D** - F

경우 2. G가 기차를 이용하는 경우

버스	기차
A - C, B - E	**D** - G 또는 F, **H** - G 또는 F

따라서 F는 기차, G는 버스를 이용하거나 F와 G는 각각 D 또는 H와 짝이 되어 기차를 이용하므로 항상 거짓인 설명이다.

오답 체크

① B는 버스 또는 기차를 이용하고, E는 버스를 이용하므로 항상 거짓인 설명은 아니다.

③ B와 H는 서로 짝이 되어 기차를 이용하거나 서로 다른 운송 수단을 이용하므로 항상 거짓인 설명은 아니다.

④ A는 버스를 이용하고, B는 버스 또는 기차를 이용하므로 항상 거짓인 설명은 아니다.

⑤ F와 H는 서로 다른 사람과 짝이 되어 기차를 이용하거나 서로 짝이 되어 기차를 이용하므로 항상 거짓인 설명은 아니다.

빠른 문제 풀이 Tip

② 모든 경우의 수를 고려하지 않고 참/거짓을 판단할 수 있는지 먼저 확인한다.
D와 H는 모두 기차를 이용하며, D는 F와 같은 운송 수단을 이용하므로 F는 반드시 기차를 이용함을 알 수 있다.

09 조건추리 정답 ③

제시된 조건에 따르면 C의 뒤에 앉은 관객은 2명이고, A와 F는 같은 열에 앉았으며, G는 A의 바로 앞 좌석에 앉았으므로 A, F, G가 같은 열에 앉았다. 이때 1열에 앉은 B는 E와 옆으로 나란히 앉았고, F의 앞에 앉은 관객 수와 D의 뒤에 앉은 관객 수는 동일하므로 F는 맨 앞줄, D는 맨 뒷줄에 앉았음을 알 수 있다. 이에 따라 B와 E가 앞에서 두 번째 줄, G는 앞에서 세 번째 줄, A는 맨 뒷줄에 앉았으므로 A가 앉은 좌석에 따라 가능한 경우는 아래와 같다.

경우 1. A가 1열에 앉은 경우

F	빈자리
B	E
G	C
A	D

경우 2. A가 2열에 앉은 경우

빈자리	F
B	E
C	G
D	A

따라서 F는 C보다 두 줄 앞에 앉았으므로 항상 거짓인 설명이다.

오답 체크

① A와 D는 옆으로 나란히 앉았으므로 항상 참인 설명이다.

② F의 옆 좌석은 빈자리이므로 항상 참인 설명이다.

④ E의 바로 뒤에는 C 또는 G가 앉았으므로 항상 거짓인 설명은 아니다.

⑤ B는 1열에 앉았고, D는 1열 또는 2열에 앉았으므로 항상 거짓인 설명은 아니다.

10 조건추리

정답 ②

제시된 조건에 따르면 갑, 을, 병, 정 4명의 출근 시각과 퇴근 시각은 각각 1시간 간격으로 다르며 가장 먼저 출근하는 사람의 출근 시각은 7시이고, 가장 늦게 퇴근하는 사람의 퇴근 시각은 20시이므로 갑, 을, 병, 정 4명의 출근 시각은 7시, 8시, 9시, 10시이고, 퇴근 시각은 17시, 18시, 19시, 20시임을 알 수 있다. 이때 정의 근무 시간은 9시간 이하이며 갑은 19시에 퇴근하므로 정은 17시 또는 18시에 퇴근한다. 또한, 7시에 을이 가장 먼저 출근하고, 병의 근무 시간은 8시간 이하이므로 병은 9시 또는 10시에 출근한다. 병의 출근 시각에 따라 가능한 경우는 아래와 같다.

경우 1. 병이 9시에 출근하는 경우

구분	갑	을	병	정
출근 시각	8시	7시	9시	10시
퇴근 시각	**19시**	20시	17시	18시
근무 시간	11시간	13시간	8시간	8시간

경우 2. 병이 10시에 출근하는 경우

구분	갑	을	병	정
출근 시각	8시 또는 9시	7시	10시	8시 또는 9시
퇴근 시각	**19시**	20시	17시 또는 18시	17시 또는 18시
근무 시간	10시간 또는 11시간	13시간	7시간 또는 8시간	8시간 또는 9시간

따라서 갑은 10시간 또는 11시간 근무하고, 병은 7시간 또는 8시간 근무하므로 항상 거짓인 설명이다.

오답 체크

① 을과 정의 출근 시각은 1시간 또는 2시간 또는 3시간 차이 나므로 항상 거짓인 설명은 아니다.
③ 가장 늦게 퇴근하는 사람은 을이므로 항상 참인 설명이다.
④ 병은 17시 또는 18시에 퇴근하므로 항상 거짓인 설명은 아니다.
⑤ 갑이 11시간 근무한다면 정은 8시간 또는 9시간 근무하므로 항상 거짓인 설명은 아니다.

11 조건추리

정답 ③

제시된 조건에 따르면 달리기마다 결승 지점에 동시에 들어온 사람은 없으며, 1등은 2점, 2등은 1점, 3등은 0점을 얻는다. 또한, 모든 달리기에서 승우는 성현이보다 결승 지점에 먼저 들어왔으며, 성현이는 50m 달리기에서 2등을 하였으므로 승우는 50m 달리기에서 1등을 하였음을 알 수 있다. 이때 승우가 얻은 총점은 5점 이상이므로 승우는 100m와 200m 달리기에서 각각 1등 또는 2등을 하였거나 모두 1등을 하였다. 승우의 100m와 200m 달리기 등수에 따라 가능한 경우는 아래와 같다.

경우 1. 승우가 100m 달리기에서 1등, 200m 달리기에서 2등을 한 경우

구분	효주	승우	성현
50m	3등	1등	**2등**
100m	2등 또는 3등	1등	2등 또는 3등
200m	1등	2등	3등
총점	2점 또는 3점	5점	1점 또는 2점

경우 2. 승우가 100m 달리기에서 2등, 200m 달리기에서 1등을 한 경우

구분	효주	승우	성현
50m	3등	1등	**2등**
100m	1등	2등	3등
200m	2등 또는 3등	1등	2등 또는 3등
총점	2점 또는 3점	5점	1점 또는 2점

경우 3. 승우가 100m 달리기에서 1등, 200m 달리기에서 1등을 한 경우

구분	효주	승우	성현
50m	3등	1등	**2등**
100m	2등 또는 3등	1등	2등 또는 3등
200m	2등 또는 3등	1등	2등 또는 3등
총점	0점 또는 1점 또는 2점	6점	1점 또는 2점 또는 3점

따라서 효주가 얻은 총점은 0점 또는 1점 또는 2점 또는 3점이므로 항상 거짓인 설명이다.

오답 체크

① 효주와 성현이가 얻은 총점은 2점으로 같을 수 있으므로 항상 거짓인 설명은 아니다.
② 효주는 200m 달리기에서 1등 또는 2등 또는 3등을 하였으므로 항상 거짓인 설명은 아니다.
④ 승우가 얻은 총점과 성현이가 얻은 총점의 차이는 3점 또는 4점 또는 5점이므로 항상 참인 설명이다.
⑤ 성현이가 100m 달리기에서 2등을 하였다면 성현이가 얻은 총점은 2점 또는 3점이므로 항상 거짓인 설명은 아니다.

12 조건추리

정답 ③

제시된 조건에 따르면 광민이는 거짓을 말하지 않는다는 지효의 진술이 진실이면 광민이의 진술도 진실이고, 지효의 진술이 거짓이면 광민이의 진술도 거짓이므로 지효와 광민이는 둘 다 진실을 말하고 있거나 거짓을 말하고 있다. 이때 5명 중 거짓을 말하는 사람은 2명이며, 도하의 진술은 거짓이라는 현철이의 진술이 진실이면 도하의 진술은 거짓이고, 현철이의 진술이 거짓이면 도하의 진술은 진실이므로 현철이와 도하 둘 중 1명은 진실, 1명은 거짓을 말하고 있다. 이에 따라 지효와 광민이의 진술은 진실, 승윤이의 진술은 거짓으로 지효는 재택근무를 하지 않고, 승윤이는 재택근무를 하므로 승윤이와 지효 중 재택근무를 하는 사람이 있다는 도하의 진술은 진실, 현철이의 진술은 거짓임을 알 수 있다.

따라서 거짓을 말하는 사람은 승윤, 현철이다.

13 조건추리

정답 ③

제시된 조건에 따르면 팀원 A는 팀장과 같은 줄에서 팀장과 가장 먼 자리인 자리 3에 앉으며, 팀원 H는 신입사원 바로 옆자리에 앉고 팀원 F는 H와 같은 줄에 앉으므로 팀원 H는 자리 2, 팀원 F는 자리 1에 앉는다. 또한, 팀원 E는 C의 바로 옆자리에 앉고 팀원 B와 G도 옆자리에 서로 이웃하여 앉으므로 팀원 B, C, E, G는 팀장과 다른 줄에 앉는다. 이때 팀원 C와 D 둘 사이에는 3명이 앉으므로 팀원 C와 D는 각각 자리 4 또는 자리 8에 앉는다. 자리 4에 앉는 사람에 따라 가능한 경우는 아래와 같다.

경우 1. 자리 4에 팀원 C가 앉는 경우

F	**팀장**	**신입사원**	H	A
식탁				
C	E	B 또는 G	B 또는 G	D

경우 2. 자리 4에 팀원 D가 앉는 경우

F	**팀장**	**신입사원**	H	A
식탁				
D	B 또는 G	B 또는 G	E	C

따라서 자리 1에 앉는 사람은 팀원 F이므로 항상 거짓인 설명이다.

오답 체크

① 팀원 E는 팀장과 다른 줄에 앉으므로 항상 참인 설명이다.
② 자리 7에 앉는 팀원은 B 또는 E 또는 G이므로 항상 거짓인 설명은 아니다.
④ 신입사원과 정면으로 마주 보고 앉는 팀원은 B 또는 G이므로 항상 거짓인 설명은 아니다.
⑤ 팀원 D와 H는 다른 줄에 앉으므로 항상 참인 설명이다.

빠른 문제 풀이 Tip

③ 모든 경우의 수를 고려하지 않고 참/거짓을 판단할 수 있는지 먼저 확인한다.
팀원 A는 팀장과 같은 줄에 앉고, 팀원 H는 신입사원 바로 옆자리에 앉으며, 팀원 F와 H가 같은 줄에 앉으므로 팀장과 신입사원이 앉는 줄에 팀원 A, F, H가 앉고, 다른 줄에 팀원 B, C, D, E, G가 앉는다. 이에 따라 팀원 C는 자리 1에 앉을 수 없음을 알 수 있다.

14 조건추리

정답 ③

제시된 조건에 따르면 4명은 언어, 수리, 외국어에서 1, 2, 3등급 중 하나를 받았으며, 각자 3개 과목에서 받은 등급은 모두 다르므로 각자 1등급 1개, 2등급 1개, 3등급 1개를 받았다. A는 수리에서 1등급, D는 외국어에서 3등급을 받았고, 언어, 수리, 외국어에서 같은 등급을 받은 사람은 과목별로 2명이며 B와 C는 외국어에서 같은 등급을 받았으므로 외국어에서 B와 C는 1등급, A는 2등급을 받았다. 이에 따라 A는 언어에서 3등급을 받았으며 D는 언어에서 1등급, 수리에서 2등급을 받았으므로 B가 언어에서 받은 등급에 따라 가능한 경우는 아래와 같다.

경우 1. B가 언어에서 2등급을 받은 경우

구분	A	B	C	D
언어	3등급	2등급	2등급 또는 3등급	1등급
수리	**1등급**	3등급	2등급 또는 3등급	2등급
외국어	2등급	1등급	1등급	**3등급**

경우 2. B가 언어에서 3등급을 받은 경우

구분	A	B	C	D
언어	3등급	3등급	2등급	1등급
수리	**1등급**	2등급	3등급	2등급
외국어	2등급	1등급	1등급	**3등급**

따라서 B와 C가 같은 등급을 받은 과목은 1개 또는 3개이므로 항상 거짓인 설명이다.

오답 체크

① 언어에서 C보다 높은 등급을 받은 사람은 1명 또는 2명이므로 항상 거짓인 설명은 아니다.
② 모든 과목에서 B와 같은 등급을 받은 사람은 C이거나 아무도 없으므로 항상 거짓인 설명은 아니다.
④ A는 외국어에서 2등급을 받았으므로 항상 참인 설명이다.
⑤ 수리에서 D보다 낮은 등급을 받은 사람은 1명 또는 2명이므로 항상 거짓인 설명은 아니다.

15 조건추리
정답 ④

제시된 조건에 따르면 102호, 202호, 301호는 공실이고, B 팀은 C 팀보다는 높고 D 팀보다는 낮은 층을 사용하므로 C 팀은 1층, B 팀은 2층, D 팀은 3층을 사용한다. 이때, A 팀과 B 팀은 같은 층을 사용하므로 A 팀은 2층을 사용한다. 또한, 공실이 아닌 방 중 방 호수의 각 자리를 더한 값이 같아지는 방은 302호와 203호뿐이므로 A 팀은 203호, E 팀은 302호를 사용한다. 이에 따라 B 팀은 201호, D 팀은 303호를 사용하고, C 팀은 101호 또는 103호를 사용한다.

구분	1호	2호	3호
3층	**공실**	E 팀	D 팀
2층	B 팀	**공실**	A 팀
1층	C 팀 또는 공실	**공실**	C 팀 또는 공실

따라서 303호를 사용하는 팀은 D 팀이다.

16 조건추리
정답 ⑤

제시된 조건에 따르면 D는 3층 1호에 거주하고 있고, 4층에는 1명만 거주하고 있으므로 비어있는 집은 4층에 있다. 이때 E의 집과 비어있는 집은 한 층 차이이며, 호수는 다르므로 E는 3층 2호에 거주하고 있고, 비어있는 집은 4층 1호임을 알 수 있다. 또한, C의 집과 G의 집은 한 층 차이이며 호수는 같고, B의 집과 F의 집은 층수와 호수가 모두 다르므로 C와 G는 각각 1층 2호 또는 2층 2호에 거주하고 있고, 4층 2호에 B 또는 F가 거주하고 있다. 4층 2호에 거주하고 있는 사람에 따라 가능한 경우는 아래와 같다.

경우 1. 4층 2호에 B가 거주하고 있는 경우

	1호	2호
4층	비어있는 집	B
3층	**D**	E
2층	A 또는 F	C 또는 G
1층	A 또는 F	C 또는 G

경우 2. 4층 2호에 F가 거주하고 있는 경우

	1호	2호
4층	비어있는 집	F
3층	**D**	E
2층	A 또는 B	C 또는 G
1층	A 또는 B	C 또는 G

따라서 F가 2층에 거주하고 있다면 A는 1층에 거주하고 있으므로 항상 참인 설명이다.

오답 체크

① B는 1층 또는 2층 또는 4층에 거주하고 있으므로 항상 참인 설명은 아니다.

② E보다 위층에 거주하고 있는 사람은 B 또는 F 1명이므로 항상 거짓인 설명이다.

③ 비어있는 집과 같은 층인 4층에 거주하고 있는 사람은 B 또는 F이므로 항상 거짓인 설명이다.

④ F가 1층에 거주하고 있다면 B와 C는 2호에 거주하고 있으므로 항상 거짓인 설명이다.

17 조건추리
정답 ③

제시된 조건에 따르면 과목별 평가 방법, 평가 횟수, 강의자는 아래와 같다.

구분	역사	철학	미술	음악	체육
평가 방법	필기 시험	필기 시험	과제	실기 시험	실기 시험
평가 횟수	1회	2회	2회	2회	1회
강의자	대학 교수	외부 강사	외부 강사	대학 교수	대학 교수

A가 수강한 과목과 E가 수강한 과목은 둘 다 외부 강사가 강의하므로 A와 E는 각각 철학 또는 미술을 수강하고, A가 수강한 과목과 B가 수강한 과목의 평가 방법이 동일하므로 A는 철학, B는 역사, E는 미술을 수강한 것을 알 수 있다. 이때 B가 수강한 과목과 C가 수강한 과목의 평가 횟수는 같으므로 C가 체육을 수강했고, 남은 D가 음악을 수강하였다.
따라서 교양과목으로 체육을 수강한 학생은 C이다.

18 조건추리
정답 ⑤

제시된 조건에 따르면 D와 E는 같은 열에 주차하고, 1행 4열에는 아무도 주차하지 않으며, 2열에는 1명만 주차하므로 D와 E는 함께 1열 또는 3열에 주차한다. 또한, F가 주차하는 곳의 같은 행과 열에는 아무도 주차하지 않는 곳이 없고, A와 B는 같은 행에 주차하므로 1행 2열에는 아무도 주차하지 않음을 알 수 있다. 이에 따라 F는 2행 1열 또는 2행 3열에 주차하고, A와 B는 각각 2행 2열 또는 2행 4열에 주차하므로 F가 주차하는 곳에 따라 가능한 경우는 아래와 같다.

경우 1. F가 2행 1열에 주차하는 경우

	1열	2열	3열	4열
1행	C	빈자리	D 또는 E	**빈자리**
2행	F	A 또는 B	D 또는 E	A 또는 B

경우 2. F가 2행 3열에 주차하는 경우

	1열	2열	3열	4열
1행	D 또는 E	빈자리	C	**빈자리**
2행	D 또는 E	A 또는 B	F	A 또는 B

따라서 C는 1행 1열 또는 1행 3열에 주차하므로 항상 거짓인 설명이다.

오답 체크

① E가 주차하는 곳과 인접한 양쪽 열에는 A 또는 B가 주차하거나 아무도 주차하지 않으므로 항상 거짓인 설명은 아니다.
② D는 1행 또는 2행에 주차하고 F는 2행에 주차하므로 항상 거짓인 설명은 아니다.
③ 주차장에 주차하는 경우의 수는 총 8가지이므로 항상 참인 설명이다.
④ A와 B는 2열 또는 4열에 주차하므로 항상 참인 설명이다.

19 조건추리 정답 ④

제시된 조건에 따르면 A, B, C, D, E 5명이 버스, 기차, 비행기 세 가지 교통수단 중 한 가지를 선택하여 이동하였으며 출장지에 기차, 비행기, 버스 순으로 도착하였다. 이때, D는 기차를 선택하였고, A와 C는 같은 교통수단을 이용하였으며 C는 B보다 출장지에 늦게 도착하였으므로 A와 C가 이용한 교통수단은 비행기 또는 버스임을 알 수 있다. 또한, B와 E는 같은 교통수단을 이용하지 않았고, 아무도 이용하지 않은 교통수단은 없으므로 A와 C가 이용한 교통수단에 따라 가능한 경우는 아래와 같다.

경우 1. A와 C가 비행기를 이용한 경우

기차	비행기	버스
B, **D**	A, C	E

경우 2. A와 C가 버스를 이용한 경우

기차	비행기	버스
B, **D**	E	A, C
D, E	B	A, C
D	B	A, C, E

따라서 E가 버스를 이용하지 않았다면 기차는 2명이 선택하였으므로 항상 참인 설명이다.

오답 체크

① 버스를 선택한 사람은 1명 또는 2명 또는 3명이므로 항상 참인 설명은 아니다.
② B가 선택한 교통수단을 다른 사람이 선택하였을 수도 있으므로 항상 참인 설명은 아니다.
③ 3명이 선택한 교통수단이 없을 수도 있으므로 항상 참인 설명은 아니다.
⑤ B가 비행기를 선택하였다면 가능한 경우의 수는 2가지이므로 항상 거짓인 설명이다.

20 조건추리 정답 ②

제시된 조건에 따르면 E는 남자라는 D의 말이 진실일 때, D는 여자이고, E는 남자이다. 이에 따라 C는 남자라는 E의 말은 거짓이므로 C는 여자이고, 자신은 E와 성별이 다르다는 C의 말은 진실이 된다. 이때, 2명은 남자이고, 3명은 여자이므로 자신과 B는 성별이 같다는 A의 말은 거짓이 되어 A는 남자이고, B의 말은 진실로 B는 여자가 되어 남자는 A, E이고, 여자는 B, C, D가 된다. 다음으로 E는 남자라는 D의 말이 거짓일 때, D는 남자이고, E는 여자이다. 이에 따라 C는 남자라는 E의 말이 진실이므로 C는 남자가 되어 C의 말은 거짓이어야 하지만, C의 말은 진실이므로 조건에 모순이 발생한다. 따라서 B는 여자이므로 항상 참인 설명이다.

오답 체크

① A는 남자이므로 항상 거짓인 설명이다.
③ C는 여자이므로 항상 거짓인 설명이다.
④ D는 여자이므로 항상 거짓인 설명이다.
⑤ E는 남자이므로 항상 거짓인 설명이다.

03 | 자료해석

출제예상문제

p.70

01	02	03	04	05	06	07	08	09	10
⑤	③	③	⑤	④	②	②	④	④	④
11	**12**	**13**	**14**	**15**	**16**	**17**	**18**	**19**	**20**
③	②	③	④	②	④	①	③	③	④

01 자료이해 정답 ⑤

b. 2분기 비면세점 의류 및 패션 관련 상품 판매액은 직전 분기 대비 {(86,465 − 77,046) / 77,046} × 100 ≒ 12% 증가하였으므로 옳은 설명이다.

c. 4분기 면세점 화장품 판매액은 같은 해 1분기 면세점 화장품 판매액의 (667,209 / 960,980) × 100 ≒ 69.4%이므로 옳은 설명이다.

d. 2021년 비면세점 음·식료품 판매액은 총 5,088 + 5,533 + 5,218 + 5,694 = 21,533백만 원이므로 옳은 설명이다.

오답 체크

a. 2, 3, 4분기 가전·전자·통신기기 판매액은 비면세점이 면세점보다 더 적으므로 옳지 않은 설명이다.

02 자료이해 정답 ③

주점업의 사업체 1개당 매출액은 2019년에 4,220 / 180 ≒ 23.4억 원, 2022년에 2,850 / 125 = 22.8억 원으로 2022년이 2019년보다 적으므로 옳은 설명이다.

오답 체크

① 2023년 편의점 매출액의 4년 전 대비 증가량은 50,760 − 46,250 = 4,510억 원으로 같은 해 주점업의 매출액인 4,850억 원보다 작으므로 옳지 않은 설명이다.

② 2019년 전체 사업체 수에서 제과 및 음료점업 사업체 수가 차지하는 비중은 (315 / 2,190) × 100 ≒ 14.4%로 15% 미만이므로 옳지 않은 설명이다.

④ 제시된 기간 중 편의점의 사업체 수가 다른 해에 비해 가장 적은 해는 2020년, 기타 프랜차이즈의 매출액이 다른 해에 비해 가장 적은 해는 2021년으로 서로 다르므로 옳지 않은 설명이다.

⑤ 기타 프랜차이즈 사업체 수가 다른 해에 비해 가장 많은 2022년의 음식점업 매출액은 전년 대비 25,250 − 18,680 = 6,570억 원 증가하였으므로 옳지 않은 설명이다.

03 자료이해 정답 ③

2021년 4분기 인천과 대전의 고용허가제 고용사업장 수 합은 3,023 + 195 = 3,218개이고, 다른 4개 광역시의 고용허가제 고용사업장 수 합은 1,294 + 794 + 650 + 783 = 3,521개이므로 옳은 설명이다.

오답 체크

① 분기별 고용허가제 고용사업장 수는 2021년 1분기에 울산이 대구보다 많으나, 2, 3, 4분기에는 대구가 울산보다 많으므로 옳지 않은 설명이다.

② 반기별 대구와 광주의 고용허가제 고용사업장 수 차이는 2019년 상반기에 991 − 731 = 260개, 2019년 하반기에 984 − 724 = 260개로 동일하므로 옳지 않은 설명이다.

④ 1분기와 2분기의 평균값을 상반기 값이라 하면, 2021년 상반기 대구의 고용허가제 고용사업장 수는 (831 + 800) / 2 = 815.5개임에 따라 직전 반기 대비 867 − 815.5 = 51.5개 감소하였으므로 옳지 않은 설명이다.

⑤ 2021년 1분기 인천의 고용허가제 고용사업장 수는 부산의 고용허가제 고용사업장 수의 3,089 / 1,361 ≒ 2.3배이므로 옳지 않은 설명이다.

04 자료이해 정답 ⑤

2023년 B 보험의 50대 이상 가입자 수 대비 2023년 A 보험의 30대 가입자 수의 비율은 1,170 / 1,560 = 0.75이므로 옳지 않은 설명이다.

오답 체크

① 2023년 E 보험의 전체 가입자 수에서 20대 이하 가입자 수가 차지하는 비중은 (660 / 3,360) × 100 ≒ 19.6%이므로 옳은 설명이다.

② 40대 이하 가입자 수는 전체 가입자 수에서 50대 이상 가입자 수를 빼서 구한다. 이에 따라 2023년 40대 이하 가입자 수는 D 보험이 4,230 − 1,860 = 2,370백 명, B 보험이 4,800 − 1,560 = 3,240백 명으로 D 보험이 B 보험보다 3,240 − 2,370 = 870백 명 더 적으므로 옳은 설명이다.

③ 2022년 전체 가입자 수는 C 보험이 5,440 / 0.85 = 6,400백 명, E 보험이 3,360 / 1.05 = 3,200백 명으로 C 보험이 E 보험의 6,400 / 3,200 = 2배이므로 옳은 설명이다.

④ 2023년 40대 가입자 수가 가장 많은 D 보험의 2022년 가입자 수는 4,230 / 0.9 = 4,700백 명이므로 옳은 설명이다.

05 자료이해 정답 ④

c. 2020년 석유 소비량이 2016년 석유 소비량 대비 증가한 업종은 광업과 비철금속산업 2개이므로 옳지 않은 설명이다.

d. 식품·담배업 석유 소비량이 기계 조립업 석유 소비량보다 큰 해는 2017년, 2018년 2개 연도이므로 옳지 않은 설명이다.

오답 체크

a. 2019년 제시된 산업의 석유 소비량 총합은 401 + 554 + 266 + 227 + 730 + 282 + 633 = 3,093천 배럴이므로 옳은 설명이다.

b. 제시된 기간 동안 섬유제품업의 연평균 석유 소비량은 (549 + 693 + 455 + 266 + 202) / 5 = 433천 배럴이므로 옳은 설명이다.

06 자료이해 정답 ②

2023년 7월 여자 이용자 수는 1,100 × 1.15 = 1,265만 명으로 2023년 9월 남자 이용자 수인 1,550 × 0.9 = 1,395만 명보다 1,395 - 1,265 = 130만 명 더 적으므로 옳지 않은 설명이다.

오답 체크

① 2022년 3분기 남자 이용자 수의 평균은 (1,640 + 1,790 + 1,550) / 3 = 1,660만 명이므로 옳은 설명이다.

③ 2022년 11월 전체 A 플랫폼 전체 이용자 중 여자 이용자가 차지하는 비중은 {1,150 / (1,740 + 1,150)} × 100 ≒ 39.8%로 40% 미만이므로 옳은 설명이다.

④ 2023년 10월 남자 이용자 수는 전년 동월 대비 1,970 × 0.1 = 197만 명 증가, 여자 이용자 수는 1,450 × 0.12 = 174만 명 감소함에 따라 전체 이용자 수는 197 - 174 = 23만 명 증가하였으므로 옳은 설명이다.

⑤ 2022년 하반기 중 남자 이용자 수와 여자 이용자 수의 차이는 7월에 1,640 - 1,100 = 540만 명, 8월에 1,790 - 1,260 = 530만 명, 9월에 1,550 - 1,350=200만 명, 10월에 1,970 - 1,450 = 520만 명, 11월에 1,740 - 1,150 = 590만 명, 12월에 1,450 - 1,060 = 390만 명으로 두 번째로 큰 달은 7월이므로 옳은 설명이다.

07 자료이해 정답 ②

2023년 A 지역 유배우 가구 수는 950 / 0.38 = 2,500만 가구, 2019년 B 지역의 유배우 가구 수는 450 / 0.36 = 1,250만 가구이다. 이에 따라 2023년 A 지역 유배우 가구 수는 2019년 B 지역의 유배우 가구 수의 2,500 / 1,250 = 2배이므로 옳은 설명이다.

오답 체크

① 제시된 기간 동안 맞벌이 가구 수가 세 번째로 많은 해는 A 지역이 2020년, B 지역이 2022년으로 서로 다르므로 옳지 않은 설명이다.

③ 제시된 기간 동안 A 지역의 맞벌이 가구 수 평균은 (861 + 1,035 + 1,080 + 1,071 + 950) / 5 = 999.4만 가구임에 따라 1,000만 가구보다 적으므로 옳지 않은 설명이다.

④ B 지역 맞벌이 가구 수의 전년 대비 증가율은 2020년 {(523 - 450) / 450} × 100 ≒ 16.2%, 2021년에 {(596 - 523) / 523} × 100 ≒ 14.0%로 2020년이 2021년보다 보다 크므로 옳지 않은 설명이다.

⑤ 제시된 기간 동안 A 지역과 B 지역의 맞벌이 가구 수 차이가 가장 큰 2022년에 맞벌이 가구 수 비율 차이는 45 - 38 = 7%p이므로 옳지 않은 설명이다.

빠른 문제 풀이 Tip

③ 1,000만 가구를 기준으로 초과치와 미만치를 이용하여 비교한다.
1,000만 가구 이상인 2020년, 2021년, 2022년의 초과치는 35 + 80 + 71 = 186만 가구, 1,000만 가구 미만인 2019년과 2023년의 미만치는 139 + 50 = 189만 가구로 미만치가 초과치보다 크므로 평균은 1,000만 가구 미만임을 알 수 있다.

④ 분자의 값이 동일할 때, 분모의 크기가 작을수록 분수의 크기가 큼을 이용하여 비교한다.
분자에 해당하는 맞벌이 가구 수의 전년 대비 증가량은 2020년에 596 - 523 = 73만 가구, 2021년에 523 - 450 = 73만 가구로 동일하고, 분모에 해당하는 맞벌이 가구 수는 2020년에 더 적으므로 증가율은 2020년이 2021년보다 더 큼을 알 수 있다.

08 자료이해 정답 ④

2023년 인도네시아의 고용 인원은 27,000 × 0.48 = 12,960명이며, 2023년 인도네시아를 제외한 고용 인원은 27,000 - 12,960 = 14,040명이다. 이때 인도네시아 국적인 아닌 14,040명이 모두 외항선에 고용되었다고 가정하면, 인도네시아 고용인원은 적어도 15,240 - 14,040 = 1,200명 이상이므로 옳지 않은 설명이다.

오답 체크

① 2020년부터 2023년까지 내항선과 연근해어선 외국인 선원 고용 인원의 전년 대비 증감 추이는 '증가 - 감소 - 증가 - 증가'로 매년 서로 동일하므로 옳은 설명이다.

② 제시된 기간 동안 연근해어선 외국인 선원 고용 인원이 다른 해에 비해 두 번째로 많은 2019년에 전체 외국인 선원 고용 인원은 다른 해에 비해 가장 적으므로 옳은 설명이다.

③ 전체 외국인 선원 고용 인원에서 원양어선의 외국인 선언 고용 인원이 차지하는 비중은 2022년에 (4,250 / 25,500) × 100 ≒ 16.7%, 2020년에 (3,680 / 24,200) × 100 ≒ 15.2%로 2년 전 대비 증가하였으므로 옳은 설명이다.

⑤ 2019년 미얀마의 고용 인원은 23,400 × 0.2 = 4,680명, 2023년 베트남의 고용 인원은 27,000 × 0.15 = 4,050명으로 비율은 4,050 / 4,680 ≒ 0.87로 0.9 미만이므로 옳은 설명이다.

09 자료이해 정답 ④

전체 GRDP에서 D 지역의 GRDP가 차지하는 비중은 2022년에 (128,200 / 971,000) × 100 ≒ 13.2%, 2023년에 (145,000 / 1,062,000) × 100 ≒ 13.7%로 2023년에 전년 대비 증가하였으므로 옳지 않은 설명이다.

오답 체크

① A 지역의 GRDP는 매년 증가하며 이와 같은 증감 추이를 보이는 지역은 B 지역과 E 지역으로 총 2곳이므로 옳은 설명이다.

② B 지역 GRDP는 E 지역 GRDP의 2021년에 372,000 / 73,200 ≒ 5.1배, 2022년에 397,000 / 79,400 = 5.0배, 2023년에 452,000 / 86,600 ≒ 5.2배로 2021년 이후 매년 5배 이상이므로 옳은 설명이다.

③ 2020년 GRDP의 전년 대비 증가량은 A 지역이 228,000 - 219,500 = 8,500십억 원, B 지역이 337,000 - 326,900 = 10,100십억 원, C 지역이 99,600 - 96,500 = 3,100십억 원, D 지역이 140,100 - 132,000 = 8,100십억 원, E 지역이 72,800 - 62,300 = 10,500십억 원으로 가장 큰 지역은 E 지역이므로 옳은 설명이다.

⑤ 제시된 기간 동안 C 지역 GRDP가 두 번째로 큰 2022년 C 지역의 경제 성장률은 {(112,600 - 98,300) / 98,300} × 100 ≒ 14.5%이므로 옳은 설명이다.

10 자료이해 정답 ④

B 지역의 전체 교통사고 발생 건수의 전년 대비 감소율은 2021년에 {(8,950 - 8,765) / 8,950} × 100 ≒ 2.07%, 2022년에 {(8,765 - 8,580) / 8,765} × 100 ≒ 2.11%로 2021년이 2022년보다 작으므로 옳지 않은 설명이다.

오답 체크

① 제시된 기간 동안 B 지역의 음주운전 교통사고 발생 건수의 평균은 (1,020 + 1,120 + 880 + 910 + 820) / 5 = 950건이므로 옳은 설명이다.

② 2023년 전체 교통사고 발생 건수의 전년 대비 증가량은 A 지역이 34,780 - 33,200 = 1,580건, B 지역이 9,105 - 8,580 = 525건으로 1,580 / 525 ≒ 3.0배이므로 옳은 설명이다.

③ 제시된 기간 중 A 지역의 전체 교통사고 발생 건수는 2021년에 가장 작고, 음주운전 교통사고 발생 건수는 2021년에 가장 크므로 A 지역의 음주운전 교통사고 비율이 가장 큰 해는 2021년이므로 옳은 설명이다.

⑤ 제시된 기간 중 B 지역의 음주운전 교통사고 발생 건수가 가장 큰 2020년에 음주운전 교통사고 비율은 (1,120 / 8,950) × 100 ≒ 12.5%이므로 옳은 설명이다.

빠른 문제 풀이 Tip

④ 분자의 값이 동일할 때, 분모의 크기가 작을수록 분수의 크기가 큼을 이용하여 비교한다.
분자에 해당하는 B 지역의 전체 교통사고 발생 건수의 전년 대비 감소량은 2021년에 8,950 - 8,765 = 185건, 2022년에 8,765 - 8,580 = 185건으로 동일하고, 분모에 해당하는 전체 교통사고 발생 건수는 2021년에 더 크므로 감소율은 2021년이 2022년보다 더 작음을 알 수 있다.

11 자료이해 정답 ③

2019년 연유 생산량은 연유 소비량보다 많으므로 옳지 않은 설명이다.

오답 체크

① 제시된 기간 동안 조제분유 생산량은 조제분유 소비량보다 매년 더 많으므로 옳은 설명이다.

② 2016년 유제품 생산량 합계에서 치즈 생산량이 차지하는 비중은 {28,842 / (9,578 + 28,842 + 20,896 + 2,367)} × 100 ≒ 47%이므로 옳은 설명이다.

④ 2018년 유제품 소비량 합계는 7,522 + 154,679 + 13,908 + 13,093 = 189,202톤이므로 옳은 설명이다.

⑤ 제시된 기간 중 버터 생산량이 다른 해에 비해 가장 적은 해는 2018년이므로 옳은 설명이다.

빠른 문제 풀이 Tip

② 치즈 생산량과 치즈를 제외한 나머지 유제품의 생산량 합계를 비교한다.
2016년 치즈 생산량은 28,842톤으로 치즈를 제외한 나머지 유제품의 생산량 합계인 9,578 + 20,896 + 2,367 = 32,841톤보다 적으므로 2016년 제시된 유제품 생산량 합계에서 치즈 생산량이 차지하는 비중은 50% 미만임을 알 수 있다.

12 자료이해 정답 ②

d. 2023년 건강생활 실천율과 2019년 건강생활 실천율의 차이는 C 지역이 38.2 - 22.7 = 15.5%p, D 지역이 35.1 - 19.8 = 15.3%p로 C 지역이 D 지역보다 크므로 옳은 내용이다.

오답 체크

a. 2022년 C 지역의 건강생활 실천율은 같은 해 C 지역의 고위험 음주율의 39.6 / 8.4 ≒ 4.7배로 4.5배 이상이므로 옳지 않은 설명이다.

b. 제시된 기간 동안 B 지역의 고위험 음주율이 다른 해에 비해 가장 작은 2021년에 B 지역의 건강생활 실천율 대비 B 지역의 고위험 음주율의 비율은 9.3 / 38.6 ≒ 0.24로 0.3 미만이므로 옳지 않은 설명이다.

c. A 지역과 E 지역의 고위험 음주율의 차이는 2023년에 18.2 − 14.8 = 3.4%p로 3.5%p미만이므로 옳지 않은 내용이다.

13 자료이해 정답 ③

2023년 사교육비의 2년 전 대비 증가율은 학원 수강이 {(15,050−12,450)/12,450 × 100≒20.9%, 유료 인터넷 강좌가 {(1,020−830)/830} × 100≒22.9%로 학원 수강이 유료 인터넷 강좌보다 작으므로 옳지 않은 설명이다.

오답 체크

① 제시된 유형 중 2021년 이후 사교육비가 전년 대비 매년 증가하는 유형은 유료 인터넷 강좌로 총 1개이므로 옳은 설명이다.

② 기타 사교육비가 가장 많은 2020년에 전체 사교육비 합계에서 학원 수강이 차지하는 비중은 (10,800 / 16,200) × 100 ≒ 66.7%이므로 옳은 설명이다.

④ 2022년 전체 사교육비에서 초등학교 사교육비가 차지하는 비중은 32%, 중학교 사교육비가 차지하는 비중은 38%로 차이는 (18,000 × 0.38) − (18,000 × 0.32) = 18,000 × 0.06 = 1,080십억 원이므로 옳은 설명이다.

⑤ 2023년 일반 고등학교의 사교육비는 20,400 × 0.25 = 5,100십억 원, 2020년 특성화 고등학교 사교육비는 16,200 × 0.1 = 1,620십억 원으로 5,100 / 1,620 ≒ 3.1배이므로 옳은 설명이다.

14 자료이해 정답 ④

a. 제시된 기간 중 장애인 고용률이 두 번째로 큰 2022년에 전체 공공기관 장애인 고용인원은 570,000 × 0.038 = 21,660명이며, 기타 공공기관 상시 근로자 수는 전체 공공기관 장애인 고용인원의 186,000 / 21,660 ≒ 8.6배이므로 옳지 않은 설명이다.

c. 2021년 전체 공공기관 장애인 고용인원은 535,000 × 0.034 = 18,190명이므로 옳지 않은 설명이다.

d. 제시된 기간 중 장애인 고용률이 가장 작은 2020년에 공기업 상시근로자 수는 전년 대비 {(216,200 − 198,600) / 198,600} × 100 ≒ 8.9% 증가하였으므로 옳지 않은 설명이다.

오답 체크

b. 2023년 준정부기관의 상시 근로자 수는 3년 전 대비 133,400 − 118,400 = 15,000명 = 15천 명 감소하였으므로 옳은 설명이다.

15 자료이해 정답 ②

a. 제시된 기간 중 금 생산량과 금 판매량의 차이는 2018년에 16,006 − 16,000 = 6MT, 2019년에 16,009 − 16,000 = 9MT, 2020년에 10,005 − 10,000 = 5MT이므로 옳은 설명이다.

d. 2019년 광산물 판매량의 전년 대비 증가율은 티타늄이 {(28,363 − 22,358) / 22,358} × 100 ≒ 27%, 장석이 {(57,745 − 40,227) / 40,227} × 100 ≒ 44%이므로 옳은 설명이다.

오답 체크

b. 2020년 납석 생산량은 전년 대비 증가하였으므로 옳지 않은 설명이다.

c. 2020년 철 판매량은 철 생산량보다 더 적으므로 옳지 않은 설명이다.

16 자료계산 정답 ④

총 범죄(건) = 형법범 + 특별법범, 범죄 검거율(%) = (검거 건수 / 발생 건수) × 100임을 적용하여 구한다.

㉠ 3분기 형법범 발생 건수는 370,089 − 136,081 = 234,008건이다.

㉡ 3분기 특별법범 범죄 검거율은 (128,251 / 136,081) × 100 ≒ 94.2%이다.

㉢ 4분기 총 범죄 검거 건수는 160,251 + 115,974 = 276,225건이다.

㉣ 4분기 형법범 검거인원은 356,221 − 149,665 = 206,556명이다.

㉤ 4분기 특별법범 범죄 검거율은 (115,974 / 128,049) × 100 ≒ 90.6%이다.

따라서 ㉠은 234,008, ㉡은 94.2, ㉢은 276,225, ㉣은 206,556, ㉤은 90.6이므로 가장 타당하지 않은 값은 ㉣이다.

17 자료계산 정답 ①

제시된 기간 중 선어 생산량이 75,000톤 이상인 달은 10월, 11월, 12월이고, 세 달의 전체 어업 생산 금액의 합은 (4,455 + 3,007 + 1,126) + (5,361 + 2,712 + 1,054) + (6,148 + 2,423 + 1,180) = 27,466억 원이다.

따라서 제시된 기간 중 선어 생산량이 75,000톤 이상인 달들의 전체 어업 생산 금액의 합은 27,466억 원이다.

18 자료추론 정답 ③

㉡ 전체 시간강사 응답자 수는 A가 78 + 102 = 180명, B가 12 + 19 = 31명, C가 61 + 178 = 239명, D가 34 + 72 = 106명으로 A, B, D가 각각 교육 또는 정보통신 기술 또는 서비스이므로 C가 보건 및 복지이다.

㉣ C를 제외하고 겸업 시간강사 비율이 60% 이상인 전공은 B, D로 B, D는 각각 정보통신 기술 또는 서비스이므로 A가 교육이다.

㉢ A와 C를 제외하고 전업 시간강사 응답자 수 대비 겸업 시간강사 응답자 수는 B가 19 / 12 ≒ 1.6배, D가 72 / 34 ≒ 2.1배이므로 B가 정보통신 기술, D가 서비스이다.

따라서 A는 교육, B는 정보통신 기술, C는 보건 및 복지, D는 서비스인 ③이 정답이다.

19 자료추론

정답 ③

㉣ 제시된 기간 동안 B를 이용한 병적증명서 발급 건수가 제시된 다른 발급 방법보다 매년 가장 많으므로 B가 FAX이다.

㉡ 2018년 우편을 이용한 병적증명서 발급 건수의 전년 대비 증감 추이는 감소이고, 이와 증감 추이가 정반대인 발급 방법은 B, D이며, B는 FAX이므로 D는 공문 등이다.

㉢ B와 D를 제외하고, 2019년 대비 2020년 병적증명서 발급 건수는 A가 15,461 / 20,770 ≒ 0.7배, C가 91,536 / 9,588 ≒ 9.5배이므로 A는 방문, C는 인터넷이다.

따라서 A는 방문, B는 FAX, C는 인터넷, D는 공문 등인 ③이 정답이다.

20 자료변환

정답 ④

제시된 자료에 따르면 남자 퇴직연금 가입률은 2016년에 51.1%, 2017년에 51.3%, 2018년에 52.2%, 2019년에 52.1%, 2020년에 53.0%이고, 여자 퇴직연금 가입률은 2016년에 46.5%, 2017년에 48.5%, 2018년에 49.9%, 2019년에 50.7%, 2020년에 51.5%이다.

따라서 옳은 그래프는 ④이다.

04 | 창의수리

출제예상문제

p.93

01	02	03	04	05	06	07	08	09	10
①	④	②	②	④	②	⑤	③	①	③
11	**12**	**13**	**14**	**15**	**16**	**17**	**18**	**19**	**20**
④	④	②	④	④	④	③	③	②	②

01 수/문자추리 정답 ①

세 번째 항부터 제시된 각 숫자는 앞의 두 숫자의 합×2라는 규칙이 적용되므로 빈칸에 들어갈 알맞은 숫자는 '41'이다.

02 수/문자추리 정답 ④

제시된 각 숫자를 약분되지 않은 수로 변경한다.

$\frac{2}{14}$ $\frac{3}{56}$ $\frac{5}{52}$ $\frac{7}{26}$ $\frac{11}{104}$ $\frac{13}{100}$ ( )

분자에 제시된 각 숫자는 소수이며, 분모에 제시된 각 숫자 간의 값은 값이 ×4, −4, ÷2로 반복되므로 빈칸에 들어갈 알맞은 숫자는 '$\frac{17}{50}$=0.34'이다.

03 수/문자추리 정답 ②

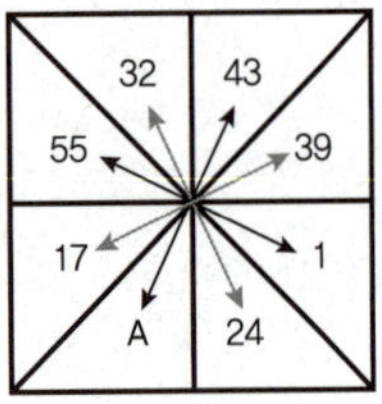

제시된 도형에서 마주 보는 두 숫자의 합이 모두 56이라는 규칙이 적용되므로 A에 들어갈 알맞은 숫자는 '13'이다.

빠른 문제 풀이 Tip

바로 옆 숫자, 맞은편 숫자 등 숫자의 위치에 따른 관계를 빠르게 살펴본다.

04 수/문자추리 정답 ②

제시된 퍼즐에서 각 퍼즐 조각의 숫자는 상하좌우 숫자를 모두 더하면 25라는 규칙이 적용되므로 A=25−7−3−3=12, B=25−5−6−5=9이다.

따라서 A−B의 값은 12−9=3이다.

05 수/문자추리 정답 ④

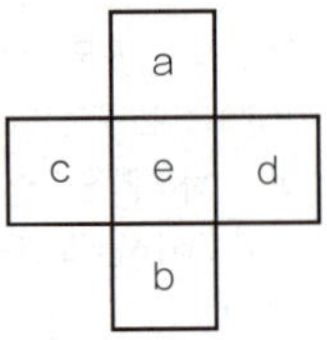

제시된 도형에서 각 문자는 a×b=e, c×d=e라는 규칙이 적용되므로 B는 4×16=64, A는 64÷8=8이다.

따라서 A+B의 값은 8+64=72이다.

06 수/문자추리 정답 ②

구분	정가운데 숫자	시침 숫자	분침 숫자
첫 번째	8	1	8
두 번째	2	6	12
세 번째	4	3	12
네 번째	A	B	7
다섯 번째	2	5	10

제시된 각 시계의 정가운데 있는 숫자 간의 값은 ÷4, ×2가 반복되는 규칙이 적용된다.

네 번째 시계의 정가운데 있는 숫자(A)는 세 번째 시계의 정가운데 있는 숫자에 ÷4를 적용한 A=4÷4=1이다.

또한, 정가운데 있는 숫자(x)와 시침이 가리키는 숫자(y), 분침이 가리키는 숫자(z)는 $y=z÷x$라는 규칙이 적용된다.

네 번째 시계에 추가될 시침이 가리키는 숫자(B)는 B=7÷1=7이다.

따라서 B−2A의 값은 7−(2×1)=5이다.

07 수/문자추리 정답 ⑤

제시된 도형에서 바깥쪽 원에 포함된 각 숫자 간의 값은 +5, +10으로 반복되므로 A = 30이다.

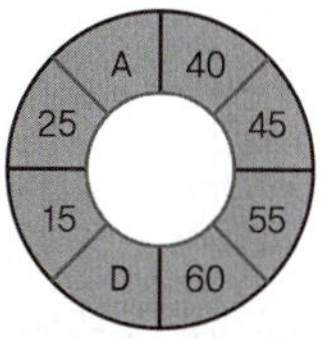

A에 숫자를 대입하면 사분원의 안쪽 원에 포함된 숫자는 바깥쪽 원에 포함된 큰 숫자에 2를 곱한 값에 작은 숫자를 뺀 수임을 알 수 있으므로 C = (45 × 2) − 40 = 50이다.

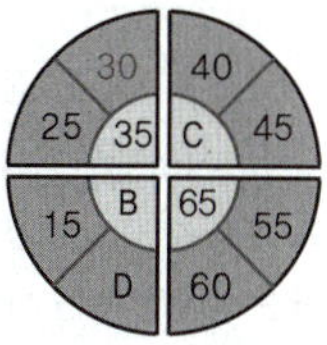

C에 숫자를 대입하면 안쪽 원에 포함된 각 숫자 간의 값은 +15로 반복되므로 B는 20 또는 80이고, D는 각 숫자 간의 값이 +5, +10으로 반복되는 바깥쪽 원의 규칙에 따라 10 또는 70이다. 이에 따라 B = 20, D = 10일 때, 사분원 규칙인 (15 × 2) − 10 = 20이 성립한다.

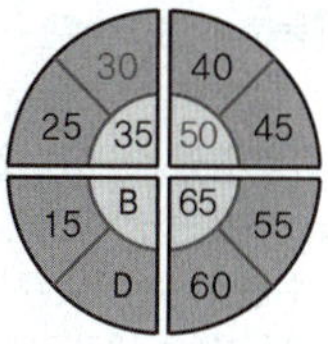

따라서 A + B + C + D의 값은 30 + 20 + 50 + 10 = 110이다.

08 응용계산 정답 ③

a 길이의 일직선상 도로에 b 간격으로 설치할 수 있는 최대 가로등 개수는 (a ÷ b) + 1임을 적용하여 구한다.
설치한 가로등의 간격을 b라고 하면
500m 길이의 일직선상 도로에 설치한 가로등의 총개수는 26개이므로
$26 = (500 \div b) + 1 \rightarrow b = \frac{500}{26-1} \rightarrow b = 20$
따라서 설치한 가로등의 일정한 간격은 20m이다.

09 응용계산 정답 ①

작업량 = 시간당 작업량 × 시간임을 적용하여 구한다.
작업량을 1이라고 할 때, A 호스만 이용하는 경우 시간당 작업량은 $\frac{1}{4}$, B 호스만 이용하는 경우 시간당 작업량은 $\frac{1}{6}$이므로 A 호스와 B 호스를 동시에 이용하는 경우 시간당 작업량은 $\frac{1}{4} + \frac{1}{6} = \frac{10}{24} = \frac{5}{12}$이다.
A 호스와 B 호스를 동시에 이용하여 수영장에 물을 가득 채우는 데 걸리는 시간을 x라고 하면
$1 = \frac{5}{12} \times x \rightarrow x = \frac{12}{5} = 2 + \frac{2}{5}$
따라서 A 호스와 B 호스를 동시에 이용하여 수영장에 물을 가득 채우는 데 걸리는 시간은 2시간 24분이다.

10 응용계산 정답 ③

시침은 1시간에 $\frac{360}{12} = 30^\circ$ 움직이므로 1분에 0.5° 움직이고, 분침은 1시간에 360° 움직이므로 1분에 $\frac{360}{60} = 6^\circ$ 움직인다.
9시 30분에 시침과 분침이 이루는 각도를 x라고 하면
9시에 시침은 정각을 기준으로 270°부터 0.5°씩 움직이고, 분침은 0°부터 6°씩 움직이므로
$x = \{270 + (0.5 \times 30)\} - (6 \times 30) \rightarrow x = (270 + 15) - 180$
$x = 105$
따라서 9시 30분에 시침과 분침이 이루는 각도는 105°이다.

빠른 문제 풀이 Tip

시침은 1시간에 $\frac{360}{12} = 30^\circ$씩 움직임을 이용하여 구한다.
시침이 9, 분침이 6을 가리키고 있을 때 시침과 분침이 이루는 각도는 90°이고, 시침은 9시 정각에서 0.5시간 지나 9에서 15° 만큼 더 이동하므로 9시 30분에 시침과 분침이 이루는 각도는 $90 + 15 = 105^\circ$임을 알 수 있다.

11 응용계산 정답 ④

서로 다른 n개를 원형으로 배열하는 경우의 수 = (n − 1)!임을 적용하여 구한다.
A와 G가 이웃하여 앉으므로 A와 G를 한 명으로 가정하여 배열하는 경우의 수는 5! = 120가지이다. 이때, A와 G가 자리를 바꾸는 경우의 수를 고려하면 120 × 2 = 240가지이다.
따라서 A와 G가 이웃하여 앉을 때, A~G 7명이 탁자에 앉을 수 있는 경우의 수는 240가지이다.

12 응용계산 정답 ④

사건 A가 일어날 확률이 P일 때, 사건 A가 일어나지 않을 확률은 1 − P임을 적용하여 구한다.
학생 A~F 6명을 3명씩 가, 나의 2개 조로 편성하는 경우의 수는 ${}_6C_3 \times {}_3C_3 = 20$가지이고, 이 중 A와 B가 같은 조가 될 경우의 수는 A, B와 남은 4명 중 1명을 같은 조로 편성한 후 가, 나 2개의 조를 고려하여 총 4 × 2 = 8 가지임에 따라 A와 B가 같은 조가 될 확률은 $\frac{8}{20} = \frac{2}{5}$이다.
따라서 A와 B가 같은 조가 되지 않을 확률은 $1 - \frac{2}{5} = \frac{3}{5}$이다.

13 응용계산 정답 ②

원가이익률 = $\frac{이익}{원가}$ × 100임을 적용하여 구한다.

원가가 5,000원인 물건 A를 10%의 원가이익률이 발생하도록 정가를 산정하므로 이익은 (5,000 × 10) / 100 = 500원이다. 물건 A를 판매하여 이익이 20,000원 이상이 되기 위해 판매해야 하는 물건 A의 개수를 x라고 하면

$500x \geq 20,000 \rightarrow x \geq 40$

따라서 물건 A를 판매하여 이익이 20,000원 이상이 되기 위해 판매해야 하는 물건 A의 개수는 최소 40개이다.

14 응용계산 정답 ④

정가 = 원가 × (1 + $\frac{이익률}{100}$)임을 적용하여 구한다.

생산 비용이 2만 원인 장난감을 25%의 이윤을 남기려면 2 × 1.25 = 2.5만 원에 판매해야 하므로 장난감 60개를 판매했을 때의 총 매출은 2.5 × 60 = 150만 원이다. 이때, 불량품을 제외하고 판매할 수 있는 장난감 50개로 장난감 60개를 판매했을 때만큼의 매출을 달성하기 위해 책정해야 하는 이윤을 x라고 하면,

$150 = 2 \times (1 + \frac{x}{100}) \times 50 \rightarrow 1 + \frac{x}{100} = \frac{3}{2} \rightarrow x = 50$

따라서 장난감 50개를 판매하여 60개를 판매했을 때만큼의 매출을 달성하기 위해 책정해야 하는 이윤은 50%이다.

15 응용계산 정답 ④

세 자리 수에서 백의 자리 수는 0이 될 수 없고, 각 자리의 수가 다르므로 0이 일의 자리에 있는 경우, 십의 자리에 있는 경우, 세 자리에 모두 없는 경우로 나누어 구한다.

0이 일의 자리에 있는 경우, 백의 자리 수는 6 이하, 십의 자리 수는 5 이하이므로 각 자리의 수로 가능한 경우의 수는 십의 자리 수가 5가지, 백의 자리 수는 십의 자리 수 1가지를 제외한 5가지로, 각 자리의 수가 서로 다른 세 자리 수는 5 × 5 = 25개이다.

0이 십의 자리에 있는 경우, 백의 자리 수는 6 이하, 일의 자리 수는 4 이하이므로 각 자리의 수로 가능한 경우의 수는 일의 자리 수가 4가지, 백의 자리 수는 일의 자리 수 1가지를 제외한 5가지로, 각 자리의 수가 서로 다른 세 자리 수는 4 × 5 = 20개이다.

0이 세 자리에 모두 없는 경우, 백의 자리 수는 6 이하, 십의 자리 수는 5 이하, 일의 자리 수는 4 이하이므로 각 자리의 수로 가능한 경우의 수는 일의 자리 수가 4가지, 십의 자리 수는 일의 자리 수 1가지를 제외한 4가지, 백의 자리 수는 십의 자리 수와 일의 자리 수 2가지를 제외한 4가지로, 각 자리의 수가 서로 다른 세 자리 수는 4 × 4 × 4 = 64개이다.

따라서 각 자리의 수가 서로 다르고, 백의 자리 수는 6 이하, 십의 자리 수는 5 이하, 일의 자리 수는 4 이하인 세 자리 수는 25 + 20 + 64 = 109개이다.

16 응용계산 정답 ④

n(A∪B∪C) = n(A) + n(B) + n(C) − n(A∩B) − n(B∩C) − n(C∩A) + n(A∩B∩C)임을 적용하여 구한다.

경영대학 학생의 집합을 U, 면접 특강을 신청한 학생의 집합을 A, 인·적성 특강을 신청한 학생의 집합을 B, 자기소개서 특강을 신청한 학생의 집합을 C라고 하면

n(A) = 170, n(B) = 150, n(C) = 160,

n(A∪B∪C) = n(U) − 30 = 300 − 30 = 270,

n(A∩B) + n(B∩C) + n(C∩A) − 3n(A∩B∩C) = 96이므로

270 = 170 + 150 + 160 − 96 − 2n(A∩B∩C)

→ n(A∩B∩C) = 57

따라서 세 개의 특강을 모두 신청한 학생은 57명이다.

17 응용계산 정답 ③

어떤 사건 A가 일어나는 경우의 수를 m, 어떤 사건 B가 일어나는 경우의 수를 n이라고 할 때 두 사건 A, B가 서로 영향을 주지 않으면서 동시에 일어나는 모든 경우의 수는 m×n임을 적용하여 구한다.

0, 1, 2, 3, 4 숫자 5개를 중복으로 사용하여 세 자리 수를 만들 때, 230보다 작을 경우는 백의 자리 숫자가 1 또는 2인 경우로 나누어 생각한다.

백의 자리 숫자가 1인 경우 십의 자리에 올 수 있는 숫자는 0, 1, 2, 3, 4 총 5개이고, 일의 자리에 올 수 있는 숫자는 0, 1, 2, 3, 4 총 5개이므로 가능한 세 자리 수는 5 × 5 = 25가지이다.

백의 자리 숫자가 2인 경우 십의 자리에 올 수 있는 숫자는 0, 1, 2 총 3개이고, 일의 자리에 올 수 있는 숫자는 0, 1, 2, 3, 4 총 5개이므로 가능한 세 자리 수는 3 × 5 = 15가지이다.

따라서 230보다 작을 경우의 수는 25 + 15 = 40가지이다.

18 응용계산 정답 ③

갑이 방문하는 관광지의 수가 식당의 수보다 12개 더 많도록 계획하므로 방문하는 관광지의 수를 x라고 하면 방문하는 식당의 수는 x − 12이다. 한 곳을 방문할 때마다 관광지는 2시간씩, 식당은 1시간씩 머무르며, 관광지와 식당에서 총 120시간 이하의 시간을 보내려고 하므로

$2x + (x - 12) \leq 120 \rightarrow 3x \leq 132 \rightarrow x \leq 44$ … ⓐ

또한, 식당은 1곳 이상 방문하므로

$1 \leq x - 12 \rightarrow 13 \leq x$ … ⓑ

ⓐ와 ⓑ에 따라 $13 \leq x \leq 44$

따라서 방문하는 관광지의 수로 가능한 경우는 총 44 − 13 + 1 = 32가지이다.

19 응용계산 정답 ②

시간 = $\frac{거리}{속력}$임을 적용하여 구한다.

1번 주자의 속력을 a, 3번 주자의 속력을 b, 4번 주자의 속력을 c라고 하면

2번 주자의 속력은 $\frac{20}{3}$m/s이고, 예선전에서는 4명의 주자가 각각 100m씩 달려서 총 55초를 기록하였으므로

$\frac{100}{a}+\frac{100}{\frac{20}{3}}+\frac{100}{b}+\frac{100}{c}=55 \rightarrow \frac{100}{a}+15+\frac{100}{b}+\frac{100}{c}=55$

$\rightarrow \frac{100}{a}+\frac{100}{b}+\frac{100}{c}=40 \quad \cdots$ ⓐ

결승전에서는 2번 주자가 3번 주자의 몫까지 200m를 달려서 총 54초를 기록하였으므로

$\frac{100}{a}+\frac{200}{\frac{20}{3}}++\frac{100}{c}=54 \rightarrow \frac{100}{a}+30+\frac{100}{c}=54$

$\rightarrow \frac{100}{a}+\frac{100}{c}=24 \quad \cdots$ ⓑ

ⓑ를 ⓐ에 대입하면

$24+\frac{100}{b}=40 \rightarrow \frac{100}{b}=16 \rightarrow b=\frac{25}{4}$

따라서 3번 주자의 속력은 $\frac{25}{4}$m/s이다.

20 응용계산 정답 ②

A, B, C가 D에게 각각 같은 수의 소설책을 빌려주었고, B가 빌려준 소설책 수는 총 1권이므로 D가 빌린 소설책 수는 A, B, C 각각으로부터 1권씩, 총 3권이다. 이때 4명이 빌린 소설책 수의 합계와 빌려준 소설책 수의 합계는 같으므로 D가 빌려준 소설책 수는 (2+3+2+3)-(3+1+5)=1권이다. 따라서 D가 빌린 소설책과 빌려준 소설책은 총 3+1=4권이다.

PART 2 실전모의고사

바로 채점 및 성적 분석 서비스

실전모의고사 1회

정답

01 언어이해 p.102

01	④	중심 내용 파악	05	⑤	세부 내용 파악	09	④	세부 내용 파악	13	④	중심 내용 파악	17	①	논지 전개 방식
02	③	중심 내용 파악	06	③	중심 내용 파악	10	③	중심 내용 파악	14	②	글의 구조 파악	18	④	세부 내용 파악
03	④	세부 내용 파악	07	②	세부 내용 파악	11	④	중심 내용 파악	15	⑤	세부 내용 파악	19	⑤	글의 구조 파악
04	③	논지 전개 방식	08	③	중심 내용 파악	12	③	세부 내용 파악	16	④	세부 내용 파악	20	②	글의 구조 파악

02 언어추리 p.122

01	③	명제추리	05	②	조건추리	09	②	조건추리	13	⑤	조건추리	17	⑤	조건추리
02	④	명제추리	06	②	조건추리	10	④	조건추리	14	②	조건추리	18	④	조건추리
03	⑤	명제추리	07	⑤	조건추리	11	⑤	조건추리	15	①	조건추리	19	⑤	조건추리
04	①	명제추리	08	④	조건추리	12	③	조건추리	16	③	조건추리	20	⑤	조건추리

03 자료해석 p.132

01	③	자료이해	05	⑤	자료이해	09	③	자료계산	13	⑤	자료이해	17	④	자료이해
02	④	자료이해	06	⑤	자료이해	10	③	자료이해	14	①	자료이해	18	③	자료이해
03	③	자료이해	07	①	자료추론	11	⑤	자료이해	15	②	자료변환	19	④	자료이해
04	⑤	자료이해	08	④	자료이해	12	④	자료이해	16	③	자료변환	20	④	자료이해

04 창의수리 p.154

01	③	수/문자추리	05	②	수/문자추리	09	②	응용계산	13	④	응용계산	17	①	응용계산
02	①	수/문자추리	06	⑤	수/문자추리	10	⑤	응용계산	14	①	응용계산	18	③	응용계산
03	④	수/문자추리	07	②	수/문자추리	11	①	응용계산	15	③	응용계산	19	②	응용계산
04	③	수/문자추리	08	①	응용계산	12	②	응용계산	16	④	응용계산	20	⑤	응용계산

취약 유형 분석표

유형별로 맞힌 개수, 틀린 문제 번호와 풀지 못한 문제 번호를 적어보면서 취약한 유형이 무엇인지 파악해 보세요.
취약한 유형은 '기출유형공략'으로 복습하고 틀린 문제와 풀지 못한 문제를 다시 한번 풀어보세요.

01 언어이해

유형	유형별 맞힌 문제 수	틀린 문제 번호	풀지 못한 문제 번호
중심 내용 파악	/7		
세부 내용 파악	/8		
글의 구조 파악	/3		
논지 전개 방식	/2		
TOTAL	/20		

02 언어추리

유형	유형별 맞힌 문제 수	틀린 문제 번호	풀지 못한 문제 번호
명제추리	/4		
조건추리	/16		
TOTAL	/20		

03 자료해석

유형	유형별 맞힌 문제 수	틀린 문제 번호	풀지 못한 문제 번호
자료이해	/16		
자료계산	/1		
자료추론	/1		
자료변환	/2		
TOTAL	/20		

04 창의수리

유형	유형별 맞힌 문제 수	틀린 문제 번호	풀지 못한 문제 번호
수/문자추리	/7		
응용계산	/13		
TOTAL	/20		

01 | 언어이해

01 중심 내용 파악 정답 ④

제시된 글의 필자는 존슨과 다우닝의 실험을 통해 사람의 심리에 영향을 미치는 제복 효과가 있음을 알 수 있다고 언급하며, 조직 내에서 제복을 입을 경우 생산력 향상에 도움이 되므로 일반 기업에서도 제복 효과의 이점을 고려해 조직 내에서 제복을 입도록 유도해야 한다고 주장하고 있다.
따라서 조직 내에 제복을 도입해 표준화할 경우 구성원들의 창의성을 억압해 몰개성화를 부추길 수 있다는 반박이 타당하다.

02 중심 내용 파악 정답 ③

이 글은 파킨슨의 법칙은 당대 영국 관료 조직의 문제를 지적한 법칙이기 때문에 실증적으로 입증된 사실은 아니지만, 정해진 업무에 대해서는 인력과 시간 자원을 적당히 배분해야 업무를 효과적으로 진행할 수 있음을 설명하는 내용이므로 이 글의 중심 내용으로 가장 적절한 것은 ③이다.

오답 체크

① 글 전체에서 공무원 관료 조직이 증대될 필요가 있는지에 대해서는 서술하고 있지 않으므로 적절하지 않은 내용이다.
② 글 전체에서 파킨슨이 공무원 관료 조직을 최소화할 필요가 있다고 주장했는지에 대해서는 서술하고 있지 않으므로 적절하지 않은 내용이다.
④, ⑤ 글의 후반부에서 파킨슨의 법칙은 실증적 방법에 해당하지 않는다고 하였으므로 적절하지 않은 내용이다.

03 세부 내용 파악 정답 ④

큰 질량의 천체가 소멸할 때 자체 중력의 영향으로 붕괴되며 폭발하게 되고, 폭발 후에는 질량은 유지한 채 크기가 수축된다고 하였으므로 수명을 다하여 폭발한 천체의 질량과 크기가 변화하지 않는다는 것은 아님을 알 수 있다.

오답 체크

① 천체는 붕괴와 동시에 생성한 물질을 모두 뿜어내며 폭발하고 폭발 후에는 질량을 그대로 유지한 채 크기만 수축하는데, 수축의 정도가 심해지면 결국 빛도 빠져나갈 수 없게 된다고 하였으므로 적절한 내용이다.
② 백조자리 X-1을 관측한 결과 청색의 초거성으로부터 나온 물질이 미지의 천체로 흘러 들어가는 것이 포착되면서 블랙홀의 존재를 처음으로 확인할 수 있었다고 하였으므로 적절한 내용이다.
③ 블랙홀은 아인슈타인의 일반상대성이론에 근거를 둔 것이라고 하였으므로 적절한 내용이다.
⑤ 태양 질량의 1.4배가 넘는 천체가 수축 과정에서 중성자별이 만들어지고 중성자별이 태양의 질량보다 3배 이상 무거울 때 별의 중심에서 중력 붕괴 현상이 나타나 블랙홀이 생긴다고 하였으므로 적절한 내용이다.

04 논지 전개 방식 정답 ③

글 전체에서 갑상선 기능 항진증과 갑상선 기능 저하증의 개념 및 증상 치료에 대해 비교, 대조하는 방식을 통해 설명하고 있다.

05 세부 내용 파악 정답 ⑤

이판사판의 어원은 조선 시대 이판승과 사판승이 천민 계급으로 몰락하게 된 시대상에서 찾을 수 있다고 하였으므로 오늘날 이판사판의 의미가 이판승과 사판승의 부정적 이미지가 굳어짐에 따라 형성되었음을 추론할 수 있다.

오답 체크

① 조선 시대 어느 양반가의 형제 모두 출가를 결심하자 이판승이든 사판승이든 최하층이 될 궁지에 몰렸다고 하였으므로 적절하지 않은 내용이다.
② 조선 시대 천민 계급으로 몰락한 승려들이 불법의 맥을 유지하고자 이판승과 사판승이 되었다고 하였으므로 적절하지 않은 내용이다.
③ 불법의 맥을 유지하기 위해 산속으로 은둔하여 참선 및 경전 강론을 한 승려를 이판승이라 하고, 종이, 신발, 기름 등을 만든 승려를 사판승이라 했다고 하였으므로 적절하지 않은 내용이다.
④ 불교를 숭상하던 고려와 다르게 조선 시대에는 억불숭유를 표방함에 따라 승려가 천민 계급으로 몰락했다고 하였으므로 적절하지 않은 내용이다.

06 중심 내용 파악 정답 ③

이 글은 귀농·귀촌인이 마을 주민과의 갈등으로 역귀농을 하는 경우가 많지만, 이들의 농촌 정착을 위한 구체적인 관리 체계가 부재하기 때문에 마을 주민과 귀농·귀촌인 양쪽 모두의 인식을 개선할 실효성 있는 관리 제도가 필요하다는 내용이므로 필자의 의견으로 가장 적절한 것은 ③이다.

07 세부 내용 파악 정답 ②

경제 분석의 목적은 당면한 문제 해결에 있어 미시경제학과 거시경제학이 상호의존관계로써 작용한다고 하였으므로 경제 문제가 발생할 경우 해결을 위해 미시경제학과 거시경제학을 종합적으로 활용해야 함을 알 수 있다.

오답 체크

① 거시경제학은 경기 변동 및 경제 성장의 규칙성을 분석하는 학문이라고 하였으므로 적절하지 않은 내용이다.

③ 구성의 모순과 같은 상황하에서는 모든 개별 소비자가 합리성을 추구해도 사회 전체의 합리성이 보장되지 않는다고 하였으므로 적절하지 않은 내용이다.

④ 미시경제학은 1929년에 발생한 세계대공황과 같은 문제에 대해 설명이 어려웠다고 하였으므로 적절하지 않은 내용이다.

⑤ 미시경제학은 소비자 및 기업의 행태를 분석함으로써 이들이 시장에서 가격을 형성하는 과정을 밝히는 학문이라고 하였으므로 적절하지 않은 내용이다.

08 중심 내용 파악 정답 ③

이 글은 15세기 조선에서 당시 세자였던 문종이 강수량 측정을 위한 방법을 고안함에 따라 측우기가 탄생하였고, 이를 통해 정량적인 방법을 통해 전국적인 강수량 측정 및 보고 제도가 확립될 수 있었으며, 이는 시기적으로 세계 과학사 측면에서 유례를 찾아보기 힘든 혁신적인 발명이었다는 내용이므로 이 글의 제목으로 가장 적절한 것은 ③이다.

오답 체크

① 글 전체에서 측우기 사용에 따른 문제점에 대해서는 다루고 있지 않으므로 적절하지 않은 내용이다.

② 글의 전반부에서 농경 사회 중심이었던 조선 시대에 강수량의 측정이 중요해 측우기를 발명하게 되었다는 내용은 서술하고 있으나 글 전체를 포괄할 수 없으므로 적절하지 않은 내용이다.

④ 글 전체에서 측우기 발명 시 고려해야 하는 사항에 대해서는 다루고 있지 않으므로 적절하지 않은 내용이다.

⑤ 글의 중반부에서 측우기 발명가는 세종 23년 당시 세자였던 문종이라는 내용은 언급하고 있으나, 오해와 진실에 대해서는 다루고 있지 않으므로 적절하지 않은 내용이다.

09 세부 내용 파악 정답 ④

진골로서 왕위에 오른 첫 번째 왕은 진덕여왕 다음으로 즉위한 태종 무열왕이라고 하였으므로 신라 시대의 성골왕은 선덕여왕까지이며 진덕여왕부터는 진골이 왕위를 이었다는 것은 아님을 알 수 있다.

오답 체크

① 신라 시대의 골품제에 따르면 혈통에 따라 왕족은 성골과 진골로, 귀족은 육두품·오두품·사두품으로, 평민은 삼두품·이두품·일두품으로 나누었다고 하였으므로 적절한 내용이다.

② 동시대의 고구려나 백제와 달리 신라에서는 선덕여왕과 진덕여왕이 즉위했다는 점에서 성별보다 성골 의식이 더 강했음을 추측할 수 있다고 하였으므로 적절한 내용이다.

③ 성골과 진골을 구분하는 기준이 명확한 것은 아니라고 하였으므로 적절한 내용이다.

⑤ 성스러운 골품을 뜻하는 성골은 김 씨 중에서도 왕이 될 자격을 지닌 최고의 신분이었다고 하였으므로 적절한 내용이다.

10 중심 내용 파악 정답 ③

제시된 글의 필자는 구글, 페이스북 등의 플랫폼에서 시행하는 개인 맞춤형 정보 제공으로 필터 버블을 우려하는 시각이 있지만 방대한 정보를 개인이 모두 받아들이기 어렵고, 스마트폰과 같은 기계는 지극히 개인적인 것이라는 점을 고려해 이용자의 사용 환경 개선 및 편의 제공이 강조되어야 함을 주장하고 있다.

따라서 개인 맞춤형 정보 때문에 개인의 고정 관념이 커질 경우 잘못된 정보 확산과 같은 문제가 생길 수 있다는 반박이 타당하다.

11 중심 내용 파악 정답 ④

이 글의 마지막 부분에서 부정맥 중 일부는 생사에 영향을 미칠 가능성이 높아 의심 증상이 있다면 정확한 부정맥 종류를 진단받음과 동시에 적절한 치료를 받아야 한다고 하였으므로 이 글에 이어질 내용으로 가장 적절한 것은 ④이다.

12 세부 내용 파악 정답 ③

자녀들과 연락하며 지내면 빈 둥지 증후군 극복에 도움이 되며, 자녀도 부모에게 주기적으로 연락해 전폭적이고 지속적인 지지를 보내주어야 한다고 하였으므로 부모 스스로 빈 둥지 증후군을 극복할 수 있도록 자녀들이 관망하는 태도를 취해야 한다는 것은 아님을 알 수 있다.

오답 체크

① 빈 둥지 증후군은 특정 국가에서 한정적으로 나타나는 현상이 아니라 전 세계적인 현상이지만, 자녀에 대한 의존도가 높은 우리나라의 경우 빈 둥지 증후군 발생 빈도가 다른 나라보다 더 높다고 하였으므로 적절한 내용이다.

② 변화를 받아들이기 어려워하는 성향일수록 빈 둥지 증후군이 나타날 가능성이 높다고 하였으므로 적절한 내용이다.

④ 빈 둥지 증후군은 부모 모두에게서 나타날 수 있으며 주로 폐경기를 전후로 호르몬 변화를 겪는 여성에게 발생하는 경향이 있다고 하였으므로 적절한 내용이다.

⑤ 빈 둥지 증후군을 오랫동안 방치할 경우 우울증으로까지 이어질 수 있다고 하였으므로 적절한 내용이다.

13 중심 내용 파악 정답 ④

이 글은 꿀벌이 집단으로 사라지는 벌집 군집붕괴현상이 나타나고 있으며, 꿀벌이 사라질 경우 인류의 식량난 등이 발생할 수 있으나 원인이 명확히 밝혀지지 않은 만큼 양봉 업계에 대한 투자 및 지원과 함께 꿀벌 연구에 대한 지원도 병행해야 한다는 내용의 글이다.

따라서 이 글의 중심 내용으로 가장 적절한 것은 ④이다.

오답 체크

① 글 전체에서 벌집 군집붕괴현상을 막기 위해 양봉 업계에서 다양한 상품을 출시해야 하는지에 대해서는 서술하고 있지 않으므로 적절하지 않은 내용이다.

② 글 전체에서 꿀벌의 공익적 가치를 높이기 위해 꿀벌 보호 활동을 진행하는 단체에 대해 지원해야 하는지에 대해서는 서술하고 있지 않으므로 적절하지 않은 내용이다.

③ 글 중반부에서 꿀벌이 사라지는 이유는 복합적인 이유일 가능성이 크다고 하였으므로 적절하지 않은 내용이다.

⑤ 글 후반부에서 양봉 업계에 대한 지원만 해서는 생태계 파괴라는 근본적 문제 해결이 어렵다고 하였으므로 적절하지 않은 내용이다.

14 글의 구조 파악 정답 ②

이 글은 플라스틱 발명의 역사와 사용량 급증에 따라 나타난 환경 문제와 이를 극복할 수 있는 노력이 필요함을 제시하는 글이다.
따라서 '다) 레오 배클랜드에 의해 개발된 플라스틱 → 가) 석유 화학의 발전에 따라 사용량이 급속하게 늘어난 플라스틱 → 라) 플라스틱 사용량 증가에 따른 환경 문제 대두 → 나) 폐플라스틱 매립량 → 마) 플라스틱 사용에 따른 환경 오염을 막기 위한 노력' 순으로 연결되어야 한다.

15 세부 내용 파악 정답 ⑤

한 사람의 뇌에서 다른 사람의 뇌로 밈이 전해질 때 각각의 밈은 결합, 배척 또는 변이 과정을 거치며 내부 구조가 변형되어 점차 진화한다고 하였으므로 타인에게 밈이 전달되는 과정에서 밈의 형태가 온전하게 유지된다는 것은 아님을 알 수 있다.

오답 체크

① 밈은 문화가 전달되는 과정에서 문화 복제의 중간 매개물 역할을 하는 정보의 단위 혹은 요소 등을 총칭하는 개념이라고 하였으므로 적절한 내용이다.

② 언어, 음악, 패션, 종교 등 대부분의 문화 현상은 밈의 범주 안에 속하며, 밈은 온라인상에서 유행하는 특정 요소를 모방하거나 재가공한 콘텐츠를 의미한다고 하였으므로 적절한 내용이다.

③ 유전자는 생식 세포에 의해 진화되어 전달되고, 문화는 밈에 의해 진화되어 전달된다고 하였으므로 적절한 내용이다.

④ 대중문화계에서 만들어지는 밈은 유행에 의해 생겨나 수명이 짧다고 하였으므로 적절한 내용이다.

16 세부 내용 파악 정답 ④

일부 연구진들은 화성의 물이 수증기 형태로 상층부로 이동한 뒤, 태양광선에 의해 분해되어 우주 공간 속으로 사라졌다고 주장한다고 하였으므로 일부 연구에 따르면 화성의 하층부에 있던 화성의 물이 수소 형태로 변화하여 사라진 것은 아님을 알 수 있다.

오답 체크

① 두 층으로 이루어진 화성의 극관의 위층에는 드라이아이스가 존재하고, 아래층에는 고체 상태의 물이 존재한다고 하였으므로 적절한 내용이다.

② 화성은 인간이 우주선으로 갈 수 있는 태양계 행성 중 지구와 가장 유사한 형태의 행성이라고 하였으므로 적절한 내용이다.

③ 수십억 년 전 화성 북반구의 대부분은 바다로 둘러싸여 있다고 하였으므로 적절한 내용이다.

⑤ 화성 공전 궤도는 이심률이 높은 타원형이므로 남반구가 여름인 시기에 태양과 가장 가까워지게 되어 남반구 여름이 북반구의 여름보다 훨씬 덥다고 하였으므로 적절한 내용이다.

17 논지 전개 방식 정답 ①

글 전체에서 정조 대에 축성하게 된 수원 화성의 건립 목적을 설명하고 전란으로 인해 소실되고 남은 낙남헌, 이후 <화성성역의궤>에 따라 복원된 수원 화성에 대해 시간의 흐름에 따라 서술하고 있다.

18 세부 내용 파악 정답 ④

타이포그래피에서는 가독성과 조형미를 중요하게 여기며, 화려하고 독창적인 디자인이더라도 글자에 가독성이 없다면 의미가 없다고 하였으므로 가독성에 심각한 문제가 있더라도 개성 있는 서체가 타이포그래피로서 높은 평가를 받는 것은 아님을 알 수 있다.

오답 체크

① 신문이나 논설문에 대한 서체는 내용을 직관적으로 전달할 수 있도록 개성 있는 서체보다 전통적 느낌의 서체를 활용하면 더 효과적이라고 하였으므로 적절한 내용이다.

② 가독성과 조형미를 잘 조합해 만든 타이포그래피는 사람들의 눈에 잘 띄고, 전달하고자 하는 바를 명확히 하여 극적인 효과를 낸다고 하였으므로 적절한 내용이다.

③ 좁은 의미로 보면 사진 및 일러스트가 포함된 경우는 타이포그래피에서 제외한다고 하였으므로 적절한 내용이다.

⑤ 타이포그래피는 활판으로 하는 인쇄술이라고 하였으므로 적절한 내용이다.

19 글의 구조 파악 정답 ⑤

이 글은 미국의 대통령 선거 제도에 대해 설명하는 글이다.
따라서 '다) 대통령 선거인단 제도를 시행하는 미국 → 라) 헌법 제창 당시 대통령 선출 방식 관련 논쟁이 있었던 미국 → 가) 타협점으로써 시행된 대통령 선거인단 제도 → 마) 미국 대통령 선출 방법(1): 대통령을 선출하는 대의원 선출 → 나) 미국 대통령 선출 방법(2): 대의원 수를 많이 확보한 후보가 선출되는 미국 대통령 선거' 순으로 연결되어야 한다.

20 글의 구조 파악 정답 ②

이 글은 청문회 제도의 시행과 정당한 사유 없이 불출석하는 증인, 참고인, 감정인에게 처해질 수 있는 처벌에 대해 설명하는 글이다.
따라서 '가) 청문회의 의미와 우리나라에서의 청문회 도입 시기 → 라) 국회법 61조에 따른 청문회의 정의 → 나) 국회에서의 증언 감정 등에 대한 법률을 적용받는 청문회 → 다) 청문회 증인 출석의 한계' 순으로 연결되어야 한다.

02 | 언어추리

01 명제추리 정답 ③

세 번째 명제, 첫 번째 명제의 '대우', 네 번째 명제의 '대우', 두 번째 명제를 차례로 결합한 결론은 다음과 같다.

- 세 번째 명제: 추리소설을 좋아하지 않는 사람은 등산을 좋아하지 않는다.
- 첫 번째 명제(대우): 등산을 좋아하지 않은 사람은 내성적이다.
- 네 번째 명제(대우): 내성적인 사람은 애니메이션 영화를 좋아한다.
- 두 번째 명제: 애니메이션 영화를 좋아하는 사람은 클래식 음악을 좋아하지 않는다.
- 결론: 추리소설을 좋아하지 않는 사람은 클래식 음악을 좋아하지 않는다.

오답 체크

① 클래식 음악을 좋아하는 사람은 애니메이션 영화를 좋아하지 않고, 애니메이션 영화를 좋아하지 않는 사람은 내성적이지 않으므로 항상 거짓인 설명이다.
② 애니메이션 영화를 좋아하지 않는 사람은 내성적이지 않고, 내성적이지 않은 사람은 등산을 좋아하므로 항상 거짓인 설명이다.
④ 내성적인 사람이 추리소설을 좋아하지 않는지 알 수 없으므로 항상 참인 설명은 아니다.
⑤ 등산을 좋아하는 사람이 클래식 음악을 좋아하는지 알 수 없으므로 항상 참인 설명은 아니다.

02 명제추리 정답 ④

주어진 명제가 참일 때 그 명제의 '대우'만이 참인 것을 알 수 있다.
첫 번째 명제의 '대우', 두 번째 명제의 '대우'를 차례로 결합한 결론은 아래와 같다.

- 첫 번째 명제(대우): 매운 음식을 잘 먹지 못하는 사람은 불족발을 먹지 못한다.
- 두 번째 명제(대우): 매운 음식을 잘 먹지 못하는 사람은 닭발을 먹지 못한다.
- 결론: 매운 음식을 잘 먹지 못하는 사람은 불족발과 닭발을 모두 먹지 못한다.

오답 체크

① 불족발을 먹는 사람이 닭발을 먹는지는 알 수 없으므로 항상 참인 설명은 아니다.
② 닭발을 먹는 사람이 불족발을 먹는지는 알 수 없으므로 항상 참인 설명은 아니다.
③ 매운 음식을 잘 먹는 사람이 불족발을 먹는지는 알 수 없으므로 항상 참인 설명은 아니다.
⑤ 닭발과 불족발을 먹지 않는 사람이 매운 음식을 잘 먹지 못하는지는 알 수 없으므로 항상 참인 설명은 아니다.

03 명제추리 정답 ⑤

주어진 명제가 참일 때 그 명제의 '대우'만이 참인 것을 알 수 있다.
두 번째 명제, 네 번째 명제의 '대우'를 차례로 결합한 결론은 아래와 같다.

- 두 번째 명제: 긍정적이지 않은 사람은 상상력이 풍부하지 않다.
- 네 번째 명제(대우): 상상력이 풍부하지 않은 사람은 창의적이지 않다.
- 결론: 긍정적이지 않은 사람은 창의적이지 않다.

오답 체크

① 윌리엄이 창의적인지는 알 수 없으므로 항상 참인 설명은 아니다.
② 창의적이지 않은 사람이 발명가가 아닌지는 알 수 없으므로 항상 참인 설명은 아니다.
③ 긍정적인 사람이 윌리엄이 아닌지는 알 수 없으므로 항상 참인 설명은 아니다.
④ 상상력이 풍부한 사람이 발명가인지는 알 수 없으므로 항상 참인 설명은 아니다.

04 명제추리 정답 ①

주어진 명제가 참일 때 그 명제의 '대우'만이 참인 것을 알 수 있다.
세 번째 명제, 첫 번째 명제, 두 번째 명제의 '대우'를 차례로 결합한 결론은 아래와 같다.

- 세 번째 명제: 연화는 제작을 좋아한다.
- 첫 번째 명제: 제작을 좋아하는 사람은 창의력이 높다.
- 두 번째 명제(대우): 창의력이 높은 사람은 국어를 잘한다.
- 결론: 연화는 국어를 잘한다.

오답 체크

② 제작을 좋아하는 사람은 창의력이 높고, 창의력이 높은 사람은 국어를 잘하므로 항상 거짓인 설명이다.
③ 창의력이 높지 않은 사람은 연화가 아니므로 항상 거짓인 설명이다.
④ 국어를 잘하지 못하는 사람은 창의력이 높지 않고, 창의력이 높지 않은 사람은 제작을 좋아하지 않으므로 항상 거짓인 설명이다.
⑤ 제작을 좋아하지 않는 사람이 창의력이 높지 않은지는 알 수 없으므로 항상 참인 설명은 아니다.

05 조건추리 정답 ②

제시된 조건에 따르면 형진이보다 먼저 근무하는 사람은 예슬이와 혜리뿐이므로 형진이는 수요일에 근무하고, 예슬이와 혜리는 월요일 또는 화요일에 근무한다. 또한, 평일 근무 수당은 하루에 5만 원, 주말 근무 수당은 하루에 10만 원이고, 토요일과 일요일에는 동일한 사람이 근무하므로 주말에 근무하는 사람이 받는 수당은 20만 원, 나머지 사람이 받는 수당은 5만 원이다. 이때 가장 많은 수당을 받는 사람은 민성이이므로 주말에 근무하는 사람은 민성이, 목요일과 금요일에 근무하는 사람은 재영이 또는 상은이임을 알 수 있다.

월	화	수	목	금	토	일
예슬 또는 혜리	예슬 또는 혜리	형진	재영 또는 상은	재영 또는 상은	민성	민성

따라서 민성이와 형진이 순서 사이에 근무하는 사람은 재영이와 상은이 2명이므로 항상 거짓인 설명이다.

오답 체크

① 예슬이가 월요일에 근무한다면, 재영이는 목요일 또는 금요일에 근무하므로 항상 거짓인 설명은 아니다.
③ 혜리가 근무하고 3일 뒤에 재영이 또는 상은이가 근무하므로 항상 거짓인 설명은 아니다.
④ 형진이는 수요일에 근무하므로 항상 참인 설명이다.
⑤ 민성이가 받는 수당은 20만 원이고, 재영이가 받는 수당은 5만 원이므로 항상 참인 설명이다.

06 조건추리 정답 ②

제시된 조건에 따르면 A~D는 모두 다른 종류의 음료를 마셨으며, C는 아메리카노를 마셨다. 이때 D는 레모네이드를 마시지 않았고 B만 두 가지 종류의 음료를 마셨으며, A는 카페라테나 스무디를 마셨으므로 A가 마신 음료에 따라 가능한 경우는 아래와 같다.

경우 1. A가 카페라테를 마셨을 경우

아메리카노	카페라테	스무디	허브티	레모네이드
C	A	B 또는 D	B 또는 D	B

경우 2. A가 스무디를 마셨을 경우

아메리카노	카페라테	스무디	허브티	레모네이드
C	B 또는 D	A	B 또는 D	B

따라서 D가 마실 수 있는 음료는 카페라테, 스무디, 허브티 총 3가지이므로 항상 거짓인 설명이다.

오답 체크

① D가 허브티를 마셨다면, B는 레모네이드와 카페라테 또는 스무디를 마셨으므로 항상 거짓인 설명은 아니다.
③ B는 허브티와 레모네이드 또는 스무디와 레모네이드 또는 카페라테와 레모네이드를 마셨으므로 항상 거짓인 설명은 아니다.
④ A가 스무디를 마셨다면, D는 카페라테 또는 허브티를 마셨으므로 항상 거짓인 설명은 아니다.
⑤ A가 카페라테를 마셨다면, D는 스무디 또는 허브티를 마셨으므로 항상 거짓인 설명은 아니다.

07 조건추리 정답 ⑤

제시된 조건에 따르면 A와 D의 가위바위보 결과 A가 승점 3점을 얻었으므로 D는 A에게 졌고, D의 최종 승점은 4점이므로 D는 B와 C 둘 중 1명에게는 이기고, 다른 1명과는 비겼다. 이때 B는 가위바위보에서 누구와도 비긴 적이 없으므로 D는 B에게 이기고, C와 비겨 최종적으로 1승 1무 1패를 하였음을 알 수 있다. 또한, A는 B에게 지고, D에게 이겨 1승 1패, B는 A에게 이기고, D에게 져서 1승 1패, C는 D와 비겨 1무를 하였으며, C와 최종 승점이 같은 사람은 1명이므로 C와 D의 최종 승점은 서로 같다. 이에 따라 C는 A, B 둘 중 1명에게는 이기고, 다른 1명에게는 졌으므로 C의 가위바위보 결과에 따라 가능한 경우는 아래와 같다.

경우 1. C가 A에게 이기고, B에게 졌을 경우

A	B	C	D
1승 2패	2승 1패	1승 1무 1패	1승 1무 1패
3점	6점	4점	**4점**

경우 2. C가 A에게 지고, B에게 이겼을 경우

A	B	C	D
2승 1패	1승 2패	1승 1무 1패	1승 1무 1패
6점	3점	4점	**4점**

따라서 A와 B의 최종 승점은 3점과 6점 또는 6점과 3점으로 서로 다르므로 항상 거짓인 설명이다.

오답 체크

① 최종 승점이 가장 높은 사람은 6점을 얻는 A 또는 B이므로 항상 거짓인 설명은 아니다.
② B와 D의 가위바위보 결과 D가 이겼으므로 항상 참인 설명이다.
③ 최종 승점이 가장 낮은 사람의 승점은 3점이므로 항상 참인 설명이다.
④ C와 D는 서로 비겨 각각 1점씩 얻었으므로 항상 참인 설명이다.

08 조건추리 정답 ④

제시된 조건에 따르면 D는 검은색 바지를 구매하였고, A가 구매한 옷의 색깔은 셔츠를 구매한 사람이 선택한 옷의 색깔과 다르므로 A는 코트 또는 니트를 구매하였다. 이에 따라 B와 C 중 1명이 셔츠를 구매하였고, B와 C가 구매한 옷의 색깔은 같으므로 A가 구매한 옷의 색깔은 B와 C가 구매한 옷의 색깔과 다름을 알 수 있다. 이때 니트를 구매한 사람이 선택한 옷의 색깔은 검은색이므로 A가 구매한 옷에 따라 가능한 경우는 아래와 같다.

경우 1. A가 코트를 구매한 경우

구분	A	B	C	D
옷 종류	코트	셔츠 또는 니트	셔츠 또는 니트	**바지**
색깔	흰색	검은색	검은색	**검은색**

경우 2. A가 니트를 구매한 경우

구분	A	B	C	D
옷 종류	니트	셔츠 또는 코트	셔츠 또는 코트	**바지**
색깔	검은색	흰색	흰색	**검은색**

따라서 B가 코트를 구매했다면, A가 구매한 옷의 색깔은 검은색이므로 항상 거짓인 설명이다.

오답 체크

① 셔츠를 구매한 사람이 선택한 옷의 색깔은 흰색 또는 검은색이므로 항상 거짓인 설명은 아니다.

② A가 구매한 옷의 색깔은 흰색 또는 검은색이고, D가 구매한 옷의 색깔은 검은색이므로 항상 거짓인 설명은 아니다.

③ 검은색 옷을 구매한 사람은 2명 또는 3명이므로 항상 거짓인 설명은 아니다.

⑤ C가 니트를 구매했다면, B가 구매한 옷의 색깔은 검은색이므로 항상 참인 설명이다

09 조건추리 정답 ②

제시된 조건에 따르면 두리가 볼 수 있는 모자는 1개이며, 그 모자의 색깔은 흰색이므로 두리의 키는 두 번째로 작고 키가 가장 작은 사람이 쓰고 있는 모자의 색깔은 흰색이다. 또한, 사은이는 나머지 4명이 쓰고 있는 모자의 색깔을 모두 볼 수 있으므로 5명 중 키가 가장 크고, 세윤이가 쓰고 있는 모자의 색깔은 검은색이며, 5명 중 키가 가장 작은 사람은 하나가 아니므로 하나는 세 번째 또는 네 번째로 키가 작고, 키가 가장 작은 사람은 다솔이이다. 이때 하나는 다른 사람의 모자 색깔을 보고 자신이 쓰고 있는 모자의 색깔을 알 수 있으므로 두 번째로 키가 작은 사람이 쓰고 있는 모자의 색깔은 흰색임을 알 수 있다. 하나의 키 순서에 따라 가능한 경우는 아래와 같다.

경우 1. 하나의 키가 세 번째로 작은 경우

첫 번째	두 번째	세 번째	네 번째	다섯 번째
다솔	두리	하나	세윤	사은
흰색	흰색	검은색	검은색	검은색

경우 2. 하나의 키가 네 번째로 작은 경우

첫 번째	두 번째	세 번째	네 번째	다섯 번째
다솔	두리	세윤	하나	사은
흰색	흰색	검은색	검은색	검은색

따라서 두리가 쓰고 있는 모자의 색깔은 흰색이므로 항상 거짓인 설명이다.

오답 체크

① 다솔이는 첫 번째로 줄을 서 있으므로 항상 참인 설명이다.

③ 세윤이보다 앞에 서 있는 사람 중 2명이 흰색 모자를 쓰고 있어 세윤이는 사은이가 검은색 모자를 쓰고 있음을 알 수 있으므로 항상 참인 설명이다.

④ 5명 중 세윤이는 두 번째 또는 세 번째로 키가 크므로 항상 거짓인 설명은 아니다.

⑤ 하나가 쓰고 있는 모자는 검은색이므로 항상 참인 설명이다.

10 조건추리 정답 ④

제시된 조건에 따르면 4행 1열 좌석에는 아무도 앉지 않고, A와 E는 1열에 이웃하여 앉는다. 이때 B는 F와 같은 열에 앉고, C와 다른 열에 앉으므로 B와 F는 2열에, C는 1열에 앉는다. 또한, A와 B는 같은 행에 앉고, D와 E는 같은 행에 앉으므로 C가 앉는 좌석에 따라 가능한 경우는 아래와 같다.

경우 1. C가 1행 1열에 앉는 경우

C	A 또는 E	A 또는 E	**빈자리**
F 또는 빈자리	B 또는 D	B 또는 D	F 또는 빈자리

경우 2. C가 3행 1열에 앉는 경우

A 또는 E	A 또는 E	C	**빈자리**
B 또는 D	B 또는 D	F 또는 빈자리	F 또는 빈자리

따라서 F가 1행 2열에 앉으면, 4행 2열에는 아무도 앉지 않으므로 항상 참인 설명이다.

오답 체크

① C와 같은 행에 앉는 사람은 F이거나 아무도 없으므로 항상 참인 설명은 아니다.

② 4행에 아무도 앉지 않을 때, 가능한 경우의 수는 4가지이므로 항상 거짓인 설명이다.

③ B의 양쪽 옆좌석에 앉는 사람이 있을 때, 가능한 경우의 수는 3가지이므로 항상 거짓인 설명이다.

⑤ B가 2행 2열에 앉으면, D는 1행 2열 또는 3행 2열에 앉으므로 항상 참인 설명은 아니다.

11 조건추리 정답 ⑤

제시된 조건에 따르면 A, B, C, D 4명이 액션, 코미디, 로맨스, 공포 영화 중 서로 다른 한 가지를 선택하여 관람하였으며, 영화의 상영 시작 시각은 모두 다르다. 이때 코미디 영화가 두 번째로 빨리 상영되었고, C는 두 번째로 늦게 상영된 영화를 선택하여 관람하였으며 그 영화는 액션 영화가 아니고, B가 선택하여 관람한 영화는 공포 영화이므로 C는 로맨스 영화를 관람했음을 알 수 있다. 이에 따라 가장 빨리 상영된 영화의 종류에 따라 가능한 경우는 아래와 같다.

경우 1. 가장 빨리 상영된 영화가 공포 영화일 경우

구분	첫 번째	두 번째	세 번째	네 번째
영화 종류	공포	**코미디**	로맨스	액션
관람자	B	A 또는 D	**C**	A 또는 D

경우 2. 가장 빨리 상영된 영화가 액션 영화일 경우

구분	첫 번째	두 번째	세 번째	네 번째
영화 종류	액션	**코미디**	로맨스	공포
관람자	A 또는 D	A 또는 D	C	B

따라서 로맨스 영화를 관람한 사람은 C이므로 항상 참인 설명이다.

오답 체크

① 가장 빨리 상영된 영화는 공포 영화 또는 액션 영화이므로 항상 참인 설명은 아니다.

② 코미디 영화를 관람한 사람은 A 또는 D이므로 항상 참인 설명은 아니다.

③ 가장 늦게 영화를 관람한 사람은 A 또는 B 또는 D이므로 항상 참인 설명은 아니다.

④ 가장 늦게 상영된 영화는 공포 영화 또는 액션 영화이므로 항상 참인 설명은 아니다.

12 조건추리 정답 ③

제시된 조건에 따르면 주호의 바로 양옆 좌석에는 수호와 규리가 앉으며, 수호와 정아는 정면으로 마주 보고 앉으므로 정아의 옆좌석에 이웃하여 앉는 사람은 규리이다. 이때 수지는 윤희의 오른쪽 옆좌석에 이웃하여 앉으므로 주호의 오른쪽 옆좌석에 이웃하여 앉는 사람에 따라 가능한 경우는 아래와 같다.

경우 1. 주호의 오른쪽 옆좌석에 수호가 앉는 경우

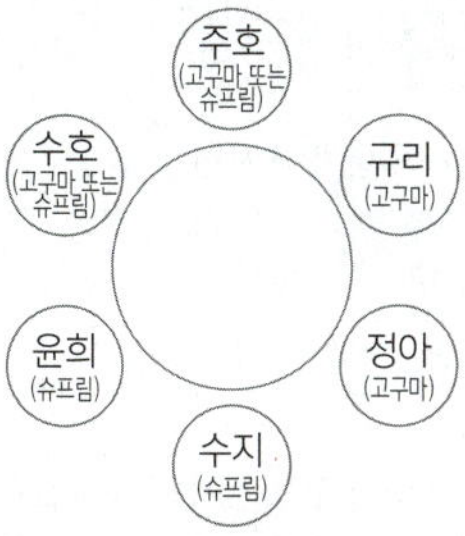

경우 2. 주호의 오른쪽 옆좌석에 규리가 앉는 경우

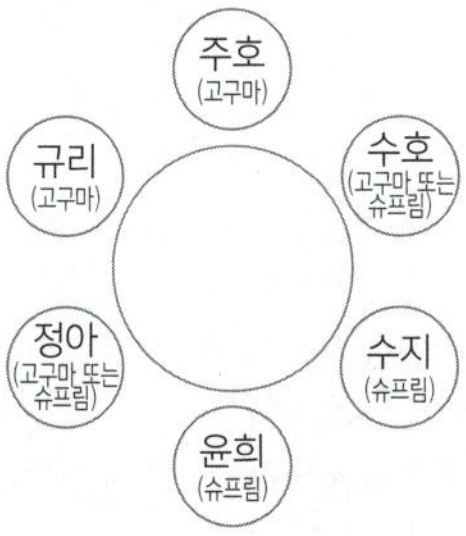

따라서 주호와 정면으로 마주 보고 앉는 수지 또는 윤희는 모두 슈프림 피자를 먹으므로 항상 거짓인 설명이다.

오답 체크

① 수호의 옆좌석에 이웃하여 앉는 사람은 주호와 윤희 또는 수지이므로 항상 거짓인 설명은 아니다.

② 규리의 바로 양옆 좌석에는 주호와 정아가 앉으므로 항상 참인 설명이다.

④ 수지와 정면으로 마주 보고 앉는 사람이 주호가 아닌 규리이면, 수지의 바로 양옆 좌석에 앉는 윤희는 슈프림 피자, 수호는 고구마 또는 슈프림 피자를 먹으므로 항상 거짓인 설명은 아니다.

⑤ 모든 경우에 윤희와 정면으로 마주 보고 앉는 사람은 고구마 피자를 먹으므로 항상 참인 설명이다.

13 조건추리 정답 ⑤

제시된 조건에 따르면 빨간색 넥타이와 노란색 넥타이를 매고 있는 사람은 각각 1명이고, C와 D는 같은 색 넥타이를 매고 있으므로 C와 D는 파란색 넥타이를 매고 있고 A와 B는 각각 빨간색 넥타이 또는 노란색 넥타이를 매고 있다. 이때, A 바로 옆에 B가 앉아 있고, 3번 자리에 앉아 있는 사람은 D이므로 A와 B는 1번 또는 2번 자리에, C는 4번 자리에 앉아 있는 것을 알 수 있다.

A 또는 B 빨간색 또는 노란색	A 또는 B 빨간색 또는 노란색
탁자	
D 파란색	C 파란색

따라서 4번 자리에 앉아 있는 사람은 C이므로 항상 거짓인 설명이다.

오답 체크

① 노란색 넥타이를 매고 있는 사람은 1번 또는 2번 자리에 앉아 있으므로 항상 거짓인 설명은 아니다.

② 빨간색 넥타이를 매고 있는 사람 바로 앞에는 파란색 넥타이를 매고 있는 사람이 앉아 있으므로 항상 참인 설명이다.

③ B의 바로 앞에 앉아 있는 사람은 C 또는 D이므로 항상 거짓인 설명은 아니다.

④ D가 매고 있는 넥타이의 색상은 파란색이므로 항상 참인 설명이다.

14 조건추리 정답 ②

A, B, C, D는 각자 강아지, 고양이, 토끼, 햄스터 중 한 종의 반려동물을 키우며, A~D는 서로 다른 종의 반려동물을 키운다. B가 키우는 반려동물은 고양이이고, A, D가 키우는 반려동물은 토끼가 아니므로 C가 키우는 반려동물이 토끼이다. 이에 따라 A, D는 강아지 또는 햄스터를 키운다.

A	B	C	D
강아지 또는 햄스터	**고양이**	토끼	강아지 또는 햄스터

따라서 C가 키우는 반려동물은 토끼이므로 항상 참인 설명이다.

15 조건추리 정답 ①

제시된 조건에 따르면 지은이의 말은 거짓이라는 현서의 말이 진실이면 지은이의 말은 거짓이고, 현서의 말이 거짓이면 지은이의 말은 진실이므로 지은이와 현서 둘 중 1명은 진실, 1명은 거짓을 말하고 있다. 또한, 경민이의 말은 거짓이라는 주호의 말이 진실이면 경민이의 말은 거짓이고, 주호의 말이 거짓이면 경민이의 말은 진실이므로 경민이와 주호 둘 중 1명은 진실, 1명은 거짓을 말하고 있다. 이때 5명 중 3명은 진실, 2명은 거짓을 말하므로 현서가 진실을 말했다는 은영이의 말은 진실이다. 이에 따라 현서의 말은 진실이고, 지은이의 말은 거짓이므로 지은이가 과제를 제출하지 못했으며, 경민이의 말이 진실일 경우 과제를 제출하지 못한 사람은 1명이라는 조건에 모순되므로 경민이의 말은 거짓, 주호의 말은 진실임을 알 수 있다.

따라서 거짓을 말한 사람은 지은, 경민이다.

16 조건추리 정답 ③

제시된 조건에 따르면 A, B, C, D 4명은 지난해와 올해 각각 1번씩 다른 사람과 번갈아 가며 바둑 대결을 하였으며, 무승부는 없고, 매년 4명의 성적은 서로 다르므로 A~D의 성적은 매년 3승 또는 2승 1패 또는 1승 2패 또는 3패이다. 또한, 지난해 C의 성적은 3승, 올해 D의 성적은 3승이고, 지난해와 올해 B는 D와의 대결에서 1승 1패를 하였으므로 B는 지난해 C에게 패하였고, D에게 승리하였으며, 올해 D에게 패하였다. 이때 지난해 D는 A보다 1승을 더 거뒀으므로 A에게 승리하여 1승 2패이고, A는 지난해 3패를 하였다. 이에 따라 A의 성적은 지난해와 올해 총 2승 4패이며, 지난해 3패이므로 올해 2승 1패이고, 올해 A는 D에게 패하였으므로 B와 C에게 승리하였음을 알 수 있다.

구분		상대 A	상대 B	상대 C	상대 D	성적
지난해	A	-	패	패	패	3패
지난해	B	승	-	패	승	2승 1패
지난해	C	승	승	-	승	**3승**
지난해	D	승	패	패	-	1승 2패
올해	A	-	승	승	패	2승 1패
올해	B	패	-	승 또는 패	패	1승 2패 또는 3패
올해	C	패	승 또는 패	-	패	1승 2패 또는 3패
올해	D	승	승	승	-	**3승**

따라서 지난해 D는 1승 2패를 하였으므로 항상 참인 설명이다.

오답 체크

① 올해 A는 2승, B는 0승 또는 1승을 거뒀으므로 항상 참인 설명은 아니다.

② 지난해와 올해 B는 C와의 대결에서 총 1승 1패 또는 2패를 하였으므로 항상 참인 설명은 아니다.

④ 지난해와 올해 D의 성적은 총 4승 2패이므로 항상 거짓인 설명이다.

⑤ 올해 C는 0승 또는 1승을 거뒀으므로 항상 참인 설명은 아니다.

17 조건추리 정답 ⑤

제시된 조건에 따르면 투표권은 1장씩만 부여되며, 자기 자신에게는 투표할 수 없다. 이때 다는 4표를 받았고, 다가 투표한 사람은 다를 투표하지 않았으므로 다 자신과 다가 투표한 사람을 제외한 모든 사람이 다에게 투표했음을 알 수 있다. 또한, 라와 바는 서로에게 투표하지 않았고, 가는 나에게 투표하지 않았으며, 다는 마와 바에게 투표하지 않았으므로 다가 투표한 사람에 따라 가능한 경우는 아래와 같다.

경우 1. 다가 가에게 투표한 경우

구분	가	나	다	라	마	바
투표한 사람	라 또는 마 또는 바	다	가	다	다	다

경우 2. 다가 나에게 투표한 경우

구분	가	나	다	라	마	바
투표한 사람	다	가 또는 라 또는 마 또는 바	나	다	다	다

경우 3. 다가 라에게 투표한 경우

구분	가	나	다	라	마	바
투표한 사람	다	다	라	가 또는 나 또는 마	다	다

따라서 라와 마가 투표한 사람이 서로 다르면, 가능한 경우의 수는 3가지이므로 항상 거짓인 설명이다.

오답 체크

① 라와 마가 다에게 투표했다면, 가와 나는 서로 다른 사람에게 투표했으므로 항상 참인 설명이다.

② 나가 다에게 투표했다면, 다는 가 또는 라에게 투표했으므로 항상 거짓인 설명은 아니다.

③ 바에게 투표한 사람이 있다면, 가능한 경우의 수는 2가지이므로 항상 참인 설명이다.

④ 마에게 투표한 사람이 있다면, 가능한 경우의 수는 3가지이므로 항상 참인 설명이다.

18 조건추리

정답 ④

제시된 조건에 따르면 A는 안전성 항목에서 1위를 차지하였으며, C는 가격 항목에서 4위를 차지하였고, 4개 항목의 순위가 모두 다른 제품은 B와 D뿐이다. 이때 4개의 제품 중 4위를 차지한 항목이 없는 제품은 1개이므로 A이며, 4개의 제품 중 1위를 차지한 항목이 없는 제품은 1개이므로 C이다. 또한, C는 4개의 항목 중 디자인 항목에서 가장 높은 순위를 차지하였으며, 안전성 항목을 포함한 2개의 항목에서 D보다 높은 순위를 차지하였으므로 C는 디자인 항목에서 2위를, 안전성 항목에서 3위를 차지하였고, D는 디자인 항목에서 3위를, 안전성 항목에서 4위를 차지하였다. 이에 따라 B는 안전성 항목에서 2위를 차지하였고, A는 4위를 차지한 항목이 없으므로 디자인 항목에서 1위를 차지한 제품은 A, 4위를 차지한 제품은 B이다. 이때 가격 항목에서 1위를 차지한 제품과 안전성 항목에서 1위를 차지한 제품은 서로 다르므로 가격 항목에서 1위를 차지한 제품은 B 또는 D이다. 가격 항목에서 1위를 차지한 제품에 따라 가능한 경우는 아래와 같다.

경우 1. 가격 항목에서 1위를 차지한 제품이 B일 경우

구분	A	B	C	D
가격	3위	1위	**4위**	2위
디자인	1위	4위	2위	3위
안전성	**1위**	2위	3위	4위
효율성	2위	3위	4위	1위

경우 2. 가격 항목에서 1위를 차지한 제품이 D일 경우

구분	A	B	C	D
가격	2위	3위	**4위**	1위
디자인	1위	4위	2위	3위
안전성	**1위**	2위	3위	4위
효율성	3위	1위	4위	2위

따라서 A는 효율성 항목에서 2위 또는 3위를 차지하였으므로 항상 참인 설명이다.

오답 체크

① 가격 항목에서 A가 3위이면 B는 1위, A가 2위이면 B는 3위를 차지하였으므로 항상 참인 설명은 아니다.

② D는 효율성 항목에서 1위 또는 2위를 차지하였으므로 항상 참인 설명은 아니다.

③ 디자인 항목에서 B는 4위, D는 3위를 차지하였으므로 항상 거짓인 설명이다.

⑤ A가 D보다 순위가 높은 항목은 디자인과 안전성 총 2개이므로 항상 거짓인 설명이다.

19 조건추리

정답 ⑤

제시된 조건에 따르면 홍삼을 먹은 사람은 3명이고, 거짓을 말한 사람은 2명이다. 먼저 A는 진실을 말하고 있다는 C의 말이 거짓일 경우 A와 C는 모두 거짓을 말해야 하지만, 자신과 E는 모두 홍삼을 먹었다는 B의 진술과 자신은 홍삼을 먹지 않았다는 E의 진술이 모순되므로 거짓을 말한 사람이 2명이라는 조건에 모순된다. 이에 따라 A와 C는 진실을 말하므로 C와 D는 모두 홍삼을 먹었다는 A의 진술에 따라 C와 D는 모두 홍삼을 먹었고, 홍삼을 먹은 사람이 3명이므로 자신과 E는 모두 홍삼을 먹었다는 B의 진술은 거짓이며, 자신과 E는 모두 홍삼을 먹지 않았다는 D의 진술도 거짓이다. 이때 거짓을 말한 사람은 2명이므로 E의 진술은 진실이 되어 E는 홍삼을 먹지 않았다.

구분	A	B	C	D	E
홍삼 섭취 여부	O 또는 X	O 또는 X	O	O	X
진위	T	F	T	F	T

따라서 D의 진술은 거짓이므로 항상 거짓인 설명이다.

오답 체크

① B의 진술은 거짓이므로 항상 참인 설명이다.

② 홍삼을 먹지 않은 사람은 A, E 또는 B, E이므로 항상 거짓인 설명은 아니다.

③ C는 홍삼을 먹었고, B는 홍삼을 먹을 수도, 먹지 않을 수도 있으므로 항상 거짓인 설명은 아니다.

④ E의 진술은 진실이므로 항상 참인 설명이다.

20 조건추리

정답 ⑤

제시된 조건에 따르면 강도 사건의 용의자 A~E 다섯 명 중 범인이 두 명 존재하고, 범인은 거짓을 말하며, 범인이 아닌 용의자는 진실을 말한다. A는 범인이 아니라는 B의 말이 진실인 경우 B와 A는 범인이 아니고, B와 C는 둘 다 범인이거나, 둘 다 범인이 아니라는 A의 말에 따라 C도 범인이 아니다. 이때 B는 범인이라는 D의 말은 거짓이므로 D는 범인이고, C는 범인이라는 E의 말도 거짓이므로 E도 범인이다. 다음으로 A는 범인이 아니라는 B의 말이 거짓인 경우 B와 A는 범인이고, B와 C는 둘 다 범인이거나, 둘 다 범인이 아니라는 A의 말에 따라 C는 범인이 아니다. 이에 따라 C는 범인이라는 E의 말은 거짓이므로 E도 범인이 되어야 하지만, 범인이 두 명 존재한다는 조건에 모순된다.

따라서 범인끼리 바르게 묶인 것은 'D, E'이다.

빠른 문제 풀이 Tip

다른 사람의 진술과 연관성이 있는 한 명의 진술에 대하여 참/거짓을 가정하고, 조건에 모순됨이 없는지 확인한다.

03 | 자료해석

01 자료이해 정답 ③

2023년 전체 저소득 독거노인 수의 전년 대비 감소율은 {(600 - 400) / 600} × 100 ≒ 33%이므로 옳은 설명이다.

오답 체크

① 2023년 전체 저소득 독거노인 수에서 남자가 차지하는 비중은 (90 / 400) × 100 = 22.5%이므로 옳지 않은 설명이다.

② 2020년 전체 독거노인 수는 여자가 남자의 2배 이상이지만, 2021년 이후 전체 독거노인 수는 여자가 남자의 2배 미만이므로 옳지 않은 설명이다.

④ 2024년 국민기초생활보장 수급권자인 남자 독거노인 수는 남자 전체 독거노인 수의 (260 / 3,500) × 100 ≒ 7%이고, 2024년 국민기초생활보장 수급권자인 여자 독거노인 수는 여자 전체 독거노인 수의 (440 / 5,860) × 100 ≒ 8%이므로 옳지 않은 설명이다.

⑤ 전체 남자 독거노인 수 대비 여자 독거노인 수의 비율은 2021년에 4,110 / 2,150 ≒ 1.9, 2023년에 4,900 / 2,890 ≒ 1.7로 2021년이 2023년보다 크므로 옳지 않은 설명이다.

02 자료이해 정답 ④

제시된 기간 중 기타 단속 건수가 다른 해에 비해 가장 많은 해는 단속 건수가 167건인 2020년이므로 옳은 설명이다.

오답 체크

① 2024년 행락질서 단속 건수는 1,112건으로 2022년 자연훼손 단속 건수인 1,131건보다 적으므로 옳지 않은 설명이다.

② 2024년 불법시설 단속 건수는 전년 대비 감소하였으므로 옳지 않은 설명이다.

③ 2022년 행락질서 단속 건수의 전년 대비 감소율은 {(1,248 - 883) / 1,248} × 100 ≒ 29%이므로 옳지 않은 설명이다.

⑤ 전체 단속 건수에서 자연훼손 단속 건수가 차지하는 비중은 2023년에 (1,393 / 2,676) × 100 ≒ 52%, 2024년에 (1,499 / 2,973) × 100 ≒ 50%이므로 옳지 않은 설명이다.

03 자료이해 정답 ③

2019년 아파트를 소유한 가구 중 1세대인 가구 수 대비 3세대 이상인 가구 수의 비율은 인천이 27 / 85 ≒ 0.3, 광주가 13 / 55 ≒ 0.2이므로 옳지 않은 설명이다.

오답 체크

① 2019년 아파트를 소유한 가구 수의 전년 대비 증가량은 부산이 581 - 573 = 8천 가구, 대구가 419 - 410 = 9천 가구, 인천이 452 - 440 = 12천 가구, 광주가 276 - 270 = 6천 가구, 대전이 247 - 245 = 2천 가구, 울산이 216 - 212 = 4천 가구로 세 번째로 큰 광역시는 부산이므로 옳은 설명이다.

② 2019년 울산에서 아파트를 소유한 가구 중 2세대인 가구가 차지하는 비중은 (135 / 216) × 100 = 62.5%이므로 옳은 설명이다.

④ 2019년 대전에서 아파트를 소유한 가구 수는 전년 대비 {(247 - 245) / 245} × 100 ≒ 0.8% 증가하였으므로 옳은 설명이다.

⑤ 2019년 6대 광역시에서 아파트를 소유한 가구 중 1인 가구 수의 평균은 (82 + 55 + 53 + 39 + 34 + 25) / 6 = 48천 가구이므로 옳은 설명이다.

04 자료이해 정답 ⑤

2018년부터 2020년까지 전국 말 산업 종사자 수는 전년 대비 매년 감소하였으므로 옳지 않은 설명이다.

오답 체크

① 2017년 이후 제주도 말 산업 자격증 소지자 수가 전년 대비 증가한 해는 2017년, 2019년, 2020년 3개 연도이므로 옳은 설명이다.

② 전국 말 산업 종사자 수에서 말 산업 자격증 소지자 수가 차지하는 비중은 2016년에 (886 / 6,273) × 100 ≒ 14%, 2021년에 (1,061 / 4,504) × 100 ≒ 24%이므로 옳은 설명이다.

③ 2020년 제주도 말 산업 종사자 수는 1,727명이므로 옳은 설명이다.

④ 제시된 기간 중 전국 말 산업 자격증 소지자 수는 2020년이 1,117명으로 다른 해에 비해 가장 많으므로 옳은 설명이다.

빠른 문제 풀이 Tip

② 분자가 크고 분모가 작을수록 분수의 크기는 큼을 이용하여 비교한다.
분자에 해당하는 전국 말 산업 자격증 소지자 수는 2021년이 2016년보다 많고, 분모에 해당하는 전국 말 산업 종사자 수는 2021년이 2016년보다 적으므로 전국 말 산업 종사자 수에서 말 산업 자격증 소지자 수가 차지하는 비중은 2021년이 2016년보다 큼을 알 수 있다.

05 자료이해 정답 ⑤

b. 경유 차종 중 부적합 대수가 가장 많은 화물차는 가장 적은 특수차보다 부적합 대수가 8,131 - 254 = 7,877백 대 더 많으므로 옳은 설명이다.

c. LPG 특수차의 부적합률은 (1 / 4) × 100 = 25%이므로 옳은 설명이다.

d. 전체 부적합 대수에서 경유 차량의 부적합 대수가 차지하는 비중은 {(4,027 + 1,616 + 8,131 + 254) / (7,696 + 2 + 6 + 0 + 4,027 + 1,616 + 8,131 + 254 + 1,822 + 107 + 210 + 1)} × 100 ≒ 59%이므로 옳은 설명이다.

오답 체크

a. 휘발유 차종의 부적합률은 승합차가 (2 / 21) × 100 ≒ 9.5%, 화물차가 (6 / 58) × 100 ≒ 10.3%이므로 옳지 않은 설명이다.

빠른 문제 풀이 Tip

d. 경유 차량의 총 부적합 대수와 휘발유와 LPG 차량의 총 부적합 대수의 합을 비교한다.
경유 화물차의 부적합 대수는 휘발유 차량의 총 부적합 대수보다 많고, 경유 승용차의 부적합 대수는 LPG 차량의 총 부적합 대수보다 많으므로 전체 부적합 대수에서 경유 차량의 부적합 대수가 차지하는 비중은 50% 이상임을 알 수 있다.

06 자료이해 정답 ⑤

외래환자 중 내분비, 영양 및 대사 질환자의 진료 인원 1인당 평균 내원 일수는 (38,283 × 1,000) / (7,335 × 1,000) ≒ 5.2일이므로 옳은 설명이다.

오답 체크

① 제시된 질병 중 외래환자 진료 인원수는 총 7,335 + 3,251 + 9,643 + 22,290 + 29,152 = 71,671천 명이므로 옳지 않은 설명이다.
② 순환기계 질환 입원환자의 급여 일수는 호흡기계 질환 입원환자의 급여 일수의 24,729 / 9,509 ≒ 2.6배이므로 옳지 않은 설명이다.
③ 제시된 질병 중 입원환자 급여비가 가장 큰 질병은 순환기계 질환이고, 외래환자 급여비가 가장 큰 질병은 소화기계 질환으로 서로 다르므로 옳지 않은 설명이다.
④ 신경계 질환 외래환자 내원 일수는 입원환자 내원 일수보다 짧으므로 옳지 않은 설명이다.

07 자료추론 정답 ①

㉡ 제시된 4개의 용도 중 건축물 수가 매년 가장 많은 용도는 A이므로 A가 주거용이다.
㉣ 제시된 기간 동안 용도별 건축물 수가 1,000,000동 미만인 용도는 C와 D임에 따라 C와 D는 각각 공업용 또는 문교 사회용이고, A는 주거용이므로 B는 상업용이다.
㉢ 2023년 건축물 수의 전년 대비 증가율은 C가 {(329,586 − 323,897) / 323,897} × 100 ≒ 1.8%, D가 {(198,775 − 196,569) / 196,569} × 100 ≒ 1.1%이므로 C가 공업용, D가 문교 사회용이다.

따라서 A는 주거용, B는 상업용, C는 공업용, D는 문교 사회용인 ①이 정답이다.

08 자료이해 정답 ④

20X4년 세종의 주요 의료장비 수의 20X0년 대비 증가율은 {(200 − 70) / 70} × 100 ≒ 186%이므로 옳지 않은 설명이다.

오답 체크

① 20X0년 전국 주요 의료장비 수는 서울의 주요 의료장비 수의 33,170 / 8,100 ≒ 4.1배, 20X1년에 34,880 / 8,600 ≒ 4.1배, 20X2년에 36,700 / 9,000 ≒ 4.1배, 20X3년에 39,300 / 9,600 ≒ 4.1배, 20X4년에 42,200 / 10,300 ≒ 4.1배이므로 옳은 설명이다.
② 20X4년 주요 의료장비 수가 1,000대 미만인 지역은 울산, 세종, 제주이며, 세 지역의 20X4년 주요 의료장비 수의 평균은 (800 + 200 + 500) / 3 = 500대이므로 옳은 설명이다.
③ 20X0년 주요 의료장비 수가 2,000대 이상인 지역은 서울, 부산, 대구, 경기이며, 네 지역 모두 20X1년 이후 주요 의료장비 수가 매년 전년 대비 증가하였으므로 옳은 설명이다.
⑤ 20X4년 전북과 전남의 주요 의료장비 수의 평균은 (1,600 + 1,400) / 2 = 1,500대고, 충북과 충남의 주요 의료장비 수의 평균은 (1,200 + 1,400) / 2 = 1,300대이므로 옳은 설명이다.

빠른 문제 풀이 Tip

① 20X0~20X4년 서울의 주요 의료장비 수보다 많은 11,000대의 3배한 값인 33,000대와 전국 주요 의료장비 수를 비교하면 매년 전국 주요 의료장비 수는 서울의 주요 의료장비 수의 3배 이상임을 알 수 있다.
④ 20X0년 세종의 주요 의료장비 수를 2.5배한 값과 20X4년 세종의 주요 의료장비 수를 비교한다.
20X0년 세종의 주요 의료장비 수를 2.5배한 값은 70 × 2.5 = 175대로 20X4년 세종의 주요 의료장비 수인 200대보다 적으므로 20X4년 세종의 주요 의료장비 수는 4년 전 대비 150% 이상 증가하였음을 알 수 있다.
⑤ 전라도의 주요 의료장비 수와 충청도의 주요 의료장비 수를 비교한다.
20X4년 충남과 전남의 주요 의료장비 수는 1,400대로 같고, 전북의 주요 의료장비 수가 충북의 주요 의료장비 수보다 많으므로 주요 의료장비 수의 평균은 전라도가 충청도보다 큼을 알 수 있다.

09 자료계산 정답 ③

㉠ 2024년 가정관리에서 남자의 무급 가사노동 평가액은 10년 전 대비 262,830억 원 증가하였으므로 2014년 가정관리에서 남자의 무급 가사노동 평가액은 47,198 − 26,283 = 20,915십억 원이고, 이에 따라 2014년 가족 및 가구원 돌보기에서 남자의 무급 가사노동 평가액은 46,197 − (20,915 + 1,015 + 7,628) = 16,639십억 원이다. 이때 남자의 무급 가사노동 평가액은 참여 및 봉사활동을 제외한 모든 행동 분류에서 5년마다 꾸준히 증가하였으므로 2019년 가족 및 가구원 돌보기에서 남자의 무급 가사노동 평가액은 16,639십억 원보다 크고 28,537십억 원보다 작다.
㉡ 2024년 가족 및 가구원 돌보기에서 여자의 무급 가사노동 평가액은 5년 전 대비 20% 증가하였으므로 52,980 × 1.2 = 63,576십억 원이다.

따라서 ㉠은 20,805, ㉡은 63,576인 ③이 정답이다.

10 자료이해 정답 ③

20X3년 미국의 전체 취업인구 수인 73,063+82,699=155,762천 명은 콜롬비아의 전체 취업인구 수인 9,282+13,024=22,306천 명의 155,762/22,306 ≒ 6.98배이므로 옳지 않은 설명이다.

오답 체크

① 제시된 국가 중 20X2년 취업인구 수가 많은 순서에 따른 상위 4개국은 여성과 남성 모두 미국, 일본, 멕시코, 독일로 동일하므로 옳은 설명이다.

② 20X4년 네덜란드의 전체 취업인구 수는 4,198+4,785=8,983천 명이므로 옳은 설명이다.

④ 제시된 기간 동안 캐나다의 여성 취업인구 수가 처음으로 9,000천 명을 넘은 20X4년에 캐나다의 여성 취업인구 수는 전년 대비 {(9,070-8,899)/8,899}×100 ≒ 1.9% 증가하였으므로 옳은 설명이다.

⑤ 20X4년 오스트레일리아의 남성 취업인구 수는 전년 대비 6,809-6,681=128천 명 증가하였으므로 옳은 설명이다.

11 자료이해 정답 ⑤

2020년 국가채권 금액의 전년 대비 증가량은 조세채권이 47-44=3조 원, 경상이전수입이 12-11=1조 원, 융자회수금이 177-166=11조 원, 예금 및 예탁금이 171-153=18조 원이므로 옳지 않은 설명이다.

오답 체크

① 예금 및 예탁금 금액과 조세채권 금액의 차이는 2016년에 118-34=84조 원, 2017년에 123-38=85조 원, 2018년에 132-42=90조 원, 2019년에 153-44=109조 원, 2020년에 171-47=124조 원이므로 옳은 설명이다.

② 제시된 기간 동안 경상이전수입의 연평균 금액은 (9+10+11+11+12)/5=10.6조 원이므로 옳은 설명이다.

③ 2017년 융자회수금 금액의 전년 대비 증가율은 {(142-132)/132}×100 ≒ 7.6%이므로 옳은 설명이다.

④ 2018년 제시된 전체 국가채권 금액은 154+132+42+11=339조 원이므로 옳은 설명이다.

빠른 문제 풀이 Tip

① 그래프 높이를 비교한다.
예금 및 예탁금 금액과 조세채권 금액의 그래프 높이의 차이가 매년 커지므로 예금 및 예탁금 금액과 조세채권 금액의 차이도 매년 증가함을 알 수 있다.

② 선택지에 제시된 연평균 금액과 연도별 금액의 편차를 각각 구하여 모두 합한 값과 0을 비교한다.
연도별 편차는 2016년에 9-10=-1, 2017년에 10-10=0, 2018년과 2019년에 11-10=1, 2020년에 12-10=2로 연도별 편차를 모두 더한 값은 -1+0+1+1+2>0이므로 연평균 금액은 10조 원 이상임을 알 수 있다.

③ 2016년 융자회수금 금액을 10% 가산한 금액과 2017년 융자회수금 금액을 비교한다.
2016년 융자회수금 금액을 10% 가산한 금액은 132+13.2=145.2조 원이고, 2017년 융자회수금 금액은 142조 원이므로 증가율은 10% 미만임을 알 수 있다.

⑤ 그래프의 기울기를 비교한다.
그래프의 기울기는 y축 증가량/x축 증가량이고, x축은 연도로 채권의 종류에 상관없이 모두 1씩 증가함에 따라 y축 증가량인 국가채권 금액의 증가량이 클수록 그래프 기울기가 급해진다. 따라서 국가채권 금액이 전년 대비 가장 많이 증가한 채권은 2020년에 그래프의 기울기가 가장 급한 예금 및 예탁금임을 알 수 있다.

12 자료이해 정답 ④

a. 수도권의 1년 차 초혼 신혼부부 수는 38,424+8,785+47,274=94,483쌍이므로 옳지 않은 설명이다.

b. 제시된 지역 중 3년 차 초혼 신혼부부 수가 4년 차 초혼 신혼부부 수보다 많은 지역은 서울특별시, 대전광역시, 경기도, 충청북도, 충청남도 5곳이므로 옳지 않은 설명이다.

d. 제시된 지역 중 5년 차 초혼 신혼부부 수가 세 번째로 많은 지역은 경상남도이므로 옳지 않은 설명이다.

오답 체크

c. 제시된 혼인 연차별 초혼 신혼부부 수는 전라남도가 전라북도보다 항상 더 많으므로 옳은 설명이다.

13 자료이해 정답 ⑤

제시된 기간 동안 데이터베이스 저작권의 평균 수입액은 (106+169+132+222)/4 ≒ 157.3백만 달러이므로 옳은 설명이다.

오답 체크

① 2024년 1분기 데이터베이스 저작권의 무역수지는 2023년 4분기 대비 634-357=277백만 달러 증가하였으므로 옳지 않은 설명이다.

② 2023년 3분기 컴퓨터 프로그램 저작권의 수출액은 같은 분기 데이터베이스 저작권의 수출액의 1,402/512 ≒ 2.7배이므로 옳지 않은 설명이다.

③ 2024년 1분기 연구개발 저작권의 무역수지는 2023년 4분기 대비 증가하였고, 2024년 1분기 컴퓨터 프로그램 저작권의 무역수지는 2023년 4분기 대비 감소하였으므로 옳지 않은 설명이다.

④ 2024년 2분기 데이터베이스 저작권의 수출액은 직전 분기 대비 {(766-582)/766}×100 ≒ 24% 감소하였으므로 옳지 않은 설명이다.

14 자료이해 정답 ①

b. 2019년 1인당 연간 기타 음식용 쌀 소비량은 농가가 비농가의 5.8/0.6 ≒ 9.7배이므로 옳은 설명이다.

오답 체크

a. 2020년 비농가의 1인당 연간 주부식용 쌀 소비량은 전년 대비 증가하였으므로 옳지 않은 설명이다.

c. 2024년 1인당 연간 주부식용 쌀 소비량 대비 기타 음식용 쌀 소비량 비율은 농가가 (1.5 / 87.4) × 100 ≒ 1.7%, 비농가가 (0.3 / 54.9) × 100 ≒ 0.5%이므로 옳지 않은 설명이다.

빠른 문제 풀이 Tip

c. 비교하는 두 분수에 대하여 분모의 배수와 분자의 배수를 비교한다.
분모에 해당하는 2024년 1인당 연간 주부식용 쌀 소비량은 농가가 비농가의 2배 이하이지만, 분자에 해당하는 2024년 1인당 연간 기타 음식용 쌀 소비량은 농가가 비농가의 5배로 분자의 배수가 더 크므로 2024년 1인당 연간 주부식용 쌀 소비량 대비 기타 음식용 쌀 소비량 비율은 농가가 비농가보다 큰 것을 알 수 있다.

15 자료변환

정답 ②

제시된 자료에 따르면 2016년 기계 및 기타 산업용 부품 기업 수는 148개로 120개 이상이지만, [2016년 첨단세라믹 부문별 기업 수] 막대그래프에서는 120개보다 낮게 나타나므로 옳지 않은 그래프는 ②이다.

16 자료변환

정답 ③

제시된 자료에 따르면 2024년 우주산업 연구기관 수의 전년 대비 증감량은 A 지역이 214 - 210 = 4개, B 지역이 101 - 94 = 7개, C 지역이 87 - 72 = 15개, D 지역이 19 - 21 = -2개, E 지역이 3 - 4 = -1개, F 지역이 7 - 3 = 4개이다.
따라서 2024년 우주산업 연구기관 수의 전년 대비 증감 추이 및 변화량과 그래프의 높이가 일치하는 ③이 정답이다.

오답 체크

① 2023년 전체 우주산업 연구기관 수는 전년 대비 404 - 394 = 10개 증가하였지만, 이 그래프에서는 10개보다 낮게 나타나므로 옳지 않은 그래프이다.

② 2022년 수도권의 우주산업 연구기관 수는 206개이지만, 이 그래프에서는 200개보다 낮게 나타나므로 옳지 않은 그래프이다.

④ 2024년 기업체의 우주산업 연구기관 수는 342개이지만, 이 그래프에서는 350개보다 높게 나타나므로 옳지 않은 그래프이다.

⑤ 2020년 충청권의 우주산업 연구기관 수는 79개이지만, 이 그래프에서는 80개보다 높게 나타나므로 옳지 않은 그래프이다.

17 자료이해

정답 ④

a. 상위 5개 지역에 속하지 못한 경기도와 충청남도의 전체 고정표본점 개수는 980개 미만임에 따라 경기도와 충청북도, 충청남도의 전체 고정표본점 개수 합은 980 + 979 + 978 = 2,937개 이하로 경상북도의 전체 고정표본점 개수인 3,013개보다 적으므로 옳은 설명이다.

c. 지역별 전체 고정표본점 개수에서 급경사지가 차지하는 비중은 전라남도가 (263 / 1,274) × 100 ≒ 21%, 충청북도가 (150 / 980) × 100 ≒ 15%이므로 옳은 설명이다.

d. 상위 5개 지역에 속하지 못한 지역들의 전체 고정표본점 개수는 980개 미만임에 따라 절험지 고정표본점 개수도 980개 미만이고, 상위 5개 지역 중 절험지 고정표본점 개수가 가장 많은 지역은 1,647개인 강원도이므로 옳은 설명이다.

오답 체크

b. 경상남도의 전체 고정표본점 개수에서 험준지 고정표본점 개수가 차지하는 비중은 (337 / 1,502) × 100 ≒ 22%이므로 옳지 않은 설명이다.

18 자료이해

정답 ③

제시된 8개 장르의 연도별 공연 횟수의 평균은 2021년이 (97,488 + 50,996 + 6,246 + 865 + 13,439 + 1,064 + 5,074 + 15,898) / 8 ≒ 23,884회, 2022년이 (84,970 + 47,074 + 4,009 + 661 + 13,853 + 1,095 + 4,169 + 18,360) / 8 ≒ 21,774회로 2022년이 2021년보다 작으므로 옳지 않은 설명이다.

오답 체크

① 2024년 공연 횟수는 뮤지컬이 양악의 52,986 / 14,152 ≒ 3.7배이므로 옳은 설명이다.

② 2021년 무용 공연 횟수는 전년 대비 {(6,246 - 4,567) / 4,567} × 100 ≒ 36.8% 증가하였으므로 옳은 설명이다.

④ 오페라 공연 횟수는 2022년에 전년 대비 증가하였고, 나머지 해에는 모두 전년 대비 감소하였으며 이와 증감 추이가 동일한 장르는 복합 1개이므로 옳은 설명이다.

⑤ 2023년 공연 횟수는 연극이 국악보다 61,912 - 4,764 = 57,148회 더 많으므로 옳은 설명이다.

빠른 문제 풀이 Tip

② 2020년 무용 공연 횟수를 십의 자리에서 올림한 값에 1.35배를 한 후, 2021년 무용 공연 횟수와 비교한다.
2020년 무용 공연 횟수를 십의 자리에서 올림한 값인 4,600회에서 35% 증가한 값은 4,600 × 1.35 ≒ 6,210회이다. 이는 2021년 무용 공연 횟수인 6,246회보다 적으므로 2021년 무용 공연 횟수는 전년 대비 35% 이상 증가하였음을 알 수 있다.

③ 특정 연도의 장르별 공연 횟수의 차이를 비교한다.
장르는 8개로 동일하므로 연도별 공연 횟수의 합이 클수록 평균도 크다. 양악, 오페라, 복합의 공연 횟수만 2022년이 2021년보다 많으며 그 차이의 합은 10,000회 미만이지만, 연극 공연 횟수는 2021년이 2022년보다 10,000회 이상 많으므로 제시된 8개 장르의 연도별 공연 횟수의 평균은 2022년이 2021년보다 작음을 알 수 있다.

19 자료이해 정답 ④

c. 제시된 업종 중 인건비와 임차료가 각각 가장 큰 업종은 모두 F 업종임에 따라 인건비와 임차료의 합이 가장 큰 업종도 F 업종이므로 옳지 않은 설명이다.
d. A 업종의 매출액과 영업비용의 차이는 30,791 - 29,100 = 1,691억 원이므로 옳지 않은 설명이다.

오답 체크

a. 제시된 업종 중 매출원가가 다른 업종에 비해 가장 낮은 E 업종은 매출액도 다른 업종에 비해 가장 낮으므로 옳은 설명이다.
b. D 업종의 영업비용에서 매출원가가 차지하는 비중은 (14,666 / 26,998) × 100 ≒ 54%이므로 옳은 설명이다.

20 자료이해 정답 ④

2021년 대표생산물이 논벼인 농가 수와 식량작물인 농가 수의 차이는 전업이 233 - 52 = 181천 가구, 1종 겸업이 41 - 6 = 35천 가구, 2종 겸업이 116 - 41 = 75천 가구이므로 옳지 않은 설명이다.

오답 체크

① 2018년 이후 전체 전업농가 수가 전년 대비 증가한 2019년, 2020년에 전체 2종 겸업농가 수는 전년 대비 감소하였으므로 옳은 설명이다.
② 제시된 기간 동안 전체 전업농가 수는 매년 500천 가구 이상이지만, 전체 겸업농가 수는 2017년에 117 + 340 = 457천 가구, 2018년에 116 + 325 = 441천 가구, 2019년에 106 + 318 = 424천 가구, 2020년에 109 + 306 = 415천 가구, 2021년에 101 + 328 = 429천 가구로 매년 500천 가구 미만이므로 옳은 설명이다.
③ 2021년 전체 전업농가 수에서 대표생산물이 논벼나 채소·산나물인 농가 수가 차지하는 비중은 {(233 + 141) / 603} × 100 ≒ 62%이므로 옳은 설명이다.
⑤ 2021년 대표생산물이 특용작물·버섯인 농가 수는 2종 겸업농가가 1종 겸업농가보다 많으므로 옳은 설명이다.

04 | 창의수리

01 수/문자추리 정답 ③

제시된 각 숫자 간의 값이 $-\frac{1}{6}$, $+\frac{1}{2}$로 반복되므로 빈칸에 들어갈 알맞은 숫자는 '$\frac{13}{12}$'이다.

02 수/문자추리 정답 ①

분자에 제시된 각 숫자 간의 값이 +2, +3, +4…와 같이 +1씩 변화하고, 분모에 제시된 각 숫자 간의 값이 −4, ×3으로 반복되므로 빈칸에 들어갈 알맞은 숫자는 '$\frac{56}{168}=\frac{1}{3}$'이다.

03 수/문자추리 정답 ④

제시된 각 숫자 간의 값이 ×2로 반복되므로 빈칸에 들어갈 알맞은 숫자는 '160'이다.

04 수/문자추리 정답 ③

제시된 각 숫자 간의 값이 +3, +4, +5, …과 같이 +1씩 변화하므로 빈칸에 들어갈 알맞은 숫자는 '46'이다.

05 수/문자추리 정답 ②

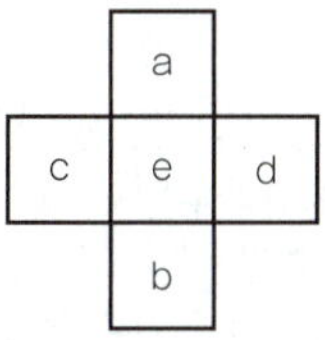

제시된 도형에서 각 문자는 a + b − 7 = e, c + d − 7 = e라는 규칙이 적용되므로 B는 6 + 36 − 7 = 35, A는 35 − 22 + 7 = 20이다.
따라서 B − A의 값은 35 − 20 = 15이다.

06 수/문자추리 정답 ⑤

제시된 퍼즐에서 각 퍼즐 조각의 숫자는 상 × 하 = 좌 + 우라는 규칙이 적용되므로 A = 8 × 4 − 12 = 20, B = (1 + 26) / 9 = 3이다.
따라서 A × B의 값은 20 × 3 = 60이다.

07 수/문자추리 정답 ②

제시된 도형에서 바깥쪽 원에 포함된 각 숫자 간의 값은 +7, −5로 반복되므로 A = 20이다.

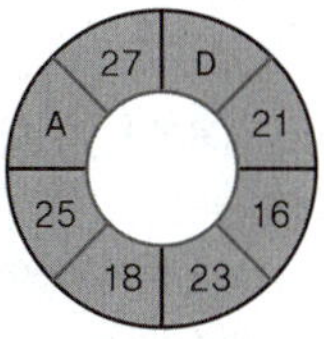

A에 숫자를 대입하면 사분원의 안쪽 원에 포함된 숫자는 바깥쪽 원에 포함된 두 숫자의 합에서 7을 뺀 수임을 알 수 있으므로 C = (25 + 18) − 7 = 36이다.

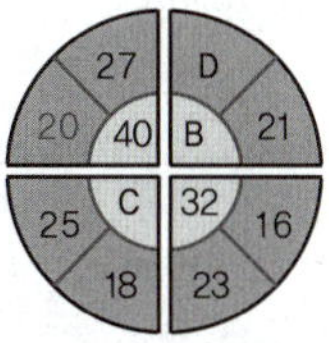

C에 숫자를 대입하면 안쪽 원에 포함된 각 숫자 간의 값은 +4로 반복되므로 B는 44 또는 28이고, D는 각 숫자 간의 값이 +7, −5로 반복되는 바깥쪽 원의 규칙에 따라 22 또는 14이다. 이에 따라 B = 28, D = 14일 때, 사분원 규칙인 (14 + 21) − 7 = 28이 성립한다.

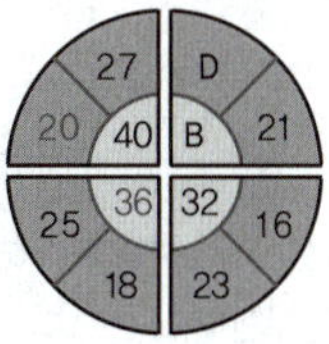

따라서 A − B + C − D의 값은 20 − 28 + 36 − 14 = 14이다.

08 응용계산 정답 ①

A 제품의 가격을 x, B 제품의 가격을 y라고 하면
하늘이가 10,000원으로 A 제품 5개, B 제품 3개를 구매할 경우 2,400원이 남으므로
$5x + 3y = 10{,}000 - 2{,}400 \rightarrow 5x + 3y = 7{,}600$ … ⓐ
A 제품 3개, B 제품 5개를 구매할 경우 1,600원이 남으므로
$3x + 5y = 10{,}000 - 1{,}600 \rightarrow 3x + 5y = 8{,}400$ … ⓑ
(5 × ⓐ) − (3 × ⓑ)에서 $5 \times (5x + 3y) - 3 \times (3x + 5y) = (5 \times 7{,}600) - (3 \times 8{,}400) \rightarrow 25x - 9x = 38{,}000 - 25{,}200 \rightarrow 16x = 12{,}800 \rightarrow x = 800$
따라서 A 제품의 가격은 800원이다.

09 응용계산 정답 ②

시간 = $\frac{거리}{속력}$임을 적용하여 구한다.
경수가 80km/h 속력으로 이동한 거리를 x라고 하면 100km/h 속력으로 이동한 거리는 $210 - x$이다.
경수가 이동한 시간은 2.5시간이므로
$2.5 = \frac{x}{80} + \frac{210-x}{100} \rightarrow 1{,}000 = 5x + 4 \times (210 - x) \rightarrow$
$x = 1{,}000 - 840 \rightarrow x = 160$
따라서 경수가 80km/h 속력으로 운전한 시간은 $\frac{160}{80} = 2$시간이다.

10 응용계산 정답 ⑤

소금물의 농도 = $\frac{소금의 양}{소금물의 양}$ × 100임을 적용하여 구한다.

농도가 8%인 소금물 500g에 들어있는 소금의 양은 (8 × 500) / 100 = 40g이고, 농도가 11%인 소금물 800g에 들어있는 소금의 양은 (11 × 800) / 100 = 88g이다.

농도가 다른 소금물 300g에 들어있는 소금의 양을 x라고 하면 농도가 8%인 소금물 500g과 농도가 다른 소금물 300g을 섞어 농도가 11%인 소금물 800g이 만들어졌으므로 농도가 다른 소금물에 들어있는 소금의 양은

$x = 88 - 40 = 48$g이다.

따라서 추가로 넣은 소금물의 농도는 $\frac{48}{300} \times 100 = 16$%이다.

빠른 문제 풀이 Tip

내분점 공식을 이용하여 풀이한다.

추가로 넣은 소금물의 농도를 x라고 하면

농도가 8%인 소금물 500g과 농도가 x%인 소금물 300g을 섞어 농도가 11%인 소금물 800g이 만들어졌으므로 300 × $(x - 11) = 500 \times (11 - 8) \rightarrow 300x = 4{,}800 \rightarrow x = 16$이다.

따라서 추가로 넣은 소금물의 농도는 16%이다.

11 응용계산 정답 ①

서로 다른 n개에서 순서를 고려하지 않고 r개를 택하는 경우의 수는 ${}_nC_r = \frac{n!}{r!(n-r)!}$임을 적용하여 구한다.

회원 수가 13명인 독서 동호회에서 임원 3명을 선출함에 따라 n = 13, r = 3이므로

${}_{13}C_3 = \frac{13!}{3!(13-3)!} = \frac{13 \times 12 \times 11}{3 \times 2 \times 1} = 286$

따라서 독서 동호회 임원을 선출할 수 있는 경우의 수는 286가지이다.

12 응용계산 정답 ②

사건 A가 일어날 확률 = $\frac{사건 A가 일어날 경우의 수}{모든 경우의 수}$임을 적용하여 구한다.

파란색 공 3개와 빨간색 공 5개가 들어있는 주머니의 공은 총 8개이므로 첫 번째 순서로 꺼낸 공이 빨간색 공일 확률은 $\frac{5}{8}$이고, 두 번째 순서로 꺼낼 때는 주머니에 파란색 공 3개와 빨간색 공 4개가 들어있으므로 두 번째 순서로 꺼낸 공이 빨간색 공일 확률은 $\frac{4}{7}$이다.

따라서 이 주머니에서 연달아 2개의 공을 꺼냈을 때, 두 공 모두 빨간색 공일 확률은 $\frac{5}{8} \times \frac{4}{7} = \frac{5}{14}$이다.

13 응용계산 정답 ④

두 사건 A, B가 동시에 일어나지 않을 때, 사건 A 또는 B가 일어날 확률은 p + q임을 적용하여 구한다.

먼저 A 상자에서 공을 뽑기 위해서는 두 주사위 눈의 합이 홀수이어야 한다. 주사위를 던졌을 때 한 주사위 눈이 홀수일 확률이 $\frac{1}{2}$, 짝수일 확률이 $\frac{1}{2}$이므로 두 주사위 눈의 합이 홀수일 확률은 $\frac{1}{2} \times \frac{1}{2} + \frac{1}{2} \times \frac{1}{2} = \frac{1}{2}$이다.

이때, A 상자에서 한 번에 당첨 공을 뽑을 확률은 $\frac{1}{2} \times \frac{1}{4} = \frac{1}{8}$이고, A 상자에서 처음에는 재도전 공을 뽑고, 뽑은 공을 다시 상자에 넣어 두 번째에 당첨 공을 뽑을 확률은 $\frac{1}{2} \times \frac{1}{4} \times \frac{1}{4} = \frac{1}{32}$이다.

따라서 A 상자에서 당첨 공을 뽑을 확률은 $\frac{1}{8} + \frac{1}{32} = \frac{5}{32}$이다.

14 응용계산 정답 ①

n개 중 같은 것이 각각 p개, q개, r개일 때, n개를 모두 사용하여 한 줄로 배열하는 경우의 수는 $\frac{n!}{p!q!r!}$임을 적용하여 구한다.

초콜릿 3개, 사탕 2개, 빵 2개를 7명에게 1개씩 나누어 주며, B와 D에게는 초콜릿을 나누어 주므로 초콜릿 2개를 제외한 초콜릿 1개, 사탕 2개, 빵 2개를 5명에게 1개씩 나누어 주는 경우의 수를 구하면 된다.

따라서 초콜릿 3개, 사탕 2개, 빵 2개를 7명에게 나누어 주는 경우의 수는 $\frac{5!}{1!2!2!} = \frac{120}{4} = 30$가지이다.

15 응용계산 정답 ③

정가 = 원가 × (1 + 이익률)임을 적용하여 구한다.

샤인머스캣 1박스의 원가를 x라고 하면

이익률이 40%이므로 정가는 $x \times (1 + 0.4) = 1.4x$이다.

첫째 주에 정가에서 10% 할인된 가격으로 6박스, 둘째 주에 정가에서 20% 할인된 가격으로 4박스를 판매하는 경우와 둘째 주에도 첫째 주와 동일한 가격으로 4박스를 판매하는 경우의 총이익 차이는 14,000원이고, 이는 둘째 주에 4박스를 정가에서 20% 할인된 가격으로 판매하는 금액과 10% 할인된 가격으로 판매하는 금액의 차이와 같으므로

$1.4x \times 0.9 \times 4 - 1.4x \times 0.8 \times 4 = 14{,}000$

$\rightarrow 1.4x \times 4 \times (0.9 - 0.8) = 14{,}000 \rightarrow 0.56x = 14{,}000$

$\rightarrow x = 25{,}000$

이에 따라 샤인머스캣 1박스의 정가는 25,000 × 1.4 = 35,000원이다.

따라서 첫째 주에 샤인머스캣 1박스의 가격은 정가에서 10% 할인된 35,000 × 0.9 = 31,500원이다.

16 응용계산

정답 ④

시간당 작업량 = $\frac{작업량}{시간}$임을 적용하여 구한다.

종이 상자 2개를 나미가 혼자 접으면 24분이 걸리므로 나미의 1분당 작업량은 $\frac{2}{24}=\frac{1}{12}$개이고, 종이 상자 2개를 나미와 상아가 함께 접으면 나미가 혼자 접는 시간의 절반의 시간이 걸리므로 나미와 상아의 1분당 작업량은 $\frac{2}{12}=\frac{1}{6}$개이다. 이에 따라 상아의 1분당 작업량도 $\frac{1}{6}-\frac{1}{12}=\frac{1}{12}$개이다.

상아와 용주가 종이 상자 20개를 함께 접으면 48분이 걸리므로 용주의 1분당 작업량은 $\frac{20}{48}-\frac{1}{12}=\frac{4}{12}=\frac{1}{3}$개이고, 상아와 혁재가 종이 상자 42개를 함께 접으면 1시간 12분(=72분)이 걸리므로 혁재의 1분당 작업량은 $\frac{42}{72}-\frac{1}{12}=\frac{6}{12}=\frac{1}{2}$개이다.

따라서 용주와 혁재가 1시간 동안 접을 수 있는 종이 상자의 개수는 $(\frac{1}{3}+\frac{1}{2})\times 60=50$개이다.

빠른 문제 풀이 Tip

종이 상자 2개를 나미가 혼자 접으면 24분이 걸리므로 나미의 1분당 작업량은 $\frac{2}{24}=\frac{1}{12}$개이다. 이때 나미와 상아가 함께 접으면 나미가 혼자 접는 시간의 절반의 시간이 걸리므로 나미와 상아의 1분당 작업량은 동일하여 상아의 1분당 작업량도 $\frac{1}{12}$개이다. 상아와 용주가 종이 상자 20개를 함께 접으면 48분 걸리므로 상아와 용주의 1분당 작업량은 $\frac{20}{48}=\frac{5}{12}$개, 상아와 혁재가 종이 상자 42개를 함께 접으면 72분 걸리므로 상아와 혁재의 1분당 작업량은 $\frac{42}{72}=\frac{7}{12}$개이다. 따라서 용주와 혁재의 1분당 작업량은 상아의 1분당 작업량을 제외한 $\frac{5}{12}+\frac{7}{12}-(\frac{1}{12}\times 2)=\frac{5}{6}$개이므로 2명이 1시간 동안 접을 수 있는 종이 상자의 개수는 $\frac{5}{6}\times 60=50$개임을 알 수 있다.

17 응용계산

정답 ①

a : b = c : d일 때, b × c = a × d임을 적용하여 구한다.

양파 1개당 무게를 a, 파프리카 1개당 무게를 b라고 하면 양파 8개, 파프리카 4개가 포장된 상품과 양파 7개, 파프리카 3개가 포장된 상품의 무게의 비는 7 : 6이므로

(8a + 4b) : (7a + 3b) = 7 : 6

→ 7 × (7a + 3b) = 6 × (8a + 4b)

→ 49a + 21b = 48a + 24b → a = 3b

a = 3b를 적용하면 양파 2개, 파프리카 5개가 포장된 상품과 양파 3개, 파프리카 2개가 포장된 상품의 무게의 비는

(2a + 5b) : (3a + 2b) = (2 × 3b + 5b) : (3 × 3b + 2b)

= 11b : 11b = 1 : 1

따라서 양파 2개, 파프리카 5개가 포장된 상품과 양파 3개, 파프리카 2개가 포장된 상품의 무게의 비는 1:1이다.

18 응용계산

정답 ③

대리 직급 직원 수를 x라고 하면

주임 직급 직원 수는 대리 직급 직원 수보다 200명 더 많으므로 $x+200$명이고, 사원 직급 직원 수는 대리 직급 직원 수의 120%이므로 $x\times 1.2=1.2x$명이다.

이때 사원, 주임, 대리 직급 직원 수는 총 1,800명이므로

$1.2x+x+200+x=1{,}800 \rightarrow 3.2x=1{,}600 \rightarrow x=500$

따라서 사원 직급 직원 수는 500 × 1.2 = 600명이다.

19 응용계산

정답 ②

갑이 A 상품에 투자한 금액을 x, B 상품에 투자한 금액을 y라고 하면

갑은 1년 동안 300억 원을 A 상품과 B 상품에 분산 투자하였으므로

$x+y=300$ … ⓐ

또한, 1년 동안 A 상품의 수익률은 35%, B 상품의 수익률은 −10%이며, 총 60억 원의 이익을 얻었으므로

$0.35x-0.1y=60 \rightarrow 3.5x-y=600$ … ⓑ

ⓐ + ⓑ에서 $4.5x=900 \rightarrow x=200$

따라서 갑이 B 상품에 투자한 금액은 300 − 200 = 100억 원이다.

20 응용계산

정답 ⑤

올해 전체 사원 수는 작년 대비 12명 증가하여 72명이므로 작년 전체 사원 수는 72 − 12 = 60명이다.

작년 여자 사원 수를 x, 남자 사원 수를 y라고 하면

$x+y=60 \rightarrow 4x+4y=240$ … ⓐ

$0.8x+1.4y=72 \rightarrow 4x+7y=360$ … ⓑ

ⓑ − ⓐ에서 $3y=120 \rightarrow y=40$

따라서 올해 남자 사원 수는 작년 대비 40% 증가하였으므로 40 × 1.4 = 56명이다.

실전모의고사 2회

정답

01 언어이해

p.160

01	④	중심 내용 파악	05	④	세부 내용 파악	09	②	중심 내용 파악	13	②	세부 내용 파악	17	⑤	세부 내용 파악
02	④	글의 구조 파악	06	④	세부 내용 파악	10	③	세부 내용 파악	14	②	중심 내용 파악	18	③	논지 전개 방식
03	④	중심 내용 파악	07	③	글의 구조 파악	11	④	중심 내용 파악	15	⑤	중심 내용 파악	19	②	세부 내용 파악
04	③	세부 내용 파악	08	③	중심 내용 파악	12	⑤	세부 내용 파악	16	③	세부 내용 파악	20	③	글의 구조 파악

02 언어추리

p.176

01	④	명제추리	05	⑤	조건추리	09	③	조건추리	13	⑤	조건추리	17	①	조건추리
02	②	명제추리	06	③	조건추리	10	③	조건추리	14	②	조건추리	18	①	조건추리
03	④	명제추리	07	④	조건추리	11	④	조건추리	15	②	조건추리	19	⑤	조건추리
04	③	명제추리	08	②	조건추리	12	③	조건추리	16	④	조건추리	20	③	조건추리

03 자료해석

p.186

01	④	자료이해	05	④	자료추론	09	③	자료이해	13	⑤	자료추론	17	⑤	자료이해
02	④	자료계산	06	⑤	자료이해	10	④	자료이해	14	②	자료이해	18	④	자료이해
03	⑤	자료이해	07	①	자료이해	11	④	자료계산	15	④	자료변환	19	②	자료이해
04	③	자료이해	08	①	자료이해	12	④	자료이해	16	⑤	자료이해	20	②	자료계산

04 창의수리

p.204

01	③	수/문자추리	05	④	수/문자추리	09	④	응용계산	13	①	응용계산	17	③	응용계산
02	③	수/문자추리	06	①	수/문자추리	10	⑤	응용계산	14	②	응용계산	18	③	응용계산
03	③	수/문자추리	07	③	수/문자추리	11	①	응용계산	15	②	응용계산	19	②	응용계산
04	③	수/문자추리	08	③	수/문자추리	12	③	응용계산	16	③	응용계산	20	⑤	응용계산

취약 유형 분석표

유형별로 맞힌 개수, 틀린 문제 번호와 풀지 못한 문제 번호를 적어보면서 취약한 유형이 무엇인지 파악해 보세요.
취약한 유형은 '기출유형공략'으로 복습하고 틀린 문제와 풀지 못한 문제를 다시 한번 풀어보세요.

01 언어이해

유형	유형별 맞힌 문제 수	틀린 문제 번호	풀지 못한 문제 번호
중심 내용 파악	/7		
세부 내용 파악	/9		
글의 구조 파악	/3		
논지 전개 방식	/1		
TOTAL	/20		

02 언어추리

유형	유형별 맞힌 문제 수	틀린 문제 번호	풀지 못한 문제 번호
명제추리	/4		
조건추리	/16		
TOTAL	/20		

03 자료해석

유형	유형별 맞힌 문제 수	틀린 문제 번호	풀지 못한 문제 번호
자료이해	/14		
자료계산	/3		
자료추론	/2		
자료변환	/1		
TOTAL	/20		

04 창의수리

유형	유형별 맞힌 문제 수	틀린 문제 번호	풀지 못한 문제 번호
수/문자추리	/8		
응용계산	/12		
TOTAL	/20		

해설

01 | 언어이해

01 중심 내용 파악 정답 ④

이 글은 현대의 기업 및 투자자들에 있어서 ESG를 기반으로 한 경영 및 정보 공시는 매우 중요하며 앞으로도 ESG가 자본 시장 및 한 국가의 발전 가능성을 확인할 기준이 될 수 있으므로 모든 기업에서 ESG 경쟁력을 높일 방안을 실천해야 한다는 내용의 글이다.
따라서 이 글의 중심 내용으로 가장 적절한 것은 ④이다.

오답 체크

① 글 전체에서 단기간에 기업의 재무 건전성을 높이는 방안으로 ESG 경영을 도입해야 하는지에 대해서는 서술하고 있지 않으므로 적절하지 않은 내용이다.
② 글 전체에서 영국, 프랑스 등 유럽 주요 국가에서 ESG 경영으로 인한 부작용을 경고하고 있는지에 대해서는 서술하고 있지 않으므로 적절하지 않은 내용이다.
③ 글 중반부에서 ESG 경영을 이룩하면 불확실한 위험에 적극적으로 대응할 수 있다고 서술하고 있으나 글 전체를 포괄할 수 없으므로 적절하지 않은 내용이다.
⑤ 글 후반부에서 우리나라의 경우 2030년부터 모든 코스피 상장사에 ESG 공시가 의무화될 것이라고 서술하고 있으나 글 전체를 포괄할 수 없으므로 적절하지 않은 내용이다.

02 글의 구조 파악 정답 ④

이 글은 통풍의 의미와 발생 원인, 치료 및 예방 방법에 대해 설명하는 글이다.
따라서 '라) 통풍의 의미와 발생 원인 → 가) 통풍이 남성에게서 더 잘 나타나는 이유 → 다) 통풍 치료 방법 → 나) 통풍의 합병증과 예방 방법' 순으로 연결되어야 한다.

03 중심 내용 파악 정답 ④

이 글은 고르디아스의 매듭을 칼로 잘라 푼 알렉산더 왕과 같이 복잡하고 해결하기 어려운 난제를 해결하고자 할 때는 발상의 전환이 필요하다는 내용의 글이다.
따라서 이 글의 중심 내용으로 가장 적절한 것은 ④이다.

오답 체크

① 글 전체에서 풀기 힘든 문제는 여럿이 함께 해결해야 하는지에 대해서는 서술하고 있지 않으므로 적절하지 않은 내용이다.
②, ⑤ 글 후반부에서 장고 끝에 악수가 나온다는 말처럼 문제 해결을 위해서는 임기응변과 결단력이 필요하다고 하였으므로 적절하지 않은 내용이다.
③ 글 후반부에서 고르디아스의 매듭을 통해 난해한 문제는 정공법을 택하기보다 발상을 전환할 필요가 있다고 하였으므로 적절하지 않은 내용이다.

04 세부 내용 파악 정답 ③

네덜란드의 한 디자이너는 스모그 프리 타워가 수집한 스모그, 매연 등을 장신구에 활용하는 업사이클링을 선보였다고 하였으므로 업사이클링이 물리적인 형체를 가진 제품만을 대상으로 하는 것은 아님을 알 수 있다.

오답 체크

① 친환경적 소비와 지속가능한 소비에 대한 세계적 관심이 높아지면서 업사이클링이 새로운 소비 트렌드 중 하나로 자리 잡았다고 하였으므로 적절한 내용이다.
② 리사이클링은 폐기물을 재활용하는 것이고, 업사이클링은 한 단계 더 나아가 폐기물을 활용하여 새로운 제품이나 작품을 만드는 것이라고 하였으므로 적절한 내용이다.
④ 소비자들은 업사이클링 제품을 재활용 제품의 일종으로 보기 때문에 큰 비용을 들여 구매하고 싶어 하지는 않는다고 하였으므로 적절한 내용이다.
⑤ 폐기물에 예술적 가치를 부여하거나 창조적 기술을 접목해 제품 및 작품을 제작하는 것이 업사이클링이라고 하였으므로 적절한 내용이다.

05 세부 내용 파악 정답 ④

홍해는 바다에 플랑크톤이 번식함에 따라 붉게 보여 홍해라고 불린다고 하였으므로 홍해가 붉은빛을 띠는 이유는 홍해에 서식하는 플랑크톤 때문임을 알 수 있다.

오답 체크

① 홍해의 경우 인도양과는 바브엘만데브 해협으로, 지중해와는 수에즈 운하로 이어진다고 하였으므로 적절하지 않은 내용이다.
② 홍해는 고대 이집트 시대부터 해상 교통로로 이용되었다고 하였으므로 적절하지 않은 내용이다.
③ 아프리카 동북부와 아라비아반도 사이의 좁고 긴 바다를 홍해라 한다고 하였으므로 적절하지 않은 내용이다.
⑤ 홍해의 경우 와디를 제외하고 물이 흘러 들어오는 하천이 없어 염도가 높다고 하였으므로 적절하지 않은 내용이다.

06 세부 내용 파악 정답 ④

과거 북아메리카 원주민들은 바가타웨라는 게임을 즐겨 하였으며, 이를 19세기 중엽 프랑스계 이주민이 근대 스포츠에 맞게 개량한 것이 라크로스라고 하였으므로 라크로스가 북아메리카 원주민들이 바가타웨를 개량하여 만든 스포츠는 아님을 알 수 있다.

오답 체크

① 라크로스는 같은 편 팀끼리 공을 주고받다 공을 크로스로 던지거나 발로 차 상대 팀 골문에 넣으면 득점하게 된다고 하였으므로 적절한 내용이다.

② 1867년에는 캐나다에 라크로스 협회가 만들어졌고, 1892년에는 영국 라크로스 협회가 설립되었다고 하였으므로 적절한 내용이다.

③ 1904년 세인트루이스 올림픽과 1908년 런던 올림픽의 정식 종목으로 채택된 바 있으며, 이후 정식 종목으로 채택되지 못하였다가 2028년 LA 올림픽에서 정식 종목으로 채택되었다고 하였으므로 적절한 내용이다.

⑤ 라크로스 공은 야구공보다 약간 작은 크기의 단단한 고무공이라고 하였으므로 적절한 내용이다.

07 글의 구조 파악 정답 ③

이 글은 특정 조건하에서 어떤 사건이나 사상이 일어날 가능성을 의미하는 확률은 객관적 확률이 동 확률 조건을 만족해야 한다는 문제가 있어 문제 극복을 위해 경험적 확률을 활용해야 한다는 내용이다.
따라서 확률의 사전상 정의에 대해 설명한 <보기>에 이어질 내용은 '나) 전통적 측면에서 동 확률 조건이 전제되어야만 하는 객관적 확률 → 가) 동 확률 조건을 만족하지 않을 경우 적용하기 어려운 객관적 확률의 문제점 → 다) 객관적 확률의 문제를 극복하기 위한 경험적 확률의 도입' 순으로 연결되어야 한다.

08 중심 내용 파악 정답 ③

이 글은 주변에서 쉽게 확인할 수 있는 포말 소화기, 분말 소화기, 할론 소화기, 이산화 탄소 소화기 등에 대해 설명하고 소화기별로 적절한 화재 진압 상황 및 주의사항에 대해 설명하는 내용이므로 이 글의 제목으로 가장 적절한 것은 ③이다.

09 중심 내용 파악 정답 ②

제시된 글의 필자는 전기자동차에 대한 수요가 높아짐에 따라 전기자동차의 배터리에 활용되는 리튬의 소비 속도 역시 빨라지고 있으므로 운송 부문에 피해가 발생하지 않기 위해서 리튬을 사용하기보다는 다른 에너지를 개발할 필요가 있다고 주장하고 있다.
따라서 현재에도 리튬 매장량이 풍부하고, 개발되지 않은 광산 역시 존재하므로 리튬 고갈 시점에 대한 가설만으로 리튬 소비를 막아서면 오히려 관련 기술의 발전을 저해할 수 있다는 반박이 타당하다.

10 세부 내용 파악 정답 ③

정약용은 신유사화로 인한 귀양살이 후에는 관직에 나가지 못했다고 하였으므로 정약용이 유배 후 다시 관직에 나아가게 되었다는 것은 아님을 알 수 있다.

오답 체크

① 신분차별을 비판하고 인간 평등사상을 주장한 정약용의 민본주의는 홉스의 사회 계약설과 유사하다고 하였으므로 적절한 내용이다.

② 정약용은 과거제도와 신분제도, 토지제도, 상공업, 광업 등 사회 전반적인 분야에 걸쳐 개혁안을 제안하였다고 하였으므로 적절한 내용이다.

④ 정약용은 신분차별을 비판하지만 동시에 노예제도는 인정하였기 때문에 시대적인 한계를 넘어서지 못했다고 하였으므로 적절한 내용이다.

⑤ 정약용이 거중기를 제작하여 수원 화성의 공사 기간과 공사 비용을 줄이는 데 공헌을 하였다고 하였으므로 적절한 내용이다.

11 중심 내용 파악 정답 ④

이 글의 마지막 부분에서 소셜 라이브 마케팅에 이점만 있는 것은 아니며, 플랫폼에 대해 제대로 이해하지 못하고 운영할 경우 기업 이미지에 문제가 발생할 수도 있다고 하였으므로 이 글에 이어질 내용으로 가장 적절한 것은 ④이다.

12 세부 내용 파악 정답 ⑤

18세기 중순부터 부르주아 계층이 성장하면서 절대 왕정의 권한이 축소되었다고 하였으므로 18세기 중반 이후 절대 왕정이 점차 축소한 것은 부르주아 계층의 성장과 관련이 있음을 알 수 있다.

오답 체크

① 낭만주의는 음악, 미술, 건축, 정치, 사회 등 모든 분야에 영향을 미쳐 예술 운동으로 여겨진다고 하였으므로 적절하지 않은 내용이다.

② 프랑스 혁명으로 인해 인간의 취약한 면과 붕괴되는 원리를 목격한 젊은 지식인들은 전통적 권위에서의 해방을 추구하게 되었다고 하였으므로 적절하지 않은 내용이다.

③ 낭만주의는 18세기 말부터 19세기 중순까지 유럽 전역 및 남북 아메리카에서 유행했던 예술 운동이라고 하였으므로 적절하지 않은 내용이다.

④ 고대 그리스·로마의 예술 작품을 모범으로 삼고, 단정한 형식미를 중시하며 조화·균형·완성 따위를 추구하려는 창작 태도는 고전주의라고 하였으므로 적절하지 않은 내용이다.

13 세부 내용 파악 정답 ②

발전부는 제시부에서 나온 1~2주제가 여러 방법으로 발전하는 부분이며, 조바꿈이 수차례 이루어지며 음악의 분위기가 바뀐다고 하였으므로 소나타에서 여러 차례의 조바꿈이 나타나는 부분은 발전부임을 알 수 있다.

오답 체크

① 소나타의 제시부에서는 1주제와 2주제가 제시되며, 1주제가 먼저 제시되고 그에 대한 딸림음조 형태로 2주제가 제시된다고 하였으므로 적절하지 않은 내용이다.

③ 소나타는 연주한다는 의미의 이탈리아어 '수오나레(Suonare)'에서 유래되었다고 하였으므로 적절하지 않은 내용이다.

④ 소나타는 곡에 따라 제시부 전에 서주를 붙이거나 재현부 다음에 코다를 붙이는 경우도 있다고 하였으므로 적절하지 않은 내용이다.

⑤ 고르차니는 1561년 소나타를 곡명으로 사용하여 <류트를 위한 소나타>를 최초로 출판했다고 하였으므로 적절하지 않은 내용이다.

14 중심 내용 파악 정답 ②

이 글은 고대 이집트에서 믿는 영혼불멸사상으로 인해 미라를 만들게 되었으며, 보편적으로 활용되는 미라 제작 방법에 대해 설명하는 내용이므로 이 글의 제목으로 가장 적절한 것은 ②이다.

빠른 문제 풀이 Tip

글에서 반복적으로 언급되는 개념에 대한 세부 내용이 포함되어야 하므로 글에서 제시된 내용 중 일부만을 포함한 선택지는 소거한 뒤 정답을 찾는다.

15 중심 내용 파악 정답 ⑤

제시된 글의 필자는 2021년 기준 언어의 특정 발달장애 환자의 90%는 유아와 어린이이고, 영상물 시청이 유아의 언어 발달에 큰 영향을 미치고 있는 만큼 부모는 자녀의 올바른 성장을 위해 아이가 스마트폰과 같은 디지털 기기에 노출되지 않도록 해야 한다고 주장하고 있다.

따라서 일상에서 디지털 기기 사용이 일반화된 상황을 고려하면 관련 기기 사용을 막기보다는 발달단계에 맞춰 이용하도록 하는 방향이 아이의 성장에 효과적일 수 있다는 반박이 타당하다.

16 세부 내용 파악 정답 ③

원숭이 두창에 감염되더라도 대개 자연 치유될 수 있다고 하였으므로 천연두 백신을 맞지 않은 사람이 원숭이 두창에 감염되었을 경우 자연적으로 치유되기 어려운 것은 아님을 알 수 있다.

오답 체크

① 원숭이 두창의 잠복기는 6일에서 13일 정도라고 하였으므로 적절한 내용이다.

② 원숭이 두창은 인수 공통 감염병이라고 하였으므로 적절한 내용이다.

④ 천연두는 발생 당시 치사율이 30%에 이를 정도였다고 하였으므로 적절한 내용이다.

⑤ 원숭이 두창은 폭스 바이러스과의 일종인 원숭이 마마 바이러스에 의해 나타나는 전염병이라고 하였으므로 적절한 내용이다.

17 세부 내용 파악 정답 ⑤

카르텔은 개별 기업 각각이 독립성을 유지한 채로 협정을 맺는 기업 연합 형태로 이루어진다고 하였으므로 카르텔을 맺은 기업이 병합 형태로 결합해 기업 합동 형태로 담합하는 것은 아님을 알 수 있다.

오답 체크

① 우리나라는 카르텔 일괄 정리법에 따라 카르텔을 금지하고 있다고 하였으므로 적절한 내용이다.

② 독점 형태라는 부분에서 트러스트와 카르텔이 유사하다고 하였으므로 적절한 내용이다.

③ 카르텔은 1870년대 유럽 지역에서 급속히 발전했다고 하였으므로 적절한 내용이다.

④ 카르텔은 동일 업종의 기업이 경쟁의 제한이나 완화를 위해 가격, 생산량, 판로 등에 협정을 맺어 형성하는 독점 형태 또는 협정이라고 하였으므로 적절한 내용이다.

18 논지 전개 방식 정답 ③

글 전반부에서 자각몽의 의미에 대해서 묻고 그에 대해 답하는 방식을 활용해 논지를 확대 및 강화하고 있다.

19 세부 내용 파악 정답 ②

생물이 살아있는 경우 체내의 탄소14는 일정한 비율로 존재한다고 하였으므로 살아있는 생물 체내의 탄소14가 불안정해 일정 비율을 유지하지 못하는 것은 아님을 알 수 있다.

오답 체크

① 우주선이 대기권에 들어오는 과정에서 대기 속에 존재하는 분자와 충돌하며 중성자가 만들어진다고 하였으므로 적절한 내용이다.

③ 방사성 탄소 연대 측정법은 3~4만 년 전까지만 측정 가능하다고 하였으므로 적절한 내용이다.

④ 생물이 죽으면 이산화 탄소 결합이 끊긴다고 하였으므로 적절한 내용이다.

⑤ 일반적으로 탄소14의 반감기는 5,700년으로 본다고 하였으므로 적절한 내용이다.

20 글의 구조 파악

정답 ③

이 글은 미국의 메이저리그와 포스트 시즌 진행 방식에 대해 설명하는 글이다.

따라서 '가) 미국 프로야구 리그인 메이저 리그 → 다) 정규 시즌 이후 포스트 시즌을 진행하는 메이저 리그 → 라) 포스트 시즌 진출 팀 선별과 디비전 시리즈 진출 팀 선별 방식 → 나) 디비전 시리즈 및 리그 챔피언 시리즈 진행 방법과 메이저리그 우승 팀을 가리는 월드 시리즈' 순으로 연결되어야 한다.

02 | 언어추리

01 명제추리 정답 ④

첫 번째 명제, 다섯 번째 명제, 분리 가능한 네 번째 명제의 '대우', 분리 가능한 세 번째 명제의 '대우'를 차례로 결합한 결론은 다음과 같다.

- 첫 번째 명제: 오토바이를 타지 않은 사람은 선글라스를 쓴다.
- 다섯 번째 명제: 선글라스를 쓴 사람은 모자를 쓰지 않는다.
- 분리 가능한 네 번째 명제(대우): 모자를 쓰지 않는 사람은 자전거를 타지 않는다.
- 분리 가능한 세 번째 명제(대우): 자전거를 타지 않는 사람은 안경을 쓰지 않는다.
- 결론: 오토바이를 타지 않는 사람은 안경을 쓰지 않는다.

오답 체크

① 선글라스를 쓰지 않은 사람이 자전거를 타지 않는지는 알 수 없으므로 항상 참인 설명은 아니다.
② 킥보드를 타지 않는 사람은 모자를 쓰고, 모자를 쓴 사람은 선글라스를 쓰지 않고, 선글라스를 쓰지 않은 사람은 오토바이를 타므로 항상 거짓인 설명이다.
③ 안경을 쓴 사람은 자전거를 타고, 자전거를 탄 사람은 모자를 쓰므로 항상 거짓인 설명이다.
⑤ 자전거를 타는 사람은 모자를 쓰거나 안경을 쓰지 않으므로 항상 거짓인 설명이다.

02 명제추리 정답 ②

주어진 명제가 참일 때 그 명제의 '대우'만이 참인 것을 알 수 있다.
세 번째 명제, 첫 번째 명제의 '대우'를 차례로 결합한 결론은 아래와 같다.

- 세 번째 명제: 정이 출장을 가면, 을은 출장을 가지 않는다.
- 첫 번째 명제(대우): 을이 출장을 가지 않으면, 갑은 출장을 가지 않는다.
- 결론: 정이 출장을 가면, 갑은 출장을 가지 않는다.

오답 체크

① 을이 출장을 가더라도 병이 출장을 가지 않는지는 알 수 없으므로 항상 참인 설명은 아니다.
③ 갑이 출장을 가더라도 병이 출장을 가지 않는지는 알 수 없으므로 항상 참인 설명은 아니다.
④ 을이 출장을 가지 않으면, 갑은 출장을 가지 않으므로 항상 거짓인 설명이다.
⑤ 병이 출장을 가지 않으면 갑은 출장을 가고, 갑이 출장을 가면 을은 출장을 가며, 을이 출장을 가면 정은 출장을 가지 않으므로 항상 거짓인 설명이다.

03 명제추리 정답 ④

주어진 명제가 참일 때 그 명제의 '대우'만이 참인 것을 알 수 있다.
첫 번째 명제, 두 번째 명제를 차례로 결합한 결론은 아래와 같다.

- 첫 번째 명제: 점괘를 보는 사람은 운명을 믿는다.
- 두 번째 명제: 운명을 믿는 사람은 로맨틱한 삶을 원한다.
- 결론: 점괘를 보는 사람은 로맨틱한 삶을 원한다.

오답 체크

① 로맨틱한 삶을 원하지 않는 사람은 운명을 믿지 않고, 운명을 믿지 않는 사람은 점괘를 보지 않으므로 항상 거짓인 설명이다.
② 운명을 믿지 않는 사람은 점괘를 보지 않으므로 항상 거짓인 설명이다.
③ 로맨틱한 삶을 원하는 사람이 점괘를 보는지는 알 수 없으므로 항상 참인 설명은 아니다.
⑤ 로맨틱한 삶을 원하는 사람이 운명을 믿지 않는지는 알 수 없으므로 항상 참인 설명은 아니다.

04 명제추리 정답 ③

주어진 명제가 참일 때 그 명제의 '대우'만이 참인 것을 알 수 있다.
네 번째 명제의 '대우', 다섯 번째 명제의 '대우'를 차례로 결합한 결론은 아래와 같다.

- 네 번째 명제(대우): 캠핑을 좋아하는 사람은 바다를 좋아한다.
- 다섯 번째 명제(대우): 바다를 좋아하는 사람은 낚시를 좋아한다.
- 결론: 캠핑을 좋아하는 사람은 낚시를 좋아한다.

오답 체크

① 낚시를 좋아하지 않는 사람은 바다를 좋아하지 않고, 바다를 좋아하지 않는 사람은 달리기를 좋아하지 않으므로 항상 거짓인 설명이다.
② 농구를 좋아하는 사람이 축구를 좋아하는지는 알 수 없으므로 항상 참인 설명은 아니다.
④ 달리기를 좋아하는 사람이 캠핑을 좋아하는지는 알 수 없으므로 항상 참인 설명은 아니다.
⑤ 바다를 좋아하지 않는 사람은 캠핑을 좋아하지 않고, 캠핑을 좋아하지 않는 사람은 농구를 좋아하지 않으므로 항상 거짓인 설명이다.

05 조건추리 정답 ⑤

제시된 조건에 따르면 A, B, C, D는 서로 다른 방법으로 재테크를 하고 있고, B는 주식이나 부동산으로 재테크를 하고 있지 않으므로 가상화폐 또는 NFT로 재테크를 하고 있다. 이때 D가 가상화폐로 재테크를 하고 있으므로 B는 NFT로 재테크를 하고 있다. 또한, A와 C는 각각 주식 또는 부동산으로 재테크를 하고 있음을 알 수 있다.

A	B	C	D
주식 또는 부동산	NFT	주식 또는 부동산	**가상화폐**

따라서 NFT로 재테크를 하고 있는 사람은 B이므로 항상 거짓인 설명이다.

오답 체크

①, ③ C는 주식 또는 부동산으로 재테크를 하고 있으므로 항상 거짓인 설명은 아니다.

② 부동산으로 재테크를 하고 있는 사람이 A라면, C는 주식으로 재테크를 하고 있으므로 항상 참인 설명이다.

④ NFT로 재테크를 하고 있는 사람이 B라면, A는 주식 또는 부동산으로 재테크를 하고 있으므로 항상 거짓인 설명은 아니다.

06 조건추리

정답 ③

제시된 조건에 따르면 4명이 서로 좋아하는 음식과 전공은 모두 다르고, 나라는 전자를 전공하였으며, 지현이는 양식을 좋아하고, 솔이는 중식을 좋아하지 않으며, 중식을 좋아하는 사람은 기계를 전공하였으므로 현주가 중식을 좋아하고, 기계를 전공하였음을 알 수 있다. 이에 따라 솔이와 나라는 한식 또는 일식을 좋아하며, 화학을 전공한 사람은 한식을 좋아하지 않으므로 솔이가 좋아하는 음식에 따라 가능한 경우는 아래와 같다.

경우 1. 솔이가 한식을 좋아하는 경우

구분	솔이	나라	현주	지현
좋아하는 음식	한식	일식	중식	**양식**
전공	건축	**전자**	기계	화학

경우 2. 솔이가 일식을 좋아하는 경우

구분	솔이	나라	현주	지현
좋아하는 음식	일식	한식	중식	**양식**
전공	건축 또는 화학	**전자**	기계	건축 또는 화학

따라서 나라가 일식을 좋아하면, 지현이는 화학을 전공하였으므로 항상 거짓인 설명이다.

오답 체크

① 솔이는 건축 또는 화학을 전공하였으므로 항상 거짓인 설명은 아니다.

② 현주는 기계를 전공하였으므로 항상 참인 설명이다.

④ 솔이가 한식을 좋아하면, 지현이는 화학을 전공하였으므로 항상 참인 설명이다.

⑤ 각자 좋아하는 음식은 고려하지 않고, 전공에 따라 가능한 경우의 수는 총 2가지이므로 항상 참인 설명이다.

07 조건추리

정답 ④

제시된 조건에 따르면 A~F 6명이 운영하지 않는 부스는 비어있으므로 비어있는 부스는 2개이고, 비어있는 부스의 바로 양옆에는 부스를 운영하는 사람이 모두 존재하므로 비어있는 부스는 2호 또는 3호에 1개, 6호 또는 7호에 1개이다. 이때 B가 운영하는 부스의 바로 맞은편 부스는 비어있으므로 비어있는 부스는 2호, 7호 또는 3호, 6호이다. 또한, F는 1호 부스를 운영하고, A가 운영하는 부스의 바로 맞은편 부스는 C가 운영하므로 A와 C가 운영하는 부스는 4호 또는 8호이다. E는 아래쪽 부스를 운영하며 바로 옆에서 부스를 운영하는 사람은 1명이므로 비어있는 부스의 위치에 따라 가능한 경우는 아래와 같다.

경우 1. 비어있는 부스가 2호, 7호인 경우

위	1호	2호	3호	4호
	F	비어있음	B 또는 D	A 또는 C

통로

아래	5호	6호	7호	8호
	D 또는 E	B 또는 D 또는 E	비어있음	A 또는 C

경우 2. 비어있는 부스가 3호, 6호인 경우

위	1호	2호	3호	4호
	F	B	비어있음	A 또는 C

통로

아래	5호	6호	7호	8호
	D	비어있음	E	A 또는 C

따라서 A가 운영하는 부스의 호수가 D가 운영하는 부스의 호수보다 작으면, B의 바로 옆에서 부스를 운영하는 사람은 A 또는 F이므로 항상 거짓인 설명이다.

오답 체크

① F가 운영하는 부스의 바로 맞은편 부스는 D 또는 E가 운영하므로 항상 거짓인 설명은 아니다.

② B는 위쪽 또는 아래쪽 부스를 운영하므로 항상 거짓인 설명은 아니다.

③ D가 아래쪽 부스를 운영한다면, 가능한 경우의 수는 6가지이므로 항상 참인 설명이다.

⑤ C가 운영하는 부스의 바로 옆에서 부스를 운영하는 사람이 존재한다면, 그 사람은 B 또는 D 또는 E이므로 항상 거짓인 설명은 아니다.

08 조건추리

정답 ②

제시된 조건에 따르면 B는 수리 영역에서 6점, E는 추리 영역에서 2점을 얻었고, A가 얻은 수리 영역 점수는 C가 얻은 추리 영역 점수보다 4점이 많으므로 A가 수리 영역에서 1등을 하면 C는 추리 영역에서 3등을 하고, A가 수리 영역에서 2등을 하면 C는 추리 영역에서 4등을 한다. 이때 C와 E가 얻은 수리 영역의 점수 차이는 2점이므로 C와 E는 수리 영역에서 4등 또는 5등을 했다. 또한, D가 얻은 수리와 추리 영역 점수는 다르며, 그 합은 14점 이상이므로 A의 수리 영역 등수에 따라 가능한 경우는 아래와 같다.

경우 1. A가 수리 영역에서 1등을 한 경우

구분	1등(10점)	2등(8점)	3등(6점)	4등(4점)	5등(2점)
수리	A	D	B	C 또는 E	C 또는 E
추리	D	A 또는 B	C	A 또는 B	E

경우 2. A가 수리 영역에서 2등을 한 경우

구분	1등(10점)	2등(8점)	3등(6점)	4등(4점)	5등(2점)
수리	D	A	B	C 또는 E	C 또는 E
추리	A 또는 B	A 또는 B 또는 D	A 또는 B 또는 D	C	E

따라서 A가 얻은 수리와 추리 영역 점수의 합은 14점 또는 16점 또는 18점이므로 항상 참인 설명이다.

오답 체크

① B는 추리 영역에서 1등 또는 2등 또는 3등 또는 4등을 했으므로 항상 참인 설명은 아니다.
③ D가 얻은 추리 영역 점수는 10점 또는 8점 또는 6점이고, E가 얻은 수리 영역 점수는 4점 또는 2점이므로 항상 거짓인 설명이다.
④ E가 수리와 추리 영역에서 5등을 했으면, D는 추리 영역에서 1등 또는 2등 또는 3등을 했으므로 항상 참인 설명은 아니다.
⑤ C가 추리 영역에서 4등을 했으면, 추리 영역에서 얻은 A와 B의 점수 차이는 2점 또는 4점이므로 항상 참인 설명은 아니다.

09 조건추리

정답 ③

제시된 조건에 따르면 갑국의 도시는 수도를 중심으로 동, 서, 남, 북, 북동, 북서, 남동, 남서 중 서로 다른 방향에 위치하고, 수도를 기준으로 북쪽과 남서쪽에는 도시가 위치하지 않는다. 이때 C 도시는 A 도시보다 동쪽에 위치하지만, F 도시보다는 서쪽에 위치하므로 C 도시는 수도를 중심으로 남쪽에 위치하고 있다. 또한, F 도시는 D 도시보다 남쪽에 위치하지만, B 도시보다는 북쪽에 위치하므로 B 도시는 수도를 중심으로 남동쪽에 위치하고, F 도시는 수도를 중심으로 동쪽에 위치함을 알 수 있다. 이때, E 도시는 수도를 기준으로 동쪽 또는 서쪽에 위치하므로 E 도시는 서쪽, A 도시는 북서쪽, D 도시는 북동쪽에 위치함을 알 수 있다.

A		D
E	수도	F
	C	B

따라서 E 도시는 D 도시보다 남쪽에 위치하므로 항상 거짓인 설명이다.

오답 체크

① 수도를 기준으로 동쪽에 위치한 도시는 F 도시이므로 항상 참인 설명이다.
② C 도시는 B 도시보다 서쪽에 위치하므로 항상 참인 설명이다.
④ 수도를 기준으로 북서쪽에 위치한 도시는 A 도시이므로 항상 참인 설명이다.
⑤ 수도를 기준으로 남쪽에 위치한 도시는 C 도시이므로 항상 참인 설명이다.

10 조건추리

정답 ③

제시된 조건에 따르면 마피아로 선정된 1명만 거짓을 말하고 있다. 먼저 A가 경찰이 아닌 경우 A가 경찰이라고 말하는 A와 E의 말이 모두 거짓이 되어 마피아로 선정된 사람은 1명이라는 조건에 모순되므로 A는 경찰이다. 이에 따라 자신은 경찰이고, E는 마피아가 아니라는 A의 말과 A는 경찰이고, B는 마피아가 아니라는 E의 말은 진실이므로 B는 마피아가 아니다. 이에 따라 자신은 마피아가 아니고, D는 시민이라는 B의 말이 진실이므로 D는 시민이다. 또한, 자신은 마피아가 아니고, E는 시민이라는 D의 말에 따라 E도 시민이 되므로 B는 의사, C는 마피아가 되며, B는 시민이고, 자신은 마피아가 아니라는 C의 말이 모두 거짓이 되어 조건을 만족한다.
따라서 마피아로 선정된 사람은 C이다.

빠른 문제 풀이 Tip

한 명만 거짓을 말할 때, 같은 말을 하는 둘 이상의 사람은 모두 진실을 말한다.

11 조건추리

정답 ④

제시된 조건에 따르면 B는 1량에, G는 4량에 타고, 3량에 타는 사람은 1명이다. 또한, D의 바로 앞쪽 량에 타는 사람은 1명뿐이고, C는 D의 바로 뒤쪽 량에 타므로 D는 2량 또는 3량에 탄다. 이때 D가 2량에 탈 경우 1량에 타는 사람은 B 1명, 3량에 타는 사람은 C 1명이 되지만, 이 경우 E와 F는 서로 인접한 량에 탈 수 없으므로 D는 3량에 탄다. 이에 따라 2량에 타는 사람은 E 또는 F 중 1명이고, 1량과 4량에 3명이 탄다.

1량(3명)	2량(1명)	3량(1명)	4량(3명)
A, **B**, E 또는 F	E 또는 F	D	C, **G**, H
B, H, E 또는 F	E 또는 F	D	A, C, **G**

따라서 A와 E가 같이 1량에 탄다면, H는 4량에 타므로 항상 참인 설명이다.

오답 체크

① F는 1량 또는 2량에 타므로 항상 참인 설명은 아니다.
② 1량에 타는 사람은 3명이므로 항상 거짓인 설명이다.
③ 2량에 타는 사람은 1명이므로 항상 거짓인 설명이다.
⑤ B와 H가 서로 다른 량에 탄다면, A는 1량에 타므로 항상 거짓인 설명이다.

12 조건추리 정답 ③

제시된 조건에 따르면 민정이와 현지는 인접하여 줄을 서 있고, 현지는 원이보다 체중이 적게 나가므로 원이는 민정이와 현지보다 체중이 많이 나간다. 또한, 지수는 민지보다 체중이 많이 나가고, 은주보다 체중이 적게 나가며, 민지는 원이보다 체중이 많이 나가므로 체중이 많이 나가는 사람부터 순서대로 나열하면 '은주 > 지수 > 민지 > 원이 > 민정 또는 현지 > 민정 또는 현지' 순이다. 이때 민지와 종미 사이에 2명이 줄을 서 있으므로 종미의 체중이 가장 많이 나감을 알 수 있다.
따라서 7명 중 체중이 가장 많이 나가는 사람은 종미이다.

13 조건추리 정답 ⑤

제시된 조건에 따르면 의지는 스리쿼터 스로를 활용하고, 신수와 현수는 동일한 투구 방법을 활용하므로 신수와 현수가 오버핸드 스로를 활용하면 대호는 언더핸드 스로를 활용하고, 신수와 현수가 언더핸드 스로를 활용하면 대호는 오버핸드 스로를 활용한다. 이때 현수는 노란색 글러브를 사용하고, 오버핸드 스로를 활용하는 사람 중에 초록색 글러브를 사용하는 사람이 있으므로 대호 또는 신수 중 초록색 글러브를 사용하는 사람에 따라 가능한 경우는 아래와 같다.

경우 1. 대호가 초록색 글러브를 사용하는 경우

구분	대호	신수	의지	현수
투구 방법	오버핸드 스로	언더핸드 스로	**스리쿼터 스로**	언더핸드 스로
글러브 색	초록색	빨간색 또는 파란색	빨간색 또는 파란색	**노란색**

경우 2. 신수가 초록색 글러브를 사용하는 경우

구분	대호	신수	의지	현수
투구 방법	언더핸드 스로	오버핸드 스로	**스리쿼터 스로**	오버핸드 스로
글러브 색	빨간색 또는 파란색	초록색	빨간색 또는 파란색	**노란색**

따라서 대호가 초록색 글러브를 사용하면, 언더핸드 스로는 신수, 현수 2명이 활용하므로 항상 거짓인 설명이다.

오답 체크

① 현수의 투구 방법은 오버핸드 스로 또는 언더핸드 스로이므로 항상 거짓인 설명은 아니다.
② 대호의 투구 방법은 오버핸드 스로 또는 언더핸드 스로이므로 항상 거짓인 설명은 아니다.
③ 의지가 빨간색 글러브를 사용하면, 대호는 파란색 또는 초록색 글러브를 사용하므로 항상 거짓인 설명은 아니다.
④ 신수가 초록색 글러브를 사용하면, 의지는 빨간색 또는 파란색 글러브를 사용하므로 항상 거짓인 설명은 아니다.

14 조건추리 정답 ②

제시된 조건에 따르면 A 영화의 러닝타임은 100분이고, A 영화는 9시부터 30분 간격으로 시작하며, 미영이가 관람할 A 영화는 13시 전까지 종료되어야 하므로 미영이가 관람할 영화는 최소 11시 20분 전에 시작해야 한다. 이에 따라 미영이가 관람할 영화의 시작 시각은 9시, 9시 30분, 10시, 10시 30분, 11시 중 하나이다. 이때 미영이는 A 영화 중 네 번째 순서로 시작한 영화는 관람하지 않으므로 10시 30분 영화는 관람하지 않고, 시간대별로 40분에 종료하는 영화를 관람하지 않으므로 시작 시각이 정각인 9시, 10시, 11시 영화는 관람하지 않는다.
따라서 미영이가 관람할 영화의 시작 시각은 9시 30분이다.

15 조건추리 정답 ②

제시된 조건에 따르면 파란색 양말을 신은 사람은 4명이라는 B의 말과 빨간색 양말을 신은 사람은 2명이라는 C의 말이 서로 모순되므로 B와 C 중 1명이 거짓을 말하는 것을 알 수 있다. 이에 따라 A, D, E의 말은 진실이므로 B와 C는 빨간색 신발을 신었고, 나머지는 파란색 신발을 신었다는 A의 말에 따라 B와 C는 빨간색 신발을 신었고, 나머지 A, D, E는 파란색 신발을 신었다. 또한, B와 C는 신발과 양말의 색깔이 같다는 E의 말에 따라 B와 C는 빨간색 양말을 신은 것을 알 수 있다. 이에 따라 파란색 양말을 신은 사람은 최대 3명이므로 파란색 양말을 신은 사람은 4명이라는 B의 말이 거짓이고, 빨간색 양말을 신은 사람은 2명이라는 C의 말은 진실임에 따라 A, D, E는 파란색 양말을 신었다.
따라서 거짓을 말하는 사람은 B이다.

빠른 문제 풀이 Tip

1명만 거짓을 말하는 문제에서 서로의 말에 모순이 발생하는 사람이 있는 경우 서로 모순되는 말을 한 사람을 제외한 나머지 사람은 진실을 말한다.

16 조건추리

정답 ④

제시된 조건에 따르면 신입사원은 기획팀에 2명, 재무팀에 2명, 홍보팀에 1명 발령받았고, 나영은 재무팀, 다영은 기획팀에 발령받았다. 또한, 라영은 나영이나 다영과는 서로 다른 부서에 발령받았으므로, 라영은 홍보팀에 발령받은 것을 알 수 있다. 이때 가영과 나영은 서로 다른 부서에 발령받았으므로 가영은 기획팀에 발령받았고, 남은 마영은 재무팀에 발령받았다.
따라서 가영은 기획팀, 라영은 홍보팀에 발령받았으므로 항상 거짓인 설명이다.

오답 체크

① 가영은 기획팀에 발령받았으므로 항상 참인 설명이다.
② 라영은 홍보팀에 발령받았으므로 항상 참인 설명이다.
③ 마영은 재무팀에 발령받았으므로 항상 참인 설명이다.
⑤ 라영은 홍보팀, 마영은 재무팀에 발령받았으므로 항상 참인 설명이다.

빠른 문제 풀이 Tip

'나영은 재무팀에 발령받았다.'와 같이 명확히 제시된 조건부터 순차적으로 문제를 풀이한다.

17 조건추리

정답 ①

제시된 조건에 따르면 A~D는 커피, 스무디, 에이드, 차 중 한 종류의 음료를 주문하였고, 첫 번째로 입장한 사람은 에이드를 주문하였다. 또한, B는 스무디를 주문하였고, D는 차를 주문하였으며, 세 번째로 입장한 사람은 A이므로 첫 번째로 입장하여 에이드를 주문한 사람은 C이고, A가 주문한 음료는 커피이다. 이에 따라 B와 D는 각각 두 번째 또는 네 번째로 입장하였다.

구분	첫 번째	두 번째	세 번째	네 번째
입장한 사람	C	B 또는 D	A	B 또는 D
주문한 음료	에이드	스무디 또는 차	커피	스무디 또는 차

따라서 커피를 주문한 사람은 세 번째로 입장하였으므로 항상 참인 설명이다.

오답 체크

② 두 번째로 입장한 사람은 B 또는 D이므로 항상 참인 설명은 아니다.
③ C는 에이드를 주문하였으므로 항상 거짓인 설명이다.
④ 차를 주문한 사람은 두 번째 또는 네 번째로 입장하였고, 커피를 주문한 사람은 세 번째로 입장하였으므로 항상 참인 설명은 아니다.
⑤ 네 번째로 입장한 사람은 스무디 또는 차를 주문하였으므로 항상 참인 설명은 아니다.

18 조건추리

정답 ①

제시된 조건에 따르면 민건이는 목포, 보성, 순천, 완도, 여수, 해남 6개 지역으로 휴가를 다녀왔다. 또한, 가장 먼저 방문한 지역은 목포이고, 목포와 해남을 연이어 방문하지 않았으며, 순천과 해남 사이에 방문한 지역은 3곳이므로 순천을 두 번째로, 해남은 여섯 번째로 방문한 것을 알 수 있다. 이때 순천과 여수를 연이어 방문하였으므로 여수를 세 번째로 방문하였고, 완도는 보성보다 늦게 방문하였으므로 보성을 네 번째로 방문하고, 완도는 다섯 번째로 방문하였다.
따라서 민건이가 네 번째로 방문한 지역은 보성이다.

19 조건추리

정답 ⑤

제시된 조건에 따르면 A는 B 바로 다음 순서로 서 있고, B는 첫 번째 순서로 서 있지 않으므로 B는 두 번째 또는 세 번째 또는 네 번째 순서로 서 있다. 이때 D와 E는 서로 이웃하여 서 있고, C는 E와 서로 이웃하여 서 있으므로 D-E-C 또는 C-E-D 순서로 연이어 서 있다. 이에 따라 B는 두 번째 또는 세 번째 순서로 서 있을 수 없어 네 번째 순서로 서 있게 된다.

첫 번째	두 번째	세 번째	네 번째	다섯 번째
C 또는 D	E	C 또는 D	B	A

따라서 A와 C는 인접한 순서로 서 있지 않으므로 항상 거짓인 설명이다.

오답 체크

① A는 다섯 번째 순서로 서 있으므로 항상 참인 설명이다.
② B는 네 번째, C는 첫 번째 또는 세 번째 순서로 서 있으므로 항상 거짓인 설명은 아니다.
③ B는 네 번째, E는 두 번째 순서로 서 있으므로 항상 참인 설명이다.
④ 첫 번째 순서로 서 있는 사람은 C 또는 D이므로 항상 거짓인 설명은 아니다.

빠른 문제 풀이 Tip

둘 이상이 연계되어 있는 조건을 기준으로 경우의 수를 확인한다. D와 E, C와 E가 각각 이웃하고, A, B가 이웃하는 조건을 통해 대략적인 순서를 확인할 수 있다.

20 조건추리

정답 ③

제시된 조건에 따르면 상점가에는 보석, 신발, 모자, 간식, 시계 가게가 있으며, 각 가게에는 적어도 한 명이 방문하였다. 또한, 신발, 모자, 간식 가게를 방문한 사람 중에는 항상 B가 있고, C는 보석, 신발 가게에는 방문하지 않았으며, 간식 가게에는 방문하였다. 이때 세 명이 다 같이 방문한 가게는 2개이고, 두 명이 방문한 가게는 2개이며, 시계 가게를 방문한 사람은 한 명이므로 모자와 간식 가게에는 세 명이 모두 방문하였고, 보석과 신발 가게에는 두 명이 방문하였으므로 보석과 신발 가게에는 A와 B가 방문하였다. 또한, 방문한 가게의 수는 B가 가장 많으므로 시계 가게를 방문한 사람은 B이다.

보석	신발	모자	간식	시계
A, B	A, **B**	A, **B**, C	A, **B**, C	B

따라서 C는 모자 가게를 방문하였으므로 항상 참인 설명이다.

오답 체크

① A는 시계 가게를 방문하지 않았으므로 항상 거짓인 설명이다.
② C가 방문한 가게의 수는 2개이므로 항상 거짓인 설명이다.
④ B는 보석 가게를 방문하였으므로 항상 거짓인 설명이다.
⑤ B가 방문한 가게의 수는 5개이므로 항상 거짓인 설명이다.

03 | 자료해석

01 자료이해 정답 ④

a. 남자의 식료품 구매율 대비 내구재 구매율은 2.7 / 27.3 ≒ 0.10으로 여자의 식료품 구매율 대비 내구재 구매율인 4.1 / 30.7 ≒ 0.13보다 낮으므로 옳지 않은 설명이다.

b. 기타 품목을 제외하고 40~49세보다 50~59세의 구매율이 더 높은 품목은 식료품, 화장품, 내구재로 3가지이며, 이 중 화장품은 13~19세보다 20~29세의 구매율이 더 낮으므로 옳지 않은 설명이다.

c. 20~29세에서 구매율이 세 번째로 높은 품목은 화장품이고, 50~59세에서 구매율이 세 번째로 높은 품목은 가전·전자·통신기기로 서로 다르므로 옳지 않은 설명이다.

오답 체크

d. 남자와 여자의 가전·전자·통신기기 구매율 차이는 10.8 - 2.2 = 8.6%p로 내구재 구매율 차이인 4.1 - 2.7 = 1.4%p의 8.6 / 1.4 ≒ 6.1배이므로 옳은 설명이다.

02 자료계산 정답 ④

전체 사상자 수 = 사망자 수 + 부상자 수임을 적용하여 구한다.

㉠ 2019년 사망자 수는 558 - 539 = 19명이다.

㉡ 2020년 부상자 수는 546 - 18 = 528명이다.

㉢ 2021년 전체 사상자 수는 17 + 498 = 515명이다.

㉣ 2022년 사망자 수는 508 - 481 = 27명이다.

㉤ 2023년 부상자 수는 408 - 13 = 395명이다.

따라서 ㉠은 19, ㉡은 528, ㉢은 515, ㉣은 27, ㉤은 395이므로 가장 타당하지 않은 값은 ㉣이다.

03 자료이해 정답 ⑤

기타 업무상 질병을 제외하고 뇌·심혈관 질환, 요통 업무상 질병자 수는 광업 분야에서보다 건설업 분야에서 각각 더 많으므로 옳지 않은 설명이다.

오답 체크

① 전체 소음성난청 업무상 질병자 수에서 광업 분야의 소음성난청 업무상 질병자 수가 차지하는 비중은 {1,508 / (1,508 + 884 + 233 + 18 + 68)} × 100 ≒ 56%이므로 옳은 설명이다.

② 제조업 분야에서 기타 업무상 질병을 제외하고 업무상 질병자 수가 가장 적은 질병은 뇌·심혈관 질환이므로 옳은 설명이다.

③ 요통 업무상 질병자 수는 건설업 분야가 운수·창고 및 통신업 분야보다 559 - 273 = 286명 더 많으므로 옳은 설명이다.

④ 제시된 분야의 전체 진폐증 업무상 질병자 수는 825 + 270 + 162 + 7 + 24 = 1,288명이므로 옳은 설명이다.

빠른 문제 풀이 Tip

① 광업 분야의 소음성난청 업무상 질병자 수와 광업 분야를 제외한 소음성난청 업무상 질병자 수를 비교한다.
광업 분야의 소음성난청 업무상 질병자 수는 1,508명이고, 광업 분야를 제외한 소음성난청 업무상 질병자 수는 884 + 233 + 18 + 68 = 1,203명이므로 전체 소음성난청 업무상 질병자 수에서 광업 분야의 소음성난청 업무상 질병자 수가 차지하는 비중은 50% 이상임을 알 수 있다.

04 자료이해 정답 ③

a. 전체 국내 신규 박사 학위취득자 수는 2017년에 5,844 + 3,334 = 9,178명, 2018년에 5,592 + 3,214 = 8,806명, 2019년에 5,876 + 3,557 = 9,433명, 2020년에 5,700 + 3,159 = 8,859명, 2021년에 6,419 + 3,879 = 10,298명이므로 옳은 설명이다.

d. 2017년 남성 국내 신규 박사 학위취득자 수 1명당 여성 국내 신규 박사 학위취득자 수 비율은 (3,334 / 5,844) × 100 ≒ 57%이므로 옳은 설명이다.

오답 체크

b. 제시된 기간 중 성별 국내 신규 박사 학위취득자 수가 가장 적은 해는 남성이 2018년, 여성이 2020년이므로 옳지 않은 설명이다.

c. 2020년 성별 국내 신규 박사 학위취득자 수의 전년 대비 감소량은 남성이 5,876 - 5,700 = 176명, 여성이 3,557 - 3,159 = 398명이므로 옳지 않은 설명이다.

05 자료추론 정답 ④

㉡ 전체 참여 기관 수가 50개 이상인 분야는 A와 C이므로 A, C는 각각 과학연구 또는 지상 장비이다.

㉣ 우주보험 기업체 수는 우주탐사 기업체 수보다 많고, A와 C는 각각 과학연구 또는 지상 장비이므로 B가 우주보험, D가 우주탐사이다.

㉢ B와 D를 제외하고 전체 참여 기관에서 기업체가 차지하는 비중은 A가 (87 / 95) × 100 ≒ 92%, C가 (7 / 51) × 100 ≒ 14%이므로 A가 지상 장비, C가 과학연구이다.

따라서 A는 지상 장비, B는 우주보험, C는 과학연구, D는 우주탐사인 ④가 정답이다.

06 자료이해 정답 ⑤

2016년 B 우편물 물량은 C 우편물 물량보다 277 - 218 = 59백만 톤 더 많으므로 옳은 설명이다.

오답 체크

① 2019년과 2020년에 우편물 물량은 C 우편물 물량이 제시된 우편물 종류 중 두 번째로 많으므로 옳지 않은 설명이다.

② 2020년 A 우편물 물량과 C 우편물 물량은 모두 전년 대비 감소하였으므로 옳지 않은 설명이다.

③ 제시된 기간 동안 D 우편물의 연평균 물량은 (6+6+8+14+16)/5=10백만 톤이므로 옳지 않은 설명이다.

④ 2018년 A 우편물 물량의 전년 대비 감소율은 {(3,200−3,040)/3,200}×100=5%이므로 옳지 않은 설명이다.

07 자료이해 정답 ①

a. 제시된 지방병무청 중 2017년 이후 사회복무요원 소집 인원수가 전년 대비 매년 증가한 청은 대전·충남지방병무청 1개이므로 옳지 않은 설명이다.

b. 2018년 서울지방병무청과 대구·경북지방병무청의 사회복무요원 소집 인원수의 합은 6,227+2,921=9,148명이므로 옳지 않은 설명이다.

오답 체크

c. 제시된 기간 중 경인지방병무청의 사회복무요원 소집 인원수가 다른 해에 비해 가장 적은 해는 2018년이므로 옳은 설명이다.

d. 제시된 지방병무청 중 2019년 사회복무요원 소집 인원수가 3,500명 미만인 청은 부산지방병무청, 광주·전남지방병무청, 대전·충남지방병무청 3개이므로 옳은 설명이다.

08 자료이해 정답 ①

d. 2020년 상반기에 직전 반기 대비 법률구조를 받은 인원이 증가한 연령대는 20세 미만, 20~29세, 30~39세로 3개이므로 옳지 않은 설명이다.

오답 체크

a. 법률구조를 받은 총인원은 2019년에 69,010+77,705+37,607+42,000=226,322명, 2020년에 56,430+62,183+31,948+36,899=187,460명이므로 옳은 설명이다.

b. 2021년 연령대별 법률구조를 받은 총인원은 20세 미만이 288+282=570명, 20~29세가 7,917+5,840=13,757명, 30~39세가 15,136+11,084=26,220명, 40~49세가 18,999+15,055=34,054명, 50~59세가 23,256+18,934=42,190명, 60~69세가 21,941+19,106=41,047명, 70세 이상이 7,048+6,413=13,461명이므로 옳은 설명이다.

c. 2019년 하반기에 법률구조를 받은 여자의 월평균 인원은 42,000/6=7,000명이므로 옳은 설명이다.

빠른 문제 풀이 Tip

a. 큰 수로 구성된 수의 합이 작은 수로 구성된 수의 합보다 큼을 이용하여 구한다.
법률구조를 받은 남자와 여자의 수는 상반기와 하반기 모두 2019년이 2020년보다 각각 더 많으므로 2020년 법률구조를 받은 총인원은 전년 대비 감소하였음을 알 수 있다.

09 자료이해 정답 ③

도시계획세 징수액이 20억 원을 넘은 해는 2019년이고, 2019년 도시계획세 징수액의 400배는 27×400=10,800억 원으로 지방교육세 징수액보다 크므로 옳지 않은 설명이다.

오답 체크

① 2024년 재산세 징수액은 2019년 대비 106,621−80,492=26,129억 원 증가하였고, 2024년 지역자원시설세 징수액은 2019년 대비 12,287−7,884=4,403억 원 증가하였으므로 옳은 설명이다.

② 전체 보유세 징수액은
2019년에 80,492+7,884+27+10,576=98,979억 원,
2020년에 82,651+8,212+15+10,809=101,687억 원,
2021년에 87,791+9,971+10+11,411=109,183억 원,
2022년에 92,937+10,789+1+12,061=115,788억 원,
2023년에 99,299+11,629+12,906=123,834억 원,
2024년에 106,621+12,287+13,792=132,700억 원이므로 옳은 설명이다.

④ 지역자원시설세와 지방교육세의 징수액 차이는 2021년에 11,411−9,971=1,440억 원, 2019년에 10,576−7,884=2,692억 원으로 2021년에 2년 전 대비 감소하였으므로 옳은 설명이다.

⑤ 2022년 전체 보유세 징수액은 92,937+10,789+1+12,061=115,788억 원으로 전체 보유세 징수액에서 재산세 징수액이 차지하는 비중은 (92,937/115,788)×100≒80.3%이므로 옳은 설명이다.

10 자료이해 정답 ④

부산진해와 대구경북의 경제자유구역 입주 회사외법인 사업체 수의 평균은 (32+68)/2=50개이므로 옳지 않은 설명이다.

오답 체크

① 전국의 경제자유구역 입주 사업체 수는 총 2,382+3,598+260+173+214=6,627개이므로 옳은 설명이다.

② 전국의 경제자유구역 입주 개인사업체 수에서 인천의 경제자유구역 입주 개인사업체 수가 차지하는 비중은 (1,583/2,382)×100≒66%이므로 옳은 설명이다.

③ 광양만권의 경제자유구역 입주 사업체 수는 국가사업체가 비법인의 18/9=2배이므로 옳은 설명이다.

⑤ 표에 제시되지 않은 충북, 동해안권, 경기, 울산의 경제자유구역 입주 회사법인 사업체 수 합계는 3,598−(1,394+1,149+497+434)=124개로 4개 권역의 경제자유구역 입주 회사법인 사업체 수는 각각 150개 미만임에 따라 150개 이상인 권역은 인천, 부산진해, 광양만권, 대구경북 4개이므로 옳은 설명이다.

11 자료계산 정답 ④

1인당 GDP = 명목 GDP / 연앙인구임을 적용하여 구한다.
A~E 국의 1인당 GDP는 다음과 같다.

구분	1인당 GDP
A 국	(160,000 × 10,000,000) / (5,000 × 10,000) = 32,000달러
B 국	(180,000 × 10,000,000) / (4,800 × 10,000) = 37,500달러
C 국	(525,000 × 10,000,000) / (12,500 × 10,000) = 42,000달러
D 국	(68,200 × 10,000,000) / (2,200 × 10,000) = 31,000달러
E 국	(1,520,000 × 10,000,000) / (38,000 × 10,000) = 40,000달러

따라서 1인당 GDP가 가장 높은 C 국과 가장 낮은 D 국의 1인당 GDP 차이는 42,000 - 31,000 = 11,000달러이다.

12 자료이해 정답 ④

가구원 수가 6명 이상인 임가의 가족 노동 평균 노동 투하량은 가구원 수가 5명인 임가의 가족 노동 평균 노동 투하량보다 851 - 767 = 84시간 더 많으므로 옳은 설명이다.

오답 체크

① 배우자의 평균 노동 투하량은 전업임가가 304시간임에 따라 임업주업과 임업부업의 평균 노동 투하량의 합인 222 + 125 = 347시간보다 적으므로 옳지 않은 설명이다.
② 경영주의 임업주업 평균 노동 투하량은 경영주의 전업임가 평균 노동 투하량의 (387 / 697) × 100 ≒ 56%이므로 옳지 않은 설명이다.
③ 가구원 수가 6명 이상인 임가의 고용 노동 평균 노동 투하량은 가구원 수가 5명인 임가의 고용 노동 평균 노동 투하량보다 적으므로 옳지 않은 설명이다.
⑤ 가구원 수가 2명 이하인 임가에서 경영주의 평균 노동 투하량은 일손 돕기 평균 노동 투하량의 292 / 41 ≒ 7배이므로 옳지 않은 설명이다.

13 자료추론 정답 ⑤

㉢ 10월 매수 거래량이 11월 매수 거래량의 2배 이상인 투자자는 A이므로 A가 보험회사이다.
㉡ 매도 거래량이 매월 금융투자업자의 매도 거래량 다음으로 많은 투자자는 B이므로 B가 자산운용회사이다.
㉣ 매월 매도 거래량이 매수 거래량보다 더 많은 투자자는 B와 D이고, B는 자산운용회사이므로 D가 은행이다.
㉠ 매수 거래량이 매월 400십만 주 미만인 투자자는 C와 D이고, D는 은행이므로 C가 사모펀드이다.

따라서 A는 보험회사, B는 자산운용회사, C는 사모펀드, D는 은행인 ⑤가 정답이다.

14 자료이해 정답 ②

2023년 잡곡과 옥수수 생산량의 총합의 전년 대비 증가율은 B 지역이 {(11 - 10) / 10} × 100 = 10%, G 지역이 {(47 - 41) / 41} × 100 ≒ 15%로 B 지역이 G 지역보다 작으므로 옳지 않은 설명이다.

오답 체크

① 2024년 잡곡 생산량의 전년 대비 감소율은 C 지역이 {(16 - 12) / 16} × 100 = 25%, L 지역이 {(20 - 19) / 20} × 100 = 5%로 C 지역이 L 지역의 25 / 5 = 5배이므로 옳은 설명이다.
③ 2024년 옥수수 생산량의 2022년 대비 증가량이 가장 많은 지역은 D 지역이므로 옳은 설명이다.
④ 전체 옥수수 생산량에서 C 지역의 옥수수 생산량이 차지하는 비중은 2022년에 (21 / 231) × 100 ≒ 9%, 2023년에 (16 / 226) × 100 ≒ 7%로 2023년에 전년 대비 감소하였으므로 옳은 설명이다.
⑤ 2024년 잡곡 생산량이 10M/T를 넘지 않는 B, E, F 지역의 잡곡 생산량의 합은 2023년에 6 + 2 + 0 = 8M/T, 2024년에 5 + 5 + 0 = 10M/T로, 2024년 잡곡 생산량의 합의 전년 대비 증가율은 {(10 - 8) / 8} × 100 = 25%이므로 옳은 설명이다.

15 자료변환 정답 ④

제시된 자료에 따르면 2019년 건널목사고 건수의 전년 대비 증감량은 15 - 8 = 7건이지만, [2017년 이후 건널목사고 건수의 전년 대비 증감량] 꺾은선 그래프에서는 2019년 건널목사고 건수의 전년 대비 증감량이 8건보다 높게 나타나므로 옳지 않은 그래프는 ④이다.

16 자료이해 정답 ⑤

b. 12월 전체 결항 수에서 제주공항의 결항 수가 차지하는 비중은 (199 / 457) × 100 ≒ 44%이므로 옳지 않은 설명이다.
c. 인천공항의 운항 수는 10월이 12월보다 적으므로 옳지 않은 설명이다.
d. 11월 결항 수가 가장 많은 공항은 김포공항이므로 옳지 않은 설명이다.

오답 체크

a. 제시된 기간 동안 운항 수가 매월 1,000편 이상인 공항은 김포공항, 김해공항, 제주공항, 청주공항, 대구공항, 광주공항, 인천공항 7곳이므로 옳은 설명이다.

17 자료이해

정답 ⑤

2024년 제시된 산업의 전체 도입업소 수는 1,075 + 228 + 86 + 768 = 2,157백 개소이므로 옳지 않은 설명이다.

오답 체크

① 2023년 이후 제조업의 도입 대상업소 수와 도입업소 수는 각각 전년 대비 매년 증가하였으므로 옳은 설명이다.

② 도입률 = (도입업소 수 / 도입 대상업소 수) × 100임을 적용하여 구하면 보건업 및 사회복지 서비스업의 도입률은 2022년에 (659 / 1,225) × 100 ≒ 54%, 2024년에 (768 / 1,294) × 100 ≒ 59%이므로 옳은 설명이다.

③ 제시된 산업 중 2023년 도입업소 수가 가장 많은 제조업과 가장 적은 숙박 및 음식점업의 도입업소 수 차이는 1,064 - 85 = 979백 개소이므로 옳은 설명이다.

④ 2024년 건설업의 도입 대상업소 수는 2022년 대비 {(1,174 - 1,061) / 1,061} × 100 ≒ 10.7% 증가하였으므로 옳은 설명이다.

18 자료이해

정답 ④

스마트폰을 3시간 이상 5시간 미만 사용한다고 응답한 비율은 여자 중학생이 여자 고등학생보다 52.8 - 44.5 = 8.3%p 더 높으므로 옳은 설명이다.

오답 체크

① 스마트폰을 1시간 이상 사용한다고 응답한 비율은 남자 중학생이 40.0 + 41.9 + 9.9 = 91.8%, 여자 중학생이 26.9 + 52.8 + 16.5 = 96.2%, 남자 고등학생이 44.9 + 35.4 + 11.0 = 91.3%, 여자 고등학생이 39.2 + 44.5 + 10.8 = 94.5%로 여자 중학생이 가장 높으므로 옳지 않은 설명이다.

② 주로 사용하는 앱을 SNS 또는 동영상이라고 응답한 비율은 남자 중학생이 22.5 + 36.6 = 59.1%, 남자 고등학생이 30.2 + 33.5 = 63.7%로 남자 중학생이 남자 고등학생보다 낮으므로 옳지 않은 설명이다.

③ 남자 고등학생의 응답 인원이 500명이었다면, 스마트폰을 5시간 이상 사용하는 남자 고등학생은 500 × 0.11 = 55명이므로 옳지 않은 설명이다.

⑤ 주로 사용하는 앱을 웹툰이라고 응답한 비율은 여자 중학생이 여자 고등학생의 7.2 / 2.6 ≒ 2.8배이므로 옳지 않은 설명이다.

[19 - 20]

19 자료이해

정답 ②

전체 저작물 등록 건수에서 미술 저작물 등록 건수가 차지하는 비중은 2018년에 (13,547 / 43,700) × 100 = 31%, 2019년에 (16,352 / 46,720) × 100 = 35%이므로 옳은 설명이다.

오답 체크

① 2016년부터 2019년까지 전체 저작물 등록 건수는 매년 전년 대비 증가하였고, 이와 증감 추이가 동일한 저작물 종류는 사진 저작물 1개이므로 옳지 않은 설명이다.

③ 등록 건수가 다섯 번째로 많은 저작물 종류는 2015년에 영상 저작물이고, 2018년에 음악 저작물이므로 옳지 않은 설명이다.

④ 2015년부터 2019년까지 도형 저작물 등록 건수의 평균은 (472 + 450 + 484 + 466 + 703) / 5 = 515건이므로 옳지 않은 설명이다.

⑤ 2017년 편집 저작물 등록 건수는 2015년 대비 {(3,566 - 2,703)/ 2,703} × 100 ≒ 31.9% 증가하였으므로 옳지 않은 설명이다.

빠른 문제 풀이 Tip

② 비중의 분모와 분자에 해당하는 값의 전년 대비 증가율을 비교한다.
2019년 전체 저작물 등록 건수는 전년 대비 10% 증가한 값인 43,700 × 1.1 = 48,070건보다 적은 46,720건으로 10% 미만 증가하였고, 2019년 미술 저작물 등록 건수는 전년 대비 10% 증가한 값인 13,547 × 1.1 = 14,901.7건보다 많은 16,352건으로 10% 이상 증가하였으므로 전체 저작물 등록 건수에서 미술 저작물 등록 건수가 차지하는 비중은 2019년에 전년 대비 증가하였음을 알 수 있다.

20 자료계산

정답 ②

2016년부터 2019년까지 전체 저작물 등록 건수의 전년 대비 증가량이 43,700 - 39,760 = 3,940건으로 가장 큰 2018년에 영상 저작물 등록 건수의 전년 대비 변화량은 2,098 - 1,159 = 939건, 컴퓨터 프로그램 저작물 등록 건수의 전년 대비 변화량은 16,027 - 15,180 = 847건이다.
따라서 2018년 영상 저작물 등록 건수와 컴퓨터 프로그램 저작물 등록 건수의 전년 대비 변화량의 차이는 939 - 847 = 92건이다.

04 | 창의수리

01 수/문자추리 정답 ③

홀수항에 제시된 각 숫자는 (앞 숫자의 × 2) - 1라는 규칙이 적용되고, 짝수항에 제시된 각 숫자 간의 값이 +16으로 반복되므로 빈칸에 들어갈 알맞은 숫자는 '97'이다.

02 수/문자추리 정답 ③

제시된 각 숫자 간의 값이 +24, +21, +18,…와 같이 -3씩 변화하므로 빈칸에 들어갈 알맞은 숫자는 '123'이다.

03 수/문자추리 정답 ③

세 번째 항부터 제시된 각 숫자는 앞의 두 숫자의 합이라는 규칙이 적용되므로 빈칸에 들어갈 알맞은 숫자는 '233'이다.

04 수/문자추리 정답 ③

제시된 각 숫자 간의 값이 ×3으로 반복되므로 빈칸에 들어갈 알맞은 숫자는 '486'이다.

05 수/문자추리 정답 ④

제시된 도형에서 바깥쪽 원에 포함된 각 숫자 간의 값은 +2, +5로 반복되므로 A = 24이다.

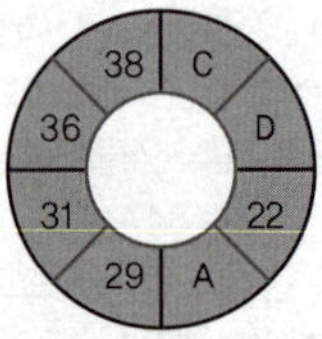

A에 숫자를 대입하면 사분원의 안쪽 원에 포함된 숫자는 바깥쪽 원에 포함된 두 숫자의 합에서 5를 더한 수임을 알 수 있으므로 B = 65이다.

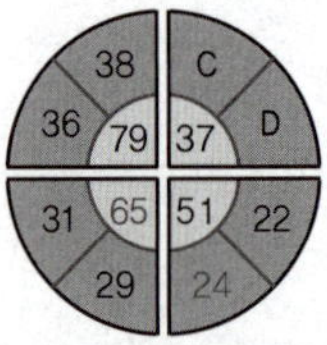

B에 숫자를 대입하면 안쪽 원에 포함된 각 숫자 간의 값은 +14로 반복되고, C와 D는 각 숫자 간의 값이 +2, +5로 반복되는 바깥쪽 원의 규칙에 따라 각각 15, 17 또는 43, 45이다. 이에 따라 C = 15, D = 17일 때, 사분원 규칙인 15 + 17 + 5 = 37이 성립한다.

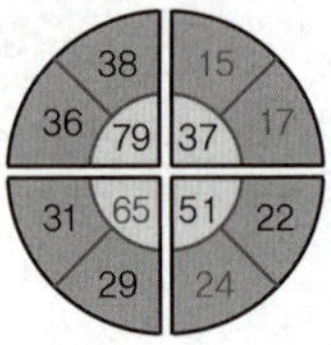

따라서 A + B + C + D의 값은 24 + 65 + 15 + 17 = 121이다.

06 수/문자추리 정답 ①

제시된 톱니바퀴에서 왼쪽 톱니바퀴 내의 숫자는 제시된 각 숫자 간의 값이 +2로 반복되므로 A = 9이고, 왼쪽 톱니바퀴 2개와 오른쪽 톱니바퀴 1개가 서로 맞물리는 부분에서 오른쪽 톱니바퀴 내의 숫자에는 왼쪽 톱니바퀴에 제시된 큰 수의 제곱에서 작은 수를 뺀 값이라는 규칙이 적용되므로 B = 3^2 - 1 = 8이다.
따라서 A + B의 값은 9 + 8 = 17이다.

07 수/문자추리 정답 ③

구분	정가운데 숫자	시침 숫자	분침 숫자
첫 번째	36	4	8
두 번째	44	8	9
세 번째	22	2	5
네 번째	A	B	5
다섯 번째	15	11	1

제시된 각 시계의 정가운데 있는 숫자 간의 값은 +8, ÷2가 반복되는 규칙이 적용된다.
네 번째 시계의 정가운데 있는 숫자(A)는 세 번째 시계의 정가운데 있는 숫자에 +8을 적용한 A = 22 + 8 = 30이다.
또한, 정가운데 있는 숫자(x)와 시침이 가리키는 숫자(y), 분침이 가리키는 숫자(z)는 $y = x - 4z$라는 규칙이 적용된다.
네 번째 시계에 추가될 시침이 가리키는 숫자(B)는 B = A - (4 × 5) = 30 - 20 = 10이다.
따라서 A + B의 값은 30 + 10 = 40이다.

08 수/문자추리 정답 ③

제시된 그림에서 각 화살표에 적용된 규칙은 다음과 같다.

⟶	-5
- →	+7
·····→	÷2

이에 따라 A는 41 + 7 - (-5) = 53, B는 36 ÷ 2 = 18이다.
따라서 A - B의 값은 53 - 18 = 35이다.

09 응용계산 정답 ④

직사각형 둘레의 길이 = 2 × (가로의 길이 + 세로의 길이), 직사각형 대각선의 길이 = $\sqrt{(가로의 길이)^2 + (세로의 길이)^2}$임을 적용하여 구한다.

직사각형 가로의 길이를 x라고 하면 세로의 길이는 $x-4$이다.

이 직사각형 둘레의 길이가 32cm이므로

$2 \times (x+x-4) = 32 \rightarrow 2 \times (2x-4) = 32 \rightarrow 4x = 40 \rightarrow x = 10$

직사각형 가로의 길이가 10cm이므로 세로의 길이는 10 − 4 = 6cm이다.

따라서 이 직사각형 대각선의 길이는 $\sqrt{10^2+6^2} = 2\sqrt{34}$cm이다.

10 응용계산 정답 ⑤

작년 A 물품의 가격을 x라고 하면 작년 B 물품의 가격은 $8{,}000-x$이다.

올해에는 A 물품의 가격이 10%, B 물품의 가격이 20% 증가하여 9,100원을 지불하였으므로

$1.1x + 1.2(8{,}000-x) = 9{,}100 \rightarrow 0.1x = 9{,}600 - 9{,}100$

$\rightarrow x = 5{,}000$

따라서 올해 A 물품의 가격은 1.1 × 5,000 = 5,500원이다.

11 응용계산 정답 ①

백 원짜리 동전의 개수를 x라고 하면 오백 원짜리 동전의 개수는 $x-12$이다.

소량이는 백 원짜리 동전과 오백 원짜리 동전으로 총 3,000원을 가지고 있으므로

$100x + 500(x-12) = 3{,}000 \rightarrow 600x = 3{,}000 + 6{,}000 \rightarrow x = 15$

따라서 소량이가 가지고 있는 백 원짜리 동전의 개수는 15개이다.

빠른 문제 풀이 Tip

백 원짜리 동전 12개를 제외하면 백 원짜리 동전과 오백 원짜리 동전의 개수가 동일함을 이용하여 구한다.

소량이는 백 원짜리 동전과 오백 원짜리 동전으로 총 3,000원을 가지고 있고, 백 원짜리 동전이 오백 원짜리 동전보다 12개 더 많으므로 소량이가 가지고 있는 오백 원짜리 동전의 개수를 x라고 하면

$1{,}200 + (100+500)x = 3{,}000 \rightarrow 600x = 1{,}800 \rightarrow x = 3$

따라서 소량이가 가지고 있는 백 원짜리 동전의 개수는 12 + 3 = 15개이다.

12 응용계산 정답 ③

서로 다른 n개에서 순서를 고려하지 않고 r개를 뽑는 경우의 수는 ${}_nC_r = \frac{n!}{r!(n-r)!}$임을 적용하여 구한다.

n명의 사람들끼리 모두 한 번씩 악수를 했을 때 총 악수의 횟수는 서로 다른 n개에서 순서를 고려하지 않고 2개를 뽑는 경우의 수 ${}_nC_2 = \frac{n!}{2!(n-2)!}$과 같다. 사내 행사에 참석한 사람들끼리 모두 한 번씩 악수를 했더니 총 105번의 악수가 이루어졌으므로

$\frac{n \times (n-1)}{2 \times 1} = 105 \rightarrow n(n-1) = 210 \rightarrow n^2 - n - 210 = 0 \rightarrow (n+14)(n-15) = 0 \rightarrow n = -14$ 또는 $n = 15$

따라서 사내 행사에 참석한 사람의 수는 음수가 될 수 없어 15명이므로 한 사람당 악수한 횟수는 14번이다.

빠른 문제 풀이 Tip

사내 행사에 참석한 사람의 수를 x라고 하면 사내 행사에 참석한 사람들끼리 모두 한 번씩 악수한 횟수는 $1+2+3+\cdots+(x-1)$임을 이용하여 구한다.

LG 시험에서는 계산기를 활용할 수 있으므로 1부터 숫자를 1씩 증가시키며 더해주고, 그 값이 105가 될 때까지 반복하면 1부터 14까지 더했을 때 105가 된다. 이에 따라 사내 행사에 참석한 사람의 수는 15명이므로 한 사람당 악수한 횟수는 14번임을 알 수 있다.

13 응용계산 정답 ①

사건 A가 일어날 확률 = $\frac{\text{사건 A가 일어날 경우의 수}}{\text{모든 경우의 수}}$임을 적용하여 구한다.

주사위를 세 번째 던졌을 때, 왕수의 말이 현재 위치에서 앞으로 총 10칸 이동하려면 3번 던져서 나온 주사위 눈의 수를 모두 더한 값이 10이어야 하므로 주사위를 3번 던졌을 때 나온 주사위 눈의 수가 (1, 3, 6), (1, 4, 5), (2, 2, 6), (2, 3, 5), (2, 4, 4), (3, 3, 4)인 경우에 찬스를 얻을 수 있다. 이때 3번 던져서 나온 주사위 눈의 수가 모두 다른 (1, 3, 6), (1, 4, 5), (2, 3, 5)는 경우의 수가 각각 3! = 6가지이고, 중복되는 수가 2개씩 존재하는 (2, 2, 6), (2, 4, 4), (3, 3, 4)는 경우의 수가 각각 $\frac{3!}{2!} = 3$가지이다.

따라서 왕수가 주사위를 세 번째 던졌을 때, 찬스를 얻을 확률은 $\frac{3 \times 6 + 3 \times 3}{6 \times 6 \times 6} = \frac{1}{8}$이다.

14 응용계산

정답 ②

사건 A가 일어났을 때의 사건 B의 조건부확률 $P(B|A) = \frac{P(A\cap B)}{P(A)}$임을 적용하여 구한다.

뽑기상자 1개에서 아이템 X, Y가 나올 확률은 각각 20%, 30%이므로 아무것도 나오지 않을 확률은 $1-(0.2+0.3) = 0.5$이다. 이때 동일한 뽑기상자 5개를 열어 아이템 2개가 나오는 사건을 A, 아이템 X, Y를 모두 뽑는 사건을 B라고 하면 P(A)는 아이템 X가 2개 또는 아이템 Y가 2개 또는 아이템 X, Y가 1개씩 나올 확률이므로 $P(A) = \{(0.2^2 \times 0.5^3) + (0.3^2 \times 0.5^3) + (0.2 \times 0.3 \times 0.5^3) \times 2\} \times {}_5C_2$이고, $P(A\cap B)$는 아이템 X, Y가 1개씩 나올 확률이므로 $P(A\cap B) = (0.2 \times 0.3 \times 0.5^3) \times 2 \times {}_5C_2$이다.

따라서 동욱이가 동일한 뽑기상자 5개를 열어 아이템 2개가 나왔을 때, 아이템 X, Y가 1개씩 나왔을 확률은 $P(B|A) = \frac{(0.2\times0.3\times0.5^3)\times2}{(0.2^2\times0.5^3)+(0.3^2\times0.5^3)+(0.2\times0.3\times0.5^3)\times2}$

$= \frac{0.2\times0.3\times2}{0.2^2+0.3^2+(0.2\times0.3\times2)} = \frac{12}{25}$이다.

15 응용계산

정답 ②

공정 개선 전 A 공정의 공정 시간을 x, B 공정의 공정 시간을 y, C 공정의 공정 시간을 z라고 하면

A 공정은 B 공정보다 공정 시간이 2시간 더 길므로 $x=y+2$이다.

이때 제품 H를 1개 생산하는 데 소요되는 시간은 총 80시간이므로

$x+y+z=80 \rightarrow (y+2)+y+z=80 \rightarrow 2y+z=78$ ⋯ ⓐ

이후 공정 개선으로 공정 시간이 A 공정은 20%, B 공정은 50%, C 공정은 45%만큼 단축되어 제품 H를 1개 생산하는 데 소요되는 시간이 총 52시간으로 줄었으므로

$(1-0.2)x+(1-0.5)y+(1-0.45)z=52$

$\rightarrow 0.8(y+2)+0.5y+0.55z=52 \rightarrow 1.3y+0.55z=50.4$

$\rightarrow 130y+55z=5{,}040$ ⋯ ⓑ

65 × ⓐ − ⓑ에서

$65(2y+z)-(130y+55z)=65\times78-5{,}040$

$\rightarrow 10z=30 \rightarrow z=3$

따라서 공정 개선 전 C 공정의 공정 시간은 3시간이다.

16 응용계산

정답 ③

판매된 B 팔찌의 개수를 x라고 하면

A 팔찌가 B 팔찌보다 25개 더 판매됐으므로 판매된 A 팔찌의 개수는 $x+25$이다.

팔찌 1개당 가격은 A 팔찌가 2만 원, B 팔찌가 4만 원이고, A 팔찌와 B 팔찌를 판매하여 얻은 수익은 총 200만 원이므로

$2(x+25)+4x=200 \rightarrow 2x+50+4x=200$

$\rightarrow 6x=150 \rightarrow x=25$

이에 따라 판매된 A 팔찌의 개수는 25+25=50개이다.

따라서 판매된 팔찌는 총 50+25=75개이다.

17 응용계산

정답 ③

제공한 할인 쿠폰의 개수를 x라고 하면

☆☆전자 제품 매장에서는 키보드를 5만 원, 마우스를 4만 원에 판매하고, 키보드와 마우스를 1개씩 함께 구매하는 고객에게는 총 8만 원에 판매하면서 할인 쿠폰 1개를 제공하며, 어느 날 키보드가 10개, 마우스가 12개 판매되었으므로 할인 쿠폰을 제공하지 않으면서 판매한 키보드의 개수는 $10-x$, 마우스의 개수는 $12-x$이다. 이때 총 판매 금액이 94만 원이므로

$5\times(10-x)+4\times(12-x)+8\times x=94$

$\rightarrow -5x-4x+8x+50+48=94 \rightarrow x=4$

따라서 이날 고객에게 제공한 할인 쿠폰의 개수는 4개이다.

빠른 문제 풀이 Tip

키보드와 마우스를 각각 판매했을 때와 함께 판매했을 때 총 판매 금액의 차이를 이용하여 계산한다.

키보드와 마우스를 각각 판매했을 때 총 판매 금액은 5+4=9만 원이고, 함께 판매했을 때 총 판매 금액은 8만 원이므로 총 판매 금액은 함께 판매했을 때가 각각 판매했을 때보다 9−8=1만 원 더 적다. 이때 키보드 10개와 마우스 12개를 각각 판매했을 때 총 판매 금액은 (5×10)+(4×12)=98만 원이지만, 이날 실제 총 판매 금액은 94만 원이므로 실제 총 판매 금액은 각각 판매했을 때보다 98−94=4만 원 더 적다. 이에 따라 키보드와 마우스를 1개씩 함께 구매한 고객의 수는 4명임을 알 수 있다.

18 응용계산

정답 ③

거리 = 시간 × 속력임을 적용하여 구한다.

갑과 을은 처음에 400cm의 거리에서 마주 보고 서 있다가 강아지가 갑의 위치에서 을에게 출발하는 동시에 갑이 을보다 5cm/s 더 느린 속력으로 이동했으므로

갑의 속력을 x라고 하면 을의 속력은 $x+5$이다.

강아지는 갑의 위치에서 출발하여 5초 후 을에게 도착하였고, 그 시점에 갑과 을 사이의 거리는 575cm로 갑과 을이 이동한 거리는 575−400=175cm이므로

$5x+5(x+5)=175 \rightarrow 10x=150 \rightarrow x=15$

이에 따라 을의 속력은 15+5=20cm/s이므로 을이 이동한 거리는 20×5=100cm이다.

따라서 강아지가 이동한 거리는 400+100=500cm이다.

19 응용계산

정답 ②

$n(A \cup B) = n(A) + n(B) - n(A \cap B)$임을 적용하여 구한다.
스마트패드를 보유하고 있는 직원의 집합을 A, 스마트시계를 보유하고 있는 직원의 집합을 B라고 하면 $n(A) = 45$, $n(B) = 30$이다. 이때 직원 100명 중 스마트패드와 스마트시계 중 아무것도 보유하고 있지 않은 직원이 31명이므로
$n((A \cup B)^c) = 31 \rightarrow 100 - n(A \cup B) = 31 \rightarrow n(A \cup B) = 69$
$\rightarrow 45 + 30 - n(A \cap B) = 69 \rightarrow n(A \cap B) = 6$
이에 따라 스마트패드와 스마트시계를 둘 다 보유하고 있는 직원은 6명이다.
따라서 직원 100명 중 임의로 뽑은 한 명이 스마트시계를 보유하고 있을 때, 이 직원이 스마트패드를 보유하고 있을 확률은 $\frac{6}{30} = \frac{1}{5}$이다.

20 응용계산

정답 ⑤

작업량 = 시간당 작업량 × 시간임을 적용하여 구한다.
지성이는 3분 동안 7개의 쿠키를 만들므로 1개의 쿠키를 만드는 데 $\frac{3}{7}$분이 소요되고, 혜지는 4분 동안 6개의 쿠키를 만들므로 1개의 쿠키를 만드는 데 $\frac{2}{3}$분이 소요된다. 이때 지성이가 먼저 쿠키를 만들다가 혜지가 이어서 쿠키를 만들어 총 20분 동안 40개의 쿠키를 만들었으므로 지성이가 만든 쿠키를 x, 혜지가 만든 쿠키를 $40 - x$라고 하면
$x \times \frac{3}{7} + (40 - x) \times \frac{2}{3} = 20 \rightarrow \frac{3}{7}x + \frac{80}{3} - \frac{2}{3}x = 20$
$\rightarrow \frac{5}{21}x = \frac{20}{3} \rightarrow x = 28$
이에 따라 지성이가 만든 쿠키는 28개, 혜지가 만든 쿠키는 $40 - 28 = 12$개이다.
따라서 지성이와 혜지가 만든 쿠키 개수의 차이는 $28 - 12 = 16$개이다.

실전모의고사 3회

정답

01 언어이해

p.210

01	④	중심 내용 파악	05	③	세부 내용 파악	09	②	글의 구조 파악	13	②	세부 내용 파악	17	②	세부 내용 파악
02	②	세부 내용 파악	06	④	세부 내용 파악	10	⑤	중심 내용 파악	14	⑤	중심 내용 파악	18	④	세부 내용 파악
03	③	중심 내용 파악	07	②	논지 전개 방식	11	④	글의 구조 파악	15	⑤	세부 내용 파악	19	②	세부 내용 파악
04	②	글의 구조 파악	08	②	중심 내용 파악	12	③	세부 내용 파악	16	⑤	세부 내용 파악	20	④	중심 내용 파악

02 언어추리

p.228

01	①	명제추리	05	⑤	명제추리	09	④	조건추리	13	③	조건추리	17	①	조건추리
02	④	명제추리	06	②	조건추리	10	③	조건추리	14	④	조건추리	18	⑤	조건추리
03	④	명제추리	07	①	조건추리	11	③	조건추리	15	③	조건추리	19	①	조건추리
04	③	명제추리	08	②	조건추리	12	⑤	조건추리	16	②	조건추리	20	③	조건추리

03 자료해석

p.238

01	④	자료이해	05	②	자료계산	09	②	자료이해	13	⑤	자료이해	17	④	자료이해
02	④	자료이해	06	④	자료변환	10	①	자료이해	14	⑤	자료변환	18	②	자료이해
03	⑤	자료이해	07	③	자료이해	11	②	자료이해	15	⑤	자료변환	19	②	자료계산
04	②	자료이해	08	①	자료추론	12	⑤	자료계산	16	③	자료이해	20	③	자료이해

04 창의수리

p.258

01	③	수/문자추리	05	⑤	수/문자추리	09	②	응용계산	13	⑤	응용계산	17	②	응용계산
02	④	수/문자추리	06	⑤	수/문자추리	10	④	응용계산	14	④	응용계산	18	④	응용계산
03	①	수/문자추리	07	④	수/문자추리	11	①	응용계산	15	③	응용계산	19	②	응용계산
04	⑤	수/문자추리	08	②	수/문자추리	12	③	응용계산	16	④	응용계산	20	④	응용계산

취약 유형 분석표

유형별로 맞힌 개수, 틀린 문제 번호와 풀지 못한 문제 번호를 적어보면서 취약한 유형이 무엇인지 파악해 보세요.
취약한 유형은 '기출유형공략'으로 복습하고 틀린 문제와 풀지 못한 문제를 다시 한번 풀어보세요.

01 언어이해

유형	유형별 맞힌 문제 수	틀린 문제 번호	풀지 못한 문제 번호
중심 내용 파악	/6		
세부 내용 파악	/10		
글의 구조 파악	/3		
논지 전개 방식	/1		
TOTAL	/20		

02 언어추리

유형	유형별 맞힌 문제 수	틀린 문제 번호	풀지 못한 문제 번호
명제추리	/5		
조건추리	/15		
TOTAL	/20		

03 자료해석

유형	유형별 맞힌 문제 수	틀린 문제 번호	풀지 못한 문제 번호
자료이해	/13		
자료계산	/3		
자료추론	/1		
자료변환	/3		
TOTAL	/20		

04 창의수리

유형	유형별 맞힌 문제 수	틀린 문제 번호	풀지 못한 문제 번호
수/문자추리	/8		
응용계산	/12		
TOTAL	/20		

해설

01 | 언어이해

01 중심 내용 파악 정답 ④

제시된 글의 필자는 임신부가 플루오린이 투여된 수돗물을 지속해서 접하게 될 경우 아들의 IQ가 낮아진다는 연구 결과를 바탕으로 건강에 수돗물에 인공적으로 플루오린을 투여해서는 안 된다고 주장하고 있다.

따라서 임신부가 플루오린이 포함된 수돗물을 계속해서 접하게 되면 태아에게 좋지 않은 영향을 준다는 연구 결과에서 아들의 IQ에 미치는 악영향에 대해서만 확인할 수 있으므로 성별에 따른 차이가 고려되지 않아서 신뢰도가 떨어진다는 반박이 타당하다.

02 세부 내용 파악 정답 ②

고양이의 혀에는 개와 달리 돌기가 나 있으며, 이는 모든 고양잇과의 동물에게서 관찰된다고 하였으므로 고양잇과에 속하는 호랑이의 혀에 돌기가 존재하지 않는 것은 아님을 알 수 있다.

오답 체크

① 사람에게 있어서 혀는 섭식, 촉각, 미각을 담당한다고 하였으므로 적절한 내용이다.
③ 고양이는 혀가 아닌 코로 온도를 감지한다고 하였으므로 적절한 내용이다.
④ 어류의 혀 내부에는 근육이 없으며, 어류와 유사한 혀를 가진 양서류는 혀에 근육이나 선이 포함된 조직을 갖고 있다고 하였으므로 적절한 내용이다.
⑤ 개는 혀로 침을 증발시켜 체온을 낮춘다고 하였으므로 적절한 내용이다.

03 중심 내용 파악 정답 ③

이 글은 정부 예산의 낭비를 막고 재정 운용의 효율성을 높이고자 도입된 예비타당성 조사로 무리한 사업 추진 등은 막을 수 있지만 사회간접자본 분야에 최적화되어 있어 분야별로 개편된 예비타당성 조사가 진행되어야 한다는 내용이므로 이 글의 중심 내용으로 가장 적절한 것은 ③이다.

오답 체크

① 글의 중반부에서 예비타당성 조사를 통해 무리한 사업의 추진을 막았다고 서술하고 있으나, 국고 낭비 억제 효과에 대해서는 서술하고 있지 않으므로 적절하지 않은 내용이다.
② 글 전체에서 예비타당성 조사가 진행되는 사업비 규모가 적절한지에 대해서는 다루고 있지 않으므로 적절하지 않은 내용이다.
④ 글 전체에서 재정 운영의 불확실성을 차단하고자 새로운 제도를 마련해야 하는지에 대해서는 다루고 있지 않으므로 적절하지 않은 내용이다.
⑤ 글의 후반부에서 현재의 예비타당성 조사는 사회간접자본에 최적화되어 있어 R&D 등의 연구개발에는 적용하기 어렵다고 하였으므로 적절하지 않은 내용이다.

04 글의 구조 파악 정답 ②

이 글은 우리나라의 사계절 기준이 되는 24절기에 대해 설명하는 글이다.

따라서 '다) 24절기의 의미 → 가) 계절을 구분하는 절기 → 라) 농경사회에서 필요한 15일 주기 → 나) 우리나라 계절과 완벽히 일치하지 않는 24절기' 순으로 연결되어야 한다.

05 세부 내용 파악 정답 ③

유클리드가 공리를 바탕으로 명제를 증명해 나가는 공리적 방법을 수학에 도입해 기하학적 법칙들이 보편적으로 성립한다는 것을 증명하는 유클리드 기하학을 전개했다고 하였으므로 유클리드 기하학이 기하학적 법칙들이 보편적으로 성립한다는 점을 공리적 방법으로 증명한 이론이라는 점을 추론할 수 있다.

오답 체크

① 유클리드 기하학의 평행선 공리에 애매한 부분이 있다고 여긴 사람들이 있었지만 대부분 이를 증명하지 못하였고, 19세기에 이르러서야 그 답이 밝혀졌다고 하였으므로 적절하지 않은 내용이다.
② 가우스, 로바쳅스키, 보여이 등은 유클리드 기하학에서 평행선 공리를 부정하면서 새로운 기하학을 발견하였고, 이로써 공리가 절대적 진리가 아니라고 인식하게 되었다고 하였으므로 적절하지 않은 내용이다.
④ 수학계에서 진리처럼 여겨지던 유클리드 기하학의 다섯 번째 공리를 부정하는 것에서 시작된 이론은 비유클리드 기하학이라고 하였으므로 적절하지 않은 내용이다.
⑤ 사람들이 공리를 절대적 진리가 아닌 인간이 만든 단순한 전제라고 인식하는 계기가 된 것은 비유클리드 기하학의 등장이라고 하였으므로 적절하지 않은 내용이다.

06 세부 내용 파악 정답 ④

야콥 증후군 또는 XYY 증후군이라고도 불리는 제이콥스 증후군은 정자가 만들어질 때 생식 세포 분열 제2단계에서 Y 염색체가 제대로 떨어지지 않은 정자가 난자와 수정됨에 따라 나타날 수 있다고 하였으므로 XYY 성염색체가 정자와 난자가 수정된 후에 세포 분열 제2단계를 진행하는 과정에서 만들어지는 것은 아님을 알 수 있다.

오답 체크

① 남성은 XY의 성염색체를 가지며, 이 염색체에 Y 염색체가 더해져 XYY 성염색체를 갖게 되면 제이콥스 증후군이 나타나므로 적절한 내용이다.

② 제이콥스 증후군으로 진단받더라도 정상 성염색체의 남성과 같아 별도의 치료는 필요하지 않다고 하였으므로 적절한 내용이다.

③ XYY 성염색체를 갖게 되더라도 남성으로 태어난다고 하였으므로 적절한 내용이다.

⑤ 야콥 증후군이라고 불리는 제이콥스 증후군은 장신이라는 점을 제외하고 눈에 띄는 증상이 없어 대다수 해당 질환이 있는지 알기 어려우며, 말초 혈액 염색체 검사를 통해 진단된다고 하였으므로 적절한 내용이다.

07 논지 전개 방식 정답 ②

글 전반부에서 백 년 전쟁이 백 년 동안 이어진 전쟁일 것이란 통념을 제시하고 그렇지 않음을 상세히 서술하고 있다.

08 중심 내용 파악 정답 ②

이 글은 미국의 심리학자인 마틴 셀리그먼과 스티븐 마이어가 진행한 학습된 무기력 실험 과정과 이를 통해 알 수 있는 우울증 환자의 치료 방법에 대해 설명하는 글이므로 이 글의 제목으로 가장 적절한 것은 ②이다.

오답 체크

① 글 전체에서 학습된 무기력 실험을 통해 확인된 실패 경험의 종류에 대해서는 서술하고 있지 않으므로 적절하지 않은 내용이다.

③ 글 전체에서 학습된 무기력 실험 결과의 허점 및 반박을 위한 실험에 대해서는 서술하고 있지 않으므로 적절하지 않은 내용이다.

④ 글 전체에서 학습된 무기력 실험을 통해 알 수 있는 세상의 이치에 대해서는 서술하고 있지 않으므로 적절하지 않은 내용이다.

⑤ 글 전체에서 학습된 무기력이 자주 발생하는 분야에 대해서는 서술하고 있지 않으므로 적절하지 않은 내용이다.

09 글의 구조 파악 정답 ②

이 글은 경제 분야에서 활용되는 빅스텝과 자이언트스텝의 개념과 시행 시 발생할 수 있는 문제점을 제시하는 글이다.
따라서 '다) 빅스텝의 의미 → 라) 빅스텝 시행의 이유 → 나) 빅스텝 시행에도 인플레이션이 잡히지 않을 경우 시행하는 자이언트스텝 → 마) 자이언트스텝의 의미 → 가) 빅스텝과 자이언트스텝 시행 시 나타날 수 있는 스태그플레이션' 순으로 연결되어야 한다.

10 중심 내용 파악 정답 ⑤

이 글은 우리나라의 의사 조력 자살의 입법화와 관련해 찬성하는 이들이 많지만 단순히 의사 조력 자살의 입법화를 이룩하기보다는 환자가 신체, 정신, 사회·경제적, 존재적 고통에 따라 의사 조력 자살을 선택할 가능성이 높으므로 관련 문제 해소를 위한 제도 마련이 선행되어야 함을 설명하는 내용이므로 이 글의 제목으로 가장 적절한 것은 ⑤이다.

오답 체크

① 글 전체에서 의사 조력 자살을 입법화했을 때 발생할 수 있는 윤리적 측면의 부작용에 대해서는 서술하고 있지 않으므로 적절하지 않은 내용이다.

② 글 전반부에서 환자의 존엄성을 위해 환자 개인의 자율적 판단에 의한 의사 조력 자살의 입법화를 찬성하는 사람들이 많다고 서술하고 있지만 글 전체를 포괄할 수 없으므로 적절하지 않은 내용이다.

③ 글 전체에서 소극적 의미의 안락사를 시행했을 때 환자들이 얻게 되는 이점에 대해서는 서술하고 있지 않으므로 적절하지 않은 내용이다.

④ 글 전체에서 불치병 환자의 연명 치료가 의료계에 미친 긍정적인 영향에 대해서는 서술하고 있지 않으므로 적절하지 않은 내용이다.

11 글의 구조 파악 정답 ④

이 글은 쇼팽 국제 피아노 콩쿠르의 의미와 진행 방법에 대해 설명하는 글이다.
따라서 '나) 세계 3대 콩쿠르인 쇼팽 국제 피아노 콩쿠르 → 가) 다른 음악 콩쿠르와 구분되는 쇼팽 국제 피아노 콩쿠르의 특징 → 라) 콩쿠르 진행 방법 → 다) 수상자 선별과 수상 혜택' 순으로 연결되어야 한다.

12 세부 내용 파악 정답 ③

식품, 등산용품, 유아용품 등과 같이 일상적인 소비 생활 곳곳에서도 고급화를 명목으로 제품의 가격이 인상되고 있다고 하였으므로 해외 유명 브랜드가 아니더라도 베블런효과를 노리고 가격을 올리는 기업이 있음을 추론할 수 있다.

오답 체크

① 외국인의 소비 성향에 대한 설명이 제시되어 있지 않아 추론할 수 없으므로 적절하지 않은 내용이다.

② 베블런효과는 제품 가격이 오를수록 가격에 비례해 제품에 대한 수요가 늘어나는 현상이므로 적절하지 않은 내용이다.

④ 지속되고 있는 국내 경기 악화에도 불구하고 해외 유명 브랜드들이 베블런효과를 노리고 오히려 가격을 인상하고 있다고 하였으며, 실제로 가격 인상에도 인기가 더 높아지고 있다고 하였으므로 적절하지 않은 내용이다.

⑤ 합리적인 소비문화 정착을 위해 기업과 소비자 모두 노력해야 한다고 하였으므로 적절하지 않은 내용이다.

13 세부 내용 파악

정답 ②

시간이 흐름에 따라 심리적 거리가 가까웠던 대상도 거리가 멀어지게 되어 여행 직후에는 구체적인 상황을 기억하고 낮은 수준의 해석을 할 수 있어도 시간이 지나면 전반적인 상황만 기억하고 높은 수준의 해석을 하게 된다고 하였으므로 현재로부터 가까운 시점의 사건일수록 추상적인 해석을 하는 것은 아님을 알 수 있다.

오답 체크

① 심리적 거리가 먼 현상에 대해서는 추상적이고 본질적인 것에 집중하는 높은 수준의 해석을 한다고 하였으므로 적절한 내용이다.

③ 자기 주변에서 흔히 발생하는 사건일수록 심리적 거리가 가깝다고 여기며, 심리적 거리가 가깝다고 느끼면 낮은 수준의 해석을 한다고 하였으므로 적절한 내용이다.

④ 사람들은 개인의 경험에 따라 형성되어 인지하는 심리적 거리에 따라 주관적으로 상황을 해석하고 결정을 내린다고 하였으므로 적절한 내용이다.

⑤ 심리적 거리가 멀수록 높은 수준의 해석을 하여, 사회적 거리가 짧은 사람의 조언보다 먼 사람의 조언을 더 본질적이고 객관적인 정보로 받아들이게 된다고 하였으므로 적절한 내용이다.

14 중심 내용 파악

정답 ⑤

이 글의 마지막 부분에서 카스트라토가 19세기에 법적으로 금지되면서 인기를 얻었던 카운터테너는 여성 성악가의 등장으로 역할이 변화하게 되었다고 하였으므로 이 글에 이어질 내용으로 가장 적절한 것은 ⑤이다.

15 세부 내용 파악

정답 ⑤

일이 마무리되지 않을 경우 긴장 혹은 불편한 마음이 지속됨에 따라 잔상이 더 오래 남는다고 하였으므로 사람들이 어떠한 일이 마무리되지 않은 상황을 마주했을 때 긴장이 풀어지는 경향이 있는 것은 아님을 알 수 있다.

오답 체크

① 사람은 미완성된 상황에 대해서는 잘 기억하나 완성된 상황에서는 그 일과 관련된 정보들을 잊게 된다고 하였으므로 적절한 내용이다.

② 첫사랑은 쉽게 잊히지 않는 것은 사랑이 이루어지지 않았기에 더 잘 기억하는 것이라고 하였으므로 적절한 내용이다.

③ 자이가르닉은 식당의 종업원이 주문을 받을 때는 손님들이 주문한 음식을 정확히 기억하는 반면, 음식이 제공된 뒤에는 손님들이 주문한 음식을 기억하지 못하는 상황을 관찰했다고 하였으므로 적절한 내용이다.

④ 외상 후 스트레스 장애는 본인이 겪었던 사건에 대한 완결이 되지 않아 과거의 기억으로 인한 정신적 고통을 겪기 때문에 일종의 자이가르닉 효과라고 본다고 하였으므로 적절한 내용이다.

16 세부 내용 파악

정답 ⑤

막대의 굵기에 따라 가로 방향으로만 정보를 표현했던 1차원 바코드에서 발전하여 세로 방향에도 정보를 담을 수 있도록 한 것이 2차원 바코드라고 하였으므로 세로 방향으로만 정보를 표현할 수 있었던 1차원 바코드를 보완한 것이 2차원 바코드라는 것은 아님을 알 수 있다.

오답 체크

① 바코드 덕분에 손님의 대기시간을 줄일 수 있을 뿐만 아니라 재고 관리도 효율적으로 할 수 있다고 하였으므로 적절한 내용이다.

② 1차원 바코드에 판독기를 가져다 대면 디지털 신호로 변환하여 컴퓨터가 데이터베이스에서 정보를 읽어낸다고 하였으므로 적절한 내용이다.

③ 2차원 바코드는 1차원 바코드보다 훨씬 많은 정보를 담을 수 있으며, 문자나 숫자는 물론 용량이 큰 사진과 영상도 담을 수 있다고 하였으므로 적절한 내용이다.

④ 2차원 바코드는 상당 부분이 훼손되어도 복구가 가능한 것이 장점이라고 하였으므로 적절한 내용이다.

17 세부 내용 파악

정답 ②

보청기 사용 이후에도 난청이 지속될 수 있으며, 그 경우 청력 검사를 다시 진행하고 보청기를 조절해야 한다고 하였으므로 보청기를 한번 착용하고 나면 조절이 어려워 의사와 상의 후 착용 여부를 신중히 결정해야 하는 것은 아님을 알 수 있다.

오답 체크

① 사람에 따라 청력의 손상 정도와 귀의 생김새 등이 달라 청력 검사 결과 및 개인의 특성에 따라 적당한 크기와 기능의 보청기를 선택해야 한다고 하였으므로 적절한 내용이다.

③ 순음청력검사 결과 30dB 이상의 청력 손실이 있어 일상생활에 불편함을 겪는 사람이 보청기를 사용해야 하는 사람이라고 하였으므로 적절한 내용이다.

④ 보청기는 소리를 증폭하는 방식에 따라 선형, 비선형, 주파수 전위 보청기로 나뉜다고 하였으므로 적절한 내용이다.

⑤ 보청기는 소형 마이크, 증폭기, 스피커로 이루어져 있다고 하였으므로 적절한 내용이다.

18 세부 내용 파악

정답 ④

기업에서 슈링크플레이션 전략을 활용해 가격 인상 없이 내용물을 축소하여 제공할 경우 소비자는 쉽게 알지 못해 가격 저항이 덜하다고 하였으므로 상품의 패키지 크기는 기존과 같은데 내용물의 양이 줄어들었을 경우 소비자가 바로 알아차릴 가능성이 높은 것은 아님을 알 수 있다.

오답 체크

① 슈링크플레이션 적용 시 소비자 입장에서는 단위 중량당 더 높은 가격을 지불해야 한다고 하였으므로 적절한 내용이다.

② 슈링크플레이션은 줄어든다는 의미의 슈링크(Shrink)와 물가 상승이란 의미의 인플레이션(Inflation)이 합쳐져 탄생했다고 하였으므로 적절한 내용이다.
③ 인플레이션 발생 시 제품의 가격을 상승시키거나 값싼 원자재로 변경해 기존과 동일한 이윤을 얻고자 한다면 기존 소비자가 이탈할 가능성이 있다고 하였으므로 적절한 내용이다.
⑤ 기업은 이윤 추구를 위해 다양한 방법을 활용하며, 그 과정에서 슈링크플레이션이 등장하게 되었다고 하였으므로 적절한 내용이다.

19 세부 내용 파악 정답 ②

도미니카공화국의 대중적 무곡인 메렝게는 아코디언, 탐보르, 귀로, 색소폰과 같이 소규모의 악기로 연주되고, 주로 가까운 사이의 사람들과의 모임에서 흥을 돋우거나 편안한 분위기를 만들고자 음악을 듣고 춤을 추는 경우가 많다고 하였으므로 2/4박자를 기본으로 하는 메렝게가 연주될 때 다양한 악기가 필요해 대규모 악단이 준비되어야 한다는 것은 아님을 알 수 있다.

오답 체크

① 메렝게는 선거 운동과 같은 정치적 행사부터 사교 모임, 축하 행사 등 다양한 분야에서 적극적으로 활용된다고 하였으므로 적절한 내용이다.
③ 메렝게가 '국가 메렝게의 날'에 지정된 것은 2005년, 유네스코 무형문화유산에 지정된 것은 2016년이라고 하였으므로 적절한 내용이다.
④ 메렝게의 근원지는 도미니카공화국 북부 지방으로 판단되나 영향권은 푸에르토리코, 미국, 카리브해 연안 지역까지 포괄한다고 하였으므로 적절한 내용이다.
⑤ 베네수엘라의 메렝게는 3/4박자와 6/8박자의 혼합 리듬을 기본으로 하며, 단조의 곡이 많아 도미니카공화국의 메렝게와는 구별된다고 하였으므로 적절한 내용이다.

20 중심 내용 파악 정답 ④

제시된 글의 필자는 임산부가 카페인을 섭취할 경우 일반 성인 대비 분해 시간도 3배가량 늘어나고, 다량의 카페인은 임산부 본인의 칼슘과 철분의 흡수를 저해할 뿐만 아니라 복중 태아에게도 악영향을 미칠 수 있는데 임산부에 대한 일일 카페인 권고량이 우리나라와 미국이 서로 달라 기준이 불명확하므로 임산부라면 커피를 마셔서는 안 된다고 주장하고 있다.
따라서 미국과 우리나라 중 임산부 일일 카페인 권고량이 더 적은 하루 200mg 이하로 조절하여 카페인을 섭취하면 임산부의 건강에도 무리가 가지 않을 것이라는 반박이 타당하다.

02 | 언어추리

01 명제추리 정답 ①

두 번째 명제, 첫 번째 명제를 차례로 결합한 결론은 아래와 같다.
- 두 번째 명제: 인룡류는 파충류이다.
- 첫 번째 명제: 파충류는 알을 낳는다.
- 결론: 인룡류는 알을 낳는다.

오답 체크

② 조류가 인룡류인지는 알 수 없으므로 항상 참인 설명은 아니다.
③ 인룡류가 아니면, 파충류가 아닌지는 알 수 없으므로 항상 참인 설명은 아니다.
④ 알을 낳으면, 인룡류인지는 알 수 없으므로 항상 참인 설명은 아니다.
⑤ 인룡류가 조류인지는 알 수 없으므로 항상 참인 설명은 아니다.

02 명제추리 정답 ④

첫 번째 명제, 세 번째 명제, 두 번째 명제를 차례로 결합한 결론은 아래와 같다.
- 첫 번째 명제: 저기압 중심 지역에는 난층운이 생성된다.
- 세 번째 명제: 난층운이 생성된 지역에는 비가 내린다.
- 두 번째 명제: 비가 내리는 지역의 사람들은 우산을 챙긴다.
- 결론: 저기압 중심 지역의 사람들은 우산을 챙긴다.

오답 체크

① 비가 내리지 않는 지역은 난층운이 생성되지 않고, 난층운이 생성되지 않은 지역은 저기압 중심 지역이 아니므로 항상 거짓인 설명이다.
② 난층운이 생성되지 않은 지역의 사람들이 우산을 챙기지 않는지는 알 수 없으므로 항상 참인 설명은 아니다.
③ 비가 내리는 지역이 저기압 중심 지역인지는 알 수 없으므로 항상 참인 설명은 아니다.
⑤ 사람들이 우산을 챙기지 않는 지역은 비가 내리지 않고, 비가 내리지 않는 지역은 난층운이 생성되지 않은 지역이므로 항상 거짓인 설명이다.

03 명제추리 정답 ④

주어진 명제가 참일 때 그 명제의 '대우'만이 참인 것을 알 수 있다.
첫 번째 명제, 세 번째 명제의 '대우'를 차례로 결합한 결론은 아래와 같다.
- 첫 번째 명제: 당구를 잘하는 사람은 알까기를 잘한다.
- 세 번째 명제(대우): 알까기를 잘하는 사람은 공간지각능력이 뛰어나다.
- 결론: 당구를 잘하는 사람은 공간지각능력이 뛰어나다.

오답 체크

① 알까기를 잘하는 사람이 세심한지는 알 수 없으므로 항상 참인 설명은 아니다.
② 세심한 사람이 공간지각능력이 뛰어난지는 알 수 없으므로 항상 참인 설명은 아니다.
③ 세심하지 않은 사람이 알까기를 잘하지 못하는지는 알 수 없으므로 항상 참인 설명은 아니다.
⑤ 공간지각능력이 뛰어나지 않은 사람은 알까기를 잘하지 못하고, 알까기를 잘하지 못하는 사람은 당구를 잘하지 못하므로 항상 거짓인 설명이다.

04 명제추리 정답 ③

주어진 명제가 참일 때 그 명제의 '대우'만이 참인 것을 알 수 있다.
여섯 번째 명제의 '대우', 첫 번째 명제를 차례로 결합한 결론은 아래와 같다.
- 여섯 번째 명제(대우): 박 차장이 중식을 좋아하지 않으면, 유 부장은 양식을 좋아하지 않는다.
- 첫 번째 명제: 유 부장이 양식을 좋아하지 않으면, 하 사원은 일식을 좋아한다.
- 결론: 박 차장이 중식을 좋아하지 않으면, 하 사원은 일식을 좋아한다.

오답 체크

① 길 인턴이 양식을 좋아하지 않으면, 박 차장은 중식을 좋아하지 않고, 박 차장이 중식을 좋아하지 않으면, 유 부장은 양식을 좋아하지 않으므로 항상 거짓인 설명이다.
② 노 대리가 일식을 좋아하면, 길 인턴이 양식을 좋아하는지는 알 수 없으므로 항상 참인 설명은 아니다.
④ 유 부장이 양식을 좋아하면, 박 차장은 중식을 좋아하고, 박 차장이 중식을 좋아하면, 길 인턴은 양식을 좋아하며, 길 인턴이 양식을 좋아하면, 정 과장은 한식을 좋아하므로 항상 거짓인 설명이다.
⑤ 정 과장이 한식을 좋아하면, 노 대리가 일식을 좋아하지 않는지는 알 수 없으므로 항상 참인 설명은 아니다.

05 명제추리 정답 ⑤

주어진 명제가 참일 때 그 명제의 '대우'만이 참인 것을 알 수 있다.
두 번째 명제의 '대우', 세 번째 명제, 분리 가능한 네 번째 명제의 '대우', 분리 가능한 첫 번째 명제를 차례로 결합한 결론은 다음과 같다.
- 두 번째 명제(대우): 세미나실이 없는 호텔은 수영장이 있다.
- 세 번째 명제: 수영장이 있는 호텔은 조식을 제공한다.
- 분리 가능한 네 번째 명제(대우): 조식을 제공하는 호텔은 대강당이 없다.
- 분리 가능한 첫 번째 명제: 대강당이 없는 호텔은 피트니스 시설이 있다.
- 결론: 세미나실이 없는 호텔은 피트니스 시설이 있다.

오답 체크

① 피트니스 시설이 없는 호텔은 대강당이 있고, 대강당이 있는 호텔은 조식을 제공하지 않으므로 항상 거짓인 설명이다.

② 수영장이 있는 호텔은 조식을 제공하고, 조식을 제공하는 호텔은 대강당이 없으므로 항상 거짓인 설명이다.

③ 픽업 서비스가 없는 호텔은 대강당이 있고, 대강당이 있는 호텔은 조식을 제공하지 않고, 조식을 제공하지 않는 호텔은 수영장이 없고, 수영장이 없는 호텔은 세미나실이 있으므로 항상 거짓인 설명이다.

④ 조식을 제공하지 않는 호텔이 픽업 서비스를 제공하는지는 알 수 없으므로 항상 참인 설명은 아니다.

06 조건추리

정답 ②

제시된 조건에 따르면 동일한 포지션의 선수가 연달아 상을 받은 경우는 없고, C의 포지션은 골키퍼이며, 세 번째로 상을 받았다. 이때 가장 마지막으로 상을 받은 선수의 포지션은 공격수이므로 '공격수-수비수-골키퍼-수비수-공격수' 또는 '수비수-공격수-골키퍼-수비수-공격수' 순으로 상을 받았다. 또한, D는 C보다 늦게 상을 받았고, A와 E는 연달아 상을 받았으므로 A와 E는 각각 첫 번째 또는 두 번째로 상을 받았음을 알 수 있다.

구분	첫 번째	두 번째	세 번째	네 번째	다섯 번째
선수	A 또는 E	A 또는 E	C	B 또는 D	B 또는 D
포지션	공격수 또는 수비수	공격수 또는 수비수	**골키퍼**	수비수	공격수

따라서 5명이 상을 받는 순서로 가능한 경우의 수는 총 8가지이므로 항상 거짓인 설명이다.

오답 체크

① A와 D의 포지션이 동일하다면, B의 포지션은 공격수 또는 수비수이므로 항상 거짓인 설명은 아니다.

③ A가 공격수라면, E는 첫 번째 또는 두 번째로 상을 받았으므로 항상 거짓인 설명은 아니다.

④ E가 첫 번째로 상을 받았다면, B는 네 번째 또는 다섯 번째로 상을 받았으므로 항상 거짓인 설명은 아니다.

⑤ B보다 먼저 상을 받은 사람은 A, C, E 총 3명 또는 A, C, D, E 총 4명이므로 항상 거짓인 설명은 아니다.

07 조건추리

정답 ①

제시된 조건에 따르면 6개의 매장 중 매출액 순위가 동일한 매장은 없고, 매출액 순위가 가장 높은 매장은 B 매장이며, D 매장은 A 매장보다 매출액 순위가 높지만, C 매장보다는 낮으므로 B-C-D-A 순으로 매출액 순위가 산정된다. 이때 매출액 순위가 가장 낮은 매장은 A 매장이 아니고, E 매장과 F 매장의 매출액 순위는 연속하므로 E 매장과 F 매장의 매출액 순위는 A 매장보다 낮은 것을 알 수 있다.

1위	2위	3위	4위	5위	6위
B	C	D	A	E 또는 F	E 또는 F

따라서 B 매장은 1위, C 매장은 2위로 매출액 순위가 연속하므로 항상 참인 설명이다.

오답 체크

② A 매장의 매출액 순위는 4위, E 매장의 매출액 순위는 5위 또는 6위이므로 항상 참인 설명은 아니다.

③ A 매장의 매출액 순위는 4위이므로 항상 거짓인 설명이다.

④ D 매장의 매출액 순위는 3위, F 매장의 매출액 순위는 5위 또는 6위이므로 항상 거짓인 설명이다.

⑤ 매출액 순위가 가장 낮은 매장은 E 매장 또는 F 매장이므로 항상 참인 설명은 아니다.

08 조건추리

정답 ②

제시된 조건에 따르면 최우수상은 1등, 우수상은 2등, 3등, 장려상은 4등, 5등, 6등에게 수여되고, 점수가 높은 순서대로 1등부터 순차적으로 등수가 부여되며, 점수가 서로 동일한 사람은 없다. 먼저 D의 등수는 E의 등수보다 2등 높으며, A의 등수는 D의 등수보다 1등 낮으므로 D-A-E 순으로 연달아 등수가 부여되고, A의 점수는 C의 점수보다 높지만, B의 점수보다는 낮으므로 B-D-A-E-C 순으로 등수가 부여된다. 이때 E의 점수와 F의 점수 사이의 점수를 획득한 사람은 1명이므로 B-D-A-E-C-F 순으로 등수가 부여된다.
따라서 우수상을 받은 사람끼리 바르게 묶인 것은 2등과 3등을 차지한 'A, D'이다.

09 조건추리

정답 ④

제시된 조건에 따르면 기주는 3점을 획득했고, 혜리는 기주보다 높은 점수를 획득했다. 이때 채은이가 획득한 점수는 영완이와 미현이가 획득한 점수의 평균이므로 미현이와 영완이 중 1명은 과녁판에 다트를 맞히지 못했고, 채은이는 1점 또는 2점을 획득했음을 알 수 있다. 채은이가 획득한 점수에 따라 가능한 경우는 아래와 같다.

경우 1. 채은이가 1점을 획득한 경우

기주	미현	영완	채은	혜리
3점	0점 또는 2점	0점 또는 2점	1점	4점 또는 5점

경우 2. 채은이가 2점을 획득한 경우

기주	미현	영완	채은	혜리
3점	0점 또는 4점	0점 또는 4점	2점	5점

따라서 미현이가 0점 또는 2점을 획득하면 혜리는 4점 또는 5점을 획득했고, 미현이가 0점 또는 4점을 획득하면 혜리는 5점을 획득했으므로 항상 거짓인 설명이다.

오답 체크

① 기주는 3점, 영완이는 0점 또는 2점 또는 4점을 획득하여 점수 차이는 1점 또는 3점이므로 항상 거짓인 설명은 아니다.
② 채은이보다 높은 점수를 획득한 사람은 기주, 미현, 혜리 3명 또는 기주, 영완, 혜리 3명이므로 항상 참인 설명이다.
③ 과녁판에 다트를 맞히지 못한 사람은 미현 또는 영완이므로 항상 거짓인 설명은 아니다.
⑤ 채은이와 혜리가 획득한 점수의 합은 5점 또는 6점 또는 7점이고, 기주는 3점을 획득했으므로 항상 거짓인 설명은 아니다.

10 조건추리

정답 ③

제시된 조건에 따르면 병과 정은 같은 팀이라는 을의 말과 본인과 정은 다른 팀이라는 병의 말이 서로 모순되므로 을과 병 중 한 명의 말이 거짓임을 알 수 있다. 이에 따라 갑, 정, 무의 말은 모두 진실이므로 본인과 을은 백팀이라는 갑의 말에 따라 갑과 을은 백팀이고, 을과 병 중 백팀은 1명이라는 무의 말에 따라 병은 청팀이다. 이때 무는 백팀이고, 우리 다섯 명 중 내가 속한 팀에 속한 사람이 더 적다는 정의 말이 진실임에 따라 정은 청팀이므로 갑, 을, 무는 백팀, 병, 정은 청팀이고, 을의 말은 진실, 병의 말은 거짓이 된다.
따라서 갑~무 중 백팀인 사람의 수는 3명이다.

11 조건추리

정답 ③

제시된 조건에 따르면 A~E 5명 중 3명이 지각하였고, 이들 각각의 두 진술 중 하나는 진실, 하나는 거짓이다. 이에 따라 두 진술에서 진술에 등장하는 사람의 지각 여부가 동일한 경우 실제 지각 여부는 반대이고, 두 진술에서 진술에 등장하는 사람의 지각 여부가 동일하지 않은 경우 실제 지각 여부는 동일하다. 먼저 A의 진술에서 A와 C의 지각 여부는 동일하므로 A와 C의 실제 지각 여부는 반대이고, B의 진술에서 B와 C의 지각 여부는 동일하지 않으므로 둘의 실제 지각 여부는 동일하다. C의 진술에서 C와 D의 지각 여부는 동일하므로 C와 D의 실제 지각 여부는 반대이고, D의 진술에서 D와 B의 지각 여부는 동일하므로 D와 B의 실제 지각 여부는 반대이며, E의 진술에서 E와 C의 지각 여부는 동일하지 않으므로 E와 C의 실제 지각 여부는 동일하여 실제 지각 여부는 A, D가 동일하고, B, C, E가 동일하다.
따라서 지각한 사람끼리 바르게 묶인 것은 'B, C, E'이다.

빠른 문제 풀이 Tip

도식을 이용하여 풀이한다.
한 명이 말하는 두 진술 중 하나는 진실, 하나는 거짓임에 따라 두 진술에서 진술에 등장하는 사람의 지각 여부가 동일한 경우 실제 지각 여부는 반대이고, 두 진술에서 진술에 등장하는 사람의 지각 여부가 동일하지 않은 경우 실제 지각 여부는 동일하므로 진술별 실제 지각 여부를 도식으로 나타내면 다음과 같다.
A 진술: A ≠ C
B 진술: B = C
C 진술: C ≠ D
D 진술: B ≠ D
E 진술: C = E
따라서 실제 지각 여부는 B = C = E, A = D이고, 3명이 지각하였으므로 지각한 사람은 B, C, E임을 알 수 있다.

12 조건추리

정답 ⑤

제시된 조건에 따르면 딸기 맛 아이스크림을 선택한 사람은 C뿐이다. 이때 B와 E가 선택한 아이스크림은 서로 다르고, A가 선택한 아이스크림과 동일한 아이스크림을 선택한 사람은 1명이며, 그 사람은 E가 아니므로 A는 B와 동일한 아이스크림을 선택하고, D는 E와 동일한 아이스크림을 선택함을 알 수 있다.

바닐라 맛	딸기 맛	초코 맛
A, B 또는 D, E	C	A, B 또는 D, E

따라서 5명이 아이스크림을 선택하는 방법으로 가능한 경우의 수는 총 2가지이므로 항상 참인 설명이다.

오답 체크

① A는 B와 동일한 아이스크림을 선택하므로 항상 거짓인 설명이다.
② A가 바닐라 맛 아이스크림을 선택한다면, 초코 맛 아이스크림을 선택한 사람은 D, E 총 2명이므로 항상 거짓인 설명이다.
③ E가 초코 맛 아이스크림을 선택한다면, D도 초코 맛 아이스크림을 선택하므로 항상 거짓인 설명이다.
④ B는 바닐라 맛 또는 초코 맛 아이스크림을 선택하므로 항상 참인 설명은 아니다.

13 조건추리

정답 ③

제시된 조건에 따르면 병이 활용하는 방법은 가글과 치실이고, 을이 활용하는 방법 중 병이 활용하는 방법은 없으므로 을이 활용하는 방법은 껌과 양치이다. 이때 치실을 활용하는 사람은 1명이고, 갑이 활용하는 방법 중 한 가지 방법만 을이 활용하므로 갑은 껌, 가글 또는 가글, 양치를 활용한다. 또한, 껌을 활용하는 사람은 2명이므로 갑이 활용하는 구강 청결 방법에 따라 가능한 경우는 아래와 같다.

경우 1. 갑이 구강 청결 방법으로 껌과 가글을 활용하는 경우

갑	을	병	정
껌, 가글	껌, 양치	**가글, 치실**	가글, 양치

경우 2. 갑이 구강 청결 방법으로 가글과 양치를 활용하는 경우

갑	을	병	정
가글, 양치	껌, 양치	**가글, 치실**	껌, 가글 또는 껌, 양치

따라서 갑이 껌, 가글을 활용할 때 정은 가글, 양치를 활용하여 가글 한 가지 방법만 동일하고, 갑이 가글, 양치를 활용할 때 정은 껌, 가글 또는 껌, 양치를 활용하여 가글 또는 양치 중 한 가지 방법만 동일하므로 항상 참인 설명이다.

오답 체크

① 을은 껌, 양치를 활용하고, 정은 가글, 양치 또는 껌, 가글 또는 껌, 양치를 활용하여 한 가지 방법만 동일하거나 두 가지 방법 모두 동일하므로 항상 참인 설명은 아니다.

② 병이 활용하는 가글, 치실 중 정이 가글 한 가지 방법만 활용하거나 한 가지 방법도 활용하지 않으므로 항상 참인 설명은 아니다.

④ 가장 많은 사람이 활용하는 방법은 4명 중 3명이 활용하는 가글 또는 양치이므로 항상 참인 설명은 아니다.

⑤ 정이 껌을 활용할 때 양치를 활용하는 사람은 갑, 을 2명 또는 갑, 을, 정 3명이고, 껌을 활용하는 사람은 을, 정 2명이므로 항상 참인 설명은 아니다.

14 조건추리

정답 ④

제시된 조건에 따르면 20일 이후에는 체험학습을 실시하지 않으므로 19일 이전까지 체험학습을 실시할 수 있고, 토요일과 일요일에는 실시되지 않으며, 6일과 13일에도 실시하지 않는다. 이에 따라 체험학습을 실시하지 않는 일정을 달력에 표시하면 아래와 같다.

월요일	화요일	수요일	목요일	금요일	토요일	일요일
			1	2	3 X	4 X
5	6 X	7	8	9	10 X	11 X
12	13 X	14	15	16	17 X	18 X
19	20 X	21 X	22 X	23 X	24 X	25 X

체험학습은 연속된 3일 동안 실시되어야 하므로 7~9일 또는 14~16일에 실시된다.
따라서 체험학습은 항상 금요일에 끝나므로 항상 거짓인 설명이다.

오답 체크

① 체험학습은 7일 또는 14일에 시작하므로 항상 거짓인 설명은 아니다.

② 체험학습은 화요일에 실시하지 않으므로 항상 참인 설명이다.

③ 체험학습은 수요일에 시작하므로 항상 참인 설명이다.

⑤ 체험학습은 7~9일 또는 14~16일에 실시하므로 항상 거짓인 설명은 아니다.

빠른 문제 풀이 Tip

달력을 활용하여 체험학습이 실시되지 않는 날을 소거하는 방법으로 문제를 풀이한다.

15 조건추리

정답 ③

제시된 조건에 따르면 C 물류창고는 네 번째 순서로 방문하였고, B 물류창고와 F 물류창고는 연이어 방문하였으며, E 물류창고는 C 물류창고보다 먼저 방문했지만, F 물류창고보다는 늦게 방문했으므로 첫 번째, 두 번째 순서로 B 물류창고 또는 F 물류창고를 방문하였고, 세 번째 순서로 E 물류창고를 방문하였다. 이때 A 물류창고와 B 물류창고 사이에 방문한 물류창고는 2개임에 따라 B 물류창고를 두 번째, A 물류창고를 다섯 번째 순서로 방문하므로 F 물류창고를 첫 번째, D 물류창고를 여섯 번째 순서로 방문하였다.
따라서 수찬이가 마지막 순서로 방문한 물류창고는 D 물류창고이다.

16 조건추리

정답 ②

제시된 조건에 따르면 12시 45분에 식사를 한 사람은 B이므로 B는 12시 40분에 식당에 입장하였고, A보다 먼저 식사를 한 사람은 1명 이하이므로 A는 12시 또는 12시 10분에 식당에 입장하였다. 이때 E는 D보다 늦게 식당에 입장하였고, C와 F 사이에 식당에 입장한 사람은 2명이므로 C와 F는 각각 식당에 12시 또는 12시 30분에 입장하였거나 12시 20분 또는 12시 50분에 입장하였음을 알 수 있다. C와 F가 식당에 입장한 시각에 따라 가능한 경우는 아래와 같다.

경우 1. C와 F가 식당에 12시 또는 12시 30분에 입장한 경우

12시	12시 10분	12시 20분	12시 30분	12시 40분	12시 50분
C 또는 F	A	D	C 또는 F	B	E

경우 2. C와 F가 식당에 12시 20분 또는 12시 50분에 입장한 경우

12시	12시 10분	12시 20분	12시 30분	12시 40분	12시 50분
A 또는 D	A 또는 D	C 또는 F	E	B	C 또는 F

따라서 A가 12시 10분에 식당에 입장하면, D는 12시 또는 12시 20분에 입장하여 연속한 순서로 입장하므로 항상 거짓인 설명이다.

오답 체크

① C는 12시 또는 12시 20분 또는 12시 30분 또는 12시 50분에 식당에 입장하였고, B는 12시 40분에 식당에 입장하였으므로 항상 거짓인 설명은 아니다.

③ E는 12시 30분 또는 12시 50분에 식당에 입장하였으므로 항상 거짓인 설명은 아니다.

④ F가 12시 20분에 식당에 입장하면, E는 F 바로 다음 순서로 식당에 입장하므로 항상 참인 설명이다.

⑤ 12시 35분에 식사를 한 사람은 C 또는 E 또는 F이므로 항상 거짓인 설명은 아니다.

17 조건추리

정답 ①

제시된 조건에 따르면 A 가게는 2구역에 입점해 있으며, B 가게에서 A 가게로 이동하는 경우 2개의 횡단보도를 건너므로 B 가게는 4구역에 입점해 있다. 이때, D 가게는 2구역 또는 4구역에 입점해 있고, 각 구역에는 1개 이상의 가게가 입점해 있으며, C 가게는 3구역에 입점해 있으므로 E 가게는 1구역에 입점해 있다.
따라서 C 가게에서 E 가게로 이동하는 경우 2개의 횡단보도를 건너므로 항상 참인 설명이다.

오답 체크

② B 가게는 4구역, D 가게는 2구역 또는 4구역에 입점해 있으므로 항상 참인 설명은 아니다.
③ A 가게는 2구역, D 가게는 2구역 또는 4구역에 입점해 있으므로 항상 참인 설명은 아니다.
④ 2구역에는 A 가게 1개 또는 A 가게, D 가게 2개가 입점해 있으므로 항상 참인 설명은 아니다.
⑤ 1구역에 입점한 가게는 E 가게이므로 항상 거짓인 설명이다.

18 조건추리

정답 ⑤

제시된 조건에 따르면 하늘이는 월요일부터 금요일까지 요일별로 가슴, 다리, 등, 복근, 팔 중 한 부위의 운동을 하였다. 또한, 다리 운동을 한 다음 날 등 운동을 하고, 팔 운동은 등 운동보다 늦게 하므로 다리-등-팔 순서로 운동을 한다. 이때, 월요일에 한 운동은 가슴 운동이 아니고, 복근 운동도 아니므로 월요일에는 다리 운동을 한 것을 알 수 있다. 또한, 가슴 운동과 복근 운동은 연이어서 하지 않으므로 두 운동은 수요일 또는 금요일에 한 것을 알 수 있다.

월요일	화요일	수요일	목요일	금요일
다리	등	가슴 또는 복근	팔	가슴 또는 복근

따라서 목요일에 한 운동은 팔 운동이므로 항상 참인 설명이다.

오답 체크

① 화요일에 한 운동은 등 운동이므로 항상 거짓인 설명이다.
② 팔 운동을 한 다음 날 가슴 또는 복근 운동을 하였으므로 항상 참인 설명은 아니다.
③ 금요일에 한 운동은 가슴 또는 복근 운동이므로 항상 참인 설명은 아니다.
④ 등 운동을 한 다음 날 가슴 또는 복근 운동을 하였으므로 항상 참인 설명은 아니다.

19 조건추리

정답 ①

제시된 조건에 따르면 민트 맛 쿠키는 오른쪽 끝에 진열되어 있고, 바닐라 맛 쿠키와 딸기 맛 쿠키는 이웃하여 진열되어 있으나 각각은 왼쪽 끝에 진열되어 있지 않다. 또한, 초콜릿 맛 쿠키와 버터 맛 쿠키는 이웃하여 진열되어 있으므로 초콜릿 맛 쿠키와 버터 맛 쿠키가 왼쪽에서 첫 번째 또는 두 번째에 진열되어 있고, 바닐라 맛 쿠키와 딸기 맛 쿠키가 왼쪽에서 세 번째 또는 네 번째에 진열되어 있다. 이때, 바닐라 맛 쿠키는 민트 맛 쿠키와 이웃하지 않게 진열되어 있으므로 바닐라 맛 쿠키가 왼쪽에서 세 번째, 딸기 맛 쿠키가 왼쪽에서 네 번째에 진열되어 있고, 초콜릿 맛 쿠키와 바닐라 맛 쿠키는 이웃하지 않게 진열되어 있으므로 초콜릿 맛 쿠키가 왼쪽에서 첫 번째, 버터 맛 쿠키가 왼쪽에서 두 번째에 진열되어 있다.
따라서 초콜릿 맛 쿠키는 왼쪽에서 첫 번째에 진열되어 있다.

20 조건추리

정답 ③

제시된 조건에 따르면 종화는 일주일 중 월요일, 화요일, 수요일 3일간 13시부터 18시까지 수업을 듣고, 한 과목당 일주일에 3시간씩 수업이 진행됨에 따라 총 15시간의 수업이 진행되어야 하므로 휴식 시간 없이 수업이 진행되는 것을 알 수 있다. 먼저, 수치해석 수업은 하루에 1시간씩 진행되며, 하루 중 수치해석 수업보다 늦게 진행되는 수업은 없으므로 수치해석 수업은 17~18시에 진행되고, 미분적분학, 이산수학, 통계학 수업 각각은 3시간씩 연달아 수업이 진행되며, 정수론 수업은 하루에 1시간씩 동일한 시간대에 진행되므로 13~14시 또는 16~17시에 수업이 진행된다. 하루 중 남은 시간대에는 미분적분학, 이산수학, 통계학 수업이 진행되고, 이산수학 수업이 진행되는 요일은 통계학 수업보다는 빠르지만, 미분적분학 수업보다는 늦게 진행되므로 월요일에 미분적분학 수업이, 화요일에 이산수학 수업이, 수요일에 통계학 수업이 진행된다. 정수론 수업 시간대에 따라 가능한 경우는 아래와 같다.

경우 1. 정수론 수업이 13~14시에 진행되는 경우

구분	월요일	화요일	수요일
13~14시	정수론	정수론	정수론
14~17시	미분적분학	이산수학	통계학
17~18시	수치해석	수치해석	수치해석

경우 2. 정수론 수업이 16~17시에 진행되는 경우

구분	월요일	화요일	수요일
13~16시	미분적분학	이산수학	통계학
16~17시	정수론	정수론	정수론
17~18시	수치해석	수치해석	수치해석

따라서 화요일 15~16시에 진행되는 수업은 이산수학이다.

03 | 자료해석

01 자료이해 정답 ④

신규 채용 여부에 '예'라고 응답한 사업체 수는 한려수도권이 512 × 0.028 ≒ 14개, 동해안권이 3,573 × 0.017 ≒ 61개이므로 옳지 않은 설명이다.

오답 체크

① 제주권 상용근로자 신규 채용 인원은 수도권 상용근로자 신규 채용 인원의 328 / 183 ≒ 1.8배이므로 옳은 설명이다.
② 신규 채용 여부에 '아니오'라고 응답한 동남권 사업체 수는 1,467 × 0.954 ≒ 1,400개이므로 옳은 설명이다.
③ 다도해권 임시 및 일용근로자 신규 채용 인원은 동남권 임시 및 일용근로자 신규 채용 인원보다 159 - 41 = 118명 더 많으므로 옳은 설명이다.
⑤ 서해안권 전체 신규 채용 인원은 상용근로자와 임시 및 일용근로자의 합계이므로 92 + 14 = 106명으로 옳은 설명이다.

02 자료이해 정답 ④

2024년 제조업용 로봇의 인력 1인당 평균 생산액은 28,800 / 16,000 = 1.8억 원이므로 옳은 설명이다.

오답 체크

① 개인서비스용 로봇 생산액 대비 제조업용 로봇 생산액의 비율은 2022년이 26,576 / 3,322 = 8.0, 2023년이 30,030 / 3,575 = 8.4이므로 옳지 않은 설명이다.
② 제시된 기간 중 로봇부품 및 부분품 생산액이 가장 많은 2024년과 가장 적은 2020년의 로봇부품 및 부분품 생산액 차이는 15,473 - 3,409 = 12,064억 원이므로 옳지 않은 설명이다.
③ 제시된 부문 중 2024년 사무·관리직 로봇산업 인력 수가 두 번째로 많은 제조업용 로봇의 2021년 생산액은 전년 대비 {(24,500 - 20,000) / 20,000} × 100 = 22.5% 증가하였으므로 옳지 않은 설명이다.
⑤ 2024년 연구직 로봇산업 인력 수는 2024년 전체 로봇산업 인력 수의 (6,882 / 37,113) × 100 ≒ 18.5%이므로 옳지 않은 설명이다.

03 자료이해 정답 ⑤

가구주가 전기·운수·통신·금융에 종사하는 맞벌이 가구 비율은 2023년에 (734 / 1,411) × 100 ≒ 52.0%, 2024년에 (731 / 1,412) × 100 ≒ 51.8%로 2024년에 전년 대비 감소했으므로 옳지 않은 설명이다.

오답 체크

① 맞벌이 가구 수가 많은 산업부터 순서대로 나열하면, 2023년과 2024년 모두 사업·개인·공공서비스, 도소매·숙박음식점업, 광·제조업, 전기·운수·통신·금융, 농림어업, 건설업 순이므로 옳은 설명이다.
② 2024년 맞벌이 가구 수가 전년 대비 증가한 산업은 광·제조업, 사업·개인·공공서비스이므로 옳은 설명이다.
③ 2024년 가구주가 건설업에 종사하는 전체 가구 수는 전년 대비 1,046 - 974 = 72천 가구 감소했으므로 옳은 설명이다.
④ 2023년 가구주가 도소매·숙박음식점업에 종사하는 전체 가구 수는 농림어업에 종사하는 전체 가구 수의 1,668 / 746 ≒ 2.2배이므로 옳은 설명이다.

04 자료이해 정답 ②

기술무역수지는 2023년에 11,798 - 16,476 = -4,678백만 달러, 2024년에 12,430 - 16,292 = -3,862백만 달러로 2024년에 전년 대비 증가하였으므로 옳은 설명이다.

오답 체크

① 2022년부터 2024년까지 기술도입액의 평균은 (14,842 + 16,476 + 16,292) / 3 = 15,870백만 달러이므로 옳지 않은 설명이다.
③ 기술무역규모는 2020년에 9,765 + 15,540 = 25,305백만 달러, 2022년에 10,687 + 14,842 = 25,529백만 달러로 2020년이 2022년보다 작으므로 옳지 않은 설명이다.
④ 2019년 이후 기술수출액은 매년 전년 대비 증가하였지만, 기술도입액은 2022년과 2024년에 전년 대비 감소하였으므로 옳지 않은 설명이다.
⑤ 2018년 기술무역수지비는 5,311 / 11,052 ≒ 0.48이고, 2021년 기술무역수지비는 10,408 / 16,409 ≒ 0.63이므로 옳지 않은 설명이다.

05 자료계산 정답 ②

합법저작물 시장침해규모 = 잠재적 합법저작물 시장규모 × (잠재적 합법저작물 시장침해율 / 100), 합법저작물 시장규모 = 잠재적 합법저작물 시장규모 - 합법저작물 시장침해규모임을 적용하여 구한다.
제시된 저작물 종류별 합법저작물 시장침해규모는 음악이 1,948 × 0.19 = 370.12십억 원, 영화가 4,050 × 0.21 = 850.5십억 원, 방송이 4,094 × 0.08 = 327.52십억 원, 출판이 6,129 × 0.08 = 490.32십억 원, 게임이 7,077 × 0.07 = 495.39십억 원이므로 합법저작물 시장침해규모가 가장 큰 저작물 종류는 영화이다.
따라서 영화의 합법저작물 시장규모는 4,050 - 850.5 = 3,199.5십억 원이다.

06 자료변환 정답 ④

제시된 자료에 따르면 연도별 전체 대표자 수는
2016년이 377 + 47 = 424명,
2017년이 398 + 63 = 461명,
2018년이 460 + 73 = 533명,
2019년이 492 + 77 = 569명,
2020년이 525 + 100 = 625명이다.
따라서 기상산업 전체 대표자 수가 꾸준히 증가하므로 옳은 그래프는 ④이다.

07 자료이해

정답 ③

제시된 기간 중 전국 주택매매가격 변동률이 처음으로 양수가 된 9월에 C 구 주택매매가격 변동률은 전월 대비 {(0.16 - 0.15) / 0.15} × 100 ≒ 6.7% 증가하였으므로 옳은 설명이다.

오답 체크

① 제시된 기간 중 주택매매가격 변동률이 가장 낮은 달은 A 구가 6월, B 구가 6월로 동일하므로 옳지 않은 설명이다.

② 11월 A 구 주택매매가격 변동률은 전국 주택매매가격 변동률보다 0.72 - 0.19 = 0.53%p 더 높으므로 옳지 않은 설명이다.

④ 9월 B 구 주택매매가격 변동률은 전월 대비 감소하였지만, C 구 주택매매가격 변동률은 전월 대비 증가하였으므로 옳지 않은 설명이다.

⑤ 10월 주택매매가격 변동률의 전월 대비 증가량은 A 구가 0.51 - 0.27 = 0.24%p, B 구가 0.87 - 0.18 = 0.69%p로 B 구가 A 구의 0.69 / 0.24 ≒ 2.88배이므로 옳지 않은 설명이다.

08 자료추론

정답 ①

ⓔ 제시된 기간 동안 월평균 철강 생산량은 A가 (411 + 379 + 283 + 321 + 302 + 304) / 6 ≒ 333천 톤, B가 (352 + 293 + 292 + 332 + 321 + 300) / 6 = 315천 톤, C가 (320 + 343 + 287 + 323 + 226 + 281) / 6 ≒ 297천 톤, D가 (387 + 336 + 343 + 386 + 395 + 416) / 6 ≒ 377천 톤이므로 C가 선재이다.

ⓛ C를 제외하고 12월의 철강 생산량이 300천 톤 이하인 종류는 B이므로 B가 봉강이다.

ⓒ B와 C를 제외하고 7월의 철강 생산량은 A가 D보다 많으므로 A가 형강, D가 강관이다.

따라서 A는 형강, B는 봉강, C는 선재, D는 강관인 ①이 정답이다.

09 자료이해

정답 ②

20X4년 광주의 전산업 사업체 수는 전년 대비 {(1,237 - 1,196) / 1,196} × 100 ≒ 3.4% 증가하였으므로 옳지 않은 설명이다.

오답 체크

① 20X2년부터 20X4년까지 제시된 지역 중 전산업 사업체 수가 세 번째로 많은 지역은 매년 대구로 동일하므로 옳은 설명이다.

③ 20X3년 보건·사회복지서비스업 사업체 비율은 부산이 (92 / 2,889) × 100 ≒ 3.2%, 대전이 (50 / 1,176) × 100 ≒ 4.3%이므로 옳은 설명이다.

④ 20X3년 인천의 전산업 사업체 수는 전년 대비 2,025 - 1,967 = 58백 개 증가하였으므로 옳은 설명이다.

⑤ 20X2년 제시된 지역의 보건·사회복지서비스업 사업체 수의 평균은 (289 + 91 + 70 + 73 + 49 + 50 + 29) / 7 = 93백 개이므로 옳은 설명이다.

10 자료이해

정답 ①

2023년 버스의 고속도로 이용 비율은 일반국도 이용 비율의 3.1 / 1.9 ≒ 1.6배이므로 옳은 설명이다.

오답 체크

② 2024년 승용차의 고속국도 이용 비율의 전년 대비 증가율은 {(69.3 - 68.7) / 68.7} × 100 ≒ 0.9%이므로 옳지 않은 설명이다.

③ 2022년 고속국도와 일반국도를 이용한 전체 차량 대수가 각각 1,000만 대라면, 같은 해 고속국도를 이용한 화물차는 1,000 × 0.285 = 285만 대로 일반국도를 이용한 화물차인 1,000 × 0.223 = 223만 대보다 285 - 223 = 62만 대 더 많으므로 옳지 않은 설명이다.

④ 승용차와 버스의 고속국도 이용 비율의 전년 대비 증감 추이는 2022년과 2023년에 동일하므로 옳지 않은 설명이다.

⑤ 2020년 고속국도를 이용한 버스가 60만 대라면, 같은 해 고속국도를 이용한 승용차는 60 × (69.3 / 3.3) = 1,260만 대이므로 옳지 않은 설명이다.

11 자료이해

정답 ②

ⓛ 2020년 종사자 규모별 육아휴직제도를 사용한 근로자 수는 2년 전 대비 모두 증가하였으므로 옳은 설명이다.

오답 체크

ⓐ 2020년 300인 이상 사업체 수는 2년 전 대비 감소하였으므로 옳지 않은 설명이다.

ⓒ 2020년 5~9인 사업체에서 육아휴직제도를 사용한 근로자 수는 2년 전 대비 {(10,628 - 7,236) / 7,236} × 100 ≒ 47% 증가하였으므로 옳지 않은 설명이다.

12 자료계산

정답 ⑤

연도별 제시된 지역 중 석유 제품 수입량이 가장 많은 지역과 가장 적은 지역의 석유 제품 수입량 차이는 2016년에 149,589 - 10,447 = 139,142천 배럴, 2017년에 141,290 - 8,901 = 132,389천 배럴, 2018년에 133,163 - 14,052 = 119,111천 배럴, 2019년에 118,245 - 12,148 = 106,097천 배럴, 2020년에 122,344 - 16,351 = 105,993천 배럴이다.

따라서 두 지역의 석유 제품 수입량 차이가 가장 적은 해는 2020년이다.

13 자료이해

정답 ⑤

전체 경제활동인구수에서 비농가 경제활동인구수가 차지하는 비중은 (26,878 / 28,628) × 100 ≒ 94%이므로 옳은 설명이다.

오답 체크

① 농가 남자의 실업률은 (5 / 1,011) × 100 ≒ 0.5%, 농가 여자의 실업률은 (12 / 739) × 100 ≒ 1.6%이므로 옳지 않은 설명이다.

② 비농가 남자의 고용률은 (14,799 / 21,059) × 100 ≒ 70.3%이므로 옳지 않은 설명이다.

③ 15세 이상 인구수는 농가가 비농가보다 42,920 - 2,299 = 40,621천 명 더 적으므로 옳지 않은 설명이다.

④ 비농가 남자 15세 이상 인구수는 비농가 여자 15세 이상 인구수보다 적으므로 옳지 않은 설명이다.

빠른 문제 풀이 Tip

① 분자가 크고 분모가 작을수록 분수의 크기는 큼을 이용하여 비교한다.
실업률의 분자에 해당하는 실업자 수는 여자가 더 많고, 분모에 해당하는 경제활동인구수는 여자가 더 적으므로 농가 남자의 실업률이 농가 여자의 실업률보다 낮음을 알 수 있다.

⑤ 여사건을 이용하여 계산한다.
전체 경제활동인구수는 농가 경제활동인구수 + 비농가 경제활동인구수임에 따라 농가 경제활동인구수는 1,750천 명으로 전체 경제활동인구수의 10%인 28,628 × 0.1 = 2,862.8천 명보다 적으므로 전체 경제활동인구수에서 비농가 경제활동인구수가 차지하는 비중은 90% 이상임을 알 수 있다.

14 자료변환 정답 ⑤

제시된 자료에 따르면 공공부문 지출은
2013년에 142,010 - 9,555 = 132,455십억 원,
2014년에 154,897 - 11,254 = 143,643십억 원,
2015년에 174,819 - 15,082 = 159,737십억 원,
2016년에 188,720 - 16,012 = 172,708십억 원이다.
따라서 2014년부터 공공부문 지출이 전년 대비 꾸준히 증가하므로 옳은 그래프는 ⑤이다.

오답 체크

① GDP 대비 사회복지 지출은 2014년에 154,897 / 1,486,079 ≒ 0.104로 0.1보다 크지만, 이 그래프에서는 0.1보다 낮게 나타나므로 옳지 않은 그래프이다.

② 2014년 사회복지 지출은 154,897십억 원으로 2015년 사회복지 지출인 174,819십억 원보다 작지만, 이 그래프에서는 2014년 사회복지 지출이 2015년보다 높게 나타나므로 옳지 않은 그래프이다.

③ GDP 대비 공공부문 지출은 2015년에 (174,819 - 15,082) / 1,564,124 ≒ 0.102, 2016년에 (188,720 - 16,012) / 1,641,786 ≒ 0.105로 2016년에 전년 대비 증가하였으나, 이 그래프에서는 2016년에 전년 대비 감소한 것으로 나타나므로 옳지 않은 그래프이다.

④ 2015년 법정민간부문 지출은 15,082십억 원으로 15,000십억 원보다 크지만, 이 그래프에서는 15,000십억 원보다 낮게 나타나므로 옳지 않은 그래프이다.

15 자료변환 정답 ⑤

2021년 화물선의 국취부나용선 보유 수는 378척으로 300척보다 많지만, [2021년 화물선, 유조선의 용도별 보유 수] 막대그래프에서는 300척보다 낮게 나타나므로 옳지 않은 그래프는 ⑤이다.

16 자료이해 정답 ③

2019년 자전거 운영 수리센터 1개당 실적은 경기도가 33,204 / 14 ≒ 2,372대, 서울특별시가 99,982 / 46 ≒ 2,174대이므로 옳은 설명이다.

오답 체크

① 2020년 수도권 자전거 운영 수리센터는 총 45 + 3 + 14 = 62개이므로 옳지 않은 설명이다.

② 2017년 자전거 운영 수리센터 실적은 서울특별시가 인천광역시의 111,973 / 6,287 ≒ 17.8배이므로 옳지 않은 설명이다.

④ 2018년 경기도의 자전거 운영 수리센터 실적은 전년 대비 증가하였으므로 옳지 않은 설명이다.

⑤ 2019년 인천광역시의 자전거 운영 수리센터 실적은 전년 대비 8,877 - 8,273 = 604대 증가하였으므로 옳지 않은 설명이다.

17 자료이해 정답 ④

2020년 여자 외국인 유학생 수의 전년 대비 감소율은 {(960 - 798) / 960} × 100 ≒ 16.9%이므로 옳지 않은 설명이다.

오답 체크

① 2014년 이후 남자와 여자 외국인 유학생 수의 전년 대비 증감 추이는 2014년부터 2019년까지 매년 증가, 2020년에 감소로 동일하므로 옳은 설명이다.

② 제시된 기간 동안 남자 외국인 유학생 수보다 여자 외국인 유학생 수가 매년 더 많으므로 옳은 설명이다.

③ 2015년 전체 외국인 유학생 수는 421 + 543 = 964백 명이므로 옳은 설명이다.

⑤ 2014년 이후 남자 외국인 유학생 수의 증가량은 2014년에 392 - 388 = 4백 명, 2015년에 421 - 392 = 29백 명, 2016년에 497 - 421 = 76백 명, 2017년에 603 - 497 = 106백 명, 2018년에 739 - 603 = 136백 명, 2019년에 841 - 739 = 102백 명이고, 2020년은 전년 대비 감소하였으므로 옳은 설명이다.

빠른 문제 풀이 Tip

⑤ 그래프의 높이 차이를 비교한다.
그래프의 y축이 유학생 수이므로 전년 대비 높이 차이가 가장 큰 2018년에 남자 외국인 유학생 수가 가장 많이 증가한 것을 알 수 있다.

18 자료이해 정답 ②

40~49세와 50~59세의 선호하는 비율의 차이가 가장 큰 도서 분야는 11.6 - 7.3 = 4.3%p 차이 나는 철학·사상·종교이므로 옳지 않은 설명이다.

오답 체크

① 각 연령에서 선호하는 비율이 가장 높은 도서 분야는 모두 문학도서이므로 옳은 설명이다.

③ 철학·사상·종교를 선호하는 비율은 60세 이상이 30~39세의 24.0 / 2.7 ≒ 8.9배이므로 옳은 설명이다.

④ 가정·육아·요리를 선호하는 비율은 19~29세가 1.5%, 40~49세가 4.1%로, 비율의 차이는 4.1 - 1.5 = 2.6%p이므로 옳은 설명이다.

⑤ 30~39세의 응답 인원이 1,500명이라면, 30~39세에서 자기계발서를 선호한다고 응답한 인원은 1,500 × 0.12 = 180명이므로 옳은 설명이다.

[19 - 20]

19 자료계산 정답 ②

공립 마이스터고의 미취업자는 4,082 - (2,484 + 381 + 245 + 52) = 920명, 공립 일반고 직업반의 미취업자는 2,020 - (303 + 1,067 + 6 + 38) = 606명이므로 공립 마이스터고의 미취업자 대비 취업자의 비율은 2,484 / 920 = 2.7, 공립 일반고 직업반의 미취업자 대비 취업자의 비율은 303 / 606 = 0.5이다.

따라서 미취업자 대비 취업자의 비율은 공립 마이스터고가 공립 일반고 직업반의 2.7 / 0.5 = 5.4배이다.

20 자료이해 정답 ③

a. 국립 마이스터고의 취업률은 [606 / {1,069 - (26 + 41 + 2)}] × 100 = 60.6%이므로 옳지 않은 설명이다.

d. 사립 일반고 직업반의 미취업자는 2,278 - (241 + 1,404 + 5 + 10) = 618명이므로 옳지 않은 설명이다.

오답 체크

b. 공립 일반고 직업반의 졸업자 중 취업자가 차지하는 비중은 (303 / 2,020) × 100 = 15%이므로 옳은 설명이다.

c. 공립 특성화고의 입대자는 공립 마이스터고의 입대자보다 652 - 245 = 407명 더 많으므로 옳은 설명이다.

04 창의수리

01 수/문자추리
정답 ③

세 번째 항부터 제시된 각 숫자는 앞의 두 숫자의 차×3라는 규칙이 적용되므로 빈칸에 들어갈 알맞은 숫자는 '27'이다.

02 수/문자추리
정답 ④

제시된 각 숫자 간의 값이 −4, ÷2, ×3으로 반복되므로 빈칸에 들어갈 알맞은 숫자는 '71'이다.

03 수/문자추리
정답 ①

홀수항에 제시된 각 숫자 간의 값이 +1로 반복되고, 짝수항에 제시된 각 숫자 간의 값이 −1로 반복되므로 빈칸에 들어갈 알맞은 숫자는 '16'이다.

04 수/문자추리
정답 ⑤

제시된 각 숫자 간의 값이 −3, ×3으로 반복되므로 빈칸에 들어갈 알맞은 숫자는 '72'이다.

05 수/문자추리
정답 ⑤

제시된 각 숫자 간의 값이 +8, +16, +32, …과 같이 ×2씩 변화하므로 빈칸에 들어갈 알맞은 숫자는 '250'이다.

06 수/문자추리
정답 ⑤

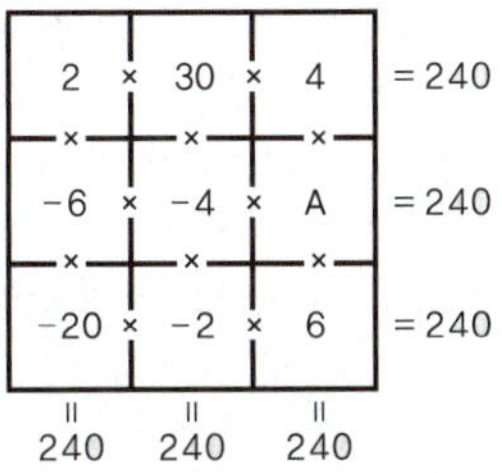

제시된 도형에서 각 행에 제시된 세 수의 곱과 각 열에 제시된 세 수의 곱이 모두 240이라는 규칙이 적용되므로 A에 들어갈 알맞은 숫자는 '10'이다.

07 수/문자추리
정답 ④

구분	정가운데 숫자	시침 숫자	분침 숫자
첫 번째	3	2	1
두 번째	A	1	3
세 번째	6	2	4
네 번째	9	6	3
다섯 번째	13	4	B

제시된 각 시계의 정가운데 있는 숫자 간의 값은 +1, +2, +3, …과 같이 +1씩 변화하는 규칙이 적용된다.
두 번째 시계의 정가운데 있는 숫자(A)는 첫 번째 시계의 정가운데 있는 숫자에 +1를 적용한 A = 3 + 1 = 4이다.
또한, 정가운데 있는 숫자(x)와 시침이 가리키는 숫자(y), 분침이 가리키는 숫자(z)는 $z = x - y$라는 규칙이 적용된다.
다섯 번째 시계에 추가될 분침이 가리키는 숫자(B)는 B = 13 − 4 = 9이다.
따라서 2A + 3B의 값은 (4 × 2) + (9 × 3) = 35이다.

08 수/문자추리
정답 ②

제시된 톱니바퀴에서 왼쪽 톱니바퀴 내의 숫자는 제시된 각 숫자 간의 값이 +2, +2, ×2, +3, +3, ×3 …으로 변화하므로 A = 13 + 3 = 16이고, 왼쪽 톱니바퀴 2개와 오른쪽 톱니바퀴 1개가 서로 맞물리는 부분에서 오른쪽 톱니바퀴 내의 숫자에는 왼쪽 톱니바퀴 2개에 제시된 숫자를 합한 값에 3을 더한 값이라는 규칙이 적용되므로 B = 5 + 3 + 3 = 11이다.
따라서 A − B의 값은 16 − 11 = 5이다.

09 응용계산
정답 ②

두 수 중 큰 수를 x라고 하면
두 수의 차가 2이므로 두 수 중 작은 수는 x − 2이다. 이때 두 수의 합이 36이므로
$x + (x-2) = 36 \rightarrow 2x = 38 \rightarrow x = 19$
따라서 두 수 중 큰 수는 19이다.

10 응용계산
정답 ④

n각형 대각선의 개수 = $\frac{n(n-3)}{2}$임을 적용하여 구한다.
이 정다각형의 각의 개수를 n이라 하면
대각선의 개수가 20개이므로
$\frac{n(n-3)}{2} = 20 \rightarrow n(n-3) = 40 \rightarrow n^2 - 3n - 40 = 0$
$\rightarrow (n-8)(n+5) = 0 \rightarrow n = -5$ 또는 $n = 8$
이때 n은 양수이므로 n = 8이고, 8각형의 한 변의 길이는 3cm이다.
따라서 8각형의 둘레의 길이는 3 × 8 = 24cm이다.

11 응용계산
정답 ①

0~9 숫자가 적힌 카드 10장 중 3장을 뽑아 세 자릿수를 만들려면 백의 자리 숫자에 0이 들어갈 수 없다. 이에 따라 백의 자리 숫자에 들어갈 수 있는 카드는 1~9 숫자가 적힌 카드 9장이고, 십의 자리 숫자에 들어갈 수 있는 카드는 백의 자리 숫자에 들어간 카드를 제외한 10 − 1 = 9장이며, 일의 자리 숫자에 들어갈 수 있는 카드는 백의 자리 숫자와 십의 자리 숫자에 들어간 카드를 제외한 10 − 2 = 8장이다.
따라서 이 카드 10장 중 3장을 뽑아 세 자릿수를 만드는 경우의 수는 9 × 9 × 8 = 648가지이다.

12 응용계산 정답 ③

어떤 사건 A가 일어났을 때, 사건 B가 일어날 조건부확률 $P(B|A)=\frac{P(A\cap B)}{P(A)}$임을 적용하여 구한다.

자가 진단키트에서 독감 양성 판정을 받는 사건을 A, 실제로 독감에 걸리지 않은 사건을 B라고 하면

실제로 독감에 걸리지 않았으면서 자가 진단키트에서 독감 양성 판정을 받는 사건은 $A\cap B$이다.

실제로 독감에 걸린 학생이 자가 진단키트에서 독감 양성 판정을 받는 확률은 $0.2\times0.8=0.16$,

실제로 독감에 걸리지 않은 학생이 자가 진단키트에서 독감 양성 판정을 받는 확률은 $0.8\times0.2=0.16$,

$P(A)=0.16+0.16=0.32$이다.

$P(A\cap B)=0.16$

$P(B|A)=\frac{0.16}{0.32}=0.5$

따라서 3반 학생 중 자가 진단키트에서 독감 양성 판정을 받은 학생이 실제로 독감에 걸리지 않았을 확률은 50%이다.

13 응용계산 정답 ⑤

n개 중 같은 것이 각각 p개, q개일 때, n개를 모두 사용하여 한 줄로 배열하는 경우의 수는 $\frac{n!}{p!q!}$임을 적용하여 구한다.

봉환이가 1번부터 3번까지 3개의 수학 문제 중 2문제를 맞히므로 2문제를 맞히는 경우의 수는 $\frac{3!}{2!1!}=3$가지이다. 또한, 봉환이가 문제를 맞힐 확률은 1문제당 90%이므로 문제를 틀릴 확률은 10%이다. 이에 따라 문제 번호에 상관없이 2문제를 맞힐 확률은 $0.9^2\times0.1=0.081$이다.

따라서 봉환이가 쪽지 시험에서 2문제를 맞힐 확률은 $3\times0.081\times100=24.3$%이다.

14 응용계산 정답 ④

거리 = 속력 × 시간임을 적용하여 구한다.

속력이 15m/s인 A 기차와 속력이 20m/s인 B 기차가 같은 터널에 동시에 진입하여 15초 후에 서로 만났으므로 터널 진입 후 두 기차가 서로 만나기까지 A 기차의 이동 거리는 $15\times15=225$m, B 기차의 이동 거리는 $20\times15=300$m이다. 이에 따라 터널의 길이는 $225+300=525$m이고, A 기차의 길이는 180m이므로 A 기차가 터널에 진입한 후 완전히 빠져나갈 때까지 A 기차의 이동 거리는 $525+180=705$m이다.

따라서 A 기차가 터널에 진입한 후 완전히 빠져나가기까지 걸린 시간은 $\frac{705}{15}=47$초이다.

15 응용계산 정답 ③

시간당 작업량 × 시간 = 작업량임을 적용하여 구한다.

A가 2일, B가 3일 동안 함께 작업하면 1개를 제작할 수 있는 제품을 A가 3일, C가 5일 동안 함께 작업하여 1개를 제작했으므로

A의 1일당 작업량을 a, B의 1일당 작업량을 b, C의 1일당 작업량을 c라고 하면

$2a+3b=1 \rightarrow 6a+9b=3$ … ⓐ

$3a+5c=1 \rightarrow 6a+10c=2$ … ⓑ

c가 일정 기간 혼자 작업하여 제작한 제품의 개수는 B가 9일 동안 작업하여 제작한 제품의 개수보다 1개 더 적었으므로 C가 혼자 작업한 기간을 x라고 하면

$c\times x=9b-1 \rightarrow x=\frac{9b-1}{c}$ … ⓒ

ⓐ－ⓑ에서

$9b-10c=1 \rightarrow 9b-1=10c$ … ⓓ

ⓓ를 ⓒ에 대입하여 풀면

$x=\frac{10c}{c} \rightarrow x=10$

따라서 C가 혼자 작업한 기간은 10일이다.

16 응용계산 정답 ④

A 정육점은 600g을 한 팩으로 하여 삼겹살과 목살을 각각 1팩당 15,000원, 12,000원에 판매하고, 어제 판매한 양은 삼겹살이 총 12kg, 목살이 총 9kg이므로 할인 전 금액은 $\frac{12,000}{600}\times15,000+\frac{9,000}{600}\times12,000=300,000+180,000=480,000$원이다. 이때 총매출액은 453,000원이므로 총할인 금액은 $480,000-453,000=27,000$원이다. 이에 따라 삼겹살과 목살을 1팩씩 묶음으로 2팩을 구매할 경우 묶음당 일정한 금액만큼 할인이 되며, 묶음으로 판매한 양은 총 6kg이므로 판매한 묶음 수는 $\frac{6,000}{1,200}=5$묶음이다.

따라서 묶음당 할인되는 금액은 $\frac{27,000}{5}=5,400$원이다.

17 응용계산 정답 ②

게임을 해서 희준이가 이긴 횟수를 x, 무승부인 게임 횟수를 y, 희준이가 진 횟수를 z라고 하면 나영이가 이긴 횟수는 z, 나영이가 진 횟수는 x이다. 게임을 해서 이긴 사람이 3점을 얻고, 진 사람이 2점을 잃으며, 무승부일 때는 두 사람 모두 1점씩 얻고, 게임이 끝난 후 희준이와 나영이의 누적 점수는 각각 35점, 5점이므로

$3x+y-2z=35$ … ⓐ

$-2x+y+3z=5$ … ⓑ

이때 두 사람이 진행한 게임 횟수는 무승부인 게임 횟수의 3배이므로

$x+y+z=3y$ … ⓒ

ⓐ＋ⓑ를 정리하면 $x+2y+z=40$ … ⓓ

ⓓ에 ⓒ를 대입하여 풀면

$x+2y+z=40 \rightarrow (x+y+z)+y=40 \rightarrow 4y=40$

$\rightarrow y=10$

따라서 희준이와 나영이가 진행한 게임 횟수는 $10\times3=30$회이다.

18 응용계산 정답 ④

n개 중 같은 것이 각각 p개, q개, r개일 때, n개를 모두 사용하여 한 줄로 배열하는 경우의 수는 $\frac{n!}{p!q!r!}$가지임을 적용하여 구한다.

여섯 음으로 구성된 멜로디를 만들 때 도, 레, 미 3가지 음을 각각 적어도 한 번씩 사용하므로 여섯 음 중 세 음은 각각 도, 레, 미로 구성되고, 나머지 세 음은 도, 레, 미 중 1가지 음으로만 구성되거나 2가지 음으로만 구성되거나 3가지 음으로 구성된다.

경우 1. 세 음은 각각 도, 레, 미로 구성되고, 나머지 세 음이 1가지 음으로만 구성되는 경우

여섯 음 중 네 음은 1가지 음으로 구성되고, 두 음은 나머지 2가지 음으로 각각 구성된다. 이때 네 음을 구성하는 1가지 음을 고르는 경우의 수는 ${}_3C_1 = 3$가지이므로 만들 수 있는 멜로디의 경우의 수는 $\frac{6!}{4!1!1!} \times 3 = 90$가지이다.

경우 2. 세 음은 각각 도, 레, 미로 구성되고, 나머지 세 음이 2가지 음으로만 구성되는 경우

여섯 음 중 세 음은 1가지 음으로 구성되고, 두 음은 나머지 2가지 음 중 1가지 음으로 구성되며, 한 음은 나머지 1가지 음으로 구성된다. 이때 세 음을 구성하는 1가지 음과 두 음을 구성하는 다른 1가지 음을 고르는 경우는 ${}_3C_1 \times {}_2C_1 = 6$가지이므로 만들 수 있는 멜로디의 경우의 수는 $\frac{6!}{3!2!1!} \times 6 = 360$가지이다.

경우 3. 도, 레, 미가 각각 두 음씩 구성되는 경우

여섯 음을 도, 레, 미가 각각 두 음씩 구성하므로 만들 수 있는 멜로디의 경우의 수는 $\frac{6!}{2!2!2!} = 90$가지이다.

따라서 만들 수 있는 멜로디의 경우의 수는 $90 + 360 + 90 = 540$가지이다.

빠른 문제 풀이 Tip

여사건을 활용하여 계산한다.

여섯 음으로 구성된 멜로디는 여섯 자리에 순서를 고려하여 3가지 음을 배치하는 것과 동일하다. 각 자리에 들어갈 수 있는 음은 도, 레, 미 3가지이므로 만들 수 있는 멜로디의 개수는 총 $3^6 = 729$가지이다. 이때 멜로디에 도, 레, 미 3가지 음을 적어도 한 번씩 사용해야 하므로 여섯 음이 2가지 또는 1가지 음으로만 구성되는 경우를 제외해야 한다. 여섯 음이 2가지 또는 1가지 음으로만 구성되는 경우의 수는 3가지 음 중 2가지 음을 선택하여 각 자리에 선택한 2가지 음만 사용하는 경우인 ${}_3C_2 \times 2^6 = 192$가지에서 1번씩 중복되는 1가지 음만 사용하는 경우 3가지를 제외한 $192 - 3 = 189$가지이다.

따라서 만들 수 있는 멜로디의 경우의 수는 $729 - 189 = 540$가지임을 알 수 있다.

19 응용계산 정답 ②

청소 담당이 된 사람은 그다음 주에 청소 담당을 하지 않으므로 병이 4주 중 2주 동안 청소 담당을 하는 경우는 첫째 주와 셋째 주, 첫째 주와 넷째 주, 둘째 주와 넷째 주에 청소 담당을 하는 경우 총 3가지이다.

병이 첫째 주와 셋째 주에 청소 담당을 하는 경우의 수는 나머지 4명이 둘째 주와 넷째 주에 청소 담당을 하는 경우의 수와 같으므로 $4 \times 4 = 16$가지이다.

병이 첫째 주와 넷째 주에 청소 담당을 하는 경우의 수는 나머지 4명이 둘째 주와 셋째 주에 청소 담당을 하는 경우의 수와 같고 청소 담당이 된 사람은 그 다음 주에 청소 담당을 하지 않으므로 경우의 수는 $4 \times 3 = 12$가지이다.

병이 둘째 주와 넷째 주에 청소 담당을 하는 경우의 수는 나머지 4명이 첫째 주와 셋째 주에 청소 담당을 하는 경우의 수와 같으므로 $4 \times 4 = 16$가지이다.

이때 5명이 4주 동안 청소 담당을 매주 1명씩 정하는 경우의 수는 $5 \times 4 \times 4 \times 4 = 320$가지이다.

따라서 병이 2주 동안 청소 담당을 할 확률은 $\frac{16+12+16}{320} = \frac{44}{320} = \frac{11}{80}$이다.

20 응용계산 정답 ④

정가 = 원가 × (1 + 이익률), 이익 = 정가 − 원가임을 적용하여 구한다.

1개당 원가가 800원인 샤프는 25%의 이윤을 남겨 정가를 산정했으므로 샤프의 정가는 $800 \times (1 + 0.25) = 1{,}000$원이고, 1개당 원가가 200원인 지우개는 30%의 이윤을 남겨 정가를 산정했으므로 지우개의 정가는 $200 \times (1 + 0.3) = 260$원이다. 이에 따라 샤프 1개를 판매했을 때의 이익은 $1{,}000 - 800 = 200$원이고, 지우개 1개를 판매했을 때의 이익은 $260 - 200 = 60$원이다.

따라서 지우개 10개와 샤프 20개를 판매했을 때, 얻은 총이익은 $60 \times 10 + 200 \times 20 = 4{,}600$원이다.

빠른 문제 풀이 Tip

정가를 계산하지 않고 이익을 계산한다.

1개당 원가가 800원인 샤프는 25%의 이윤을 남겨 정가를 산정했으므로 샤프 1개를 판매했을 때의 이익은 $800 \times 0.25 = 200$원이고, 1개당 원가가 200원인 지우개는 30%의 이윤을 남겨 정가를 산정했으므로 지우개 1개를 판매했을 때의 이익은 $200 \times 0.3 = 60$원임을 알 수 있다.

실전모의고사 4회

정답

01 언어이해

p.266

01	③	중심 내용 파악	05	②	세부 내용 파악	09	②	세부 내용 파악	13	②	세부 내용 파악	17	③	세부 내용 파악
02	③	세부 내용 파악	06	④	중심 내용 파악	10	⑤	세부 내용 파악	14	③	세부 내용 파악	18	④	글의 구조 파악
03	⑤	중심 내용 파악	07	③	글의 구조 파악	11	④	중심 내용 파악	15	⑤	글의 구조 파악	19	②	세부 내용 파악
04	⑤	논지 전개 방식	08	③	중심 내용 파악	12	④	중심 내용 파악	16	③	세부 내용 파악	20	②	세부 내용 파악

02 언어추리

p.283

01	⑤	명제추리	05	①	명제추리	09	③	조건추리	13	⑤	조건추리	17	⑤	조건추리
02	①	명제추리	06	⑤	조건추리	10	⑤	조건추리	14	⑤	조건추리	18	③	조건추리
03	⑤	명제추리	07	⑤	조건추리	11	③	조건추리	15	③	조건추리	19	⑤	조건추리
04	①	명제추리	08	②	조건추리	12	②	조건추리	16	⑤	조건추리	20	②	조건추리

03 자료해석

p.294

01	③	자료이해	05	③	자료이해	09	④	자료이해	13	②	자료이해	17	④	자료이해
02	②	자료이해	06	④	자료계산	10	②	자료이해	14	①	자료변환	18	④	자료계산
03	⑤	자료이해	07	②	자료이해	11	④	자료이해	15	②	자료변환	19	①	자료추론
04	①	자료이해	08	④	자료이해	12	④	자료계산	16	②	자료이해	20	⑤	자료변환

04 창의수리

p.313

01	④	수/문자추리	05	⑤	수/문자추리	09	③	응용계산	13	⑤	응용계산	17	①	응용계산
02	⑤	수/문자추리	06	③	수/문자추리	10	③	응용계산	14	①	응용계산	18	①	응용계산
03	⑤	수/문자추리	07	②	수/문자추리	11	③	응용계산	15	①	응용계산	19	①	응용계산
04	③	수/문자추리	08	②	응용계산	12	④	응용계산	16	②	응용계산	20	⑤	응용계산

취약 유형 분석표

유형별로 맞힌 개수, 틀린 문제 번호와 풀지 못한 문제 번호를 적어보면서 취약한 유형이 무엇인지 파악해 보세요.
취약한 유형은 '기출유형공략'으로 복습하고 틀린 문제와 풀지 못한 문제를 다시 한번 풀어보세요.

01 언어이해

유형	유형별 맞힌 문제 수	틀린 문제 번호	풀지 못한 문제 번호
중심 내용 파악	/6		
세부 내용 파악	/10		
글의 구조 파악	/3		
논지 전개 방식	/1		
TOTAL	/20		

02 언어추리

유형	유형별 맞힌 문제 수	틀린 문제 번호	풀지 못한 문제 번호
명제추리	/5		
조건추리	/15		
TOTAL	/20		

03 자료해석

유형	유형별 맞힌 문제 수	틀린 문제 번호	풀지 못한 문제 번호
자료이해	/13		
자료계산	/3		
자료추론	/1		
자료변환	/3		
TOTAL	/20		

04 창의수리

유형	유형별 맞힌 문제 수	틀린 문제 번호	풀지 못한 문제 번호
수/문자추리	/7		
응용계산	/13		
TOTAL	/20		

해설

01 | 언어이해

01 중심 내용 파악 정답 ③

이 글은 생태계의 종합 사회로서 가치가 높은 산림이 기후변화로 급격히 증가한 산불 때문에 규모가 축소되고 있고, 산림 축소 시 생태계 파괴 및 이산화 탄소 발생량 증가 등의 문제가 발생할 수 있어 이를 막기 위해 국가, 지방자치단체, 개인이 모두 힘을 합쳐야 함을 설명하는 내용의 글이다.
따라서 이 글의 제목으로 가장 적절한 것은 ③이다.

02 세부 내용 파악 정답 ③

크리스퍼 유전자 가위는 세균의 면역 작용에서 gRNA가 바이러스 DNA를 식별하고 Cas9이라는 단백질이 이를 잘라내는 원리를 활용한 것이라고 하였으므로 크리스퍼 유전자 가위는 교정하려는 DNA를 찾아내는 Cas9과 이를 잘라내는 gRNA로 구성된다는 것은 아님을 알 수 있다.

오답 체크

① 크리스퍼는 1987년에 처음 발견된 후 한동안 과학계의 관심을 받지 못하였다고 하였으므로 적절한 내용이다.
② 크리스퍼에 대한 안전과 윤리 기준이 마련되지 않은 상태로 인간 배아 복제 연구가 진행된다면 심각한 부작용이 발생할 것이라는 지적이 있다고 하였으므로 적절한 내용이다.
④ 2007년에 다니스코사(社)에서 진행한 연구를 통해 고등생물에게만 존재하는 것으로 간주하였던 적응면역이 세균에도 존재한다는 것이 밝혀졌다고 하였으므로 적절한 내용이다.
⑤ 박테리오파지가 세균에 침투하면 세균이 파지의 DNA를 크리스퍼에 붙이고, 해당 크리스퍼는 gRNA가 되어 추후에 바이러스가 다시 침입하였을 때 바이러스의 DNA를 식별하고 Cas9이 이를 잘라내게 해 면역 작용이 이루어지게 한다고 하였으므로 적절한 내용이다.

03 중심 내용 파악 정답 ⑤

이 글은 제임스 스톡데일이 포로수용소에서 끝까지 살아남을 수 있었던 스톡데일 패러독스를 고려할 때 근거 없는 낙관주의는 경계해야 하며 합리적 태도가 동반된 낙관주의적 태도가 필요하다는 내용의 글이다.
따라서 이 글의 주제로 가장 적절한 것은 ⑤이다.

오답 체크

① 글 전반부에서 단순 낙관주의자들이 좋지 못한 결과로 귀결된 것과 달리 합리적 낙관주의자들은 긍정적 결과를 낼 수 있다고 하였으므로 적절하지 않은 내용이다.
② 글 후반부에서 스톡데일 패러독스와 달리 합리적 태도가 동반되지 않은 낙관주의는 사람들을 절망으로 이끌 수 있다고 하였으므로 적절하지 않은 내용이다.
③ 글 후반부에서 일부 자기계발서는 성공한 사람의 긍정적 이미지만을 보여주기에 급급해 현실을 직시하지 않는다고 서술하고 있으나, 독자에게 꿈과 희망을 줄 수 있는지에 대해서는 서술하고 있지 않으므로 적절하지 않은 내용이다.
④ 글 전반부에서 제임스 스톡데일이 베트남 하노이의 포로수용소에서 희망을 잃지 않으면서 현실을 직시하며 대비했다는 내용은 서술하고 있으나, 글 전체를 포괄할 수 없으므로 적절하지 않은 내용이다.

04 논지 전개 방식 정답 ⑤

글 전반부에서 깨진 유리창 법칙 이론에 대한 설명은 있지만, 그에 대한 인식 변화를 시간의 흐름에 따라 서술하지는 않고 있다.

05 세부 내용 파악 정답 ②

바티칸은 1929년 이탈리아와 라테라노 조약을 체결하며 독립국의 지위를 갖게 되었다고 하였으며, 1984년 유네스코 세계문화유산에 등재되었다고 하였으므로 바티칸이 독립국 지위를 얻기 이전부터 유네스코 세계문화유산에 등재되어 있었던 것은 아님을 알 수 있다.

오답 체크

① 부활절 등의 종교적 행사가 있을 경우 산피에트로 광장에 교황이 찾아가 신도들에게 인사를 한다고 하였으므로 적절한 내용이다.
③ 바티칸은 고대 로마제국부터 존재했으나 19세기 이탈리아 왕국이 통일되며 지위를 잃었었다고 하였으므로 적절한 내용이다.
④ 바티칸의 산피에트로 대성당, 산피에트로 광장, 바티칸 미술관 등은 일반 관광객들에게 공개하고 있다고 하였으므로 적절한 내용이다.
⑤ 바티칸은 이탈리아의 로마 북서부에 있다고 하였으므로 적절한 내용이다.

06 중심 내용 파악 정답 ④

이 글은 타인의 자본을 끌어들여 자기 자본의 이익률을 증대시키는 레버리지는 자기 자본의 수익률을 극대화할 수 있다는 장점이 있지만 투자 자본에 손실이 발생했을 경우 자기 자본 대비 타인 자본이 많다면 부채로 인해 큰 문제가 생길 수 있음을 설명하는 내용이므로 이 글의 중심 내용으로 가장 적절한 것은 ④이다.

오답 체크

① 글의 후반부에서 투자 자산의 이익보다 손실이 더 크고, 자기 자본으로 손실을 메울 수 없다면 파산이나 지급 불능 상태에 빠질 수 있다고 하였으므로 적절하지 않은 내용이다.

② 글의 중반부에서 레버리지는 본인의 돈이 부족할 경우에도 타인 자본으로 수익률을 최대로 높일 수 있다고 하였으므로 적절하지 않은 내용이다.

③ 글의 중반부에서 투자는 불확실성과 위험을 수반한다고 하였으므로 적절하지 않은 내용이다.

⑤ 글의 전반부에서 레버리지는 순수 자기 자본이 아닌 타인의 자본을 끌어들여 함께 투자하여 자기 자본의 이익률을 높이는 전략이라고 서술하고 있지만, 글 전체를 포괄할 수 없으므로 적절하지 않은 내용이다.

07 글의 구조 파악 정답 ③

이 글은 공룡의 의미와 형태에 따른 분류 방법과 멸종 시기 및 이유에 대해 설명하는 글이다.
따라서 '다) 공룡의 정의와 생존 시기 → 라) 골반 형태에 따른 공룡 분류(1): 조반목의 특징 → 나) 골반 형태에 따른 공룡 분류(2): 용반목의 특징 → 가) 공룡의 멸종 시기와 대표 가설' 순으로 연결되어야 한다.

빠른 문제 풀이 Tip

선택지를 비교하여 첫 문단을 찾고 글의 전개 방식을 유추한 뒤, 접속어와 지시어를 통해 문단 간의 순서를 파악한다.

08 중심 내용 파악 정답 ③

이 글의 마지막 부분에서 열섬 현상에 대한 근본적인 해결책은 없는 상황이기 때문에 맨 처음 도시를 계획할 당시부터 열섬 현상을 방지할 계획을 마련해야 한다고 하였으므로 이 글에 이어질 내용으로 가장 적절한 것은 ③이다.

09 세부 내용 파악 정답 ②

다른 팀 선수가 사인을 훔쳐보는 것은 불문율이며, 금기된 행동은 아니라고 하였으므로 다른 팀 포수와 투수의 사인을 눈으로 몰래 훔쳐보는 것은 금지된 행동임에 따라 징계를 받을 수 있는 것은 아님을 알 수 있다.

오답 체크

① 피치컴 활용 시 포수와 투수 외 수비를 진행하고 있는 같은 팀 선수 중 최대 3명이 신호를 들을 수 있다고 하였으므로 적절한 내용이다.

③ 피치컴을 활용하면 사인이 잘못 전달되거나 다른 팀에 유출될 가능성을 낮춰 경기가 빠르게 진행될 수 있도록 한다고 하였으므로 적절한 내용이다.

④ 본래 투수와 포수는 자신들만이 아는 수신호를 서로에게 전달한다고 하였으므로 적절한 내용이다.

⑤ 피치컴은 포수가 착용하는 기기와 모자 안쪽에 넣어 사용하는 선수용 골전도 수신기로 이루어져 있으며, 투수가 쓴 모자의 스피커로 포수의 의사가 전달된다고 하였으므로 적절한 내용이다.

10 세부 내용 파악 정답 ⑤

가뭄이 발생하게 되면 각종 산업용수가 부족해진다고 하였으므로 산업용수와 가뭄이 무관하여 농업과 달리 가뭄으로 인한 산업 측면의 피해가 없는 것은 아님을 알 수 있다.

오답 체크

① 댐과 저수지는 가뭄 발생에 따른 피해를 최소화하기 위한 노력의 산물이라고 하였으므로 적절한 내용이다.

② 기후학적 측면에 따르면 연 강수량이 기후 값의 75% 이하일 경우 가뭄으로, 50% 이하일 경우 심한 가뭄으로 분류된다고 하였으므로 적절한 내용이다.

③ 가뭄이 발생하면 농업 생산에 큰 악영향을 미쳐 농업 생산량이 감소하게 된다고 하였으므로 적절한 내용이다.

④ 기원전 3000년경에 존재했던 메소포타미아 문명이 멸망한 이유는 300년가량 이어진 가뭄 때문이라고 하였으므로 적절한 내용이다.

11 중심 내용 파악 정답 ④

이 글은 미국에서 공급망 안정을 위해 프렌드쇼어링을 시행하고 있으며, 프렌드쇼어링은 공급망의 안정화 측면에서는 도움이 되지만, 동맹국에 대한 의존도가 높아져 여타 문제가 발생할 수 있기 때문에 공급망 측면 외에 자국에 미칠 이익과 불이익을 면밀히 따져보아야 함을 설명하는 내용이므로 이 글의 중심 내용으로 가장 적절한 것은 ④이다.

오답 체크

① 글 후반부에서 프렌드쇼어링으로 중국의 값싼 인건비를 포기하면 생산 비용이 증가해 인플레이션이 발생할 수 있다고 서술하고 있지만, 글 전체를 포괄할 수 없으므로 적절하지 않은 내용이다.

② 글 전체에서 리쇼어링 도입의 필요성에 대해서는 서술하고 있지 않으므로 적절하지 않은 내용이다.

③ 글 전체에서 반도체 및 배터리 수출국에서 프렌드쇼어링 도입 시 불이익을 크게 받는지에 대해서는 서술하고 있지 않으므로 적절하지 않은 내용이다.

⑤ 글 중반부에서 프렌드쇼어링을 통해 공급 단절과 같은 문제를 겪지 않아도 됨을 언급하고 있지만 글 전체를 포괄할 수 없으므로 적절하지 않은 내용이다.

12 중심 내용 파악 정답 ④

제시된 글의 필자는 성격의 발현은 기질적 특성으로, 유전자에 따라 일차적 선택은 같을 수밖에 없기 때문에 성격은 유전에 따른 신체, 정신 상태 등에 따라 결정됨을 주장하고 있다.
따라서 사람은 환경에 따라 이차적 선택을 다르게 할 수 있으며, 유전적 기질만으로는 성격이 형성되지 않는다는 반박이 타당하다.

13 세부 내용 파악
정답 ②

구독 서비스는 새롭고 개인화된 서비스 제공이 가능하여 소비자 입장에서 편리하게 취향 소비를 할 수 있다고 하였으므로 소비자에게 획일화된 서비스를 제공한다는 것은 아님을 알 수 있다.

오답 체크

① 구독 서비스는 제공되는 서비스 유형에 따라 정기 배송 서비스, 대여 서비스, 디지털 플랫폼 서비스로 나뉜다고 하였으므로 적절한 내용이다.

③ 핵심 구매자들의 소비 관련 데이터를 신규 소비자를 확보하기 위한 자원으로 활용할 수 있다고 하였으므로 적절한 내용이다.

④ 신문이나 잡지를 구독하는 것은 정기 배송 서비스에 해당하고 전자책을 구독하여 보는 것은 디지털 플랫폼 서비스에 해당하므로 적절한 내용이다.

⑤ 정기 결제를 하여 구독 서비스를 이용하는 소비자는 시간이 지나면서 락인 효과로 인해 이탈을 하는 경우가 적어진다고 하였으므로 적절한 내용이다.

14 세부 내용 파악
정답 ③

달무리가 관찰되면 얼마 뒤에 바로 비가 내려 민간에서는 달무리를 비의 징조로 여긴다고 하였으므로 민간에서는 달무리를 확인하면 비가 내릴 것이라 추측함을 알 수 있다.

오답 체크

① 달무리를 지상에서 볼 경우 안쪽에서 바깥쪽으로 갈수록 점차 밝아진다고 하였으므로 적절하지 않은 내용이다.

② 달이 지평선에서 40°보다 낮은 고도에 있을 경우 달무리가 타원 모양으로 나타난다고 하였으므로 적절하지 않은 내용이다.

④ 고층운에서는 달무리를 관찰하기 어렵다고 하였으므로 적절하지 않은 내용이다.

⑤ 달무리가 짙게 형성되었을 경우 안쪽은 붉은색, 바깥쪽은 노란색을 띤다고 하였으므로 적절하지 않은 내용이다.

15 글의 구조 파악
정답 ⑤

이 글은 배임죄와 횡령죄의 의미를 정의하고 배임죄와 횡령죄의 공통점 및 차이점을 설명하는 내용의 글이다.

따라서 형법에서 정의한 배임죄의 의미에 대해 설명한 <보기>에 이어질 내용은 '다) 배임죄와 혼동되는 횡령죄의 의미 → 나) 배임죄와 횡령죄의 공통점과 차이점 → 가) 배임죄가 성립하는 범죄의 경우' 순으로 연결되어야 한다.

16 세부 내용 파악
정답 ③

유칼립투스 잎에 함유된 독소 때문에 코알라가 잠을 오래 잔다는 설도 있지만 실상은 하루 20시간 이상 잠을 잠으로써 에너지를 절약하고자 하는 것이라고 하였으므로 코알라가 오랜 시간 잠을 자는 이유가 유칼립투스 잎에 함유된 독소에 있다는 것은 아님을 알 수 있다.

오답 체크

① 코알라의 유전자에는 유칼립투스 잎과 같은 생체 이물을 해독하는 효소 유전자 31개가 존재한다고 하였으므로 적절한 내용이다.

② 판다는 대나무만을, 코알라는 유칼립투스 잎만을 먹이로 섭취한다고 하였으므로 적절한 내용이다.

④ 코알라는 유전적 특성으로 인해 유칼립투스 잎을 소화시킬 수 있지만, 다른 동물은 그렇지 않아 유칼립투스 잎을 섭취할 수 없다고 하였으므로 적절한 내용이다.

⑤ 유칼립투스 잎은 에너지원으로 활용 가능한 만큼의 영양소가 존재하지 않는다고 하였으므로 적절한 내용이다.

17 세부 내용 파악
정답 ③

우리나라의 경우 규제일몰제가 존재하기 때문에 특정 규제를 만들 때는 목적 달성 시 필요로 하는 최소한의 기간을 설정해야 한다고 하였으므로 우리나라의 법률이나 규제 등이 규제일몰제의 적용을 받아 맨 처음 만들 때 별도의 존속 기간을 설정하지 않아도 되는 것은 아님을 알 수 있다.

오답 체크

① 일몰제는 법률이나 각종 규제의 효력이 일정 기간이 지나면 자동으로 없어지게 하는 제도라고 하였으므로 적절한 내용이다.

② 최근에는 헌법재판소의 결정에 따라 도시공원 일몰제가 적용되었다고 하였으므로 적절한 내용이다.

④ 도시공원 일몰제가 적용됨에 따라 도시계획시설에서 개인 소유의 땅이 도시공원으로 지정된 뒤 20년 동안 공원이 조성되지 않는다면 도시공원 지정 시효가 해제된다고 하였으므로 적절한 내용이다.

⑤ 우리나라는 규제일몰제가 존재하며, 원칙상 규제의 존속 기간은 5년을 넘어서서는 안 되지만, 해당 규제의 존속이 필요할 경우 규제 일몰 1년 전까지 규제의 신설·강화의 절차에 맞추어 규제개혁위원회에 심사를 요청해야 한다고 하였으므로 적절한 내용이다.

18 글의 구조 파악
정답 ④

이 글은 앵커링 효과의 증명과 실제 사례에 대해 설명하는 글이다.

따라서 '나) 앵커링 효과의 의미 → 라) 앵커링 효과를 증명하기 위한 실험(1): 무작위로 숫자를 주고 유엔 가입국 중 아프리카 비율을 질문 → 가) 앵커링 효과를 증명하기 위한 실험(2): 자신이 뽑은 숫자와 비슷하게 답변한 실험 참가자 → 다) 앵커링 효과의 실제 사례' 순으로 연결되어야 한다.

19 세부 내용 파악
정답 ②

처용무는 우리나라 궁중 무용 중 사람 형상의 탈을 쓰고 이루어지는 유일한 무용이라고 하였으므로 우리나라의 궁중 무용 중에서 사람 형태의 탈을 쓰고 춤을 추는 무용은 처용무가 유일함을 알 수 있다.

오답 체크

① 처용무는 궁중의 연희 및 세모에 역귀를 쫓는 의식 뒤에 추던 향악의 춤이라고 하였으므로 적절하지 않은 내용이다.
③ 처용무 보존회는 전승자로 이루어졌다고 하였으므로 적절하지 않은 내용이다.
④ 고려 후기까지 1인 무용으로 진행되던 처용무는 조선 세종 대부터 5인 무용으로 바뀌게 되었다고 하였으므로 적절하지 않은 내용이다.
⑤ 사모 위에 벽사를 의미하는 7개의 복숭아 열매와 진경을 의미하는 2송이의 모란꽃을 꽂는다고 하였으므로 적절하지 않은 내용이다.

20 세부 내용 파악

정답 ②

샤 자한은 타지마할 건축 시 무굴 제국의 대칭을 이루는 건축 구조를 반영하고자 하였으며 이를 기반으로 출입구, 묘궁, 영빈관, 이슬람 사원, 미나레트의 위치가 결정되었다고 한 것은 타지마할의 건축 구조에 무굴 제국의 대칭적인 건축 양식이 반영되었음을 의미한다.
따라서 타지마할의 동쪽과 서쪽에 각각 세워진 영빈관과 이슬람 사원의 위치는 무굴 제국의 건축 양식이 적용되었다는 것을 추론할 수 있다.

오답 체크

① 미나레트는 당시 빈번하게 발생하던 자연재해로부터 묘궁을 보호하기 위해 제작되었다고 전해진다고 하였으므로 적절하지 않은 내용이다.
③ 샤 자한은 세계 각국의 건축가를 데려와 타지마할 건축 공사에 동원하였다고 하였으므로 적절하지 않은 내용이다.
④ 타지마할은 흰색 대리석으로 지어진 인도 대표 건축물이며 붉은 사암으로 만들어진 것은 출입구라고 하였으므로 적절하지 않은 내용이다.
⑤ 타지마할 건축 당시 인도 사람들이 왕비인 뭄타즈 마할의 죽음을 기리기 위한 의식을 거행했다는 내용은 제시되어 있지 않아 추론할 수 없으므로 적절하지 않은 내용이다.

02 | 언어추리

01 명제추리 정답 ⑤

주어진 명제가 참일 때 그 명제의 '대우'만이 참인 것을 알 수 있다.
두 번째 명제의 '대우', 세 번째 명제의 '대우'를 차례로 결합한 결론은 아래와 같다.

- 두 번째 명제(대우): 산책을 좋아하지 않는 사람은 공원을 좋아하지 않는다.
- 세 번째 명제(대우): 공원을 좋아하지 않는 사람은 자연을 좋아하지 않는다.
- 결론: 산책을 좋아하지 않는 사람은 자연을 좋아하지 않는다.

오답 체크

① 공원을 좋아하는 사람은 산책을 좋아하고, 산책을 좋아하는 사람은 등산을 좋아하므로 항상 거짓인 설명이다.
② 등산을 좋아하지 않는 사람은 산책을 좋아하지 않고, 산책을 좋아하지 않는 사람은 공원을 좋아하지 않으며, 공원을 좋아하지 않는 사람은 자연을 좋아하지 않으므로 항상 거짓인 설명이다.
③ 관절염이 없는 사람이 공원을 좋아하는지는 알 수 없으므로 항상 참인 설명은 아니다.
④ 산책을 좋아하는 사람은 등산을 좋아하고, 등산을 좋아하는 사람은 관절염이 없으므로 항상 거짓인 설명이다.

02 명제추리 정답 ①

주어진 명제가 참일 때 그 명제의 '대우'만이 참인 것을 알 수 있다.
첫 번째 명제, 두 번째 명제의 '대우'를 차례로 결합한 결론은 아래와 같다.

- 첫 번째 명제: 운동을 하는 사람은 공포영화를 즐긴다.
- 두 번째 명제(대우): 공포영화를 즐기는 사람은 팝콘을 좋아한다.
- 결론: 운동을 하는 사람은 팝콘을 좋아한다.

오답 체크

② 운동을 하지 않는 사람이 팝콘을 좋아하지 않는지는 알 수 없으므로 항상 참인 설명은 아니다.
③ 팝콘을 좋아하는 사람이 운동을 하지 않는지는 알 수 없으므로 항상 참인 설명은 아니다.
④ 팝콘을 좋아하지 않는 사람은 공포영화를 즐기지 않고, 공포영화를 즐기지 않는 사람은 운동을 하지 않으므로 항상 거짓인 설명이다.
⑤ 공포영화를 즐기는 사람이 운동을 하는지는 알 수 없으므로 항상 참인 설명은 아니다.

빠른 문제 풀이 Tip

제시된 명제를 간결하게 정리한 뒤 정리한 명제 사이의 연결 관계를 확인한다.

- 운동 O → 공포영화 O
- 팝콘 X → 공포영화 X

두 번째 명제의 대우는 '공포영화 O → 팝콘 O'이므로 두 명제를 연결하면 '운동 O → 공포영화 O → 팝콘 O'가 된다.

03 명제추리 정답 ⑤

주어진 명제가 참일 때 그 명제의 '대우'만이 참인 것을 알 수 있다.
세 번째 명제의 '대우', 두 번째 명제의 '대우', 네 번째 명제의 '대우', 첫 번째 명제의 '대우'를 차례로 결합한 결론은 아래와 같다.

- 세 번째 명제(대우): 토론을 좋아하지 않는 사람은 언어능력이 뛰어나지 않다.
- 두 번째 명제(대우): 언어능력이 뛰어나지 않은 사람은 전달력이 좋지 않다.
- 네 번째 명제(대우): 전달력이 좋지 않은 사람은 영업을 잘하지 못한다.
- 첫 번째 명제(대우): 영업을 잘하지 못하는 사람은 자기관리를 잘하지 못한다.
- 결론: 토론을 좋아하지 않는 사람은 자기관리를 잘하지 못한다.

오답 체크

① 영업을 잘하지 못하는 사람이 언어능력이 뛰어나지 않은지는 알 수 없으므로 항상 참인 설명은 아니다.
② 전달력이 좋지 않은 사람이 토론을 좋아하지 않는지는 알 수 없으므로 항상 참인 설명은 아니다.
③ 자기관리를 잘하는 사람은 영업을 잘하고, 영업을 잘하는 사람은 전달력이 좋으므로 항상 거짓인 설명이다.
④ 언어능력이 뛰어난 사람이 자기관리를 잘하는지는 알 수 없으므로 항상 참인 설명은 아니다.

04 명제추리 정답 ①

주어진 명제가 참일 때 그 명제의 '대우'만이 참인 것을 알 수 있다.
두 번째 명제의 '대우', 분리 가능한 첫 번째 명제의 '대우'를 차례로 결합한 결론은 아래와 같다.

- 두 번째 명제(대우): 판타지를 좋아하지 않는 사람은 영화를 좋아하지 않는다.
- 분리 가능한 첫 번째 명제(대우): 영화를 좋아하지 않는 사람은 연극을 좋아하지 않는다.
- 결론: 판타지를 좋아하지 않는 사람은 연극을 좋아하지 않는다.

오답 체크

② 영화를 좋아하는 사람이 뮤지컬을 좋아하는지는 알 수 없으므로 항상 참인 설명은 아니다.

③ 뮤지컬을 좋아하는 사람이 판타지를 좋아하는지는 알 수 없으므로 항상 참인 설명은 아니다.

④ 뮤지컬을 좋아하지 않는 사람이 영화를 좋아하지 않는지는 알 수 없으므로 항상 참인 설명은 아니다.

⑤ 영화를 좋아하지 않는 사람은 연극을 좋아하지 않으므로 항상 거짓인 설명이다.

05 명제추리 정답 ①

주어진 명제가 참일 때 그 명제의 '대우'만이 참인 것을 알 수 있다.

분리 가능한 세 번째 명제의 '대우', 첫 번째 명제의 '대우', 분리 가능한 네 번째 명제의 '대우'를 차례로 결합한 결론은 다음과 같다.

- 분리 가능한 세 번째 명제(대우): 고등학생은 체크셔츠를 입지 않는다.
- 첫 번째 명제(대우): 체크셔츠를 입지 않는 사람은 아메리카노를 마시지 않는다.
- 분리 가능한 네 번째 명제(대우): 아메리카노를 마시지 않는 사람은 반바지를 입는다.
- 결론: 고등학생은 반바지를 입는다.

오답 체크

② 아메리카노를 마시는 사람이 장화를 신지 않는지는 알 수 없으므로 항상 참인 설명은 아니다.

③ 체크셔츠를 입은 사람이 반바지를 입는지는 알 수 없으므로 항상 참인 설명은 아니다.

④ 장화를 신는 사람이 체크셔츠를 입는지는 알 수 없으므로 항상 참인 설명은 아니다.

⑤ 우비를 입지 않는 사람은 장화를 신고, 장화를 신은 사람은 고등학생이므로 항상 거짓인 설명이다.

06 조건추리 정답 ⑤

제시된 조건에 따르면 5명은 모두 부품을 2개씩 교체하였으며, 메인보드를 교체한 사람은 갑뿐이고 갑은 수리비로 44만 원을 지불하였으므로 갑에게 청구된 금액은 메인보드와 뒷면 유리를 교체하여 부품비 35 + 5 = 40만 원과 공임비 40 × 0.1 = 4만 원이다. 이때, 뒷면 유리를 교체한 사람은 2명이고, 병이 교체한 부품 중 하나는 카메라이며, 하나는 갑이 교체한 부품과 동일하므로 병은 카메라와 뒷면 유리를 교체하여 부품비 20 + 5 = 25만 원과 공임비 25 × 0.1 = 2.5만 원을 더한 27.5만 원을 수리비로 지불하였다. 또한, 가장 적은 금액을 지불한 사람은 수리비로 12만 원을 지불한 정이므로 배터리와 필름을 교체한 정에게 청구된 금액은 부품비 10 + 1 = 11만 원과 필름에 대한 공임비를 제외한 공임비 10 × 0.1 = 1만 원이다. 디스플레이를 교체한 사람은 1명이고, 을과 무는 서로 다른 부품을 교체하였으며, 을이 지불한 수리비는 무가 지불한 수리비보다 10만 원 더 많으므로 을은 디스플레이와 배터리 또는 카메라와 배터리를 교체하여 부품비 20 + 10 = 30만 원과 공임비 30 × 0.1 = 3만 원을 더한 33만 원을 수리비로 지불하였고, 무는 디스플레이와 필름 또는 카메라와 필름을 교체하여 20 + 1 = 21만 원과 공임비 20 × 0.1 = 2만 원을 더한 23만 원을 수리비로 지불하였음을 알 수 있다.

구분	갑	을	병	정	무
교체 부품	메인보드	디스플레이 또는 카메라	카메라	배터리	디스플레이 또는 카메라
	뒷면 유리	배터리	뒷면 유리	필름	필름
수리비	35+5+(40×0.1) =**44만 원**	20+10+(30×0.1) =33만 원	20+5+(25×0.1) =27.5만 원	10+1+(10×0.1) =**12만 원**	20+1+(20×0.1) =23만 원

따라서 병과 무가 지불한 수리비의 차이는 27.5 − 23 = 4.5만 원이므로 항상 거짓인 설명이다.

오답 체크

① 을이 교체한 부품은 디스플레이와 배터리 또는 카메라와 배터리이므로 항상 거짓인 설명은 아니다.

② 필름을 교체한 사람은 정, 무 총 2명이므로 항상 참인 설명이다.

③ 병에게 청구된 부품비는 총 25만 원이므로 항상 참인 설명이다.

④ 5명 중 지불한 수리비가 두 번째로 많은 사람은 수리비로 33만 원을 지불한 을이므로 항상 참인 설명이다.

07 조건추리 정답 ⑤

제시된 조건에 따르면 C는 거짓을 말하고 있다는 B의 말에 따라 B 또는 C 중 한 명이 거짓을 말하므로 A, D, E는 진실을 말하고 있다. 치즈를 먹은 사람은 우리 5명 중 3명이라는 A의 말에 따라 치즈를 먹은 사람은 3명이고, 나는 치즈를 먹었다는 D의 말에 따라 D는 치즈를 먹었으며, 나는 B와 같은 종류의 간식을 먹었다는 E의 말에 따라 B와 E는 같은 종류의 간식을 먹었으므로 남은 A와 C는 B와 E가 먹은 간식과는 다른 종류의 간식을 먹은 것을 알 수 있다. 이에 따라 나는 A와 다른 종류의 간식을 먹었다는 C의 말은 거짓이고, C는 거짓을 말하고 있다는 B의 말은 진실이다.

구분	우유	치즈
경우 1	A, C	B, D, E
경우 2	B, E	A, C, D

따라서 A와 E가 먹은 간식은 다른 종류이므로 항상 거짓인 설명이다.

오답 체크

① B는 우유 또는 치즈를 먹고, D는 치즈를 먹으므로 항상 거짓인 설명은 아니다.

② B는 우유 또는 치즈를 먹으므로 항상 거짓인 설명은 아니다.

③ C는 우유 또는 치즈를 먹고, D는 치즈를 먹으므로 항상 거짓인 설명은 아니다.

④ E는 진실을 말하므로 항상 참인 설명이다.

빠른 문제 풀이 Tip

'○○이 거짓을 말한다'의 진술에서는 진술하는 사람 또는 진술에서 지목하는 사람 중 반드시 1명은 거짓을 말하게 된다. 이에 따라 거짓을 말하는 사람이 1명인 문제에서는 진술하는 사람 또는 진술에서 지목하는 사람을 제외한 나머지 사람은 진실을 말하는 것을 알 수 있다.

08 조건추리

정답 ②

제시된 조건에 따르면 E가 범인인 경우 E는 범인이 아니라고 말하는 A와 C의 말은 거짓이 되어 A와 C는 범인이고, A는 범인이라는 D의 말은 진실이므로 D는 범인이 아니다. 이때 범인은 세 명이므로 B는 범인이 아니며, 나와 D는 범인이 아니라는 B의 말은 진실이 되어 조건에 부합한다. 다음으로 E가 범인이 아닌 경우 E는 범인이 아니라는 A와 C의 말은 진실로 A, C도 범인이 아니다. 이는 A~E 중 세 명의 범인이 있다는 조건에 모순된다.
따라서 B는 범인이 아니므로 항상 참인 설명이다.

오답 체크

① A는 범인이므로 항상 거짓인 설명이다.
③ C는 범인이므로 항상 거짓인 설명이다.
④ B는 범인이 아니고 C는 범인이므로 항상 거짓인 설명이다.
⑤ D는 범인이 아니고 E는 범인이므로 항상 거짓인 설명이다.

09 조건추리

정답 ③

제시된 조건에 따르면 F의 오른쪽 옆자리에는 A가 앉아 있으며, A는 3번 자리에 앉아 있고, E와 서로 마주 보고 앉아 있으므로 F는 4번 자리, E는 6번 자리에 앉아 있다. 이때, B는 오목을 두어 C에게는 승리했고 E에게는 패배했으므로 B는 1번 자리, C는 2번 자리에 앉게 되어 D는 5번 자리에 앉아 있음을 알 수 있다. 또한, 오목을 두어 2패를 한 사람이 총 2명임에 따라 2승을 한 사람도 2명이 되고, F는 오목을 두어 2승을 했으므로 2승을 한 사람은 E와 F, 2패를 한 사람은 A 또는 C와 D가 된다.

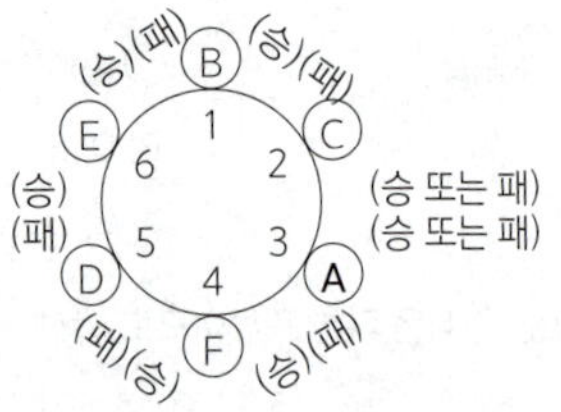

따라서 E는 오목을 두어 2승을 했으므로 항상 거짓인 설명이다.

오답 체크

① A는 오목을 두어 1승 1패 또는 2패를 했으므로 항상 거짓인 설명은 아니다.
② 2번 자리에 앉은 C는 오목을 두어 1승 1패 또는 2패를 했으므로 항상 거짓인 설명은 아니다.
④ B의 오른쪽 옆자리에는 E가 앉아 있으므로 항상 참인 설명이다.
⑤ C는 D와 마주 보고 앉아 있으므로 항상 참인 설명이다.

10 조건추리

정답 ⑤

제시된 조건에 따르면 1등, 5등은 거짓을 말하고 있고, 2등, 3등, 4등은 진실을 말하고 있으므로 예지의 말이 거짓이면 예지는 1등 또는 5등이 되고, 예지가 2등 아니면 3등이라는 승화의 말도 거짓이 되어 승화도 1등 또는 5등이 된다. 이에 따라 건호, 정대, 지효의 말은 모두 진실이 되어 3명은 각각 2등 또는 3등 또는 4등이지만, 건호가 5등이라는 지효의 말과 모순되므로 예지와 승화의 말은 진실이 된다. 이에 따라 예지는 2등, 승화는 3등 또는 4등이 되어 건호의 말도 진실이 되고, 자신이 1등이 아니라는 정대의 말은 거짓이 되므로 정대는 1등, 지효는 5등임을 알 수 있다.
따라서 5등인 사람은 지효이다.

11 조건추리

정답 ③

제시된 조건에 따르면 하루에 한 명씩 당직을 서고, A는 화요일에 당직을 서며, 금요일과 일요일에 당직을 서는 사람은 같다. 또한, B와 C는 한 번씩만 당직을 서며, 둘의 당직일은 서로 붙어있으므로 B와 C는 수요일 또는 목요일에 당직을 서야 한다. 이때, 같은 사람이 이틀 연속으로 당직을 설 수 없으므로 월요일에는 D가 당직을 서고, D는 당직을 두 번 서므로, 토요일에 당직을 서고, 금요일과 일요일에는 A가 당직을 선다.

월요일	화요일	수요일	목요일	금요일	토요일	일요일
D	A	B 또는 C	B 또는 C	A	D	A

따라서 토요일에는 D가 당직을 서므로 항상 참인 설명이다.

오답 체크

① 수요일에는 B 또는 C가 당직을 서므로 항상 참인 설명은 아니다.
② A는 세 번 당직을 서므로 항상 거짓인 설명이다.
④ 목요일에는 B 또는 C가 당직을 서므로 항상 참인 설명은 아니다.
⑤ 일요일에 당직을 서는 사람은 A이므로 항상 거짓인 설명이다.

12 조건추리

정답 ②

제시된 조건에 따르면 곰 인형을 선물 받은 어린이 수와 토끼 인형을 선물 받은 어린이 수가 같으므로 인형별로 3명씩 선물 받은 것을 알 수 있다. 이때 A와 F는 같은 인형을 선물 받았으며, C와 E는 다른 인형을 선물 받았으므로 A, C, F 또는 A, E, F가 같은 인형을 선물 받았다. 또한, B와 E는 같은 인형을 선물 받았으므로 B, D, E가 같은 인형을 선물 받고, A, C, F가 같은 인형을 선물 받았다. 이에 따라 D가 선물 받은 인형은 토끼 인형이므로 A, C, F가 선물 받은 인형은 곰 인형이다.
따라서 곰 인형을 선물 받은 어린이끼리 바르게 묶인 것은 'A, C, F'이다.

13 조건추리

정답 ⑤

제시된 조건에 따르면 가영이와 마영이의 순위 사이에는 세 명이 있으며, 가영이는 라영이보다 순위가 높고, 라영이는 다영이보다 순위가 높으므로 가영이는 마영이보다 순위가 높다. 이에 따라 가영이의 순위는 1위 또는 2위, 마영이의 순위는 5위 또는 6위이다. 이때 나영이와 마영이의 순위는 연속하고, 마영이는 나영이보다 순위가 낮으므로 나영이의 순위는 4위 또는 5위이다. 가영이의 순위에 따라 가능한 경우는 아래와 같다.

경우 1. 가영이의 순위가 1위인 경우

1위	2위	3위	4위	5위	6위
가영	라영	다영	나영	마영	바영
가영	라영	바영	나영	마영	다영
가영	바영	라영	나영	마영	다영

경우 2. 가영이의 순위가 2위인 경우

1위	2위	3위	4위	5위	6위
바영	가영	라영	다영	나영	마영

따라서 나영이의 순위가 4위이면, 가능한 경우의 수는 3가지이므로 항상 거짓인 설명이다.

오답 체크

① 가영이의 순위는 1위 또는 2위이므로 항상 거짓인 설명은 아니다.
② 마영이의 순위는 5위 또는 6위이므로 항상 거짓인 설명은 아니다.
③ 바영이는 다영이보다 순위가 낮거나 높으므로 항상 거짓인 설명은 아니다.
④ 라영이의 순위는 2위 또는 3위이므로 항상 참인 설명이다.

14 조건추리

정답 ⑤

제시된 조건에 따르면 분야별로 3문제씩 풀었고, 분야별로 맞힌 문제 수에 따라 서로 다른 등수를 매겼으므로 1등은 3문제, 2등은 2문제, 3등은 1문제, 4등은 0문제를 맞혔다. 또한, 종현이는 역사 분야에서 4등을 했고, 영주는 경제 분야에서 3문제를 맞혔으므로 1등을 했고, 나라는 상식 분야에서 1문제를 맞혔으므로 3등을 했다. 이에 따라 종현이는 상식 분야에서 1등을 하지 않았으므로 2등을 했고, 유민이는 3개 분야에서 4등을 하지 않았으므로 상식 분야에서 유민이가 1등, 영주가 4등을 했음을 알 수 있다.

구분	유민	종현	영주	나라
경제	2등	3등	1등	4등
역사	3등	**4등**	2등	1등
상식	1등	2등	4등	3등

따라서 유민이는 영주보다 상식 분야에서 3문제를 더 맞혔으므로 항상 거짓인 설명이다.

오답 체크

① 영주는 역사 분야에서 2등을 하여 2문제를 맞혔으므로 항상 참인 설명이다.
② 상식 분야에서 1등을 한 사람은 유민이므로 항상 참인 설명이다.
③ 나라는 경제 분야에서 4등을 하여 1문제도 맞히지 못했으므로 항상 참인 설명이다.
④ 역사 분야에서 나라는 1등, 영주는 2등을 하여 영주는 나라보다 1문제를 덜 맞혔으므로 항상 참인 설명이다.

15 조건추리

정답 ③

제시된 조건에 따르면 6명은 12시부터 12시 30분까지 6분 간격으로 서로 다른 시각에 매점에 도착했고, 각자 매점에 도착한 후 6분 뒤에 매점을 떠났다. 이때 D는 E보다 12분 늦게 매점에 도착했으므로 D와 E 사이에 매점에 도착한 사람은 1명이고, B가 매점을 떠난 지 12분 후 F가 매점에 도착했으므로 B와 F 사이에 매점에 도착한 사람은 2명이다. A는 C보다 먼저 매점에 도착했으므로 D와 E가 매점에 도착한 시각에 따라 가능한 경우는 아래와 같다.

구분	12시	12시 6분	12시 12분	12시 18분	12시 24분	12시 30분
경우 1	E	B	D	A	F	C
경우 2	A	E	B	D	C	F
경우 3	B	A	E	F	D	C
경우 4	A	B	C	E	F	D

따라서 A와 C가 매점에 도착한 시각의 차이는 12분 또는 24분이므로 항상 거짓인 설명이다.

오답 체크

① E보다 매점에 먼저 도착한 사람은 없거나 1명 또는 2명 또는 3명이므로 항상 거짓인 설명은 아니다.
② D 바로 다음 순서로 매점에 도착한 사람은 없거나 A 또는 C이므로 항상 거짓인 설명은 아니다.
④ A가 매점에 도착하기 6분 전에 매점을 떠난 사람은 없거나 B이므로 항상 거짓인 설명은 아니다.
⑤ F가 매점을 떠나고 6분 뒤에 매점에 도착한 사람은 없거나 C이므로 항상 거짓인 설명은 아니다.

16 조건추리

정답 ⑤

제시된 조건에 따르면 B 팀이 이긴 횟수는 2번이므로 결승전에서 패배하며, H 팀은 E 팀을 한 번 이긴 D 팀을 이기므로 결승전에 진출하여 우승한다. 또한, C 팀은 한 번 이상 승리하므로 1차전에서 G 팀에게 승리하고, 2차전에서 B 팀에게 패배한다.
따라서 C 팀은 B 팀에게 패배하므로 항상 거짓인 설명이다.

오답 체크

① A 팀은 B 팀에게 패배하므로 항상 참인 설명이다.
② H 팀은 결승전에서 B 팀을 이기고 우승하므로 항상 참인 설명이다.
③ G 팀은 1차전에서 C 팀에게 패배하므로 항상 참인 설명이다.
④ F 팀은 대회 우승팀인 H 팀에게 1차전에서 패배하므로 항상 참인 설명이다.

빠른 문제 풀이 Tip

승/패 팀에 대한 큰 흐름을 먼저 정리한다.
C 팀은 결승전을 기준으로 좌측, H 팀은 결승전을 기준으로 우측에 위치하지만, 좌측에서 결승전에 올라가는 팀은 B 팀이므로 C 팀은 H 팀에게 패배하지 않았음을 알 수 있다.

17 조건추리

정답 ⑤

제시된 조건에 따르면 같은 사물함이 배정된 테마는 없고, E 테마의 사물함은 B 테마의 사물함 바로 아래에 배정되어 있으므로 B 테마의 사물함은 2층, E 테마의 사물함은 1층에 배정되어 있다. 또한, 6번 사물함에는 C 테마가 배정되어 있고, A 테마의 사물함과 C 테마의 사물함은 같은 층에 배정되어 있음에 따라 A 테마의 사물함도 1층에 배정되어 있으므로 D 테마의 사물함과 F 테마의 사물함은 2층에 배정된다. 이때 D 테마의 사물함과 F 테마의 사물함은 이웃하여 배정되어 있지 않으므로 1번 또는 3번 사물함에 배정되어 있으므로 B 테마의 사물함은 2번, E 테마의 사물함은 5번에 배정되어 있다.

D 테마 또는 F 테마	B 테마	D 테마 또는 F 테마
A 테마	E 테마	**C 테마**

따라서 A 테마의 사물함과 C 테마의 사물함은 이웃하여 배정되어 있지 않으므로 항상 거짓인 설명이다.

오답 체크

① 1번 사물함에 배정된 테마는 D 테마 또는 F 테마이므로 항상 거짓인 설명은 아니다.
② 5번 사물함에 배정된 테마는 E 테마이므로 항상 참인 설명이다.
③ A 테마의 사물함은 4번, F 테마의 사물함은 1번 또는 3번에 배정되어 있으므로 항상 거짓인 설명은 아니다.
④ D 테마의 사물함은 1번 또는 3번, E 테마의 사물함은 5번에 배정되어 있으므로 항상 거짓인 설명은 아니다.

18 조건추리

정답 ③

제시된 조건에 따르면 A~E의 중간고사 점수는 60점, 70점, 80점, 90점, 100점 중 하나이며, 같은 점수를 받은 사람은 없고, B의 점수는 A의 점수보다 높지만, C의 점수보다는 낮으므로 C-B-A 순으로 시험 점수가 높다. 또한, D의 점수는 E의 점수보다 높으며, D와 E의 점수 차이는 30점이므로 D와 E는 각각 90점, 60점 또는 100점, 70점을 받았다. D와 E의 점수에 따라 가능한 경우는 다음과 같다.

경우 1. D가 90점, E가 60점을 받은 경우

60점	70점	80점	90점	100점
E	A	B	D	C

경우 2. D가 100점, E가 70점을 받은 경우

60점	70점	80점	90점	100점
A	E	B	C	D

따라서 A와 E의 점수 합은 60+70=130점 또는 70+60=130점이므로 항상 참인 설명이다.

오답 체크

① A의 점수는 60점 또는 70점이므로 항상 참인 설명은 아니다.
② B와 D의 점수 차이는 90-80=10점 또는 100-80=20점이므로 항상 참인 설명은 아니다.
④ C의 점수는 90점 또는 100점이고, D의 점수도 90점 또는 100점이므로 항상 참인 설명은 아니다.
⑤ B와 C의 점수 합은 80+100=180점 또는 80+90=170점이므로 항상 참인 설명은 아니다.

19 조건추리

정답 ⑤

제시된 조건에 따르면 A, B, C, D, E 5명 중 3명은 진실 마을에 살고, 2명은 거짓 마을에 살며, 진실 마을에 사는 사람은 진실을 말하고, 거짓 마을에 사는 사람은 거짓을 말한다. 먼저 B의 말은 거짓이라는 D의 말이 진실인 경우 A는 진실 마을에 산다는 B의 말이 거짓이므로 A와 B는 거짓 마을에 살고, D와 E는 같은 마을에 살고 있다는 A의 말이 거짓이므로 E는 거짓 마을에 살아야 하지만, 이는 2명이 거짓 마을에 살고 있다는 조건에 모순된다. 이에 따라 B의 말은 거짓이라는 D의 말이 거짓이고, A는 진실 마을에 산다는 B의 말이 진실이므로 A와 B는 진실 마을에 살며, D와 E는 같은 마을에 살고 있다는 A의 말이 진실이므로 E는 거짓 마을에 산다. 또한, A와 C는 다른 마을에 살고 있다는 E의 말이 거짓이므로 C도 진실 마을에 살고, C와 D는 다른 마을에 살고 있으므로 C의 말은 진실이 된다.
따라서 거짓 마을에 사는 사람끼리 바르게 묶인 것은 'D, E'이다.

20 조건추리

정답 ②

제시된 조건에 따르면 식료품 코너는 남쪽 구역에 위치해 있으며 남성 의류 코너와 여성 의류 코너는 중앙 구역을 기준으로 서로 반대쪽 구역에 위치해 있으므로 각각 동쪽 또는 서쪽 구역에 위치해 있다. 화장품 코너와 전자제품 코너는 한 면이 인접한 구역에 위치해 있으므로 북쪽 또는 중앙 구역에 위치해 있다.

	화장품 또는 전자제품	
남성 의류 또는 여성 의류	화장품 또는 전자제품	남성 의류 또는 여성 의류
	식료품	

따라서 남성 의류 코너는 식료품 코너와 한 면이 인접한 구역에 위치해 있지 않으므로 항상 거짓인 설명이다.

오답 체크

① 북쪽 구역에는 화장품 또는 전자제품 코너가 위치하므로 항상 거짓인 설명은 아니다.

③ 화장품 코너는 북쪽 또는 중앙 구역에 위치하고, 식료품 코너는 남쪽 구역에 위치하므로 항상 거짓인 설명은 아니다.

④ 중앙 구역에는 화장품 또는 전자제품 코너가 위치해 있으므로 항상 거짓인 설명은 아니다.

⑤ 여성 의류 코너는 동쪽 또는 서쪽 구역에 위치해 있으므로 항상 거짓인 설명은 아니다.

빠른 문제 풀이 Tip

고정할 수 있는 조건부터 적용하여 표를 채워나가며 문제 풀이를 진행한다.
먼저 식료품 코너가 남쪽 구역에 위치해 있다는 조건을 적용하면, 남성 의류 코너와 여성 의류 코너는 중앙 구역을 기준으로 서로 반대쪽 구역에 위치함에 따라 동쪽 또는 서쪽 구역에 위치함을 알 수 있고, 남은 화장품 코너와 전자제품 코너는 북쪽 또는 중앙 구역에 위치해 있음을 알 수 있다.

03 | 자료해석

01 자료이해 정답 ③

매출액이익률은 2022년에 (455 / 12,838) × 100 ≒ 3.5%, 2023년에 (382 / 13,336) × 100 ≒ 2.9%이므로 옳지 않은 설명이다.

오답 체크

① 2021년 이후 매출액은 매년 전년 대비 증가했으므로 옳은 설명이다.

② 2021년 영업이익의 전년 대비 증가율은 {(652 - 599) / 599} × 100 ≒ 8.8%이므로 옳은 설명이다.

④ 제시된 기간 동안 경상이익의 평균은 (417 + 514 + 537 + 584 + 533) / 5 = 517백억 원이므로 옳은 설명이다.

⑤ 2024년 영업이익은 당기순이익의 778 / 294 ≒ 2.6배이므로 옳은 설명이다.

02 자료이해 정답 ②

2020년 사법부 전체 현원은 전년 대비 18,160 - 18,010 = 150명 증가하였으므로 옳은 설명이다.

오답 체크

① 2020년 행정부 소속의 여성 비율은 국가공무원이 지방공무원보다 낮으므로 옳지 않은 설명이다.

③ 2019년 입법부 전체 현원은 전년 대비 감소하였으므로 옳지 않은 설명이다.

④ 2018년 행정부 전체 남성 공무원 수는 1,059,850 × (1 - 0.469) ≒ 562,780명이므로 옳지 않은 설명이다.

⑤ 헌법재판소 여성 공무원 수는 2018년에 334 × 0.431 ≒ 144명, 2020년에 356 × 0.435 ≒ 155명이므로 옳지 않은 설명이다.

빠른 문제 풀이 Tip

⑤ 큰 수로 구성된 수의 곱은 작은 수로 구성된 수의 곱보다 큼을 이용하여 구한다.
헌법재판소 전체 현원은 2020년이 2018년보다 많고, 여성 비율도 2020년이 2018년보다 크므로 이 둘을 곱한 헌법재판소 여성 공무원 수도 2020년이 2018년보다 많음을 알 수 있다.

03 자료이해 정답 ⑤

2022년 E 역 승차 인원의 전년 대비 감소율은 {(1,260 - 1,228) / 1,260} × 100 ≒ 2.5%이므로 옳은 설명이다.

오답 체크

① 2022년과 2023년에 A 역 승차 인원은 전년 대비 증가하였지만, C 역 승차 인원은 전년 대비 감소하였으므로 옳지 않은 설명이다.

② 제시된 기간 동안 E 역 승차 인원의 평균은 (1,341 + 1,260 + 1,228 + 1,192 + 1,174) / 5 = 1,239만 명이므로 옳지 않은 설명이다.

③ 2020년 A 역 승차 인원은 D 역 승차 인원의 1,124 / 386 ≒ 2.9배이므로 옳지 않은 설명이다.

④ B 역과 D 역의 승차 인원의 차이는 2022년에 485 - 378 = 107만 명, 2023년에 483 - 369 = 114만 명이므로 옳지 않은 설명이다.

04 자료이해 정답 ①

2019년 매출액이 10억 원 미만인 업체 수는 648 + 271 + 99 = 1,018개이므로 옳은 설명이다.

오답 체크

② 2020년 전체 업체 수의 전년 대비 증가율은 {(1,361 - 1,237) / 1,237} × 100 ≒ 10%이고, 전체 매출액의 전년 대비 증가율은 {(782 - 737) / 737} × 100 ≒ 6%이므로 옳지 않은 설명이다.

③ 2020년 매출액이 1억 원 미만인 업체들의 평균 매출액은 (16 × 100,000) / 746 ≒ 2,145만 원이므로 옳지 않은 설명이다.

④ 2019년 매출액이 10억 원 이상 100억 원 미만인 업체들의 매출액 합계가 전체 매출액에서 차지하는 비중은 {(138 + 310 + 136) / 737} × 100 ≒ 79%이므로 옳지 않은 설명이다.

⑤ 매출액이 5억 원 미만인 업체 수는 2019년에 648 + 271 = 919개, 2020년에 746 + 266 = 1,012개이므로 옳지 않은 설명이다.

05 자료이해 정답 ③

B 국적의 승무원이 모두 50세 이하라고 가정하면, 51세 이상인 B 국적의 입국자 수는 300 + 40 = 340명임에 따라 B 국적의 외래 관광객과 승무원의 총 입국자 수인 3,600 + 6,600 = 10,200명에서 51세 이상이 차지하는 비중은 최소 (340 / 10,200) × 100 ≒ 3.3%이므로 옳지 않은 설명이다.

오답 체크

① D 국적의 51~60세 외래 관광객 수 대비 21~30세 외래 관광객 수의 비율은 360 / 75 = 4.8이므로 옳은 설명이다.

② 2024년 8월 E 국적의 전체 외래 관광객 수가 전월 대비 60% 감소했다면, 8월 E 국적의 전체 외래 관광객 수는 1,240 × 0.4 = 496명으로 7월 E 국적의 승무원 입국자 수인 500명보다 적으므로 옳은 설명이다.

④ B 국적과 E 국적의 승무원 입국자 수의 합은 6,600 + 500 = 7,100명으로, 나머지 4개 국적의 승무원 입국자 수의 합인 3,300 + 2,200 + 1,500 + 100 = 7,100명과 같으므로 옳은 설명이다.

⑤ 제시된 연령 중 C 국적의 외래 관광객에서 가장 비중이 낮은 연령은 61세 이상이고, F 국적의 외래 관광객에서 가장 비중이 낮은 연령도 61세 이상으로 서로 같으므로 옳은 설명이다.

06 자료계산 정답 ④

국산 이용률=(국산 사용량/제품 생산량)×100임을 적용하여 구한다.
연도별 재활용가능자원 제품 생산량에서 국산 사용량을 제외한 값은 다음과 같다.

구분	제품 생산량에서 국산 사용량을 제외한 값
2015년	715,751 - 534,587 = 181,164톤
2016년	702,656 - 529,271 = 173,385톤
2017년	649,640 - 491,412 = 158,228톤
2018년	660,296 - 511,387 = 148,909톤
2019년	665,124 - 514,457 = 150,667톤
2020년	630,785 - 482,732 = 148,053톤
2021년	661,682 - 601,221 = 60,461톤
2022년	638,584 - 508,449 = 130,135톤
2023년	614,632 - 485,953 = 128,679톤
2024년	557,615 - 428,281 = 129,334톤

따라서 연도별 재활용가능자원 제품 생산량에서 국산 사용량을 제외한 값이 가장 작은 2021년의 국산 이용률은 (601,221/661,682)×100 ≒ 91%이다.

빠른 문제 풀이 Tip

대략적인 수를 이용하여 계산한다.
제품 생산량과 국산 사용량을 천의 자리에서 반올림하여 계산하면, 제품 생산량에서 국산 사용량을 제외한 값은 2015년에 72-53=19만 톤, 2016년에 70-53=17만 톤, 2017년에 65-49=16만 톤, 2018년에 66-51=15만 톤, 2019년에 67-51=16만 톤, 2020년에 63-48=15만 톤, 2021년에 66-60=6만 톤, 2022년에 64-51=13만 톤, 2023년에 61-49=12만 톤, 2024년에 56-43=13만 톤으로 2021년을 제외한 모든 해의 제품 생산량에서 국산 사용량을 제외한 값은 10만 톤 이상이고, 2021년만 10만 톤 미만이므로 연도별 재활용가능자원 제품 생산량에서 국산 사용량을 제외한 값이 가장 작은 해는 2021년임을 알 수 있다.

07 자료이해 정답 ②

20X5년 대구의 화장품 제조판매 업체 수는 전년 대비 {(190-158)/158}×100 ≒ 20.3% 증가하였으므로 옳지 않은 설명이다.

오답 체크

① 20X2년 이후 서울의 화장품 제조판매 업체 수는 매년 전년 대비 증가하였으므로 옳은 설명이다.
③ 20X4년 화장품 제조판매 업체 수는 인천이 부산의 462/227 ≒ 2.04배이므로 옳은 설명이다.
④ 대구와 부산의 화장품 제조판매 업체 수의 차이는 20X1년에 110-91=19개, 20X2년에 144-99=45개, 20X3년에 191-133=58개, 20X4년에 227-158=69개, 20X5년에 291-190=101개, 20X6년에 370-244=126개로 20X6년에 차이가 가장 크므로 옳은 설명이다.
⑤ 20X6년 경기의 화장품 제조판매 업체 수는 3년 전 대비 3,465-1,684=1,781개 증가하였으므로 옳은 설명이다.

08 자료이해 정답 ④

2019년 영도구의 에너지 사용량은 전년 대비 {(301-279)/301}×100 ≒ 7.3% 감소하였으므로 옳은 설명이다.

오답 체크

① 2019년 남구의 에너지 사용량은 전년 대비 증가하였지만, 북구의 에너지 사용량은 전년 대비 감소하였으므로 옳지 않은 설명이다.
② 2018년 건물 수가 다른 행정구역에 비해 가장 많은 행정구역은 금정구이고, 에너지 사용량이 다른 행정구역에 비해 가장 많은 행정구역은 해운대구이므로 옳지 않은 설명이다.
③ 2020년 에너지 사용량의 상위 3개 행정구역인 금정구, 해운대구, 수영구의 에너지 사용량의 평균은 (813+760+638)/3=737toe이므로 옳지 않은 설명이다.
⑤ 2019년 건물 수가 네 번째로 적은 북구의 건물 1동당 에너지 사용량은 364/63 ≒ 5.8toe이므로 옳지 않은 설명이다.

09 자료이해 정답 ④

초등학교 1~4학년 학생 수는 초등학교 전체 학생 수에서 초등학교 5~6학년 학생 수를 뺀 값임에 따라 주 2회 이하로 지상파를 이용한다고 응답한 초등학교 1~4학년 학생 수는 1,755-1,209=546명이므로 옳은 설명이다.

오답 체크

① 조사에 응답한 초등학교, 중학교, 고등학교 학생 수는 총 4,250+4,101+4,304=12,655명이므로 옳지 않은 설명이다.
② 조사에 응답한 중학교 전체 학생 수에서 거의 매일 지상파를 이용한다고 응답한 학생 수가 차지하는 비중은 (1,618/4,101)×100 ≒ 39.5%이므로 옳지 않은 설명이다.
③ 제시된 조사집단 중 거의 매일 지상파를 이용한다고 응답한 학생 수가 가장 적은 집단은 고등학교 전체이므로 옳지 않은 설명이다.
⑤ 지상파를 월 2회 이하 이용한다고 응답한 고등학교 전체 학생 수는 지상파를 연 4회 이하 이용한다고 응답한 고등학교 전체 학생 수의 756/205 ≒ 3.7배이므로 옳지 않은 설명이다.

10 자료이해

정답 ②

20X4년 경남의 계획 배수 면적은 전년 대비 {(1,412 - 1,311) / 1,412} × 100 ≒ 7.2% 감소하였으므로 옳은 설명이다.

오답 체크

① 20X2년 중계펌프장 수는 충북이 충남의 556 / 146 ≒ 3.8배이므로 옳지 않은 설명이다.

③ 20X3년 이후 중계펌프장 수가 매년 전년 대비 감소한 지역은 없으므로 옳지 않은 설명이다.

④ 20X4년 중계펌프장 1개소당 계획 배수 면적은 서울이 634 / 93 ≒ 6.8km², 인천이 1,374 / 105 ≒ 13.1km², 경기가 14,522 / 1,648 ≒ 8.8km²로 인천이 가장 크므로 옳지 않은 설명이다.

⑤ 제시된 기간 동안 계획 배수 면적의 평균은 전북이 (700 + 509 + 1,718) / 3 ≒ 976km², 전남이 (236 + 1,056 + 1,409) / 3 ≒ 900km²이므로 옳지 않은 설명이다.

빠른 문제 풀이 Tip

⑤ 계획 배수 면적의 합을 비교한다.
제시된 기간 동안 계획 배수 면적의 합은 전북이 700 + 509 + 1,718 = 2,927km², 전남이 236 + 1,056 + 1,409 = 2,701km²이므로 계획 배수 면적의 평균은 전북이 전남보다 큼을 알 수 있다.

11 자료이해

정답 ④

소프트웨어 전체 생산액에서 게임 소프트웨어 생산액이 차지하는 비중은 11월에 (1,137 / 5,974) × 100 ≒ 19.0%, 12월에 (1,513 / 7,466) × 100 ≒ 20.3%이므로 옳지 않은 설명이다.

오답 체크

① 제시된 기간 중 컴퓨터 및 주변기기 생산액이 다른 달에 비해 가장 큰 8월에 통신 및 방송기기 생산액은 다른 달에 비해 가장 작으므로 옳은 설명이다.

② 9월 패키지 소프트웨어 생산액은 전월 대비 {(1,075 - 1,037) / 1,037} × 100 ≒ 3.7% 증가하였으므로 옳은 설명이다.

③ 10월 전자 부품 생산액은 같은 달 영상 및 음향기기 생산액의 17,866 / 674 ≒ 26.5배이므로 옳은 설명이다.

⑤ 11월 통신 서비스 생산액은 같은 달 방송 서비스 생산액보다 3,109 - 1,639 = 1,470십억 원 더 많으므로 옳은 설명이다.

12 자료계산

정답 ④

2024년 하반기 구직급여 지급자 수의 전년 동월 대비 증가 인원은 7월에 731 - 500 = 231천 명, 8월에 705 - 473 = 232천 명, 9월에 698 - 444 = 254천 명, 10월에 643 - 428 = 215천 명, 11월에 606 - 412 = 194천 명, 12월에 600 - 419 = 181천 명이므로 9월에 가장 많다. 이에 따라 2024년 9월 구직급여 지급자 천 명당 구직급여 지급액은 11,517 / 698 = 16.5억 원이다.

따라서 2024년 9월 구직급여 지급자 1명당 평균 구직급여 지급액은 16.5 × (10,000 / 1,000) = 165만 원이다.

13 자료이해

정답 ②

d. 분가한 자녀가 있다고 응답한 비율은 면 지역이 읍 지역보다 60.0 - 40.8 = 19.2%p 더 높으므로 옳지 않은 설명이다.

오답 체크

a. 응답자 연령이 높을수록 분가한 자녀가 있다고 응답한 비율도 높으므로 옳은 설명이다.

b. 30대 이하 연령에서 분가한 자녀가 없다고 응답한 사례 수는 693 × 1 = 693명이므로 옳은 설명이다.

c. 분가한 자녀가 있다고 응답한 사례 수는 농어가가 1,024 × 0.701 ≒ 718명, 비농어가가 2,960 × 0.441 ≒ 1,305명이므로 옳은 설명이다.

14 자료변환

정답 ①

제시된 자료에 따르면 연도별 전체 교통사고 건수에서 주간 교통사고 건수가 차지하는 비중은
2016년이 (125,808 / 220,917) × 100 ≒ 56.9%,
2017년이 (125,569 / 216,335) × 100 ≒ 58.0%,
2018년이 (126,951 / 217,148) × 100 ≒ 58.5%,
2019년이 (138,533 / 229,600) × 100 ≒ 60.3%,
2020년이 (126,396 / 209,654) × 100 ≒ 60.3%이다.
따라서 옳은 그래프는 ①이다.

15 자료변환

정답 ②

2019년 업종별 사업체 수 1개당 종사자 수는 시설업이 331 / 15 ≒ 22명, 주최업이 5,086 / 891 ≒ 6명, 디자인설치업이 4,779 / 719 ≒ 7명, 서비스업이 11,541 / 1,452 ≒ 8명이다.
따라서 옳은 그래프는 ②이다.

오답 체크

① 2017년 주최업 사업체 수는 746개로 700개 이상이지만, 이 그래프에서는 700개보다 낮게 나타나므로 옳지 않은 그래프이다.

③ 2018년 총종사자 수는 364 + 4,895 + 4,387 + 11,427 = 21,073명임에 따라 업종별 종사자 수 비중은 시설업이 (364 / 21,073) × 100 ≒ 2%, 주최업이 (4,895 / 21,073) × 100 ≒ 23%, 디자인설치업이 (4,387 / 21,073) × 100 ≒ 21%, 서비스업이 (11,427 / 21,073) × 100 ≒ 54%이지만, 이 그래프에서는 주최업이 21%, 디자인설치업이 23%로 나타나므로 옳지 않은 그래프이다.

④ 2020년 서비스업 종사자 수는 3,088명으로 2,800명 이상이지만, 이 그래프에서는 2,800명보다 낮게 나타나므로 옳지 않은 그래프이다.

⑤ 2019년 시설업 종사자 수의 전년 대비 증감량은 331 - 364 = -33명으로 0명 미만이지만, 이 그래프에서는 0명보다 높게 나타나므로 옳지 않은 그래프이다.

빠른 문제 풀이 Tip

③ 업종별 종사자 수 비중의 분모는 동일하므로 분자가 클수록 비중이 큼을 이용하여 구한다.
2018년 주최업 종사자 수는 디자인설치업 종사자 수보다 많지만, 그래프에서는 주최업 종사자 수 비중이 디자인설치업 종사자 수 비중보다 작으므로 옳지 않은 그래프임을 알 수 있다.

16 자료이해

정답 ②

20X3년 대전에서 남편과 아내의 평균 초혼 연령은 남편이 전년 대비 {(32.7 − 32.4) / 32.4} × 100 ≒ 0.9% 증가하였고, 아내가 전년 대비 {(30.3 − 30.0) / 30.0} × 100 = 1.0% 증가하였으므로 옳은 설명이다.

오답 체크

① 20X3년 남편의 평균 초혼 연령이 가장 높은 지역은 제주이므로 옳지 않은 설명이다.
③ 20X4년 인천에서 남편의 평균 초혼 연령은 20X1년 대비 33.3 − 32.7 = 0.6세 증가하였으므로 옳지 않은 설명이다.
④ 20X4년 아내의 평균 초혼 연령이 가장 낮은 지역인 충남에서 남편과 아내의 평균 초혼 연령 차이는 33.1 − 29.9 = 3.2세이므로 옳지 않은 설명이다.
⑤ 20X1년 아내의 평균 초혼 연령이 30세 미만인 지역은 울산, 강원, 충북, 충남, 전북, 전남, 경북, 경남 총 8곳이므로 옳지 않은 설명이다.

빠른 문제 풀이 Tip

② 대전에서 20X2년 남편과 아내의 평균 초혼 연령에 각각 1%씩 더한 값을 20X3년 평균 초혼 연령과 비교한다.
20X2년 남편과 아내의 평균 초혼 연령에 1%씩 더하면, 남편은 32.4 + 0.324 = 32.724세, 아내는 30.0 + 0.3 = 30.3세로 20X3년 남편의 평균 초혼 연령인 32.7세와 아내의 평균 초혼 연령인 30.3세 모두 전년 대비 1% 이하 증가하였음을 알 수 있다.

[17 - 18]

17 자료이해

정답 ④

a. 20X4년 서울 교원 수는 부산 교원 수의 287 / 102 ≒ 2.81배이므로 옳은 설명이다.
b. 20X3년 이후 서울과 대전의 학생 수는 매년 전년 대비 감소하였으며, 서울과 대전을 제외한 나머지 지역의 학생 수는 모두 매년 전년 대비 증가하였으므로 옳은 설명이다.
c. 학교 수가 적은 지역부터 순서대로 나열하면, 매년 울산, 대전, 광주, 대구, 인천, 부산, 서울 순이므로 옳은 설명이다.

오답 체크

d. 20X2년 인천의 학생 수는 교원 수의 1,565 / 100 = 15.65배이고, 울산의 학생 수는 교원 수의 660 / 42 ≒ 15.7배이므로 옳지 않은 설명이다.

18 자료계산

정답 ④

20X4년 학생 수가 두 번째로 많은 지역은 인천이며, 20X4년 인천의 학교 1개당 학생 수는 1,609 / 250 = 6.436백 명이고, 20X4년 인천의 학교 1개당 교원 수는 100 / 250 = 0.4백 명이다.
따라서 20X4년 인천의 학교 1개당 학생 수와 학교 1개당 교원 수의 차이는 6.436 − 0.4 = 6.036백 명 = 603.6명이다.

19 자료추론

정답 ①

㉢ 인용 건수 대비 기각 건수는 A가 101 / 22 ≒ 4.6배, B가 152 / 40 = 3.8배, C가 16 / 10 = 1.6배, D가 13 / 6 ≒ 2.2배이므로 A가 노령연금이다.
㉡ 노령연금인 A와 취하 건수가 동일한 B가 장애연금이다.
㉣ A와 B를 제외하고, 급여 종류별 전체 심판청구 처리 건수에서 각하 건수가 차지하는 비중은 C가 (1 / 30) × 100 ≒ 3.3%, D가 (1 / 23) × 100 ≒ 4.3%이므로 C가 유족연금, D가 반환일시금이다.

따라서 A는 노령연금, B는 장애연금, C는 유족연금, D는 반환일시금인 ①이 정답이다.

빠른 문제 풀이 Tip

㉣ 분자가 동일한 경우 분모의 크기가 작을수록 분수의 크기가 큼을 이용하여 구한다.
C와 D의 분자는 1로 동일하고, 분모에 해당하는 '계'는 C가 D보다 큼에 따라 분수의 크기는 C가 D보다 작다. 따라서 C가 유족연금, D가 반환일시금임을 알 수 있다.

20 자료변환

정답 ⑤

제시된 자료에 따르면 연도별 전체 해양사고 발생 건수 및 전년 대비 증감량은 다음과 같다.

구분	전체 해양사고 발생 건수	전체 해양사고 발생 건수의 전년 대비 증감량
2016년	1,971 + 336 = 2,307건	-
2017년	2,285 + 297 = 2,582건	2,582 − 2,307 = 275건
2018년	2,392 + 279 = 2,671건	2,671 − 2,582 = 89건
2019년	2,688 + 283 = 2,971건	2,971 − 2,671 = 300건
2020년	2,847 + 309 = 3,156건	3,156 − 2,971 = 185건
2021년	2,496 + 224 = 2,720건	2,720 − 3,156 = −436건

따라서 옳은 그래프는 ⑤이다.

04 | 창의수리

01 수/문자추리 정답 ④

제시된 각 숫자 간의 값이 $-\frac{1}{3}$로 반복되므로 빈칸에 들어갈 알맞은 숫자는 '$\frac{11}{15}$'이다.

02 수/문자추리 정답 ⑤

제시된 각 숫자 간의 값이 +7로 반복되므로 빈칸에 들어갈 알맞은 숫자는 '32'이다.

03 수/문자추리 정답 ⑤

홀수항에 제시된 각 숫자 간의 값이 +2로 반복되고, 짝수항에 제시된 각 숫자 간의 값이 ×4로 반복되므로 빈칸에 들어갈 알맞은 숫자는 '128'이다.

04 수/문자추리 정답 ③

분자의 각 숫자 간의 값이 ×2로 반복되고, 분모의 각 숫자 간의 값이 −4로 반복되므로 빈칸에 들어갈 알맞은 숫자는 '$\frac{32}{11}$'이다.

05 수/문자추리 정답 ⑤

제시된 도형에서 바깥쪽 원에 포함된 각 숫자 간의 값은 +1, +2로 반복되므로 C = 4, B = 7이다.

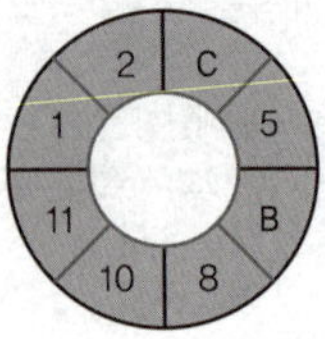

또한, B에 숫자를 대입하면 사분원 안쪽 원에 포함된 숫자는 바깥쪽 원에 포함된 큰 숫자보다 +1 큰 값임을 알 수 있으므로 D = 6, A = 12이다.

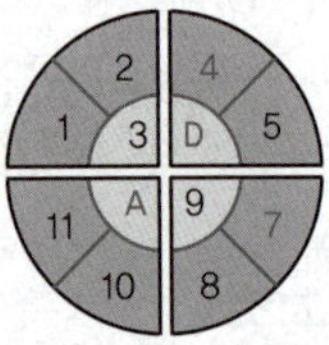

A, D에 각 숫자를 대입하면 사분원의 안쪽 원에 포함된 각 숫자 간의 값은 +3으로 반복되는 것을 알 수 있다.

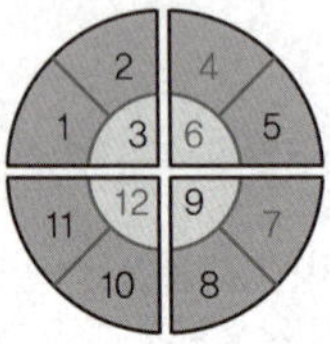

따라서 A + B + C + D의 값은 12 + 7 + 4 + 6 = 29이다.

06 수/문자추리 정답 ③

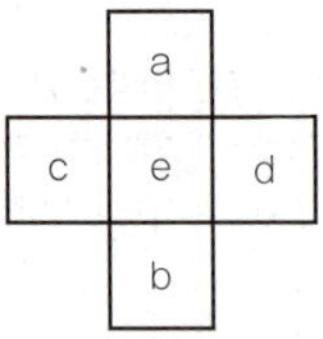

제시된 도형에서 각 문자는 a + b − 4 = e, c + d = e라는 규칙이 적용되므로 B는 6 + 9 = 15, A는 15 − 5 + 4 = 14이다.
따라서 A + B의 값은 14 + 15 = 29이다.

07 수/문자추리 정답 ②

제시된 그림에서 각 화살표에 적용된 규칙은 다음과 같다.

⟶	+6
– ➔	×3
·····➔	÷4

이에 따라 A는 90 ÷ 3 = 30, B는 (30 + 6) ÷ 4 = 9이다.
따라서 A − B의 값은 30 − 9 = 21이다.

08 응용계산 정답 ②

정가 이익률 = $\frac{정가-원가}{정가}$ × 100임을 적용하여 구한다.
제품의 정가를 x라고 하면
○○마트에서 원가가 9,000원인 물품을 정가 이익률이 10%가 되도록 정가를 산정하여 판매하므로
$10 = \frac{x-9{,}000}{x} \times 100 \rightarrow 10 = 100 - \frac{900{,}000}{x}$
$\rightarrow 90x = 900{,}000 \rightarrow x = 10{,}000$
따라서 제품의 정가는 10,000원이다.

09 응용계산 정답 ③

정사각형의 넓이 = (한 변의 길이)^2, 사다리꼴의 넓이 = $\frac{1}{2}$ × (밑변 + 윗변) × 높이임을 적용하여 구한다.
넓이가 16cm^{2}인 정사각형의 한 변의 길이는 $\sqrt{16}$ = 4cm이므로 사다리꼴의 높이와 윗변의 길이는 각각 4cm이다.
사다리꼴 밑변의 길이를 x라고 하면
$24 = \frac{1}{2} \times (x+4) \times 4 \rightarrow x = 8$
따라서 사다리꼴 밑변의 길이는 8cm이다.

10 응용계산

정답 ③

사건 A가 일어날 확률 = $\frac{\text{사건 A가 일어날 경우의 수}}{\text{모든 경우의 수}}$임을 적용하여 구한다.

동전 1개를 던져 나올 수 있는 경우의 수는 앞, 뒤로 2가지이고, 주사위를 던져 나올 수 있는 경우의 수는 1, 2, 3, 4, 5, 6으로 6가지이다. 동전 1개와 주사위 1개를 동시에 던지므로 모든 경우의 수는 $2 \times 6 = 12$가지이고, 동전은 앞면이 나오고 주사위는 홀수가 나오는 경우의 수는 (앞, 1), (앞, 3), (앞, 5) 3가지이다.

따라서 동전은 앞면이 나오고 주사위는 홀수가 나올 확률은 $\frac{3}{12} = \frac{1}{4}$이다.

빠른 문제 풀이 Tip

서로 영향을 주지 않는 두 사건이 동시에 일어날 확률은 두 사건이 각각 일어날 확률의 곱과 같음을 이용한다.

동전이 앞면이 나올 확률은 $\frac{1}{2}$이고, 주사위가 홀수가 나올 확률은 $\frac{1}{2}$이므로 두 사건이 동시에 일어날 확률은 $\frac{1}{2} \times \frac{1}{2} = \frac{1}{4}$이다.

11 응용계산

정답 ③

서로 다른 n개에서 중복을 허락하지 않고 r개를 택하여 한 줄로 배열하는 경우의 수는 ${}_nP_r = n \times (n-1) \times (n-2) \times \cdots \times (n-r+1)$임을 적용하여 구한다.

○○기업은 A~H 8명 중 4명을 선출하여 서로 다른 해외 지사인 미국 지사, 영국 지사, 일본 지사, 자메이카 지사에 1명씩 보내려고 하므로 해외 지사에 파견될 사람으로 4명을 선출할 모든 경우의 수는 ${}_8P_4 = 8 \times 7 \times 6 \times 5 = 1{,}680$가지이고, 해외 지사에 파견될 사람으로 A가 선출될 경우의 수는 A를 제외한 7명 중 3명을 선출하는 경우의 수에 A가 각 해외 지사에 파견될 경우의 수 4가지를 곱한 값과 같으므로 ${}_7P_3 \times 4 = 7 \times 6 \times 5 \times 4 = 840$가지이다.

따라서 해외 지사에 파견될 4명 중 A가 포함될 확률은 $\frac{840}{1{,}680} = \frac{1}{2}$이다.

12 응용계산

정답 ④

소금의 양 = 소금물의 양 × $\frac{\text{소금물의 농도}}{100}$임을 적용하여 구한다.

소금물 A의 농도를 x, 소금물 B의 농도를 y라고 하면 소금물 A 100g과 소금물 B 400g을 섞은 소금물의 농도가 14.4%이므로

$100 \times \frac{x}{100} + 400 \times \frac{y}{100} = 500 \times \frac{14.4}{100} \rightarrow x + 4y = 72$ … ⓐ

또한, 소금물 A 200g과 소금물 B 300g을 섞은 소금물의 농도가 13.8%이므로

$200 \times \frac{x}{100} + 300 \times \frac{y}{100} = 500 \times \frac{13.8}{100} \rightarrow 2x + 3y = 69$ … ⓑ

2 × ⓐ − ⓑ에서 $5y = 75 \rightarrow y = 15$이므로

$x + 4y = 72 \rightarrow x + 4 \times 15 = 72 \rightarrow x = 12$

따라서 소금물 A와 소금물 B를 동일한 양으로 섞은 소금물의 농도는 소금물 A와 소금물 B의 농도의 평균이므로 $\frac{12+15}{2} = 13.5$%이다.

13 응용계산

정답 ⑤

거리 = 속력 × 시간임을 적용하여 구한다.

1번 트랙에서 A 말이 결승선을 통과하기까지 걸린 시간을 x라고 하면 1번 트랙에서 A 말이 B 말보다 10초 먼저 결승선을 통과했으므로 1번 트랙에서 B 말이 결승선을 통과하기까지 걸린 시간은 $x + 10$이다.

이때 1번 트랙에서 A 말과 B 말이 결승선을 통과하기까지 달린 거리는 같으므로

$22.5 \times x = 20 \times (x + 10) \rightarrow x = 80$

이에 따라 1번 트랙의 길이는 $22.5 \times 80 = 1{,}800$m이므로 1번 트랙보다 900m 더 긴 2번 트랙의 길이는 $1{,}800 + 900 = 2{,}700$m이다.

따라서 2번 트랙에서 A 말이 결승선을 통과하기까지 걸린 시간은 $\frac{2{,}700}{22.5} = 120$초이다.

빠른 문제 풀이 Tip

A 말이 900m를 달릴 때 걸리는 시간을 계산한다.

2번 트랙은 1번 트랙보다 900m 더 길며, A 말이 900m를 달릴 때 걸리는 시간은 $\frac{900}{22.5} = 40$초이므로 여기에 1번 트랙에서 A 말이 결승선을 통과하기까지 걸린 시간인 80초를 더하면 2번 트랙에서 A 말이 결승선을 통과하기까지 걸린 시간은 $80 + 40 = 120$초이다.

14 응용계산

정답 ①

전체에서 A가 차지하는 비중(%) = $\frac{A}{\text{전체}} \times 100$임을 적용하여 구한다.

A 회사의 투자액을 x라고 하면 B 회사는 A 회사보다 60억 원을 더 투자하였으므로 B 회사의 투자액은 $x + 60$이고, C 회사는 A 회사 투자액의 6배만큼 투자하였으므로 C 회사의 투자액은 $6x$이다. 이때 총투자액은 $x + (x + 60) + 6x = 8x + 60$이며, 총투자액에서 A 회사 투자액이 차지하는 비중이 12%이므로

$\frac{x}{8x+60} \times 100 = 12 \rightarrow 100x = 12(8x + 60)$

$\rightarrow 100x = 96x + 720 \rightarrow 4x = 720 \rightarrow x = 180$

이에 따라 A 회사의 투자액은 180억 원이므로 B 회사의 투자액은 $180 + 60 = 240$억 원이고, 총투자액은 $8 \times 180 + 60 = 1{,}500$억 원이다.

따라서 총투자액에서 B 회사 투자액이 차지하는 비중은 $\frac{240}{1{,}500} \times 100 = 16$%이다.

15 응용계산 정답 ①

a 길이의 일직선상 도로에 b 간격으로 심을 수 있는 최대 나무의 수는 $\frac{a}{b}+1$개임을 적용하여 구한다.

180m인 가로 모서리에 2m 간격으로 설치할 수 있는 바람개비의 최대 개수는 $\frac{180}{2}+1=91$개이고, 150m인 세로 모서리에 2m 간격으로 설치할 수 있는 바람개비의 최대 개수는 $\frac{150}{2}+1=76$개이다. 직사각형에 설치할 수 있는 바람개비의 최대 개수는 각 모서리에 설치할 수 있는 바람개비의 최대 개수를 모두 더한 값에서 각 꼭짓점에서 중복되는 바람개비의 개수인 4개를 뺀 값이므로 직사각형 모양 울타리의 각 모서리에 2m 간격으로 설치할 수 있는 바람개비의 최대 개수는 $(91+76)\times2-4=330$개이다. 이때 준비한 바람개비는 57개만큼 부족하므로 준비한 바람개비의 개수는 $330-57=273$개이다. 이에 따라 바람개비를 3m 간격으로 설치하려고 할 때, 필요한 바람개비의 개수는 $\{(\frac{180}{3}+1)+(\frac{150}{3}+1)\}\times2-4=220$개이다.

따라서 바람개비를 3m 간격으로 설치 후 남는 바람개비의 개수는 $273-220=53$개이다.

16 응용계산 정답 ②

직사각형 내부를 가득 채우는 정사각형의 최대 길이는 직사각형의 가로 길이와 세로 길이의 최대공약수임을 적용하여 구한다.

150과 210을 소인수분해하면 $150=2\times3\times5^2$, $210=2\times3\times5\times7$이고, 최대공약수는 두 수의 공통 인수의 곱이다.

따라서 뗏장 잔디 한 변의 최대 길이는 $2\times3\times5=30$m이다.

17 응용계산 정답 ①

손목시계는 오전 10시부터 오후 6시까지 총 8시간 동안 4분 느리게 움직였다.

따라서 손목시계는 1시간 동안 $\frac{4}{8}\times60=30$초씩 느리게 움직였다.

18 응용계산 정답 ①

$n(A\cup B\cup C)=n(A)+n(B)+n(C)-n(A\cap B)-n(B\cap C)-n(A\cap C)+n(A\cap B\cap C)$임을 적용하여 구한다.

김 사원에게 투표한 집합을 A, 박 사원에게 투표한 집합을 B, 최 사원에게 투표한 집합을 C라고 하면,

$n(A\cup B)=23$, $n(C)=14$, $n(A\cap C)=1+7=8$, $n(A\cap B\cap C)=7$, $n(A\cup B\cup C)=28$이며

$n(A\cup B\cup C)=n(A\cup B)+n(C)-n(B\cap C)-n(A\cap C)+n(A\cap B\cap C)$이므로

$28=23+14-n(B\cap C)-8+7 \rightarrow n(B\cap C)=8$

따라서 박 사원과 최 사원 두 사람에게만 동시에 투표한 사람은 $8-7=1$명이다.

19 응용계산 정답 ①

시간 = $\frac{거리}{속력}$임을 적용하여 구한다.

강물의 속력을 x라고 하면 배가 상류에서 하류로 내려갈 때는 배와 강물의 이동 방향이 같으므로 배는 $20+x$의 속력으로 움직이고, 배가 하류에서 상류로 거슬러 올라갈 때는 배와 강물의 이동 방향이 반대이므로 배는 $20-x$의 속력으로 움직인다. 배의 이동 거리는 각각 15km이며, 하류로 내려갈 때보다 상류로 거슬러 올라갈 때 1시간이 더 걸리므로

$\frac{15}{20+x}+1=\frac{15}{20-x}$

$\rightarrow 15(20-x)+(20+x)(20-x)=15(20+x)$

$\rightarrow x^2+30x-400=0 \rightarrow (x-10)(x+40)=0$

$\rightarrow x=10$ 또는 $x=-40$

따라서 강물의 속력은 10km/h이다.

20 응용계산 정답 ⑤

사건 A가 일어날 확률 = $\frac{사건\ A가\ 일어날\ 경우의\ 수}{모든\ 경우의\ 수}$임을 적용하여 구한다.

4개의 숫자 0, 2, 4, 6으로 같은 숫자를 여러 번 사용하되 같은 숫자를 연달아 배치하지 않고 네 자릿수를 만드는 경우의 수는 천의 자리에 올 수 있는 숫자는 2, 4, 6으로 3가지이고, 백의 자리에 올 수 있는 숫자는 4개의 숫자 중 천의 자리 숫자 하나를 제외한 3가지, 십의 자리에 올 수 있는 숫자는 4개의 숫자 중 백의 자리 숫자 하나를 제외한 3가지, 일의 자리에 올 수 있는 숫자는 4개의 숫자 중 십의 자리 숫자 하나를 제외한 3가지이므로 $3\times3\times3\times3=81$가지이다. 이때 현주가 만든 수의 일의 자리 숫자가 6인 수는 십의 자리 숫자가 6일 수 없으므로 천의 자리 숫자가 6이거나, 백의 자리 숫자가 6이거나 천의 자리와 백의 자리 숫자가 모두 6이 아닌 경우로 나뉜다. 먼저 천의 자리 숫자가 6일 경우, 백의 자리에 올 수 있는 숫자는 0, 2, 4로 3가지, 십의 자리에 올 수 있는 숫자는 0, 2, 4 중 1개를 제외한 2가지이므로 $3\times2=6$가지이고, 백의 자리 숫자가 6일 경우, 천의 자리에 올 수 있는 숫자는 0을 제외한 2, 4로 2가지, 십의 자리에 올 수 있는 숫자는 0, 2, 4로 3가지이므로 $2\times3=6$가지이며, 천의 자리와 백의 자리 숫자가 모두 6이 아닐 경우, 천의 자리에 올 수 있는 숫자는 0을 제외한 2, 4로 2가지, 백의 자리에 올 수 있는 숫자도 2가지, 십의 자리에 올 수 있는 숫자도 2가지이므로 $2\times2\times2=8$가지로 현주가 만든 수의 일의 자리 숫자가 6일 경우는 $6+6+8=20$가지이다.

따라서 현주가 만든 수의 일의 자리 숫자가 6일 확률은 $\frac{20}{81}$이다.

한국사능력검정시험 1위* 해커스!

해커스 한국사능력검정시험
교재 시리즈

* 주간동아 선정 2022 올해의 교육 브랜드 파워 온·오프라인 한국사능력검정시험 부문 1위

빈출 개념과 **기출 분석**으로
기초부터 문제 해결력까지
꽉 잡는 기본서

해커스 한국사능력검정시험
심화 [1·2·3급]

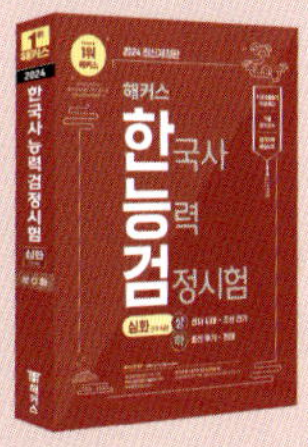

스토리와 **마인드맵**으로 **개념잡고!**
기출문제로 **점수잡고!**

해커스 한국사능력검정시험
2주 합격 심화 [1·2·3급] 기본 [4·5·6급]

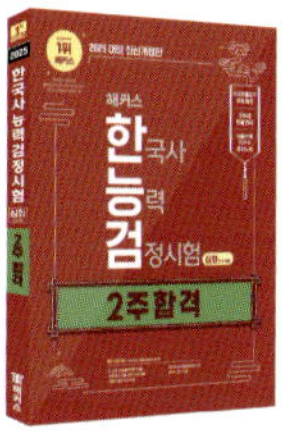

시대별/회차별 기출문제로
한 번에 합격 달성!

해커스 한국사능력검정시험
시대별/회차별 기출문제집 심화 [1·2·3급]

개념 정리부터 **실전**까지
한권완성 기출문제집!

해커스 한국사능력검정시험
한권완성 기출 500제 기본 [4·5·6급]

빈출 개념과 **기출 선택지**로
빠르게 합격 달성!

해커스 한국사능력검정시험
초단기 5일 합격 심화 [1·2·3급]
기선제압 막판 3일 합격 심화 [1·2·3급]